정석 재정학

박환재

비앤엠북스

정석 재정학을 펴내며

먼저 소회를 밝히면, 재정학 분야의 많은 주제를 감당하기에 지식이 부족함을 느끼기도 하였고 이런 필자가 책을 쓴다는 것이 마치 죄 짓는 일 같기도 하였다. 하지만 한시도 그 곁을 떠나지 못하였고, 막힐 때마다 앞서간 많은 석학들이 일궈놓은 주제들과 답들을 다시 한 번 접하면서 무한한 희열을 느끼기도 하고 눈앞이 환해지기도 하였다. 하여 소소하나마 다듬고 다듬은 이 책을 독자의 손에 맡긴다. 필자의 이런 노력이 독자들이 재정학을 훨씬 쉽게 이해하는 데 도움이 되기를 바란다.

재정학이란 정부의 경제활동인 재정을 연구하는 응용경제학의 한 분야이다. 다시 말해 경제학의 원리를 이용하여 정부의 수입 및 지출의 이론적 근거와 특징을 기술하고 정책이 자원배분과 소득분배에 미치는 영향을 분석하는 학문이다. 본질적으로 국가와 시대의 재정현상을 강하게 반영할 수밖에 없으므로, 재정학은 재정현상의 여러 측면을 어떻게 흡수하는가에 따라 그 성격을 달리하는데 공통된 관점은 다음과 같다.

첫째, 근대국가의 발전은 국민경제를 그 기반으로 삼았다. 이런 의미에서 국가의 재정을 대상으로 하는 재정학은 국민경제 자체를 연구대상으로 하는 경제학에 크게 의존하지 않을 수 없다. 경제적 자유주의 사상을 기반으로 하는 경제학의 한 분과이자 또한 독립된 체계로서 재정학을 수립한 애덤 스미스에 의하면, 경제는 그 자체가 자기완결적인 질서이다. 그런데 재정은 경제에 대한 개입적이고 교란적인 요소로서 현대사회에서 필수불가결한 존재이다.

둘째, 재정은 국가의 정치 · 행정의 물질적 기반이다. 따라서 재정학은 정치학 · 행정학적 성질을 갖지 않을 수 없다. 이러한 성격을 강하게 반영한 독일의 관방학에서 보듯이 재정학은 국민경제의 발전에 대한 국가재정의 주도적 역할을 강력히 인식하는 정치학적 성격을 가질 수 있다.

역사적으로 다이아몬드-멀리즈의 최적조세혁명 이후 지난 40년간 경제학의 범주에서 놀라운 지식의 축적과 발전을 해온 재정학은 현재 가장 진보한 사고와 분석틀을 가진 응용미시경제학의 한 분야이다. 가장 핵심적인 주제로 조세이론과 공공지출이론, 지방재정이론, 사회보장이론 등을 들 수 있으며, 각 교재들이 채택하고 있는 사고의 틀, 경제모형과 방법론에 따라 그 설명과 현실 예측이 상이하기도 하다. 이러한 현실 재정문제에 대한 견해 차이는 기본적으로 가치관의 차이에서 생긴다. 따라서 어떤 경제시스템을 최종결과만으로 평가할 것이 아니라 과정 역시 평가에 포함할 필요가 있으며, 이 점을 보완하는 후생경제학의 발전이 더욱 요구되는 시점이다.

이에 필자는 후생경제학에 중점을 두면서 그 안에 포함된 경제문제를 함께 고려할 수 있도록 경제구조에 대한 이론적 기초를 제공하고자 하였다. 대부분의 재정학 교재가 경제학적 지식을 어느 정도 습득하였을 것을 전제로 하지만, 이 책은 경제학의 기초과목에서 다루는 중요한 주제들을 포함하였고 그것들을 표와 그래프로 제시하여 한눈에 파악하고 이해할 수 있도록 한 것도 그런 까닭이다.

이 책의 구성은 다음과 같다.

제1장은 시장경제의 의미를 살펴봄으로써 공공경제와의 특징적 차이와 기능을 이해할 수 있도록 하였다. 시장경제에서 공공경제의 역할과 기능이 발생하기 때문이다. 제2장은 재정학의 기본 분석틀이 후생경제학이므로 후생경제학의 공준들을 증명하기 위해서 미시경제학의 수요와 공급의 원리를 설명하였다. 대부분의 재정학 교재들이 이 부분의 지식을 습득하였다고 가정하고 있는데, 이 책은 수요와 공급의 원리를 설명함으로써 경제학적 기초가 전혀 없는 독자들도 스스로 학습하며 후생경제학의 중요한 공준들을 증명할 수 있도록 하였다. 후생경제학의 공준들을 증명한 다음이라면 후생경제학의 정리들도 자연히 해석할 수 있을 것이다. 그러므로 이 장은 독자의 학습 수준에 따라 생략할 수도 있다. 예를 들어 경제학적 기초를 잘 닦은 독자는 후생경제학의 공준과 정리의 결과만 읽고 이해할 수도 있기 때문이다.

제3장은 경쟁시장의 실패가 정부개입의 필요조건임을 설명하며 정부개입의 후생경제학적 의미를 파악하도록 하였다. 또한 시장실패의 원인을 상세히 살펴보고, 정부의 개입이 반드시 성공적이지 않은 이유를 진단한다. 제4장은 거시적 시장실패의 하나인 소득분배의 공평성에 대하여 별도로 분석한다.

제5장은 조세수입과 지출이라는 재정의 두 측면 중에서 특히 정부지출의 하나로서 시장실패의

원인인 공공재를 생산하거나 공급하는 효율성조건에 대해서 설명한다. 제6장은 시장실패의 또 다른 원인인 외부성에 대하여 살펴본다. 주로 환경오염과 같은 외부효과가 있을 경우 시장이 왜 실패하는지를 설명한다. 그리고 시장실패를 치유하기 위한 정부의 환경정책들에 대하여 살펴본다.

제7장은 정부가 시장실패문제에 개입하더라도 성공적이지 않을 수 있는 여러 현실적인 문제들을 살펴본다. 예를 들어 과반수투표제의 문제점, 관료집단이나 정치인집단 등의 특징들도 살펴봄으로써 정부실패의 한 가지 원인을 고찰한다. 제8장은 정부가 시장에 개입하기 위해 지출하는 여러 공공사업들의 경제성을 평가하는 효율성기준들을 제시한다.

제9장은 정부재정의 조세수입 측면에서 조세부과의 기본원리를 설명한다. 제10장은 조세가 공평성 측면에서 소득분배와 계층 간에 이루어지는 자원분배에 미치는 경제적 효과를 살펴본다. 제11장은 조세의 효율성 측면으로 조세가 시장경제의 효율적 자원배분에 어떠한 경제적 효과를 가지는지 살펴본다. 제12장은 조세의 효율성과 공평성을 모두 고려한 최적조세구조에 대하여 설명한다. 제13장은 소득세, 법인세, 자산세, 소비세 등의 개별조세의 구조와 특성, 경제적 효과를 설명한다.

제14장은 시장경제가 제공할 수 없는 정부의 공공서비스로서 현대국가가 갖추어야 할 사회복지제도에 대하여 살펴본다. 제15장은 복지제도와 관련해서 정부의 재원 마련이 중요한 문제인데, 이러한 측면에서 중앙정부와 지방정부가 어떻게 효율적으로 기능과 역할을 분담해야 하는가를 살펴본다.

제16장은 시장경제의 거시적 시장실패에 대한 정부의 재정지출이 개방경제하에서 미치는 경제적 효과에 초점을 맞추어 살펴본다. 예를 들어 완전고용과 물가안정을 달성하기 위해 정부가 공채발행을 통하여 지출을 하는 경우 어떠한 경제적 효과가 있는지 살펴본다. 마지막으로 제17장은 정부를 포함한 여러 공기업들이 현실적으로 어떠한 요금책정원리에 따라야 효율적인지 대안적 요금설정원리를 살펴본다.

이상에서 보듯이 이 책은 각 장을 유기적으로 구성하여 재정학의 중요한 주제들을 모두 담으면서도 간결하고 명료하게 전달될 수 있도록 하였다. 아쉬운 점은 시간에 쫓기기도 하고 곰곰이 궁리하다 더디어지는 성미 탓에 미처 설명을 다하지 못한 부분이 있다는 것이다. 꾸준히 다시 펼쳐보고 되새기면서 조금씩 개선해갈 것을 약속한다.

이 책을 쓴다는 핑계로 필자의 주변에서 외부불경제를 느끼신 모든 분들께 용서를 구한다. 더불어 포기하지 않도록 독려하며 이끌어주신 여러 분들께 감사를 전한다. 원고를 꼼꼼히 검토하고 교정해준 비앤엠북스 정광식 사장님과 정경식 부장님께도 감사를 전한다. 흩어진 원고를 하나하나 정리해주며 든든한 후원자가 되어주고 끝까지 책을 쓰도록 격려해준 가족에게 미안한 마음과 함께 고마움을 표하며 이 책을 바친다.

2012년 12월 겨울
금락리 연구실에서
박환재

차례

제1편 | 재정학의 기초

제2편 | 정부와 시장경제

제1편 재정학의 기초

제1장
시장경제와 공공경제

삶은 공평하지 않다.
자연이 낳은 것을 정부가 수정할 수 있다고 믿고 싶은 유혹도 생긴다.
그러나 우리가 한탄하는 적잖은 불공평에서
얼마나 많은 이익을 얻고 있는지 깨닫는 것 또한 중요하다. (……)
무하마드 알리가 하룻밤 경기에서 벌 수 있는 돈이 (……)
하루 동안의 비숙련 노동으로 벌 수 있는 돈보다
많아서는 안 된다고 한다면
알리를 보며 즐기는 사람에게는 더욱 불공평한 일이 아니겠는가?

– Milton Friedman –

현대사회는 시장과 정부라는 두 조직의 경제행위로 이루어지는 경제체제라고 할 수 있다. 시장이라는 가격기구에 의해 조직화되는 경제부문을 민간부문이라고 하고, 정부에 의해 조직화되는 경제부문을 공공부문이라고 한다. 이처럼 모든 자원배분을 민간부문에만 맡기지 않고 두 부문이 나누어 역할을 담당하는 경제체제를 혼합경제체제라고 한다.

재정학자 머스그레이브에 의하면, 우리 인간의 욕구에는 사적 욕구와 공공욕구가 있다. 우리는 시장경제에서 가격을 지불하고 자발적 교환을 통해 사적 욕구를 충족시킨다. 그러나 우리에게는 시장경제의 교환원리에 의해 충족시킬 수 없는 공공욕구도 있다. 예를 들어 자신과 사회의 안전을 위한 국방, 치안, 소방서비스에 대한 욕구와 자신과 자녀들에 대한 학교급식, 무료교육, 의료보험서비스에 대한 욕구도 있다. 따라서 정부 또는 공공부문의 경제행위는 우리의 공공욕구를 충족시키기 위해 필요한 것이다.

공공부문 또는 정부의 경제행위와 그것이 다시 경제에 어떠한 영향을 미치는가를 연구하고 분석하는 것이 재정학 또는 공공경제학이다. 정부의 목표는 사회적 후생을 극대화하는 것이다. 그렇다면 정부의 경제행위를 평가하는 기준은 사회적 후생의 증가여부가 된다. 따라서

제1장 시장경제와 공공경제

재정학에서 가장 기초적인 분석틀로서 후생경제학을 이해하기 위해서는 우선 시장경제의 문제와 균형개념을 이해할 필요가 있다. 그 이유는 후생경제학이 이상적 시장경제와 현실적 시장경제의 이해와 문제점에서 시작하기 때문이다. 초기에 경제학은 정치경제학으로 시작하였다. 그런데 20세기에 들어서면서 지금처럼 좁은 영역의 '경제학'이 탄생하게 된다. 그러나 피구는 후생경제학을 통해 정부를 경제학의 영역으로 다시 돌려보내주었다.[1)]

이 장은 재정학의 도입으로서 공공부문의 영역과 역할을 알기 위해서 먼저 민간부문의 시장경제에 대한 기초적인 문제와 특징을 다룬다. 다음으로 민간부문과 공공부문의 특징적 차이를 살펴보고, 재정학의 발전과정을 기술한다. 덧붙여 재정의 3대기능을 학습한다.

이 장에서 배울 것

- 시장경제란?
- 시장의 3대 경제문제란?
- 시장경제의 균형의 의미는?
- 경제학과 생물학의 유사점과 차이점은?
- 시장경제와 공공경제의 차이점은?
- 재정의 3대기능이란?

제1절 정석 재정학 시장경제와 시장경제문제

1. 시장경제의 개념

(1) 경제문제

재화와 용역을 생산하고 소비하는 경제행위는 모두 우리의 욕망에서 나온다. 우리는 일상생활을 하는 데 음식과 의복 등 많은 것을 욕구한다. 이러한 우리의 욕구를 충족시키기 위한 것이 경제활동의 목적이다. 그런데 우리는 항상 우리가 욕구하는 것보다 부족하다고 느낀다. 따라서 근본적인 경제문제는 우리의 욕망에 비해 우리의 욕망을 충족시키는 수단이 희소하다는 것이다. 희소하다는 의미는 우리의 욕망에 비해 상대적으로 생산자원과 생산기술 등이 제한적이어서 경제전체가 생산할 수 있는 재화와 용역의 물리적인 양이 한정되어 있다는 것을 의미한다. 경제학에서는 이러한 사실을 **희소성의 원칙**(law of scarcity)이라 한다.

희소한 수단으로 무한한 인간의 욕망을 충족시키기 위해서는 자원을 합리적으로 배분하여야 한다. 경제학에서 합리적인 자원배분의 기준으로 효율성(效率性)과 공평성(公平性)을 사용한다. **효율성**(efficiency)기준이란 자원배분에 있어서 최소의 비용으로 최대의 효과를 달성하는가의 여부를 보는 것이다. **공평성**(equity)기준이란 자원배분에 있어서 부와 소득의 분배가 능력에 따라 자유롭고 공정하며 평등하게 이루어지는가를 보는 것이다(제4장에서 상세히 다룬다). 이때 자원배분의 효율성이 달성된다 하더라도 공평한 분배가 이루어지고 있다는 보장은 없다. 따라서 자원배분의 효율성과 공평성을 어떻게 조화시켜서 합리적인 자원배분을 달성할 것인가 하는 문제는 가장 어려운 경제문제의 하나이다.

합리적인 자원배분에 관한 문제는 크게 세 가지로 요약될 수 있다. 첫째는 무엇을 생산할 것인가의 문제이고, 둘째는 어떻게 생산할 것인가의 문제이며, 셋째는 누구에게 분배할 것인가의 문제이다. 경제학에서는 이러한 문제들을 해결하기 위한 하나의 수단으로 '**시장경제**(market economy)'를 든다.

정석 사고

합리적인 자원배분의 기준으로 효율성 기준과 공평성 기준이 있다. 두 기준을 조화시키는 문제가 어려운 경제문제의 하나이다.

(2) 시장경제

우리는 시장이라고 하면 소비자와 생산자들이 상품을 거래하는 특정한 장소를 생각하기 쉽다. 그러나 경제학에서 시장은 특정장소를 의미하지 않는다. 경제학에서의 시장은 어떤 상품에 대한 수요와 공급이 이루어지는 추상적인 공간을 일컫는다. 이러한 시장을 통해 자원배분이 이루어지는 경제를 **시장경제**라고 한다.

시장은 모든 경제주체들이 각자 소유한 자원의 사용에 대하여 내린 결정을 조정한다. 이러한 조정은 시장의 힘에 의해 이루어진다. 시장의 힘이라는 것은 바로 수요와 공급의 상호작용을 말한다. 그리고 수요와 공급의 상호작용은 시장에 존재하는 경쟁에 의해 효율적인 자원배분을 이룬다. 따라서 시장에서는 항상 경쟁이 존재하여 자신의 이익을 좇아 행동하면 오히려 더 큰 조화를 이루어낼 수 있다. 이것을 애덤 스미스(A. Smith)는 시장경제의 '**보이지 않는 손**(invisible hand)'의 작용이라고 한다.

(3) 상벌체계로서의 시장경제

한 사회가 잘 운영되기 위해서는 상벌체계가 확립되어야 한다고들 말한다. 사회가 바람직한 행위에 대해서는 응분의 상을 주고 그 반대의 경우에는 벌을 주는 체계를 갖추어야 한다는 것이다. 사실 시장도 상벌체계의 일종이다.

시장은 값싸고 질 좋은 상품을 생산하는 기업에게는 높은 이윤으로 상을 주고 그 반대의 경우에는 파산이라는 벌을 준다. 이처럼 시장경제는 경쟁과 수요와 공급의 원리에 의한 상벌체계를 통해 물질적 풍요를 추구하고 경제를 발전시키는 체제이다. 그리고 애덤 스미스의 보이지 않는 손은 시장경제에서 상벌을 주관하고 있다고 하겠다.

2. 시장경제문제

시장경제는 경쟁과 수요 · 공급의 상호작용에 의해 효율적인 자원배분을 이룰 수 있다. 그래서 시장에서는 각자 자신의 이익을 좇아 행동하면 오히려 더 큰 조화(공익, 후생극대화)를 이루어낼 수 있다. 이와 같이 모두가 자신의 이익이 극대화되도록 경제활동을 하면 한정된 자원이 가장 효율적으로 배분될 수 있다는 것이 **시장경제의 핵심**이다.

시장경제에서 시장상황은 끊임없이 변화한다. 모든 경제주체들은 시장상황의 변화를 수요와 공급에 의해 결정된 가격의 변화를 통해 인식할 수 있다. 이러한 가격의 변화가 보이지 않는 손으로 모두에게 작용하여 자신의 이익이 최대가 되도록 행동을 변화시키면 자신뿐만 아니라 모두에게 이익을 가져다준다는 것이다. 이와 같은 애덤 스미스의 보이지 않는 손의 작용이 시장경제문제의 3대과제, 즉 첫째 무엇을 생산할 것인가, 둘째 어떻게 생산할 것인가, 셋째 누구에게 분배할 것인가의 문제를 어떻게 해결하는지 살펴보도록 하자.

시장경제의 경쟁을 통해 어떤 재화의 공급이 수요에 비해서 부족하면 가격은 상승하기 시작한다. 이때 상승한 가격은 소비자에게는 욕망에 비해 재화의 양이 부족한 것을 의미하고, 생산자에게는 더 큰 이윤의 기대와 함께 공급을 확대하라는 신호를 주는 것을 의미한다. 한편 생산자는 생산활동을 할 때 어떤 생산요소(노동, 자본, 토지)의 가격이 낮다면 수요에 비해 공급이 많다는 의미이므로 그 생산요소를 더 많이 사용하여 최소비용의 효율적 생산을 도모하게 된다. 이러한 생산방식이 개인생산자뿐만 아니라 사회전체로 볼 때도 희소한 생산요소를 절약하고 풍부한 생산요소를 많이 사용하는 효율적 자원배분의 방향으로 이끌어준다. 따라서 생산자는 이윤을 극대화하기 위해 최소의 비용이 드는 생산방법으로 가격이 상승하는 재화를 더 많이 생산하게 되는 것이다. 이 과정을 통해서 **무엇을, 어떻게 생산할 것인가** 하는 문제가 해결될 수 있다.

또한 어떤 재화의 공급이 수요에 비해서 부족하여 가격이 상승하면 높은 가격을 지불하고서라도 소비하려는 사람에게 그 희소한 재화가 분배되는 것이 가장 효율적이라고 할 수 있다. 시장경제에서 생산에 필요한 각 생산요소도 수요보다 공급이 많으면 가격이 하락하고, 반대로 생산성이 높고 상대적으로 희소한 생산요소는 수요에 비해 공급이 부족하여 가격이 상승한다. 따라서 사회전체의 입장에서 볼 때 생산에 가장 필요한 생산요소와 희소한 재화에 대해 가장 높은 가격을 지불하려는 사람에게 분배되는 것이 바람직하다(합리적)고 볼 수 있다. 이러한 과정을 통해서 **누구에게 분배할 것인가** 하는 과제도 해결될 수 있다.

그러나 완전한 경쟁이 잘 이루어지는 시장에서는 경제문제가 '보이지 않는 손'에 의한 상벌을 통하여 해결될 수 있지만, 반대로 완전경쟁이 잘 이루어지지 않는 시장에서는 과잉생산이나 과소생산 등의 문제가 발생한다. 현실적으로 완전경쟁이 잘 이루어지지 않는 시장은 어떤 경제행위에 대해서 지나친 상을 주고 다른 경제행위에 대해서 지나친 벌을 주고 있든지, 아니면 상과 벌을 거꾸로 주고 있는지도 모른다. 이러한 문제는 제3장 정부와 시장의 실패를 논의할 때 자세히 살펴보도록 한다.

정석 사고 시장의 3대 경제문제는 무엇을, 어떻게, 그리고 누구를 위해 생산할 것인가이다. 이러한 문제들이 시장의 가격기구를 통하여 자율적으로 해결된다는 점이 시장경제의 핵심이다.

제2절 시장경제의 균형

정석 재정학

경제학에서 균형이라는 개념은 18세기 뉴튼역학이라는 물리학에서 원용한 것이다. 그것은 생태학이나 생물학에서 평형이라고 부른 개념과도 상통한다. 물리학이나 생물학에서 통용되는 균형 혹은 평형은 외부로부터 충격이 없는 한 이탈하지 않고 그대로 유지하려는 상태이다. 그리고 균형에서 벗어나도 곧 회복하는 힘이 작용하면 안정적 균형이라고 한다. 경제학에서 말하는 시장경제의 균형도 이와 유사하다.

시장경제는 경쟁과 수요 · 공급의 상호작용에 의해 효율적으로 자원을 배분할 수 있다. 그리고 모든 경제주체들은 시장상황의 변화를 수요와 공급에 의해 결정된 가격의 변화를 통해 인식할 수 있다. 따라서 수요와 공급이 일치하여 시장가격이 변화하지 않고 있는 상태를 시장경제의 균형이라고 할 수 있다. 보다 엄밀히 정의하면 수요와 공급이 일치하여 새로운 교란요인이 없는 한 현재의 상태를 유지하려는 것을 **시장경제의 균형**(equilibrium)이라고 한다.

직관적으로 말해서, 시장경제에서 수요는 어떤 재화에 대한 소비자의 욕망을 나타내고, 공급은 그 재화의 생산비용을 나타낸다고 할 수 있다. 그리고 생산비용은 그 재화의 생산에 필요한 자원의 양을 반영한다. 따라서 시장경제의 균형은 소비자들의 무한한 욕망을 시장가격에 의해 한정된

(욕구충족의 수단인) 자원의 양으로 제한하고 있는 상태라고 해석할 수 있다.[2)]

경제학을 배우려는 사람들에게 이해시키기 어려운 개념 중 하나가 시장균형개념이다. 시장경제의 균형을 이해하기 위해서 "생물학과 경제학 사이에 존재하는 유사점을 찾아보면 이해를 높일 수 있다"는 말을 되새겨볼 필요가 있다.[3)] 생물학처럼 경제학도 노동의 분업이 가져오는 이익에 관심을 갖고 있다. 벌집 속의 꿀벌들은 노동, 방어, 간호, 재생산에 각각 특화되어 활동한다. 인간들도, 꿀벌들이 협동을 통하여 집단의 노력을 나누는 것처럼, 분업과 전문화를 통하여 늘어난 생산물을 시장을 통하여 나눈다.

이러한 분업과 전문화는 모든 생물에서 관찰된다. 예를 들어 나무의 잎과 줄기, 인간의 손과 발이 서로 다른 역할을 하고 있다는 것을 관찰할 수 있다. 생물학적 진화를 통해 주어진 환경에서 가장 효율적으로 조직된다는 것은 주어진 에너지를 투입하여 최대의 성과를 얻는다는 의미도 된다. 마찬가지로 경제학에서는 기업이 생산요소를 결합시켜 주어진 비용으로 최대의 생산량을 산출해 내는 방법에 관심이 있다. 역시 가장 잘 적응하는 동물과 식물들만이 변화하는 환경에서 생존하듯이, 가장 적합한 기업만이 생존할 수 있다.

가장 큰 유사점으로서 경제학과 생물학은 개별단위들 사이의 상호의존성을 잘 이해하고 있다. 자연생태계에는 아무런 조정 없이 무의식적으로 개체들간의 조화로운 상호작용이 존재한다. 경제학에서도 경쟁적 균형과 같이 중앙의 계획이나 의식적인 조절 없이 개별단위들이 자신의 이익만을 좇아 경쟁하면서도 놀라운 균형과 조화를 이루어낸다. 개별생산자들과 개별소비자들이 의식적으로 조절하지 않고서도 입고 먹고 마실 것을 계속 공급하는 것처럼 개별단위들이 상호의존하고 있는 것이다. 생물학에서의 공생의 원리처럼 경제학에서는 자발적 교환의 원리가 작용하기 때문이다. 애덤 스미스의 말은 그러한 '**보이지 않는 손**'의 의미를 웅변해준다.

> 우리가 저녁을 기대할 수 있는 것은 푸줏간 주인, 술도가 주인, 빵집 주인의 자비심 덕분이 아니라, 자기 이익을 챙기려는 생각 덕분이다. 우리는 그들의 박애심이 아니라 자기애에 호소하며, 우리의 필요가 아니라 그들의 이익만을 이야기할 뿐이다.(A. Smith, 『국부론』, 1776, pp.26-27)

이 문구만 잘 읽어보아도 어떻게 시장에서 분업과 조화로운 거래가 이루어지는지를 파악할 수 있다.

이와 같이 생물학과 경제학은 유사한 점을 무척 많이 가지고 있다. 그러나 모든 사물에는 겉과

속이 있듯이, '겉'과 달리 두 학문의 '속'을 살펴보면 차이가 있는 것도 알 수 있다. 생물학적 진화가 의식적 계획이 필요 없는 데 반해 경제적 진화는 경제주체들이 의식적으로 행동을 바꾼 결과 나타나는 특징이 있다. 생물학의 세계에서 자연선택(natural selection)은 체계적이지만 의도나 노력 없이 자연적으로 이루어진다. 반면 경제학의 세계에서는 자연선택과정이 우리 자신과 환경까지 바꾸는 우리의 생존능력에 의존하므로 자연적이지 않다. 생물학이 자연중심이라면 경제학은 인간중심의 학문이며, 우리 인간의 의지를 중요시하는 것이다.[4)]

정석 사고

시장경제의 균형은 생물학의 몇몇 주제와 맥락이 닿는다. 그중에서 곤충이 보여주는 노동의 분업과 전문화, 생물학적 진화, 생태계의 공생의 원리와 상호의존성은 시장경제의 균형을 이해하는 데 핵심적인 것이다.

제3절 정석 재정학 공공경제의 이해

앞 절에서 살펴본바, 자연의 상호의존성 때문에 한번 파괴된 자연이 다시 복구되는 데에는 고통의 시간이 필요하듯이 경제도 균형이 파괴되면 복구되는 과정에서 실업, 임금하락, 물가상승, 환율상승 등의 고통의 시간이 요구된다. 우리가 이러한 고통의 시간을 단축하고 균형으로 복귀하는 과정을 원활히 할 수 있는 방법이 있다면 그것을 모색할 필요가 있다. 환자에게 주사를 놓아 회복을 돕는 것과 마찬가지로 정부가 민간부문의 경제활동에 개입하여 조정하는 공공부문의 역할이 있을 수 있다.

로버트 노직(R. Nozick)과 같은 자유주의자들도 공공부문이 맡아야 할 최소한의 역할을 인정하였다. 이들이 말하는 최소국가론에 따르면, 정부는 최소한 범죄로부터 국민을 보호할 의무가 있으며, 시장경제에서 체결되는 계약이 잘 이행되도록 강제하는 역할을 해야 한다. 그리고 이를 위해서 세금을 거두고 지출을 해야 한다. 밀턴 프리드만(M. Friedman)과 같은 신자유주의자는 운동경기에 비유하여 정부가 소유권보호나 독과점규제와 같은 것을 통해 시장이 원활히 작동되도록 하는 심판의 역할과, 국방, 외교와 같은 재화나 서비스를 직접 생산 · 공급하는 경기자의 역할을 한다고 하였다. 더 나아가 시장경제에 의하여 효율적인 자원배분이 달성된다고 하더라도 공평한 분배가 달성된다는 보장이 없기 때문에 정부의 또 다른 역할이 주어진다고 하였다. 다시 말해 불평등과 파괴된 균형의 복구과정에 따르는 고통은 사회적 불안정을 초래하는 등의 역기능이 있으므로 이에 정부가 개입한다는 것이다.

공공부문의 역할을 수행하는 정부의 경제행위와 그것이 다시 경제에 어떠한 영향을 미치는가를 연구하고 분석하는 것이 **재정학** 또는 공공경제학이라고 할 수 있다. 정부를 포함한 공공부문의 경제행위가 갖는 주요한 특징은 행위의 주체가 국민들이 선출한 사람 또는 그 대리인이라는 점, 강제력을 가진다는 점, 강제력이 누구에게나 적용되는 보편성을 가진다는 점, 무료교육서비스와 같이 비시장배분의 방법에 의해 재화나 서비스가 배분된다는 점이다. 물론 보금자리주택처럼 정부가 직접 생산하고 공급하는 경우에는 시장을 통해 배분을 할 수도 있다.[5)] 이와 같이 공공부문이 영향을 미치는 경제영역을 **공공경제**라고 한다. 따라서 공공경제는 시장경제와 상호보완적이며, 시장경제와 중첩될 수도 있다.

그림 1-1 은 시장경제와 공공경제의 차이를 요약하고 있다. 먼저 머스그레이브(R.A. Musgrave)는 개인의 욕구가 사적 욕구와 공공욕구로 나뉘고, 공공욕구는 다시 사회적 욕구(공동욕구)와 가치욕구로 구분된다고 한다. 사회적 욕구는 국방, 치안과 같은 순수공공서비스에 대한 욕구이며, 가치욕구는 온정적 간섭주의에 의해 제공되는 학교급식, 무료교육과 같은 준공공서비스에 대한 욕구를 말한다. 따라서 경제주체가 가계나 기업인 시장경제는 사적 욕구를 충족시키는 데 그 목적이 있다면, 정부나 공공단체가 경제주체인 공공경제는 공공욕구를 충족시키는 데 그 목적이 있다.

그리고 시장경제는 사적 욕구를 교환을 통한 시장원리에 의해 충족시킨다면, 공공경제는 공공욕구를 정치적으로 정해진 예산원리에 의해 충족시킨다. 또한 시장경제에서는 개인이 지불한 비용에 상응하는 재화의 가치로 보상받지만, 공공경제의 경우에는 개인이 조세로 부담한 희생과 동등한 이익으로 보상받는다고 보기 어렵고 모든 국민이 골고루 혜택(이익)을 받는다고 보아야 할 것이다. 즉, 공공경제는 일반보상의 원리를 따른다고 생각할 수 있다. 앞에서도 말한 것처럼 서로 다른 원리가 한 경제부문에만 적용되는 것은 아니고 서로 중첩되는 경우도 있다는 것에 주의하기 바란다.

그림 1-1 시장경제와 공공경제의 차이

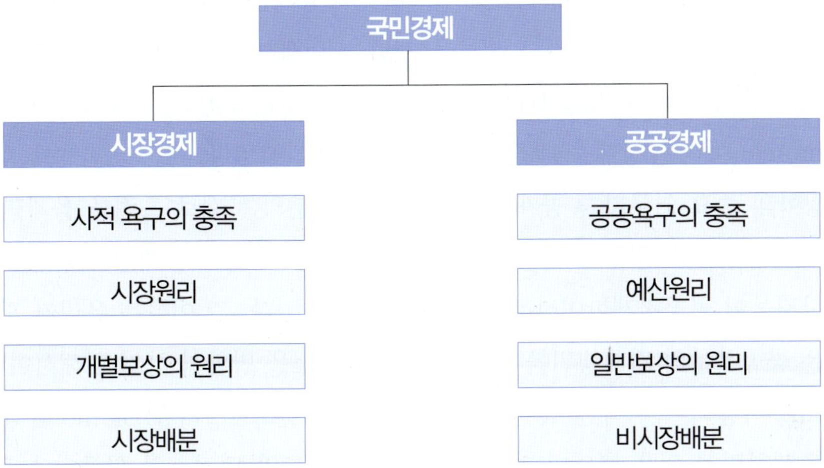

(1) 재정학의 발전과정

근대적 의미에서의 재정학 또는 공공경제학이라는 분야는 애덤 스미스(1776)에 이르러 시작되었다고 할 수 있다. 그 후 재정학 분석은 조세의 부담이 누구에게 가는가 하는 관점에서 분배이론을 내세운 리카도(D. Ricardo, 1817), 『재정학연구(A Study in Public Finance)』를 출판한 피구(A.C. Pigou, 1928) 등에 의해 경제학의 독립된 분야로서 큰 발전을 이룩하였다.

특히 19세기 후반에 이르러 재정학은 후생경제학과 함께 상호보완적으로 발전하였다. 후생경제학이란 어떤 경제상태에 있어서의 사회후생을 다른 경제상태에서의 사회후생과 비교하여 그 우열을 판단하는 이론적 체계를 말한다. 처음 후생경제학이라는 용어를 사용한 경제학자는 피구로, 그의 저서 『후생경제학(Welfare Economics)』(1920)에서 유래하였다. 이 시기에는 정부의 경제적 역할이 사회후생을 극대화하는 것이므로 재정학과 후생경제학을 구분하기 힘들게 되었다.

1930년대 세계대공황을 겪으면서 거시경제학적인 분석이 주류를 이룸에 따라 재정학의 성격에도 큰 변화가 일어났다. 소위 케인즈혁명(Keynesian revolution)을 맞게 되었다. 이에 재정학분석은 주로 후생경제학적 재정문제에 초점을 맞춰왔던 경향에서 벗어나 경제안정과 관련된 재정기능에 초점을 맞추는 흐름으로 바뀌었다.

그러나 1950년대에 들어와서는 애로우-드브루(K. Arrow and J. Debreu)의 일반균형이론의 등장과 더불어 미시적 자원배분의 문제에 초점을 맞추는 연구가 다시 주류를 이루게 되었다.

1954년 새무엘슨(P. Samuelson)에 의해 발표된 한 편의 논문은 재정학을 다시 미시적인 경제분석으로 바꾸어놓은 대표적 연구라고 하겠다. 그는 「공공지출의 순수이론(The Pure Theory of Public Expenditure)」에서 공공재라는 새로운 개념을 소개하여 현대적 의미의 재정학분석을 하였다. 이러한 경향을 반영하여 머스그레이브(R.A. Musgrave, 1959)는 『재정학이론(The Theory of Public Finance)』이라는 당대를 대표하는 교과서를 출간하였다.

따라서 재정학의 주요 연구가 공공재나 미시적 자원배분의 문제로 초점을 옮기면서 현대적 의미의 재정학이 탄생했다고 말할 수 있다. 그러나 수백 년을 내려오는 재정학이라는 이름 대신 적지 않은 경제학자들이 공공경제학이라는 이름을 사용하고 있다. 그 이유는 우리가 관심을 갖는 분야가 정부 혹은 공공부문의 경제행위를 분석하고 있다는 것을 명확히 하기 위해서이다. 이러한 이름이 본격적으로 사용되기 시작한 것은 1970년대 다이아몬드-멀리스(Diamond and Mirrlees, 1971)의 최적조세혁명이 있은 후였다고 하겠다. 다이아몬드와 멀리스의 쌍둥이 논문으로 시작된 이 혁명은 정교한 이론과 실증분석을 통하여 공공경제학이 경제학의 한 분야로 공고히 자리 잡는 데 결정적 기여를 하였다. 이러한 흐름은 앳킨슨-스티글리츠(Atkinson and Stigliz, 1980)의 『공공경제학 강의(Lectures on Public Economics)』라는 기념비적 교과서에 의해 완성되었다고 볼 수 있다. 한편 1990년대에 와서는 게임이론과 불확실성을 공공경제학에 적용하려는 새로운 흐름이 미시적 자원배분에 관한 연구의 일부를 이루면서 발전하고 있다.

이러한 경향들을 반영하자면 공공경제학이라는 이름이 더 적합할지 모르지만 이 책은 수백 년의 전통을 살려 재정학이라는 이름을 그대로 사용할 것이다. 최근의 흐름을 반영한 현대적 의미의 재정학분석을 위해 시장경제를 이해하고 정부개입의 의미와 시장실패의 관계를 주로 미시적으로 분석하는 데 중점을 둘 것이다. 그리고 정부의 지출 측면에서 공공재의 효율적인 공급과 공공선택이론, 동태적 효율성으로서의 편익-비용분석을 논할 것이다. 또 정부의 수입 측면에서 조세제도를 살펴보고 최적조세혁명의 내용을 소개할 것이다. 마지막으로 소득분배와 사회복지, 지방재정, 재정적자와 공채론, 공공요금이론 등을 설명할 것이다.

(2) 재정의 3대 기능

앞에서 기술한 것처럼, 재정학이란 조세 및 지출정책과 같은 정부의 정책들이 경제에 어떠한 영향을 미치고 소비자 및 생산자의 후생에 어떠한 변화를 가져오는지를 연구하는 학문이다. 그래서 재정을 정부의 경제, 재정학을 정부의 경제학이라고도 정의한다.[6] 정부를 국민경제 내에서 하나의 경제행동주체로 볼 때 정부가 설정하는 정책목표나 정부가 수행하는 기능은 자원배분기능, 소득분배기능 그리고 경제안정화기능으로 크게 나누어볼 수 있다.

자원배분기능

경제 내 존재하는 각종 자원을 개인의 욕구를 충족시키기 위해 용도별로 배분 이용하는 것을 **자원배분**이라고 한다. 시장경제에서는 자원의 배분이 가격기구를 통해 이루어지지만 항상 가장 바람직하게 실현되는 것은 아니다. 현실의 경제에서는 독과점 등과 같은 비경쟁적 불완전성이 존재하기 때문이다. 그러므로 정부는 자원을 가장 바람직한 상태로 배분해야 하는 필요성을 가진다. 물론 이때 정부개입은 필요조건이지 충분조건은 아니다. 정부가 시장보다 훨씬 더 효율적이라는 보장이 없기 때문이다. 오히려 정부의 개입으로 자원배분상태가 더욱 악화될 수도 있다. 따라서 정부의 자원배분기능은 어디까지나 필요한 기능이지 필수적 기능은 아니다.

소득분배기능

시장경제에서 소득분배는 개인이 소유하는 생산요소의 양과 생산요소의 한계생산력에 의해 결정된다. 비록 시장이 효율적인 자원배분을 달성하더라도 시장기구에 의한 소득분배가 항상 바람직하고 적정하다는 보장이 없다. 소득의 일부가 상속과 증여를 통해 축적되면 오히려 공평치 못한 소득분배상태를 조성할 수 있다. 또한 가난한 자들에게 최저생활을 보장해주어야 하고, 경제적 약자를 보호해야 한다는 데 모든 사회구성원들이 동의하므로 정부가 이를 조정하는 일이 필요하다.

그러나 재정적 수단을 비롯해 그 밖의 수단에 의해 소득과 부의 분배를 조정하기 위해서는 무엇이 공평한 분배인가에 대한 사회적 합의가 있어야 한다. 다시 말해서 어느 정도의 소득분배상태가 가장 바람직하고 적정한가를 정하는 것이다. 사회적으로 공평하고 적정한 분배상태에 대한 가치판단은 사회구성원의 성향과 합의 정도에 의해 결정되는 **사회정의의 문제**라고 할 수 있다. 사회정의의 실현을 위해서도 정부는 소득분배기능을 적극적으로 수행한다.

경제안정화기능

경제의 안정화란 생산자원의 완전한 이용과 화폐가치의 안정적 유지라고 할 수 있겠다. 경제전체를 볼 때 생산자원의 완전한 이용은 완전고용을 의미하며, 화폐가치의 안정적 유지는 물가안정과 국제수지균형을 뜻한다.

시장경제의 본질적인 불완전성은 주기적인 경기변동 또는 경기순환(business cycle)에 있다. 경기상승기에는 고용이 늘고 물가가 올라가는 경향이 있고, 경기침체기에는 고용이 줄고 물가가 하락하는 경향이 있다. 한국의 IMF금융위기에서 보듯이 경기침체기에는 물가가 하락하고 고용이 줄며 생산이 감소하는 등 모든 경제지표가 하락하는 동행효과를 보인다. 반대로 경기상승기에는 모든 경제지표가 상승하는 동행효과를 보인다. 따라서 이러한 효과를 상쇄하면서 경기변동을 줄이고 경제를 안정화하기 위해서는 정부의 여러 정책이 필요하다. 이것을 재정의 **경제안정화기능**이라고 한다. 그런데 물가안정과 완전고용이 상호양립할 수 있는가에 대해서는 논쟁의 여지가 많다.

그리고 어떠한 정책수단으로 경제안정화를 꾀해야 하는지도 중요한 문제이다. 경제안정화를 위해 정부가 사용할 수 있는 대표적인 거시적 정책수단으로 재정 · 금융정책을 들 수 있다. 경기가 불황일 때라면 통화정책이 무력할 수 있고, 대외의존도가 높은 개방경제에서라면 재정정책이 무력할 수 있다(이에 대해서는 제16장에서 자세히 살펴볼 것이다). 따라서 경제안정을 이루기 위해서 가능한 모든 수단을 결합하여 적절한 폴리시믹스(policy mix)를 운영하는 데 정부의 역할이 있다.

한편 경제안정을 위한 정부개입이 바람직한가에 대한 논란도 있다. 일부 학자들은 이러한 정부개입이 오히려 경제를 더욱 불안하게 할 수도 있다고 지적한다.

정석 사고

재정은 정부의 경제이며, 정부를 하나의 경제주체로 볼 때 정부가 수행하는 재정기능에는 자원배분의 기능, 소득분배의 기능 그리고 경제안정화의 기능이 있다. 경제안정화기능을 위한 대표적 정책수단으로 재정 · 금융정책이 있다. 그러나 경제안정을 위한 지나친 정부개입은 경제를 더욱 불안정하게 할 수 있다.

정석 사례연구

시장경제와 공공경제

공항안전은 민간부문의 시장경제에서 생산하는 것이 효율적인지 아니면 공공부문에서 생산하는 것이 효율적인지에 대한 논란이 있었다. 2001년 미국에서 이러한 논란이 있었는데, 민간부문에서 생산하는 것이 효율적이라고 믿는 사람들은 이스라엘의 예를 들었다. 이스라엘 정부는 단지 안전기준만 제시하고 그 기준을 지키도록 법을 집행하는 일에만 관여하며, 이윤을 추구하는 민간기업이 수하물을 검색하고 밀수품 등을 찾아내는 일을 담당하였다.

반면에 공공부문에서 생산하는 것이 좋다는 근거는 세 가지 정도였다. 첫째, 이윤을 추구하는 민간기업은 이윤을 늘리기 위해 안전요원들에게 매우 낮은 봉급을 주고 제대로 훈련을 시키지 않는다. 둘째, 예측하지 못한 수많은 사건들까지 포괄하는 민간계약서를 작성한다는 것은 불가능하다. 셋째, 민간기업이 운영하면 공항마다 다른 안전수준을 제공하게 된다.

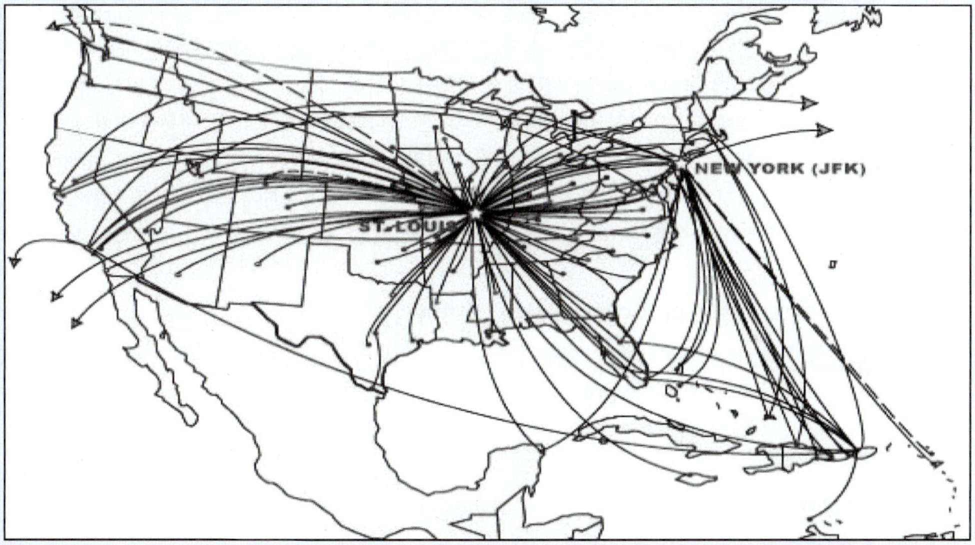

이 논쟁은 결국 2001년 11월에 '교통안전국'이라는 새로운 정부기관이 만들어지면서 공항안전은 공공부문이 생산하는 것으로 마무리되었다. 그러나 이 기관의 효율성을 조사한 한 연구에 따르면, 공공부문에서 생산하는 공항안전이 실제로 안전을 증진시키지 못했을 뿐만 아니라 공항에 기관 산하의 새로운 센터를 만들어 여러 전시품을 구입하는 데 예산을 낭비하였다. 미국의 공항 중 5개 공항은 민간기업에 의한 공항안전요원을 고용하고 있었는데, 그 요원들이 오히려 가짜 밀수무기들을 적발해내는 성과를 올렸다.[7)]

제1편 제2편 제3편 제4편 제5편

정석 기본문제

1. 경제학에서 사용하는 합리적인 자원배분의 기준에 대하여 설명하라.

정석 힌트 효율성과 공평성을 말한다. 효율성기준은 최소의 비용으로 최대의 효과를 달성하는가의 여부를 보는 것이며, 공평성기준은 부와 소득의 분배가 능력에 따라 자유롭고 공정하며 평등하게 이루어지는가를 보는 것이다.

2. 시장경제에서 자원배분에 관한 문제를 설명하라.

정석 힌트 무엇을 생산하는가의 문제, 어떻게 생산하는가의 문제, 누구에게 분배하는가의 문제이다. 이러한 문제들을 해결하기 위한 하나의 수단이 '시장경제'이다.

3. 자연생태균형과 시장경제의 유사점과 차이점에 대하여 설명하라.

정석 힌트 곤충세계가 보여주는 노동의 분업과 전문화, 생물학적 진화, 생태계의 공생원리와 상호의존성은 시장경제에서의 노동의 분업과 전문화, 적자생존, 자발적 교환의 원리와 상호의존성 등과 유사하다. 그러나 생물학적 진화가 의식적 계획이 필요 없는 데 반해 경제적 진화는 경제주체들이 의식적으로 행동을 바꾼 결과 나타나는 특징이다. 생물학의 세계에서 자연선택은 체계적이지만 의도나 노력 없이 자연적으로 이루어진다. 반면 경제학의 세계에서는 자연선택과정이 우리 자신과 환경까지 바꾸는 우리의 생존능력에 의존하므로 자연적이지 않다. 생물학이 자연중심이라면 경제학은 인간중심의 학문이며, 우리 인간의 의지를 중요시한다.

4. 공공경제와 시장경제의 차이에 대하여 설명하라.

정석 힌트 시장경제는 교환을 통한 시장원리, 개별보상의 원리, 시장을 통한 배분에 의해 사적 욕구를 충족시킨다. 반면에 공공경제는 정치적으로 정해진 예산원리, 일반보상의 원리, 비시장적 배분에 의해 공공욕구를 충족시킨다.

5. 공공부문의 경제행위가 갖는 특징을 설명하라.

정석 힌트 경제주체가 국민들이 선출한 사람(또는 대리인)이라는 점, 합법적으로 강제력을 가진다는 점, 강제력이 누구에게나 적용되는 보편성을 가진다는 점, 무료교육서비스와 같이 비시장배분의 방법에 의해 재화와 서비스가 배분된다는 점이다. 때때로 주택처럼 정부가 직접 생산 · 공급할 경우 시장을 통해 배분을 할 수도 있다.

6. 재정의 3대기능에 대하여 설명하라.

정석 힌트 정부가 수행하는 재정기능으로 자원배분기능, 소득분배기능 그리고 경제안정화기능을 들 수 있다. 경제안정화기능을 위한 대표적 정책수단으로 재정 · 금융정책이 있다. 그러나 지나친 정부의 개입은 경제를 더욱 불안정하게 할 수 있다.

정석 심화문제

7. 애덤 스미스의 '보이지 않는 손'의 작용에 대하여 설명하고, 그것을 개개인의 최적화행위가 사회적으로 항상 바림직한 것은 아니라는 '구성의 오류'와 관련지어 기술하라.

정석 힌트 애덤 스미스는 각 개인들이 자신의 이익을 좇아 최선을 다하면 사회적으로도 바람직하다고 보았다. 우리가 저녁식사를 할 수 있는 것은 푸줏간 주인이나 빵 제조업자의 박애심 덕분이 아니라 그들의 이기심 때문이라는 것이다. 그러나 공평성의 측면이라든지 경기안정의 측면에서는 개개인의 최적화행위가 사회적으로 더 나쁜 결과를 가져올 수 있다. 잘 알려진 '용의자의 딜레마'처럼 개인은 자신의 이익을 극대화하려고 노력하지만 사회적으로 가장 바람직한 결과가 나타나지 않을 수 있다. 이런 사례로 '공유지의 비극'이나 '공공재 혜택의 무임승차', '절약의 역설', '해고의 역설(불황으로 개별기업들이 모두 대량해고 하면 상품의 수요부족으로 오히려 불황이 심화될 수도 있다)' 등이 있다.

8. 밀턴 프리드만(M. Friedman)은 정부의 역할을 운동경기에 비유하였다. 그의 관점에서 정부의 역할을 설명하라.

정석 힌트 밀턴 프리드만과 같은 신자유주의자는 정부의 역할을 운동경기에 비유하면서, 정부는 소유권 보호나 독과점규제 등을 통해 시장이 원활히 작동되도록 하는 심판의 역할과, 국방 · 외교와 같은 재화나 서비스를 직접 생산 · 공급하는 경기자의 역할을 한다고 하였다.

9. 다음 글을 읽고 물음에 답하라.

> 머스그레이브는 개인의 욕구를 (가)와 (나)로 나누고, (나)를 다시 (다)와 (라)로 구분한다. 그에 따르면 국방, 치안과 같은 순수공공서비스에 대한 욕구는 (다)이며, 온정적 간섭주의에 의해 제공되는 학교급식, 무료교육과 같은 준공공서비스에 대한 욕구는 (라)에 해당된다.

[1] (가)와 (나)에 알맞은 말을 넣고, 양자의 차이로 인해 생기는 경제부문에 대하여 설명하라.

정석 힌트 (가)는 사적 욕구를, (나)는 공공욕구를 말한다. 경제주체가 가계나 기업인 시장경제는 사적 욕구를 충족시키는 목적으로 존재하며, 공공욕구를 충족시키는 목적으로 공공경제가 존재한다.

[2] (다)와 (라)에 알맞은 말을 넣고, 각각에 해당하는 재화의 특징은 무엇인지 설명하라.

정석 힌트 (다)는 사회적 욕구를, (라)는 가치욕구를 말한다. 지문에서 말하는 것처럼 사회적 욕구를 충족시키기 위해 제공하는 재화를 순수공공재, 가치욕구를 충족시키기 위해 제공하는 재화를 준공공재적 재화, 즉 가치재(merit goods)라고 한다. 국방, 치안과 같은 순수공공재는 모두가 공동소비하고 아무도 배제되지 않는 재화이며, 학교급식, 무료교육과 같은 가치재는 사용재의 성격을 가지지만 온정적 간섭주의에 입각해서 제공되는 재화이다.

10. 재정학에서 정부의 경제적 행위를 분석할 때 보통 다음 세 가지 측면을 살펴본다. 첫째, 정부의 어떤 행위가 어떤 의사결정과정을 통해 나타나는지 살펴본다. 둘째, 정부의 어떤 행위가 국민경제적 효과를 가지는지 살펴본다. 셋째, 정부의 어떤 행위가 여러 대안들 중 가장 바람직한 것을 선택한 것인지 살펴본다. 이러한 측면을 고려할 때, '큰 정부, 작은 시장', '작은 정부, 큰 시장'과 같은 논쟁에서 단순히 재정규모(GDP 대비 정부지출규모)만을 보고 큰 정부, 작은 정부가 규정될 수 없다. 그 이유를 설명하라.

정석 힌트 재정규모 혹은 정부의 예산의 크기만을 따져보면 아주 작지만 정부의 각종 규제와 정책으로 시장의 자율성을 크게 제한한다면 겉보기에는 작은 정부이더라도 속을 보면 큰 정부일 수 있다. 다시 말해서 첫 번째 측면의 민주적 의사결정과정을 통해 예산이 작게 결정되더라도 두 번째 측면에서 그 경제적 효과가 크다면 큰 정부라고 할 수 있다. 우리나라의 경우도 재정규모면에서는 선진국에 비해 작은 편이지만 각종 규제와 정책, 그리고 그 경제적 효과가 커서 작은 정부라고 보기 어려운 측면이 있다.

제2장
시장경제의 균형과 후생

모든 사람이 현재 감각적이고 타산적인 유혹에 저항하여
항상 깨어 있고 충분히 현명하다면,
정의와 평등을 지키는 강한 관심,
즉 일반적이고 객관적인 관심을 가지고
인내하는 강한 정신을 가졌다면
정부나 정치사회 같은 것은 없었을 것이다.
그리고 자연의 법칙에 따르는 자유의지로
서로 평화롭고 조화롭게 살았을 것이다.

– David Hume –

제1장에서는 시장경제가 바람직한 상태를 유지하려는 힘에 의해 균형을 이룰 수 있으며, 시장경제와 공공경제가 어떤 차이를 가지는지 이해하였다. 그리고 정부의 경제행위와 그것이 다시 경제에 어떠한 영향을 미치는가를 연구하고 분석하는 것이 재정학 또는 공공경제학이라고 하였다. 정부의 목표는 국민의 후생증진에 있으므로, 정부의 경제행위를 평가할 때의 기준은 당연히 국민의 후생을 증진시키는지의 여부라고 볼 수 있다. 이러한 배경으로 재정학에서 필수적인 분석틀이 바로 후생경제학이다. 후생경제학은 여러 경제상태에 대해서 어느 상태가 사회적으로 가장 바람직한가를 평가하는 규범적 틀을 공부하는 학문이다.

이 장에서는 후생경제학의 가장 중요하면서도 기본적인 세 가지 공준을 학습하고자 한다. 후생경제학의 기본적인 세 가지 공준은 다음과 같다.[1] 첫째, 경쟁적 시장경제에서 주어진 재화의 한 단위에 대한 수요가격은 소비자가 그 한 단위에 대해 가지는 가치를 의미한다(후생경제학의 제1공준). 둘째, 경쟁적 시장경제에서 주어진 재화의 한 단위에 대한 공급가격은 공급자가 그 한 단위에 대해 가지는 가치를 의미한다(후생경제학의 제2공준). 셋째, 정부의 경제행위로부터 발생하는 편익과 비용은 누구로부터 발생했는가와 상관없이 각 개인으로부터 발

제2장 시장경제의 균형과 후생

생하는 편익과 비용의 합계로 평가한다(후생경제학의 제3공준).

먼저 후생경제학의 세 가지 공준을 증명하기 위해 필요한 미시경제학적 내용을 설명하고, 이를 통해서 세 가지 공준을 하나하나 살펴볼 것이다. 따라서 이 장의 학습내용은 경쟁적 시장경제에서 소비자균형을 통해 수요가격의 후생적 의미를, 생산자균형을 통해 공급가격의 후생적 의미를 파악하는 것이다. 마지막으로 시장경제의 균형을 통해 사회적 후생의 의미를 살펴볼 것이다. 이와 더불어 후생경제학의 여러 정리들도 다루고자 한다.

이 장에서 배울 것

- 시장경제에서 소비자균형이란?
- 소비자균형에서 재화의 수요가격과 가치의 관계(후생경제학의 제1공준)는?
- 시장경제에서 생산자균형이란?
- 생산자균형에서 재화의 공급가격과 가치의 관계(후생경제학의 제2공준)는?
- 시장경제의 균형과 파레토효율성의 의미는?
- 시장경제의 사회적 후생(후생경제학의 제3공준)이란?
- 경쟁시장균형과 후생경제학의 정리들의 의미는?

제1절 소비자의 균형

이 절에서는 후생경제학의 제1공준(the first postulate of welfare economics)을 증명하는 미시적 분석을 통해 경쟁적 시장경제에서 소비자균형을 이해하고 이때 결정되는 수요가격의 후생적 의미를 살펴보고자 한다. 이를 위해 후생경제학의 기본분석도구인 무차별곡선부터 설명한다.

1. 효용과 무차별곡선

과거 철학자와 경제학자들은 효용(效用)이라는 개념을 개인의 총후생지표로서 사용하였다. 그들은 효용을 개인의 행복의 지표라고 생각하였다. 그런데 어떻게 효용을 측정할 수 있는가 하는 문제에 부닥쳤다. 경제학자들은 효용을 행복의 지표로 보는 관점을 버리기 시작했다. 대신 효용을 소비자의 선호를 나타내는 수단으로 이해하려고 했다. 이것이 소비자이론의 핵심이다. 따라서 효용의 극대화란 자신이 가장 선호하는 것을 선택한다는 의미로 좁게 해석해야 한다.

(1) 효용

효용(utility)이란 어떤 소비자가 일정기간 동안 일정량의 재화를 소비하였을 때 얻을 수 있는 주관적인 만족감이다.[2] 재화의 소비량이 증가하면 효용(총효용)이 증가하지만 어느 정도의 소비가 이루어지면 효용은 감소하게 된다.

이와 같이 총효용(U)은 재화의 소비량(Q)과 일정한 함수관계를 가지는데, 이것을 효용함수(utility function)라고 하며 다음과 같이 표현할 수 있다.

$$U = f(Q) \tag{2-1}$$

(2-1)식은 소비자의 기호와 시간단위가 일정하다는 것을 전제로 한다. 만약 Q를 어떤 **상품묶음**(선택가능한 재화들의 특정한 수량구성)이라고 가정하면, 현대적 의미에서 효용함수는 한 가지

상품묶음이 다른 상품묶음보다 더 선호되는지의 여부를 알 때 유용할 뿐이지 거기에서 얼마의 효용을 얻는지는 중요하지 않다는 데 주의하기 바란다.[3)]

(2) 한계효용

우리는 일상생활에서 여러 개의 빵을 먹은 상태에서 그 빵에 대한 만족감을 생각한다. 그러나 경제학에서는 빵 한 개마다의 만족감을 헤아리고 더해서 총만족감을 평가한다. 이처럼 재화 한 단위의 소비가 증가할 때 추가되는 총효용의 증가분을 **한계효용**(marginal utility)이라고 한다. 따라서 한계효용은 소비량의 증가분에 대한 총효용의 증가분이므로 아래와 같이 표시할 수 있다.

$$MU = \frac{\Delta U}{\Delta Q} \qquad (2\text{–}2)$$

여기서 MU는 한계효용, ΔU는 총효용의 증가분, ΔQ는 소비량의 증가분을 나타낸다. 이러한 한계효용이 재화의 소비가 증가함에 따라 점점 작아지는 현상을 **한계효용체감의 법칙**(law of diminishing marginal utility)이라고 한다.

(3) 무차별곡선

앞에서 논의한 것처럼 인간의 욕망은 무한한데 그 욕망을 충족시키는 수단은 유한하다. 물론 소비자의 욕망을 충족시키는 수단은 소득이 될 것이다. 따라서 소비자는 주어진 소득으로 효용을 극대화하도록 여러 재화를 구입할 것이다. 분석의 단순화를 위하여 소비자가 구매할 수 있는 상품묶음에는 x재와 y재라는 두 재화만 있다고 가정하자. 이때 소비자가 구매하는 x재와 y재의 특정한 수량구성을 한 가지 **상품묶음**이라고 한다. 이러한 상품묶음은 무수히 많을 수 있으며, 그중 어떤 상품묶음을 선택할지는 전적으로 소비자 개인의 선호, 소득, 그리고 재화의 가격에 의존할 것이다.

어떤 소비자 개인에게 한 상품묶음이 다른 상품묶음과 동일한 선호를 가진다는 것을 보통 무차별곡선으로 나타내는데, 이것은 효용함수의 일정한 수준을 보여준다. 다음 **표 2-1**에 제시된 동일한 만족을 주는 x재와 y재에 관한 상품묶음들을 통하여 무차별곡선을 이해하도록 하자. 표에 제시된 상품묶음 A, B, C는 어떤 소비자에게 동일한 만족을 주는 가상적인 상품묶음들을 나타내며, 이것을 연결한 궤적은 그림 2-1에 나타난 바와 같이 A점부터 C점을 통과하는 곡선이 될 것이다. 이 곡선을 **무차별곡선**(indifference curve)이라고 한다.[4] 따라서 무차별곡선은 소비자에게 동일한 만족을 주는 x재와 y재의 상품묶음들의 궤적이다.

표 2-1 선호가 무차별한 x재와 y재의 상품묶음

조합	x재	y재
A	5	15
B	8	10
C	11	7

그림 2-1 무차별곡선

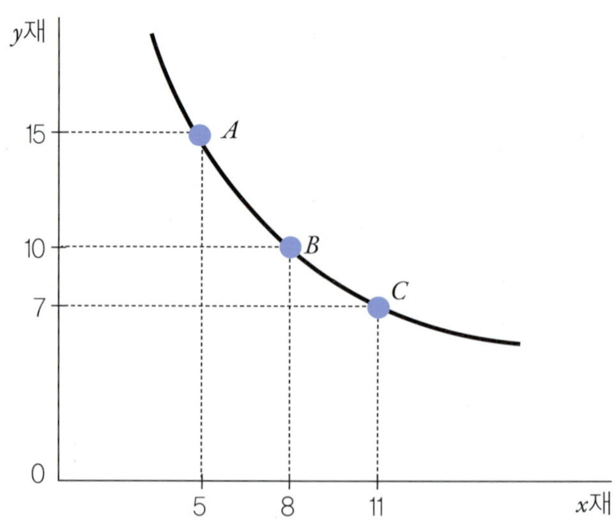

정석 사고

어떤 소비자가 일정기간 동안 일정량의 재화를 소비하였을 때 얻을 수 있는 주관적인 만족감을 효용이라고 한다. 추가적인 총효용의 증가분을 한계효용이라고 한다. 무차별곡선은 소비자에게 동일한 만족을 주는 x재와 y재의 상품묶음들의 궤적이다.

2. 소비자균형과 수요의 결정

(1) 가격선

앞 항에서는 소비자의 주관적 선호를 나타내는 무차별곡선에 대하여 살펴보았다. 다시 말해 소비자는 자신이 지출할 수 있는 범위 내에서 가장 선호하는 상품묶음을 선택한다. 이 항에서는 소비자가 지출할 수 있는 범위에 대해서 살펴본다.

일반적으로 소비자가 지출할 수 있는 범위는 예산제약선 또는 가격선으로 표시한다. 그러므로 **가격선**(price line)은 소비자의 소비지출행위에 대한 객관적 제약조건을 나타낸다. 소비자의 소득(M), x재 가격(P_x) 및 y재 가격(P_y)이 일정하게 주어져 있다고 가정하고 이때 소비자가 자신의 소득 전부를 x재와 y재의 구입에 지출하는 경우, 다음과 같은 관계가 성립한다.

$$M = P_x \cdot X + P_y \cdot Y \qquad (2\text{–}3)$$

여기서 X는 x재 구매량, Y는 y재 구매량을 나타낸다. 만약 소득이 100원이고 재화들의 가격이 각각 P_x=10원, P_y=5원일 때 (2–3)식을 좌표평면상에 나타내면 **그림 2–2** 의 직선 AB처럼 표시할 수 있다. 이것을 가격선(price line)이라고 하며, 주어진 재화의 가격에 대하여 일정한 소득으로

그림 2–2 가격선

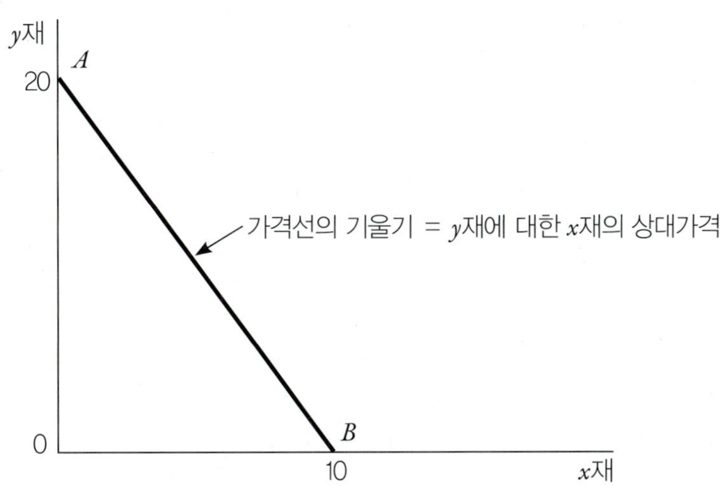

구매할 수 있는 두 재화의 상품묶음들로 이루어진 직선을 의미한다.

가격선의 기울기는 y재로 표시한 x재의 기회비용(opportunity cost of x in terms of y)을 나타낸다. 따라서 가격선의 기울기는 시장에서 x재 한 단위를 더 얻기 위하여 반드시 포기해야 하는 y재의 양을 나타낸다. 다른 말로 표현하면 x재의 객관적 가치를 y재 단위로 표시한 시장교환비율이며, 두 재화의 상대가격이다.

정석 사고

가격선은 시장기회선 또는 시장교환선이라고도 부르는데, 시장이 가격선상과 가격선내의 모든 상품묶음을 구매할 수 있는 기회를 제공한다는 의미가 있기 때문이다.

(2) 소비자균형과 수요의 결정

이제 무차별곡선과 가격선을 결합하여 소비자의 최적선택을 알아보고 이것이 소비자가 결정하는 수요와 어떻게 관련되는지 살펴보자. 소비자의 주관적인 선호를 나타내는 무차별곡선과 소비자가 시장에서 직면하는 객관적 조건을 나타내는 가격선을 고려하면 어떤 조건이 충족될 때 효용을 극대화하는 수요량이 결정되는지 알 수 있다.

먼저 소비자가 재화의 소비를 통해 얻는 효용(만족)을 극대화하기 위해서는 다음과 같은 조건이 충족되어야 한다.

첫째, 어떤 소비자가 마지막 단위로 구입하는 재화의 효용(한계효용)이 그 재화의 가격과 같아야 한다.

둘째, 어떤 소비자가 재화의 구매에 지출하는 소비지출액이 소비자 개인의 소득을 초과하지 않아야 한다.

그리고 두 재화를 구입하는 소비자의 선택문제를 고려할 때에는 두 재화의 한계효용비율(**한계대체율**)과 두 재화의 상대가격이 중요하다. 왜냐하면 한 재화의 구매가치와 다른 재화의 구매가치를 비교하여 두 재화의 구매조합을 결정하기 때문이다.

정석 사고

한계대체율은 동일한 효용수준을 유지하면서 x재 한 단위를 더 얻기 위하여 포기해야 하는 y재의 양을 말한다. 즉 y재로 표시한 x재의 상대가치를 나타낸다. 이 가치개념은 한계효용과도 밀접한 관련이 있다. 만약 x재 한 단위를 얻기 위해 y재 두 단위를 포기할 수 있다면, x재 한 단위의 만족도(한계효용)가 y재 한 단위의 만족도(한계효용)의 두 배라는 의미이다.

그림 2-3 은 가격선이 주어져 있을 때 소비자의 최적선택이 어디에서 이루어지는가를 보여준다. 먼저 어떤 소비자의 객관적인 시장제약조건을 나타내는 가격선 AG가 주어져 있다. 그리고 이 소비자의 선호를 나타내는 무차별곡선들 I_1, I_2, I_3, I_4가 나타나 있다. 소비자가 가격선을 따라 점 B, C, D로 이동함에 따라 같은 소득으로 보다 큰 효용수준을 나타내는 무차별곡선 I_1, I_2, I_3에 도달하다가 점 E, F로 이동함에 따라 다시 I_2, I_1로 돌아가는 것을 볼 수 있다. 이 과정에서 합리적인 소비자라면 가장 높은 효용수준을 나타내는 점 D를 선택할 것이다.

점 D는 소비자가 주관적으로 평가하는 y재에 대한 x재의 한계대체율과 두 재화의 상대가격이 일치하는 경우 효용을 극대화하는 최적선택이 된다. 이것을 **소비자균형**(消費者均衡)이라고 부르는데, 그 이유는 x재나 y재의 구입을 증가 또는 감소시킴으로써 효용을 증가시킬 여지가 없는 상태이기 때문이다. 소비자균형에서는 다음과 같은 소비자균형조건이 성립한다.

$$\text{한계대체율} = -\frac{\Delta Y}{\Delta X} = \frac{P_x}{P_y} = \text{가격선의 기울기(상대가격)} \qquad (2\text{–}4)$$

위 식을 이용하여 소비자가 왜 점 B나 점 C를 선택하지 않는지 그 경제적 의미를 살펴보자. 이러한 점들에서는 소비자가 주관적으로 평가하는 y재로 표시한 x재의 가치가 시장에서 객관적으로 정해진 y재에 대한 x재의 상대가격보다 더 크므로 x재 구입을 증가시키고 y재 구입을 감소시킴으

그림 2-3 소비자균형

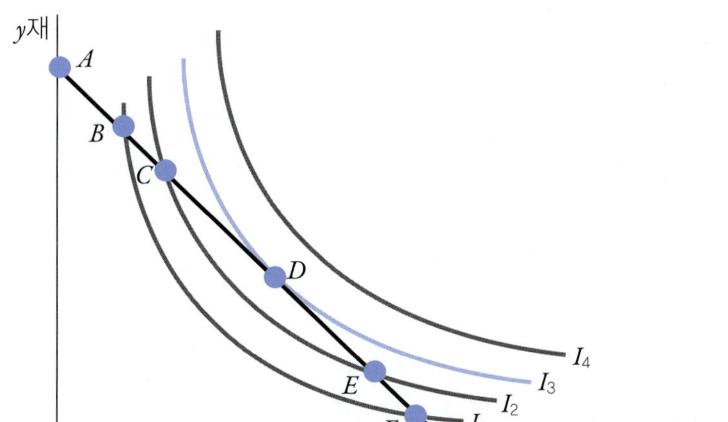

로써 효용을 증가시킬 수 있다. 마찬가지로 소비자가 점 E나 점 F를 선택하지 않는 이유는 소비자가 주관적으로 평가하는 y재로 표시한 x재의 가치가 시장에서 객관적으로 정해진 y재에 대한 x재의 상대가격보다 더 작으므로 x재 구입을 감소시키고 y재 구입을 증가시킴으로써 효용을 증가시킬 수 있기 때문이다.

한편 소비자균형조건식 (2–4)는 x재의 한계효용과 y재의 한계효용을 이용하여 다음과 같이 나타낼 수 있다.

$$\frac{x\text{재의 한계효용}}{y\text{재의 한계효용}} = \frac{P_x}{P_y} \qquad (2\text{–}5)$$

(2–5)식은 한계대체율이 x재를 y재로 표시한 상대가치개념이라는 사실에서 연유하며, x재의 주관적 가치가 x재의 한계효용이라는 것을 기억하면 쉽게 이해할 수 있을 것이다. 만약 y재를 화폐라고 가정하면 화폐 1원의 가격은 1원이므로 $P_y=1$이고, 화폐 1원의 한계효용이 1원이라고 가정하면 다음과 같은 관계식을 얻을 수 있다.

$$P_x = MU_x \qquad (2\text{–}6)$$

여기에서 MU_x는 x재의 한계효용을 나타내며, 이 식의 의미는 시장에서 x재의 가격이 주어지면 소비자는 그 가격에 자신의 한계효용이 일치하는 구매량을 결정한다는 것이다. 이것은 다음에 논의할 수요곡선과 밀접하게 관련된 중요한 개념이다.

> **정석 사고**
> 다른 재화를 화폐라고 하고 화폐 1원의 한계효용을 1원이라고 가정하면, 소비자는 자신이 구입하고자 하는 재화의 가격에 자신의 한계효용이 일치하도록 구매량을 결정한다.

(3) 수요함수와 수요곡선

시장에서 객관적으로 평가되는 재화의 상대가격은 시장상황에 따라 바뀔 수 있으며, 이로 인해 소비자균형점도 이동하여 효용극대화의 수요량이 변한다. 이때 어떤 재화의 가격과 수요량의 변화를 함수관계로 표시하면 소비자의 수요함수를 도출할 수 있다. 경제학에서 **수요**(demand)란 소비자가 재화나 용역을 구매하고자 하는 욕구를 말한다. 따라서 수요량이란 주어진 소득이라는 제약조건하에서 소비자의 효용을 극대화하는 구매량을 의미한다. 그리고 다른 조건이 일정불변(ceteris paribus)하다고 가정할 때 특정재화에 대한 수요량의 크기와 그 재화의 가격 사이에 존재하는 함수관계를 **수요함수**(demand function)라고 하며, 아래와 같이 표현할 수 있다.

$$D_n = f(P_n) \tag{2-7}$$

(2-7)식에서 보는 바와 같이, 수요함수에서 특정재화(n)에 대한 수요량은 오직 그 재화의 가격(P_n)에 의해서만 영향을 받는다. 그 이유는 다른 조건(소득, 다른 재화의 가격, 선호)이 일정하다는 가정 아래에서 일정기간 동안의 재화의 가격과 수요량 사이의 일대일 대응관계를 보여주기 때문이다.

이와 같은 가격과 수요량의 관계를 좌표평면상에 나타내면 그림 2-4 의 DD와 같은 하나의 수요곡선을 얻을 수 있다. (2-6)식과 관련하여 가격이 하락함에 따라 소비자균형점은 점 A에서 다른 점들을 거쳐 점 C로 이동하는데, 이때 한계효용은 계속 감소한다. 가격이 하락하면 소비자는 직관적으로 구매량을 늘리고 이에 따라 그 소비자의 구매단위의 한계효용은 점차 감소하는 것이다.

그림 2-4 는 재화의 가격이 100원에서 50원으로 하락하면 재화에 대한 수요량은 5단위에서

그림 2-4 수요곡선

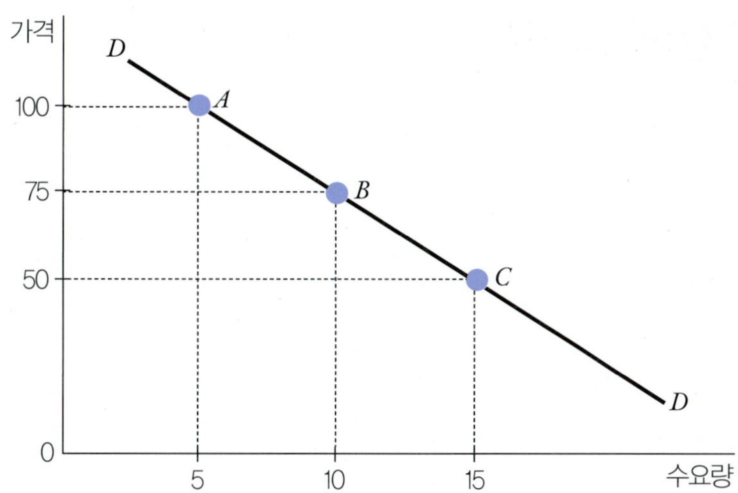

제1편
제2편
제3편
제4편
제5편

에서 15단위로 늘어난다는 것을 보여준다. 그림 2-4의 점 *A*, *B*, *C*는 각 가격에 대응하는 소비자균형을 의미하며, 그중 가장 높은 효용을 보여주는 점은 *C*이다. 그 이유는 주어진 소득 조건에서 가장 낮은 가격일 때 소비량이 가장 크고, 따라서 각 구매단위의 한계효용을 합한 총효용이 가장 크기 때문이다. 수요곡선은 가격이 오르면 수요량이 줄어들고 가격이 내리면 수요량이 증가하여 우하향(右下向)하는 모습을 보인다. 이러한 가격과 수요량의 관계를 **수요의 법칙**(law of demand)이라고 부른다.[5)]

앞에서 본 것처럼 소비자는 수요가격(demand price)에 자신의 한계효용을 일치시키므로 수요가격은 그 재화의 한계가치를 의미한다. 이것을 **'후생경제학의 제1공준'**이라고 한다. 이때 한계가치는 '한계지불용의액' 또는 '한계편익'으로 부르기도 한다. 따라서 수요의 법칙은 한계효용체감의 법칙과 동일한 내용을 가진다.

정석 사고

수요란 소비자가 재화나 용역을 구매하고자 하는 욕구를 말한다. 가격과 수요량의 역관계를 수요의 법칙이라고 한다. 소비자는 재화의 가격에 자신의 한계효용이 일치하도록 구매량을 결정하므로, 경쟁적 시장경제에서 재화 한 단위에 대한 수요가격은 소비자가 그 한 단위에 대해 가지는 가치(한계가치)를 의미한다. 이것이 바로 **'후생경제학의 제1공준'**이다. 수요의 법칙은 재화의 가격이 하락하면 수요량이 증가하는 관계로, 한계가치(한계효용)가 하락한다는 것을 의미한다.

제2절 생산자의 균형

이 절에서는 후생경제학의 제2공준(the second postulate of welfare ecenomics)을 증명하는 미시적 분석을 통해 경쟁적 시장경제에서 생산자균형을 이해하고 이때 결정되는 공급가격의 후생적 의미를 살펴보고자 한다. 이를 위해 후생경제학의 기본분석도구의 하나인 비용곡선부터 설명한다.

기업은 기술적 제약 아래에서 이윤을 극대화하는 생산계획을 선택하는 경제주체라고 묘사할 수 있다. 그런데 기업의 이윤극대화문제는 간접적인 접근방식을 통해 더 많은 통찰력을 얻을 수 있다. 이윤극대화문제를 다음의 두 가지로 나누는 방식이 그것이다: 첫째, 목표로 하는 생산량을 달성하는 데 드는 생산비용을 최소화하는 문제를 해결한다. 둘째, 생산비용을 최소화하는 생산량 중에서 이윤을 극대화하는 목표생산량을 선택하는 문제를 해결한다. 이러한 두 가지 문제를 해결하였을 때 생산자는 생산방법을 변화시키지 않으려고 할 것이며, 그 상태를 우리는 생산자균형이라고 말한다.

1. 생산비용

기업이 생산활동을 하려고 하면 반드시 비용이 들기 마련이다. 그런데 경제학적으로 비용을 논의할 때에는 기회비용이라는 개념에 입각하고 있다는 사실을 기억해야 한다. 기회비용은 어떤 재화를 하나의 용도에 사용함으로써 차선의 용도에 사용하지 못하여 상실한 편익이라고 정의한다. 기업이 생산활동을 하려면 노동, 자본, 토지와 같은 생산요소가 필요하다. 예를 들어 어떤 경제에서 신발과 의복만 생산된다고 하자. 신발을 생산하는 기업이 이러한 생산요소들을 신발 생산에 사용하면 차선의 용도인 의복 생산에 사용할 수 없게 된다. 따라서 신발 생산에 사용되는 생산요소의 기회비용은 의복 생산을 포기하여 상실한 편익이다. 이러한 생산요소의 기회비용을 **생산비용**이라고 한다.

한 가지 예를 더 들어보면, 포장마차를 운영하는 어떤 사람이 원료비, 연료비 등 모든 비용을 빼고 월 100만원 수익을 올린다. 그런데 이 사람이 포장마차를 그만두고 다른 곳에서 일하면 매월 100만원을 받을 수 있다. 경제학적 의미에서 보면 이 포장마차 주인은 제로수익을 올리고 있는 셈이다. 왜냐하면 월수입 100만원에서 포장마차를 함으로써 다른 기회(다른 곳에서 일할 수 있는 기회)를 상실한 100만원의 기회비용을 차감해야 진정한 의미의 수익이 되기 때문이다. 이러한 제로수익상태를 경제학에서는 **정상이윤**이라고 부른다.

(1) 비용함수와 비용곡선

생산비용에 대한 분석을 단순화하기 위하여 생산요소가 노동과 자본 두 가지만 있다고 가정한다. 그런데 두 가지 생산요소는 상당히 다른 성질을 가지고 있다. 기본적으로 기업은 상대적으로 쉽게 노동을 조절할 수 있는 반면 단기간내에 자본을 조절하기가 쉽지 않다. 따라서 흔히 생산이론은 자본의 양이 고정된 단기와, 자본이 고정되지 않고 조절가능한 장기로 나누어 분석한다.

먼저 단기분석으로서 기계, 생산설비 등의 자본 수준이 $\overline{K}$에서 고정되어 있다고 가정한다. 이 경우 자본의 가격이 r이라면 자본의 가격에 자본투입량을 곱한 $r\overline{K}$는 고정비용이 된다. 이 비용은 생산량수준의 변화에 관계없이 항상 일정하다. 반면에 단기적으로 노동은 조절할 수 있으므로 노동의 가격(임금률=시간당 임금)이 w라면 노동의 가격에 노동투입량(L)을 곱한 wL은 가변비용이 된다. 이 비용은 생산량수준이 증가함에 따라 노동투입량(노동시간 혹은 노동인원)의 증가와 함께 증가하게 된다.

이처럼 생산량이 변화함에 따라 생산비용도 변화하는데, 이러한 일대일 대응관계를 함수로 표현한 것이 비용함수이다. **비용함수**란 주어진 목표생산량수준의 각각에 대하여 생산할 수 있는 최소한의 생산비용이라고 정의한다. 따라서 생산요소가격들과 목표생산량수준이 주어져 있는 경우의 최소비용이라고 말할 수 있다. 총생산비용을 C라고 하면 다음과 같이 나타낼 수 있다.

$$C = wL + r\overline{K} \tag{2-8}$$

여기서 C는 총비용, r은 자본의 가격, w는 노동의 가격, L은 노동량, K는 자본량을 말한다.

정석 사고

비용함수는 주어진 목표생산량 각각에 대하여 생산할 수 있는 최소한의 생산비용을 말한다. 주의할 점은 각 생산량수준에 대응하는 최소한의 생산비용이라는 사실이다. 그리고 생산비용은 고정비용과 가변비용의 합이다.

그림 2-5는 노동량 또는 노동시간이 증가함에 따라 생산량과 비용이 증가한다는 총비용곡선(TC)을 보여주며, 이는 고정비용(FC)과 가변비용(VC)을 수직으로 합하여 얻을 수 있다. 생산을 개시하지 않을 때에는 고정비용만 발생하지만, 생산을 개시하여 생산량이 증가하면 가변비용이 증가하고 총비용도 증가하게 된다. 그림의 총비용곡선의 큰 특징은 생산의 개시 이후 총비용은 노동량이 증가함에 따라 증가하지만 노동량에 비례하지 않고 그 이하로 증가한다는 것이다. 그러나 어느 시점에 이르면 총비용은 노동량에 비해 급증하는 비용체증현상이 발생한다. 이는 주어진 작업공간에 노동인원수가 너무 많아지면 작업능력이 떨어지는 현상으로도 설명할 수 있고, 노동자 한 사람이 많은 노동을 하면 점점 피로해져서 생산되는 생산량에 비해 비용이 더 많이 드는 현상으로도 설명할 수 있다.

그림 2-5 총비용곡선, 가변비용곡선, 고정비용곡선

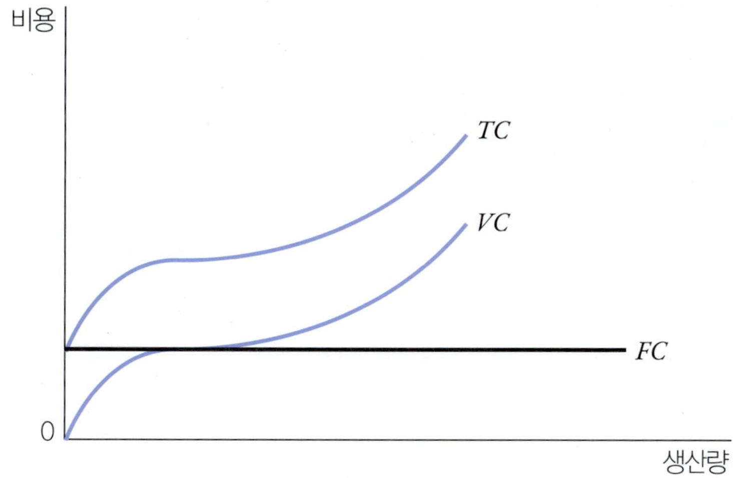

(2) 한계비용과 평균비용

앞에서 논의한 총비용과 가변비용을 사용해서 생산자가 이윤극대화 생산량을 결정할 때 필요한 개념인 한계비용과 평균비용에 대하여 알아보자. 특히 한계비용의 개념이 중요한 이유는 소비자균형에서도 보았듯이 한 단위, 또 한 단위 생산을 해나가면서 어느 마지막 단위에서 생산을 멈출 것인가 하는 마지막 단위와 관련되기 때문이다. **한계비용**(Marginal Cost, MC)이란 생산물을 추가하여 한 단위 더 생산할 때 소요되는 총비용의 증가분을 말하며, **평균비용**(Average Cost, AC)은 생산물의 한 단위당 생산비용을 나타내는 개념으로 총비용을 생산량으로 나눈 것이다.[6)] 평균비용은 평균고정비용(Average Fixed Cost, AFC)과 평균가변비용(Average Variable Cost, AVC)으로 다시 세분화될 수 있는데, 평균고정비용은 고정비용을 생산량으로 나눈 것이며, 평균가변비용은 가변비용을 생산량으로 나눈 것이다.

이상의 비용개념들을 **표 2-2** 를 통해 실습해보자. 이 표는 어떤 냉장고 회사의 냉장고 생산에 소요되는 비용을 열거해놓았다. 여기서 한 가지 주의해야 할 것은 각 생산량에 대응하는 총비용이 그 생산물을 생산하는 데 필요한 최소비용을 의미한다는 점이다. 일반적으로 평균과 한계의 관계는 다음과 같다.

정석 사고

평균이 증가하는 동안 한계는 평균 위에 있고, 평균이 일정할 때 한계는 평균과 같고, 평균이 감소할 때 한계는 평균 밑에 있다.

표 2-2 냉장고 생산비용 (단위 : 만원)

(1) 생산량 q	(2) 고정비용 FC	(3) 가변비용 VC	(4) 총비용 $TC=FC+VC$	(5) 한계비용 MC	(6) 평균비용 $AC=\frac{TC}{q}$	(7) 평균고정비용 $AFC=\frac{FC}{q}$	(8) 평균가변비용 $AVC=\frac{VC}{q}$
0	100	0	100	–	–	–	0
1	100	50	150	50	150	100	50
2	100	100	200	50	100	50	50

그림 2-6 평균비용, 한계비용, 평균가변비용

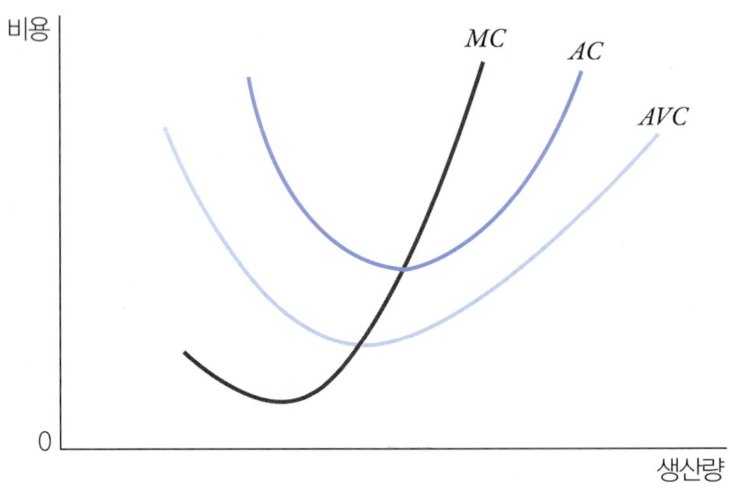

그림 2-6 은 그림 2-5 를 이상에서 논의한 방법으로 도출하여 그린 한계비용곡선과 평균비용곡선이다. 그림에서 가로축은 생산량을, 세로축은 생산비를 나타내며, AVC는 평균가변비용곡선, AC는 평균비용곡선, MC는 한계비용곡선을 나타낸다. 이 곡선들의 특징을 살펴보면 다음과 같다. 앞에서 언급한 것처럼, 처음에는 투입되는 노동인원이 증가함에 따라 분업이 촉진되어 총

비용이 증가하더라도 한계비용과 평균비용은 함께 낮아진다. 그러나 어느 시점에 이르러서는 투입되는 노동인원이 증가함에 따라 오히려 제한된 작업공간에 과잉노동인원으로 인해 총비용이 증가함과 동시에 한계비용과 평균비용도 높아진다. 따라서 한계비용곡선과 평균비용곡선은 생산량이 증가함에 따라 처음에는 하락하다가 일정한 생산량을 넘어서면 다시 상승하는 U자형을 가진다. 이것이 단기비용함수의 가장 기본적인 특징이다.

그리고 한 가지 주의할 것은 고정비용은 생산량과 관계없이 일정하므로 한계비용에 전혀 영향을 미치지 않는다는 점이다. 단, 생산량이 증가함에 따라 평균고정비용이 급속히 감소하므로 평균비용을 한계비용보다 더 오랫동안 하락시키는 요인으로 작용한다. 일정한 생산수준에 이르면 평균고정비용이 계속 감소하더라도 평균가변비용이 급속히 증가하여 평균비용을 상승시키게 된다.

한계비용곡선과 평균비용곡선의 관계는 이미 언급한 것처럼 평균비용곡선이 하락할 때에는 한계비용곡선이 그 밑에 있고, 평균비용곡선이 상승할 때는 한계비용곡선이 그 위에 있다. 따라서 한계비용곡선은 반드시 평균비용곡선의 최저점을 밑에서 위로 지나게 된다. 또 한계비용과 평균가변비용의 관계는 고정비용이 한계비용에 전혀 영향을 미치지 않으므로 한계비용과 평균비용의 관계와 동일하다. 간단한 예로, 평균속도가 시속 60km인 자동차를 이 속도로 1시간 주행한 후, 그다음 1시간을 평균속도보다 낮게 50km(한계속도)로 달린다면 1시간을 추가할 때 평균속도(55)는 낮아지고, 그다음 1시간을 평균속도보다 높게 70km(한계속도)로 달린다면 1시간을 추가할 때 평균속도(65)는 높아진다.

2. 생산자균형과 공급의 결정

앞에서는 각 생산수준에 소요되는 최소한의 생산비용에 관하여 살펴보았다. 그러나 생산비용이 최소화된다고 이윤이 극대화되는 것은 아니다. 이제 이윤극대화를 하는 목표(최적)생산량을 결정하는 선택의 과정을 살펴보도록 하자.

기업이 이윤을 극대화하기 위해서는 총비용뿐만 아니라 총수입을 고려하여야 한다. 그런데 기업이 생산을 하는 경우 고정비용과 가변비용이 소요되며, 생산을 하지 않는 경우에도 고정비용은 소요된다는 사실에 주목할 필요가 있다. 따라서 기업은 생산을 함에 따라 얻는 총수입이 가변비용보다 크면 고정비용의 일부를 회수할 수 있으므로 생산을 하지 않는 것보다 유리할 것이다. 이러한 사실에서 다음과 같은 기업의 행동준칙1을 만들 수 있다.

> **정석 사고** 총수입이 총가변비용을 초과하는 경우 생산을 한다.

방금 살펴본 기업의 행동준칙1을 만족한다고 해서 이윤이 극대화되지는 않는다. 기업이 이윤을 극대화하기 위해서는 총수입과 총비용의 차이가 가장 큰 수준에서 생산량을 결정하여야 한다. 기업이 생산량을 한 단위 증가시킬 때마다 추가로 얻는 총수입의 증가분이 한계수입인데, 그 한계수입이 한계비용보다 크면 한 단위 생산을 더 늘리는 것이 이윤을 증가시킨다. 이러한 선택과정을 계속해나가면 한계수입과 한계비용이 일치하는 생산수준을 결정할 수 있다. 따라서 우리는 다음과 같은 기업의 행동준칙2를 만들 수 있다.

> **정석 사고** 한계수입이 한계비용과 일치할 때 이윤이 극대화되며 그 수준에서 생산량을 결정한다.

(1) 생산자균형

만약 어떤 재화시장에 무수히 많은 판매자가 경쟁을 하고 있어서 어느 판매자도 재화가격을 바꿀 수 없다면 그때의 가격이 그 재화 한 단위 판매를 통해 얻을 수 있는 한계수입이 된다. 따라서 기업이 직면하는 시장가격선(주어진 시장가격에서 그은 수평선)이 한계비용곡선과 만나는 점에서 이윤극대화 생산량이 결정되며, 이때 기업은 단기균형상태에 있다고 한다. 이러한 이윤극대화 균형상태를 **생산자균형**(生産者均衡)이라고 한다. 이것을 그림을 통해 살펴보기로 하자.

그림 2-7에서 보듯이 가격이 P_0, P_1, P_2로 변화함에 따라 생산자균형점도 E_0, E_1, E_2로 변화한다. 여기에서 가격(=평균수입=한계수입)이 P_0일 때 기업의 평균가변비용의 최저점과 일치하므로 조업이 가능하지만, 그 이하 가격에서는 조업(영업)을 중단할 것이므로 이 점을 **조업중단점**(영업중단점)이라고 한다. 가격이 P_1일 때 기업의 평균비용의 최저점과 일치하므로 이윤이 제로가 되며, 그 이하 가격에서는 손실이 발생하고 그 이상 가격에서는 이윤이 발생하므로 이 점을 **손익분기점**이라고 한다.

정석 사고

생산자는 이윤을 극대화하기 위해 재화의 가격(한계수입)에 자신의 한계비용이 일치하는 수준까지 생산한다. 이때의 상태를 생산자균형이라고 한다. 한계비용곡선상의 조업중단점은 평균가변비용의 최저점이고, 손익분기점은 평균비용의 최저점이다.

그림 2-7 기업의 이윤극대화준칙

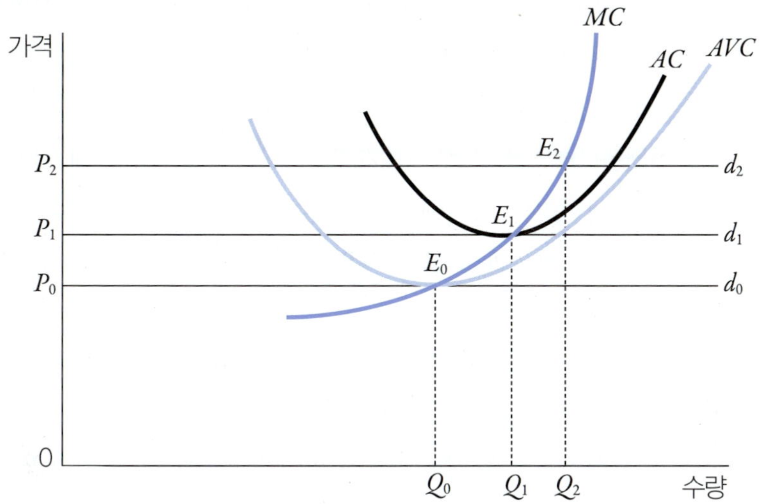

(2) 공급곡선

생산자균형과 기업의 공급곡선이 어떻게 관련되어 있는지 살펴보자. **그림 2-7**에서 기업은 조업중단점 이상에서만 생산하므로 시장가격 P_0 이상에서만 생산 · 공급할 것이다. 시장가격이 P_0에서 P_1, P_2로 상승하면 한계비용곡선을 따라 균형생산량은 각각 Q_0, Q_1, Q_2로 증가해간다. 따라서 기업의 공급곡선은 조업중단점 이상의 한계비용곡선이라고 말할 수 있다. 다시 말해서 평균가변비용곡선의 최저점 이상의 한계비용곡선이 바로 기업의 **공급곡선**이 된다.

정석 사고

기업의 공급곡선은 평균가변비용곡선의 최저점 이상의 한계비용곡선이다. 그 이유로는 조업중단점이 평균가변비용의 최저점이라는 사실을 들 수 있다.

이는 해당재화의 가격을 제외한 다른 모든 요인(투입요소가격, 해당재화의 생산과 관련된 다른 재화의 가격, 기술진보 등)은 일정불변이라고 가정할 때의 공급함수이며, 아래와 같이 나타낼 수 있다.

$$S_n = f(P_n) \tag{2-9}$$

이 함수는 재화 n의 가격(P_n)이 하락하면 공급량(S_n)은 줄어들고, 가격이 상승하면 공급량은 증가한다는 것을 나타내며, 이것을 **공급의 법칙**이라고 부른다.[7] 앞에서 본 것처럼 생산자(공급자)는 공급가격에 자신의 한계비용을 일치시키므로 공급가격은 생산자의 관점에서 본 재화의 한계가치(한계비용)를 의미한다. 이것을 '**후생경제학의 제2공준**'이라고 한다. 이 한계가치(한계비용)는 생산자가 최소한 받아야 하는 금액이라는 의미에서 '한계수취용의액'으로 부르기도 한다. 따라서 공급의 법칙은 한계비용이 체증하는 현상과 동일한 내용을 가진다.

정석 사고

가격과 공급량 사이의 양(+)의 관계를 공급의 법칙이라고 한다. 생산자는 재화의 가격에 자신의 한계비용이 일치하도록 공급량을 결정하므로, 경쟁적 시장경제에서 주어진 재화의 한 단위에 대한 공급가격은 생산자가 그 한 단위에 대해 가지는 가치(한계가치)를 의미한다. 이것이 바로 '**후생경제학의 제2공준**'이다. 공급의 법칙은 재화의 가격이 하락하면 공급량이 줄고 그 한계가치(한계비용)가 하락한다는 것을 의미한다.

제3절 시장균형

이 절에서는 후생경제학의 제3공준(the third postulate of welfare economics)을 설명하는 미시적 분석을 시작한다. 후생경제학의 제3공준은 정부의 경제행위에 대하여 무엇을 기준으로 어떻게 평가할 것인가에 관한 것이다. 재정학에서 정부의 경제행위는 하나의 경제상태를 다른 경제상태로 바꾸기 때문에 이러한 상태변화가 바람직한가 하는 기준과 평가가 필요하다. 경제상태의 변화를 평가하는 기준으로는 자원배분의 효율성, 소득분배의 공평성, 개인의 자유, 온정적 간섭주의(예를 들어 선택의 자유를 제한하지만 현금 대신 현물로 기초생활을 보조하는 것) 등을 들 수 있다. 이 중 가장 우선시하는 기준은 자원배분의 효율성이다. 이 절에서는 경쟁적 시장경제에서 자원배분의 효율성이 무엇인지 설명하고자 한다. 다음 절에 가서야 후생경제학의 제3공준이 말하는 시장경제의 후생평가에 대하여 설명할 것이다.

1. 시장균형(1): 부분균형

지금까지 수요곡선은 가격이 변화함에 따라 소비자의 한계효용이 변화하고 이에 따라 구매량이 변화하는 궤적을 그린 것이라는 사실을 보았다. 또한 공급곡선은 가격이 변화함에 따라 생산자의 한계비용이 변화하고 이에 따라 생산량이 변화하는 궤적을 그린 것이라는 사실도 보았다. 이러한 수요와 공급의 상반된 힘을 '시장의 힘'이라고 부른다. 시장균형가격이 어떻게 결정되는지는 바로 이러한 상반된 힘인 수요 · 공급곡선을 이용하여 설명할 수 있다.[8] 이러한 분석에서는 다른 재화의 시장가격이 주어진 것으로 가정하고 시장의 균형이 달성되는 과정을 설명한다. 따라서 분석대상이 되는 재화와 연관된 다른 모든 시장을 무시한다는 의미에서 **부분균형분석**이라고 한다.

그림 2-8 은 앞에서 논의한 수요곡선과 공급곡선을 같은 좌표평면에 그려놓은 것이다. 시장균형가격은 수요곡선과 공급곡선이 일치하는 점(E)에서 결정된다. 이때의 수요량과 공급량을 각

그림 2-8 균형가격의 결정

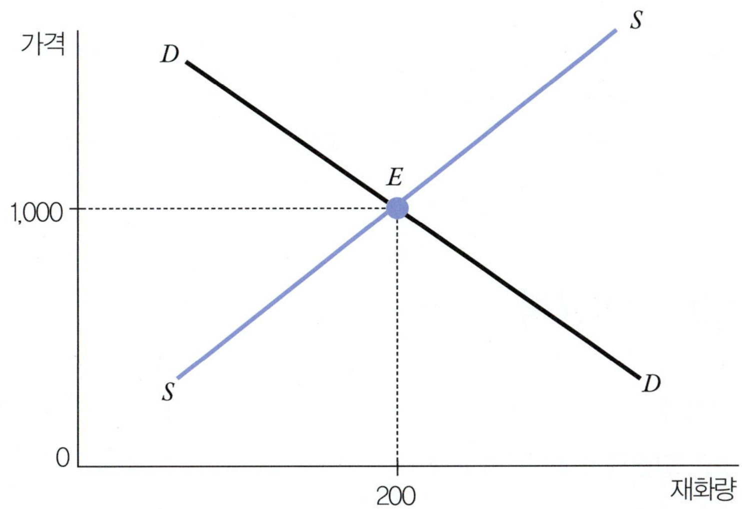

제1편
제2편
제3편
제4편
제5편

각 균형수요량과 균형공급량이라고 한다. 균형가격보다 높은 가격에서는 공급량이 수요량을 초과하는 초과공급(excess supply)이 발생하여 생산자간 경쟁이 심화된 상태에서 생산자는 가격을 낮추게 되고, 균형가격보다 낮은 가격에서는 수요량이 공급량을 초과하는 초과수요(excess demand)가 발생하여 수요자들이 대기하는 상태에서 생산자는 가격을 높이게 된다.

예를 들어, 볼펜의 시장가격이 1,000원일 때 1,000원보다 높은 가격에서는 공급량이 수요량보다 더 많다. 이러한 초과공급이 있을 경우에 생산자들은 누적된 초과생산량을 처분하기 위해 가격을 낮추게 될 것이며, 이에 따라 재화의 가격은 하락하게 된다. 재화의 가격이 하락함에 따라 생산자들은 생산량을 줄이는 반면, 소비자들은 더 많이 사려고 할 것이므로 초과공급이 빠르게 해소될 수 있다.

반대로 가격이 1,000원보다 낮은 가격에서는 수요량이 공급량보다 더 많다. 이러한 초과수요가 있을 경우에 소비자들은 부족한 재화를 확보하기 위해 서로 구매하려 하기 때문에 가격은 상승한다. 재화의 가격이 상승하면 수요량은 줄고 공급량은 늘어 초과수요가 빠르게 해소될 수 있다.

일단 시장균형가격이 형성되면 수요자와 생산자 모두 현재의 상태를 유지하려고 할 것이므로 다른 여건의 변화가 없는 한 지속될 수 있다. 이러한 상태를 **시장의 균형**(market equilibrium)이라고 한다. 시장의 균형상태는 소비자와 생산자의 한계가치가 일치하는 유일한 자원배분상태인 동시에 **효율적인 자원배분상태**이다. 그 이유는 생산자의 관점에서 한정된 자원을 최소의 비용으로 생산한 재화의 한계가치가 그 재화를 소비할 때 가장 만족할 수 있는 소비자의 한계가치와 일치하기 때문이다. 이러한 상태의 사회적 후생에 대한 평가는 다음 절로 미루도록 한다.

정석 사고

소비자는 재화의 가격에 한계효용을 일치시키고, 생산자는 재화의 가격에 한계비용을 일치시키므로 시장의 균형가격에서는 한계효용과 한계비용이 일치한다. 즉, $P=MU=MC$일 때 소비자와 생산자 모두가 만족하는 상태에 도달할 수 있다. 이러한 균형상태를 효율적인 자원배분상태라고 한다.

2. 시장균형(2): 일반균형

모든 시장가격 사이에 존재하는 상호작용 혹은 파급효과를 고려하여 모든 시장의 균형을 동시적으로 분석하는 것을 **일반균형분석**이라고 한다. 일반균형이론은 경제학의 아버지로 불리는 애덤 스미스로부터 시작되어 왈라스(L. Walras), 애로우(K. Arrow), 드브루(G. Debreu) 등에 의해 발전하였다. 일반균형이론에서 모든 시장의 초과수요와 초과공급을 해소시키는 시장균형가격체계를 **왈라스균형**(Walras' equilibrium)이라고 한다. 또한 어떠한 가격체계가 주어지더라도 경제의 총초과수요의 가치는 항상 제로라는 사실을 **왈라스법칙**이라고 한다. 이 법칙에 의하면 두 시장이 있는 경우 한 시장이 균형을 이루면 나머지 시장은 자동으로 균형을 이룬다. 이 경우 한 시장만의 균형분석으로 일반균형분석이 가능하다.

대니얼 디포(Daniel Defoe)의 난파선 영웅인 로빈슨 크루소의 무인도 생활은 소위 말하는 일반균형이론의 핵심을 보여줄 수 있다. 무인도의 로빈슨 크루소는 하루 동안 생산자이면서 동시에 소비자인데, 크루소가 합리적인 인간이라면 생산계획과 소비계획을 일치시킬 것이다. 그는 주어진 24시간을 바닷가를 거닐거나 잠을 자며 소비할 수도 있고, 여가의 일부를 희생하여 도토리를 주워 모으는 데 소비할 수도 있다. 만약 생산계획과 소비계획을 일치시킨다면 그는 적절히 여가를 보내면서 도토리를 먹을 만큼 모을 것이다. 그리하여 소비자로서도 만족하고 생산자로서도 만족하게 될 것이다.[9)]

경제학에서는 이상의 상태를 **파레토효율성**이라고 말한다. 이 상태를 정확히 정의한다면 "적어도 어떤 한 사람을 불행하게 하지 않고서는 다른 어떤 사람이 더 행복하게 되도록 자원을 재배분하는 것이 불가능한 자원배분상태"라고 할 수 있다.

정석 사고

자원의 파레토효율적인 배분은 다른 사람의 효용을 감소시키지 않고서는 어떤 사람의 효용을 증가시키지 못하는 자원배분상태를 의미한다. 따라서 적어도 한 사람이 이익을 보면서도 다른 모든 사람이 손해를 보지 않는 자원배분의 상태를 파레토개선이라고 하면, 파레토효율성은 파레토개선이 불가능한 상태를 의미한다.

도토리와 여가에 대한 크루소의 선호를 **그림 2-9** 를 통하여 살펴보자. 그림은 크루소의 도토리와 여가에 대한 선호가 무차별곡선의 형태로 나타나 있다. 그리고 크루소가 얼마나 일하고 얼마만큼의 도토리를 주울 것인지의 관계가 생산가능곡선으로 나타나 있다. 크루소가 더 많이 일할수록 더 많은 도토리를 주울 수 있다. 그러나 일을 많이 할수록 피로 등의 이유로 노동의 한계생산성이 떨어지므로 노동에 대한 수확체감현상이 나타난다. 따라서 줍는 도토리의 수(총생산량)가 늘어나지만 시간당 줍는 수(한계생산량)는 감소한다. 이러한 이유 때문에 생산가능곡선이 원점에

그림 2-9 크루소경제의 파레토효율성

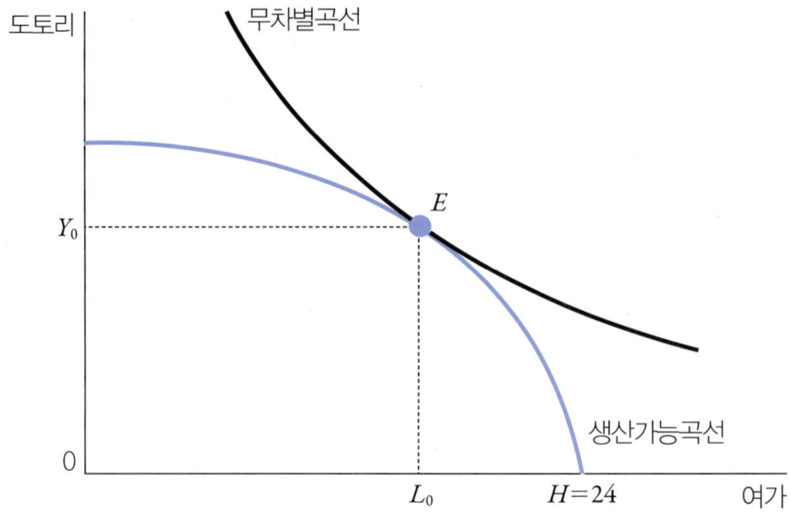

대하여 오목하게 그려진다. 또 다른 가능한 이유로는 도토리를 많이 모을수록 포기한 여가의 가치가 증가하는 기회비용의 원리를 들 수 있다.

정석 사고

생산가능곡선은 하나의 경제가 모든 자원을 효율적으로 사용하고 있을 때 생산가능한 재화와 용역의 최대수량을 나타내는 데 사용되는 유용한 분석개념이다. 한 재화를 추가적으로 더 생산할 때의 진정한 생산비용은 그것을 얻기 위해 포기한 다른 재화의 가치라는 기회비용의 원리를 보여준다. 이러한 원리는 흔히 '공짜 점심은 없다'는 말로 표현된다.

크루소가 얼마나 일하고 얼마나 소비할 것인지 결정하는 문제는 수집가능한 도토리의 양 안에서 가장 큰 만족을 얻는 소비점을 찾는 것과 같다. 기하학적으로 말하면 그 소비점에서 무차별곡선의 기울기와 생산가능곡선의 기울기는 같다. 경제학적으로 여가를 희생하여 도토리를 줍는 한계생산성(한계변환율, 엄밀한 정의는 (2-14)식 참조)이 여가와 도토리 소비의 한계대체율과 같다는 말이다. 즉,

$$MRT_{\text{여가, 도토리}} = MRS_{\text{여가, 도토리}} \qquad (2\text{-}10)$$

이 균형상태를 크루소경제의 파레토효율성이라고 한다. 따라서 파레토효율성은 시장경제와 상관없는 자원배분의 효율성조건이다. 만약 도토리를 줍는 한계생산성이 한계대체율보다 더 크면 크루소는 더 많은 도토리를 주워서 더 큰 만족을 얻는다. 반대로 도토리를 줍는 한계생산성이 한계대체율보다 더 작으면 크루소는 더 적은 도토리를 줍고 휴식을 통해 더 큰 만족을 얻는다.

이제 크루소가 하루 동안에 소비자이면서 생산자인 점에 피곤함을 느꼈다고 가정하자. 그리하여 그는 다른 방안으로 하루는 생산을 하고 그다음 날은 소비만 하기로 했다. 이렇게 활동을 조정하기 위하여 크루소는 노동시장과 도토리시장을 만들었다. 또한 크루소주식회사를 만들어 주주가 되었다고 가정하자.

(1) 크루소주식회사

크루소주식회사는 이윤극대화의 원리에 따라 노동과 도토리의 가격을 보고 노동의 수요량과 도토리의 생산량을 결정한다. 크루소는 노동자로서 근로소득을 취하고 주주로서 배당금을 받는다. 그리고 소비자로서 효용극대화의 원리에 따라 도토리를 얼마나 구입할 것인지 결정한다.

이러한 시장의 거래를 위하여 크루소는 조개껍질로 '원(won)'이라는 화폐를 만들고, 도토리 1개에 1원으로 가격을 매겼다. 그리하여 이 경제는 도토리를 중립재로 하여 도토리 가격이 1원으로 정해지면 노동시장의 가격인 임금을 정할 수 있다. 먼저, 크루소주식회사의 관점에서 얼마의 노동시간을 생산에 투입할 것인가 하는 노동수요문제와 도토리를 얼마나 생산해야 하는가 하는 상품생산문제를 풀어보자. 이를 위해서 다음과 같은 순서로 사고한다고 가정한다.

정석 사고

크루소주식회사는 이윤극대화를 위해 노동수요문제와 상품생산문제를 동시에 풀기로 한다.
첫째, 총수입과 총비용에서 이윤극대화문제를 생각한다.
둘째, 도토리의 생산량을 결정한다.
셋째, 노동시간을 결정한다.
넷째, 이윤을 결정하고 주식배당문제를 생각한다.

이상과 같은 사고의 순서에 따라 이윤극대화문제를 생각하기로 하자. 먼저 이윤은 '총수입－총비용'이므로,

$$\pi = PY - WL \tag{2-11}$$

여기서 π는 이윤, P는 도토리 가격, Y는 도토리 생산량, W는 임금률, L은 노동시간이다. 그런데 도토리 가격이 1이므로

$$\pi = Y - WL \tag{2-12}$$

이 된다. 이 식을 도토리 생산량에 관하여 정리해보면,

$$Y = WL - \pi \tag{2-13}$$

여가를 희생하여 즉 노동을 도토리로 바꾸는 비율을 **한계변환율**(Marginal Rate of Transformation, MRT)이라고 하는데, 크루소경제에서는 이것이 노동의 한계생산가치인 임금률(W)이 된다.

$$MRT_{\text{여가, 도토리}} = W \tag{2-14}$$

한계변환율은 여가를 희생해서 도토리를 생산하는 것이므로 노동을 추가적으로 투입하는 비용인 임금률과 도토리의 추가적 생산비용인 한계비용의 비율로도 표시할 수 있다.

다음 날 크루소는 잠자리에서 일어나 π원의 주식배당을 받게 될 것이다. 한편 생산량을 정확히 계산하려면 생산기술, 즉 생산함수나 비용함수가 주어져야 한다.

(2) 크루소의 소비

이제 크루소가 얼마나 노동할 것인지 하는 노동공급문제와 얼마나 소비할 것인지 하는 소비문제를 풀어보자. 크루소는 도토리로 아침식사를 하면서 얼마나 일하고 소비할 것인지를 생각한다. 그는 소비상품으로서 여가 24시간과 도토리 π원(이윤액)을 소비할 수 있을 것이다. 그러나 여가를 전부 소비하면 크루소주식회사로부터 근로소득을 취할 수 없다. 크루소는 소비문제를 풀기 위

해서 다음과 같은 순서로 사고한다고 가정한다.

정석 사고

크루소 소비자는 효용극대화를 위해 노동공급문제와 상품소비문제를 동시에 풀기로 한다.
첫째, 벌어들인 소득에서 소비를 하고자 한다.
둘째, 도토리를 먹는 데에서 얻는 만족도(효용)를 생각하여 소비량을 결정한다.
셋째, 노동을 하는 데 따른 불편과 고통(여가의 희생)을 생각하여 노동시간을 결정한다.
넷째, 소비량을 결정하고 효용의 크기를 결정한다.

먼저 크루소는 여가와 도토리의 소비에서 만족을 얻을 수 있으므로 크루소의 효용은 다음과 같다.

$$U = U(Y,\ \text{여가}) \tag{2-15}$$

단, Y: 도토리 소비량

총효용은 두 재화의 소비량이 증가함에 따라 함께 증가하므로 무한히 소비하려고 할 수 있다. 그러나 그가 벌어들이는 소득(배당소득 π와 근로소득 WL)내에서 소비를 하여야 하므로,

$$PY + W \times \text{여가} = \pi + WL \tag{2-16}$$

여기서 P는 도토리 가격, Y는 도토리 소비량, W는 여가의 가격(여가의 기회비용, 임금률), L은 노동공급량이다. 그런데 도토리 가격이 1이므로

$$Y + W \times \text{여가} = \pi + WL \tag{2-17}$$

이 된다. 우측의 소득(배당소득+근로소득)이 정해져 있다면 여가와 도토리의 상호교환비율, 즉 도토리로 표시한 여가의 한계가치는 임금률(W)이 된다.

$$MRS_{\text{여가, 도토리}} = W \tag{2-18}$$

한편 여가와 도토리의 소비량을 정확히 계산하려면 두 상품의 소비에서 오는 만족도(효용)의 순위, 즉 효용함수를 알아야 한다.

(3) 크루소시장경제

이제 크루소의 이상의 행동을 최종적으로 정리하면서, 시장을 이용하여 크루소의 소비와 생산계획이 사회적으로 차질이 없는지를 점검해보자. 이를 위해서 다음의 순서로 사고한다.

정석 사고

크루소는 소비계획과 생산계획이 일치하는지 확인하고자 한다.
첫째, 노동시장의 균형을 생각한다.
둘째, 도토리시장의 균형을 생각한다.
셋째, 노동시장균형에서 임금률을 결정할 수 있다.
넷째, 도토리시장균형(왈라스법칙에 의해 자동균형)에서 도토리의 최종생산량을 결정할 수 있다.

크루소경제는 규모에 대한 수확체감의 생산기술을 사용하여 도토리를 생산한다고 가정하자. 이 가정은 생산에 투입되는 생산요소가 하나인 경우(노동), 노동시간을 늘림에 따라 도토리 생산이 더 적은 비율로 증가한다는 것을 의미한다. 이러한 경제에서 생산과 소비는 어떻게 결정되는지를 살펴보자.

노동시장이나 도토리시장이 균형을 이루면 다른 시장도 자동적으로 균형을 이룬다는 **왈라스의 법칙**(Walras' law)에 의하여 노동시장의 균형에서 노동의 한계생산가치인 임금률이 결정된다. 도토리시장에서도 도토리의 상대가격이 결정된다. 그런데 도토리가 중립재로서 가격이 1이므로 도토리에 대한 여가의 교환가치가 결정되며, 이것은 여가의 기회비용(임금률)이기도 하다. 따라서 노동의 한계생산가치와 여가의 교환가치가 같아지는 다음의 균형조건이 성립한다.

$$MRT_{\text{여가, 도토리}} = MRS_{\text{여가, 도토리}} = W \qquad (2\text{–}19)$$

이것을 시장경제에서는 **파레토효율성**(Pareto efficiency)을 달성한다고 일컫는다.

정석 사고

시장경제가 파레토효율적이라는 것은 두 재화 사이의 한계대체율과 한계변환율이 같을 때 재화의 소비와 생산이 모두 효율적이라는 의미이다.

여가와 도토리의 한계대체율이 임금률과 같고, 여가와 도토리의 한계변환율 혹은 노동의 한계생산가치가 임금률과 같으므로 그림 2-10 에서처럼 노동시장과 도토리시장 모두 수요와 공급이 일치하는 일반균형이 달성된다. 따라서 크루소경제에서는 파레토효율적인 생산과 소비점에서 도토리와 여가의 상대가격만 존재하면 시장이 효율적으로 작동하는 데 아무런 문제가 없다. 제4절에서는 이러한 크루소시장경제가 얼마나 만족스러운 후생을 주는지 후생경제학의 제3공준과 관련하여 살펴본다.

그림 2-10 크루소경제의 일반균형

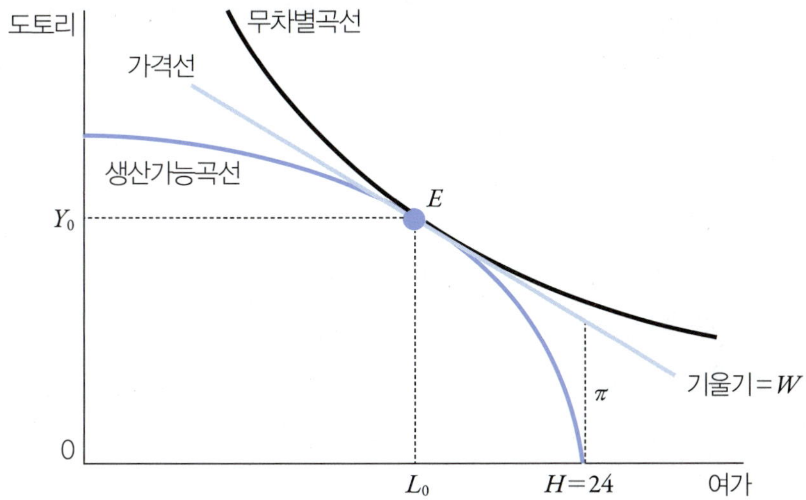

제4절 정석 재정학 시장경제의 후생

제3절의 크루소경제에서 크루소주식회사는 이윤극대화를 위하여 노동수요와 상품생산량을 결정한 결과로서 다음 조건을 얻는다고 설명하였다.

$$MRT_{\text{여가, 도토리}} = W \qquad (2\text{-}20)$$

또한 소비자로서 크루소는 효용극대화를 위하여 여가와 도토리의 소비량을 결정한 결과 다음의 조건을 얻는다고 설명하였다.

$$MRS_{여가,\ 도토리} = W \tag{2-21}$$

앞에서 도토리의 가격을 1원으로 두었는데, 이번에는 크루소가 시간당 임금(W)에 1원의 가격을 매긴다고 가정한다. 이때 크루소경제는 여가를 중립재로 한다.[10] 이렇게 문제를 바꾸면, 위의 두 조건은 다음과 같이 바뀐다.

$$MRT_{도토리,\ 여가} = P \tag{2-22}$$

$$MRS_{도토리,\ 여가} = P \tag{2-23}$$

여기서 주목하여야 할 것은 도토리 가격(P)이 변화하면 한계변환율과 한계대체율이 계속적으로 변화한다는 점이다. 바꾸어 말하면 도토리의 한계변환율은 어떠한 도토리 가격이 주어지면 거기에 맞추어 가장 효율적으로 생산을 할 수 있는 도토리의 한계생산가치의 궤적이라고 할 수 있다. 그리고 도토리의 한계대체율이란 어떠한 도토리 가격이 주어지더라도 거기에 맞추어 가장 큰 만족을 얻는 도토리의 주관적 교환가치의 궤적이라고 할 수 있다. 따라서 다음과 같은 사고가 가능하다.

정석 사고

여가와 도토리의 두 재화 경제에서 여가를 중립재로 볼 경우 도토리의 한계변환율은 도토리의 공급곡선과 같은 의미를 가지며, 도토리의 한계대체율은 도토리의 수요곡선과 같은 의미를 가진다.

이와 같은 사실을 크루소 경제에서 살펴보면 **그림 2-11** 과 같다. (a)그림은 여가를 중립재로 하여 크루소경제를 나타낸 것이며, (b)그림은 생산가능곡선과 무차별곡선을 따라 변하는 도토리의 한계변환율과 한계대체율의 궤적을 나타낸 것이다. (b)그림에서 한계변환율은 수평축으로부터의 높이로써 그 크기가 측정될 수 있으며, 도토리의 한계생산비용을 의미하고 경쟁시장에서는 도

그림 2-11 크루소 경제의 도토리시장균형

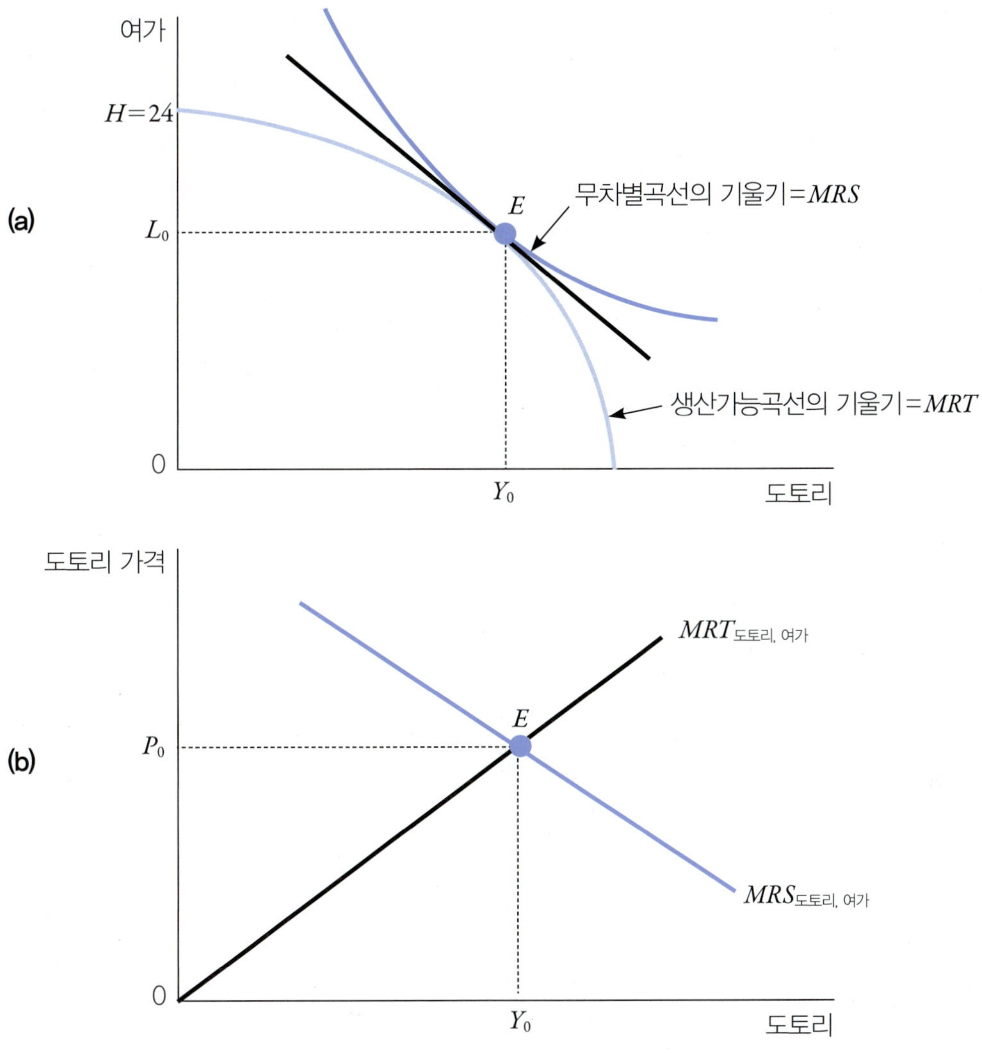

토리의 한계생산가치를 의미한다. 그리고 도토리의 한계대체율의 크기도 수평축으로부터의 높이로써 측정되며 앞에서 논의한 것처럼 도토리의 주관적 교환가치를 의미하고, 이것을 **한계지불용의액**(marginal willingness-to-pay), **한계편익**(marginal benefit) 등으로 부를 수 있다. 이러한 관점과 해석은 신고전학파의 후생을 이해하는 데 대단히 중요하다.

이제 신고전학파의 사회적 후생에 대하여 살펴보자. 사회적 후생은 소비자와 생산자의 후생을 합한 것으로, 시장에서 교환을 통해 얻는 이익을 말한다. 그리고 사회적 총후생은 이러한 각 시장의 사회적 후생들의 합이며, 사회적 후생의 증가가 바로 사회적 총후생의 증가를 의미하므로 때때로 두 용어를 무차별적으로 사용하기도 한다. 다음은 소비자의 후생과 생산자의 후생에 대하여 알아보자.

1. 소비자잉여

소비자잉여(消費者剩餘, consumer's surplus)란 소비자가 어떤 재화를 구매하고자 할 때 그 재화에 대하여 기꺼이 지불하고자 하는 금액보다 낮은 가격으로 구매한 경우에 얻는 순이익(net gain)이다. 알프레드 마샬(A. Marshall)은 『경제학원리(Principle of Economics)』에서 **소비자잉여**를 "소비자가 그 재화를 얻기 위해 기꺼이 지불할 용의가 있는 가격과 그가 실제로 지불하는 가격의 차이"라고 정의한다.

그림 2-12 에서 D_Y는 여가에 대한 도토리의 한계대체율인 동시에 도토리(Y재)의 수요곡선이다. 그리고 화폐 1단위의 한계효용이 1인 경우 D_Y는 도토리의 한계효용곡선(MU_Y)을 의미한다. 도토리(Y재)의 가격이 OP_0일 때 소비자의 효용을 극대화하는 도토리(Y재)의 구매량은 OY_0이며, 이로부터 얻는 총효용의 화폐적 가치는 $OCEY_0$이다. 그런데 소비자가 실제로 지불하는 화폐액은 OP_0EY_0이다. 따라서 소비자가 얻는 총효용의 화폐적 가치에서 실제 지불한 화폐액을 뺀 CP_0E를

그림 2-12 크루소경제의 도토리시장의 소비자후생

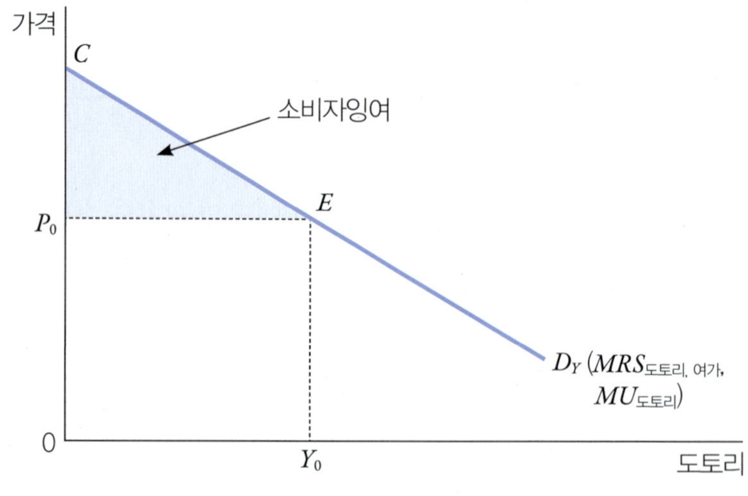

소비자잉여라고 한다. 이 개념은 자발적 교환을 통해 대가를 지불하지 않고 얻는 순이익이라고 할 수 있다. 소비자잉여는 정부의 경제행위가 시장에 영향을 미치는 여러 효과들을 분석할 때 사용될 수 있는 중요한 소비자후생개념이다. 따라서 다음과 같이 생각할 수 있다.

정석 사고

소비자잉여란 어떤 재화의 일정량에 대하여 구매자가 주관적으로 평가하는 가치와 실제로 지불하는 금액의 차액이다.

이것을 크루소경제의 일반균형적 표현과 연결하여 재화(도토리)의 각 단위에 대한 소비자잉여로 나타내면,

$$MRS_{Y,\text{여가}} - P \tag{2-24}$$

단, P: Y재의 가격

만약 중립재인 여가와 도토리를 포함한 n재화가 존재한다면 재화 각 단위에 대한 소비자잉여는 다음과 같이 표현할 수 있다.

$$\sum_{i=1}^{n}[MRS_{Y_i,\text{여가}} - P_i] \tag{2-25}$$

여기서 Y_i는 구매하고자 하는 i번째 재화를 나타내고, P_i는 i번째 재화의 가격을 의미한다.

2. 생산자잉여

기업이 이윤을 극대화하는 생산수준에서 생산할 때, 상품을 팔아 얻는 총수입에서 총비용을 뺀 후 남는 화폐액(이윤)을 **생산자잉여**(生産者剩餘, producer's surplus)라고 한다. 기업의 이윤이 생산자잉여이기 때문에 소비자잉여의 개념에 비해 상대적으로 파악하기가 쉽다. 그러나 단기적으로 볼 때 총비용에도 고정비용과 가변비용이 있어서 총수입에서 가변비용을 뺀 영업이윤만을 생산자잉여로 본다면 고정비용만큼 총이윤과 격차가 발생할 수 있다. 물론 장기적으로 보거나 고정

비용을 매몰비용으로 보거나 제로인 경우에는 이러한 문제 없이 항상 이윤이 생산자잉여가 된다.

그림 2-13 에서 S_Y는 여가를 희생하여 생산하는 도토리의 한계변환율인 동시에 도토리(Y재)의 공급곡선이다. 또한 여가(또는 노동)를 중립재로 보는 경우 S_Y는 도토리의 한계비용곡선(MC_Y)을 의미한다. 도토리(Y재)의 시장가격이 $0P_0$일 때 생산자의 이윤을 극대화하는 도토리(Y재)의 생산량은 $0Y_0$이며, 이로부터 생산자가 얻는 총수입의 화폐적 가치는 $0P_0EY_0$이다. 그런데 생산자가 실제 생산비용으로 지출하는 화폐액은 $0EY_0$이며, 이를 초과하는 총수입의 화폐적 가치인 $0P_0E$를 생산자잉여라고 한다. 소비자잉여와 함께 정부의 경제행위가 시장에 영향을 미치는 여러 효과들을 분석할 때 사용될 수 있는 중요한 생산자후생개념이다. 따라서 생산자잉여는 다음과 같이 생각할 수 있다.

정석 사고

생산자잉여란 어떤 재화의 일정생산량에 대하여 생산자가 판매를 통하여 실제로 시장에서 수취할 수 있는 금액과 생산에 소요되는 생산비용의 차액이다. 즉, 고정비용이 없거나 장기의 경우 총수입에서 총비용을 뺀 이윤을 일컫는다.

그림 2-13 크루소경제의 도토리시장의 생산자후생

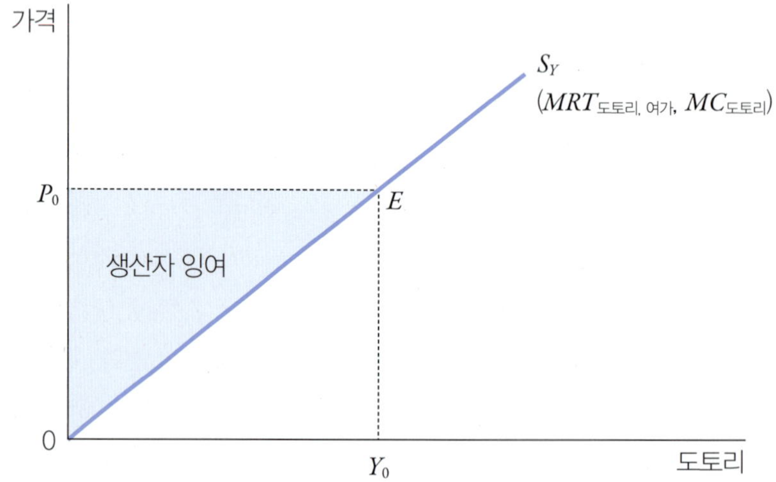

크루소경제의 일반균형적 표현과 연결하여 재화의 각 단위에 대한 생산자잉여를 나타내면 다음과 같다.

$$P - MRT_{Y,\,\text{여가}} \tag{2-26}$$

만약 중립재인 여가와 도토리를 포함한 n재화가 존재한다면 재화 각 단위에 대한 생산자잉여는 다음과 같이 표현할 수 있다.

$$\sum_{i=1}^{n}[P_i - MRT_{Y_i,\,\text{여가}}] \tag{2-27}$$

여기서 Y_i는 생산하고자 하는 i번째 재화를 의미하고, P_i는 i번째 재화의 시장가격을 의미한다.

3. 보상변화와 대등변화

앞 1항에서 살펴본 소비자잉여는 소비자의 후생의 변화를 측정하는 일반적인 접근법으로 널리 알려져 있다. 그러나 그것이 경제환경의 변화가 소비자후생에 미치는 영향을 측정하는 유일한 도구는 아니다. 보다 더 정확한 측정도구들이 있으며, 그것들을 고려하기 위하여 다음과 같은 간단한 예를 들어보자.

어떤 소비자가 처음에는 화폐만을 m_0만큼 보유할 수 있다고 하자. 지금은 상품 X를 시장가격 p에 x_1만큼 구매할 수 있다고 한다. 이러한 구매결정에서 얼마나 더 만족할 것인지를 살펴보기 위하여 먼저 그가 얼마까지 지불할 의사가 있는지를 알아보자. 그의 최대지불용의액은 상품 X를 x_1만큼 구매하더라도 최소한 화폐만을 m_0만큼 보유하고 있을 때의 만족수준을 얻을 수 있어야 하므로 그림 2-14에서 보듯이 $(m_0 - m_2)$일 것이다. 그런데 소비자는 소비자균형점인 점 E에서 소비하므로 실제 시장에서 지불하는 금액은 $(m_0 - m_1)$이며 나머지는 $0m_1$만큼의 화폐를 보유하게 된다. 따라서 소비자의 이익을 나타내는 소비자잉여는 $(m_1 - m_2)$가 된다.

이러한 소비자의 이익은 상품 X를 x_1만큼 보유하고 있는 소비자에게 예전만큼의 만족수준(구매 전에 느끼던 만족도 U_0)만을 얻게 하려면 얼마만큼의 화폐액을 빼앗을 수 있는가를 알아보는 것으로 파악될 수 있다. 다시 말해서 X를 x_1만큼 구매 후 얻는 현재의 만족도 U_1에서 구매 전에 느끼던 만족도 U_0만을 얻게 하려면 얼마를 빼앗을 수 있는가를 알아보는 것이다. 그림에서 점 E를 통과하는 가격선을 만족도 U_0를 나타내는 무차별곡선에 접할 때까지 아래로 이동시키면 점 C를 구

그림 2-14 시장접근(교환)기회에 따른 소비자잉여, 보상변화와 동등변화

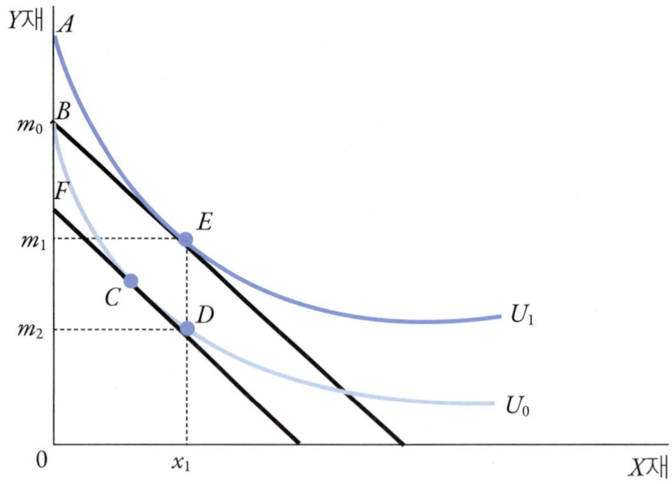

할 수 있다. 이렇게 구한 점 C와 소비자균형점 E와의 거리는 두 만족수준의 차이를 나타내며, 빼앗을 수 있는 화폐액으로 표시하면 BF의 거리가 된다. 이것이 소비자후생의 다른 측정방법으로 알려진 '**보상변화**(Compensating Variation, CV)'이다.

> **정석 사고**
>
> **보상변화**는 경제(시장)상황이 변화했을 때, 변화 전에 얻던 원래의 효용수준으로 돌아가려면 얼마만큼의 화폐액을 보상해주어야 하는가를 나타내는 보상액을 말한다. 가격이 오르는 것처럼 경제상황이 나빠졌을 때에는 그 변화에 대한 '보상액'을, 가격이 내리는 것처럼 경제상황이 좋아졌을 때에는 그 변화에 대한 '지불용의액' 또는 '빼앗을 수 있는 화폐액'을 나타낸다.

이 문제를 다른 관점에서 보면, 이 소비자가 현재와 같은 상품보유를 할 시장교환의 기회를 다시 빼앗길 때 느끼는 불만의 크기는 얼마의 화폐액과 동일한지를 알아보는 것과 같다. 다시 말해서 이 소비자가 현재의 만족을 유지하면서 원래의 상태(상품구매가 가능하기 전의 상태)로 돌아갈 때 보상해주어야 하는 화폐액과 동일하다. 이렇게 소비자후생의 변화를 화폐액으로 측정하는 것이 '**대등변화**(Equivalent Variation, EV)'이다. 그림에서 점 A는 현재의 만족을 유지하면서 원래의 상태(상품구매가 가능하기 전의 상태)로 돌아갈 때의 위치를 표시한다. 따라서 AB의 거리가 바로 대등변화를 보여준다.

정석 사고

대등변화는 경제(시장)상황이 변화했을 때 얻는 새로운 효용수준을 소비자가 누리도록 하기 위해 경제상황이 변화하지 않은 때의 효용수준에서 보상해주어야 하는 화폐액을 말한다. 가격이 오르는 것처럼 경제상황이 나빠졌을 때에는 그 변화를 피하기 위한 '지불용의액'을, 가격이 내리는 것처럼 경제상황이 좋아졌을 때에는 그 변화를 포기하는 데 필요한 '보상액'을 나타낸다.

이상에서 알 수 있듯이 대등변화와 보상변화의 두 측정도구는 특별한 대칭관계를 가지고 있다. 보상변화는 경제상태가 과거에서 현재로 변화하였고 다시 과거로 돌아가려면 얼마의 돈이 과부족한지를 보는 것이다. 이에 대해서 대등변화는 과거에서 현재로 직접 변화한 것은 아니지만 현재로 변화하려면 얼마의 돈이 과부족한지를 보는 것이다.[11] 구매하고자 하는 재화를 볼펜으로 가정하고 소비자잉여, 대등변화, 보상변화를 정리하면 다음과 같다.

정석 사고

소비자가 구매하고자 하는 x재를 볼펜이라고 가정해보자. 소비자는 화폐를 $0m_0$만큼 가지고 있으며 일정한 화폐를 지출해서 $0x_1$의 볼펜(1자루)을 구입하면 최소비용으로 최대의 효용을 얻게 된다(소비자 균형). 이때 실제로 지불한 금액(m_0-m_1)과 소비자가 볼펜 x_1만큼을 구입하는 데 대해서 지불하여도 좋다고 생각하는 금액(m_0-m_2)의 차이가 **소비자잉여**(m_1-m_2)의 개념이다. **대등변화**는 $0x_1$의 볼펜소비를 못하게 할 때 현재와 같은 만족을 주기 위해 보상해주어야 하는 화폐액(AB)을 말하며, **보상변화**는 소비자가 $0x_1$의 볼펜소비를 하게 될 때 이전과 같은 만족만을 주면서 빼앗아도 좋은 화폐액(BF)을 말한다.

4. 경쟁시장균형의 후생

후생경제학의 제3공준은 "어떤 행위(프로젝트, 혹은 정책)의 순편익 혹은 비용을 평가할 때, 편익과 비용이 그 사회의 누구에게 돌아가든 상관없이 모두 더해져야 한다"는 것이다. 이것은 정부의 경제행위가 하나의 경제상태를 다른 경제상태로 바꿀 때 그 변화를 평가하는 우선적인 기준은 자원배분의 효율성이며, 평가방법은 사회적 후생이라는 의미를 함축한다. 따라서 크루소경제의 파레토효율성이 그 기준이 될 수 있으며, 그때의 사회적 후생은 소비자잉여(혹은 대등변화, 보상변화)와 생산자잉여를 합한 것이다. 또한 누구로부터 편익과 비용이 발생하는지와 상관없이 사회적 후생을 평가하는 것이므로 정부가 조세를 부과하여 소비자잉여나 생산자잉여의 일부를 조세수입으로 가져가더라도 정부의 조세수입도 사회적 후생으로 보아야 한다. 정부가 조세수입을 다

제1편
제2편
제3편
제4편
제5편

시 국민들에게 되돌려준다는 가정을 하기 때문이다. 한 가지 주목할 것은 파레토효율성이 달성될 때 사회적 후생이 가장 커진다는 사실이다. 이러한 사실에 입각해서 도출한 후생경제학의 세 가지 정리를 살펴보도록 하자.

(1) 후생경제학의 제1정리

> 외부성이 존재하지 않으며, 각 소비자들의 소비증대가 효용수준을 증가시킨다면(즉 선호체계가 강단조성을 갖는다면), 경쟁시장균형은 파레토효율적이다.

이미 살펴본 바와 같이 크루소시장경제는 왈라스(Walras)가 말하는 일반균형을 달성하며 모든 시장의 균형들은 파레토효율적이다. 다수의 생산자와 소비자가 존재하는 완전경쟁시장경제에서는 각 경제주체들이 제각기 이기적인 행위, 즉 효용극대화와 이윤극대화를 추구하면 경제의 파레토효율성을 달성할 수 있다. 따라서 이 정리는 애덤 스미스가 제시한 '**보이지 않는 손**'의 명제를 정당화하고 있는 것이다. 기업들이 정부개입 없는 시장경제를 옹호하는 강력한 기초논리이기도 하다.

경쟁시장균형이 파레토효율적임은 1인경제인 크루소경제를 통해 살펴보았는데, 이번에는 이것을 일반화하여 다수의 소비자와 생산자가 있는 경제에서 이 정리가 어떻게 성립되는지 간단히 살펴보자. 먼저 A와 B라는 두 사람이 노동(L)과 자본(K)이라는 두 생산요소를 이용하여 쌀(X)과 옷(Y)의 두 상품을 생산하고 소비하는 경제를 가정한다. 이 경제에서 자원의 배분이 효율적으로 이루어지기 위해서는 다음과 같은 세 조건이 충족되어야 한다.

교환의 효율성조건 : $MRS^{A}_{X,Y}=MRS^{B}_{X,Y}$ (2–28)

생산의 효율성조건 : $MRTS^{X}_{L,K}=MRTS^{Y}_{L,K}$ (2–29)

종합적 효율성조건 : $MRS^{A}_{X,Y}=MRS^{B}_{X,Y}=MRT_{X,Y}$ (2–30)

첫 번째 조건인 식 (2–28)은 X재와 Y재의 생산량이 주어져 있을 때 A와 B 두 사람이 각자에게 분배된 X재와 Y재를 서로 교환하여 최대한의 효용을 얻는다는 것이다. 직관적으로 보아서 A의 Y재에 대한 X재의 한계가치가 B의 Y재에 대한 X재의 한계가치와 같아질 때까지 서로 교환을 통해 효용을 높일 수 있다. 이 한계대체율 균등조건은 [부록]에 설명되어 있으니 참조하기 바란다.

두 번째 조건인 식 (2–29)는 (2–28)식과 유사한 논리를 생산과정에 적용한 것이다. 이를테면 X재를 생산하는 기업과 Y재를 생산하는 기업이 각자에게 분배된 노동(L)과 자본(K)을 서로 교환하여 최대한의 X재와 Y재를 생산한다는 논리이다. (2–28)식처럼 X–기업의 자본에 대한 노동의 한계가치(한계기술대체율)가 Y–기업의 자본에 대한 노동의 한계가치와 같아질 때까지 서로 교환을 통해 생산량을 높일 수 있다. 이 한계기술대체율 균등조건은 (2–28)식의 한계대체율 균등조건을 그대로 생산과정에 적용한 것에 불과하며, 이러한 이유로 '기술'이 추가로 붙어 있다.

마지막 조건인 식 (2–30)은 모든 소비자들의 Y재에 대한 X재의 한계대체율이 Y재에 대한 X재의 한계변환율과 같아야 한다는 것이다. 다시 말해서 모든 소비자들의 X재와 Y재의 소비교환비율이 X재와 Y재의 생산변환비율과 동일하여야 한다.

이러한 효율성조건과 경쟁시장균형의 관계는 다음과 같이 정리할 수 있다: 파레토효율성조건은 경쟁시장균형과 상관없이 충족될 수 있는 순수효율성조건을 말한다. 다만 경쟁시장에서 모든 소비자들이 효용을 극대화하기 위해 행동하면 각자의 한계대체율이 상품의 상대가격과 같을 때까지 구매하게 되며, 상품의 상대가격은 하나이므로 모든 소비자들의 한계대체율도 동일하게 된다. 또한 모든 생산자들이 이윤을 극대화하기 위해 행동하면 각자의 한계기술대체율이 생산요소의 상대가격과 같을 때까지 생산요소를 수요하게 되며, 생산요소의 상대가격은 하나이므로 모든 생산자들의 한계기술대체율도 동일하게 된다. 마지막으로 생산자들이 이윤을 극대화하려면 경쟁시장에서 주어진 상품가격에 한계비용을 일치시켜 생산량을 결정하므로 상품들의 상대가격과 한계비용의 비율이 일치하게 되고, 이것은 한계대체율과 한계변환율이 같아진다는 것을 의미한다.

정석 사고

파레토효율성조건은 경쟁시장균형과 상관없이 충족될 수 있는 순수효율성조건으로, 일반균형에서 한계대체율과 한계변환율이 같다는 것을 의미한다. 경쟁시장균형은 외부성이 없고 소비가 효용을 증가시킬 때 파레토효율성을 달성한다는 것이 **후생경제학의 제1정리**이다.

(2) 후생경제학의 제2정리

모든 소비자의 선호체계가 볼록성(소비증가에 따른 효용의 체감적 증가)을 가지면, 기술적으로 가능한 모든 파레토효율적인 자원배분은 경쟁시장과 재산권(초기부존자원)의 적절한 재설정으로 달성될 수 있다.

크루소경제의 예로 다시 살펴보면, 크루소시장경제는 효율적인 자원배분을 하지만 분배의 측면에서 공평하지 못할 경우 어떻게 할 것인가? 크루소경제에서는 소비자가 한 사람이므로 분배의 정의를 생각할 필요가 없다. 그러나 무인도에 '프라이데이'라는 또 한 사람이 등장한다면 분업을 통하여 효율적인 자원배분을 할 것이지만 분배가 공평할 수 있다는 의미는 아니다. 왈라스의 경매자(auctioneer, 시장균형의 모색과정에서 시장의 힘 또는 가격이 마치 경매자와 같다고 한 왈라스의 말에서 유래)가 있다면 시장경제의 균형 결과 얻는 소득분배 몫이 공평하도록 크루소와 프라이데이의 초기소유자원을 적절히 재설정함으로써 파레토효율적이면서 공평한 자원배분을 만들 것이다.

하나의 예로서 개인마다 모두 은행계정을 갖게 하고 그 은행계정의 잔고를 조정(구매력의 재분배)하면 개인들은 다시 이전된 현금에 맞추어 시장에서 자유롭게 구매와 소비행위를 할 것이다. 궁극적으로 상품간의 한계대체율을 상대가격에 일치시켜 파레토최적의 자원배분을 할 수 있는 것이다.[12)]

팀 하포드(T. Harford, 2006)는 후생경제학의 제2정리를 100미터 달리기에 비유하면서 다음과 같이 설명한다.[13)]

> 만약 당신의 목표가 모든 선수들이 100m 결승선을 다 같이 동시에 통과하게 만드는 것이라면 가장 빠르게 달리는 첫 번째 주자에게 천천히 달리라고 요구하고, 모든 선수들이 함께 손을 잡고 100m 결승선을 통과하도록 경기의 규칙을 바꾸는 것을 생각할 수 있다. 이 생각은 재능의 낭비가 생겨서 바람직하지 못하다. 이 방식 대신 각자의 출발점을 앞으로 또는 뒤로 옮겨놓을 수 있다면, 모두가 최선을 다해 달리더라도 모든 선수가 동시에 100m 결승선을 통과하도록 할 수 있다.

정석 사고

어떤 파레토효율적인 배분이 주어졌을 때 경쟁시장균형을 달성할 수 있는가 하는 것은 후생경제학의 제1정리의 역의 명제이다. 일정한 조건이 충족되면 역의 명제가 성립한다는 것이 **후생경제학의 제2정리**이다. 따라서 초기부존자원이 적절히 분배된 상태에서 모든 사람들의 무차별곡선이 원점에 대해 볼록하면 파레토효율적인 배분은 경쟁시장균형을 통해 달성될 수 있다.

(3) 후생경제학의 제3정리

어떤 사회라도 공통적으로 가져야 할 보편적(민주적)이고 합리적인 공리들을 모두 충족시키는 사회적 선호관계, 즉 사회선택의 합리적 규칙은 결코 존재할 수 없다.

이 정리는 두 사회의 후생상태를 비교하는 바람직한 기준은 존재하지 않는다는 것이며, 불가능성의 정리라고도 부른다. 애로우(K. Arrow)는 모든 사회에서 갖추어야 할 민주적이고 합리적인 공리로서 사회선호의 합리성(완비성, 이행성), 파레토원칙, 다른 선택대안으로부터의 독립성, 비독재성, 선호의 비제한성을 제시하고, 이 모든 공리를 만족하는 사회선택메커니즘은 존재하지 않는다고 한다. 따라서 모든 사람의 후생이 증가하는 사회상태가 아니면 어느 사회상태가 더 낫다고 말할 수 없는 것이다. 이에 대해서는 제7장에서 자세히 살펴보기로 한다.

마지막으로 후생경제학의 제3정리는 정부의 경제행위로 모든 사람의 후생이 증가하지 않는 한 그 경제행위가 정당화되기 어렵다는 것을 보여준다. 만약 정부의 경제행위가 일부에게 후생증가를, 다른 일부에게 후생감소를 초래하면 평가의 기준이 없게 된다. 이러한 경우 후생경제학의 제3공준에 따라 정부의 경제행위를 평가하는 원칙이 있는데, 이를 보상의 원리라고 한다. 이에 대해서는 다음 제3장 2절 정부개입의 의미를 살펴볼 때 자세히 설명할 것이다.

정석 사고

애로우는 어느 사회상태가 더 바람직한가 하는 사회선택메커니즘이 갖추어야 하는 공리를 모색한 결과로 완비성, 이행성, 파레토원칙, 다른 선택대안으로부터의 독립성, 비독재성, 선호의 비제한성을 제시하였다. 그리고 이 모든 공리를 만족하는 사회선택의 합리적 규칙은 존재하지 않는다는 것을 **후생경제학의 제3정리**라고 한다.

제1편 제2편 제3편 제4편 제5편

부록A 다양한 재화공간에서의 무차별곡선

이 장의 제1절 (3)에서 무차별곡선은 소비자에게 동일한 만족을 주는 x재와 y재의 상품묶음들의 궤적이라고 하였다. 그리고 무차별곡선의 여러 성격들은 정상적인 재화의 경우에 해당된다. 특히 무차별곡선이 원점에 대하여 볼록한 형태를 가지는 경우는 두 재화가 모두 효용을 주는 정상적인 재화에 해당한다. 그런데 흔히 현실적 문제에서 두 재화가 모두 비효용을 주는 경우나 그 중 한 재화가 비효용을 주는 경우에 무차별곡선은 정상적인 경우와 달리 여러 형태를 가질 수 있다. 이에 대한 일반적인 규칙을 소개한다.

그림 2-1A 효용재화 및 비효용재화에 따른 무차별곡선 형태

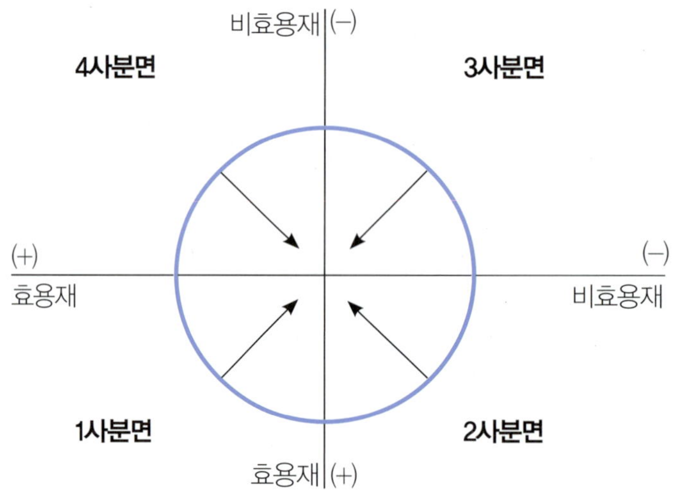

그림 2-1A 는 상품공간을 네 개의 사분면으로 나누었다. 한 가지 주의할 점은 원점에서 오른쪽으로 갈수록, 그리고 위쪽으로 갈수록 부(−)의 효용(비효용)을 준다는 것이다. 수평축과 수직축에 각각 x재와 y재를 둘 때, 3사분면은 공해와 악취처럼 x재와 y재가 모두 부(−)의 효용을 주는 재화 즉 비효용재로 구성된 경우이다. 4사분면은 x재가 효용을 주는 재화 즉 효용재로, y재가 부(−)의 효용을 주는 재화 즉 비효용재로 구성된 경우이다. 1사분면은 사과와 배처럼 두 재화 모두

효용을 주는 정상적인 재화로 구성된 경우이며, 2사분면은 x재가 비효용재로, y재가 효용재로 구성된 경우이다.

그림 2-1A 의 1사분면에서 화살표는 효용이 증가하는 방향을 나타내며, 무차별곡선의 형태와 효용의 증가방향이 본문에서 다룬 정상적인 경우라는 것을 확인할 수 있다. 한 가지 주의할 점은 무차별곡선의 형태와 효용의 증가방향만을 그대로 가져와서 새로운 xy평면에 갖다 놓으면 된다.

그림 2-1A 의 3사분면에서 공해를 x재, 악취를 y재로 구성하고 x재와 y재의 무차별곡선의 모양을 생각한다면 3사분면의 무차별곡선의 모양과 효용의 증가방향을 그대로 가져와서 정상적으로 그린 xy평면에 갖다놓으면 된다. 따라서 아래와 같은 모양의 그림을 그릴 수 있다.

그림 2-2A 비효용재화 사이의 무차별곡선 형태

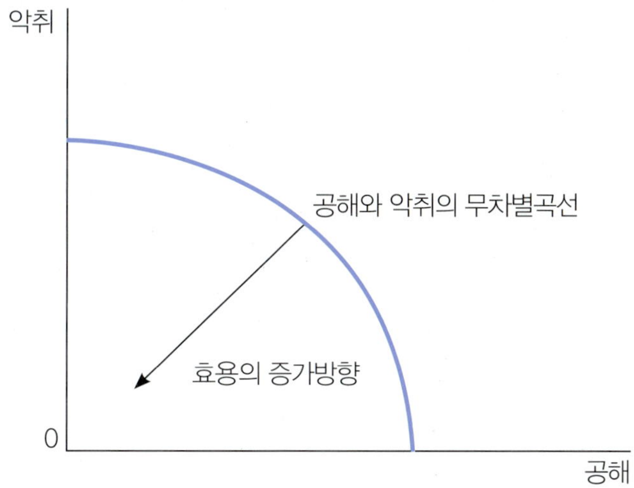

한 가지 예를 더 들어보자. x재가 사과이고 y재가 공해인 상품공간에 해당하는 무차별곡선의 모양을 알고 싶다면 x재가 효용재, y재가 비효용재로 구성된 4사분면의 무차별곡선의 모양과 효용의 증가방향을 그대로 가져오면 된다. 이것을 이용하여 무차별곡선의 모양을 그리면 다음과 같다.

그림 2-3A 효용재화와 비효용재화 사이의 무차별곡선 형태

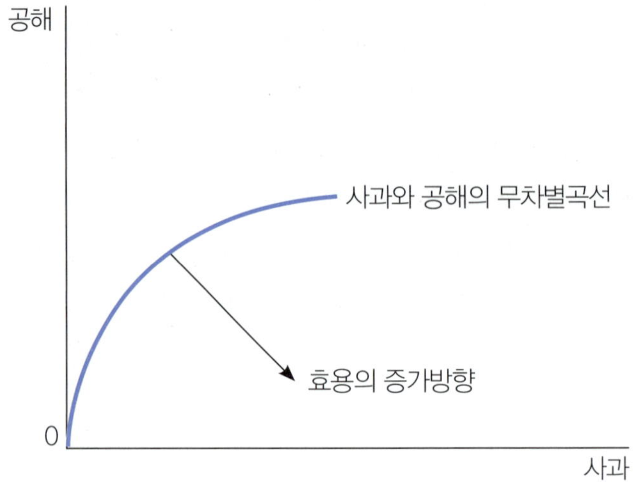

마지막으로 x재가 공해이고 y재가 사과인 상품공간에 해당하는 무차별곡선의 모양을 알고 싶다면 x재가 비효용재, y재가 효용재로 구성된 2사분면의 무차별곡선의 모양과 효용의 증가방향을 그대로 가져오면 된다. 이것을 이용하여 무차별곡선의 모양을 그리면 다음과 같다.

그림 2-4A 비효용재화와 효용재화 사이의 무차별곡선 형태

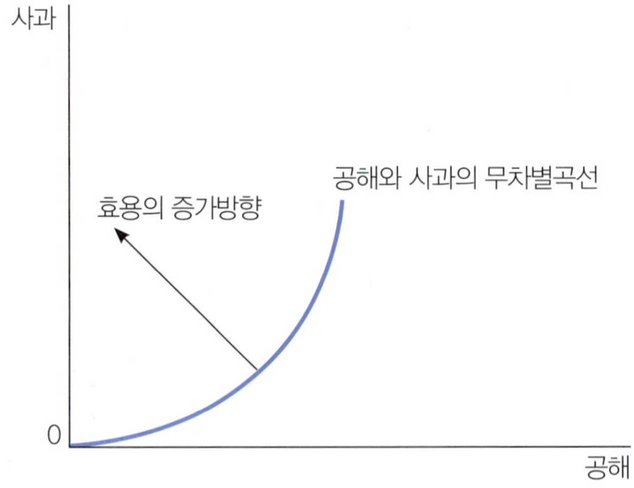

이상에서 살펴본 여러 예에서와 같이 다양한 재화들의 상품공간에서 다양한 모양의 무차별곡선을 그릴 수 있다. 그러나 규칙에 따라 기계적으로 그 모양만 그릴 것이 아니라 그림을 통하여 왜 그런 모양을 갖는지도 생각해보자. 마지막의 예처럼 공해와 사과의 무차별곡선의 모양이 우상향하는 이유는 사과를 많이 소비할수록 효용이 증가하지만 그만큼 공해를 통해 부(−)의 효용으로 보상하면 만족도가 무차별해지기 때문이고, 공해를 많이 배출할수록 공해가 주는 추가적인 고통이 커지므로 한계대체율은 체증한다. 독자들 스스로가 다른 예들에서도 이러한 사고를 학습해 보도록 하자.

부록B 정석 재정학 2인-2재화의 교환경제: 파레토효율성

일반균형분석으로 파레토효율성의 개념을 설명할 수 있는 가장 단순한 순수교환경제를 살펴보도록 하자. 이 경우 생산을 무시하고 이미 생산된 재화 x재와 y재를 두 소비자 A와 B가 어떻게 자발적 교환을 통해 파레토효율적 자원배분을 달성하는가를 살펴보는 것이다.

이러한 경제를 분석하는 유용한 도구로서 영국의 경제학자 에지워스(F.Y. Edgeworth, 1845–1926)가 처음 사용해서 이름 붙은 에지워스 상자(Edgeworth box)를 흔히 사용한다. 이 상자는 경제전체의 소비가능한 x재와 y재의 수량을 각각 가로변과 세로변의 길이로 나타낸다. 만약 x재가 20단위, y재가 10단위 있을 때 A가 (15, 5)를 가지면 B는 (5, 5)를 가지게 된다는 것을 의미한다. 두 소비자가 소비 면에서 상자 안에 갇혀 있는 셈이다.

그림 2-1B 파레토효율적 자원배분

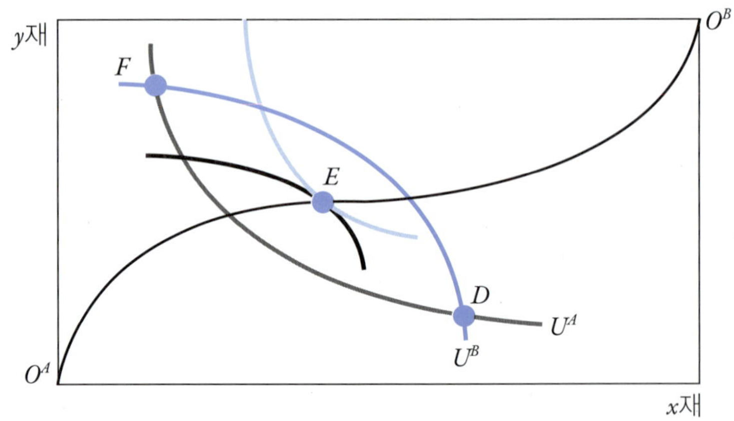

그림 2-1B는 두 소비자의 초기부존자원의 배분이 D점에서 이루어지고 있다고 가정한 것이다. 소비자 A에게 주어진 초기의 x재와 y재의 수량은 각각 O^A에서 D점의 x–좌표까지의 길이, O^A에서 D점의 y–좌표까지의 길이로 주어져 있다. 소비자 B의 경우 초기의 x재와 y재의 수량은 각각 O^B에서 D점의 x–좌표까지의 길이, O^B에서 D점의 y–좌표까지의 길이로 주어져 있다. 두 소비자

의 선호는 보통의 무차별곡선으로 나타내는데, 소비자 *B*의 경우 원점이 O^B라는 것을 주의하기 바란다. 따라서 소비자 *B*의 무차별곡선은 소비자 *A*의 그것을 뒤집어놓은 것과 같다.

초기부존자원의 분배는 *D*점이지만 두 소비자간 교환을 통해 더 만족한 상태로 이동할 수 있다. 예를 들어 *D*점을 지나는 *A*와 *B*의 무차별곡선을 그린 후 *A*와 *B*가 더 만족한 상태를 찾아보면 그 무차별곡선의 위쪽에 있는 어떤 교환도 서로를 유리하게 할 수 있다. 이렇게 상호간 이익이 되는 영역은 그림에서 *D*점과 *F*점을 연결하는 렌즈모양의 영역이 되는 것이다. 이 렌즈영역을 흔히 **상호이익영역**(mutually advantageous region)이라고 부른다.

따라서 렌즈 안 어떤 점으로 이동해도 상호이익이 되는데, 그림의 *E*점을 그러한 거래의 결과의 하나라고 하자. 이때 *E*점을 지나는 *A*와 *B*의 무차별곡선을 그려보고 렌즈가 다시 생기면(이번에는 더 작은 렌즈) 또 그 렌즈 안의 어느 점으로 이동하게 된다. 그림의 점 *E*처럼 *A*와 *B*의 무차별곡선이 서로 등을 맞대는 모양으로 접하게 되면 상호이익이 되는 렌즈영역이 더 이상 생기지 않는다. 그리고 그림의 점 *E*와 같이 두 소비자 *A*와 *B*의 무차별곡선이 등을 맞대는 점들은 무수히 많다. 이러한 경우의 파레토효율성조건은 다음과 같다.

$$MRS^A_{x,y} = MRS^B_{x,y} \qquad (2\text{–}1B)$$

만약 초기부존자원의 분배점을 *D*가 아닌 다른 점이라고 하면 그 새로운 분배점을 통과하는 두 소비자의 무차별곡선을 그려보고, 렌즈모양의 상호이익영역이 나오면 렌즈가 사라질 때까지 거래가 이루어지는 것이다. 모든 분배점에 대해서 이러한 파레토효율적인 점들은 무수히 많으며 이 모든 점들을 연결한 것을 **계약곡선**이라고 부른다. 따라서 계약곡선은 파레토효율적인 자원배분점들의 궤적이라고 할 수 있다. 참고로 계약곡선을 두 소비자의 효용조합으로 보고 효용공간에 옮겨 그린 것을 **효용가능곡선**(경계)이라고 한다. 후생경제학에서 어떤 사회의 두 소비자의 효용수준을 설명할 때 때때로 이용되는 분석도구이다.

정석 사례연구

시장경제의 효율성과 공평성

세계는 이제 하나의 시장으로 통합되는 과정에 있다고 해도 과언이 아니다. 그런데 고전적인 논쟁으로 국가간 무역의 정부정책에 관하여 어떤 사람들은 보호주의를 지지하고, 관세 혹은 수입물량할당 등을 통해 자국민의 직업과 사업을 외국기업들로부터 보호해야 한다고 믿는다. 반면에 어떤 사람들은 시장개방과 자유무역을 더 선호한다. 그들은 보호주의가 소비자들의 자유로운 선택의 기회를 없앰으로써 소비자들의 후생을 크게 감소시킨다고 주장한다.[14)]

일반균형분석으로 이 논쟁을 살펴보면, 국가간 무역은 개인소비자와 다른 국가의 기업 사이의 무역과 같다. 이 관점에서 자유무역의 확대는 확실히 경제의 효율성을 증가시킨다. 국가가 관세를 부과하면 소비자와 기업들은 같은 재화에 서로 다른 가격을 매기므로, 교역을 하는 두 상품 사이의 한계대체율이 서로 달라진다. 즉, 교환의 효율성이 달성되지 않는다. 이에 따라 각국의 한계변환율이 한계대체율과 다르므로 경제전체의 효율성도 달성하지 못한다.

이에 대한 사례로 1990년대에 이루어진 미일구조협의를 들 수 있다. 일본 유통시스템이 미국 상품수출의 장애가 된다는 근거에서 미국의 강력한 요구에 의해 이루어진 대규모 소매점포법(대점법)의 규제완화에 관한 협상이다. 이를 계기로 미국의 대형 완구점인 토이저러스(Toys "R" Us)가 본격적으로 일본시장에 진출하게 되었다. 이로부터 6년이 지난 후 토이저러스의 일본 출점 점포수는 50개나 되었다.

대점법의 규제완화는 대형 쇼핑센터와 더불어 아메리칸 스타일의 새로운 점포들의 일본시장진출을 촉진했다. 소매업의 변화는 소매업과 메이커의 관계도 변화시키고 동시에 수입확대에도 기여했다. 규제완화와 같은 국내 제도의 변경이 '외압' 없이는 얼마나 어려운지, 그 영향력은 상상 이상으로 크다는 것을 보여주었다. 이러한 협상의 가장 큰 수혜자는 당연히 소비자이다.

농업의 예를 들어보면, 농민은 자신의 이해가 걸린 문제이므로 강력한 정치력을 발휘하려 하지만 소비자의 입장에서 보면 농산물은 많은 상품 중의 하나에 불과하다. 그것을 위해 시간을 들여 정치적으로 움직이려 하지 않는다는 말이다. 수적으로 보면 소비자 쪽이 생산자 쪽보다 많다. 한 사람 한 사람의 입장에서는 얼마 안 되는 이익이지만 사회 전체적으로 보면 상당히 큰 이익이다.

실제로 자유무역에서 얻는 이익은 얼마나 클까? 크리스찬 브로다와 데이빗 윈스턴(Christian Broda and David Weinstein, 2004)의 연구에 따르면, 1972년과 1997년 사이 무역을 통한 이익은 미국 소득의 3%에 해당되었다. 싱가포르의 경우에는 소득의 45.6%, 타이완은 36.9%, 중국은 26.9%, 브라질은 26.8%, 캐나다는 19.4%에 이르렀다.[15)]

그러나 무역을 통해 얻는 이익이 모든 국민에게 균등하게 분배되는 것은 아니다. 해외와의 경쟁을 계기로 많은 기업들이 산업구조조정에 내몰리게 된다. 어떤 경제학자들은 가난한 사람과 비숙련노동자에게 그 피해가 더욱 심하다고 주장한다. 결과적으로 자유무역의 논의는 산업구조조정으로 밀려난 실업자들에게 어떻게 보상해줄 것인가의 문제를 남기는데, 이는 효율성과 공평성 간의 문제이다.

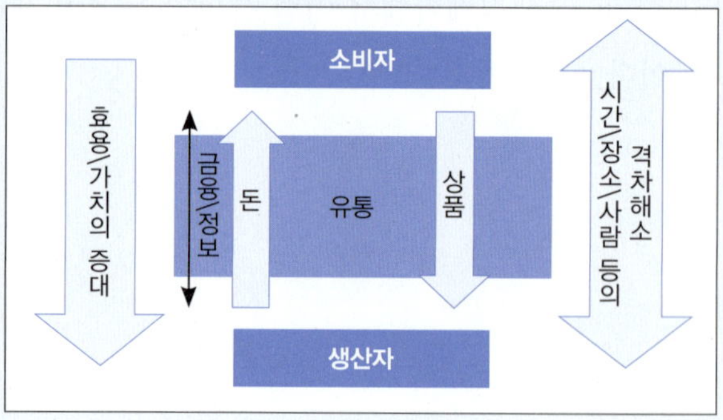

정석 기본문제

1. 다음 표는 짱구라는 소비자의 효용과 주어진 효용을 얻을 수 있는 두 재화, 볼펜(x)과 햄버거(y)의 결합을 나타낸다.

효용=100		효용=400		효용=1600	
x	y	x	y	x	y
0	2	0	4	0	8
1	1	1	2	1	4
2	1/2	2	1	2	2
4	1/4	4	1/2	4	1

[1] 볼펜 1자루와 햄버거 1개를 사고 햄버거 1개를 더 구입할 때의 한계효용은 얼마인가?

정석 힌트 효용=100에서 효용=400이 된다. 따라서 한계효용은 300이다.

[2] 볼펜 2자루를 산 후 햄버거를 많이 먹을수록 그 한계효용은 감소하는가?

정석 힌트 효용을 U라고 할 때, $x=2$인 상태에서 $y=1/2(U=100)$, $y=1(U=400)$, $y=2(U=1600)$. 따라서 한계효용은 체증한다.

[3] 효용이 100일 때 볼펜 1자루에 대한 햄버거의 한계대체율은 얼마인가?

정석 힌트 $x=1$에서 $x=2$로 증가할 때, $y=1$에서 $y=1/2$로 감소하고, 한계대체율은 $-1/2$이다.

[4] 효용이 100일 때 볼펜을 많이 구입할수록 한계대체율은 감소하는가?

정석 힌트 $x=2$에서 $x=4$로 증가할 때, $y=1/2$에서 $y=1/4$로 감소하고, 한계대체율은 $-1/8$이다. 따라서 위 [3]의 답과 비교해볼 때 x가 증가함에 따라 한계대체율이 체감한다.

[5] 짱구는 3,000원을 가지고 볼펜과 햄버거를 사려고 한다. 볼펜은 1자루에 1,000원이고, 햄버거는 1개에 1,000원이다. 각각 몇 개를 구입해야 효용을 극대화할 수 있는가? 그때의 효용은 얼마인지 설명하라.

정석 힌트 예산선 혹은 가격선의 기울기를 구하고 한계대체율이 이 기울기와 같은 상품묶음을 선택하면 된다. 상품묶음($x=1$, $y=2$)에서 한계대체율을 구해보기 바란다.

2. 다음 표는 구두회사 '좋아'가 기계를 사고 근로자들을 고용하여 구두를 생산할 때의 구두생산을 나타낸다. 노동의 한계생산력은 노동 추가 한 단위당 생산할 수 있는 구두의 켤레를 말한다.

기계	노동	구두
1	0	0
1	1	4
1	2	9
1	3	12

[1] 50,000원 하는 기계를 1대 사고 10,000원씩 일당을 주고 근로자 3명을 고용하였다고 가정한다. 이 회사의 생산비용은 얼마인가?

정석 힌트 기계구입비용과 근로자 3명의 일당을 합한다.

[2] 위 [1]에서 구두가 한 켤레에 10,000원 한다면 이 회사의 이윤은 얼마인가?

정석 힌트 구두 12켤레의 시장가치를 계산하고 [1]의 총비용을 빼면 구할 수 있다.

[3] 위 [1]의 조건하에서 생산비용곡선을 그려라.

정석 힌트 구두 4단위, 9단위, 12단위로 증가할 때, 기계구입비용의 고정비용과 근로자수에 따라 변하는 가변비용을 합하여 총비용을 구한다. 이때 구두생산량과 총비용의 관계가 비용곡선이다.

[4] 위 [1]의 조건하에서 한계비용곡선을 그려라.

정석 힌트 구두 4단위, 9단위, 12단위로 증가할 때 가변비용의 증가분을 찾아 구두생산량과 가변비용의 증가분의 관계를 표시한다.

3. 다음을 읽고 옳으면 O, 틀리면 ×를 표시하라.

[1] 단기평균비용이 U자형인 이유는 한계생산체감의 원리(한계비용체증의 원리)와 단기고정비용의 존재 때문이다.

정석 힌트 생산량이 증가함에 따라 평균고정비용이 급속히 감소하므로 평균비용을 오랫동안 하락시키는 요인으로 작용한다. 일정한 생산수준에 이르면 평균고정비용이 계속 감소하더라도 평균가변비용이 급속히 증가하여 평균비용을 상승시키게 된다.

[2] 단기비용이 장기비용보다 작을 수도 있다.

정석 힌트 장기비용곡선은 단기비용곡선의 포락선이다. 왜냐하면 장기적으로는 주어진 시설규모하에 단기비용곡선을 따라 생산을 하다가 다른 시설규모하에 단기비용이 더 적게 들면 그 시설규모로 조절할 수 있기 때문이다.

4. 다음 물음을 읽고 간단히 답하라.

[1] 시장의 수요곡선과 경쟁기업이 직면하는 수요곡선은 동일한가?

정석 힌트 시장의 수요곡선은 개인의 한계편익이 감소하듯이 우하향하는 음의 기울기를 가진 곡선이다. 그러나 경쟁기업의 입장에서는 시장가격이 주어지면 그것을 변경할 수 없으므로 시장가격에서 수평선의 수요곡선으로 인식한다.

[2] 경쟁시장에서 소비자의 효용극대화와 기업의 이윤극대화가 달성될 때 시장가격은 어떻게 결정되는가?

정석 힌트 한계편익과 한계비용이 같아질 때 시장가격이 결정된다.

5. 다음을 읽고 옳은 것은 True, 틀린 것은 False로 표시하라. 그리고 그 이유를 간단히 기술하라.

> (가)후생경제학의 제1정리는 (나) 시장의 가격기구가 가장 저렴한 비용으로 생산할 수 있는 자가 생산하도록 하고, (다) 당해 재화로부터 가장 큰 효용을 느끼는 사람이 사용하도록 유도하는 유인체계를 증명하는 논리이며, (라) 그 역은 일반적으로 성립하지 않는다.

정석 힌트 (라)만 틀린 것인데, 그 역이 후생경제학의 제2정리라고 할 수 있다.

6. 미키와 도날드는 각각 빵 3단위(개)와 소주 3단위(병)를 가지고 있다. 그러나 미키는 빵 2단위 대신 소주 1단위가 더 필요하고, 도날드는 소주 1단위 대신 빵 2단위가 더 필요하다고 한다.

[1] 위의 예에서 무엇이 왈라스균형(일반경쟁균형)인지를 말하라.

정석 힌트 왈라스균형이란 초과수요가 없는 상대가격체계를 말한다. 그러므로 빵과 소주의 상대가격, 즉 $\frac{P_{빵}}{P_{소주}}=\frac{1}{2}$이면 미키의 빵의 공급 2단위와 도날드의 빵의 수요 2단위가 일치하고, 미키의 소주 수요 1단위와 도날드의 소주공급 1단위가 서로 일치하는 상대가격이 된다.

[2] 위의 예에서 파레토최적조건을 말하라.

정석 힌트 파레토최적조건은 미키와 도날드의 한계대체율이 일치하는 것이다. 즉, '미키의 소주에 대한 빵의 한계대체율=도날드의 소주에 대한 빵의 한계대체율=1/2'이다.

7. 생산가능곡선은 무엇을 나타내며, 그 기울기는 무엇을 의미하는가?

① 기술진보 ② 경제성장
③ 희소성의 원칙 ④ 기회비용
⑤ 파레토효율적 자원배분

정석 힌트 생산가능곡선은 희소한 자원을 활용하여 생산할 수 있는 최대영역이며, 그 기울기는 기회비용을 의미한다.

정석 심화문제

8. 크루소는 제주도라는 섬에서 자급자족을 하고 있다. 그는 하루에 1시간만 일하기로 마음먹고 그 1시간 동안 낚시와 사냥을 하며 생계를 유지한다. 그런데 그는 1시간 동안 물고기(x) 10마리를 잡거나 도토리(y) 20개를 주울 수 있다.

[1] 크루소경제의 생산가능곡선을 그려라.

정석 힌트 가로축에 물고기량, 세로축에 도토리량을 두고 그림을 그리면 다음과 같다.

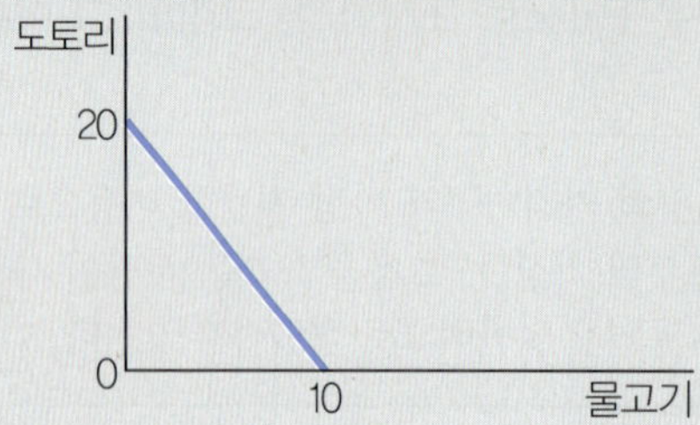

[2] 이제 크루소가 프라이데이와 함께 일하게 된 경우를 생각해보자. 프라이데이는 크루소보다 물고기를 더 잘 잡으며, 크루소와 같이 1시간만 일한다. 그는 1시간 동안 물고기 20마리를 잡거나 도토리 10개를 주울 수 있다. 이 경제의 생산가능곡선을 그려라.

정석 힌트 가로축에 물고기량, 세로축에 도토리량을 두고 볼 때 모두 도토리를 생산한다면 그 최대생산량은 30단위이다. 여기서부터 물고기를 더 생산하려면 물고기 잡는 데 생산적인 프라이데이 기술을 먼저 사용해나간다. 물고기 20단위까지 생산한 후에는 크루소의 기술을 사용하기 시작한다. 그러면 다음과 같은 생산가능곡선이 도출된다.

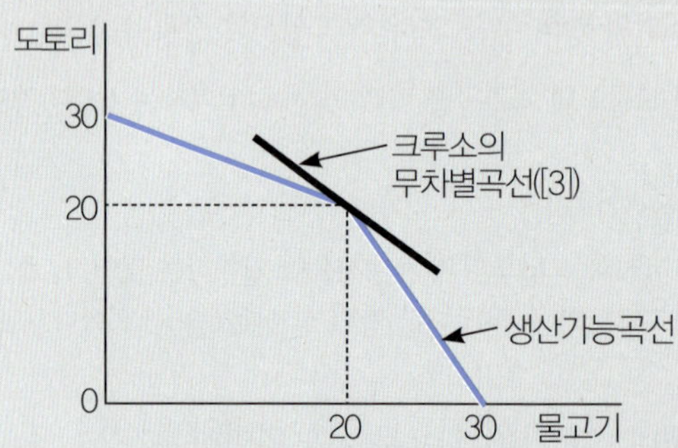

[3] 크루소는 물고기 1마리 소비에 1원, 도토리 1개 소비에도 1원의 효용을 느낀다. 즉, $U=x+y$. 프라이데이는 물고기와 도토리의 개수를 곱한 만큼 효용을 느낀다. 즉, $U=xy$. 소설에서처럼 프라이데이는 크루소의 말을 충실히 따른다. 이 경제의 사회후생을 극대화하는 생산량을 결정하라.

정석 힌트 크루소의 선호체계에 따라 생산량이 결정된다. 크루소는 (20, 20)일 때 효용이 극대화된다.

[4] 이제 크루소는 그에게 주어진 1시간 동안만 바닷가를 거닐며 여가(x)를 즐기거나 물고기(y)만 잡

아 생계를 유지한다. 그의 낚시기술은 노동(L) 한 단위당 물고기 두 마리를 잡는다. 즉, 그의 생산함수는 $y=2L$이다. 크루소의 효용함수는 $U=xy$이다. 크루소는 소비자와 생산자의 1인 2역을 하며, 물고기 한 마리의 가격을 1원으로 설정하여 노동시장과 물고기시장을 개설하였다. 크루소 경제의 생산가능곡선을 그리고, 파레토효율적 여가와 물고기의 소비량을 결정하라.

정석 힌트 일반적인 방법은 한계대체율$=y/x=w$(임금률)을 예산제약식 $y+wx=w$에 대입하여 $x=1/2$, $y=w/2$를 구한다. 한편 한계변환율$=2=w$임을 확인하기 바란다. 한계대체율과 한계변환율이 같아야 하므로 $x=1/2$, $y=1$이다. 이와 관련해서 대체불가능성정리(nonsubstitution theorem)가 있는데, 노동이 존재하고 규모에 대한 수확불변의 기술을 사용하는 경제에서 균형가격은 선호와 관계없이 기술에 의해 결정된다는 것이다.

9. 다음 그림을 보고 후생의 개념들을 파악하기로 하자. 그림에서 OA=12,000원, OF=8,000원, m_0=10,000원, m_1=7,000원, m_2=5,000원이라고 가정한다.

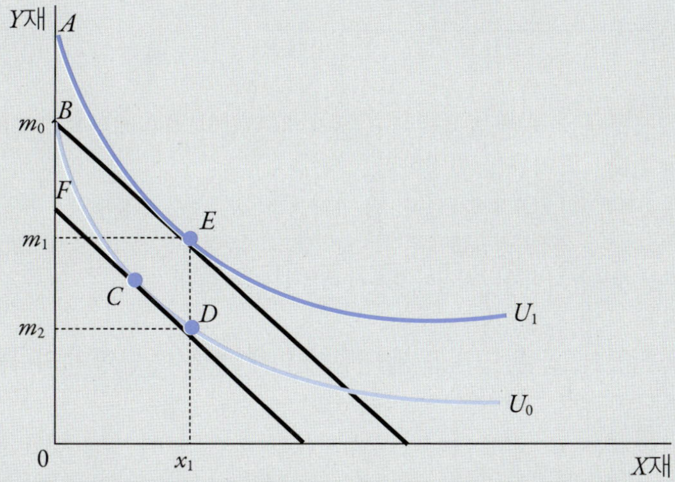

소비자는 화폐를 $0m_0$만큼(=10,000원) 가지고 있으며 일정한 화폐를 지출해서 $0x_1$의 볼펜(1자루)을 구입하면 최소비용으로 최대의 효용을 얻게 된다(소비자균형).

[1] 이때 실제로 지불한 금액(가)과 소비자가 볼펜 x_1을 구입하는 데 대해서 지불하여도 좋다고 생각하는 금액(나)의 차이가 소비자잉여(다)의 개념이다. 대등변화는 $0x_1$의 볼펜소비를 못하게 할 때 현재와 같은 만족을 주기 위해 보상해주어야 하는 화폐액(라)을 말하며, 보상변화는 소비자가 $0x_1$의 볼펜소비를 할 때 이전과 같은 만족을 주면서 빼앗아도 좋은 화폐액(마)을 말한다.

정석 힌트 (가) m_0-m_1 =10,000−7,000=3,000

(나) m_0-m_2 =10,000−5,000=5,000

(다) m_1-m_2 =7,000−5,000=2,000

(라) $OA-OB$ =12,000−10,000=2,000

(마) $OB-OF$ =10,000−8,000=2,000

[2] 위에 해당하는 수요곡선을 그려서 소비자잉여와 대등변화, 보상변화의 관계를 설명하라.

정석 힌트 이 경우는 특수한 경우로서 모두 동일하다. 일반적인 경우 가격하락과 같은 경제상태의 변화에서는 다음의 관계를 보여준다. 그림에서 D_0는 보통수요곡선, D_1는 대등변화를 보여주는 보상수요곡선, D_2는 보상변화를 보여주는 보상수요곡선이다. 이 경우 'A=보상변화, $A+B$=소비자잉여, $A+B+C$=대등변화'이다. 참고로 가격이 상승시에는 정반대가 된다.

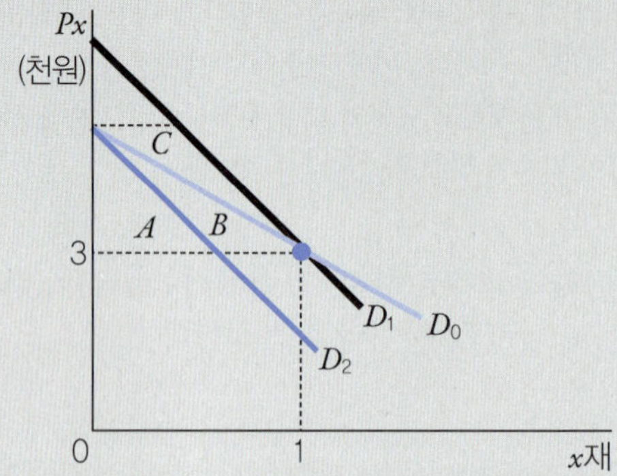

10. 후생경제학의 제2정리에 의하면 효율적이고 동시에 공평한 자원배분을 경쟁시장이 달성할 수 있다고 주장한다. 그 이유를 설명하라.

정석 힌트 모든 경제주체의 선호체계가 볼록성을 가지면 초기부존량을 적절히 재분배한 후의 파레토효율적인 배분은 경쟁시장균형이 된다는 것이다. 초기부존량을 적절히 분배하여 공평한 분배점을 우선 찾으면 나머지는 시장이 효율적 배분을 할 수 있다.

11. 후생경제학의 제1공준, 제2공준, 그리고 제3공준에 의해 경쟁시장균형의 의미를 설명하라.

제2편 정부와 시장경제

제3장
정부와 시장의 실패

우리는 충분한 정보를 가지고

자기이익을 추구하기 위해서

영리하게 행동하는 사람들로 이루어진 세상에 살고 있다.

– George Joseph Stigler –

자발적인 교환의 원리를 바탕으로 한 자유시장경제가 일반적으로 가장 효율적인 것으로 알려져 있다. 그러나 어떤 경제문제에 대해서는 최선의 답을 제시하지 못하는 수가 있다. 예를 들어 시장경제에서 경쟁이 없으면 효율적인 자원배분을 할 수 없다. 또한 효율적인 자원배분을 하더라도 공평한 소득분배에 실패할 수 있다. 이러한 경우에 정부개입의 여지가 생기는 것이다.

시장이 자원배분에 실패했을 때 정부가 개입하는 것은 필요조건이지 결코 필요충분조건은 아니다. 그 이유는 정부개입이 항상 성공적일 수 없다는 데 있다. 정부가 항상 사회적 후생을 극대화할 수 있는 사회의 수호자는 아니다. 왜냐하면 정부도 완전하지 않고 이기적일 수 있는 개인들의 집합체라고 보면 항상 신처럼 전지전능한 가치판단을 한다고 보기 어렵기 때문이다. 또한 정부의 의사결정행위는 항상 공공선택이라는 정치적 의사결정과정을 거쳐야 한다. 이 과정에 참여하는 다양한 집단들이 자기이익을 좇아 행동하면 정부가 의도한 목표를 달성할 수 없다. 따라서 정부도 실패할 수 있는 것이다.

제3장 정부와 시장의 실패

이 장에서는 시장이 실패할 수 있는 현실적인 여러 원인들과, 이에 따른 필요조건적 정부 개입의 의미와 정부의 실패에 대한 원인들을 알아본다. 또한 거시적 시장실패의 원인들에 대해서도 살펴보고자 한다.

이 장에서 배울 것

- 시장경제의 불완전성이란?
- 정부의 역할과 정부개입의 후생경제학적 의미는?
- 정부개입의 근거로서 시장실패의 원인은?
- 정부개입의 반대논거로서 정부실패의 원인은?
- 거시적 시장실패란?

제1절 정석 재정학 시장경제의 불완전성

경쟁시장에서 자발적인 거래가 이루어지고 그것이 균형에 도달했다는 것은 시장에 참여한 경제주체들 모두가 만족스러운 결과를 얻었다는 것을 의미한다. 그러나 사람에 의해 만들어진 것 중에서 완전한 것은 없다. 시장도 예외가 아니다.

이탈리아 경제학자 파레토(Pareto, 1848~1923)와 애로우(Arrow)는 다른 사람의 후생을 감소시키지 않고서는 자신의 효용을 증가시킬 수 없는 자원배분상태를 파레토효율(Pareto efficiency)이라고 정의하고, 경쟁시장균형은 바로 파레토효율적임을 논리적으로 보여주었다. 앞에서 보았듯이 이를 후생경제학의 제1정리라고 하는데, 그 의미를 좀 더 살펴보면, 완전경쟁이 보장되고 공공재[1], 외부성[2], 독점 등이 없을 때 시장기구는 정부의 개입 없이도 '보이지 않는 손'에 인도되어 사회전체의 후생(welfare)을 극대화할 수 있다. 하지만 이 경우에도 가격기구가 공평성(공평한 소득분배)을 보장한다는 얘기는 아니다.

또한 시장기구의 본질적인 문제로서 물가가 급격히 상승하거나 대량실업이 생기는 등의 주기적인 경기변동이 발생한다. 그 밖에도 개방된 세계경제 속에서 경상수지문제(무역마찰과 시장개방화)와 개방에 따른 산업구조조정문제 등이 계속 발생한다.

현실적으로는 공공재, 외부성, 독점 등이 존재하기 때문에 시장이 효율적인 자원배분을 달성하지 못한다. 비록 시장기구가 자원배분의 효율성을 달성한다고 해도 생산요소가 불공평하게 분배되어 있는 상태에서의 시장기구는 소득분배상태를 더욱 악화시킬 수도 있다. 또한 물가상승과 실업증가를 수반하는 경기변동에 대하여 시장기구가 경기안정화기능을 가진다고 보기도 어렵다. 따라서 시장경제의 불완전성을 말할 때 미시적으로는 비효율적 자원배분('시장실패')을, 거시적으로는 불공평한 분배구조, 물가상승과 실업증가, 경상수지적자문제 등을 일컫는다.[3]

정석 사고

시장경제의 불완전성은 미시적으로 비효율적 자원배분('시장실패')을, 거시적으로 불공평한 분배구조, 물가상승과 실업증가, 경상수지적자문제 등을 말한다.

제2절 정석 재정학 정부개입의 의미

정부의 본질적 특징은 합법적으로 강제력을 가진 조직이라는 것이다. 그리고 그 강제력은 누구에게나 적용되는 보편성을 가진다. 이러한 보편적 강제력을 지닌 정부의 '보이는 손'은 특정한 방법인 조세와 공채로 자금을 조달하여 공공재 생산 · 공급 및 소득재분배정책을 시행할 수 있다.

오늘날의 정부는 법과 질서를 유지하고 소유권을 확립하는 기본적인 역할만 하지 않는다. 정도의 차이는 있지만 대부분의 정부는 시장에도 깊숙이 개입하고 있다. 그 이유는 앞에서 살펴본 시장경제의 불완전성에 기인한다. 따라서 정부개입의 근거로는 시장경제의 비효율성, 불공평성, 경기변동 및 온정적 간섭주의 등을 들 수 있으며, 그러한 불안전성을 해결하려는 노력이 정부의 주요기능일 것이다.

그림 3-1 은 머스그레이브(R.A. Musgrave)가 제시하는 정부의 3대 경제적 기능, 정부개입의 방법과 과정, 목표를 나타낸 것이다.[4)] 제1장에서 살펴본 재정의 3대기능과 동일하므로 여기서는 약간의 설명만 덧붙이면서 간단히 살펴본다.

그림 3-1 정부개입의 근거와 기능

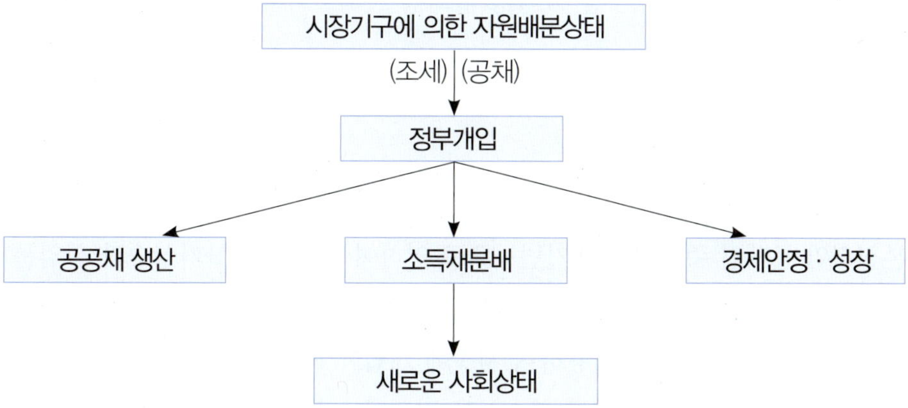

제1편
제2편
제3편
제4편
제5편

(1) 자원배분기능: 공공재의 생산 및 공급

시장이 효율적인 자원배분을 하지 못할 때 정부개입의 필요성이 생긴다. 시장에서 자원배분의 효율성을 높이기 위해 정부가 공공재를 직접 생산하거나 공급하는 일을 담당할 수 있다. 한 가지 주의할 점은 정부가 공공재를 생산하는 것과 공급하는 것은 의미가 다르다는 것이다. 정부가 공공재를 생산하는 것은 정부가 소비자를 상대로 직접 판매를 하는 기업가의 역할을 하는 것이고, 정부가 공공재를 공급하는 것은 민간기업에 생산활동을 맡기고 정부는 단순히 비가격기구를 통해 공급만 한다는 것이다. 정부가 직접 생산활동에 참여하는 경제가 순수한 시장경제에 가깝다고 하겠다.

(2) 소득분배기능

공평한 소득분배를 달성하기 위해 정부가 개입하게 되는데 어떤 분배상태가 공평한가에 대해서는 다양한 견해가 있으며 의견의 일치가 어려운 실정이다. 더구나 공평한 분배상태에 대한 의견이 일치하더라도 어떠한 정책수단으로 이를 달성하는지도 중요한 문제이다. 조세나 지출정책을 통해 각 개인이 가지는 소득의 양을 직접 변화시킬 수도 있고, 각 생산요소의 상대가격을 변화시킬 수도 있고, 다른 기회의 확대를 통해 목표를 달성할 수도 있다. 그런데 효율적 자원배분과 공평한 분배가 서로 상충할 경우, 정부는 효율성의 희생을 최소화하면서 공평한 분배기능을 수행하여야 할 것이다.

(3) 경제안정 및 성장기능

시장의 본질적인 문제인 주기적인 경기변동으로 인하여 발생하는 물가상승과 실업문제, 세계경제의 상호의존성이 심화됨에 따라 나타나는 국제수지적자문제와 국가채무문제 등을 해결하기 위해 정부는 여러 거시적 정책수단을 활용하여 시장에 개입할 필요가 있다. 그리고 지속적인 경제성장을 추진하기 위해서도 정부는 개입의 필요성을 가진다. 따라서 경제안정화기능에만 머물지 않고 보다 적극적으로 경제성장을 촉진하는 기능까지 정부의 기능으로 보고 있는 것이다.

정석 사고

머스그레이브는 정부의 경제적 기능으로 공공재의 생산 · 공급을 통한 자원배분기능, 공평한 소득 및 부의 분배를 위한 소득분배기능, 경기변동과 경제성장문제를 해결하는 경제안정 · 성장기능을 제시하고 있다.

오늘날 대부분의 정부는 앞에서 살펴본 시장기구의 불완전성을 치유하기 위해 시장에 개입한다. 이러한 정부의 시장개입이 갖는 후생경제학적 의미는 후생경제학 제2정리에 잘 나타나 있다. 후생경제학의 제2정리를 상기하면, 정부개입을 통해 (효율적이고 공평한 방향으로) 개인의 초기 부존자원만 변화시키면 시장기구는 자율적으로 **경쟁균형**을 달성한다. 이러한 제2정리의 정책적 함의는 첫째 가격기구의 불완전성은 치유될 가능성이 항상 존재하며, 둘째 비효율성과 불공평성은 가격기구를 통해서 치유되어야 한다는 것이다. 예를 들어 시장기구가 사회적으로 바람직한 소득분배상태를 가져오지 못하고 불공평한 분배상태를 만들고 있다면, 정부는 오직 초기분배만 변화시켜서 공평한 분배상태를 달성하고 나머지는 시장에 맡겨서 효율적인 자원배분상태를 만들도록 한다. 이 관점에서는 정부의 기능이 제한적일 수밖에 없다.

한편 '불가능성의 정리'라고도 부르는 후생경제학의 제3정리를 상기하면, 두 사회상태의 후생을 비교하는 바람직한 기준은 존재하지 않는다. 불가능성의 정리가 사실이라면 정부의 개입을 통하여 모든 사람의 후생이 개선되어 사회전체 후생이 증가하는 경우에만 정부개입이 정당화될 수 있다(파레토기준). 그런데 현실적으로 정부개입이 모든 사람의 후생을 증가시키는 경우보다 일부는 이익을 보게 하고 일부는 손해를 보게 하는 경우가 거의 대부분이다. 따라서 이 관점에서는 정부개입이 정당화될 수 없다.

시장개입을 위한 정부의 정책결정은 다음과 같은 몇몇 특징을 가진다. 첫째, 비시장적인 방법에 의해 의사결정이 이루어진다. 둘째, 정부가 공익을 증진시킬 목적으로 시장에 개입하지만 공익(public interest)의 개념이 정확하게 정의되기 어렵다고 할 수 있다.[5] 셋째, 정부의 정책결정은 대부분의 경우 이익을 보는 자와 손해를 보는 자를 낳기 마련이다. 따라서 정부의 시장개입은 항상 정치적 성격을 띠지 않을 수 없다. 이에 따라 가치판단이 게재되는 경우가 허다하다.[6] 시장경제의 '보이지 않는 손'과 달리 정부공권력(규제와 미조정정책)이라는 '보이는 손'은 가치판단의 재량권을 정부가 전적으로 가진다.

정부의 시장개입시 정부는 가치중립적인 입장에서 사회의 전지전능한 수호자로서 항상 모든 국민을 위해 사회후생을 극대화한다는 보장은 없다. 위에서 우리는 정부의 정책결정이 비시장적인 방법에 의해 의사결정이 이루어지므로 정치적 성격을 가진다고 하였다. 이러한 의사결정과정에서 나온 결과가 비효율적인 것은 국민들이 정부의 행동에 대한 완전한 정보를 가지고 있지 못해 발생하는 '**주인-대리인 문제**'에서 한 가지 원인을 찾을 수 있다.[7] 스티글러와 포즈너가 제안하고 펠츠먼이 발전시킨 '**포획이론**(capture theory)'에 따르면, 로비집단은 정부의 개입을 유도하여 기존의 기득권을 가진 기업을 보호하도록 진입장벽을 구축한다. 정부가 오히려 이익집단에게 '포획(capture)'되어 피규제자의 이익을 옹호하게 된다. 털록이나 크루거, 뷰캐넌 등이 발전시킨 '**지대추구이론**'에 따르면, 독점들은 모두 그런 것은 아니지만 대부분이 정부의 규제가 부과되면서 창출된다. 지대획득자에게는 지출할 만한 가치가 있는 지대추구비용 혹은 독점창출비용이 사회적으로는 낭비를 초래한다.[8] 따라서 정부도 사회의 전지전능한 수호자가 아니라 얼마든지 실패할 수 있는 것이다.

위에서 정부의 시장개입이 모든 사람의 후생이 개선될 수 있으면 정당화될 수 있고, 일부는 이익을 보게 하고 일부는 손해를 보게 하는 경우에는 정당화될 수 없다는 얘기를 하였다. 여기에 대한 몇 가지 후생경제학적 기준과 의미를 살펴보자.

(1) 파레토기준

정부의 개입으로 하나의 경제상태에서 새로운 경제상태로 변할 때 다른 사람에게 피해를 주지 않으면서 어떤 사람의 후생이 증가하면 이를 **파레토개선**이라고 한다. 따라서 모든 사람의 후생이 증가하거나 다른 사람에게 피해를 주지 않으면서 어떤 사람의 후생이 증가하면, 즉 파레토개선이 있으면 새로운 경제상태는 바람직하다고 할 수 있다. 이것을 **파레토기준**(원칙)이라고 한다.

(2) 보상원칙

정부의 개입으로 하나의 경제상태에서 새로운 경제상태로 변할 때 어떤 사람은 손해를 입지만 다른 사람의 후생은 증가한다고 하자. 이 경우 이익을 보는 자의 이익이 손해를 보는 자의 손해를 보상하고도 남음이 있으면 새로운 경제상태는 바람직하다는(개선되었다는) 것이 **보상원칙**이다. 특히 이 원칙을 제안한 칼도(Kaldo)와 힉스(Hicks)의 이름을 따서 **칼도-힉스기준** 혹은 **칼도기준**이라고 한다. 한 가지 주의할 점은 이 기준이 실제 보상이 이루어지는 것을 평가하지 않고, 이익이 더 크면 사회적 잉여로 남아 전체 이익을 높일 것이라는 가상적 보상을 바탕으로 한다는 것이다. 또한 모든 사람에게 화폐 1원의 사회적 의미가 동일하다는 가정을 바탕으로 한다.

한편 칼도-힉스기준을 만족하더라도 새로운 경제상태에서 원래의 상태로 갈 때에도, 즉 그 반대의 경우도 성립하면 이 기준이 의심스러울 수 있다. 따라서 그 반대의 경우는 칼도-힉스기준을 만족하지 못해야 새로운 상태가 바람직하다고 할 수 있다. 이것을 **스키토브스키기준**(Scitovsky criterion)이라고 한다.

정석 사고

후생경제학 제3정리의 관점에서 볼 때, 정부의 시장개입으로 모든 사람의 후생이 개선되거나 다른 사람에게 피해를 주지 않으면서 어떤 사람의 후생이 증가하면 파레토기준에 의해 정당화될 수 있다. 그리고 정부의 시장개입이 어떤 사람에게 손해를 주지만 다른 사람에게 이익을 주는 경우, 이익을 보는 자의 이익이 손해를 보는 자의 손해를 보상하고도 남음이 있으면 보상원칙에 의해 정당화될 수 있다. 이러한 보상원칙을 **칼도-힉스기준**이라고 한다. 한편 어떤 변화가 칼도-힉스기준으로 바람직하다고 판명되는 동시에 그 반대의 변화는 칼도-힉스기준에 의해 바람직하지 않다고 확인되어야 그 변화가 바람직하다는 것이 **스키토브스키기준**이다.

제3절 정석 재정학 시장의 실패

이미 살펴본 것처럼 경제의 문제는 희소성(scarcity)의 문제이며, 누구나 마음대로 쓸 만큼 넉넉하지 않기 때문에 아껴야 하고 또 공평하게 나눠야 하는 것이다. 그리고 자발적인 교환의 원리를 바탕으로 한 자유시장경제가 파레토효율적인 자원배분을 하지 못할 때 **시장실패**(market failure)라는 현상이 일어난다. 이 절에서는 시장실패가 일어날 수 있는 중요한 원인들인 독점과 같은 불완전경쟁, 규모의 경제, 공공재, 외부성, 불확실성, 불완전시장 혹은 불완전정보에 대하여 살펴본다.

1. 불완전경쟁

시장경제가 효율적인 자원배분을 한다고 할 때 암묵적으로 가정하는 것은 완전경쟁적인 시장경제이다. 이러한 암묵적 가정이 충족되지 않으면 시장경제에 의한 자원배분도 효율적이지 않다. 따라서 독점, 과점, 독점적 경쟁과 같은 시장구조는 효율적인 자원배분을 하지 못한다.

대표적 불완전경쟁시장구조로서 독점과 완전경쟁을 비교해보자. 물론 독점도 그것이 성립될 수 있는 원인에 따라 몇 가지 유형으로 분류된다. 시장기능에 따라 자연발생적으로 형성되는 자연적 독점(natural monopoly), 국가가 어떤 특수한 목적 아래 특정기업에게 특정산업을 독점적으로 점유하도록 특권을 부여하는 경우에 성립하는 법률적 독점(legal monopoly), 민간기업이 능히 담당할 수 없는 이유로 국가 또는 공공기관이 독점적으로 직접 경영하는 공공독점(public monopoly) 등이 있다.

완전경쟁기업의 경우에는 가격과 한계수입이 일치한다. 그러나 독점기업은 가격수취자가 아니라 가격설정자로서 역할을 하기 때문에 가격과 한계수입은 일치하지 않는다. 독점의 경우에는 완전경쟁의 경우와 달리 시장수요곡선이 곧 기업이 직면하는 수요곡선이 된다. 다시 말해서 독점기업이 판매량을 증가시키려면 반드시 가격을 인하해야 한다. 따라서 한계수입은 가격보다 항상 작은 값을 가지게 된다. 이러한 내용을 좀 더 상세히 분석하기 위하여 그림 3-2를 통하여 살펴보자.

그림 3-2에서 곡선 D는 시장의 수요곡선을 나타내며, 이 시장이 완전경쟁적이라면 곡선 MC

그림 3-2 독점과 경쟁시장의 후생 비교

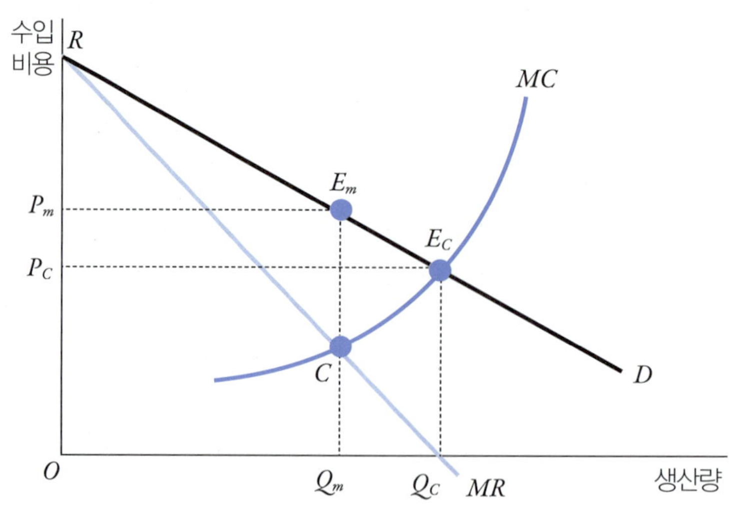

는 경쟁적 기업들의 한계비용곡선들을 횡적으로 합계한 것으로 완전경쟁시장에서의 공급곡선을 의미한다. 완전경쟁시장에서는 수요 · 공급의 가격결정원리에 따라 시장가격이 P_c로 결정되고 공급량은 Q_c로 결정될 것이다. 그러나 독점기업은 한계수입과 한계비용이 균등해지는 점에서 생산량과 가격을 결정한다. 즉, 가격은 OP_m, 생산량(공급량)은 OQ_m으로 결정된다. 그러므로 완전경쟁 때보다 가격은 높고 공급량은 줄어든다.

이상의 논의에서 소비자후생과 생산자후생의 변화를 고려하여 사회적 후생을 살펴보자. 독점의 경우 소비자후생은 줄어들고 생산자후생은 크게 늘어나지만 사회전체적으로 볼 때 E_mCE_c만큼 사회적 후생이 감소하며, 이것을 사회후생비용, 사회후생손실, 사중손실(deadweight loss) 등으로 부른다.

2. 비용체감산업: 규모에 대한 수확체증

일반적으로 시장경제에서 기업들의 생산규모가 증가함에 따라 생산량이 증가한다. 이러한 사실을 기업의 비용과 연결하여 생각하면, 기업의 생산규모가 증가함에 따라 평균비용은 물론 한계비용도 증가한다. 그런데 기업의 시설규모에 비해 시장이 협소하거나 수확체증의 생산기술을 가진 기업이 존재한다고 하면, 생산규모가 증가해도 오히려 평균비용과 한계비용이 감소하는 수가 있다.

기업의 평균비용이 체감하는 경우를 묘사한 **그림 3-3** 에서는 기업이 규모의 경제로 비용을 절감시킬 때 가격과 생산량에 미치는 효과를 보여준다. 그림에서 D는 시장의 수요곡선을 나타내며, 완전경쟁시장일 경우 수요곡선과 한계비용이 교차하는 점 E_c에서 균형이 달성될 것이다. 그때의 균형가격은 OP_c이고 균형공급량은 OQ_c이다.

그런데 이 시장경제의 균형은 불행히도 적자를 가져오기 때문에 생산을 유지할 수 있는 균형이 될 수 없다. 그 이유는 균형공급량 OQ_c에서 단위당 생산비용을 나타내는 평균비용(AC)이 균형가격 OP_c와 일치하는 한계비용(MC)보다 높아 한 단위를 팔 때마다 수입보다 비용이 더 많이 들기 때문이다. 따라서 독자적으로 생존할 수 없으며, 정부의 보조금을 받아 적자를 보전함으로써 파레토효율적인 시장균형을 유지할 수 있다. 반면에 평균비용곡선 AC를 따라 가격을 책정한다면 기업은 적자 없이 생존할 수 있을 것이다. 이때 새로운 균형점은 E_m이 되며, 균형가격은 높아져서 OP_m이 되고, 균형공급량도 감소해서 OQ_m이 될 것이다. 이런 경우는 그림에서 보듯이 균형가격이 높고 균형수급량이 감소하므로 사회적으로 파레토효율성을 달성하지 못하는 균형이다.

그림 3-3 비용체감산업의 효율성

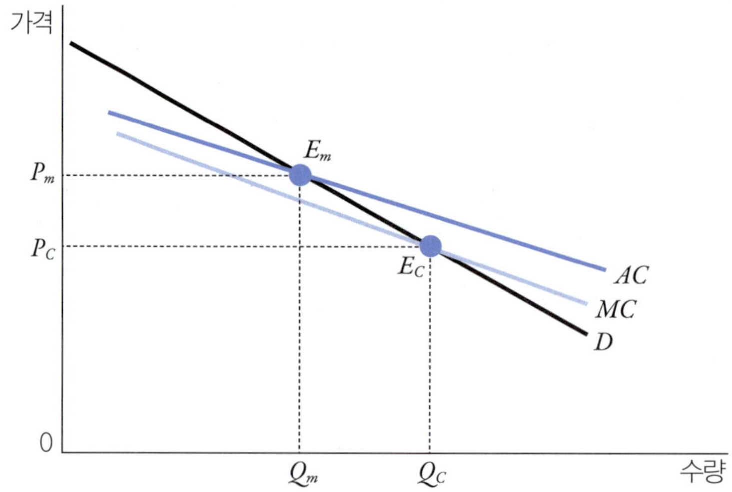

현실에서는 초기고정자본비용이 많이 드는 산업에서 이러한 현상이 흔히 관찰되는데, 전기통신, 전력, 가스, 철도 등을 들 수 있다. 이러한 특성을 가진 상품들의 다양한 가격설정방식을 살펴보자. 보다 자세한 설명은 제17장으로 미루고 여기서는 여러 가격설정방식의 내용을 간단히 살펴본다.

(1) 한계비용 가격설정

경쟁시장에서 자원의 효율적인 배분이 이루어지는 이유 중의 하나는 시장가격이 한계비용과 같다는 것이다. 따라서 한계비용에 의하여 가격을 설정하는 것이 가장 바람직하지만 이미 살펴본 바와 같이 기업이 독자적으로 생존할 수 있는 균형은 아니다.

(2) 평균비용 가격설정

한계비용 가격설정방식이 자생적인 균형을 가지지 못하므로 대안으로서 평균비용에 의하여 가격을 설정할 수 있지만 파레토효율적인 균형은 아니다. 왜냐하면 이때의 균형에서 평균비용과 가격은 같고, 가격이 항상 한계비용보다 높기 때문이다. 다른 대안적인 가격설정방식으로는 최대부하 가격설정, 이부요금제(이부가격제)를 들 수 있다.

(3) 최대부하 가격설정

전기통신, 가스, 전기 등은 시간, 요일, 계절에 따라 수요가 변하는 특성을 가진다. 만약 이러한 상품들에 대하여 수요가 적은 비수기에 가격을 낮게 책정하고, 성수기 즉 최대부하기에 높은 가격을 책정한다면 사회후생을 극대화할 수 있다. 이러한 가격차별은 기업의 손실을 보전하면서 효율적 자원배분이 될 수도 있다. 구체적으로 말하면, 비수기에는 요금을 소비되는 양 자체의 비용에만 일치하도록 하고, 그 대신 성수기에는 시설비용까지 포함하여 가격을 매긴다면 유휴시설을 완전가동하면서 사회후생을 극대화할 수 있다. 이러한 과부하 혹은 최대부하 가격설정(peak-load pricing)방식은 전력사용 이외에 수도사용료 할인이나 저녁시간대 전화요금할인 등에서도 그 예를 찾을 수 있다.

(4) 이부요금

또 다른 방식으로서 사용량과 지불액간의 비선형 가격설정(non-linear pricing)방식인 이부요금 혹은 이부가격제도(two-part tariff)가 있다. 이 방식은 소비자로 하여금 일정한 금액을 지불하고 특정한 상품을 사용할 권리를 사게 한 다음, 그 상품을 사용하는 양에 비례하여 추가적인 가격을 지불하게 하는 방식이다. 즉, 다음과 같이 가격을 두 부분으로 나누는 것이다.

정석 사고 이부요금=고정수수료+사용가격

독점적 생산자가 소비자잉여의 크기를 미리 예상하여 가입비를 받고 사용료는 한계비용과 일치시킴으로써 이윤극대화와 사회후생극대화를 이룰 수 있다는 논리와 동일하다. 오이(Oi, 1971)는 이윤극대화를 꾀하는 독점사업자 디즈니랜드가 고정수수료를 인상하면 한계비용 이하의 사용가격을 설정해야 하는 디즈니랜드 딜레마를 보여주어 주목을 끌었는데, 이것이 바로 이부요금의 비선형 가격설정방식이다.

수요의 탄력성이 클 때 고정수수료를 인상하면 많은 소비자들이 서비스를 제공받지 않으려 할 것이다. 이때는 고정수수료를 낮게 책정하는 대신에 사용가격을 높게 책정하여 사회후생을 증가시킬 수 있다. 수요탄력성이 작을 때에는 그 반대로 책정하여 사회후생을 증대시킬 수 있다.[9] 실생활에서 쉽게 찾을 수 있는 예로 핸드폰의 통화료 등이 있다.

3. 외부성

이제 세 번째로 중요한 시장실패의 원인을 설명하기로 한다. 외부성은 한 개인의 소비와 생산의 결정이 다른 개인이 시장에서 직면하는 가격을 변화시키지 않고 직접적으로 소비와 생산의 기회에 영향을 줄 때 일어난다. 시장경제는 재화의 가격들이 정확한 기회비용을 반영할 때 자원배분이 효율적이다. 같은 맥락에서 후생경제학의 제1(최적)정리가 성립하는 전제 중의 하나가 외부성이 없어야 한다는 것이다. 따라서 외부성이 존재할 때, 재화의 가격이 외부성을 제외한 기회비용만 반영하므로 후생경제학의 제1정리가 성립되지 않는 것이다.

보통 환경오염 피해에 대해서 오염유발자가 응분의 대가를 지불하지 않는 경우가 많다. 비유하면, 시장에서 어떤 사람이 사과를 많이 구매해버리면 다른 사람은 그만큼 줄어든 사과에 대해 높이 설정된 가격을 지불하고 구매해야 한다. 그러나 응분의 가격을 지불해야만 한정된 자원을 효율적으로 이용할 수 있다는 의미이기도 하다. 이렇게 응분의 대가를 지불하는 경우와 달리 환경오염 피해와 같이 응분의 대가를 지불함이 없이 직접적으로 제3자에게 입힌 피해나 혜택을 **외부성**이라고 한다. 이에 대해 제6장에서 자세히 살펴보겠지만, 외부성에는 제3자에게 피해를 주는 부정적 외부성과 제3자에게 혜택을 주는 긍정적 외부성 두 가지가 있으며 그 어느 쪽도 시장의 가격이 기회비용을 정확히 반영하지 못하여 시장실패가 발생한다.

4. 공공재

공공재는 말 그대로 모든 사람이 공동으로 소비할 수 있는 특징을 가지는 재화이다. 공용도로, 등대, 공원 등은 여러 사람이 공동으로 소비하고 즐겨도 어느 누구의 소비량이 줄어들지 않는다. 또한 공공재는 대가를 치르지 않은 사람이라도 소비에서 배제할 수 없다는 특성을 가진다. 예를 들어 거리의 가로등은 대가를 치르지 않아도 이방인들이 소비할 수 있다.

따라서 공공재의 첫 번째 특성은 추가적으로 한 사람이 그 재화를 더 소비하더라도 다른 사람의 소비량이 줄지 않는다는 비경합성(non-rivalry)이다. 공공재의 두 번째 특성은 어떤 대가를 치르지 않아도 그 소비에서 배제되지 않는다는 배제불가능성(non-excludability)이다. 이러한 두 가지 특성 때문에 모든 소비자들이 대가를 지불하지 않고 공동으로 소비하고자 하므로 그만큼 공공재가 사회적으로 적정하게 공급되기 어려워 시장실패가 발생한다. 이에 대해서 제5장에서 보다 자세히 살펴본다.

5. 불확실성

흔히 경제학에서는 미래의 위험과 불확실성을 개념적으로 구분한다. 위험은 발생가능한 사건들과 확률을 인지할 수 있는 정도의 불확실성을 말하며, 불확실성은 발생가능한 사건의 수와 확률조차 인지하기 어려운 경우를 말한다. 애로우는 미래의 위험과 같은 불확실성이 존재하는 경우에도 관련된 권리와 의무를 하나의 상품으로 간주하고, 모든 상품을 포괄하는 조건부시장(contingent market)이 존재하면 효율적인 자원배분이 가능하다는 것을 보여주었다.

따라서 모든 가능한 위험에 대비한 보험상품을 만들어 조건부시장을 만든다면 애로우가 말하는 효율적 자원배분이 가능할 수 있다. 그러나 현실적으로 완전한 보험상품시장을 만든다는 것 자체가 불가능하다고 하겠다. 그 이유는 다음 두 가지 현상 때문이다. 첫 번째는 **도덕적 해이**(moral hazard)라고 불리는 현상으로, 보험이란 미래의 사고위험에 따른 피해를 방지하기 위해 구입하는 것인데 구입 후 사고위험에 주의를 기울이지 않는 심리적 현상이 발생할 수 있다. 두 번째는 **역선택**(adverse selection)이라고 불리는 현상으로, 값이 비싸기는 해도 완벽한 보험상품을 시장에 내놓았다고 가정할 때 낮은 위험성을 가진 사람은 가격 때문에 큰 매력을 못 느끼는 반면 아주 높은 위험성을 가진 사람들은 적극적으로 구입하고자 할 것이다. 이것은 보험회사의 입장에서 볼 때 좋은 보험상품을 위험성이 높은 사람들이 주로 구입하는 역선택이 되는 셈이다. 이러한 두 가지 현상 때문에 자원배분의 비효율성이 초래되고 시장실패가 발생하게 된다.

6. 불완전정보

애컬로프(G.A. Akerlof, 1970)는 '개살구 시장(markets for lemons)'모형에서 정보의 비대칭성 때문에 중고차시장에서 개살구같이 겉만 괜찮아 보이는 차들이 잘 거래된다는 것을 보여주었다. 좋은 중고차라도 판매자와 달리 구매자들은 그러한 정보를 정확히 가지지 못하기 때문에 더 높은 가격을 지불하지 않으려 하고 이에 따라 좋은 차가 제값으로 거래되지 못한다는 것이다.

다른 사례로서 식료품과 약품의 경우에 과대광고와 왜곡된 광고로 인해 실제보다 높은 값에 거래되고 있음이 종종 보도된다. 이러한 경우도 정보가 불완전하기 때문에 시장실패가 발생하는 사례라고 할 수 있다. 앞에서 살펴본 보험시장의 경우도 보험가입자에 대한 정보가 불완전하여 도덕적 해이와 역선택과 같은 현상이 발생하며 이로 인해 시장이 실패하게 된다.

정석 사고

시장이 효율적인 자원배분을 하지 못하는 것을 **시장의 실패**라고 한다. 시장가격이 진정한 기회비용을 반영하지 못하기 때문에 시장실패가 발생한다. 구체적인 원인으로 불완전경쟁, 규모의 경제, 외부성, 공공재, 불확실성, 불완전정보를 들 수 있다.

제4절 정부의 실패

정석 재정학

이미 살펴본 것처럼 자발적인 교환의 원리를 바탕으로 한 자유시장경제가 파레토효율적인 자원배분을 하지 못할 때 시장실패(market failure)라는 현상이 발생한다. 그러나 오해하지 말아야 할 것은 시장실패가 정부개입을 위한 필요조건이지 필요충분조건은 아니라는 사실이다. 그 이유는 정부가 개입해서 자원배분을 더 왜곡시킬 수도 있기 때문이다. 각 개인이 전지전능하지 못한 것처럼 정부 역시 개인들의 집합체라고 보면 항상 전지전능한 판단을 하리라고 기대하기는 어렵다. 아래에서는 시장이 실패할 수 있는 것처럼 정부도 실패할 수 있는 몇 가지 원인들에 대해 살펴본다.

1. 불완전정보

최근 들어 정보경제학이 중요해지는 이유는 모든 경제주체들이 의사결정에 필요한 정보들을 완전하게 갖추지 않은 채 의사결정을 하는 현실 때문이다. 정부도 정책결정에 필요한 모든 정보를 완전히 갖추고 있다고 보기 어렵다. 만약 정부가 불완전한 정보밖에 가지고 있지 못하다면 정부가 원래 의도한 목표나 효과를 달성하지 못하게 되는 정부의 실패가 발생할 수 있다.

2. 관료조직의 비효율성

현실에서 모든 정책은 관료들에 의해 집행된다. 그런데 관료들도 전지전능한 신이 아닌 인간이기 때문에 자신의 이익을 좇아 정책결정을 한다면 정부가 원래 의도한 목표나 효과를 달성하지 못할 수 있다. 또한 관료조직의 속성상 경쟁이 없거나 약하기 때문에 X-효율성을 달성하기 위한 동기가 부족할 수 있다.[10] 하지만 관료들의 어떤 행동에 대한 정보가 일반국민들에게 잘 알려지지 않기 때문에 관료들의 도덕적 해이를 방지하기는 쉽지 않다. 즉 정보의 비대칭성으로 인한 '주인-대리인 문제'가 발생한다고 할 수 있다. 주인인 국민들은 무수한 개인들이어서 대리인인 관료들의 모든 행위를 감시하고 통제하는 것이 불가능하기 때문에 대리인비용(비효율적 관리, 도덕적 해이 등)이 발생하는 것이다. 많은 정책들의 실패가 이러한 측면과 관련되어 있으며, 정부실패의 중요한 원인 중의 하나이다.

3. 공공선택의 문제

시장의 실패가 발생하면, 정부는 실패를 교정하기 위해서 집단적 의사결정과정을 거쳐 시장에 개입하게 된다. 어떠한 사안에 대하여 의사결정을 할 때 정치적 과정을 거쳐 여러 의견을 조율하고 하나의 합의에 이르는 방법을 찾는 것이다. 이 같은 비시장적 의사결정과정이 갖는 경제학적 의미를 최적화를 통해 분석하는 것이 공공선택의 문제이다.

정부의 공공선택은 국민, 정치인, 이익단체, 관료 등 다양한 집단이 각자의 효용극대화를 위해 의사결정에 참여하는 과정이므로 그 자체가 정치적이다. 따라서 비시장적 의사결정에서 결과한 선택이 반드시 사회적으로 바람직하다는 보장은 없다. 이것 역시 정부실패의 한 원인이 된다.

4. 민간부문 반응의 통제불가능성

정부가 정책결정을 할 때 민간부문이 어떻게 반응하는지를 정확히 예측해야 의도한 대로 목표를 달성할 수 있다. 그런데 정부가 어떤 정책을 실시한 후 민간부문의 반응이 기대한 대로 나타나지 않으면 정부의 정책은 당초 목표로 한 효율적 자원배분을 달성하지 못할 수 있다. 그렇다고 민간부문의 반응을 완전하게 통제할 수 있는 수단을 가지고 있지도 못하다. 따라서 민간부문 반응의 통제불가능성은 정부의 실패가능성에 대한 근본적인 원인이라고 할 수 있다.

정석 사고

정부가 시장에 개입해서 자원배분을 더 왜곡시키는 것을 **정부의 실패**라고 한다. 정부도 개인들이 모인 집합체라고 보면 항상 전지전능한 사회의 수호신이라고 보기 어렵기 때문에 정부의 실패가 발생한다. 정부실패의 구체적 원인으로 불완전정보, 관료조직의 비효율성, 공공선택의 문제, 민간부문비용의 통제불가능성을 들 수 있다.

제5절 정석 재정학 거시적 시장실패

이제까지 경쟁시장기구가 효율적인 자원배분을 달성하지 못하는 시장실패의 여러 미시적인 측면을 살펴보았다. 그리고 시장실패가 정부개입의 필요조건은 되지만 필요충분조건은 되지 못한다는 것도 살펴보았다. 그 이유는 정부도 실패할 수 있기 때문이다. 이번에는 여태까지 의도적으로 경시해온 시장실패의 거시적 측면을 간단하게 살펴보고자 한다. 시장실패의 거시적 측면은 불공평한 소득분배, 실업, 물가상승, 경기변동, 국제수지불균형을 포함하고 있다.

경쟁시장기구에 의해서 효율적으로 자원배분이 된다고 하더라도 공평한 자원배분을 보장하는 것은 아니다. 이러한 관점에서 경쟁시장기구가 공평한 소득분배를 달성하지 못하는 것을 '**거시적 시장실패**'라고 부를 수 있다. 현실경제에서 효율적 자원배분과 공평한 소득분배는 흔히 상충되는 경우가 많아서 정부의 정책목표가 이 두 가지를 적절하게 조화시키는 것이 되어야 할 것으로 보인다. '바람직한' 경제상태 또는 사회상태는 효율적 자원배분과 공평한 소득분배 모두를 달성하는 경제상태를 의미하기 때문이다.

우리는 효율적인 자원배분을 위한 정부정책이 분배의 공평성을 저해하는 경우뿐만 아니라 반대로 공평한 분배를 위한 정부정책이 자원배분의 효율성을 저해하는 경우도 자주 볼 수 있다. 이렇게 현실적으로 효율성과 공평성이 상충하는 경우가 대부분이기는 하지만 항상 그렇다고는 할 수 없다. 공평한 사회를 만들기 위한 정책이 효율성을 높이는 경우도 있기 때문이다. 한 가지 예로서 경제가 경기침체기에 있을 때 경기를 활성화하는 방법으로 가난한 사람을 위한 소득재분배 정책을 제안하기도 한다.[11]

제안자들에 의하면, 가난한 사람들에게 소득이 분배될 때 소득이 적을수록 소득에서 더 큰 몫을 지출하는 경향이 있기 때문에 소비가 늘어 경기가 좋아지고 완전고용이라는 경제의 효율성을 달성할 수 있다는 것이다. 또한 저소득층에 추가로 돈을 지원하면 고소득층에 똑같이 감세를 해 줄 때보다 효과가 더 크다는 것이다. 서민노동자들은 추가소득을 자신의 교육과 건강 등에 더 많이 투자하고 이에 따라 노동생산성도 높아져서 경제성장이 촉진될 수 있고, 소득분배가 더욱 공평해지면 범죄나 파업도 줄어들고 사회적 평화가 이루어져서 경제성장이 더욱 촉진된다는 것이다. 부유한 국가들이 역사상 최고의 성장률을 기록한 1950~1973년을 자본주의 황금기라고 부른다면 이때 이와 같은 메커니즘이 잘 작동한 덕택이라는 주장도 있다.

한편 실업문제, 인플레이션의 문제, 경기변동, 국제수지의 불균형 등도 노동시장의 수요와 공급의 불균형, 경제전체의 수요와 공급의 불균형, 외환시장의 불균형 등에서 기인하므로 경쟁시장기구의 원활한 기능이 부족하여 발생한다는 점에서 거시적 시장실패라고 할 수 있다. 이러한 거시적 시장실패를 치유하기 위해서 정부는 전통적인 재정정책과 금융정책, 외환정책 등을 사용하여 시장개입을 한다. 미시적 시장실패에 대해 정부가 개입하여 실패할 수 있듯이, 거시적 시장실패의 경우에도 지나치게 개입하면 오히려 공공부문의 비중을 지나치게 크게 해서 시장경제의 효율성을 저해할 수 있다. 따라서 정부의 실패는 시장실패를 적절히 치유하지 못하여서 발생하는 것이므로 미시적 측면에서나 거시적 측면에서나 모두 발생할 수 있다.[12]

정석 사고

경쟁시장기구가 공평한 소득분배를 달성하지 못하는 것을 '거시적 시장실패'라고 부를 수 있다. 주기적 경기변동에 의한 실업과 인플레이션, 국제수지불균형 등도 경쟁시장기구의 원활한 기능이 부족하여 발생하므로 거시적 시장실패라고 할 수 있다.

정석 사례연구

정보의 비대칭과 시장실패

정보의 비대칭성으로 인한 역선택이 의료보험시장에 어떤 영향을 미치는지 하나의 사례를 통해 살펴보자. 하버드대학교의 의료보험이 그 대표적 사례로, 커틀러와 리버의 연구(1998)에도 잘 나타나 있다.[13)]

하버드대학교는 교직원들에게 다양한 의료보험상품을 제공했는데, 그중 어떤 상품은 고액진료를 포함하는 매우 관대한 것이었다. 보험회사는 교직원들이 의료서비스를 받는 횟수(경험률)에 따라 대학교에 보험료를 청구했다. 의료보험의 비용은 대학교와 교직원이 분담하였는데, 관대하고 비싼 보험에 대해서는 대학교가 더 많은 비용을 부담했다. 따라서 교직원들이 비싸고 관대한 보험상품을 선택해도 그들이 부담하는 비용에는 다른 상품과 거의 차이가 없었다. 1995년에 이르러 대학교가 의료보험상품에 관계없이 일정한 금액만 지원하는 방식으로 전환하였다. 이로 인해 교직원들은 비싸고 관대한 보험상품에 가입할 경우 예전보다 훨씬 더 많은 비용을 부담하게 되었다.

1995년 이전에는 교직원의 입장에서 모든 의료보험상품의 비용분담액이 비슷하여서 건강한 교직원들도 비싸고 관대한 의료보험상품에 가입하였다. 이것을 통합균형(pooling equilibrium)의 상태라고 한다. 1995년 이후에는 건강한 교직원들 중 일부가 싸고 덜 관대한 의료보험상품을 선택하고, 상대적으로 덜 건강한 교직원들은 여전히 비싸고 관대한 의료보험상품을 선택하였다. 따라서 보험가입자들이 싼 상품과 비싼 상품의 양극에 존재하는 현상이 발생했다. 이러한 상태를 분리균형(separating equilibrium)이라고 한다.

그러나 분리균형상태는 오래 지속되지 못하였다. 그 이유는 상대적으로 덜 건강한 교직원들이 의료서비스를 많이 이용함으로써 보험료가 인상되는 결과를 가져왔기 때문이다. 게다가 건강한 교직원이 관대한 보험상품에서 값싼 보험상품으로 전환하였는데, 이러한 역선택으로 인해 비싸고 관대한 보험상품의 가격이 더욱더 올라가는 '죽음의 악순환(death spirals)'을 초래하였다. 결국 1998년 하버드대학교에서 가장 관대한 의료보험상품은 역사 속으로 사라졌다.

Growth in health care spending eats up family income, 2009~2029

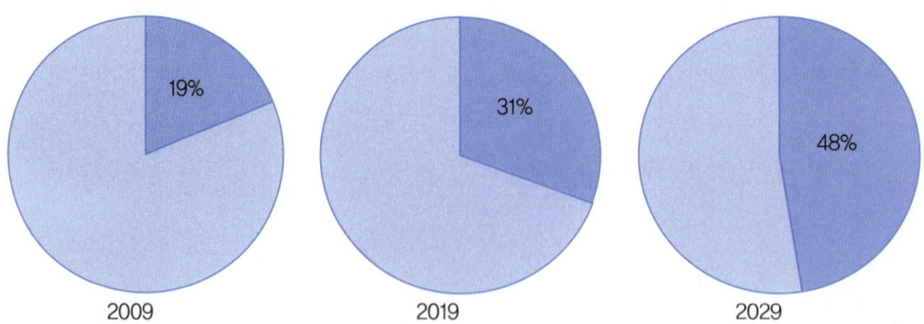

정석 기본문제

1. 시장실패란 무엇인가?

① 민간부문에서 시장이 형성되지 않은 것을 뜻한다.
② 시장의 가격기구가 존재하지 않는다는 것을 말한다.
③ 정부의 개입으로 파레토효율적인 자원배분이 가능한 시장을 말한다.
④ 시장의 가격기구가 자원의 효율적인 배분을 수행하지 못하는 것을 말한다.

2. 정부의 개입은 다음 중 무엇에 근거를 두고 있는가?

A. 공공재의 존재	B. 외부성의 존재	C. 경기변동

① A, B, C ② A, B ③ A ④ 답이 없다.

3. 현실경제에서 시장의 실패를 초래하는 원인들을 설명하라.

4. 현실경제에서 정부의 실패를 초래하는 원인들을 설명하라.

5. 현실경제에서 거시적 시장실패는 무엇을 의미하며, 이것이 발생하는 원인들을 설명하라.

6. 다음을 읽고 옳은 것은 True, 틀린 것은 False로 표시하라. 그리고 그 이유를 간단히 기술하라.

[1] 후생경제학의 제1정리는 시장의 가격기구가 가장 저렴한 비용으로 생산할 수 있는 자가 생산하도록 하고, 당해 재화로부터 가장 큰 효용을 느끼는 사람이 사용하도록 유도하는 유인체계를 증명하는 논리이며, 외부성이 존재하는 경우 일반적으로 성립하지 않는다.

[2] 시장실패의 요인으로 외부성, 공공재의 존재, 비용체감산업의 존재 등을 들 수 있으며, 따라서 시장실패란 정부의 개입으로 파레토효율적인 자원배분이 가능한 시장을 말한다.

정석 힌트 시장실패는 정부의 개입과 상관없는 현상이다.

[3] 공유지의 비극은 정부가 제공하는 공공재 편익을 무임승차하려고 할 때 나타나므로 정부의 실패를 보여주는 가장 대표적인 예라고 할 수 있다.

정석 힌트 공공재의 존재는 시장실패의 예이다.

7. 후생경제학의 제1정리와 관련이 없는 것은 어느 것인가?

① 보이지 않는 손에 의하여 파레토효율이 달성된다는 정리이다.
② 외부성이 존재하지 않는 경우 성립한다.
③ 효율성은 보장되나 공평성을 보장하지는 못한다.

④ 정부개입의 근거로 사용된다.

정석 힌트 외부성, 공공재 등이 없을 때 경쟁시장체계는 자동적으로 파레토효율을 달성한다.

정석 심화문제

8. 정부는 비용체감산업인 버스회사에 대한 버스요금을 시장원리에 따라 조정하기보다는 어느 일정한 수준으로 낮추고 버스회사에 가격보조를 하는 것이 낫다고 생각하고 있다.

[1] 사회후생의 관점에서 볼 때 정부의 생각이 타당한지를 증명하라.

[2] 파레토효율적인 버스요금체계는 어떠해야 하는지를 설명하라.

9. 현대정부의 활동내용과 의사결정의 특징을 설명하라.

정석 힌트 정부활동의 가치분배적 성격(시장개입이 이익을 보는 자와 손해를 보는 자를 낳기 때문에 항상 정치적 성격을 보임)으로서, 시장기구의 불완전성을 치유하기 위해 조세와 공채 등의 재원조달을 통해 비시장적 방식으로 공공재를 생산 공급하고, 소득재분배정책을 시행하며, 경기변동완화를 위해 노력한다는 것을 든다. 의사결정의 특징은 공공선택과정을 통해 집단적 의사결정이 이루어진다는 것이다. 이 과정에서 사회후생의 극대화가 달성된다는 보장은 없다.

10. 현실적으로 정부개입이 모든 사람의 후생을 증가시키는 경우보다, 일부는 이익을 보게 하고 일부는 손해를 보게 하는 경우가 거의 대부분이다. 이러한 경우 정부개입이 정당화될 수 있는가? 있다면 어떠한 근거에서 정당화될 수 있는지 후생경제학적 관점에서 설명하라.

정석 힌트 후생경제학의 제3정리나 파레토기준에 의해서는 정당화될 수 없다. 다만 보상의 원칙에 의해서 이익이 손해보다 크다면 정당화될 수 있다.

제4장 소득분배이론

자연의 분배방식은 공정하지도 불공정하지도 않다.
인간이 태어나면서 특정한 사회적 위치에 놓이는 것 역시
부당하지 않다. 그것은 단지 타고나는 요소일 뿐이다.
공정과 불공정은
제도가 그러한 요소를 다루는 방식에서 생겨난다.

– John Rawls –

분배적 공평성이란 무엇인가? 우선 분배적 정의와 공평성의 정의로 나누어 이해할 필요가 있다. 어떻게 하면 우리 사회의 재화가 정당하게 분배될 수 있을 것인가 하는 분배적 정의는 공평성과 관련된다. 그러나 공평성을 논의할 때 소득, 혹은 개인의 자유와 권리, 혹은 공정한 기회 등등 그 기준을 세우기가 어렵다. 비록 공평성을 논하는 기준이 있다고 하더라도 분배적 공평성의 정도는 어떠해야 하는가에 대해 답하기 곤란하다.

공평성에 대한 경제학적 분석을 위해서는 모든 사람들의 효용수준을 사회전체의 총후생수준으로 나타내는 메커니즘이 필요하다. 이를 사회후생함수라고 하는데, 여러 분배적 정의관에 따라 그 형태와 의미가 다르다. 비록 분배적 정의관이 다르더라도 소득재분배가 필요한 다양한 이유들이 존재할 수 있다. 소득재분배가 얼마나 필요한지를 알기 위해서는 현재의 소득분배상태에 대한 평등 또는 불평등의 정도를 평가하는 실증적, 규범적 척도들에 대해서 살펴볼 필요가 있는 것이다.

제4장 소득분배이론

이 장에서는 분배적 공평성이 내포하고 있는 여러 중요한 요소들을 학습하고, 분배적 공평성의 기준과 공평한 정도에 대하여 살펴본다. 그리고 공평성의 정도가 분배적 정의관에 따라 달라진다는 사실을 고찰할 것이다. 이러한 분배적 정의관과 함께 현재의 소득분배상태의 측정도구들에 대한 학습도 할 것이다.

이 장에서 배울 것

- 분배적 공평성에 포함되는 요소와 개념은?
- 분배적 정의의 기준과 공평성의 관계는?
- 사회후생함수란?
- 소득재분배의 이유는?
- 현재 소득분배상태에서 불평등도의 척도는?

제1절 분배적 공평성의 의미

자원배분의 효율성을 평가할 때 파레토기준과 같은 객관적 판단기준이 존재한다면, 분배적 공평성을 평가할 때에는 객관적인 기준이 없는 관계로 주관적인 가치판단이 개입하게 된다. 분배가 공평하다는 개념은 경제적 정의(justice)의 개념과도 결부되어 있다. 그 이유는 무엇을 기준으로 해서 어느 정도까지 분배해야 공평한가라는 물음과 밀접하게 관련되어 있기 때문이다. 또한 공평하다는 것은 무엇을 말하는 것인가라는 물음과도 관련되어 있다.[1)]

분배적 공평성의 개념은 어떤 요소 또는 요건을 함축하고 있는지 살펴보도록 하자. 공평한 분배를 말할 때 가장 먼저 생각할 수 있는 것이 모두 똑같이 나누어 가지는 것이다. 모든 사람들이 다른 능력을 가지고 태어나는 것은 사실이지만 인간으로서의 본질적인 가치는 동일하다는 의미에서 **평등성** 요건이라고 할 수 있다.

그러나 평등성 요건은 사람마다 각자 다른 능력을 가지고 있고 노력하는 정도도 제각각 다르다는 사실을 무시하고 있다. 능력의 차이를 인정한다면 능력에 따른 차별적 분배가 이루어져야 공평하다고 하겠다. 능력이 있는 사람과 없는 사람이 모두 똑같이 보상받는다는 것은 공평하다고 말할 수 없다. 이것을 **능력차별성** 요건이라고 할 수 있다.

그런데 능력이 있는 사람에게 더 많이 분배를 해준다고 해서 공평하다고 말할 수 없는 부분도 있다. 만약 처음부터 더 많은 부를 가졌기 때문에 더 많은 교육을 받았고 그래서 더 많은 기회를 얻었고 결과적으로 능력을 더 갖추었다면 공평하다고 할 수 없다. 마치 100미터 달리기 운동경기에서 스타트를 먼저 한 사람이라도 먼저 결승점을 넘기만 하면 금메달을 준다면 그 경기는 이미 공정하지 않는 것과 같다. 이것을 기회의 균등이라는 의미에서 **공정성** 요건이라고 부를 수 있다.

이제 기회가 균등히 주어진 상황에서 어떤 사람이 자신의 능력만큼 받을 수 있다고 하자. 그런데 이처럼 정당하게 받은 분배를 자신이 소유하고 처분할 수 없다면 결과적으로 공평하다고 볼 수 없다. 다시 말해서 모든 사람에게 똑같은 기회가 부여되고 각자 능력에 맞게 분배되더라도 그것을 소유하고 처분할 권리를 가지지 못하면 공평하지 않다고 할 수 있다. 그러므로 정당한 분배에 대하여 소유와 처분의 자유가 주어져야 한다. 이러한 것을 **자유성** 요건이라고 할 수 있다.

이상의 평등성, 능력차별성, 공정성, 자유성은 분배적 공평성에 포함되어야 할 중요한 요건들이다. 문제는 이러한 요건들이 상충하는 경우가 많은데, 이럴 경우 어디에 더 비중을 두어야 하는가에 관한 주관적 가치판단이 개입되기 마련이다.

정석 사고

분배적 공평성은 다음의 여러 가지 중요한 요소를 포괄하는 개념이다. 평등성은 인간으로서의 본질적인 가치는 동일하다는 의미에서 똑같이 나누어 가질 자격이 있다는 것이다. 그러나 능력차별성은 각자의 능력에 따른 차이를 인정한다면 능력에 따른 차별적 분배가 이루어질 수 있다는 것이다. 그리고 기회의 균등을 의미하는 공정성도 무시할 수 없는 공평성의 요소이다. 정당한 분배를 받았다고 하더라도 자신이 소유하고 처분할 수 있는 자유성도 공평성의 중요한 요소이다.

제2절 정석 재정학 분배적 정의론

분배적 정의란 넓게 해석하면 자유와 평등을 포함하여 개인들 사이에 분배되는 모든 것과 관련된 정의이고, 좁게 해석하면 유형의 재화(부와 소득 등)와 같이 개인들 사이 분배되는 경제적 자원과 관련된 정의라고 할 수 있다. 분배적 정의에 관한 최초의 의미 있는 논의는 아리스토텔레스에서 발견할 수 있다. 아리스토텔레스에게 분배적 정의는 소득과 부의 분배보다 대개 권리와 권력의 분배에 관련된다. 아리스토텔레스는『니코마코스 윤리학』에서 정의란 사람들에게 그들이 마땅히 받아야 할 것을 주는 것이라고 설명한다. 그러면 마땅히 받아야 할 것은 무엇인지 살펴보자. 예를 들어 최고의 플루트를 분배한다고 가정하자. 아리스토텔레스는 최고의 플루트 연주자가 받아야 마땅하다고 한다. 플루트의 목적은 뛰어난 음악을 만들어내는 것이고, 따라서 이 목적을 가장 잘 실현할 수 있는 사람이 가져야 한다는 것이다. 그는 이러한 목적론적 정의관에 따라 가장 바람직한 삶의 방식부터 심사숙고해야만 무엇이 정의인지 알 수 있다고 한다.

반면 18세기의 임마누엘 칸트부터 20세기의 존 롤스에 이르기까지 근현대 정치철학자들은 권리를 규정하는 정의의 원칙이 미덕과 최선의 삶에 관한 목적론적 견해에 좌우되지 말아야 한다고 주장한다. 따라서 정의로운 사회는 개인의 자유를 존중해서 각자 좋은 삶을 선택할 수 있어야 한다는 것이다. 특히 미국 정치철학자 존 롤스는 소득과 부, 그리고 삶에서 아리스토텔레스처럼 미덕과 도덕적 자격에 따라 분배되는 목적론적 정의관을 거부하고, 공평성을 기준으로 하는 분배적

정의를 주장한다.[2)]

우리는 여기서 좁은 의미의 분배적 정의에 한정하여 이를 살펴볼 것이다. 현실적으로 어떤 경제적 자원을 어떻게 나누어야 분배적 정의가 이루어지는 공평한 분배상태인가? 이 물음에 답하기 위해서는 먼저 공평성의 기준이 되는 경제적 자원을, 그 다음에는 어느 정도가 공평한 분배상태인지를 정의하여야 한다.

(1) 공평성의 기준

공평하게 분배할 경제적 자원으로는 부(wealth)나 소득(income), 후생(welfare) 등을 들 수 있을 것이다. 이 중에서 소득과 부는 사람들의 경제적 지위를 나타내는 중요한 개념이다. 그리고 후생은 사람들의 만족감과 관련되는 가치적 개념이다.

먼저 부를 기준으로 하는 공평성에 대해 알아보자. 일반적으로 부는 부동산, 주식, 채권, 현금 등의 현금화가 가능한 자산에서 부채를 뺀 순자산으로 정의될 수 있다. 이러한 부의 개념을 기준으로 공평성을 측정할 수 있다. 부는 그 자체가 주는 경제적 지위라는 의미는 있지만 소유한 부를 사용 · 처분할 때 비로소 자본소득을 창출하여 소득의 분배상태에 영향을 주므로 현실에서 공평성의 기준으로 부보다 소득을 더 중요시하고 있다.

소득이 공평성의 기준으로 주목받는 이유는 앞에서 언급한 것처럼 소득이 삶을 영위하는 데 기본적인 구매력을 제공할 뿐만 아니라 이자, 임대료 등의 자본소득이 소득에 포함될 때 소득의 분배가 부의 소유정도를 내포하기 때문이다. 경제학적 소득은 주어진 기간 동안 어떤 개인이 부의 가치를 그대로 유지하면서 지출할 수 있는 금액으로 정의된다. 이렇게 정의된 소득의 개념은 일상적인 소득의 개념보다 훨씬 포괄적이다. 물론 현실에서는 이를 측정하기 어려운 관계로 약간의 조정을 하여 사용한다.

한편 후생은 소득뿐만 아니라 개인들의 선호를 반영하기 때문에 진정한 공평성을 파악하는 기준이 될 수도 있다. 이를테면 같은 수준의 소득을 올리는 사람도 각자의 소비취향에 따라 다른 수준의 만족을 느끼므로 후생이 소득보다 더욱 적절한 공평성의 기준이 될 수 있는 것이다. 그러나 이러한 후생을 금액으로 환산하여 측정하기란 쉽지 않다.

정석 사고 분배적 정의로서 공평성은 부, 소득, 후생을 기준으로 그 정도를 논할 수 있다.

(2) 공평성의 정도

앞에서 논의한 공평성의 기준으로 소득을 선택하였다고 하더라도 어느 정도의 소득이 공평한가에 대해서는 불행히 절대적인 기준이 없다. 따라서 사회구성원들이 지니고 있는 공평성에 대한 성향에 의존할 수밖에 없다. 그 사회가 적절한 공평도에 대한 사회적 합의를 이룰 수 있을 때 정부는 불평등한 소득이나 부의 재분배를 통하여 합의된 공평도를 달성할 수 있다. 그리고 후생경제학의 제2정리에서 보았듯이 이러한 재분배는 경쟁시장경제내에서 가능하다.

이제 사회의 구성원들이 가질 수 있는 적절한 공평도에 대한 성향을 몇 가지로 나누어 살펴보자. 이러한 분류는 대표적인 경제학자들이 공평성(정의)과 관련하여 주장한 바 있다.

첫째, 자유주의적 정의관으로서 모든 사람이 정당하게 가질 권리를 누리면 그 사회는 정의롭다고 본다. 로버트 노직(R. Nozick, 1974)이 이러한 주장의 대표적인 인물이다.[3] 소득분배와 관련하여 해석하면, 정부의 간섭 없이 자유로운 시장에 의해 결정된 소득분배상태가 가장 공평하다고 본다. 애초의 소유물이 합법적인지, 시장에서 자유로운 교환으로 돈을 벌었는지를 묻고, 그렇다고 답할 수 있다면 자유시장의 분배는 그 결과가 평등하든 불평등하든 정당하다는 것이다. 밀턴 프리드만(M. Friedman)은『자본주의와 자유』에서 규제 없는 시장을 옹호하면서 정부규제에 반대하는데, 그 명분은 경제적 효율성이 아니라 인간의 자유이다. 그는 우리 개인에게는 자유라는 기본권이 있고, 우리 소유물은 우리 마음대로 쓸 수 있다고 주장한다.[4]

둘째, 공리주의적 정의관으로서 사회의 총후생을 극대화하는 분배가 공평한 분배라고 본다. 이러한 정의관은 벤담(J. Bentham, 1907)의 '최대 다수의 최대 행복'이라는 말로 요약될 수 있다.[5] 그는 옳은 행위란 공리(행복)를 극대화하는 모든 행위라고 한다. 그가 말하는 공리는 쾌락이나 행복을 가져오고 고통을 막는 것 일체를 가리킨다. 따라서 정의의 최고 원칙은 행복을 극대화하는 것, 쾌락이 고통을 넘어서도록 하여 전반적으로 조화를 이루는 것이다.[6]

셋째, 미국의 정치철학자 롤스(J. Rawls, 1971)의 정의관으로서 한 사회의 가장 가난한 자의 후생을 극대화하도록 하는 분배가 공평하고 정의로운 분배라고 본다. 이를 **최소극대화원칙**(maximin principle)이라고도 한다.[7] 존 롤스는『정의론』에서 정의를 고민하는 올바른 방법은 원초적으로 평등한 상황에서(무지의 장막 뒤에서) 어떤 원칙에 동의해야 하는가를 묻는 것이고, 이때 다음 두 가지 원칙에 동의할 것이라고 주장한다. 첫째 공리주의를 거부하고, 모든 시민이 양심의 자유와 사상의 자유를 포함한 기본권을 누려야 한다는 원칙에 동의할 것이다. 둘째 사회적, 경제적 불평등을 해소하기 위해 '**차등원칙**(difference principle)'을 받아들일 것이다. 이것은 사회에서 가장 약자에 속하는 사람에게 이익이 돌아가는 경우에만 사회적, 경제적 불평등을 인정한다는 원칙이다. 그 방법은 재능 있는 사람(부자, 탤런트)을 격려해 그 재능을 개발하고 이용하되, 그 재능으로 시장에서 거둬들인 대가는 공동체전체에 돌아가게 하는 것이다. 그리고 그 재능이라는 것이 전적으로 노력의 결과는 아니며, 포상 역시 수요와 공급이라는 우연에 좌우된다고 본다. 따라서 차등원칙만이 우연에 좌우되지 않고 소득과 부를 정의롭게 분배하는 것이다.[8)]

넷째, 평등주의적 정의관으로서 모든 사람이 평등하게 태어난 이상 소득 역시 평등하게 분배되는 것이 공평하고 정의로운 분배라고 본다. 닐슨(K. Nielsen, 1978)은 경제적 불평등이 필연적으로 삶 자체가 서로 다른 계급을 만들어내고, 원천적으로 기회의 균등을 불가능하게 한다고 주장한다. 이것은 어느 정도 정치적 호소력을 지닌 사회주의적 정의관이라고도 볼 수 있으며, 공리주의나 롤스의 정의관과 평등의 정도를 비교하는 하나의 기준으로 사용된다.[9)]

정석 사고

분배적 정의로서 공평성의 정도에 대해서는 다양한 견해가 있지만 자유주의, 공리주의, 롤스주의, 평등주의로 크게 나누어볼 수 있다. 롤스주의는 분배적 정의의 두 가지 원칙으로 최소극대화원칙과 차등원칙을 제시한다. 그리고 차등원칙에서 최소극대화원칙을 도출할 수 있다고 본다.

제3절 사회후생함수

정석 재정학

앞 절에서 적절한 공평의 정도는 사회구성원들이 합의한 평등도에 대한 성향에 의존한다고 하였다. 그리고 그러한 성향을 네 가지 정의관으로 나누어 살펴보았다. 각기 다른 개인들의 선호가 효용함수로 표현되듯이, 사회구성원들의 공평에 대한 선호가 하나의 함수로 표현될 수 있다면 공평성에 대한 경제학적 분석이 용이할 것이다. 이러한 함수는 사회구성원들 각자의 효용을 모두 고려하여 그 사회전체의 총후생수준을 하나의 함수값으로 나타내는 과정을 보여준다. 우리는 이러한 함수를 **사회후생함수**(social welfare function)라고 부른다.

한 사회에 두 사람만이 있는 크루소-프라이데이경제를 생각해보자. 그리고 크루소와 프라이데이의 효용이 각각 U^A, U^B로 표현된다고 가정하자. 이때 두 사람의 효용수준을 종합하여 하나의 사회후생수준으로 나타내주는 것을 사회후생함수라고 하며, 다음과 같다.

$$W = W(U^A,\ U^B) \tag{4-1}$$

이것을 흔히 버그슨(A. Bergson)과 새무엘슨(P. Samuelson)의 기념비적 연구를 기려, 버그슨-새무엘슨의 사회후생함수라고 한다. 개인이 자신이 가장 선호하는 상품묶음을 선택하듯, 사회도 사회의 효용을 극대화하는 선택을 한다. 이제 문제는 W의 형태인데, 이것이 분배적 정의관에 따라 다르다.

공리주의적 정의관을 따르면 사회후생함수(W)는 다음처럼 표현된다.

$$W = U^A + U^B \tag{4-2}$$

이 함수는 사회구성원들의 효용의 단순한 합을 사회후생으로 정의하고 있다. 다음으로 롤스의 정의관을 따라 이 함수를 표현하면,

$$W = Min\{U^A,\ U^B\} \tag{4-3}$$

이 경우에는 효용수준이 가장 낮은 사람에 의해 사회후생이 결정된다. 그리고 평등주의적 정의관을 따른 사회후생함수는 다음과 같이 표현된다.

$$U^A = U^B \tag{4-4}$$

이 경우에는 모든 사람들이 동일한 효용수준을 누리도록 사회후생을 결정한다.

개인의 효용함수에서 어떤 효용수준을 의미하는 무차별곡선을 그릴 수 있듯이 사회후생함수에 대해서도 어떤 후생수준을 나타내는 **사회무차별곡선**을 그릴 수 있다. 각 견해에 대한 사회무차별곡선이 **그림 4-1**에 나타나 있다. 공리주의적 무차별곡선은 기울기가 −1인 직선으로 나타나며, 롤스의 무차별곡선은 45도선상의 한 점을 기준으로 'ㄴ'자 형태를 가진다. 한편 평등주의적 무차

그림 4-1 **평등도 성향에 따른 사회무차별곡선**

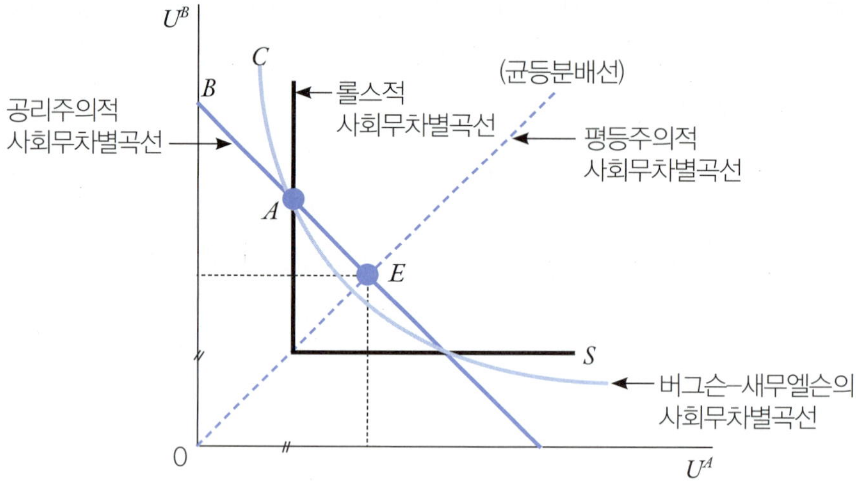

별곡선은 45도선상의 한 점으로 나타난다.

정석 사고 사회구성원들의 효용을 그 사회전체의 총후생수준으로 나타내는 메커니즘 혹은 함수를 **사회후생함수**라고 하며, 그 형태는 사회구성원들의 평등도에 대한 성향에 따라 달라진다.

한 가지 예를 통해 각 사회무차별곡선의 의미와 성격을 파악해보기로 한다. 현재 크루소와 프라이데이의 효용배분이 상태 A라고 하자. 만약 정부의 개입으로 현재의 상태에서 상태 E로 바꿀 수 있다면 이것은 더 공평한 분배상태를 의미하는가? 이에 대한 답을 각 견해별로 살펴보자.

(1) 공리주의적 견해

현재의 상태 A와 상태 E는 두 사람의 효용의 합계가 동일하다. 이로 인해 동일한 사회무차별곡선 B상에 있으므로 사회후생수준이 같다. 따라서 공평의 정도가 동일하다고 해석할 수 있다.

(2) 롤스적 견해

현재의 상태 A를 통과하는 'ㄴ'자형 사회무차별곡선 S보다 상태 E를 통과하는 'ㄴ'자형 사회무차별곡선(그림 생략)이 위에 있으므로 상태 E에서 사회후생수준과 공평의 정도가 높다. 다시 말하면 상태 A에서 가장 가난한 자인 크루소의 효용이 상태 E에서 더 높아졌으므로 더 공평한 상태가 되었다고 말할 수 있다.

(3) 평등주의적 견해

현재의 상태 A에서는 두 사람의 효용수준이 다르지만 상태 E에서는 효용수준이 동일하다. 따라서 상태 E가 더 공평한 상태라고 해석할 수 있다.

(4) 버그손-새무엘슨의 견해

현재의 상태 A를 통과하는 사회무차별곡선 C를 생각할 수 있는데, 이것은 공리주의와 롤스의 사회무차별곡선의 중간형태라고 할 수 있다. 그들은 각 사회마다 사회후생함수의 형태가 다르므로 모든 형태를 포괄하도록 일반화한 것이라고 말한다. 사회무차별곡선이 원점에 대하여 볼록한 것은 크루소의 효용 U^A가 높아질수록 그 기울기가 완만해지므로 그의 한계효용이 작아져서 사회적 중요성도 점차 작아진다는 의미이다. 따라서 평등주의적 성향이 강할수록 사회무차별곡선은 원점에 대해 볼록해진다.

제1편
제2편
제3편
제4편
제5편

제4절 소득재분배의 이유

정석 재정학

앞에서 살펴본 것처럼 여러 견해는 각각 다른 분배적 정의관에 입각하여 공평의 정도를 말하고 있다. 그리고 대부분의 사람들은 공평에 대한 정도가 다를지라도 소득을 재분배하는 데 동의할 것이다. 그러나 소득재분배가 필요한 이유에 대해서는 서로 상이한 견해를 보이는 경향이 있다. 이 절에서는 적절한 공평의 정도에 대한 견해를 바탕으로 그에 대한 경제학적 이유를 설명하고자 한다.

(1) 공리주의적 이유

공리주의적 정의관에 따르면 부자와 빈자의 효용의 합이 사회적 후생으로서 중요하다. 그래서 효용의 합이 동일하면 부자의 효용이 더 크고 빈자의 효용이 더 작아도 사회적 후생에는 영향이 없다. 그러나 효용이 소득에 따라 체감 또는 체증한다면 소득재분배의 필요성이 생긴다. 이를테면 부자의 소득 일부를 빈자에게 줄 때 빈자의 효용이 더 큰 폭으로 상승할 것으로 기대되므로 소득재분배에 의해 사회후생이 증가한다. 그러나 문제는 현실에서 부자와 빈자의 효용함수가 다를 때 부자의 일부 소득이 빈자의 소득으로 돌아간다고 해도 사회후생이 증가하지 않을 수 있다.

(2) 롤스의 이유

롤스는 사람들이 자신의 사회적 위치가 무엇인지를 전혀 모르는(무지의 베일에 싸인) 가상적 상황을 원초적 상황이라고 설정하고, 원초적 상황에서 사회적으로 합의된 소득분배상태가 가장 바람직하다고 주장하였다. 원초적 상황에서 사람들이 합의할 것으로 기대되는 소득분배상태는 불평등이 모든 사람에게 이익이 되고, 불평등이 모든 사람에게 개방된 직책 및 직위와 결부되어야 한다는 것이다(차등의 원칙). 이러한 원칙은 불평등이 가장 가난한 자의 후생을 향상시킬 때에만 정당화될 수 있으므로 한 사회의 가장 가난한 자에게 이익이 돌아가도록 소득재분배가 이루어져야 한다는 것을 의미한다(최소극대화의 원칙).

(3) 이타적 이유

어떤 사회의 빈자의 소득수준이 부자의 효용함수에 영향을 미친다면 자연스럽게 소득재분배가 부자의 효용수준을 높일 것이다. 왜냐하면 부자가 빈자에게 베푸는 자선(charity) 등을 통해 빈자의 소득을 높이는 것이 부자의 즐거움인 동시에 그 자신의 효용을 높이는 일이기 때문이다.

(4) 공공재적 이유

모든 사람들의 효용이 그 사회의 평등에 의하여 영향을 받는다면 평등의 정도를 높이는 소득재분배 자체가 공공재로 간주될 수 있다. 왜냐하면 소득재분배를 통해 높아진 평등의 정도는 그 사회의 모든 사람들이 공동으로 누릴 수 있고, 시장을 통하지 않고도 모두의 효용을 증가시키기 때문이다. 이와 같이 소득재분배를 공공재로 간주하면 정부의 개입은 당연하고 바람직한 것이 된다.

정석 사고

효용이 소득에 따라 체감하면 공리주의적 동기에서도 소득재분배의 필요성이 생기며, 최소극대화의 원칙에 따라 롤스적 동기에서도, 이타적 동기에서도, 평등도가 높아지면 모두의 효용이 증가하는 공공재적 이유에서도 소득재분배의 필요성이 있다.

제5절 정석 재정학 불평등도

앞 절들에서는 공평성의 기준이 무엇이며, 적절한 공평의 정도는 사회구성원들이 합의한 평등도에 대한 성향에 의존한다고 하였다. 그리고 사회구성원들의 평등도에 대한 성향에 따른 소득재분배의 이유를 살펴보았다. 이 절에서는 현재의 소득분배상태를 보고 구체적으로 평등의 정도를 어떻게 평가할 수 있는가에 대한 실증적, 규범적 척도를 살펴본다.

지금까지 평등도에 대한 여러 종류의 척도가 개발되었지만 바람직한 속성을 모두 갖춘 것은 없다. 다만 여러 척도들을 알아보고 적절한 것을 골라 사용할 뿐이다.

(1) 소득계층별 소득분포

평등의 척도 중 가장 많이 사용되는 것으로 소득계층별 소득점유율을 알아볼 수 있다. 소득계층을 10등급 또는 5등급 등으로 나눈 후 각 계층이 차지하는 비중을 나타낸다. 이 척도는 각 소득계층의 위치를 비교하고 파악하는 데에는 도움이 되지만 전체를 하나의 척도로 나타내지 못함으로써 어떤 두 사회의 평등도를 비교하는 데 한계가 있다.

그런데 소득계층을 10등급으로 나눈 소득분포를 통해서 **십분위분배율**(Deciles Distribution Ratio, DDR)지수를 만들 수 있는데, 아래의 식과 같다.

$$DDR = \frac{\text{하위 40\%의 소득점유비율}}{\text{상위 20\%의 소득점유비율}} \quad (4\text{–}5)$$

십분위분배율은 소득이 낮은 사람부터 높은 사람 순으로 10등분한 분위(decile) 중 하위 40%의 소득점유비율이 상위 20%의 소득점유비율에서 차지하는 비중으로 표현되는 평등지수이다. 이 수치가 클수록 평등한 정도가 크다는 것을 의미한다. 따라서 그 값이 클수록 분배상태는 양호하다고 평가할 수 있다. 예를 들어 완전히 평등한 분배상태일 때 십분위분배율은 2의 값을 가지며, 완전히 불평등한 분배상태일 때 0의 값을 가진다. 완전히 평등한 분배상태라는 것은 모두 똑같이 소득을 나누어 가지는 것을 의미하므로 하위 40%가 전체소득의 40%, 상위 20%가 전체소득의 20%를 차지하여 십분위분배율이 2가 되는 것이다.

(2) 로렌츠곡선

로렌츠곡선(Lorenz curve)은 한 사회에서 소득이 낮은 계층부터 높은 계층의 순서대로 배열하여 하위 몇 %가 차지하는 전체소득 중의 비율을 나타내는 점들을 이어놓은 곡선이다. 그림 4-2 에서 어떤 점 E는 이 사회의 하위소득자 40%가 전체소득의 10%를 차지한다는 것을 의미하며 이러한 점들을 이은 것이 로렌츠곡선이다. 만약 로렌츠곡선이 대각선 OC와 일치하면 완전히 평등하

그림 4-2 로렌츠곡선

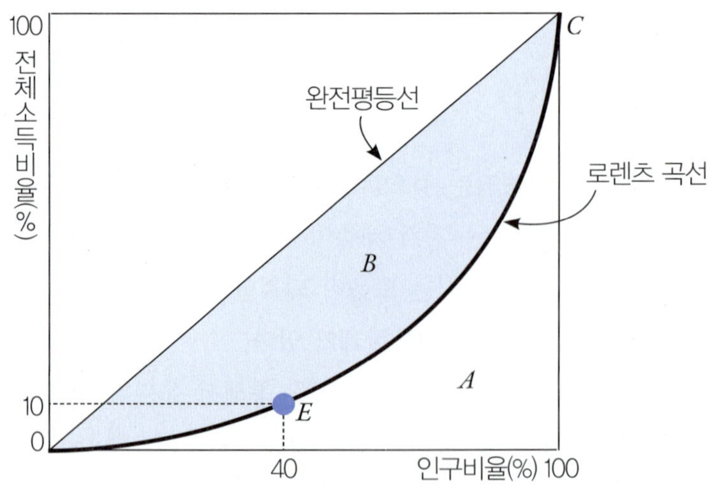

다는 것을 의미한다. 그래서 이 대각선을 완전평등선이라고 하며, 그 이유는 모든 사람이 똑같이 소득을 나누어 가질 때 하위 10%가 전체소득의 10%, 하위 20%가 전체소득의 20%, ……를 각각 차지하는 것이기 때문이다.

일반적으로 완전히 평등한 사회는 없다고 볼 때 그림의 점 E를 통과하는 곡선 형태가 로렌츠곡선의 일반적인 형태일 것이다. 그런데 우리가 어떤 두 사회의 평등도를 비교하고자 할 때 두 로렌츠곡선이 교차하면 아무런 판단을 내릴 수 없다.

(3) 지니계수

우리가 가장 흔히 사용하는 실증적 척도의 하나이다. 지니계수는 로렌츠곡선을 이용하여 쉽게 하나의 척도로 나타낼 수 있다. 그림 4-2 에서 완전평등을 나타내는 대각선 OC 아래쪽 삼각형의 면적을 A라고 하고, 대각선 OC와 로렌츠곡선 사이의 면적을 B라고 하면 지니계수(G)는 이 면적들의 비율이 된다. 즉, 다음과 같이 정의된다.

$$G=\frac{B}{A+B} \qquad (4\text{-}6)$$

만약 소득분배가 완전히 평등하게 이루어진다면 $B=0$이므로 지니계수는 0의 값을 갖게 된다. 반대로 소득이 완전히 불평등하면 $A=0$이므로 지니계수는 1의 값을 갖게 된다. 따라서 지니계수는 0과 1 사이의 값을 갖는다.

지니계수는 다른 방법으로도 구할 수 있는데, 전체인구의 평균적인 소득격차라는 개념을 활용한다. 모든 사람을 둘씩 짝지어 그들 사이의 소득격차의 절대값을 구하고, 모든 값에 대한 상대적 산술평균을 구하면 지니계수를 얻을 수 있다. 여기서 상대적 산술평균이라 함은 소득격차(절대값)의 단순산술평균을 구하고 이를 평균소득의 두 배로 나눈다는 것을 의미한다. 이상을 수식으로 나타내면 다음과 같다.

$$G=\frac{1}{2\mu}\frac{1}{n(n-1)}\sum_{i=1}^{n}\sum_{j=1}^{n}|y_i-y_j| \qquad (4\text{-}7)$$

단, μ: 소득의 평균,
y_i: i번째 사람의 소득

제1편 제2편 제3편 제4편 제5편

(4) 앳킨슨지수

앳킨슨(Atkinson, 1970)은 전통적인 불평등지수가 암묵적으로 어떤 가치판단을 전제하는 것에 반해, 명시적으로 사회후생함수에 의한 가치판단을 전제하여 소득불평등을 측정할 수 있는 지수를 개발하였다.[10] 그가 제시한 앳킨슨지수(Atkinson index)는 규범적 척도로서 지니계수에 버금가는 지수로 자리 잡았다.

앳킨슨은 우선 **균등분배대등소득**(equally distributed equivalent income, Y^e)이라는 개념을 도입하여 이것을 다음처럼 정의한다.[11]

> 모든 사람에게 균등하게 소득을 분배하였을 경우의 사회후생수준이 현재의 분배상태에서의 사회후생수준과 같아지도록 만드는 균등소득을 균등분배대등소득이라고 한다.

두 사람이 있는 경제를 가정하여 한 사람은 소득이 700만원, 다른 사람은 300만원이고, 1인당 평균소득은 500만원이라고 하자. 만약 1인당 400만원씩 균등하게 나누어 현재의 사회후생과 동일하게 될 수 있다면 바로 이 400만원이 균등분배대등소득이다. 이 예에서 주목할 것은 균등분배대등소득이 1인당 평균소득보다 더 작은 값을 갖는다는 사실이다. 그리고 만약 현재의 소득분배가 균등하다면 균등분배대등소득이 바로 1인당 평균소득이 될 것이다. 이상의 생각을 요약하여 하나의 지수로 표현하면 다음과 같다.

$$E=\frac{Y^e}{\text{1인당 평균소득}} \tag{4-8}$$

여기서 E는 평등지수를 나타낸다. 이를 불평등도로 표현하면 다음과 같다.

$$A=1-\frac{Y^e}{\text{1인당 평균소득}} \tag{4-9}$$

이를 **앳킨슨지수**라고 하며, A값이 클수록 불평등하다는 의미가 된다.

이제 그림을 통해 앳킨슨지수가 의미하는 바를 살펴보도록 하자. **그림 4-3**에서 현재의 소득분배상태는 점 A로 나타나 있다. 버그슨-새무엘슨 사회후생함수를 가정하고, A점과 같은 사회후생수준을 가지면서 균등하게 분배되는 소득은 점 B가 된다. 점 B가 바로 균등분배대등소득이다.

그리고 현재의 소득에 대한 1인당 평균소득을 구하면 점 C가 된다. 따라서 앳킨슨지수는 원점에서 점 C까지의 거리에서 점 B와 점 C 사이의 거리가 차지하는 비율이며, 점 B와 점 C 사이의 거리가 커질수록 불평등도가 커진다.

그림 4-3 균등분배대등소득과 앳킨슨지수

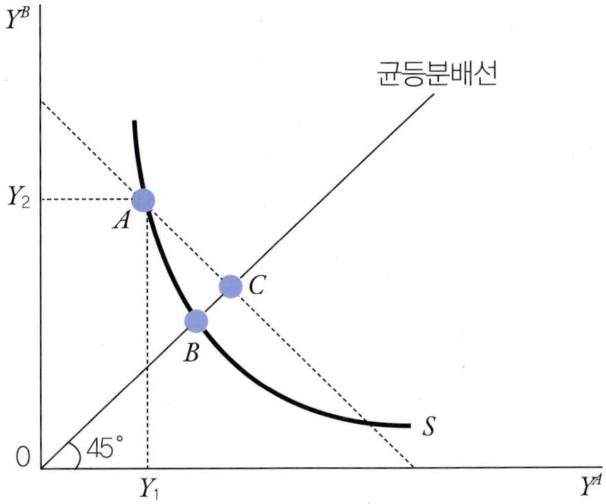

마지막으로 앳킨슨지수가 0.2라면 어떠한 해석이 가능한지 살펴보자. 그림에서 기하학적으로 BC/OC의 값이 0.2이며, 이 값은 불평등도를 나타내므로 완전평등한 분배구조로 바꾸면 현재의 총소득을 20%만큼 증가시키는 효과와 동일하다는 해석이 가능하다. 또 다른 각도로 해석하면 현재소득의 80%만 균등하게 분배해도 현재의 사회후생수준을 누릴 수 있다는 것을 의미하기도 한다.

정석 사고

공평에 관한 실증적 척도로 십분위분배율, 지니계수, 앳킨슨지수 등을 들 수 있다. 이 중에서 십분위분배율은 평등지수로서 0~2 사이의 값을 가지며, 지니계수와 앳킨슨지수는 불평등지수로서 0~1 사이의 값을 가진다. 그 밖의 규범적 척도로서 달튼의 평등지수가 있는데, 공리주의적 사회후생함수를 이용하는 관계로 잘 사용되지 않는다.

정석 사례연구

소득계층의 이동성

"시장은 노력, 근면성, 정직성, 근검절약 등에 대해 우대하므로 보통의 정의의 개념과 잘 부합한다. (……) 강조하고자 하는 점은 (……) 시장분배가 완벽하게 정당하다고 주장하는 것은 아니지만, 다른 대안들에 비해 대부분의 사람들이 생각하고 있는 정의의 개념과 근접해 있다는 점이다."

브라우닝(Edgar K. Browning, 2002)의 말은 미국의 자유주의 경제학자의 견해를 대변하는 듯하다.[12]

이러한 견해는 정부의 소득재분배에 반대하는 또 다른 주장을 불러올 수 있다. 즉, 소득계층의 이동성에 관련된 주장이다. 만약 개인이 노력과 근면, 근검절약을 통해 충분히 소득계층에 따른 신분과 지위를 끌어올릴 수 있다면 소득재분배는 더 이상 윤리적 관심거리가 아닐 수 있다.[13]

미국사회의 소득의 불평등도를 보면, 1960년대 후반부터 1970년 후반까지 최하위계층의 분배몫은 늘어난 반면 최상위계층의 분배몫은 줄어들었다. 그러나 1980년대부터 현재까지 소득불평등도가 급격히 증가하는 추세이다. 오늘날 미국의 부유층의 20%가 전체소득의 절반 이상을 차지하고 있다. 피케티와 사에즈(Piketty and Saez, 2006)에 따르면, 상위 1%의 소득분배몫이 1960~1970년대 8%에서 1990년대 말에는 15%로 급증했다.[14]

이제 미국사회의 소득계층의 이동성에 대한 사례를 살펴보자. 고츠초크와 스폴래어(Gottschalk and Spolaore, 2002)에 따르면, 1984년에 하위 20%의 소득계층에 속한 사람들 중에서 1993년에 약 40%만이 그 상태로 머물고 나머지는 신분 상승하였다.[15] 헐츠(Hertz, 2006)는 1960년대 후반에 하위 20% 이하의 소득계층가구에 속한 자녀 중에서 약 60%가 1990년대에 이르러 성인이 되었을 때 상위 소득계층으로 이동했다는 사실을 발견하였다.[16] 결과적으로 소득계층의 이동성이 어느 정도 이루어지고는 있지만 소득불평등도가 중요하지 않다고 주장할 만큼 활발하다고 볼 수는 없다.

소득계층의 이동성은 기회의 균등과 공정한 보상 아래에서만 그 의미를 가진다. 소득계층의 이동성이 높을수록 사회가 건전하다고 할 수 있다. 서유럽, 특히 스칸디나비아국가들처럼 복지정책이 잘된 나라일수록 소득계층의 이동이 미국이나 영국보다 훨씬 활발하다. 따라서 기회의 균등을 위한 교육과 훈련, 공정한 보상체계를 만드는 것이 정부의 역할로서 중요하다.

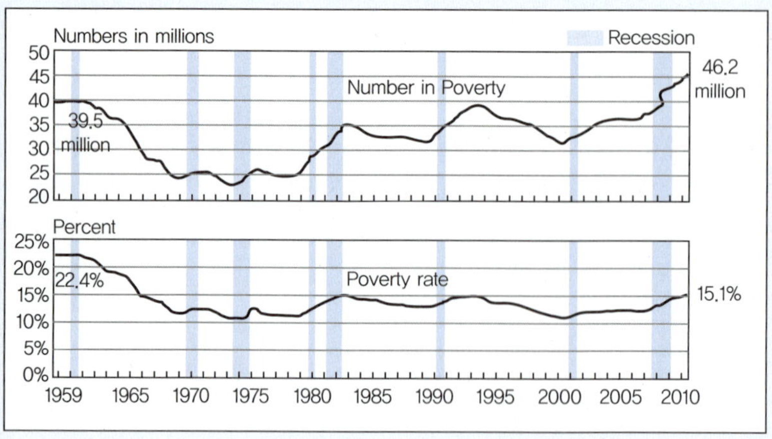

정석 기본문제

1. 분배적 공평성에 포함될 수 있는 여러 가지 중요한 요소들을 설명하라.

2. 두 사람이 있는 경제에서 다음과 같은 두 사회상태가 있다고 가정한다. 다음 기준에 의할 때 어느 사회상태가 더 바람직한지 설명하라.

소득	분배상태 1	분배상태 2
A의 소득	1	2
B의 소득	5	2

[1] 공리기준

[2] 롤스기준

3. 10명으로 구성된 경제에서 5명은 50만원, 나머지는 100만원의 소득을 얻고 있을 때 이 경제의 로렌츠곡선을 그려라.

4. 2명으로 이루어진 경제에서 각 개인의 소득이 30만원, 50만원일 때 이 경제의 지니계수를 구하라.

정석 힌트 지니계수=1/2×{1/2×(|30−50|+|50−30|)}/{1/2×(30+50)}

5. 3명으로 이루어진 경제에서 각 개인의 소득이 30만원, 50만원, 70만원일 때 이 경제의 지니계수를 구하라.

정석 힌트 $\frac{4}{15}$((4-7)식을 이용)

6. 디즈니마을에 미키와 미니가 살고 있다. 미키는 80만원, 미니는 20만원의 소득을 올린다.

[1] 이 마을의 지니계수는 얼마인가?

정석 힌트 0.6

[2] 롤스적 사회후생함수를 가정할 때 (가) 균등분배대등소득과 (나) 앳킨슨지수를 구하라.

정석 힌트 (가) 20 (나) $0.6\left(=1-\frac{20}{50}\right)$

7. 어느 무인도에 로빈슨 크루소와 프라이데이가 살고 있다. 크루소는 9원, 프라이데이는 1원의 소득을 올린다. 이 무인도의 사회후생함수는 $W=Y^C \cdot Y^F$라고 한다. 이 경제의 앳킨슨지수를 구하라.(단, Y^C는 크루소의 소득, Y^F는 프라이데이의 소득)

정석 힌트 현재의 사회후생수준이 9이며, 똑같이 3원씩 가져도 W=9가 된다. 따라서 균등분배대등소득은 3원이며, 앳킨슨지수는 $1-\frac{3}{5}=\frac{2}{5}$이다.

정석 심화문제

8. 『수호지』에 등장하는 무송과 노지심의 다음 대화를 읽고 답하라.[17)]

> 무송: 자네 이번 달의 수입이 얼마나 되는가?
> 지심: 쌀 20가마니밖에 안 돼. 자네는?
> 무송: 나는 50가마니야. 이 정도 가지곤 백성에게 나누어 주려면 어림도 없겠군.
> 지심: 어떤 놈은 먹지도 않으면서 창고에 곡식을 쌓아두지. 죽일 놈의 현실이지. 만약 사람들이 똑같이 나누어 가진다면 훨씬 조금만 수확해도 지금보다 나을 텐데.
> 무송: 백성들이 똑같이 나누어 가진다면 아마 한 사람당 10가마니면 충분할 거야.
> 지심: 그래도 20가마니는 있어야 되지 않겠어?

[1] 위의 대화 중 무송과 노지심의 마지막 말과 밀접한 관련이 있는 개념은 무엇인지 설명하라.

정석 힌트 균등분배대등소득의 정의를 생각한다.

[2] 두 사람 중 누가 평등성에 대한 선호가 더 큰지 설명하라.

정석 힌트 무송: 균등분배대등소득이 10가마니이므로 지심의 20가마니보다 낮다.

[3] 이 경제의 1인당 쌀 생산량이 30가마니라고 할 때 무송의 앳킨슨지수는 얼마인가?

정석 힌트 $1-\frac{10}{30}=\frac{2}{3}$ (단, 쌀만 생산한다고 가정)

9. GNP=12인 경제에서 다음처럼 세 사람에게 소득이 나뉜다.

소득	분배상태 1	분배상태 2	분배상태 3
A의 소득	2	1	1
B의 소득	2	3	5
C의 소득	8	8	6

[1] 가장 불평등한 상태를 말하고 그 이유를 설명하라.

[2] 가장 평등한 상태를 말하고 그 이유를 설명하라.

정석 힌트 분배상태 3이 가장 작은 지니계수를 가진다. 사회후생함수가 $W=y^A \cdot y^B \cdot y^C$(여기서 y는 소득수준)처럼 명시되지 않으면 지니계수를 구한다. 예를 들어 분배상태 1의 지니계수를 다음처럼 구한다.

Δy의 평균$=1/6\times[|2-2|+|2-8|+|2-2|+|2-8|+|8-2|+|8-2|]$

지니계수$=1/2\times[(\Delta y$의 평균$)/(y$의 평균$)]$

10. 허리케인이 지나간 지역에서 얼음, 생수, 모텔방의 값에 폭리를 취하는 상인을 볼 수 있다. 우리는 이러한 상인들을 처벌하여야 하는가? 자유주의와 공리주의, 롤스주의에 입각해서 논의하라.

정석 힌트 자유주의는 행복극대화와 개인의 자유존중이라는 관점에서 처벌에 반대한다. 공급자의 사기를 높여 필요한 물건을 공급하게 한다. 그래서 사회전체의 행복이 커진다. 또한 시장은 개인의 자유를 존중해야 한다는 것이다. 롤스주의는 어려운 사람의 행복을 감소시키므로 사회전체의 후생이 감소한다고 볼 것이다. 또한 현재의 상황은 자유시장이 자유롭지 못하다고 본다. 강요받은 자유는 자유가 아니라고 보기 때문에 처벌에 찬성할 것이다. 한편, 공리주의는 주민의 고통과 상인의 이익의 합계를 구하여 그것이 양수이면 자유주의와 같은 입장을 취할 것이다.

11. 롤스가 전제하는 원초적 상황이란 무엇이며, 왜 중요한지 설명하라.

정석 힌트 사람들이 무지의 베일에 싸여, 자신의 신분, 지위, 장래 등을 알지 못하는 상태를 말한다. 무지의 베일이 걷히면, 자신의 입장에 따라 사회정의를 다르게 해석할 수 있기 때문이다.

12. 본문에서 불평등지수인 앳킨슨지수를 도출할 때 버그슨-새무엘슨류의 사회무차별곡선을 사용하였다. 이것은 평등에 대한 선호도가 높을수록 원점에 대하여 볼록해진다.

[1] 평등에 대한 선호도가 높아지면 앳킨슨지수의 값은 어떻게 변하는가?

[2] 평등에 대한 선호도가 0이면 앳킨슨지수의 값은 어떻게 되는가?

제3편 공공지출이론

제5장
공공재이론

가족과 사업의 사적 관심에서 국가나 국제적 사건으로 넘어가면
개인의 자유의지, 사실통제, 추론방법 등과 같은
고전적 원칙의 필수요소들을 더 이상 충족시키지 못한다.
더욱 놀라운 것은 현실감이 완전히 사라진다는 사실이다. (……)
사람들은 소설 같은 공상의 세계에 활동하는 것처럼 느낀다.

– Joseph Schumpeter –

정부는 조세를 거두어 지출을 하는 경제주체이다. 정부의 역할 중에서 중요한 기능으로 앞장에서 살펴본 거시적 시장실패의 하나인 불공평한 소득분배를 치유하기 위한 소득재분배 이외에 공공재의 생산 및 공급을 들 수 있다. 정부가 존재하는 가장 큰 근거의 하나가 바로 공공재의 공급이다. 민간부문이 생산하고 공급하는 경우 자원배분이 비효율적일 수 있는 재화들이 있다. 이와 같은 재화를 공공재라고 하며, 주로 정부부문이 생산하고 공급한다. 예를 들어 국방, 치안, 소방서비스를 포함하여 도로, 교량, 철도서비스 등은 보편적 강제력을 가지지 않은 민간부문에서는 충분한 대가를 받고 공급하기 어려운 서비스이다.

이처럼 공공재는 이로운 외부성(대가를 지불받지 않고 남에게 혜택을 주는 효과)을 가진 재화이다. 그럼에도 불구하고 시장경제에서 효율적으로 공급되기 어렵다고 한다. 그러면 어떤 기준으로 공공재를 공급해야 할까? 이에 대한 해답을 모색할 필요가 있다. 또한 공공재 중에는 사용재의 성격을 가지고 있지만 온정적 간섭주의에 의해 공급되는 재화나 서비스도 많다. 이러한 준공공재 또는 가치재도 공공재로 보아야 한다. 이 장의 논의는 어디까지나 이론적인 수준에서 공공재가 효율적으로 공급될 수 있는 최적조건을 모색하는 것이다. 현실은 정

제5장 공공재이론

치적 의사결정과정을 거쳐 공공재의 공급수준이 결정되므로 항상 정부가 의도한 대로 공급되지는 않는다.

이 장에서는 공공재의 여러 가지 특성을 파악한 후 공공재를 효율적으로 공급하기 위하여 공공재의 수요를 어떻게 파악할 것인가를 살펴보고자 한다. 그리고 공공재의 최적공급조건을 부분균형과 일반균형분석방법을 통해 살펴본다. 마지막으로 공공재의 현실적 공급은 이론적 수준과 다를 수 있다는 점을 덧붙여 설명할 것이다.

이 장에서 배울 것

- 공공재의 중요한 특성은?
- 공공재의 특성에 따른 분류방식은?
- 공공재의 최적공급조건(새무엘슨조건)은?
- 공공재의 최적공급방법은?
- 공공재의 이론과 현실적 공급수준의 차이는?

제1절 정석 재정학 공공재의 특성과 분류

공공재는 사용재와 다른 특성을 가지며 이로 인하여 시장실패를 야기할 수 있다.[1] 시장경제는 사적소유권제도를 바탕으로 하는데, 이는 당해 상품을 배타적으로 소비하고 향유할 수 있을 때에만 의미가 있다. 그러나 공공재는 자체의 특성 때문에 소유권을 주장할 수 없고, 시장기구는 효율적인 자원배분을 달성할 수 없다.

1. 공공재의 특성

만약 내가 사과를 먹는다면 다른 사람은 내가 먹고 있는 사과를 동시에 먹을 수 없다. 나의 사과 소비는 다른 사람들의 사과 소비와 경합관계에 있으며, 또한 시장에서 돈을 지불하고 사 먹는 것으로서 다른 사람이 마음대로 내놓으라고 말할 수 없다. 이처럼 사과와 같은 사용재는 경합성과 배타적 소유권(배제성)을 가진다. 여기서 경합성이란 내가 소비하면 다른 사람의 소비가 줄어드는 성질을 의미한다. 그리고 배제성이란 내가 대가를 지불하면 다른 사람은 그것을 소비할 수 없다는 의미이다.

한편 공공재는 생산되는 즉시 모든 개인 소비자들에게 동일한 혜택을 주는 재화 및 서비스를 말한다. 예컨대, 등대 서비스의 경우 한 배가 등대를 이용한다고 해서 다른 배들이 등대를 이용하지 못하는 것은 아니다. 이를 공공재의 **비경합성**이라고 말한다. 또한 대가를 지불하지 않았다고 해서 배들이 등대의 불빛을 보지 못하도록 하는 것도 불가능하다. 이를 공공재의 **비배제성**이라고 한다. 비경합성에 의하여 추가적 사용에 대한 추가비용이 거의 0이므로 가격을 매기는 것이 바람직하지 않고, 비배제성 때문에 공짜로 혜택을 향유하려는 유인(무임승차)이 있으므로 가격을 매길 수 없다. 등대와 유사한 가로등의 예를 들어보아도 사정이 다르지 않다. 그 밖에도 국방서비스, 경찰서비스, 도로나 항만, 교육서비스 등 많은 재화와 서비스들이 공공재의 성격을 지닌다.

정석 사고

국방과 경찰 같은 순수공공재는 모두 공동으로 소비하고 대가지불여부에 따라 일부 사람을 배제할 수 없는 비경합성과 비배제성의 특성을 가진다.

2. 공공재의 분류

머스그레이브(Musgrave)와 허버(Herber)는 사회적 욕구를 사적 욕구와 공공욕구로 나누고, 공공욕구를 충족시키기 위하여 공공재를 생산하며, 공공재의 비경합성과 비배제성의 강도에 따라 공공재의 종류를 나눌 수 있다고 한다. 비경합성의 강도는 공동소비의 정도로서, 비배제성의 강도는 소비집단의 규모로서 파악될 수 있다. 이에 따라 공공재를 분류해보면 **그림 5-1** 과 같다.

그림에서 공동소비의 정도가 클수록 비경합적이며, 소비집단의 크기가 클수록 배제하기가 어려운 비배제성이 강해진다고 하겠다. 따라서 x축은 비배제성의 정도를, y축은 비경합성의 정도를 나타낸다. 예를 들어 유선방송과 같은 재화는 유료이므로 대가를 치르지 않은 사람들을 배제할 수 있지만 대가를 치른 사람이 방송을 시청하고 있을 때 대가를 치르지 않은 다른 사람도 옆에서 시청할 수 있으므로 비경합적이라고 하겠다. 또 다른 예로 무료도로의 경우 대가를 치르지 않아도 모두 소비할 수 있으므로 비배제성을 가지지만, 너무 많은 사람들이 차를 가지고 나와 도로가 혼잡해지면 운전자 사이에 서로 도로를 사용하려는 경합성이 생긴다.

특히, 머스그레이브는 준공공재의 경우 경합적이므로 시장을 통한 배급도 가능하지만 온정적 간섭주의(paternalism)에 의해 정부가 개입할 수 있다고 설명하면서, 이를 공적 가치욕구를 충족시키는 **가치재**(merit goods)라고 이른다. 예를 들어 의무교육이라든지 무상급식이라든지 가난한

그림 5-1 공공재의 분류

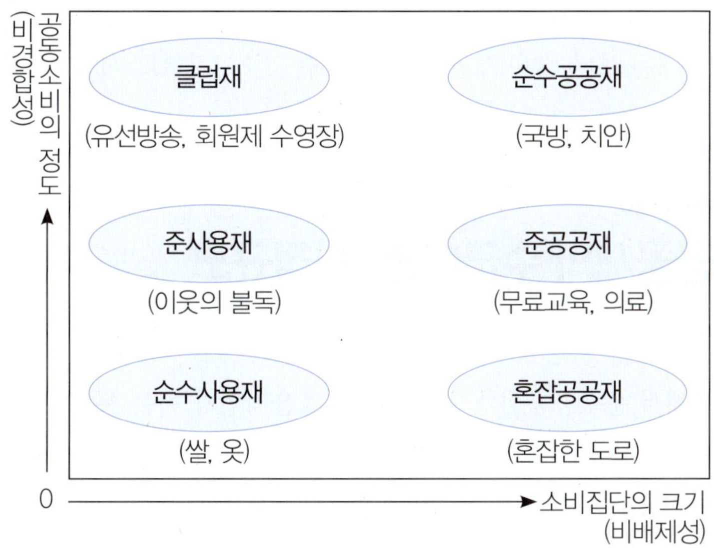

자에게 지급되는 식품 등을 가치재라고 할 수 있다.

이상에서 보듯이 비경합성과 비배제성의 일부 성격만 가져도 공공재로 분류된다. 따라서 개념의 범위로 따지면 공공재가 사용재보다 훨씬 광범위하다고 하겠다.

3. 공공재개념의 재정립

공공재의 예로서 주로 가로등, 등대와 같은 것만을 생각하는 경향이 있으나 공공재의 개념은 그보다 더 넓게 사용된다. 환경도 공공재의 일종으로 볼 수 있으며 국방, 치안 등은 물론이고 심지어는 헌법, 법원의 운영 등 사회의 질서유지를 위한 제반활동 모두를 공공재의 일종으로 볼 수 있다. 또한 부정부패가 없는 행정투명성도 공공재의 일종이며 정치적 · 사회적 · 경제적 안정도 역시 공공재로 파악할 수 있다. 심지어 서로우(L. Thurow) 교수는 소득재분배마저 공공재로 간주한다.[2)]

제6장에서 자세히 살펴보겠지만, 공공재의 성격을 이해하기 위해 하딘(Hardin)이 사이언스(Science)지에서 발표한 「공유지의 비극(Tragedy of Commons)」을 한번 생각해보자. 아무런 제한이 없는 개방어장을 보면 수많은 어선들이 경쟁적으로 조업을 한다. 어부들은 과잉어획으로 물고기의 저량(숫자)이 줄어들고 단위당 한계비용이 증가하게 될 것을 알지만 어쩔 수 없이 초과이윤이 완전히 사라질 때까지 계속 조업을 한다. 내가 잡지 않으면 남이 잡을 것이라고 생각하기 때문에 어류의 씨를 말리는 것이다. 이러한 예는 개방목초지 등에도 그대로 적용된다. 개방어장과 개방목초지처럼 공공재는 보다 많은 재화에 적용될 수 있으므로 협소하게 정의할 수 없다.

제2절 공공재의 수급이론: 최적규모

어느 정도의 수준에서 순수공공재를 공급하여야 효율적인가 하는 문제는 대단히 어렵다. 공공재의 특성상 일단 생산되면 아무도 그 편익으로부터 배제될 수 없고, 소비자가 추가되더라도 재화 사용에 대한 추가비용은 사실상 없기 때문이다. 따라서 시장경제에서 공공재의 가격을 매긴다는 것과, 공공재의 가격과 한계비용(=0)이 일치하는 파레토효율적인 규모만큼 공급하는 것은 불가능하다. 그렇다면 공공재를 최적규모로 공급할 수 있는 조건은 어떠해야 되는지를 살펴보자.

1. 공공재의 수요곡선

개별소비자의 입장에서 보면 사용재와 공공재 사이의 큰 차이를 느낄 필요가 없다. 두 종류의 재화 모두 개인의 효용을 증가시키는 수단일 뿐이다. 따라서 개인소비자의 선호는 같은 만족을 얻기 위해 사용재(x재)를 더 소비하면 공공재(z재)의 소비를 상대적으로 줄여야 한다. 그리고 공공재의 소비와 관계없이 개인의 소득예산은 그대로 유지된다고 생각해보자. 즉, 공공재의 소비에는 지불할 가격이 없다고 생각하기로 한다. 실제로 개인이 공공재를 직접 소비하지 않더라도 공공재의 공급으로부터 만족을 얻을 수 있다는 점에 유의해야 한다. 예를 들어 비록 그 자신은 천둥오리, 은빛연어 등을 본 적이 없더라도 이들의 멸종을 방지하기 위하여 기꺼이 소득의 일부를 희생할 용의가 있을 수 있다.[3)]

이제 개인소비자들이 공공재에 대한 가치를 어떻게 평가하는가를 알아내어 공공재의 가치곡선, 즉 수요곡선으로 나타내보자. 공급되는 공공재의 규모를 변동시켜 소비자가 공공재의 추가단위에 대해 지불하고자 하는 지불용의액을 알아볼 수 있다. 예를 들어, 공공재의 공급을 1단위, 2단위, 3단위 등으로 증가시켜보고 추가적 단위에 대한 소비자의 지불용의액을 알아보면 된다. 이때 추가적 단위에 대한 지불용의액을 공공재의 **한계지불용의액**(Marginal Willingness-To-Pay, MWTP) 또는 **한계편익**(Marginal Benefit, MB)이라고 부른다.

그림 5-2 를 통해 이것을 살펴보자. 그림은 가로축에 국방과 같은 공공재 z, 세로축에 빵과 같은 사용재 x를 표시하였다. 어떤 개인의 예산선이 수평으로 나타나 있다. 예산선이 수평으로 그려진 이유는 공공재의 소비에는 지불할 가격이 없으므로 공공재의 소비가 사용재의 소비를 줄이지 않기 때문이다. 보통 예산선이 우하향하는 이유는 한 재화의 소비증가가 다른 재화의 소비를 줄이기 때문인데 공공재의 경우에는 소비의 비경합성으로 인해 사용재의 소비가 줄지 않는다.

개인의 수요곡선은 가격변화에 따른 수요량의 변화를 관찰하여 그 조합의 궤적을 그리는 것이다. 그러나 공공재의 경우 가격이 없으므로 통상적인 방식으로 수요곡선을 도출할 수 없다. 이 경우 공공재의 공급수준을 변화시키면서 각 수준에 대해 개인이 지불하고자 하는 화폐액을 관찰한다.

제1편
제2편
제3편
제4편
제5편

그림 5-2 공공재의 한계지불용의액과 보상 변화

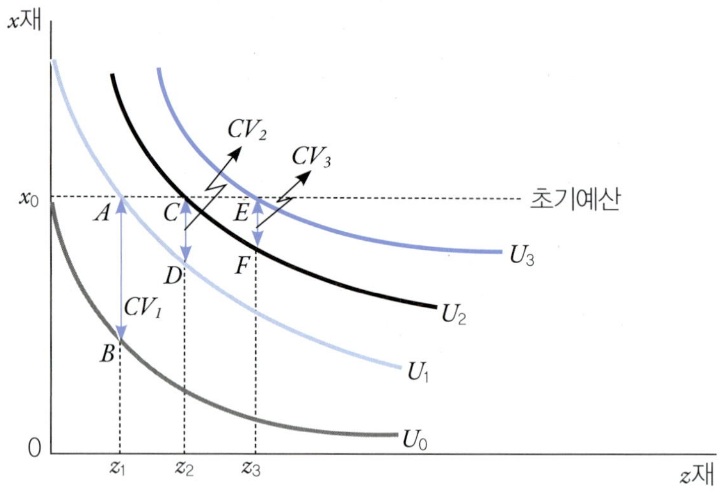

그림 5-2 에서는 어떤 개인의 초기예산으로 사용재 x_0를 보유하고 있으며, 공공재 z재를 1단위 소비할 때 U_1, 2단위 소비할 때 U_2, 3단위 소비할 때 U_3의 효용을 누린다는 것을 보여준다. 제2장에서 설명하였듯이, 새로운 경제상황에서 어떤 개인의 한계지불용의액은 '보상변화'를 통해 도출할 수 있다. 그림에서 공공재가 한 단위 공급되었을 때 소비자가 기꺼이 지불하고자 하는 액수는 바로 보상변화(CV)로써 쉽게 파악할 수 있다.

보상변화는 공공재 z가 증가된 만큼 빼앗아 원래의 상태로 되돌아갈 때 보상해주어야 하는 금액을 말한다. 경제상황이 좋아졌을 때에는 지불용의액 또는 빼앗을 수 있는 화폐액이라고 한다. 그림에서 공공재가 1단위(z_1) 공급되었을 때 새로운 효용수준 U_1과 원래의 효용수준 U_0의 거리가 보상변화이며, CV_1로 표시된 AB의 길이를 의미한다.

공공재가 2단위(z_2) 공급되었을 때 추가 한 단위에 대하여 소비자가 기꺼이 지불하고자 하는 액수는 그림에서 공공재 2단위로부터 1단위를 빼앗을 때 보상해야 하는 금액인 U_2와 U_1의 거리이며, CV_2로 표시된 CD의 길이와 같다. 마찬가지로 공공재가 3단위(z_3) 공급되었을 때 추가 한 단위에 대하여 소비자가 기꺼이 지불하고자 하는 액수는 그림에서 CV_3로 표시된 EF의 길이와 같다고 할 수 있다.

정석 사고

공공재의 경우 가격이 없으므로 통상적인 방식으로 수요곡선을 도출할 수 없다. 이 경우 공공재의 공급수준을 변화시키면서 각 수준에 대해 개인이 지불하고자 하는 화폐액을 관찰한다. 공공재가 한 단위 공급되었을 때 소비자가 기꺼이 지불하고자 하는 액수는 바로 보상변화로써 파악할 수 있다. 보상변화는 공공재 한 단위를 빼앗아 원래의 상태로 되돌아갈 때 보상해주어야 하는 금액을 말한다.

그림 5-3 공공재의 개인수요곡선

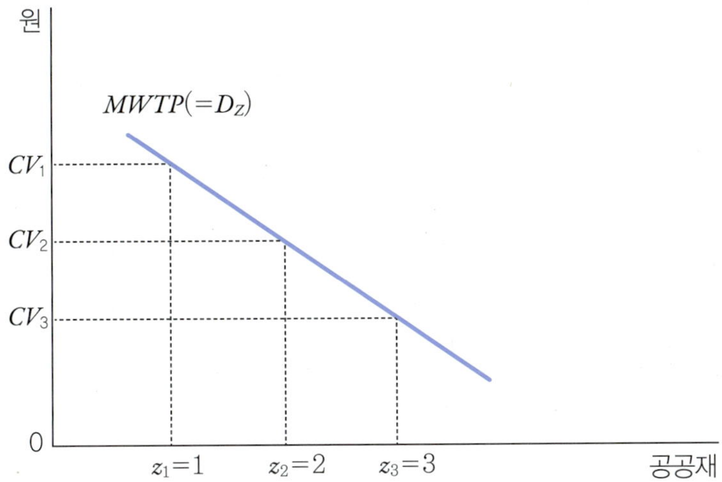

이렇게 도출된 공공재의 공급규모에 따른 소비자의 한계지불용의액(MWTP, 한계편익)을 별도로 화폐를 y축으로 하는 공간에 그려보면 그림 5-3 과 같다. 다시 말해 공공재의 각 단위에 대한 개인의 한계지불용의액의 궤적은 그 개인의 공공재의 수요곡선이 된다.

사용재와 비교해보면, 사용재는 모든 소비자가 동일한 시장가격에 직면하고 서로 다른 양을 소비하며 동일한 한계효용을 느끼는 반면에 공공재는 비경합성의 특성상 모든 소비자가 동일한 양을 소비하지만 서로 다른 효용을 느끼고 그에 따라 개인의 한계지불용의액(한계편익)들이 다르다. 한계지불용의액(한계편익)을 공공재의 사용가격이라고 본다면 각 개인은 서로 다른 가격을 지불할 것이라는 얘기이다. 이러한 사실 때문에 공공재의 시장수요곡선은 공공재의 공급량이 주어질 때마다 반응하는 각 개인의 한계지불용의액을 합하여 결정된다는 특징을 가진다.[4)]

위에서 설명한 사용재와 공공재의 시장수요곡선의 특징을 그림 5-4 를 통해 살펴보자. 그림의 (a)는 사용재의 경우로서 모든 소비자에게 주어진 동일한 시장가격에서 각 개인의 수요량, 즉 개인의 사용재수요곡선을 수평으로 더하여 시장수요곡선을 도출한다. 예를 들어 사용재의 시장가격 p_1에 대하여 개인 A는 수요량 x^A를, 개인 B는 수요량 x^B를 구매할 용의가 있으므로 시장관점에서 수요량이 (x^A+x^B)가 되는 것이다.

반면에 그림의 (b)는 공공재의 경우로서 모든 소비자에게 주어진 동일한 공급량에서 각 개인의 사용가격, 즉 개인의 공공재수요곡선을 수직으로 더하여 시장수요곡선을 도출한다. 예를 들어 공

그림 5-4 공공재의 시장수요곡선

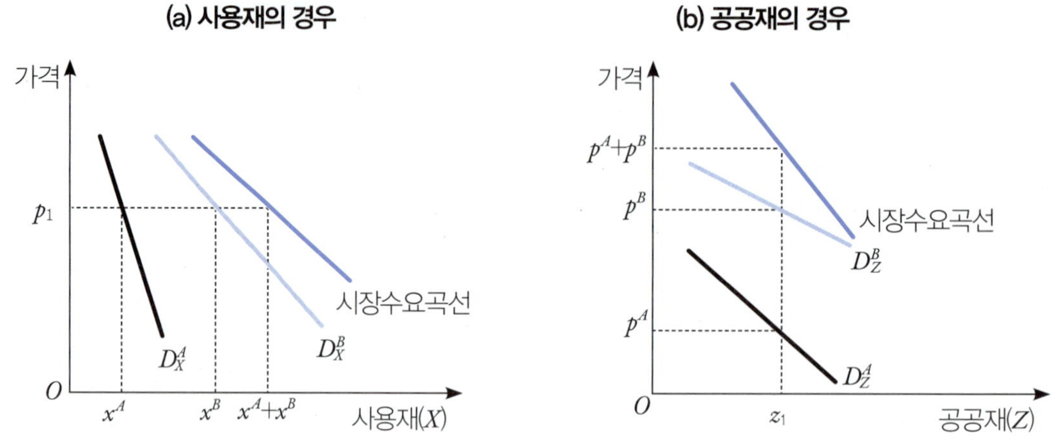

공재의 공급량 z_1에 대하여 개인 A는 사용가격 p^A를, 개인 B는 사용가격 p^B를 지불할 용의가 있으므로 시장 관점에서 사용가격이 (p^A+p^B)가 되는 것이다.

> **정석 사고**
>
> 사용재의 경우에는 동일한 가격에 직면한 소비자들이 서로 다른 양을 소비하며, 공공재는 모든 소비자들이 동일한 양을 소비하지만 각자 지불하고자 하는 금액은 다르다. 따라서 공공재의 경우에는 각 개인의 한계지불용의액 혹은 공공재의 사용가격을 수직으로 합하여 시장수요곡선을 도출한다.

2. 공공재의 최적공급규모

(1) 부분균형접근법

이제 공공재의 최적공급규모에 대하여 알아본다. 공공재를 추가적으로 한 단위 더 생산하는 데 드는 비용(노동, 원료, 에너지 등에 대한 지출)은 기업에서 생산할 때 드는 한계비용과 다를 바 없다. 따라서 모든 개인소비자들에 대한 한계편익의 합계와 한계비용이 같을 때 공공재의 최적공급규모가 결정된다. 즉,

$$MB_Z^1 + MB_Z^2 = MC_Z \qquad (5\text{–}1)$$

단, MB: 한계지불용의액(한계편익)
MC: 한계비용

예를 들어 **그림 5-5** 에서 보듯이 Z라는 공공재가 공급될 때 최종단위에 대해 개인소비자 1은 a원만큼 지불할 용의가 있고 개인소비자 2는 b원만큼 지불할 용의가 있다고 하자. 사과와 같은 사용재와 달리 두 소비자가 동시에 공동소비하므로 공공재의 마지막 단위에 대한 지불용의액은 a원+b원이 된다. 이 합계가 마지막 단위의 공공재를 생산하는 데 드는 비용과 일치할 때까지 공공재를 공급하는 것이 파레토효율적이라는 것이다.

그림 5-5 공공재의 효율적 공급

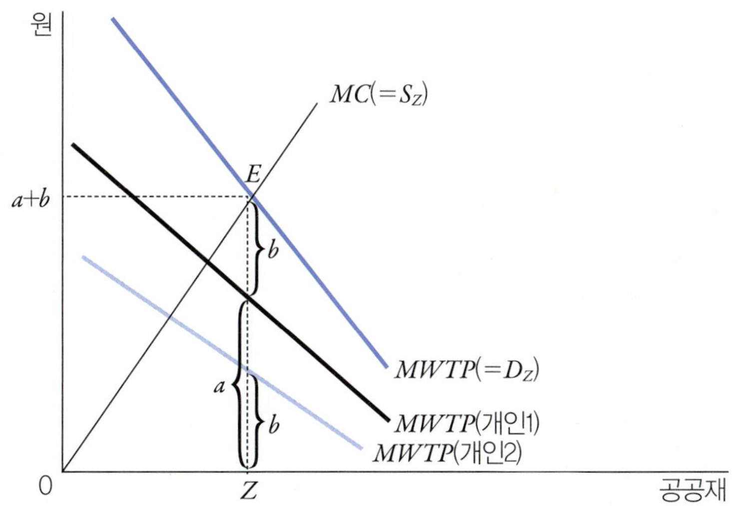

위에서 살펴본 것처럼 순수공공재는 각 개인의 한계지불용의액의 합계가 생산에 있어서의 한계비용과 같을 때 효율적으로 공급된다. 이와 대조적으로 사용재(X재)의 시장에서 파레토효율적인 상품공급이 되기 위해서는 개인의 한계지불용의액과 시장가격이 같아지는 수준까지 수요하는 것이다. 그런데 시장가격은 모든 개인소비자들이 똑같이 지불하는 가격이므로 자동적으로 모든 개인소비자들의 한계지불용의액(한계편익)이 동일해진다. 또한 시장가격은 생산의 한계비용을 의미하므로 다음과 같은 최적공급조건이 성립된다.

$$MB_X^1 = MB_X^2 = MC_X \qquad (5\text{–}2)$$

그림 5-6은 사용재와 공공재의 최적공급조건이 어떻게 다른지를 보여준다. 그림 (a)는 사용재에 대한 개인 1과 개인 2의 수요곡선을 수평으로 합한 시장수요곡선(D_M)이 시장공급곡선 S와 만나는 점 E에서 최적공급규모가 결정된다. 점 E에서 시장균형가격은 P^*이며, 개인 1은 효용극대화를 위해 이 가격에 자신의 한계편익 MB_X^1을 일치시키는 OQ_A만큼 구매하고, 개인 2도 효용극대화를 위해 이 가격에 자신의 한계편익 MB_X^2를 일치시키는 OQ_B만큼 구매한다. 따라서 점 E에서 $OQ_A+OQ_B=OQ^*$가 성립하는 동시에 최적공급조건은 식 (5–2)를 의미한다.

그림 (b)는 공공재에 대한 개인 1과 개인 2의 수요곡선을 수직으로 합한 시장수요곡선이 정부의 공급곡선 S와 만나는 점 E에서 최적공급규모가 결정된다. 점 E에서 시장균형가격은 P^*이고 균형공급량은 Z^*가 된다. 이 균형공급량에 대해서 개인 1은 효용극대화를 위해 자신의 한계편익 MB_Z^1에 해당하는 사용가격 P_A을 부담하고, 개인 2도 효용극대화를 위해 자신의 한계편익 MB_Z^2에 해당하는 사용가격 P_B를 부담한다. 따라서 E점에서 $P_A+P_B=P^*$가 성립하며, 이것이 의미하는 최적공급조건이 바로 식 (5–1)이다.

그림 5-6 사용재와 공공재의 최적공급조건의 비교

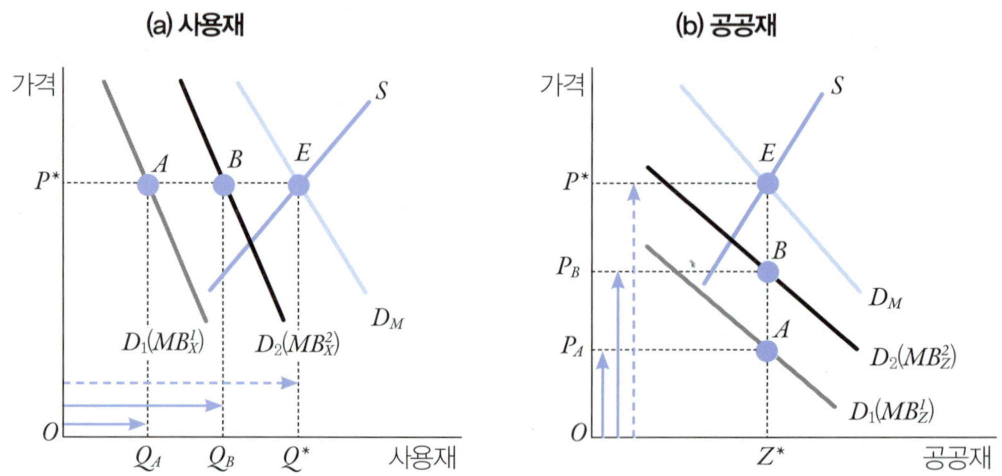

(2) 일반균형접근법

순수공공재의 경우 모든 사람들이 동시에 소비할 수 있다는 점이 근본적으로 사용재의 시장과 다른 사고를 필요로 한다. 이제 일반균형접근법에 의한 효율성조건을 다른 재화가 화폐인 경우 부분균형접근법의 효율성조건에서 다음과 같이 도출할 수 있다.

$$MRS^1_{Z,\text{화폐}} + MRS^2_{Z,\text{화폐}} = MRT_{Z,\text{화폐}} \qquad (5\text{–}3)$$

여기서 MRS^i는 개인 1과 개인 2가 공공재를 추가적으로 한 단위 더 소비하기 위하여 포기할 용의가 있는 화폐량을 나타내고, 공공재의 화폐에 대한 한계대체율을 의미한다. 그러면 식 (5–3)의 MRS^1과 식 (5–1)의 MB^1은 어떤 관계가 있을까? 결론부터 말하면, 이 경우 두 표현은 동일하다. 왜냐하면 화폐 1원의 한계편익은 1원이므로 $MB^1_{\text{화폐}}=1$원이 되고 다음이 성립한다.

$$MRS^1_{Z,\text{화폐}} = \frac{MB^1_Z}{MB^1_{\text{화폐}}} = MB^1_Z \qquad (5\text{–}4)$$

한편 MRT는 자원을 이전하여 공공재를 추가적으로 한 단위 더 생산할 때 초래되는 화폐지출량을 나타내고, 공공재와 화폐의 한계변환율을 의미한다. 이제 식 (5–3)의 MRT와 식 (5–1)의 MC의 관계를 살펴보자. 화폐 1원의 생산비용이 1원이라고 가정하면 다음의 관계가 성립한다.

$$MRT_{Z,\text{화폐}} = \frac{MC_Z}{MC_{\text{화폐}}} = MC_Z \qquad (5\text{–}5)$$

중립재로서 다른 상품을 화폐로 두고 공공재의 효율적 공급을 위한 일반균형조건을 구하면 식 (5–3)이 된다는 의미이다. 따라서 사람들이 공공재를 더 얻기 위해서 지불할 용의가 있는 화폐량의 합계가 실제 포기되어야 할 화폐량과 같을 때 더 이상의 개선이 불가능한 파레토효율성이 달성된다. 새무엘슨(1955)은 중립재로서 다른 상품을 화폐 대신 사용재로 두고 사용재와 공공재의 두 재화가 있는 단순한 경제에서 위와 동일한 효율성조건을 수학적, 기하학적으로 유도하였다. 이를 높이 평가하여 일반균형접근법에 의한 공공재의 효율성조건을 **새무엘슨조건**(Samuelson condition)이라고 부른다. 이러한 조건이 실제로는 새무엘슨보다 10년 정도 앞서 보웬(Bowen, 1943)에 의해 제시된 바 있다.[5)] 새무엘슨조건은 공공재를 Z, 사적재를 X라고 할 때 다음 식과 같다.

$$MRS_{Z,X}^{1}+MRS_{Z,X}^{2}=MRT_{Z,X} \tag{5-6}$$

위의 식은 사실 식 (5-1)을 식 (5-2)로 나누면 간단히 도출될 수 있다. 그러나 깊이 있는 이해와 직관력을 얻기 위해 새무엘슨의 모형을 통해 이 조건을 도출해보자.

빵과 같은 사용재(X)와 국방, 경찰과 같은 공공재(Z)가 있는 경제에 두 사람(개인 1, 개인 2)이 살고 있다고 가정하자. 이 경제에서 공공재의 효율적 공급조건을 찾아보도록 하자. 먼저 생각할 수 있는 것은 이 경제의 생산가능곡선내에서 개인 1과 개인 2의 효용합을 극대화하는 상품조합을 찾는 것이다. 이때 개인 2의 효용을 어느 일정수준에 고정시키고 개인 1의 효용을 극대화해도 똑같은 해를 구할 수 있다.

개인 2의 효용수준을 U^2에 고정시킨 후 그 효용수준을 누리기 위해 소비할 개인 2의 소비량을 뺀 나머지가 개인 1의 소비가능한 예산집합('잔여생산가능곡선')이 된다. 예를 들어 **그림 5-7** 의 그림 (a)에서 개인 2가 U^2효용을 누리기 위해서는 공공재 Z^*와 사용재 Z^*D(선분)를 소비할 필요가 있다. 그리고 개인 2가 소비하고 남은 예산집합은 개인 1의 예산집합이 된다. 이 예산집합하에서 개인 1의 효용을 극대화하는 점은 그림 (b)의 점 A이다. 선분 Z^*D와 선분 $DE(=AZ^*)$를 더하면 사용재의 총량이 나오므로 그림 (b)의 점 A는 그림 (a)의 점 E에 해당된다.

한 가지 주목해야 할 점은 공공재의 비경합성으로 인해 개인 1과 개인 2는 동일한 양의 공공재를 소비하지만 서로 다른 양의 사용재를 소비한다. 이러한 사실 때문에 각 개인의 소비량을 수직으로 더하여 사용재의 총량을 구하는 것이다.

개인 1의 예산집합은 생산가능곡선에서 일정한 효용수준 유지를 위한 개인 2의 예산집합을 수직으로 뺀 나머지이다. 따라서 개인 1의 예산집합을 얻기 위해 생산가능곡선에서 개인 2의 무차별곡선을 수직으로 빼고, 이렇게 얻은 값에서 개인 1의 무차별곡선과 접하는 효용극대화점을 찾는다. 결론적으로 생산가능곡선의 기울기에서 개인 2의 무차별곡선의 기울기를 뺀 것이 개인 1의 무차별곡선의 기울기와 같도록 하면 된다. 그러므로 우리는 다음과 같은 새무엘슨조건을 얻을 수 있다.

그림 5-7 공공재의 효율적 공급

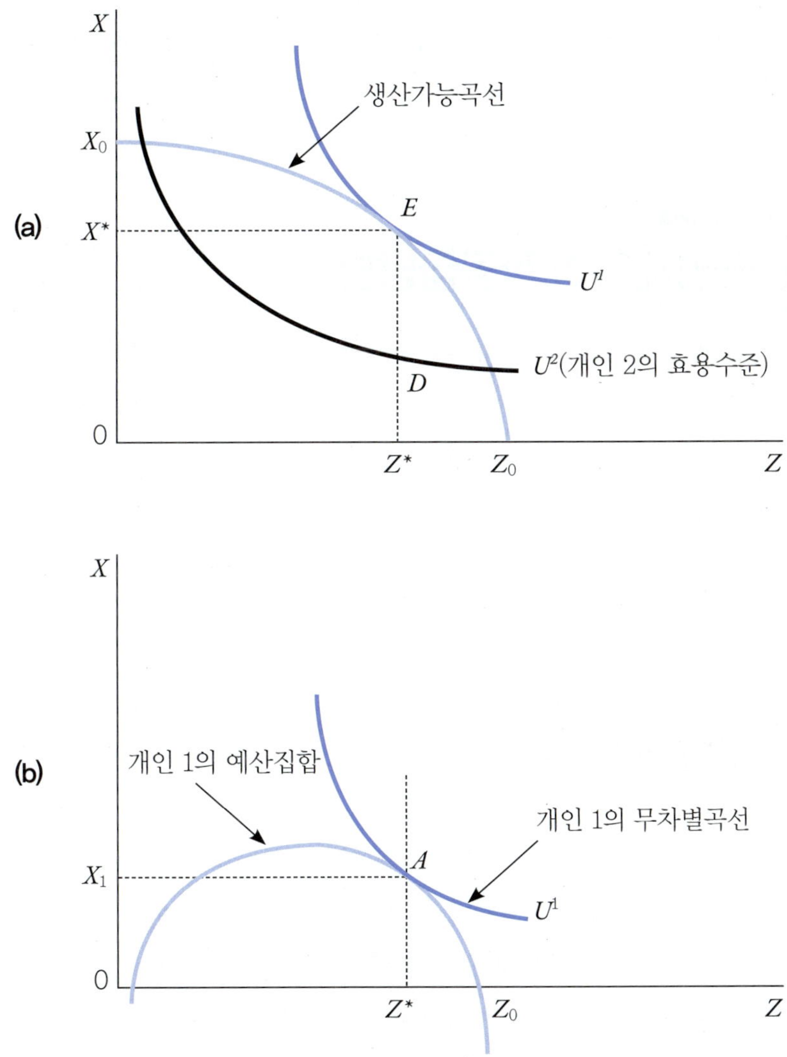

$$MRT_{Z,X}-MRS^{2}_{Z,X}=MRS^{1}_{Z,X} \quad (5\text{-}7)$$

이 조건을 다시 정리하면 식 (5-6)과 동일한 표현을 얻을 수 있다. 즉,

$$MRS^{1}_{Z,X}+MRS^{2}_{Z,X}=MRT_{Z,X} \quad (5\text{-}8)$$

정석 사고

공공재를 효율적으로 공급하기 위한 일반균형공급조건은 각 개인이 진정한 선호를 표출한다는 가정하에서 모든 개인의 공공재의 사용재에 대한 한계대체율의 합이 공공재와 사용재 사이의 한계변환율과 같을 때 충족된다. 이것을 **새무엘슨조건**이라고 하며, 이 조건을 충족하면 파레토효율적 배분이 이루어진다.

제3절 공공재의 최적공급방법

앞 절에서 우리는 공공재의 최적공급조건에 대해서 알아보았다. 이 절에서는 공공재의 파레토효율적 배분을 달성하는 방법에 대하여 알아본다. 스웨덴의 경제학자 에릭 린달(E. Lindahl, 1958)은 공공재의 자원배분도 시장경제의 가격기구와 같거나 유사한 방법에 의해 해결되어야 한다고 주장한다.[6] 이는 린달의 자발적 교환이론이라고 불리며, 공공재의 최적공급방법에 대한 선구적 업적으로 평가되고 있다.

1. 린달의 자발적 교환이론

린달(1958)은 공공재의 최적배분이 어떠한 조건에서 아무런 의무 없이(자발적으로) 협상과 교환을 통하여 이루어질 수 있는가를 보여준다.[7] 그가 묘사하는 상황에는 네 가지 요소가 있다. 첫째로 협상은 동등한 교섭력을 가지고 행한다. 둘째로 한 개인의 비용부담이 커지면 다른 사람들의 비용부담은 작아진다. 셋째로 한 개인의 비용부담이 작아지면 그의 소비량은 많아진다. 넷째로 자신이 손해를 보지 않으면 다른 사람이 나아지는 것을 받아들여야 한다.

린달의 이론적 모형에서 개인 1과 개인 2의 협상과정은 다음과 같다. 먼저 개인 1은 공공재에 대한 부담이 상대적으로 작다면 더 많은 양의 공공재가 생산되기를 원할 것이다. 반면에 개인 2는 그 공공재에 대한 부담비율이 크므로 수요를 상대적으로 줄일 것이다. 그러면 개인 1과 개인 2의 협상에서 개인 1은 공공재의 공급량을 늘리기 위해서 개인 2의 비용부담을 줄이고 개인 1 자신의 비용부담을 늘리겠다고 제안할 것이다. 그리고 협상을 통해서 어떤 중간적인 비용부담선에서 개인 1과 개인 2의 동의가 이루어지면, 둘 사이에 더 이상 이익이 없어서 협상의 여지가 없는 균형이 생길 것이다. 결국 이 균형에서 자발적 교환이 이루어진다.[8)]

그림을 통하여 자발적 협상이 이루어져 린달균형에 도달하는 과정을 살펴보자. **그림 5-8** 에서 세로축은 개인 1과 개인 2의 조세부담률(=조세가격: 정부지출 1원에 대한 개인의 비용부담몫)의 합이 1임을 나타낸다. D^1과 D^2는 각각 개인 1과 개인 2의 수요곡선을 나타낸다. 예를 들어 공공재가 Z_1만큼 공급된다고 할 때 개인 1은 *CF*의 길이를, 개인 2는 *AB*의 길이를 부담할 용의가 있다는 의미이다. 그리고 공공재의 생산에서 사용재 한 단위로 공공재 한 단위를 생산한다면 한계비용은 1이 된다.

그림 5-8 자발적 교환에 의한 린달균형

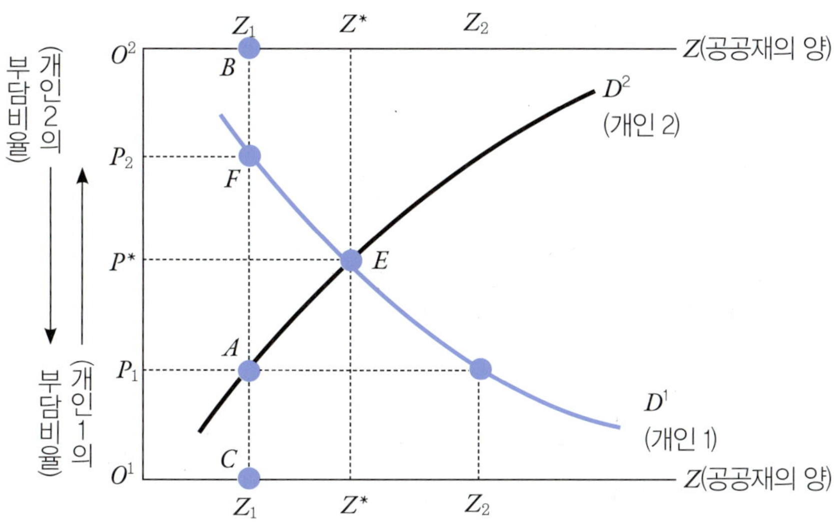

현재 점 *A*에서 Z_1만큼의 공공재가 공급되어 있다고 가정하자. 공급된 공공재는 공동으로 소비하므로 개인 1의 조세부담률이 부담할 용의가 있는 *CF*보다 낮은 $P_1(=AC)$이라면 개인 2의 조세부담률은 $(1-P_1)$로, 개인 1의 조세부담은 자신이 부담할 용의가 있는 비율보다 작고 개인 2는 자신이 부담할 용의가 있는 비율과 같지만 크다. 이때 개인 1은 자신의 수요곡선 D^1에 의해 Z_2만큼 많은 공공재를 원하고 개인 2는 D^2에 의해 Z_1만큼 적은 공공재를 원할 것이다. 그렇다면 개인 1은 개인 2에게 자신의 부담률을 높이는 대신 공공재를 늘리자는 제안을 할 수 있으며, 개인 2가 이를 수용함으로써 균형상태 (Z^*, P^*)에 이를 수 있다. 구체적으로 보면 개인 1의 부담률이 P_1에서 P^*로 높아지면서 현재의 공공재의 공급수준인 Z_1이 Z^*로 증가한다. 즉, 상호자발적 협상을 통해 점 A에서 점 E로 이동하게 되는 것이다.

자발적 협상과정은 수요와 공급의 원리를 이용한 다른 방식으로도 유도할 수 있다. 원점 O^2의 상단 가로축에서 D^2까지의 수직거리는 개인 2가 최대한 부담할 용의가 있는 조세부담률이므로 원점 O^1의 아래쪽 가로축에서 D^2까지의 높이는 개인 2가 최대한 부담할 용의가 있는 조세부담률을 뺀 나머지로 개인 1이 부담해야 하는 조세부담률을 나타낸다.

예를 들어 공공재의 공급수준이 Z_1일 때 개인 2가 최대한 부담할 용의가 있는 조세부담률은 선분 AB이다. 개인 1은 그 나머지인 선분 AC를 부담해야 Z_1만큼 공공재가 공급될 수 있다. 다시 말해 선분 AC는 공공재가 Z_1만큼 공급되기 위해서 개인 1이 최소한 부담해야 하는 조세부담률을 의미한다. 즉 개인 1의 원점 O^1에서 볼 때 D^2는 각 공공재 공급수준에 대해 개인 1이 부담해야 하는 한계비용을 뜻하며, 개인 1에 대한 공공재의 공급곡선과 같다.[9] 따라서 개인 1의 수요곡선과 공급곡선이 만나는 균형점에서 **린달균형**이 성립한다. 이때의 조세부담률 혹은 비용부담비율을 **린달가격** 또는 **린달조세**라고 부른다.

정석 사고

린달균형은 자발적 협상을 통해 공공재 수준과 린달조세(비용부담비율)를 결정한 결과이다. 따라서 린달조세는 각자의 편익에 따라 조세부담을 하므로 편익의 원칙에 입각한 편익세라고 할 수 있다.

이상과 같이 린달균형은 파레토효율조건을 달성하는 공공재의 배분이 이루어진다. 그러나 그 이면의 비현실성도 고려해야 한다. 첫째로 조세가격을 결정하는 개개인들의 공공재에 대한 선호가 진실할 것인가 하는 문제이다. 손해를 보고 있다고 느끼는 사람들은 공공재에 대한 진정한 지불용의액, 즉 한계편익 또는 수요를 낮추어 말할 유인을 가지며, 이익을 보고 있다고 생각하는 사람들은 그 반대로 말할 유인을 가진다. 둘째로 협상 당사자들이 동일한 협상력을 가지기란 어려울 뿐만 아니라 많은 사람이 동시적 협상을 하기 위해서는 교섭비용이 너무 클 것이다.

2. 공공재의 현시선호이론: 수요표출

위에서 논의한 자발적 협상과 교환에 의한 공공재의 최적공급은 사람들이 공공재 공급에 따르는 비용부담을 의식하고 효용극대화를 위해 공공재에 대한 진실된 선호를 나타내는 경우에만 현실적으로 달성될 수 있다. 문제는 개인들로 하여금 진정한 지불용의액을 말하도록 하는 것이다.

(1) 무임승차자의 문제

현실적으로 공공재가 공급될 때 사람들이 그 편익을 누리면서도 비용부담은 하지 않으려는 경향이 있다. 이것은 공공재의 비배제성 때문에 발생하는 것으로 이와 같이 재화나 서비스에 대해 온전한 가격을 지불하는 것을 회피하면서 소비하려는 문제를 **무임승차자의 문제**(free rider problem)라고 한다.

무임승차자의 문제는 사람들이 자신에게 유리하면 필요함에도 불구하고 원하지 않는 것처럼 전략적 행동을 하는 것과 같다. 이 문제는 **죄수의 딜레마**(prisoner's dilemma, 용의자의 딜레마)의 한 가지 예라고 할 수 있다. 이 현상은 함께 담합하여 범죄사실에 대해 자백하지 않는 것이 최선이지만 각각 자백하고 말아 비효율적 균형을 가져온다는 것이다. 죄수의 딜레마 게임은 보통의 게임처럼 세 구성요소인 게임자, 게임전략, 게임보수로 이루어진다. 이러한 구성요소로 다음 **표 5-1**과 같은 게임을 만든 것이다.[10)]

표 5-1 무임승차자와 죄수의 딜레마

		학생 2	
	전략	구입	구입거부
학생 1	구입	6, 6	4, 8
	구입거부	8, 4	5, 5

주: 각 칸의 첫 번째 숫자는 학생 1, 두 번째 숫자는 학생 2의 순편익

어떤 자취방에 두 명의 학생(학생 1과 학생 2)이 함께 거주한다. 이제 각자 5만원을 가진 두 학생은 가격이 4만원인 TV를 공동으로 구매할지를 두고 논의하는 상황을 생각해보자. 그들은 각자 TV에 3만원의 가치를 가진다. 이 상황에서 TV의 가치는 6만원인데 비용이 4만원이므로 TV를 구입하는 것이 파레토효율적이다.

이 게임의 규칙을 살펴보자. 두 학생이 모두 TV 구입에 동의하면 TV 구입비용을 각자 반씩 부담한다. 두 학생이 모두 TV 구입에 동의하지 않으면 TV를 구입하지 않는다. 만약 한 학생만 구입

을 원하면 그 학생이 TV 구입비용을 전액 부담한다.

이러한 게임규칙으로부터 게임의 보수(pay-off)로서 각자가 얻는 순편익은 어떻게 되는지 살펴보자. 예를 들어 두 학생 모두 구입을 원할 경우 각자 2만원을 부담하지만 그로부터 얻는 각자의 편익은 3만원이다. 따라서 학생 각자가 TV로부터 얻는 편익 3만원과 남은 3만원을 더해서 6만원의 순편익을 가진다. 만약 학생 1만 구입을 원하는 경우, 학생 1의 순편익은 TV로부터 얻는 편익 3만원과 TV 구입 후 남은 1만원을 더해서 4만원이 된다. 반면에 이 경우 학생 2의 순편익은 공짜로 TV를 볼 수 있으므로 TV로부터 얻는 편익 3만원과 TV 구입 후에도 원래의 재산만큼 남은 5만원을 더해서 8만원이 된다. 이러한 경우들의 순편익이 **표 5-1**에 나와 있다.

만약 학생 1이 구입의사를 밝히면 학생 2의 최상의 전략은 구입거부의사를 표시하는 것이다. 학생 1이 구입을 원하지 않는다고 밝히면 학생 2의 최상의 전략도 구입거부의사를 표시하는 것이다. 따라서 학생 2의 우월전략은 구입거부이다. 학생 1도 같은 입장이므로 학생 1의 우월전략도 구입거부이다. 따라서 이 게임의 균형은 두 학생 모두 구입을 거부하는 전략이다. 이 결과보다는 두 학생 모두 2만원씩 부담해서 TV를 공유하는 선택이 각자에게 더 큰 순편익을 가져다준다. 이와 같은 죄수의 딜레마 상황을 극복하고 모두 비용을 분담해서 공공재를 공유하도록 하기 위해 정부의 개입이 필요한 것이다.

한편 무임승차자의 문제가 현실에서 얼마나 심각하게 발생하는가에 대해 실험한 행태경제학의 결과를 간단히 소개하면서 수요표출의 문제로 넘어갈 것이다. 사회학자 마웰과 에임즈(G. Marwell and R. Ames, 1981)는 실험에 참여한 학생들에게 10장의 표(토큰)를 나누어주고, 1장을 공공재에 투자하면 모두에게 5천원의 수익을, 공공재투자 대신 자신이 가지면 혼자 1만원의 수익을 가지는 실험을 했다. 실험의 결과는 학생들이 자신의 표의 40%에서 60%를 공공재에 투자하였다. 이로 미루어 볼 때 무임승차자의 문제가 생각보다 덜 심각할 수 있다고 하겠는데, 사람수가 많아질수록 이 문제가 심각해질 가능성은 더 높아진다.

(2) 수요표출메커니즘

앞에서 본 무임승차자의 문제처럼 공공재의 공급에 대한 자신의 선호를 현시하는 액수에 따라 비용부담이 결정된다면 사람들은 공공재에 대한 진실된 선호를 감추고 과소평가한 액수를 제시할 수 있다. 만약 공공재에 현시된 선호가 자신의 비용부담에 아무런 영향이 없다면 선호를 속여야 할 아무런 유인이 없다. 예를 들어 자신이 부담해야 할 세금의 크기가 자신의 행동, 즉 자신이 표출하는 선호와 무관하게 결정되도록 하는 것이다. 이러한 방식의 수요표출메커니즘의 대표적인 예로서 **클라크세** 혹은 **클라크-그로브즈 조세체계**가 있다.[11)]

다음 **표 5-2**의 예를 통하여 이 문제를 살펴보자.[12)] 세 사람이 살고 있는 어느 마을에 600만원이 드는 교량을 만들고자 한다. 그리고 이 마을에 사는 세 사람의 지불용의액이 각각 100만원, 200만원, 500만원이고 총지불용의액은 800만원이라고 한다. 따라서 이 교량은 건설될 충분한 가치를 가지는데 그 이유는 총지불용의액이 800만원인 데 비해 비용은 600만원이기 때문이다.

사람들로 하여금 진실된 선호를 유도하는 하나의 방법으로 다음과 같은 안을 제시할 수 있다. 공공재의 생산비용을 똑같이 분담하고, 자신의 선호를 표명함으로써 남에게 피해를 주는 액수만큼 추가적으로 세금을 부과한다면 개인들은 진실된 선호를 표명한다는 제안이다. 이러한 체계는 "나를 신경 쓰지 말고 다른 사람들의 순편익의 합을 가장 크게 하시오. 그렇지만 나도 공공재의 생산비용을 똑같이 나눈 분담액은 내겠소"라고 말하는 것과 동일하다. 결국 세금은 각 개인의 비용분담금과 자신이 공공재에 대한 수요를 표명함으로써 다른 사람에게 끼치는 순손실의 합이 될 것이다.

표 5-2 수요표출메커니즘(1)

개인	비용	지불용의액	순지불용의액	클라크세
1	200	100	−100	0
2	200	200	0	0
3	200	500	300	100

이 방법에 따르면 개인 1은 비용분담액 200을 내지만, 개인 2와 3의 순편익(순지불용의액)의 합(0+300)이 자신의 순손실(−100)보다 커서 공공재의 공급결정을 바꿀 수 없을 때에는 추가세금(클라크세)을 내지 않는다. 개인 2의 경우에도 순편익이 0이므로 다른 사람들의 순편익의 합(−100+300)보다 작다. 이때 개인 2도 공공재의 공급결정을 바꿀 수 없다. 따라서 개인 2도 추가세금을 내지 않는다. 개인 3은 순편익이 300이므로 다른 사람들에게 입힌 순손실의 합(−100+0)보다 크다. 이때 개인 3은 공공재가 공급되도록 결정할 수 있다. 따라서 개인 3은 비용분담액 200에 더해서 다른 사람에게 입힌 순손실의 합 100만큼 추가세금을 내야 한다.

개인 3과 같이 공공재의 공급결정을 바꿀 수 있는 사람을 **중추적 사람**(pivotal person)이라고 한다. 흔히 하는 말로 중요한 사람이라는 의미이다. 만약 개인 3이 자신의 지불용의액을 속여 400으로 보고한다고 하자. 이때 개인 1과 개인 2의 순손실이 바뀌지 않고 여전히 개인 3이 중추적 사람이므로 추가로 내는 세금은 동일하다. 그러므로 개인 3은 자신을 속일 유인이 없다.

그런데 만약 개인 3이 다른 사람에게 입히는 순손실의 합보다 작은 순편익을 보고한다면 어떻게 될까? 예를 들어 개인 3이 자신의 순편익을 50이라고 보고한다면 다른 사람에게 입히는 순손실의 합보다 작아서 중추적 사람이 아니다. 따라서 개인 3은 추가세금인 클라크세를 내지 않아도 된다. 그러나 이때 공공재도 공급되지 않는다. 그러면 개인 3은 추가세금은 0이지만 공공재가 공급될 때 가질 수 있는 자신의 순편익 300을 잃게 된다. 결론적으로 개인 1과 개인 2는 교량건설에 반대할 것이고 개인 3은 자신의 수요를 속이는 전략으로 자신이 해를 입는 결과를 낳는다.

만약 중추적이지 못한 개인 1이 공공재의 공급을 막기 위해 자신의 순편익을 −400이라고 속여 보고한다면 어떻게 될까? 이때 개인 1은 중추적 사람이 되는데, 공공재가 공급되지 않아 다른 사람들에게 입힌 순손실 300을 추가세금으로 내야 한다. 공공재가 공급될 때의 자신의 순손실 100보다 더 크므로 자신의 수요를 속이는 전략이 자신에게 해를 입히게 된다. 개인 2에게도 정직이 최선의 전략이 된다는 것을 독자 스스로 확인해보도록 하자.

위의 예를 통해서 클라크-그로브즈 조세체계가 어떤 구조에서 작동되는지 정리해보자.

첫째, 교량이 건설되면 모든 사람은 미리 정해진 비용분담액 c_i를 내야 한다.

둘째, 모든 사람은 자신의 순편익 n_i를 말해야 한다. 이때 순편익은 자신의 편익 v_i에서 비용분담액 c_i를 뺀 금액이다. 즉, $n_i=v_i-c_i$이다.

셋째, 보고된 순편익의 합이 양수이면 공공재가 공급되고, 음수이면 공급되지 않는다.

넷째, 중추적 사람은 자신의 순편익이 다른 사람들의 순손실의 합보다 크면 공공재를 공급하도록 할 수 있고, 자신의 순손실이 다른 사람들의 순편익의 합보다 크면 공공재를 공급하지 못하도록 할 수 있는 사람이다. 중추적 사람은 다른 사람에게 입힌 순손실의 합(공공재 공급의 경우) 혹은 순편익의 합(공공재 공급방지의 경우)만큼 추가세금을 내야 한다. 반면에 중추적 사람이 아닌 사람은 추가세금을 내지 않아도 된다.

정석 사고

수요표출메커니즘은 공공재의 무임승차자의 문제를 해결하려는 의도에서 자신의 진정한 선호를 표출하는 것이 우월전략이 되도록 하는 메커니즘이다. 따라서 자신이 부담하는 세금의 크기가 자신의 선호와 무관하게 결정되도록 하는 조세체계를 말한다. 이러한 유인성격의 교정적 조세를 클라크세라고 하며, 세금의 크기는 다른 사람에게 입힌 순손실액이다. 개인의 조세부담은 '비용분담액+클라크세'이다.

이번에는 안건이 두 가지인 경우로 확대해서 클라크세의 원리를 적용해보자.[13)] 세 사람이 살고 있는 어느 지역에 도서관(x)과 병원(y) 중 어느 것을 건설할 것인가에 대해 지역주민들의 선호를 표출하도록 하였다. 그 결과가 **표 5-3**과 같다고 하자.

개인 1은 도서관이 건설될 경우 30의 순이익을 기대한다. 개인 2는 병원이 건설될 경우 40의 순이익을 기대한다. 개인 3은 도서관이 건설될 경우 20의 순이익을 기대한다. 안건을 채택하는 절차는 먼저 세 주민에게 자신이 좋아하는 안건이 채택될 때 기대되는 순이익을 보고하도록 한다. 다음은 보고된 금액을 안건별로 더해서 가장 큰 순이익의 안건을 채택한다. 여기서의 예는 도서관 건설의 순이익 50이 병원 건설의 순이익 40보다 크므로 도서관 건설을 채택하는 것이 효율적이다.

표 5-3 수요표출메커니즘(2)

개인	안건			세금계산방법 (순손실액)
	x	y	세금	
1	30		20	−40+20=−20
2		40	0	0
3	20		10	−40+30=−10

각 주민이 내는 세금은 자신이 없었더라면 다른 안건이 채택되어 다른 사람들이 얻을 순이익, 즉 다른 사람에게 입힌 손실액이다. 그런데 자신으로 인해 채택된 안건으로 다른 사람들이 얻는 순이익도 있으므로 다른 사람들에게 입힌 손실액에 이러한 순이익을 더해서 다른 사람에게 입힌 순손실액을 세금으로 낸다.

예를 들어 개인 1이 없었더라면 병원 건설에서 개인 2가 얻는 순이익 40과 도서관 건설에서 개인 3이 얻는 순이익 20을 비교할 때 순이익이 더 큰 병원 건설의 안건이 채택되었을 것이다. 개인 1은 병원 건설을 도서관 건설로 결정을 바꿀 수 있으므로 중추적 사람이다. 따라서 개인 1은 개인 2에게 입힌 손실액 40에 개인 3의 순이익 20을 뺀 순손실액 20을 세금으로 낸다.

개인 2는 도서관 건설의 안건이 채택되는 결정을 바꿀 수 없으므로 중추적 사람이 아니다. 그러므로 세금을 내지 않는다. 개인 3은 자신이 없었더라면 병원 건설의 안건이 채택되지만 자신으로 인해 그 결정을 바꿀 수 있으므로 중추적 사람이다. 그가 내는 세금은 개인 2에게 입힌 손실액

40에 개인 1의 순이익 30을 뺀 순손실액 10이다.

이제 주민들이 자신의 순이익을 과장 보고할 유인이 있는지 살펴보자. 만약 개인 1이 자신의 순이익을 20보다 큰 것으로 보고하면 다른 사람에게 입히는 순손실액과 자신의 세금 모두 바뀌지 않는다. 오히려 중추적 사람이 되어 세금납부의 가능성만 높인다. 개인 1이 자신의 순이익을 20보다 작은 것으로 보고하면 어떻게 될까? 개인 1이 지지하는 도서관 건설 대신 병원 건설의 안건이 채택된다. 개인 1의 세금 20은 없어지지만 순이익 30도 얻을 수 없다. 따라서 개인 1은 자신의 선호를 속이는 전략으로 자신이 해를 입는 결과를 낳는다. 그런데 개인 1의 세금의 크기를 살펴보면 항상 자신의 순이익보다 작다는 사실에서도 정직이 최선의 전략이라는 것을 알 수 있다. 다른 주민에 대해서도 스스로 확인해보자.

앞의 예들은 공공재의 공급여부에 대한 결정이 비연속적인 경우이다. 이를 기초로 공공재의 최적공급수준을 결정하는 연속적인 경우 수요표출메커니즘이 어떻게 작용하는지 살펴보자. 다음 설명은 타이드만과 털록(Tideman and Tullock, 1976)이 사용한 소위 '향상된 클라크-그로브즈 조세체계'에 기초한다.

앞의 예에서 본 것처럼 개인에게 부과하는 조세는 두 부분으로 구성된다: 비용분담액+클라크세. 그리고 공공재 생산의 한계비용은 C로 일정하다고 가정하자. 이 메커니즘은 다음과 같은 과정을 거쳐 공공재의 공급수준이 결정된다.

첫째, 각자에게 비용분담액 T_i가 부과되고, 그 합은 C이다.

둘째, 각자가 보고하는 공공재 수요의 한계편익을 수직으로 합한 것이 총수요곡선(D)이며, 한계비용 C가 총공급곡선이다. 두 곡선이 교차하는 점에서 균형생산량이 결정된다.

셋째, 먼저 개인 i를 제외한 모든 사람의 한계편익의 합($D-D_i$)과 한계비용($C-T_i$)이 일치하는 수준에서 공공재의 공급량이 결정된다. 그런 후 개인 i의 한계편익과 한계비용에 의해 최종공급량이 결정된다.

위의 셋째에서 발생하는 두 공급량의 차이가 바로 개인 i의 선호가 공급량에 미치는 영향을 나타낸다. 개인 i가 선호를 표출함으로써 발생한 공급량의 차이가 다른 사람에게 부과하는 순손실의 합을 결정한다. 이 순손실의 합은 두 공급량 사이에서 개인 i를 제외한 모든 사람의 한계비용곡선의 아래면적과 한계편익곡선의 아래면적의 차이이다. 이것이 개인 i가 부담해야 하는 클라크세인 것이다.

이상의 논의를 그림 5-9를 통해 살펴보면 쉽게 이해할 수 있다. 먼저 개인 i는 공공재를 더

그림 5-9 수요표출메커니즘(3)

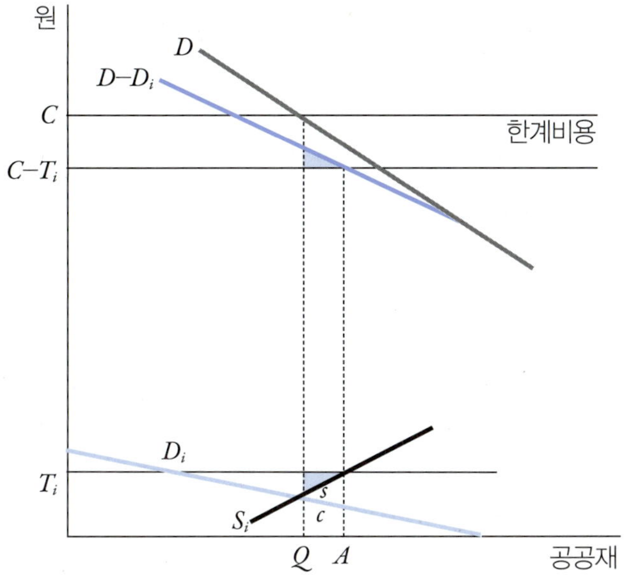

적게 수요한다고 가정해보자. 개인 i를 제외한 총수요곡선(한계편익곡선)이 $(D-D_i)$이고, 개인 i를 제외한 총공급곡선(한계비용곡선)은 $(C-T_i)$이다. 개인 i가 없었더라면, 다른 모든 사람이 선호하는 공공재수준은 위의 두 곡선이 교차하는 A가 된다.

그런데 개인 i가 선호를 표출함으로써 총수요곡선 D와 총공급곡선 C가 일치하는 균형공급량 Q만큼 공급된다. 이때 개인 i가 다른 모든 사람에게 부과한 순손실의 합은 $(A-Q)$단위에 대한 다른 모든 사람의 편익(지불용의액)과 비용(비용분담액)의 차이이며, 그림의 상단 빗금 친 부분에 해당한다. 이것이 개인 i가 지불해야 하는 클라크세이다.

이제 개인 i에게 자신의 진실한 선호를 표출하는 정직이 최선의 전략인지 살펴보자. 이를 위해 그림의 하단처럼 개인 i의 수요곡선(한계편익곡선)과 유효공급곡선 S_i를 그려보자. 유효공급곡선 S_i는 특별한 방법으로 도출하는데, C에서 $(D-D_i)$를 수직적으로 뺀 높이로써 구한 것이다. 이것은 모든 사람의 한계비용(한계비용부담액)에서 개인 i를 제외한 다른 모든 사람의 한계편익을 뺀 것으로, 개인 i의 실질적 한계비용(한계비용분담액)을 의미한다.

만약 개인 i가 정직하게 D_i를 보고한다면 그는 클라크세를 그림의 하단 빗금 친 부분만큼 지불해야 한다. 이때 공공재가 A에서 Q로 감소하면 개인 i의 편익이 c만큼 감소하고 비용분담액이 $T_i(A-Q)$만큼 절감된다. 종합적으로 공공재축소에 의해 절감된 비용분담액 $T_i(A-Q)$는 다음으로 구성된다.

$$T_i(A-Q) = \text{클라크세} + c + s \tag{5-9}$$

이러한 비용분담액의 절감분에서 클라크세와 편익의 감소분을 빼면 개인 i의 순이익은 s가 된다.

만약 개인 i가 D_i를 과장하여 보고한다고 가정하자. 예를 들어 과장보고에 의해 공급량이 Q에서 A로 변할 때 다른 모든 사람의 편익이 증가하므로 클라크세를 내지 않아도 된다. 클라크세를 절감하고 편익도 c만큼 증가하지만 비용분담액 $T_i(A-Q)$를 지불해야 한다. 이 경우 지불하는 비용분담액이 편익의 증가분과 클라크세의 절감액을 합한 것보다 크다. 이것은 개인 i에게 손실이 발생한다는 의미이다.

이제 개인 i가 D_i를 축소해서 보고한다고 가정하자. 예를 들어 공급량 Q에서 Q의 왼쪽 어떤 공급량(그림에 표시하지 않음)을 생산한다면, 개인 i의 클라크세의 지불액과 편익의 감소분이 비용분담액의 절감분보다 훨씬 더 크다. 이것은 개인 i에게 손실이 발생한다는 의미이다. 따라서 자신의 현재 선호를 속일 아무런 유인이 없다. 이 사실을 독자 스스로 확인해보기 바란다.

세상에 완전한 것은 없듯이, 이상에서 살펴본 클라크세는 다음 몇 가지 문제점을 가진다.

첫째, 각자가 부담하는 세금은 비용분담액과 클라크세로 구성된다. 비용분담액은 공공재의 공급비용으로 충당되고, 클라크세는 선호를 속이지 않게 하는 유인성격의 교정적 조세이다. 따라서 거두어들이는 과정에서 클라크세수는 일종의 잉여로서 균형재정이 아닌 흑자재정을 유발하게 된다.

둘째, 만약 흑자재정이 다시 분배된다고 예상하면 다른 사람들의 부담이 많아지도록 전략적으로 자신의 선호를 왜곡하여 표출할 수도 있다. 따라서 흑자재정을 주민에게 돌려줄 수 없고, 이러한 잉여만큼 민간부문의 소비가 구축될 가능성이 높다. 이것이 클라크세를 파레토효율적이지 않다고 하는 이유이다.

셋째, 수요표출메커니즘(2)에서 본 것처럼 중추적 사람만 클라크세를 낸다. 그런데 의사결정에 참여하는 사람이 늘어날수록 중추적 사람은 줄어들어 클라크세의 수입은 줄어든다.

넷째, 클라크-그로브즈 조세체계는 효율성과 공평성 사이의 상충관계를 보여준다. 비록 공공재가 파레토효율적으로 공급되더라도 일부 사람들은 오히려 손실을 보기 때문에 이익을 보는 사람들이 그 손실을 실제 보상해서 파레토개선이 이루어진다는 보장은 없는 것이다.

다섯째, 클라크-그로브즈 조세체계에서는 세금이 공공재의 수요에 영향을 미칠 수 없다. 그 이유는 이 체계에서는 모든 세금이 계획적으로 사전에 미리 정해져 있기 때문이다. 따라서 공공재의 수요가 소득과 독립적인 선호에만 적용된다고 볼 수 있다.

여섯째, 이 제도로 비용분담액이 자신의 순편익보다 더 큰 사람들도 많을 수 있어서 불평이 커지는 사회적 외부비용이 발생하고, 모든 사람이 자신의 선호를 보고해야 하므로 이 제도를 유지하는 행정비용도 많이 들 것으로 예상된다.

제4절 공공재와 공공선택

이제까지는 공공재를 어떤 수준에서 생산 · 공급하는 것이 효율적인가에 대한 이론적인 측면을 주로 살펴보았다. 그런데 이러한 것은 어디까지나 이론적인 차원에서 나온 결과이지 현실적으로도 공공재가 이론처럼 효율적으로 공급될 것으로 기대하기 어려운 점이 많다.

현실적으로 정부가 공공재의 적정 공급수준에 관한 결정을 내린다고 할 때 정부 마음대로 하는 것은 아니다. 그 정책결정과정에는 여러 주체들, 즉 국민, 정치가, 관료, 이익단체, 시민단체 등이 직간접적으로 참여한다. 이처럼 공공부문에서의 집단적이면서 정치적인 의사결정과정을 **공공선택**(public choice)이라고 부른다. 문제는 정책결정과정에 참여하는 여러 주체가 자신의 이익을 좇아 행동하기 때문에 가장 효율적인 공공재의 공급수준이 결정되리라고 기대하기 어렵다는 데 있다.

제7장에서는 바로 이러한 공공선택의 과정에 초점을 맞추어 공공재의 현실적 배분문제와 관련된 논의를 진행할 것이다. 따라서 이 장이 공공재의 효율적인 배분의 이론에 초점을 맞추었다면 제7장은 공공재의 현실적 배분문제에 중점을 두고 공공부문의 정치적 의사결정을 분석할 것이다. 다음 제6장은 넓게 보아서 공공재의 하나로 볼 수 있는 환경재에 대하여 주로 논의할 것이다. 공공재가 모든 사람에게 이로운 외부성을 가지는 재화라면 환경재는 환경오염과 같이 모든 사람에게 해로운 외부성을 가지는 재화가 대부분이다. 다음 장에서는 이러한 외부성에 관하여 깊이 있는 고찰을 할 것이다.

정석 사례연구

무임승차자의 문제

경제학에서 아주 중요한 개념의 하나인 무임승차자의 문제는 일상생활에서 국제정치까지 모든 분야에 적용되고 있다. 다음 두 가지 상반된 사례를 통해 이 문제를 생각해보자.[14)]

1994년 영국 케임브리지 시에서는 350대의 녹색자전거를 시민들이 무료로 사용할 수 있도록 공공재로 공급하려고 하였다. 녹색자전거는 사용한 후 15개의 자전거 보관소 아무데나 반납할 수 있게 조치되었다. 그런데 녹색자전거 무료사용안을 시행한 지 나흘이 되자 단 한 대의 자전거도 자전거보관소에 남아 있지 않았다. 무슨 일이 생긴 것일까?

대부분의 자전거는 도둑을 맞았거나 다른 색깔이 칠해져서 사적 용도로 사용되고 있었다. 케임브리지 시는 녹색자전거프로그램을 시행하는 데 2만 달러 이상을 지출했지만 결국 말 그대로 녹색자전거의 '무임승차자 문제'를 극복해내지 못하였다.

도시 번화가의 품질은 공공재의 또 다른 사례일 것이다. 뉴욕 시의 맨해튼 중심에 위치한 타임스퀘어는 1980년대까지 노상강도, 소매치기, 마약상들이 몰려들고 성인용품점이나 무기판매점들로 가득 차 있었다. 뉴욕 시가 10년을 노력하다가 결국 포기하였다. 그런데 1992년 지역상인들이 자체적으로 재원을 조달하여 상업개선지구(Business Improvement District)사업을 시작하였고 오늘날의 모습으로 변모하게 되었다. 어떻게 가능했을까?

뉴욕 주의 법에 의하면 지역상인의 60% 이상이 동의하면 자체적으로 요금을 부과할 수 있다. 타임스퀘어의 상업개선지구 상인들은 84%의 동의를 얻었기 때문에 법적 실체로서 요금을 부과할 수 있는 자격을 얻었다. 이후 공공안전요원을 채용하여 경찰과 함께 경비를 책임진 덕분에 범죄건수도 현저히 줄어들었고, 청소부, 쓰레기수거 등의 체재를 정비하여 청결하고 매력적인 지역으로 변모시켰다. 지금은 500만 달러가 넘는 예산에 120명이 넘는 직원을 거느리고 있다. 뉴욕 시의 사소하게 보일지 모르는 법과 그 법을 활용한 지역상인의 노력이 무임승차자의 문제를 완전히 해결한 사례라고 할 수 있다.

자료: 경기 피프틴파크

정석 기본문제

1. 순수공공재의 특징에 대하여 설명하라.

2. 다음은 어떤 재화에 대한 수요함수이다. 다음 물음에 답하라.

> $Q = X/N^a$
>
> 단, Q : 개인의 소비수준
> X : 재화량
> N : 인원수

[1] a=1인 재화를 무엇이라고 하며, 그 특징은 무엇인가?

정석 힌트 순수사용재로서 경합성과 배제성을 가진다.

[2] a=0인 재화를 무엇이라고 하며, 그 특징은 무엇인가?

정석 힌트 순수공공재로서 비경합성과 비배제성을 가진다.

[3] $0<a<1$인 재화를 무엇이라고 하며, 그 특징은 무엇인가?

정석 힌트 준공공재로서 어느 정도의 경합성이나 배제성을 가진다.

3. 순수공공재의 사회적 수요는 각 개인의 수요를 수직적으로 합계한 것이다. 그 이유는 무엇인가?

정석 힌트 공공재의 비경합성 때문에 동일한 양을 공동소비하지만 각 개인이 느끼는 한계편익은 다르다.

4. 디즈니섬에 미키와 미니가 공공재와 사용재를 소비하며 살고 있다. 미키는 사용재와 공공재 사이의 한계대체율이 1/4이며, 미니의 사용재와 공공재 사이의 한계대체율은 1/2이고, 공공재의 한계비용이 1이라고 할 때 파레토효율을 달성하기 위해 공공재의 공급을 늘려야 하는지 설명하라.

정석 힌트 한계대체율의 합$\left(\frac{1}{4}+\frac{1}{2}\right)$과 한계변환율 1을 비교하여 한계대체율의 합이 작으면 공공재의 공급을 감소시켜야 한다.

5. 올해는 서울시에서 소독약을 많이 뿌린 덕분에 모기가 별로 없는 여름을 보냈다.

[1] 이때 시에서 뿌린 소독약을 우리는 무슨 재화라고 부르는가?

[2] 왜 시에서는 모기를 한 마리도 남김없이 박멸하지 않을까?

6. 다음 글을 읽고 물음에 답하라.

> 제주도라는 섬에 미니와 미키가 자급자족을 하며 살고 있다. 어느 날 미니가 미키에게 불평하였다. 이번에 이사 온 구피에게 골목 입구에 가로등을 설치하는데 돈을 같이 내자고 하니까 구피는 가로등이 필요 없다고 하더란다.

[1] 미니의 불평에서 가로등과 같은 재화를 무엇이라고 하는가? 그 특징을 설명하라.

[2] 미니의 불평은 가로등의 무슨 성질에서 기인하는지 경제학적으로 설명하라.

[3] 미니의 불평에서 구피의 행동을 무엇이라고 하는지 설명하라.

[4] 미니와 구피가 가로등에 대한 자신의 진실한 선호를 표출한다고 가정할 때 가로등의 최적수급조건을 적고 그 의미를 설명하라.

7. 순수공공재의 효율적 자원배분의 조건을 사용재의 경우와 비교하여 설명하라. 시장기구는 순수공공재를 효율적으로 공급할 수 있는가?

정석 힌트 사용재는 모든 소비자가 같은 가격에 직면하여 서로 다른 양을 소비하며 동일한 한계편익을 느낀다. 공공재는 모든 소비자가 동일한 양을 소비하고 서로 다른 한계편익을 느낀다. 공공재의 비경합성과 비배제성 때문에 적정한 가격을 매기기도 어렵고, 가격을 매기더라도 무임승차자를 배제하기 어려운 관계로 시장기구는 순수공공재를 효율적으로 공급하기 어렵다.

8. 사용재(X)와 공공재(Y)만 존재하는 디즈니랜드에 동일한 선호를 가진 1,000명의 주민이 살고 있다. 어떤 주민(i)의 효용함수는 다음과 같다.

$$U(X, Y)=X_i-\frac{50}{Y_i}$$

사용재는 단위당 1,000원의 비용이 들고, 공공재는 단위당 5,000원의 비용이 든다면 공공재의 최적공급규모는 얼마인가?

정석 힌트 $MRS_{YX}=\frac{MU_Y}{MU_X}=\frac{50Y^{-2}}{1}$, $MRT_{YX}=\frac{MC_Y}{MC_X}=\frac{5,000}{1,000}$

전체주민의 한계대체율의 합은 선호가 모두 같으므로 한 주민의 한계대체율에 주민수를 곱한다. 이것이 한계변환율과 같으므로,

$$1,000\times MRS_{YX}=\frac{50,000Y^{-2}}{1}=5$$

따라서 $Y=100$이다.

9. 린달의 자발적 교환모형에서 린달균형은 (　　)이 충족되므로 공공재의 효율적인 공급이 이루어진다. 이것은 소비자들의 자발적인 합의에 의하여 공공재의 (　　)과 각자의 (　　)을 적정하게 결정한 결과라고 볼 수 있다.

정석 힌트 린달균형에서 결정되는 것은 공공재의 적정공급수준과 비용분담률이다.

10. 디즈니마을에 미키와 미니, 구피가 살고 있다. 이 마을의 길에 가로수를 설치하려고 하며 가로수의 총설치비용이 9만원이라고 한다. 미키와 미니, 구피의 편익은 각각 5, 3, 2(만원)이다. 그런데 구피는 가로수가 필요 없다며 가로수설치를 반대한다.

[1] 어떤 수요표출메커니즘을 사용하면 구피의 무임승차자의 문제를 없앨 수 있는가?

[2] 이때 구피가 부담하는 조세액은 얼마인지 설명하라.

정석 심화문제

11. 무인도에 살고 있는 로빈슨 크루소와 프라이데이는 낚시를 하고 돌아올 때 방향을 안내할 수 있는 등대(Z)를 몇 군데 설치하려고 한다. 이 등대를 설치하는 데 드는 한계비용은 100원이라고 한다. 등대의 가격이 P원이라고 할 때 두 사람의 등대에 대한 수요함수는 다음과 같다.

$$Z^C = -P + 100$$

$$Z^F = -\frac{1}{2}P + 75$$

단, Z^C는 크루소의 공공재수요
　　Z^F는 프라이데이의 공공재수요

[1] 등대에 대한 (가상적) 시장수요곡선을 구하라.

[2] 등대의 최적공급수준을 구하고, 이것이 새무엘슨조건을 만족하는지 설명하라.

정석 힌트 무인도에서 등대는 공공재의 역할을 한다. 공공재의 수요곡선은 각 개인의 지불용의액 또는 한계편익(P)을 더하여 구한다. 따라서,

$$P = -Z^C + 100$$

$$P = -2Z^F + 150$$

두 식을 합하면 $P = -3Z + 250$이다. 이것이 공공재 공급의 한계비용과 같아야 효율적 공급이 이루어지므로 $100 = -3Z + 250$, $Z = 50$이 된다. 이로부터 크루소와 프라이데이의 한계편익은 각각 50, 50이다.

12. 린달균형이 파레토효율적임을 증명하는 과정이다. 다음 질문에 답하라. A군과 B양이 살고 있는 경제에 공원벤치(Z)와 햄버거(X)라는 재화가 있다고 가정한다. 그리고 t_A와 t_B는 A군과 B양의 공공재(공원벤치)비용 부담비율, p_Z는 공원벤치의 단위당 가격, p_X는 햄버거(사용재)의 가격을 말한다. 또한 $t_A+t_B=1$이다.

[1] 린달균형에서는 ( )+( )=( )=MRT_{zx}이다. 따라서 린달균형은 새무엘슨조건을 만족시키며, 린달균형은 파레토효율적이다.

정석 힌트 $MRS_{zx}^A=\frac{t_AP_Z}{P_X}$, $MRS_{zx}^B=\frac{t_BP_Z}{P_X}$

$$MRS_{zx}^A+MRS_{zx}^B=(t_A+t_B)\frac{P_Z}{P_X}=\frac{P_Z}{P_X}$$

[2] 완전경쟁균형에서 재화 X를 화폐로 본다면, MRS_{zx}는 공공재에 대한 소비자의 한계효용을, MRT_{zx}는 공공재생산자의 한계비용을 나타낸다. 이때 새무엘슨조건은 어떻게 표현될 수 있는지 설명하라.

13. 3인(A, B, C)의 린달경제에서 공공재인 가로등의 수요가 다음과 같을 때 가로등의 적정공급량과 각 개인이 부담하는 린달조세액을 말하라.(단, 가로등 단위당 비용은 6원)

단위가격(조세)	수요량		
	A	B	C
1	10	9	8
2	9	8	7
3	8	7	6
4	7	6	5

정석 힌트 가로등의 공급량이 8단위일 때 가로등의 가격 또는 조세의 합(A의 가격+B의 가격+C의 가격=3+2+1)이 1단위당 한계생산비용 6원과 일치한다.

14. 어떤 자취방에 세 명의 학생(학생 A, 학생 B, 학생 C)이 함께 거주한다. 그들은 300원 하는 TV를 공동으로 구매할지의 여부에 대해 논의를 했다. TV 구매에 각자 부담하는 비용은 100원이다. 학생 A와 B는 50원을 지불할 용의가 있고, 학생 C는 250원을 지불할 용의가 있다. 이러한 내용이 다음 표에 요약되어 있다.[15)]

개인	분담비용	편익	순편익	클라크세
A	100	50	−50	(ㄱ)
B	100	50	−50	(ㄴ)
C	100	250	150	(ㄷ)

[1] "나를 신경 쓰지 말고 다른 사람들의 순편익의 합을 가장 크게 하시오. 그렇지만 나도 공공재의 생산비용을 똑같이 나눈 분담액은 내겠소"라고 말하는 것과 동일한 클라크-그로브즈 조세체계를 만들려고 한다. 각 개인이 부담하는 (ㄱ), (ㄴ), (ㄷ)의 클라크세를 구하라.

[2] 누가 중추적 사람이며 그 이유는 무엇인가?

정석 힌트 중추적 사람은 TV의 설치결정을 바꿀 수 있는 사람이다.

[3] 클라크세가 비효율적인 이유를 설명하라.

정석 힌트 클라크세는 비용분담액에 추가세금의 형태로 내는 유인세금이므로 조세수입의 잉여금이 된다. 이 잉여금만큼 민간부문의 소비를 구축한다고 보아야 하므로 비효율적이다.

15. 타이드만과 털록의 수요표출모형을 이용해서 클라크-그로브즈 조세체계의 유인제도를 검증하려고 한다. 이 체계에서 개인 i는 공공재의 수요를 더 많이 하려는 사람이다. 본문과 정반대의 경우라고 하겠다.

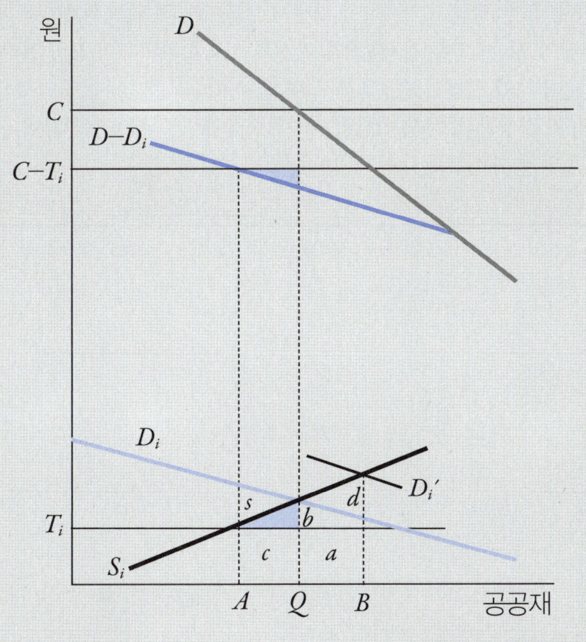

[1] 개인 i가 자신의 선호를 표출함으로써 공공재의 공급수준을 A에서 Q로 증가시킬 때 그가 지불하는 비용은 어떻게 구성되는가?

정석 힌트 지불비용=비용분담액(c)+클라크세(빗금 친 부분)

[2] 개인 i가 진정한 선호를 표출할 때 그의 순이익은 얼마인가?

정석 힌트 공공재의 공급수준이 A에서 Q로 증가할 때 편익의 증가분(c+빗금 친 부분+s)에서 비용분담액의 증가분(c)과 클라크세의 납부액(빗금 친 부분)을 빼면 개인 i의 순이익은 s가 된다.

[3] 그림의 D_i'처럼 개인 i가 공공재의 수요를 과장해서 보고하면 그의 순이익은 얼마인가?

정석 힌트 개인 i가 과장해서 보고하면 공공재의 공급수준이 A에서 Q로 증가하는 것이 아니라 A에서 B로 증가한다. 따라서 비용분담액의 증가분($c+a$)과 클라크세의 납부액(빗금 친 부분$+b+d$)이 편익의 증가분(s+빗금 친 부분$+c+a+b$)보다 $(d-s)$만큼 더 크다. 다시 말해서 개인 i는 $(d-s)$만큼 순손실을 입는다.

[4] 위의 [2]와 [3]의 순이익을 비교할 때 어떤 결론을 얻을 수 있는가?

정석 힌트 자신의 진정한 선호를 표출하는 정직이 최선의 전략이 된다.

[5] 이 조세체계의 문제점을 설명하라.

정석 힌트 클라크세는 진정한 선호를 표출하도록 유인하는 추가세금이므로 균형재정이 아닌 흑자재정을 유발하게 된다. 또한 만약 흑자재정이 다시 자신들에게 돌아올 수 있다고 예상한다면 다른 사람들의 부담이 많아지도록 전략적으로 자신의 선호를 왜곡하여 표출할 수도 있다. 한편 이 제도로 비용분담액이 자신의 순편익보다 더 큰 사람들도 많을 수 있어서 불평이 커지는 사회적 외부비용이 발생하고, 모든 사람이 자신의 선호를 보고해야 하므로 이 제도를 유지하는 행정비용도 많이 들 수 있다.

제6장
외부성의 문제

문명세계는 자연이 허용하는 한 한 걸음 후퇴하면
1,001걸음 전진하는 방식으로 시장과
인간의 필요와 공급부족에 대하여 반응하면서 발전하고 있다.
이것으로 충분히 생명을 지속시키고 유지시키는 방향으로
나아갈 수 있다. 우리의 진보를 추진하는 원동력은 우리의 축적된
지식이며, 우리의 진보를 막는 제동장치는 우리의 상상력의 부족이다.
궁극적인 자원은 인간들 — 자신의 편익을 위해 의지와 상상력을
발휘하여 결국 우리 모두를 이롭게 하는,
기술과 정신, 희망을 가진 인간들 — 이다.

– Julian Simon –

시장실패를 일으키는 중요한 원인 중의 하나가 외부성이다. 최근 날로 심각해지는 환경오염문제를 비롯하여 외부성의 문제에 관심이 높아지고 있다. 외부성과 같은 시장경제 밖에서 일어나는 경제현상으로 인해 시장경제가 효율적으로 자원을 배분하지 못하는 일이 점점 더 많아지고 있다. 외부성은 자원의 효율적 배분차원에서 시장기구가 해결하지 못하는 문제들이 왜 발생하는지를 상당부분 설명해준다. 일례로 환경오염문제를 해결하기 위해서는 외부성에 대한 이해가 선행되어야 하는 것이다. 따라서 외부성의 개념을 이해한 후, 환경문제에 대한 원인과 해결책을 모색할 필요가 있다.

외부성의 문제가 점점 더 많이 발생하는 이유 중의 하나는 사람들간의 상호의존성이 강해지고 있기 때문이다. 시장경제는 이러한 상호의존성에 대해 가격을 매길 수는 없다. 또 다른 이유는 모든 재화나 서비스에 대해 재산권을 설정하기가 어렵기 때문이다. 예를 들어 이곳저곳으로 옮겨 다니며 사는 바다 속의 물고기를 누구의 것이라고 정할 수 있을까? 그리고 비록 관련 당사자가 외부성에 대한 보상을 하도록 협상을 했다고 하더라도 무수히 많은 사람들이 서로 영향을 주고받는 현대사회에서 그 협상비용이라는 것은 대단히 높을 수밖에 없다. 따라

제6장 외부성의 문제

서 외부성의 문제는 쉽게 해결되기 어렵다. 기본적으로 외부성의 문제를 해결하는 방법은 두 가지가 있다. 하나는 재산권설정을 통한 시장적 접근으로, 다른 하나는 정부의 정책을 통한 공공정책적 접근으로 해결하는 것이다.

이 장에서는 외부성이 무엇이며, 외부성에는 어떤 종류가 있고, 외부성으로 인한 시장실패는 이론적으로 어떤 것인지 설명할 것이다. 또한 외부성을 해결하는 몇 가지 방법을 살펴보고 가장 효율적인 방식은 어떤 것인지도 알아본다. 마지막으로 외부성은 국제적으로도 발생하는데, 이와 관련된 국제적 환경문제를 살펴볼 것이다.

이 장에서 배울 것

- 외부성이란 무엇인가?
- 외부성에는 어떤 종류가 있는가?
- 외부성으로 인한 자원배분의 결과는?
- 외부성을 해결하는 시장적 접근이란?
- 외부성을 해결하는 정부의 정책은?
- 외부성을 해결하는 정부의 정책 중 가장 효율적인 방식은?
- 국제적 환경문제란?

제1절 정석 재정학 외부성의 의미

1. 외부성의 정의

외부성(externality)은 어떤 경제주체의 소비 또는 생산행위가 시장교환과정을 통하지 않고 대가를 주거나 받지 않은 채 다른 경제주체에게 혜택을 주거나 손해를 입히는 현상을 말하며, 외부효과라고도 한다. 대체로 어떤 경제주체의 경제행위가 다른 경제주체에게 파급효과를 미치지만 그 효과를 시장기구가 가격에 적절히 반영하지 못함으로써 어떤 경제주체의 경제행위의 가치가 왜곡된다는 의미로 사용되고 있다. 여기서 외부성을 엄밀히 정의해보면 다음과 같다.

> 어떤 경제주체의 경제행위가 다른 경제주체에게 혜택이나 손해를 주지만 그 파급효과에 대해 어떤 대가를 받거나 지불하지 않을 때 외부성이 발생한다.

시장을 통하지 않고 다른 사람들에게 영향을 주는 행위들의 예로는 공장의 생산활동의 결과 배출되는 오염물질, 이웃집의 담장 너머 피어 있는 장미, 러브호텔이 들어서 있는 아파트단지 등을 생각해볼 수 있다. 오염물질이나 장미는 인근의 사람들에게 영향을 미치지만, 그 영향은 시장기구내 거래관계에 의하지 않고 시장기구 밖에서 이루어진다. 따라서 시장이 적절한 대응을 할 수 없을 뿐만 아니라 거래 자체가 성립되지 않는 것이다.

외부성을 발생시키는 경제행동들도 다양하다. 가장 많이 드는 대표적인 사례로 과수원과 양봉업자를 들 수 있다. 양봉업자가 과수원 옆에서 양봉을 하는 이유는 꿀을 많이 채취하기 위해서이지 과수원 주인에게 혜택을 주기 위해서는 아닐 것이다. 의도하지 않게 꿀벌들의 활동이 과일의 수확을 증가시킨다고 해서 과수원 주인이 양봉업자에게 대가를 지불하지는 않는다. 이 경우 양봉업자의 행위는 외부효과를 발생시켰다고 할 수 있다.

우리 주위에서 이와 비슷한 사례를 많이 찾아볼 수 있다. 도로는 공동사용하는 것이 통례인데, 운행하는 차량의 수가 증가하면 혼잡해져서 주행속도가 떨어지고 휘발유 소비가 증가하게 되고, 의도하지 않았지만 어떤 사람이 차를 끌고 나간 것이 다른 사람들에게 손해를 입히는 것이 된다.

하천도 공동으로 사용하는 것인데, 낙동강 상류에 위치한 섬유공장들의 페놀 방류는 강 하류의 기업들에게 물을 정화해야 하는 추가비용을 부담하게 할 것이다. 공기의 경우에도 화력발전소에서 석탄을 사용하여 발전을 많이 하게 되면 공기오염으로 주변 세탁소의 세탁비용이 상승하게 된다.

자연자원에 대한 선취경쟁으로부터 오는 외부성도 있다. 수산업의 경우 강이나 바다의 공동어장에서 포획되기 전 수산물은 공동소유이나 일단 포획되면 사적 소유가 인정되므로 경쟁이 발생할 수밖에 없다. 그런데 수산물은 자연의 상태에서 일정한 수량 이하로 내려가면 재생속도가 현저히 떨어지므로 적정한 보전이 필요하다. 선취경쟁에서 비롯된 개인들의 과도한 포획은 수산물의 자연적 보전을 위한 적정한 보호량을 저하시켜 다른 사람들에게 직접적으로 부정적인 영향을 미친다.

정석 사고

외부성은 가격기구 밖에서 일어나는 경제현상으로서 어떤 경제행위의 가치가 왜곡된다: 어떤 경제행위의 진정한 가치=그 경제행위의 시장가치±외부성

2. 외부성의 종류

앞에서 살펴본 여러 예처럼 외부성은 다양한 형태로 나타난다. 이러한 다양한 형태의 외부성을 아래의 몇 가지 기준으로 구분해보자. 기준마다 파악할 수 있는 외부성의 성격과 효과가 다르기 때문에 그 기준 또한 중요하다고 할 수 있다.

(1) 긍정적 외부성과 부정적 외부성[1]

과수원과 양봉업자의 사례처럼 서로에게 혜택을 주는 외부성을 긍정적 외부성이라고 한다. 또한 이웃집의 담장 너머 피어 있는 장미는 이웃사람들에게 즐거움뿐만 아니라 부동산가격까지 높여주는 혜택을 주므로 긍정적 외부성이라고 할 수 있다.

그러나 일상생활에서는 긍정적 외부성보다 부정적 외부성의 사례가 훨씬 많다. 공해문제가 대표적이다. 앞서 살펴본 사례에서 낙동강 상류에 위치한 섬유공장들의 페놀 방류는 강 하류의 기업들에게 물을 정화해야 하는 추가비용을 부담하게 하는 손해를 끼친다. 또한 화력발전소에서 석탄을 사용하여 발전을 많이 하게 되면 공기오염으로 주변의 세탁소의 세탁비용이 상승하게 되는 손해가 발생한다.

(2) 생산의 외부성과 소비의 외부성

외부성은 생산과정에서 생산행위의 결과로서 발생할 수도 있고, 소비과정에서 소비행위의 결과로서 발생할 수도 있다. **소비의 외부성**을 엄밀히 정의하면 다음과 같다.

> 어떤 재화를 직접 소비하는 소비자 이외에 다른 소비자들에게 이익이나 손해를 끼치는 행위로서 다른 소비자들의 만족에 변화를 가져다주는 효과이다.

이러한 사례로 흡연을 들 수 있는데, 어떤 흡연자의 담배연기가 주변의 다른 사람들에게 이차 흡연효과를 발생시켜 질병이나 암에 걸릴 가능성이 높아지는 손해를 끼친다. 또 다른 사례로서 어떤 사람이 한밤중에 음악을 크게 틀어서 당사자는 즐거움을 얻을지 몰라도 이웃사람에게 불편함과 수면부족이라는 손해를 끼친다.

한편 소비의 외부성처럼 **생산의 외부성**을 엄밀히 정의하면 다음과 같다.

> 어떤 재화를 직접 생산하는 생산자 이외에 다른 생산자들에게 이익이나 손해를 끼치는 행위로서 다른 생산자들의 생산비용에 변화를 가져다주는 효과이다.

생산의 외부성의 대표적 사례로 강 상류에 위치한 공단에서 방출하는 공해물질이 강 하류에 사는 어부나 주민들에게 피해를 주는 경우를 들 수 있다. 또한 농사를 지으면서 많은 농약을 사용한 결과 하천의 수질이 오염되어 주민들에게 피해를 주는 경우도 생산의 외부성이라고 할 수 있다. 그런데 생산의 외부성이 이처럼 항상 해로운 외부성만 발생시키는 것은 아니다. 예를 들어 많은 소가 육류로서 생산 공급될수록 소가죽이 많이 생산되어 소가죽 생산비용을 대폭 낮출 수 있다. 이러한 사례도 생산의 (긍정적) 외부성이라고 할 수 있다.

(3) 실질적 외부성과 금전적 외부성

앞서 살펴본 사례들은 다른 사람들에게 의도하지 않은 이익이나 손해를 주는데, 이러한 이익이나 손해로 인해 다른 사람들의 만족이나 생산비용이 변화한다. 이 경우를 **실질적 외부성**이라고 한다. 실질적 외부성은 다른 사람들의 효용함수와 생산함수에 일방적으로 영향을 미치기 때문에 자원배분의 효율성문제를 발생시킨다.

금전적 외부성은 어떤 사람의 경제행위로 인해 가격이 변동하거나 고객이 늘어나 이익을 보는 사람과 손해를 보는 사람이 생겨나게 되는 경우의 효과를 말한다. 기본적으로 이럴 경우 외부성이라고 말하기 어려운데, 그 이유는 이익과 손해가 시장기구내에서 일어나기 때문이다. 예를 들어 어떤 가수가 의도하지 않고 한 의류회사의 옷을 입고 출연하는 바람에 그 회사의 매출액이 대폭 늘었다면 수요가 늘어나고 가격이 오른 효과이므로 시장기구내에서 발생하는 효과라고 하겠다. 또 어느 건설회사가 대규모 토목공사를 하는 바람에 건축자재의 가격이 폭등했다면 건축자재업자에게는 이익이, 건설회사에게는 손해가 되지만 근본적으로 수요와 공급에 의해 발생하는 시장기구내의 효과라고 하겠다. 또 다른 사례로, 어느 시에서 새로운 도로를 내는 바람에 옛날 도로의 상인들의 소득이 감소했다면 이것은 새 도로 상인의 매출증가가 옛 도로 상인의 매출감소를 대체하는 단순한 소득이전으로 해석할 수 있으므로 실질적 외부성이 아니다.

(4) 공공재적 외부성과 사용재적 외부성

공공재와 사용재의 근본적 차이는 비경합성과 비배제성에 있는데, 특히 순수공공재의 경우처럼 어떤 사람의 소비가 다른 사람의 소비량을 줄이지 않는다면 비경합성을 가진다고 말한다. 한 가지 사례로 공해문제를 부(−)의 공공재로 해석한다면, 이것은 달리 말해 비경합성을 가진 공공재적 외부성이라고 할 수 있다. 그 이유는 어떤 사람이 오염된 공기를 마시면 다른 사람도 같은 정도의 오염된 공기를 마시기 때문이다. 이러한 외부성을 **공공재적 외부성**이라고 한다.

사용재적 외부성은 어느 정도의 경합성을 가진 외부성을 말한다. 예를 들어 어느 회사에서 근로자를 교육시키면 그 효과가 그 회사에 나타나지만 다른 회사에서 그 근로자를 고용하지 못함으로써 그 효과도 나타나지 않는 경합성을 갖게 된다. 이와 같은 외부성을 **사용재적 외부성**이라고 하는데, 우리 주변에서 자주 관찰할 수 있는 유형의 외부성은 아니다.

제2절 외부성과 자원배분

외부성이 존재할 때 시장이 실패한다는 것을 알고 있다. 시장이 실패한다는 것은 시장기구가 자원을 효율적으로 배분하지 못한다는 의미이다. 그런데 실제 어떤 이론적 근거를 가지고 이러한 논리를 전개하는지 물으면 쉽게 대답하지 못하는 경우가 많다. 이 절에서는 외부성이 시장실패를 발생시키는 구체적인 이유에 대해 살펴본다.

외부성이 없는 완전경쟁적인 시장에서 자원배분이 효율적인 이유는 사회후생이 극대화된다는 사실에 근거하고 있다. 사회후생은 사회적 관점에서 볼 때 사회적 한계편익이 사회적 한계비용과 같을 때 극대화된다. 완전경쟁시장에서는 수요와 공급이 만나는 경쟁시장균형에서 사회후생이 극대화된다. 수요곡선은 주어진 가격에 대한 소비자들의 구매수량을 의미하지만 재화의 각 단위에 대하여 소비자가 지불하고자 하는 최대금액을 의미하기도 한다. 다시 말해서 수요곡선의 높이는 각 단위에 대한 소비자의 한계편익을 나타낸다. 마찬가지로 공급곡선은 주어진 가격에 대한 생산자들의 판매수량을 의미하지만 재화의 각 단위에 대하여 생산자가 수취하고자 하는 최소금액을 의미하기도 한다. 다시 말해서 공급곡선의 높이는 각 단위에 대한 생산자의 한계비용을 나타낸다. 따라서 경쟁시장균형에서는 수요곡선이 사적 한계편익을, 공급곡선이 사적 한계비용을 의미하므로 사적 한계편익과 사적 한계비용이 일치하게 된다.

소비나 생산과정에서 외부성이 없는 경우 시장기구 밖에서 발생하는 편익과 비용이 없으므로 개인적 관점이나 사회적 관점이 동일하여 사적 한계편익이 사회적 한계편익을, 사적 한계비용이 사회적 한계비용을 의미한다. 따라서 경쟁시장균형에서는 사적 한계편익, 사적 한계비용, 사회적 한계편익, 사회적 한계비용이 모두 일치하게 된다. 이 경우 경쟁시장균형은 사회후생을 극대화한다.

정석 사고

소비나 생산과정에 외부성이 발생하지 않는 경우 경쟁시장균형에서 '사적 한계편익=사적 한계비용=사회적 한계편익=사회적 한계비용'이 성립한다.

그러나 흡연이나 음주의 예에서 보듯이 소비과정에서 외부성이 존재한다면 직접 소비하는 소비자 이외에 다른 소비자에게 손해를 끼칠 수 있으므로 직접 소비하는 소비자의 사적 한계편익이 사회적 한계편익과 일치하지 않는다. 이 경우 사회적 한계편익은 사적 한계편익에서 외부성으로 인한 부(−)의 한계편익을 빼야 한다. 반대로 공원에서 휴지를 줍고 아름다운 정원을 가꾸어 다른 소비자들에게 긍정적 외부성을 준다면 직접 소비하는 소비자의 사적 한계편익에 외부성으로 인한 정(+)의 한계편익을 더해야 진정한 사회적 한계편익이 된다.

마찬가지로 과수원 주인과 양봉업자의 예에서처럼 생산과정에 외부성이 존재한다면 직접 생산하는 생산자 이외에 다른 생산자에게 이익을 줄 수 있으므로 직접 생산하는 생산자의 사적 한계비용이 사회적 한계비용과 일치하지 않는다. 이 경우 사회적 한계비용은 사적 한계비용에서 외부성으로 인한 정(+)의 한계비용을 빼야 진정한 사회적 한계비용이 된다. 한편 농사를 지으면서 농약을 사용한 결과 수질이 오염되어 다른 사람에게 피해를 주는 경우 사회적 한계비용은 사적 한계비용에 외부성으로 인한 부(−)의 한계비용을 더해야 한다.

그러므로 경쟁시장균형에서는 시장기구 밖에서 일어나는 이익과 손해에 대해서 대가를 주거나 받는 것이 아니므로 외부성이 반영되지 않는다. 이러한 이유로 외부성이 존재하는 경쟁시장균형은 사회적 한계비용이 사회적 한계편익과 일치하지 않게 된다. 그 결과 경쟁시장균형에서 사회후생도 극대화되지 못한다.

정석 사고

첫째, 소비과정에 외부성이 발생한다면 경쟁시장균형에서 '사적 한계편익=사적 한계비용=사회적 한계비용'이지만 '**사적 한계편익±외부성=사회적 한계편익**'이 성립한다. 사회적 한계비용이 사회적 한계편익과 일치하지 않으므로 사회후생이 극대화되지 못한다.

둘째, 생산과정에 외부성이 존재한다면 경쟁시장균형에서 '사적 한계편익=사적 한계비용=사회적 한계편익'이지만 '**사적 한계비용±외부성=사회적 한계비용**'이 성립한다. 사회적 한계편익이 사회적 한계비용과 일치하지 않으므로 사회후생이 극대화되지 못한다.

일상생활에서도 수질오염 또는 대기오염 등 우리에게 불편을 주는 공해에 대하여 생각해보면 외부성을 쉽게 이해할 수 있다. 약간의 수질오염 또는 대기오염은 우리 생활에 큰 불편을 주지 않으므로 참을 만하다. 그러나 세수를 할 수 없다거나 숨 쉬기가 힘들다면 우리가 느끼는 오염의 정도는 심각하다 할 것이다. 이것은 시장의 실패로 인해 과거로부터 현재까지 환경의 파괴가 이어지고 있는 과정이라는 증거이기도 하다.

이상에서 살펴본 직관적인 설명을 그림을 통해 보다 상세하게 설명해보자. **그림 6-1** 은 생산과정에서 외부성이 존재하는 경우를 가정하고 그린 그림이다. 강 상류에 있는 어느 기업의 폐수방출로 인해 강 하류의 어부가 입는 피해를 예로 사용하여 그 논리를 간단히 살펴보자.

기업의 폐수방출이 증가할 때 강 하류의 어부가 입는 추가적 피해액은 항상 일정하다고 가정한다. 다시 말해서 폐수방출의 사회적 추가비용은 생산량 증가에 따른 기업의 추가생산비용에 어부

그림 6-1 **오염원의 부정적 외부성 효과**

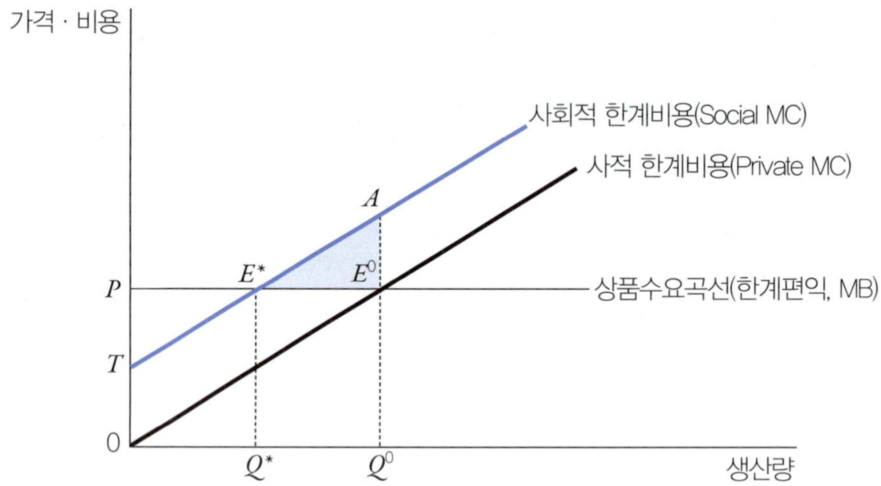

가 입는 추가적 피해액을 일정하게 더한 것이다. 이러한 상황에서 시장경제의 균형은 가격 P에서 Q^0를 생산하는 것인 반면에 사회적으로 최적을 나타내는 파레토균형은 가격 P에서 Q^*를 생산하는 것이다. 그 이유는 Q^*에서 사회적 한계비용이 사회적 한계편익(소비의 외부성이 없으므로 사적 한계편익과 동일)과 일치하기 때문이다. 다시 말해서 경쟁시장균형은 파레토효율적인 생산수준보다 훨씬 높게 나타난다. 즉, 과잉생산(overproduction)되는 것이다.

그림에서 사회적 한계비용이 사적 한계비용을 초과하는데, 그 차이는 생산의 외부성의 가치를 나타낸다. 이러한 관점에서 볼 때 Q^0를 생산하는 강 상류의 기업은 사회에 P원의 만족을 주지만 기회비용 $(P+AE^0)$원을 들여 자원을 사용하고 있다는 것을 의미한다. 이것은 사회후생이 AE^0원만큼 감소함을 의미한다. 이와 같은 논리로 Q^*에서 Q^0까지 생산을 증가시켜보면 사회후생손실의 총가치는 삼각형 AE^0E^*의 영역으로 계산된다. 사회후생이 극대화되지 못하고 손실이 발생하는 이유는 강 상류의 기업이 기회비용으로서의 실질생산비용을 모두 부담하지 않고 일부를 사회에 전가시키기 때문이다.

그런데 이상에서 살펴본 외부성의 결과가 불행히도 스토리의 끝은 아니다. 강 하류의 어부의 어류시장을 생각해보자. 이주비용이 높아 이주하기 어렵다는 가정하에 어부는 강을 깨끗이 하려는 노력과 정화비용을 들여서라도 강물에 어종들이 예전처럼 잘 생존하도록 하여 소득원을 유지하려고 할 것이다. 이 경우 어부의 생산비용은 예전의 비용에서 강물을 깨끗이 하려는 노력과 정

그림 6-2 피오염원의 부정적 외부성 효과

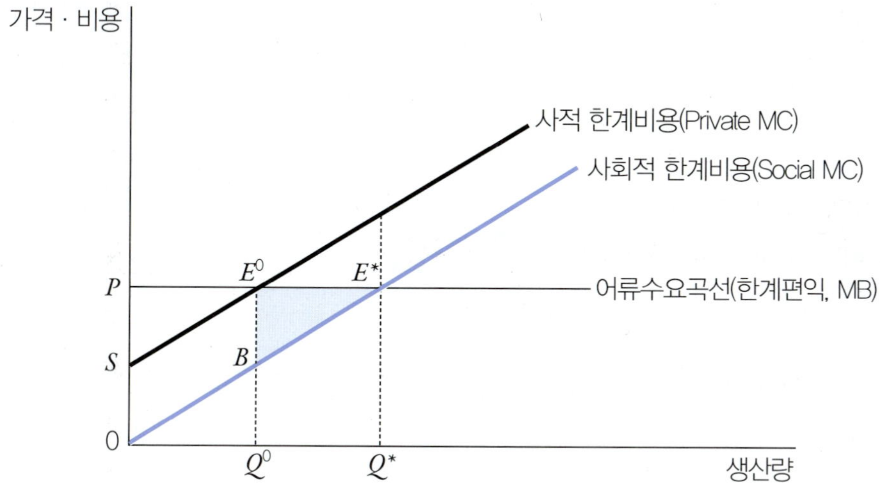

화비용이 추가되어 높아지게 된다.

그림 6-2 에는 어부의 사적 한계비용이 사회적 한계비용보다 오히려 높게 나타나 있다. 그 이유는 앞서 설명한 것처럼 어부의 노력과 정화비용이 생산비용에 추가 발생한 결과이다. 그림에서 사적 한계비용과 사회적 한계비용의 차이는 어부의 노력과 정화비용을 의미한다. 이러한 상황에서 시장경제의 균형은 가격 P에서 Q^0를 생산하는 것인 반면에, 사회적으로 최적을 나타내는 파레토균형은 가격 P에서 Q^*를 생산하는 것이다. 다시 말해서 경쟁시장균형은 파레토효율적인 생산수준보다 훨씬 낮게 나타난다. 즉, 과소생산(underproduction)되는 것이다.

강 상류의 기업에서 살펴본 논리와 같은 방법으로 Q^0를 생산하는 강 하류의 어부는 사회에 P원의 만족을 주지만 기회비용 BQ^0원을 들여 자원을 사용하고 있다는 것을 의미한다. 이것은 어부가 더 많이 생산할수록 사회후생이 증가할 수 있다는 것을 의미한다. 이와 같은 논리로 Q^0에서 Q^*까지 생산을 증가시켜보면 사회후생증가의 총가치는 삼각형 BE^0E^*의 영역으로 계산된다. 사회후생이 극대화되지 못하고 과소생산되는 것이다. 어부의 과소생산으로 인한 사회후생손실액은 바로 삼각형 BE^0E^*의 영역이 된다.

요약하면 생산과정에서의 부정적 외부성으로서 강 상류의 기업이 수질오염을 유발할 때, 강 상류의 기업뿐만 아니라 강 하류의 어부 모두가 경쟁시장균형의 결과로 사회후생을 극대화하는 자원배분을 달성하지 못한다. 이러한 시장실패가 일어나면 결국 일반소비자들이 사회후생의 손실을 입게 된다.

정석 사고

강 상류 기업의 폐수방출로 어부가 피해를 입는 경우, 강 상류의 기업은 생산비용이 인위적으로 작아져서 과다생산을 하게 되고, 강 하류의 어부는 생산비용이 인위적으로 높아져서 과소생산을 하게 되어 두 시장 모두에서 시장실패가 일어난다.

제3절 외부성문제의 해결방법

지금까지 공해의 외부성으로 인해 시장이 효율적인 자원배분을 하지 못하는 이론적 근거를 살펴보았다. 그렇다면 정부가 개입해서 외부성문제를 극복하는 방법을 생각할 수 있다. 그러나 정부가 개입해서 외부성문제를 잘 해결할 것이라고 확신을 하지 못하는 경우들도 많다. 그 이유는 정부가 모든 정보를 가질 수 있는 전지전능한 신이 아니기 때문이다. 그렇다고 해서 정부가 전혀 개입하지 않아야 된다는 말은 아니다. 정부가 시장의 틀을 보완하는 정도로 개입하는지 아니면 직접 개입해서 통제하는지의 정도의 차이에 따라 여러 해결방법이 나타날 수 있다. 아래에서는 정부가 개입하는 정도에 따른 몇 가지 해결방법을 살펴본다.

1. 피구세의 부과

앞 절에서 살펴본 외부성의 경우 가격이 자원의 상대적 희소성을 올바르게 반영하지 못한 데 대해 20세기 초 피구(Pigou)는 세금과 보조금 등을 통하여 치유될 수 있는 방법을 제시한다.[2)] 파레토균형을 달성하기 위하여 피구가 제시한 해결방법은 **피구세**(Pigouvian tax)를 부과하는 것이며, 피구세란 일종의 배출부과금으로 강 상류 기업에게 폐수방출이 증가할 때 어부가 입는 추가적 피해액(그림 6-1 의 $0T$원)만큼을 생산단위당 세금으로 부과하여 기업 스스로 이 세금을 줄이는 노력을 하도록 이끈다. 보다 엄밀하게 설명하면, 외부성을 고려한 사회적 한계편익과 사회적 한계비용이 일치하는 최적생산량수준에서의 한계피해액만큼 단위당 세금을 부과하면 자발적으로 최적생산량수준을 선택할 수 있다.

피구세 혹은 환경세가 대부분의 조세와 다른 점은 사회적으로 바람직하지 않는 오염행위에 대하여 과세한다는 것이다. 환경세는 시장의 왜곡을 시정하는 조세로서 국민에게 이중의 사회적 이익을 배당한다는 **이중배당가설**(double dividend hypothesis)이 있다. 첫째, 환경세는 환경오염을 줄여서 환경을 개선시키는 사회적 이익을 준다. 이것을 **환경배당**이라고 한다. 둘째, 총조세수입을 일정하게 유지하기 위해 환경세를 부과하고 다른 조세를 감면한다면(조세의 재순환) 다른 조세로 인한 시장왜곡을 줄이고 노동을 포함한 자원을 보다 효율적으로 이용하게 함으로써 사회복지가 향상될 수 있다. 이러한 환경세의 사회적 이익을 **효율배당**이라고 한다. 위의 두 가지 효과를 환경세의 이중배당가설이라고 한다.

환경세의 이중배당가설은 상당히 설득력이 있지만 이에 대한 비판도 있다. 예를 들어 이중배당가설에 따르면 환경세로 근로소득세를 감면할 경우 고용증대의 효율배당이 발생한다. 여기서 비판의 요지는 근로소득세 세수가 감소하여 환경세의 세수로 근로소득세의 감면부분을 보충할 수 없다는 것이다. 이러한 비판의 근거는 환경오염상품들이 여가와 대체관계에 있어서 환경세의 부과가 그러한 상품의 생산과 소비를 줄이고 여가소비를 증가시킨다는 것이다. 여가소비의 증가는 곧 노동공급의 감소를 의미한다. 고용이 감소하면 근로소득세의 세수를 감소시키게 된다. 환경세 부과대상상품과 여가가 대체관계인지 보완관계인지는 실증적 문제로 남는다. 이 장의 뒷부분에서 다루게 될 배출부과금제도는 이러한 환경세의 하나이다.

정석 사고

피구세 혹은 환경세는 시장의 왜곡을 시정하는 교정적 조세로서 국민에게 이중의 사회적 이익을 배당한다는 **이중배당가설**이 있다. 환경오염을 줄여서 환경을 개선시키는 사회적 이익을 환경배당이라고 하며, 총조세수입을 일정하게 유지하기 위해 환경세를 부과하고 다른 조세를 감면하면 다른 조세로 인한 시장왜곡을 줄이는 동시에 자원을 보다 효율적으로 이용하게 함으로써 사회복지가 향상되는 사회적 이익을 효율배당이라고 한다. 환경세는 이러한 두 가지 배당을 국민에게 준다.

2. 코오즈의 정리

앞에서 외부성을 교정하는 피구세에 관하여 설명하였다. 외부성으로 인한 시장실패의 또 다른 해석은 오염물질에 대한 시장의 미비로 시장실패가 발생한다는 것이다. 이러한 관점은 정부의 간섭 없이도 외부성의 문제를 해결하는 다른 방법이 있음을 암시한다. 예를 들어 수산업자와 제철업자가 깨끗한 물에 대한 권리를 사고파는 시장을 생각해볼 수 있을 것이다. 코오즈(R.H. Coase,

1960)는 외부성에 대한 재산권이 형성되어 있으면 그 재산권이 누구에게 있더라도 관련 당사자간의 교섭을 통하여 파레토최적인 결과를 얻을 수 있다고 한다.[3)]

우리가 교환경제를 통해 교환의 이익을 완전히 취할 수 있는 것은 재화와 용역에 대한 완전한 재산권이 규정되어 있기 때문이다. 재산권이 전제되지 않고는 교환이 성립될 수 없는 것이다. 경제학에서는 재산권을 자원의 사용에 대한 소유자의 권리라고 본다. 자본주의경제에서 환경문제의 원인은 시장경제 자체, 즉 사적 이윤추구에 있다고 하겠는데, 사적 이윤추구가 사람들의 필요와 욕망을 잘 충족하도록 하지만 때로는 그렇지 못할 수도 있다. 재산권이 불완전한 일련의 재화와 서비스의 경우 정당한 대가를 지불하지 않고 사용될 수 있기 때문이다.

시장경제에서 자원을 효율적으로 할당할 수 있는 재산권의 구조를 보면 다음과 같은 세 가지 중요한 특징을 가진다.

첫째, 배타성: 자원 사용과 소유의 결과 생기는 모든 이익과 비용이 소유자에게 귀속된다.

둘째, 이전성: 자발적인 교환을 통해 모든 재산권은 이전가능해야 한다.

셋째, 안전성: 모든 재산권은 다른 개인들로부터의 침해를 받지 않는다.

외부효과로 인한 시장실패는 사실상 재산권과 관련되어 일어나는 것으로, 재산권이 분명해야 시장에서 자유로운 거래와 정당한 가격이 형성될 수 있다.

(1) 공유재산의 문제

공유재산자원(open access/common property resources)은 소유권이 불분명하여 모든 사람이 이용할 수 있는 자원을 말하므로 어느 개인에게 배타적인 소유권을 행사시키기가 어렵다. 바다의 물고기, 들짐승, 지하수, 강물 등이 그 예이다. 이러한 자원들에 대한 파레토효율적인 배분문제는 피구 이래 폭넓게 이해되지 않고 있다가 하딘(G. Hardin, 1968)이 사이언스지에 「공유지의 비극(The Tragedy of the Commons)」이라는 기고문을 발표함으로써 핫이슈로 부상하게 되었다.[4)] 하딘이 제기한 문제는 보다 정확히 말해서 '공유지'가 아니라 '개방자원'에 대해서라고 할 수 있다. 왜냐하면 공유지는 공동으로 잘 관리될 수도 있기 때문에 그 자체로는 비극이라고 할 수 없는 것이다.

어획자수나 어획량에 대해서 아무런 제한이 없는 개방어장을 보자. 처음에는 소수의 어선이 조업을 하여 많은 어획고를 올리고 초과이윤을 누릴 수 있다. 그러나 곧 이러한 사실이 외부에 알려지면서 수많은 어선이 경쟁적으로 조업을 하게 되어 물고기의 저량(존재량)이 줄어들고 단위당 한계비용이 증가하게 될 것이다. 이러한 현상은 어부들의 이해를 벗어나 어쩔 수 없이 초과이윤이 완전히 사라질 때까지 계속될 것이다. 이것을 소위 '**공유지의 비극**'이라고 부른다.

공유지의 비극에 대한 대표적인 예로서 바다는 공공재의 성격을 가지고 있어 어부들의 사익을 위한 경쟁에 의해 효율적인 자원배분을 달성하지 못한다. 즉 아무 보상도 없이 피해를 유발하는 해로운 외부성이 나타난다고 보아야 한다.

구체적으로 보면 자원의 자유이용은 두 가지 외부성을 발생시킨다. 하나는 현세대 외부성(contemporaneous externality)이고 다른 하나는 세대간 외부성(intergenerational externality)이다. **현세대 외부성**은 수산자원의 남획(지나치게 많은 어선, 어부, 어획노력행위)으로 인해 어획노력의 수익률이 낮아지는 것을 말한다. **세대간 외부성**은 수산자원의 남획으로 자원저량이 감소하고 미래의 어획량이 감소하여 미래세대의 이윤이 낮아지는 것을 말하며, 미래세대가 감당하여야 할 손실이다.

다음과 같은 개방어장의 예를 통해 이 문제를 자세히 살펴보도록 하자. 먼저 개방어장에 대하여 다음과 같은 가정을 한다. 첫째, 어류가격이 일정하고 판매량에 따라 변하지 않는다. 둘째, 어획노력(어로)의 한 단위의 한계비용이 일정하다. 셋째, 어로단위당 어획량은 어류저량의 크기에 비례한다. 둘째 가정에서 어획노력이란 어획을 하기 위해 투입되는 자본과 노동을 말하며, 어선, 그물, 기름 등의 자본과 어획을 위해 동원된 어부의 노동을 말한다. 어획노력의 단위는 어선의 척수와 톤수 또는 마력수, 어부 1인당 어로일수, 어선 척당 출어일수 등으로 나타낼 수 있다. 마지막 가정은 어류집단의 크기인 저량이 클수록 어로단위당 어획량이 크다는 것을 의미한다.

그림 6-3의 상단 가로축은 어획노력의 크기를 나타내며, 이것이 클수록 어획량이 많아지고 자원저량은 감소하게 된다. 따라서 각 어획노력의 크기에 대응하는 자원저량이 존재하고 가로축을 우측으로부터 읽으면 자원저량의 크기가 된다. 즉 어획노력과 자원저량은 역함수관계에 있다고 할 수 있다.

그림 (a)의 세로축에서 순편익은 편익(어류가격×어획량)과 비용(어획노력의 한계비용×어획노력량)의 차이로 나타낸다. 순편익이 가장 크게 되는 어획노력량은 E^3이고 이것이 효율적 어획노력량이 된다. 그림 (b)는 어획노력량 E^3에서 한계편익(한계수입)과 한계비용이 같아진다는 것을 보여준다.

이제 외부성이 어떻게 발생하는지 생각해보기로 하자. 효율적인 수준의 어획량에서 각 어선이

그림 6-3 개방어장에서의 공유지의 비극

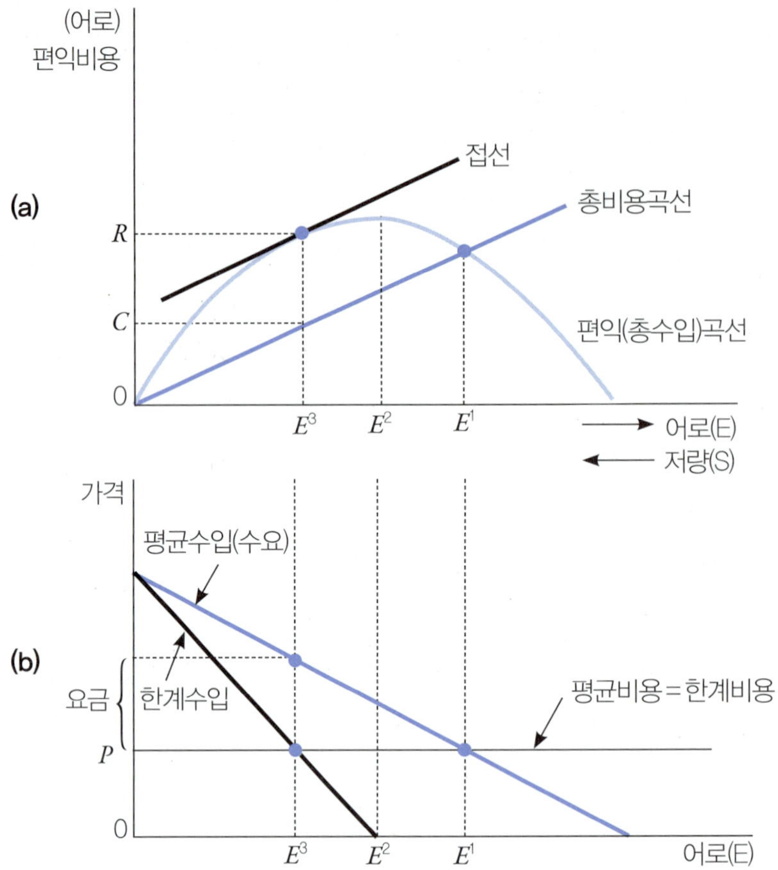

초과이윤을 나누어 받을 수 있다.[5] 그러나 이러한 초과이윤은 새로운 어부가 참가하는 유인이 된다. 전체어부로 보아서는 E^3 이상으로 어획을 하면 초과이윤이 줄어든다. 그러나 개인어부로 보아서는 초과이윤이 있는 한 이익이 된다는 것이다. 따라서 평균수입과 평균비용이 같아서 초과이윤이 제로될 때까지 어부들은 어획노력을 멈추지 않는다. 그 결과 자원의 남획현상이 발생하며, 그 균형상태는 그림 (b)에서 E^1의 어획노력량과 그때의 어류가격 P로 요약되어 있다. 이처럼 효율적인 수준에 비해서 과도한 어로행위와 어획량이 현세대 외부성을 보여준다.

문제는 어획량의 증가로 이익을 보는 사람과 자원저량의 감소로 인해서 생기는 미래의 어로비용의 증가를 부담하는 주체가 다르다는 점이다. 아무런 장치가 없는 상황에서 오늘의 자기이익을 희생해서 내일의 다른 사람에게 이익을 주지는 않을 것이므로 개인적 입장에서는 자기비용만 최소화하는 데 관심이 있으며 이것이 자원의 남획을 가져오는 것이다. 이처럼 세대간 외부성은 개방어장의 자원저량이 감소하여 미래세대의 이윤이 감소할 때 발생한다.

이와 같은 자원남용을 막기 위해서는 개인의 도덕심에 호소하기보다는 적절한 규제장치와 유인장치가 필요하다. 예를 들어 개방어장에 주인이 있어 일정한 요금을 내도록 하는 방법이다. 개인에게는 한계비용에 요금이 더해져서 실제 한계비용이 높아진 것과 동일하기 때문에, 그림에서 효율적인 어획량 E^3를 달성할 수 있다. 아래에서 살펴볼 코오즈의 정리[6]처럼 소유권을 명확히 정하여 경쟁시장에 의제할 수 있는 메커니즘을 만들 때 비로소 파레토효율적인 자원배분이 달성될 수 있을 것이다.

(2) 코오즈의 정리

코오즈가 묘사한 경제처럼 철강공장과 세탁업자를 예로 들어보겠다. 철강공장에서 더 많은 생산을 하면 비례적으로 더 많은 매연이 발생하며, 공장에서 만들어진 철강은 경쟁시장에서 판매된다고 가정한다. 앞 절에서 사용한 그림을 그대로 이용하여 관련 당사자간의 교섭을 통하여 파레토효율적인 배분에 이르는지를 증명해보자. 또한 환경에 대한 재산권이 누구에게 있든지 상관없이 파레토효율성이 달성될 수 있다는 것도 함께 증명해보자. 그림 6-4 에서 사회적 비용은 철강생산의 비용과 매연에 의한 세탁업자의 피해액을 합한 값을 의미한다. 사회적 최적배분(파레토균

그림 6-4 외부성이 존재하는 코오즈 경제

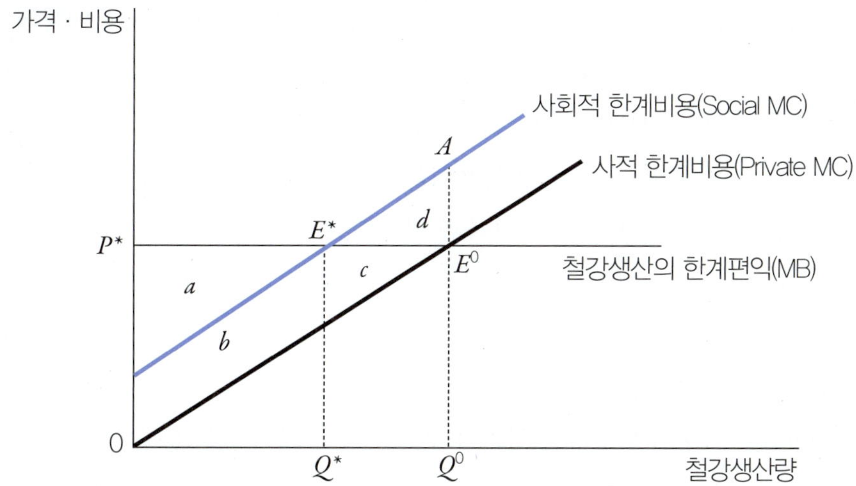

제1편
제2편
제3편
제4편
제5편

형)을 나타내는 철강생산량은 Q^*이지만 특별한 이유가 없다면 이윤극대화의 원리에 따라 철강공장은 Q^0를 생산할 것이다.

경우1: 세탁업자의 재산권

이제 세탁업자가 맑은 공기에 대한 권리를 가진다고 가정해보자. 세탁업자의 입장에서는 매연이 전혀 없도록 공장을 이전하거나 폐업하는 것이 가장 좋을 것이다. 그러나 처음의 생각이 옳지 않음을 금방 알 수 있다. 왜냐하면 철강공장은 Q^*만큼의 오염을 배출하기 위하여 세탁업자에게 최대한 이윤 $(a+b)$만큼을 지불할 용의가 있으며, 세탁업자는 철강공장이 Q^*만큼 생산을 하도록 허용하는 대가로 적어도 피해액 b만큼 보상받을 수 있다면 피해액을 보상하고도 남음이 있기 때문이다. 이때 철강공장이 세탁업자에게 지불하는 보상액은 다음과 같으며,

$$b \leq \text{보상액} \leq (a+b) \tag{6-1}$$

협상을 통하여 a만큼을 나누어 가진다면 어느 누구도 손해를 보지 않고 Q^*수준의 생산이 가능하다.

경우2: 철강공장의 재산권

이제 철강공장이 맑은 공기에 대한 권리를 가진다고 가정해보자. 철강공장의 입장에서는 이윤을 극대화하기 위하여 Q^0까지 생산을 하는 것이 가장 바람직하다고 생각할 것이다. 그러나 세탁업자가 아무런 협상도 시도하지 않고 가만히 앉아 운명을 기다릴 것이라고 예상되지는 않는다. 왜냐하면 세탁업자는 철강공장이 (Q^0-Q^*)만큼의 오염을 줄여준다면 그 대가로 최대한 피해액의 $(c+d)$만큼을 지불할 용의가 있으며, 반면에 철강공장은 Q^*만큼의 생산을 하기 위해서 적어도 이윤의 일부인 c만큼 보상받을 수 있다면 이윤손실을 보상하고도 남음이 있기 때문이다. 이때 세탁업자가 철강공장에게 지불하는 보상액은 다음과 같으며,

$$c \leq \text{보상액} \leq (c+d) \tag{6-2}$$

협상을 통하여 d만큼을 나누어 가진다면 어느 누구도 손해를 보지 않고 Q^*수준의 생산이 가능하다.

이상의 내용이 코오즈에 의해 제시된 놀라운 결과이며, 요약하면 다음과 같다.

정석 사고

코오즈의 정리: 교섭비용 없이 협상이 가능하고 재산권이 잘 설정되면, 첫째 재산권이 누구에게 할당되든 동일한 자원배분을 가져오며, 둘째 코오즈 세계의 자원배분은 파레토효율적이다. 만약 코오즈의 세계에 조세가 부과되면 자원배분의 파레토효율성은 상실된다.

이상에서 논한 코오즈의 정리가 현실성이 있을지를 생각해보면 몇 가지 문제점이 있다. 하나는 교섭당사자간에 서로의 비용-편익에 대한 완전한 정보를 가지고 있어야 한다는 것이다. 다른 하나는 교섭비용이 무시할 정도로 작아야 한다는 것인데 현실적으로 환경문제에 관련된 교섭당사자가 다수이어서 교섭비용이 클 수 있다.

제4절 최적환경오염과 환경정책

정석 재정학

1. 파레토최적 환경오염

모든 사람은 깨끗한 물, 깨끗한 공기를 원한다. 그러나 환경오염은 인간이 살아가는 데 피할 수 없는 과정이기도 하다. 문제는 경제학적으로 볼 때 어느 정도 환경오염이 허용되어야 하는가이다. 분석의 출발점은 환경오염에 따른 순편익을 극대화하는 데 있다. 만약 우리가 환경피해비용과 환경규제 · 보전비용을 극소화하는 동일한 방식이 있다면 환경오염문제를 훨씬 쉽게 이해할 수 있을 것이다. 이렇게 순편익의 극대화문제 대신 두 가지 상반된 비용을 이용한 비용극소화문제를 살펴보기로 한다.

환경오염으로 인한 손상을 처리하기 위해 사회적으로 부담해야 하는 금액이 환경피해비용이며, 기업의 생산활동으로 인한 환경오염 및 환경파괴를 방지하기 위해 필요로 하는 금액이 환경보전 · 규제비용이다. 기업의 입장에서 보면 환경피해비용은 외부비용이며, 환경보전 · 규제비용은 내부비용이라고 할 수 있다. 이러한 비용들을 요약하면 그림 6-5 와 같다. 두 가지 비용을 최

그림 6-5 환경비용의 종류

소화하면서 적정한 환경오염수준을 찾는 것이 환경정책의 목표이다.

흔히 경제학자들은 파레토최적 환경오염수준을 언급한다. 이것은 앞서 말한 두 가지 비용을 최소화하는 환경오염수준을 말한다. 환경오염의 적정수준을 그림을 통해 알아보기 전에 환경규제비용이 규제량의 변화에 따라 어떻게 변화하는지, 환경피해비용이 오염배출량에 따라 어떻게 변화하는지에 관한 지식이 필요하다. 비록 이에 대한 우리의 지식이 완전하다고 볼 수 없지만 그러한 관계의 형태를 그려 개략적인 사전정보를 얻을 수 있다.

일반적으로 한 단위 오염에 의해 발생하는 추가적 피해는 오염배출량의 증가와 더불어 체증하게 된다. 오염배출량이 점점 많아짐에 따라 우리 신체는 참을성을 잃고 여러 질병을 앓게 되며, 동식물도 마찬가지로 사라져갈 것이다. 환경오염규제량이 증가하면 환경규제비용도 추가적으로 증가하게 된다. 예를 들어 환경규제장비가 어떤 장소의 유해미립자들의 80%를 정화시킨다고 가정하자. 맨 처음의 장비구입은 80%를 정화시킨다. 그리고 두 번째의 장비구입은 비용이 동일하지만 나머지 20%의 80%, 즉 16%를 정화시킬 것이다. 따라서 동일한 양의 오염을 정화하는 데 두 번째 장비가 훨씬 비용이 많이 든다는 것을 알 수 있다. 즉, 환경오염규제량이 증가하면 오염물의 제거에 비용이 더 많이 들고 제거하기가 점점 어려워진다고 볼 수 있다.

우리는 오염의 적정수준을 유도하기 위해 두 비용의 정보를 기초로 한 **그림 6-6**를 이용하기로 한다. 원점에서 오른쪽으로 움직이면 오염배출량이 증가하며, 이것은 생산이 증가하고 규제가 상대적으로 줄어든다는 것을 의미한다. 우리가 이 그림에서 찾고자 하는 것은 오염의 효율적 수

그림 6-6 파레토최적 환경오염수준

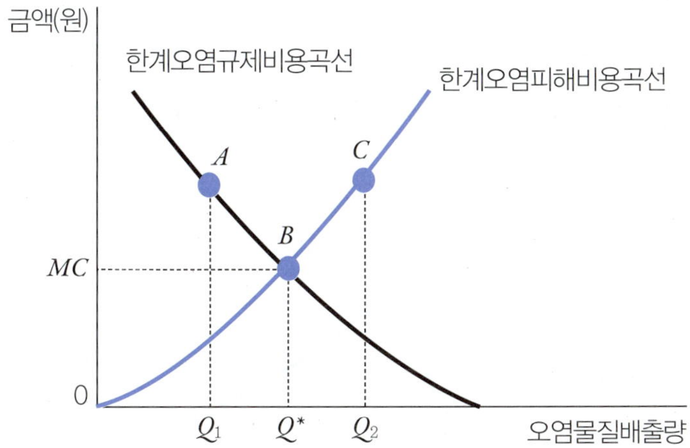

준 Q^*이며, 여기서의 편익은 피해감소이므로 순편익의 최대화는 환경비용의 최소화나 순피해감소액의 최대화와 동일한 문제가 된다.

그림은 오염배출량에 대한 규제가 강화되어 환경이 좋아지면 점 *B*에서 점 *A*로 환경규제의 한계비용이 상승한다는 것을 보여준다. 그리고 오염배출량이 증가하여 환경이 악화되면 점 *B*에서 점 *C*로 환경피해의 한계비용이 상승한다는 것을 보여준다. 점 *A*에서는 환경피해보다 환경규제의 한계비용이 훨씬 높아 규제가 비효율적이며, 점 *C*에서는 그 반대로 환경규제보다 환경피해의 한계비용이 훨씬 높아 피해를 줄이기 위해 오염배출을 줄일 필요가 있다. 따라서 점 *B*가 효율적인 오염배출의 적정수준인 **파레토최적 환경오염수준**을 나타낸다.

그림에서 추가로 알 수 있는 사실은 오염배출수준이 제로가 아니라는 것이다. 자동차 사고의 피해와 자동차 매연의 경우를 생각해보면 이 사실을 쉽게 이해할 수 있다. 자동차 사고와 매연에 의한 피해액은 상당할 것으로 예상되지만 자동차 사고와 매연을 없애기 위해 자동차를 없앤다면 그 비용이 너무 클 것이다. 자동차를 이용함으로써 우리가 얻는 편익이 상당하므로 자동차 사고와 매연을 줄이는 비용은 자동차 사고와 매연의 피해감소와 비례해서 증가할 것이다. 그래서 속도제한, 자동차 정기점검 등의 방법을 사용하지만 자동차 생산을 완전히 중단한다는 말은 듣기 어렵다. 자동차 사고와 매연의 효율적 수준이 0이 되지 않는 이유가 여기에 있다.

그런데 위의 비용최소화 접근방식은 수요와 공급의 원리에 입각한 접근방식으로 재해석할 수 있다. 이에 대해 살펴보자. **그림 6-7**에서 곡선 *DD*는 환경오염에 따른 한계환경규제비용곡선을

그림 6-7 수요-공급에 의한 파레토최적 환경오염수준

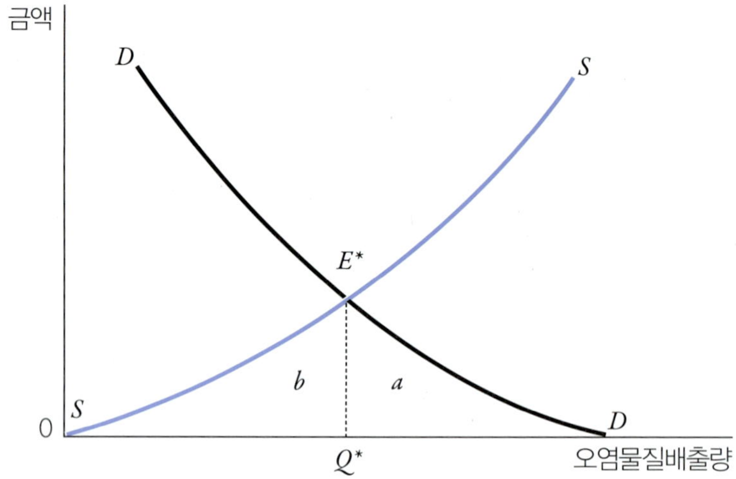

나타내는데, 환경오염물질을 한 단위 더 배출함으로써 얻는 환경편익을 나타내는 한계환경편익곡선으로 볼 수 있다. 환경오염물질을 한 단위 더 배출할 때 사회가 얻는 사회적 편익은 무엇인가를 생각해보자. 이에 대한 답은 환경오염물질 한 단위의 배출 때문에 생산될 수 있는 재화의 가치가 무엇인가를 알면 풀린다.

예를 들어 자동차 생산공장에서 자동차 1대를 더 생산하는 데 오염물질이 1단위 더 배출된다면 소비자들은 오염물질 1단위 배출 덕분에 자동차 1대의 가격에 해당하는 편익과 소비자잉여를 더한 만큼의 편익을 누린다고 할 수 있다. 국민경제전체로 보면 자동차 1대를 더 생산하는 데 추가되는 생산비용을 빼주어야 하기 때문에 소비자편익에서 생산비를 뺀 나머지가 사회적 순편익이다. 따라서 곡선 *DD*는 환경오염물질을 한 단위 더 배출함으로 인해서 추가되는 편익을 의미하는 한계환경편익곡선이므로 **환경오염의 수요곡선**이라고 볼 수 있다. 어떤 재화를 이용함으로써 얻는 편익이 수요곡선의 개념이기 때문이다. 그리고 이 곡선이 우하향하는 이유는 수확체감의법칙이 작용하여 단위당 생산비가 체증하기 때문이다.

한편, 곡선 *SS*는 오염물질배출량이 한 단위 증가함에 따라 추가되는 피해액이 점점 더 커진다는 것을 보여주는 한계환경피해비용곡선을 나타낸다. 그러므로 이 곡선은 환경오염의 공급에 따른 기회비용을 의미하는 **환경오염의 공급곡선**이라고 볼 수 있다. 어떤 재화의 공급에 소요되는 비용이 공급곡선의 개념이기 때문이다. 환경오염의 피해는 인체 피해와 물질적 피해를 모두 포함하

는데, 인간에 대한 직접적 피해와 다른 생물과 무생물을 통한 간접적 피해를 각각 의미한다. 따라서 환경오염의 수요곡선(한계환경편익곡선)과 환경오염의 공급곡선(한계환경피해비용곡선)이 만나는 Q^*에서 한계편익과 한계비용이 일치하므로 사회적 순편익이 극대화된다는 의미에서 파레토최적 오염수준이라고 말할 수 있다.

정석 사고

파레토최적 환경오염수준은 환경오염의 수요곡선(한계환경편익곡선)과 공급곡선(한계환경피해비용곡선)이 일치하는 오염수준이다. 한 가지 유의할 것은, 파레토최적 환경오염수준이 환경오염을 완전히 없애는 것을 의미하지 않는다.

2. 환경정책의 종류

앞에서 살펴본 최적오염수준의 결정은 환경정책 수립에 대단히 중요한 이론적 근거와 수단을 제공한다. 파레토효율성은 한계규제비용이 한계피해비용과 동일할 때 달성된다. 이러한 균형을 달성하는 한 가지 방법은 환경오염량을 환경기준으로 설정하여 규제를 하는 것이다. 또 다른 방법은 오염배출의 각 단위당 한계피해를 조세나 부과금에 의해 내부화하는 것이다.

이론적으로 보면 이러한 정책수단들의 효율적인 수준과 목표를 쉽게 정의할 수 있지만 실제로 집행하는 데에는 어려움이 많다. 이러한 정책수단들을 적용하기 위해서는 환경피해비용과 환경규제비용을 모두 알아야 하고 두 가지 한계비용이 만나는 점인 오염배출의 효율적 수준까지 정확히 알아야 하는데 정책수행자들은 규제비용과 피해비용에 대한 믿을 만한 정보를 가지고 있지 않는 경우가 허다하기 때문이다.

정부의 환경부서가 정확한 정보를 가지고 있지 않은 경우라면 어떻게 환경규제를 하는가? 한 가지 방법은 여러 나라에서 선택하는 환경기준을 살펴서 인간과 생태계가 한계적으로 안전한 기준인 임계점을 찾는 것이다. 이제 이렇게 정해진 환경기준인 임계점을 충족시키는 수단과 책임을 많은 오염배출원 사이에 어떻게 할당할 것인가 하는 문제가 남는다. **비용-효과기준**(cost-effectiveness criterion)이 이러한 목표를 달성하는 강력한 기준이 될 수 있다. 이 기준은 미리 목표를 설정해놓고 그 목표를 달성할 수 있는 여러 가지 방법들 중에서 효과 혹은 성과의 한 단위당 비용(비용-효과비율)이 가장 작게 드는 방법을 선택하는 것을 말한다. 이에 대해서는 다음 항에서 살펴볼 것이다.

사람은 종종 논리보다는 감정적으로 문제에 반응하곤 한다. 이러한 사람의 특성을 이용하여 환경정책을 수립하는데, 그 종류에는 직접규제방식과 간접규제방식이 있다. 간접규제방식은 공해유발자들이 공해발생을 자제하도록 하는 인센티브(유인)제도와, 오염배출권시장을 이용하는 방식 등을 포함한다.

(1) 직접규제

정부가 오염행위를 금지시키고 위반할 때 처벌을 하는 규제방식을 말한다. 만약 소금 성분이 수질오염을 발생시킨다면 정부는 세척제 등에 소금 사용을 금지하고 이를 위반할 경우 처벌을 하거나 과태료를 부과한다. 이러한 방식은 파레토최적 오염수준으로 오염을 줄일 수 있지만 오염배출원의 종류와 위치에 따라 오염을 줄이는 데 드는 비용이 달라서 일률적으로 규제기준을 설정하면 오염배출원들 사이에 효율적인 오염배출량을 분배하기 어렵다.

그림 6-8에서 직접규제의 환경기준이란 어느 지역이나 도시에서 인간의 건강을 위해 환경이 가져야 할 최소한의 수준으로서 최대한의 수질, 대기오염수준을 말한다. 배출허용기준은 개별 환경오염원(배출업소)에 대해 일정한 오염물질배출량의 기준을 정한 후 허용기준치(오염의 기초공제)를 넘는 경우 벌금 등으로 규제하는 방식을 말한다. 일종의 오염공제제도인 배출허용기준은

그림 6-8 환경정책의 종류

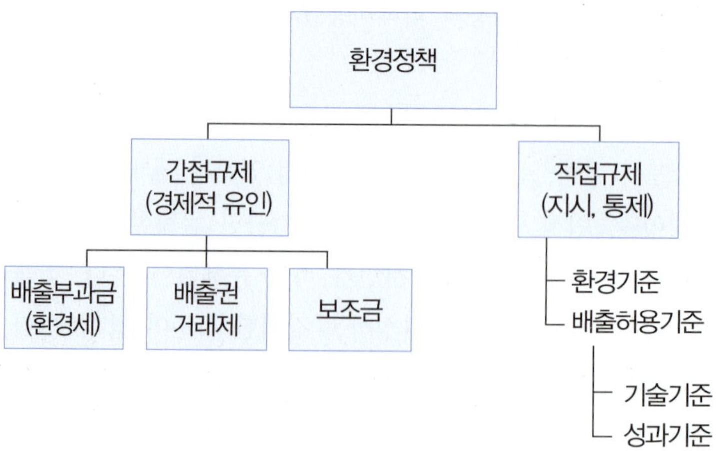

환경기준과 달라서 배출허용기준이 충족되어도 환경기준이 꼭 달성되는 것은 아니다. 왜냐하면 수질오염의 경우, 강 상류의 오염배출업체가 배출허용기준을 지키더라도 강 하류의 여러 지점의 수질이 동일하게 유지된다는 보장이 없기 때문이다.

직접규제의 방식에는 반드시 따라야 하는 행정명령방식의 기술기준이 있다. 예를 들어 자동차에 배출정화장비를 장착하도록 의무화하는 방법이다. 이 방식은 관리 감독하기는 쉽지만 환경정책목표를 직접 실현할 수 없다. 또한 과학기술이 계속 발전하므로 현재의 환경오염방지기술이 가장 경제적이라는 보장이 없다. 행정명령방식의 다른 하나는 성과기준으로 기술지표(배출정화장치의 감축목표, 폐기가스감시장치의 감축목표 등)를 미리 정해두고 모든 기업이 이 기준을 충족하도록 하는 방식이다. 이러한 방식들은 정부가 개별기업들의 비용정보를 알 수 있어야 하는데, 현실적으로 불가능에 가깝기 때문에 비용이 최소화되지 않아 비효율적이다.[7]

(2) 간접규제

정부가 경제적 인센티브(誘因)를 이용하여 환경오염행위를 규제하는 방식이다. 환경세(피구세) 혹은 배출부과금, 배출권거래제를 그 대표적인 예로 들 수 있다. 배출부과금의 경우 자동차에 배출정화장비를 장착하게 하고, 미장착시 1km당 얼마의 세금을 내도록 할 수 있다. 따라서 자동차 운전자들은 배출정화장비를 장착하거나 운전을 더 적게 하는 유인을 가지게 된다.

경제학자는 경제적 인센티브방식을 선호한다. 크게 보아서 다음 두 가지 방식으로 경제주체의 행동과 동기를 바꾸려고 한다. 하나는 오염물질배출량에 대한 과세방식(배출부과금과 보조금)이고, 다른 하나는 배출총량을 규제하고 배출권을 개인들에게 분배하여 배출쿼터를 사고팔 수 있도록 하는 방식(배출권거래제)이다. 다음 항들에서는 이 두 가지 방식을 살펴보고자 한다.

3. 배출권거래제도

정부가 기업의 오염규제비용에 대한 정보가 없는 경우 직접 규제하는 것이 가장 간단한 방식이다. 오염배출기준을 설정하고 각 기업이 동일하게 오염정화를 하도록 하는 것이다. 그러나 이 방식은 명확히 말해 비용을 최소화하는 방식이 아니다. 비록 정부가 정보를 가지고 있지 않더라도 비용을 최소화할 수 있는 방식으로 배출부과금제도와 배출권거래제도를 들 수 있다. 여기서는 배출권거래제도를 살펴보고, 다음 항에서는 배출부과금제도를 살펴볼 것이다.

배출권거래제도는 1970년 데일즈(J.H. Dales)가 처음 제안한 이래 발전되어왔으며 경제적 인센티브를 활용하는 방식이다. 앞 항에서 환경서비스의 사용에 대한 재산권이 잘 설정되지 않은 것이 외부성의 발생원인이라는 것을 살펴보았다. 철강공장과 세탁업자의 예처럼 맑은 공기에 대한 재산권이 잘 설정되지 않으면 철강공장이 대기오염을 발생시킬 수 있고 세탁업자는 대기를 정화하는 비용 또는 대기오염의 피해비용을 부담하게 된다.

이러한 경우 정부가 오염배출권을 설정해놓으면 기업들은 오염배출권을 서로에게 사고파는 오염배출권거래시장을 통해 파레토효율적인 오염수준을 달성할 수 있다. 구체적으로는 정부가 사회적 한계편익과 사회적 한계비용을 통해 바람직한 오염배출수준을 설정하고, 그 수준만큼만 오염을 배출할 수 있도록 오염배출권을 발행하여 기업들에게 분배하는 방식이다.

이 제도가 어떻게 작동하는지 간단한 수질오염의 예를 사용하여 설명해보자. 배출권거래시장이 어느 정도 형성되어 1,000원에 100리터를 오염시킬 수 있는 배출권을 구매할 수 있는 균형가격이 형성되었다고 하자. 만약 어떤 기업이 500원의 비용으로 100리터의 오염을 줄일 수 있다면 자신이 가지고 있는 오염배출권 1장을 1,000원에 팔고 100리터의 오염을 줄이면 오염배출권의 판매가격 1,000원에 오염배출감축의 비용 500원을 뺀 500원의 이익을 가질 수 있다. 그런데 다른 기업은 1,500원의 비용으로 100리터의 오염을 줄일 수 있다면 이 기업은 그 오염배출권을 아주 만족스럽게 구매하려고 할 것이다. 왜냐하면 배출권의 구매가격은 1,000원인데, 그만큼의 오염감축에 따르는 비용은 1,500원이어서 그 배출권을 구매하여 오염감축 대신 오염배출을 할 수 있기 때문이다.

구체적으로 어떻게 오염배출권거래시장이 형성되는지 살펴보기 위해서 두 기업만 있는 단순한 경우를 가정하고 비용-효과적 분석을 해보자. **표 6-1**의 예에서 보듯이 두 기업은 현재 오염물

표 6-1 오염정화량과 한계(규제)비용

오염정화량	0	1	2	3	4	5	6	7	8	9	10	11	12	13	14	15
기업 A의 한계비용	0	1	2	3	4	5	6	7	8	9	10	11	12	13	14	15
기업 B의 한계비용	0	2	4	6	8	10	12	14	16	18	20	22	24	26	28	30

질을 30단위 배출하고 있다고 가정하자. 그런데 정부는 15단위가 환경의 자정능력이라고 보고 15단위를 감소시키려고 한다. 정부가 감소시키려는 15단위를 두 기업 사이에 어떻게 할당하면 오염정화의 총비용을 최소화할 수 있을까?

표 6-1에서 보듯이 각 기업의 한계비용의 크기는 오염정화량에 대하여 증가하고, 오염정화총량의 비용의 크기는 한계비용의 합과 같다. 예를 들어 오염정화량이 3단위일 경우 세 번째 단위의 정화에 드는 기업 *A*의 한계비용은 3이다. 그러나 총비용의 크기는 첫 번째 단위의 정화에 드는 비용 1, 두 번째 단위의 정화에 드는 비용 2, 세 번째 단위의 정화에 드는 비용 3을 모두 합한 6이 된다. 이를 그림으로 옮겨 정부가 감소시키려는 15단위를 두 기업 사이에 어떻게 할당하면 오염정화의 총비용을 최소화하는 것인지 살펴보자.

그림 6-9에서 가로축을 좌측으로부터 읽으면 기업 *A*의 환경규제비용(오염정화비용)을 나타내고, 우측으로부터 읽으면 기업 *B*의 환경규제비용을 나타낸다. 한 가지 주목할 것은 가로축의 모든 점들은 15단위의 오염정화량을 나타내므로 두 기업 사이의 오염정화량의 조합만 다르다는 것이다. 이 경우 비용–효과적 할당방법은 기업 *A*가 10단위를 정화하고 기업 *B*가 5단위 정화하는 것인데, 이때의 총비용은 면적 *A*와 면적 *B*의 합으로 나타낼 수 있다. 면적 *A*는 기업 *A*의 환경규제비용이며, 면적 *B*는 기업 *B*의 환경규제비용이다. 어떤 다른 할당방법도 이것보다 높은 비용이

그림 6-9 오염배출권의 비용-효과성

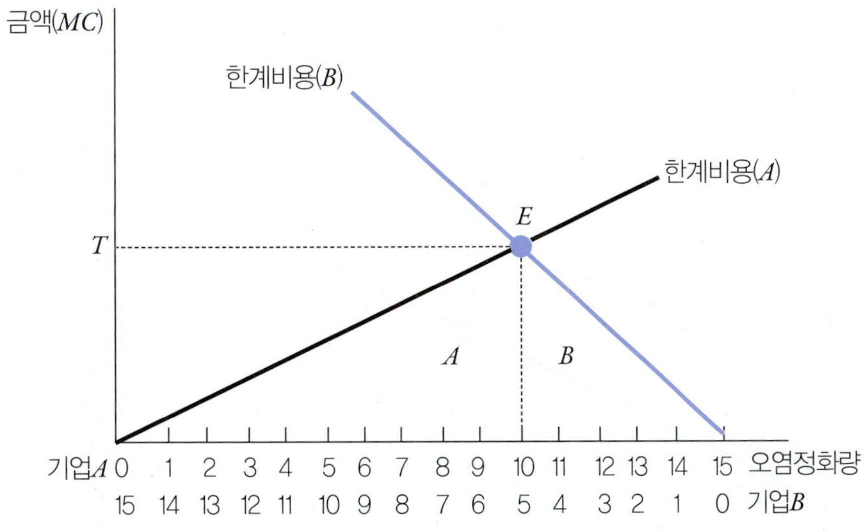

제1편
제2편
제3편
제4편
제5편

든다는 것을 알 수 있다. 따라서 모든 기업들의 한계환경규제비용이 같도록 할당할 때 오염정화를 위한 총비용이 최소화된다. 이를 **비용-효과의 한계균등법칙**이라고 부른다.[8)]

이 정책하에서 기업들은 비용을 최소화하는 오염배출량만큼 배출하게 된다. 이를 **그림 6-10** 을 통해 확인해보자. 만약 기업 A가 7단위의 오염배출권을 가지고 있다면 이 정책하에서는 8단위를 정화하여야 한다(A점). 마찬가지로 기업 B는 8단위의 오염배출권을 가지면 7단위를 정화하여야 한다(B점). 이 경우 두 기업 모두 거래를 하고 싶은 유혹을 가지게 되는데, 그 이유는 기업 B의 한계환경규제비용이 기업 A의 그것보다 훨씬 높아서 기업 B가 기업 A로부터 P_3보다 낮은 가격에 배출권을 살 수 있다면 비용을 낮출 수 있기 때문이다. 반면에 기업 A는 P_1보다 높게 팔 수 있다면 더 큰 이익을 얻게 된다.

이러한 배출권의 거래는 기업 A가 10단위를 정화하여 5단위의 배출권을 가지고 기업 B가 5단위를 정화하여 10단위의 배출권을 가질 때까지 계속될 것이다(E점). 배출권의 가격이 P_2가 되는 지점에서 두 기업의 배출권의 한계가치가 같아지고 두 기업은 더 이상 거래할 유인이 사라지기 때문이다. 이때 이루어지는 균형이 바로 우리가 찾고자 했던 비용-효과적인 할당량이 된다. 정부는 단지 15단위의 배출권만을 발행하고, 나머지는 시장이 자동적으로 비용을 최소화하는 것이다.

한편 정부가 오염배출수준을 더 낮추고 싶을 때에는 배출권거래시장에서 배출권을 다시 구입하면 되므로 정책의 편의성이 높다고 하겠다. 실례로, 1990년 미국의 연방정부는 대기정화법

그림 6-10 오염배출권시장의 거래

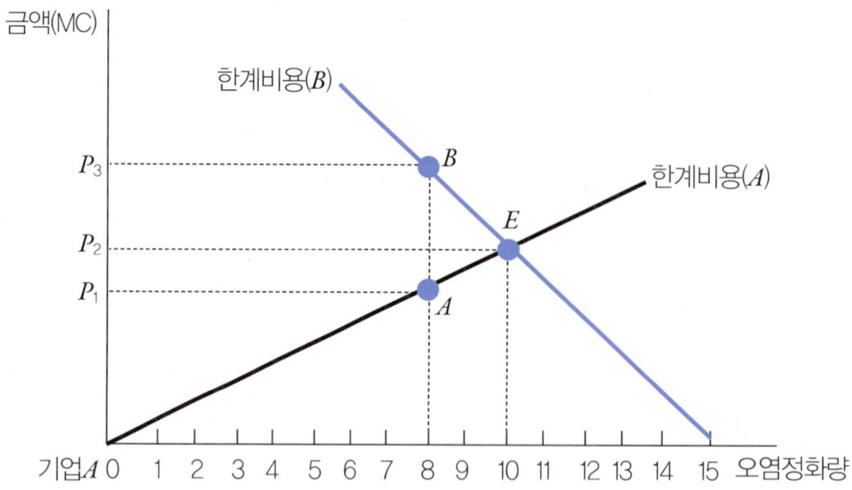

(Clean Air Act)에 따라 전력회사들에게 아황산가스의 배출권거래제를 허가함으로써 그 첫 번째 실험을 시작하였다. 그 후 2000년에는 아황산가스를 더 많이 감축하도록 하는 배출권거래제를 시행하였다. 그 결과는 매우 성공적인 것으로, 연방정부가 설정한 목표수준을 초과하여 아황산가스의 배출량이 50% 이상 줄었다고 보고되고 있다.

결론적으로 배출권거래제도는 최소의 비용으로 환경목표를 달성하고 환경오염방지기술의 발달을 촉진하는 효과를 가진 제도이다. 공해기업은 오염배출량을 줄이는 비용과 배출권의 구입가격(비용)을 비교하여 더 값싼 방식을 선택하므로 효율적인 생산이 가능하다. 낮은 비용으로 오염배출량을 줄일 수 있는 기업은 오염방지기술의 개발에 노력하고, 높은 비용을 들여야 오염배출량을 줄일 수 있는 기업은 오염배출권을 구매하여 생산을 늘릴 수 있다.

그러나 이 제도는 단점도 많다. 첫째는 시장의 기존기업들이 신규기업의 시장진입을 제약하는 수단으로 배출권을 악용할 수 있다. 즉, 배출권시장의 독점화의 문제가 발생할 수 있는 것이다. 둘째는 환경오염을 시킬 수 있는 권리를 노골적으로 공해기업들에게 부여한다고 할 수 있다. 따라서 환경운동가나 환경단체들이 거부감을 가질 수 있는 제도라고 하겠다. 셋째는 배출권거래시장이 활성화되려면 많은 기업들의 참여가 필요한데, 후진국의 경우 참여하는 기업의 수가 적어서 배출권거래시장이 활성화되기 어려우므로 널리 사용되기 어려운 제도라고 할 수 있다.

정석 사고

배출권거래제도는 공해기업이 오염배출량을 줄이는 비용과 배출권의 구입가격(비용)을 비교하여 더 값싼 방식을 선택하도록 함으로써 효율적인 생산이 가능하도록 한다. 따라서 규제당국은 총배출량만 조정하고, 각 기업의 배출량은 배출권거래시장의 배출권가격에 의해 결정된다. 이 제도에 대해 환경단체들은 기업들에게 환경을 오염시킬 권리를 부여한다고 비판한다.

4. 배출부과금제도

배출부과금제는 정부가 기업에게 오염배출단위당 부과금을 징수하는 방식이다. 기업의 지불액은 단위당 부과금에 오염배출단위를 곱하여 산출된다. 앞의 예(**표 6-1**)를 사용하여 기업 A가 얼마의 양을 정화할 것인가를 살펴보자. 만약 이 기업이 정화를 전혀 하지 않으면 오염배출량은 전체적으로 15단위가 되고 기업 *A*가 지불하는 총부과금은 **그림 6-11**의 면적 *OTBD*가 된다. 그

제1편
제2편
제3편
제4편
제5편

그림 6-11 오염정화량과 배출부과금

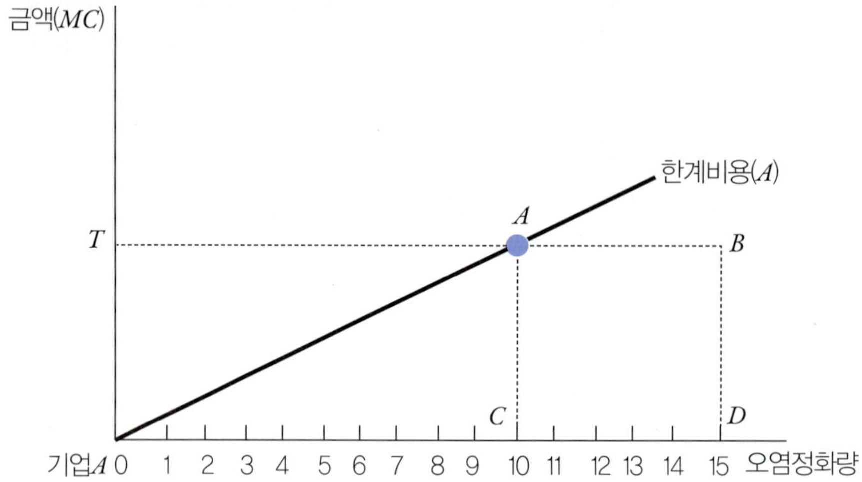

리고 만약 이 기업이 5단위 오염을 배출하고 10단위 정화를 한다면 기업의 환경정화비용 *OAC*와 총부과금 *ABCD*를 합한 *OABD*가 총비용이 된다. 이 비용은 정화를 하지 않을 때보다 확실히 적다.

따라서 오염배출부과금이 적절하게 부과된다면 자동적으로 비용-효과적인 오염정화량의 할당이 이루어진다. 문제는 적절한 부과금을 어떻게 알 수 있는가 하는 것이다. 기업들의 환경규제비용에 대한 정보 없이는 시행착오를 통하여 적절한 부과율을 찾아낼 수밖에 없다. 예를 들어 임의로 부과금을 부과하고 이에 맞추어 기업들이 정화하는 오염량을 관찰하는 것이다. 관찰된 환경오염정화량이 목표치보다 크다면 부과금을 낮추어 다시 부과하는 방식으로 적절한 부과금을 찾을 수 있다.

이러한 부과금제도는 비용-효과적인 할당량을 찾을 수 있을 뿐만 아니라 기술진보를 촉진할 수도 있다. 왜냐하면 기업이 기술혁신을 통해 한계규제비용을 낮출수록 부과금을 포함한 총비용이 줄어들어 이윤이 커지기 때문이다. 위의 그림에서 기업의 한계비용곡선이 아래로 이동하면 면적 *OABD*는 줄어든다.

앞에서 본 배출권거래제도와 달리 배출부과금제도의 문제점은 시행착오를 통해 적절한 부과금을 찾아야 한다는 것이다. 이러한 문제 없이 비용을 최소화하는 방식이 배출권거래제도라고 할 수 있겠다.

> **정석 사고**
>
> **배출부과금제도**란 배출부과금이라는 일종의 가격을 통해서 총배출량과 각 기업의 배출량을 조정하는 제도라고 할 수 있다. 반면에 배출권거래제도는 총배출량만 조정하며 각 기업의 배출량은 배출권거래시장에서 결정된 배출권가격에 의해서 정해진다. 배출부과금과 같은 환경세가 가격조정방식이라면 배출권거래제도는 수량조정방식의 환경정책이라고 할 수 있다.

5. 보조금제도

배출부과금과 똑같은 환경개선효과를 가져오는 방식으로 피구방식의 보조금제도를 생각할 수 있다. **그림 6-11** 을 이용하여 그 효과를 살펴보자. 정부가 오염배출을 줄이는 단위당 OT만큼 보조금을 지불한다면 기업은 자발적으로 10단위를 정화하려고 할 것이다. 그 이유는 10단위까지 정화하는 데 드는 비용은 삼각형 OAC인 데 반해 보조금은 사각형 $OTAC$이기 때문이다. 만약 기업이 10단위 이상 정화하면 그 추가단위에 대한 한계정화비용이 단위당 보조금보다 높아서 나머지 5단위는 그냥 배출하는 것이 유리하다. 따라서 배출부과금과 동일한 환경개선효과를 가져오는 것이다.

그러나 소득분배 측면을 생각할 때 배출부과금제도보다 좋지 않다고 볼 수 있다. 오염을 유발하는 기업이 오히려 보조금을 받는 것은 일반국민의 시각에서 볼 때 세금으로 공해기업을 도와주는 것이기 때문이다. 또한 장기적으로 볼 때 오염을 방지하거나 정화하는 기술개발에 소극적일 수 있는 문제점도 있다.

> **정석 사고**
>
> 보조금제도는 배출부과금제도와 동일한 효과를 가져올 수 있지만 기업의 생산비용을 낮추어 이윤을 증가시키므로 분배 측면에서 오히려 공해기업을 도와주는 문제점이 있다.

제5절 환경정책과 경쟁력 및 무역

정석 재정학

환경문제는 재화의 소비와 생산과정에서 발생한다. 따라서 환경문제는 본질적으로 경제행위의 일부이다. 환경문제를 자연현상으로만 취급하거나 일부 기업들의 비도덕적인 행위로 인식하면 해결하기가 쉽지 않다. 물론 환경교육, 환경의식개혁을 위한 시민운동, 또는 환경개선을 위한 정부의 각종 캠페인 등도 병행되어야 하지만 경제학자들은 이러한 것들에만 의존하는 방법의 효과에 대해 확신을 하지 못하고 있다. 그래서 환경을 효율적으로 이용할 수 있는 시장체계를 만들고자 노력하고 있다.

1. 환경정책과 경쟁력

경제를 성장시키고 개발하는 전통적인 경로의 하나는 경제를 개방하여 무역을 하는 것이다. 보다 자유로운 국제시장은 소비재의 가격을 낮추어 소비자들의 후생을 높이고, 국내상품을 해외로 수출하여 자본을 축적할 기회를 가지게 한다. 한 국가내의 시장에서 개인들이 상품을 사고팔면 모두 이익이 되듯이 국가간에도 상품을 서로 사고팔면 교역당사국 모두에게 이익이 된다는 주장은 애덤 스미스 이래로 줄곧 이어온 전통이론이다.

어떤 상품을 한 국가가 다른 국가보다 더 적은 양의 생산요소를 투입해서 만들 수 있다면, 이 국가는 이 상품의 생산에 있어서 절대우위를 가지고 있다고 말한다. 그리고 각 국가가 절대우위를 가진 상품들을 서로 교역하면 모두에게 이익이 된다는 것이다. 이러한 애덤 스미스의 절대우위론을 확장하여 리카도는 한 국가가 모든 상품의 생산에 있어서 절대우위를 가지고 있지 못하더라도, 상대적으로 싸게 생산할 수 있는 상품의 생산에만 특화하여 수출하고 다른 상품을 수입하면 교역당사국 모두에게 이익이 된다고 주장한다. 이러한 리카도의 비교우위론은 자유무역의 복음이 되었다.

또한 자유무역은 기업에게 보다 더 넓은 시장에 접근할 기회를 주므로 생산규모가 확장될 수 있다. 생산규모가 커지면 단위당 생산비가 떨어지는 규모의 경제가 작용한다. 규모의 경제가 작용하면 소비자들은 보다 더 값싸게 상품을 구입할 수 있다. 따라서 산에서 눈덩이가 구르듯 사회후생은 교역으로 인해 훨씬 커지게 된다는 것이다.

그러나 이러한 자유무역주의는 환경보호론자들의 도전을 받고 있다. 환경보호론자들은 세계의 환경을 보전하기 위해서는 환경을 오염시키며 생산된 상품과 동식물의 다양성감소 혹은 멸종을 초래하는 상품의 교역에 높은 관세를 부과하거나 교역을 금지해야 한다고 주장한다.[9)]

어느 주장이 더 옳다고 말하기 전에 분명한 것은 자유무역론자들도 어떤 상황에서는 정부가 전혀 개입하지 않고 환경오염을 방치해야 된다고 주장하지는 않을 것이라는 점이다. 그러나 이들은 무역자유화가 환경적으로 건전한 기술의 도입가격을 낮추므로 환경비용을 절감하는 효과가 있다고 주장한다. 오히려 자국 공해산업의 보호와 막대한 보조금지급 때문에 세계의 환경이 나빠지고 있다는 것이다.[10] 이하에서는 전통적 자유무역이론을 이용하여 환경규제의 수출효과, 교역조건효과, 환율효과와 국제수지균형문제를 살펴보겠다.

(1) 환경규제와 수출효과

환경규제를 강화한다는 것은 기업으로 하여금 오염물질의 배출량을 줄이게 하므로 환경을 덜 이용하게 하는 것이다. 기업으로서는 상품의 생산량을 줄이거나 대체비용을 추가로 부담해야 하므로 생산비가 종전보다 더 증가할 수밖에 없다. 따라서 이러한 생산비의 증가로 국제시장에서 수출경쟁력을 잃기 때문에 수출이 감소하게 될 것이다.

그러나 장기적으로 환경규제의 강화가 수출에 미치는 영향은 비교우위부문의 성격에 따라 달라질 수 있다. 헥셔-올린의 이론에 따르면 각 국가는 상대적으로 풍부한 생산요소를 많이 사용하여 생산되는 상품에 비교우위를 가진다. 그러므로 만약 환경개선을 위한 자원이 주로 노동보다 기계, 약품 등 자본재를 더 많이 필요로 한다면, 환경규제의 강화가 자본의 상대적 가격을 높이고 자본집약적인 산업에 비교우위가 있는 산업의 생산비를 증가시켜 수출경쟁력을 감소시킨다. 그러나 환경규제의 강화가 자본집약적이고 비교우위를 가진 산업은 노동집약적이라면, 노동이 상대적으로 더 싸져서 수출경쟁력이 더욱 강화되는 결과가 나온다.

(2) 환경규제와 교역조건효과

단기적으로 환경규제의 강화는 생산요소의 일부를 오염정화비용으로 전용하게 하므로 기업의 생산비를 증가시켜 수출물량이 감소하게 된다. 그러나 수출품의 가격이 오르면서 교역조건이 개선될 수 있다. 왜냐하면 **교역조건**은 수입품에 대한 수출품의 가격, 또는 수출품 한 단위와 교환될 수 있는 수입품의 양을 나타내기 때문이다. 그리하여 수출물량에 수출가격을 곱한 수출액은 증가할 수 있다.

이와 같이 교역조건을 변화시킬 수 있는 경제적 대국의 경우 환경규제로 인한 비용상승부담을 교역품의 가격에 전가시켜 교역상대국과 분담할 수 있다. 그러나 경제적 소국의 경우에는 교역조건과 국제가격에 영향력을 행사할 수 없으므로 환경비용상승부담을 수출물량의 감소로 감수해야 한다. 이로 인해 국제수지가 악화될 수 있다.

(3) 환경규제와 환율효과

경제적 소국의 경우 환경규제의 강화가 국제수지 악화의 원인이 될 수 있다고 하였다. 그러나 수출의 감소로 외환시장에서 외화의 공급이 줄어서 환율(외화가치)이 올라간다. 환율이 오르면 채산율이 높은 국내상품들까지 경쟁력을 가지게 된다. 우리나라의 입장에서 **채산율**이란 현재 수준보다 원화강세이면 해당상품은 상대국에 대해 경쟁력을 상실하고, 원화약세이면 경쟁력을 가질 수 있는 경계선 환율이다. 따라서 경쟁력이 강한 상품일수록 채산율은 낮다.

환율이 올라 원화약세가 되면 채산율이 높은 상품까지 국제경쟁력을 가져서 다시 수출이 늘어나게 된다. 이로 인해 국제수지 적자가 해소된다. 물론 이 과정에서 환경오염유발산업들이 퇴출되고 환경친화산업들이 부상하는 산업구조조정이 일어날 수 있다. 이러한 산업구조조정은 자원의 효율적 이용과 사회후생의 증가라는 측면에서 바람직한 것이다.

지금까지 설명한 여러 경쟁력효과는 사실 환경규제가 생산비를 높여 생산성을 낮춘다는 전제하의 효과라고 할 수 있다. 그런데 이러한 전제와 정반대되는 '**포터가설**(Porter hypothesis)'이 있다. 이 가설에 따르면, 엄격한 환경규제는 기업들의 경쟁력을 강화시켜 국제시장에서 비교우위를 가지게 한다. 포터는 물론 모든 종류의 환경규제가 국제경쟁력을 높일 것이라고 생각하지 않는다. 보다 정확히 말하면 "올바른 환경규제를 설정해야 비교우위로 바뀔 수 있다"라고 주장한다.[11] 그의 견해에 따르면, 올바른 규제란 오염을 줄이는 동시에 비용을 줄이거나 질을 높여주는 공정을 수반해야 한다. 이것은 환경규제가 기술혁신을 유발하고 결국 기업의 이윤을 증가시킨다고 보는 것이다. 따라서 포터가설이 제시하고 있는 환경규제는 다음의 기준을 만족해야 한다.

첫째, 환경규제수단은 단순히 공해방지나 정화를 하는 수단이 아니라 보다 근원적으로 공해를 방지하는 수단을 사용해야 한다.

둘째, 환경규제수단은 기술을 제약시켜서는 안 된다.

셋째, 환경규제수단은 관련비용에 탄력적이어야 한다.

넷째, 환경규제수단은 시장인센티브수단을 사용하여야 한다.

이러한 조건들이 필요조건인지 충분조건인지는 확실하지 않지만 기술혁신에 우호적인 것은 틀림없다.

포터는 환경규제가 기업의 기술혁신뿐만 아니라 환경관련 산업의 성장을 촉진한다고 본다. 환경규제에 순응하는 과정에서 환경정화장비산업, 환경정화서비스산업도 성장하여 소득과 고용이 새로이 창출된다는 것이다. 이와 함께 적응능력과 비용이 비효율적인 기업은 도태되는 구조조정도 일어나서 경제전체의 효율성이 증가하는 것으로 생각한다.

한편 오츠, 팔머, 포트니(1993)는 공해방지기술혁신이 가능한 단순한 모형에서 포터가설을 검증한 바 있는데, 포터가설과는 달리 환경규제의 강화는 비교우위를 떨어뜨린다는 것이다.[12] 그러나 공해기업과 환경규제당국 사이의 전략적 행위나 공해방지산업의 존재, 환경규제의 강화로 X-비효율성이 줄어드는 기술혁신의 가능성이 있다면 포터가설이 타당할 수 있다고 설명한다.

정석 사고

환경규제의 강화는 생산비의 증가로 국제시장에서 수출경쟁력을 잃어 수출이 감소할 수 있다. 장기적으로는 환경규제의 강화가 자본집약적이고 비교우위를 가진 산업은 노동집약적이라면, 노동이 상대적으로 더 싸져서 수출경쟁력이 더욱 강화될 수 있다. 환경규제의 강화는 경제적 대국의 경우 수출품의 가격이 오르면서 교역조건이 개선될 수 있다. 한편 경제적 소국의 경우 수출물량의 감소효과가 커서 국제수지가 악화될 수 있다. 그러나 수출의 감소로 외환시장에서 외화의 공급이 줄어서 환율(외화가치)이 올라가면 채산율이 높은 국내상품들까지 경쟁력을 가질 수 있다. 이와 같은 전통적 무역이론과 다른 주장으로 '**포터가설**'이 있다. 이 가설에 따르면 환경규제의 강화는 기업들의 경쟁력을 강화시켜 국제시장에서 비교우위를 가지게 한다.

2. 환경정책과 국제무역

앞 항에서는 어떤 국가가 환경규제를 할 때 국제경쟁력에 어떤 영향을 미치는지 살펴보았다. 그러나 여러 국가가 환경규제를 할 경우에는 이 국가들 사이의 복잡한 이해관계가 발생한다. 이러한 관계는 국가마다 환경기준이 다르고 환경규제의 정도가 다르기 때문에 일어난다. 어떤 국가는 자연의 자정능력이 크고 환경오염에 대한 사회적 용인의 정도가 클 수 있다. 이러한 국가를 **환경부국**이라고 한다. 이와 같이 환경도 하나의 자원이므로 헥셔-올린의 이론을 적용하여 환경과 무역의 관계를 설명할 수 있다.

생산과정에서 대기오염과 수질오염 등을 일으키기 쉬운 상품을 생각해보자. 환경부국은 이러한 상품의 생산에 비교우위를 가지는 경향이 있을 것이다. 따라서 그러한 상품의 생산과 수출에 특화하면, 환경부국이 공해를 수입하고 환경빈국이 공해를 수출하는 것과 동일하다. 환경빈국은 상품을 수입하는 양만큼 공해도 발생하지 않는다. 이는 또한 요소가격균등화의 정리와 같다.

국제무역에서 비교우위를 결정하는 요인으로 환경부존량만 있는 것은 아니기 때문에 이러한 주장은 물론 하나의 가설에 불과하다. 대체로 후진국들은 선진공업국들에 비해서 환경부국일 가능성이 높다. 산업화가 덜 진척된 관계로 자연의 자정능력이 남아 있고, 환경오염에 대한 사회적 용인의 정도도 클 것으로 예상된다. 이에 비해서 선진공업국들은 환경오염이 심해져 있고 국민들의 환경의식이 높아서 환경규제를 강화하지 않을 수 없다. 이러한 선진국들의 환경규제의 강화는 특히 환경오염상품에 있어서 후진국의 비교우위를 강화하는 계기가 된다. 그렇지만 선진국의 환경규제의 강화가 후진국에게 이롭다고 단정하기는 어렵다.[13)]

환경규제의 수준이 다른 국가들 사이에 이루어지는 국제무역에서 교역당사국들의 이해관계의 충돌에 관한 유명한 가설의 하나가 '**공해안식처가설**(pollution havens hypothesis)'이다. 이 가설에 따르면 엄격한 환경규제는 규제가 느슨한 국가들로 국내생산설비를 이동시키거나 규제가 약한 국가들로부터 환경오염상품의 수입을 증가시킨다. 대개 환경부국은 후진국이므로 환경규제가 느슨하고, 선진국의 공해기업의 진입을 투자유치로 간주하여 환영하는 경우가 많다. 결과적으로 후진국들은 공해기업의 천국이 될 수도 있다. 그러나 환경자원이 풍부한 곳으로 기업이 이동함으로써 한정된 환경을 보다 효율적으로 이용하게 된다는 장점이 있다. 이 가설에 대한 실증적 근거가 확실히 확립된 것은 아니다.

정석 사고

환경부국은 환경오염유발상품의 생산에 비교우위를 가지는 경향이 있다. '공해안식처가설'에 따르면 엄격한 환경규제는 환경빈국이 환경부국들로 국내생산설비를 이동시키거나 환경오염상품의 수입을 증가시킨다. 결국 후진국인 환경부국들은 공해기업의 천국이 될 수 있다.

제6절 정석 재정학 국제적 환경정책

1. 국제환경문제

국제환경문제는 환경적인 측면에서 국가간의 외부효과를 발생시킴으로써 국제분쟁을 일으킨다. 일반적인 국내환경문제에서 발생하는 외부효과가 국내경제주체간의 문제라면 국제환경문제는 외부효과가 국가간으로 확장된 것이다. 이러한 문제는 국가간의 경제적 이해관계로 연결되어 이를 해결하기 위해서는 반드시 국가간 협상이 필요하다. 또한 최근에는 환경문제를 무역제재의 수단으로 활용하고 있는 형편이다. 그동안 경제학자들과 환경전문가들이 무역과 환경에 대한 논의를 하여왔지만 아직 분명한 결론을 내리지 못하고 있다.

국제환경문제라고 하면 주로 지구온난화, 오존층의 파괴와 같은 범지구적인 환경오염문제를 들 수 있지만 소수국가들 사이의 환경문제인 지역적 환경오염문제도 포함된다. 이러한 국제환경문제를 성격에 따라 몇 가지 유형으로 나눠보면 월경환경오염, 범지구적 환경오염, 환경규제의 차이에 따른 환경문제 등이 있다.

(1) 월경환경오염

월경환경오염은 환경오염물질이 국경을 넘어 다른 국가로 운반 · 확산됨으로써 발생하는 국제환경문제이다. 가장 고전적인 예는 국제하천의 상류에 있는 국가에서 방출된 오염물질이 하류의 국가에 수질오염피해를 입히는 경우이다. 또 다른 예는 바람을 통해 대기오염물질이 다른 국가로 확산되는 경우이다. 이러한 오염의 대표적인 예는 산성비인데, 미국 오대호 주변의 공업지역의 대기오염물질이 캐나다에 산성비를 뿌려서 캐나다의 숲이 황폐화되었다.[14)]

이처럼 자연의 힘에 의해 오염이 확산되는 경우도 있지만 사람들이 직접 운반하여 오염을 확산시키는 경우도 있다. 그 예로서 과거 러시아가 행한 핵폐기물의 해양투기문제를 들 수 있다. 바로 이러한 문제에 대처하기 위해 1989년 유해폐기물교역에 관한 바젤협약(Bazel Convention)이 나온 것이다.

(2) 범지구적 환경오염

범지구적 환경오염은 범지구적 공유자산의 파괴로 인해 발생하는 국제환경문제이다. 이러한 유형의 환경오염문제는 지구온난화나 오존층의 파괴를 그 대표적인 예로 들 수 있다. 지구온난화 현상은 사실 과거 선진국들이 경제성장을 위해 지구의 화석연료를 마음대로 사용한 결과, 그 연료에서 나오는 이산화탄소가 국경을 넘어 범지구적으로 발생한 국제환경문제이다. 그러나 이미 지구의 자정능력을 초과하였다고 보고, 범세계적인 차원에서 국제환경협약(기후변화협약, 비엔나협약, 몬트리올의정서, 람사협약)을 구체화하고 있다.[15)]

지구오존층의 파괴문제도 같은 유형에 해당한다. 냉장고나 에어컨의 냉매제, 단열제의 발포제, 정밀기기의 세정제로 사용되고 있는 프레온가스(freon gas) 등의 물질이 지구의 성층권을 둘러싸고 있는 오존층을 파괴한다고 알려져 있다. 지구의 오존층이 파괴되면 태양으로부터 오는 자외선 등 각종 유해파장을 차단할 수 없어서 각종 피부병과 백내장 등의 질병뿐만 아니라 농작물에도 피해를 준다고 알려져 있다.[16)]

앞에서처럼 오염물질이 국경을 넘어 범지구적으로 환경문제를 발생시키지 않는데도 사람들의 관심이 국경을 넘어 범지구적으로 확산되어서 국제환경문제가 발생할 수도 있다. 인도의 호랑이, 아프리카의 코뿔소, 바다거북, 돌고래, 브라질의 아마존열대림 등에 대해서 다른 나라 사람들이 관심을 넘어 보호문제를 제기하는 것은 생물다양성을 보존하여 존재가치가 있는 범지구적 공유자원을 미래세대에 넘겨 그들에게 선택권을 주자는 것이다. 이것을 다른 각도에서 말하면 다른 나라에 존재하는 자원이 언젠가 자기 나라에 유용하게 이용될지도 모른다는 미래의 이익을 위한 것일 수도 있다. 하여튼 생물다양성이 빠르게 감소한다는 세계인들의 인식과 우려가 1992년 6월 유엔환경개발회의에서 생물다양성협약을 만들었다.[17)]

(3) 환경규제의 차이에 따른 환경문제

국제환경문제는 개별국가의 환경규제나 환경정책이 국제교역을 통해 다른 국가에 영향을 미칠 때 발생할 수 있다. 국가마다 자연적인 조건이 다르고 환경에 대해 인식하는 가치가 다르기 때문에 환경규제의 정도에 따라 국제경쟁상 어떤 국가는 이익을 보고 또 어떤 국가는 손해를 보게 된다. 그러나 이러한 국제적 환경문제는 쉬운 일은 아니지만 어느 정도 국제기구내에서 국제사회의 노력을 통해 해결가능한 문제라고 볼 수 있다.

정석 사고 국제환경문제는 성격에 따라 다음 세 가지 유형으로 나눠볼 수 있다. 첫째 환경오염물질이 국가간에 확산되어 발생하는 월경환경오염, 둘째 범지구적 공유자산의 파괴로 인해 발생하는 범지구적 환경오염, 셋째 환경규제의 차이에 따른 환경문제 등이 있다.

2. 국제적 환경정책

환경규제의 차이에 따른 국제환경문제는 이미 앞 항에서 논의하였다. 그리고 광의로 보아서 월경환경오염의 문제는 범지구적 환경오염문제에 포함될 수 있는 국제환경문제이다. 따라서 이 항에서는 범지구적 환경문제로서 기후변화와 지구온난화, 혹은 통칭해서 기후온난화에 대한 국제적 환경정책에 초점을 맞추어 살펴보고자 한다.

대다수 과학자들은 기후온난화의 주범이 이산화탄소 배출이라고 믿는다. 온실가스의 반 이상을 차지하는 것이 이산화탄소이다. 지구온난화로 인한 재앙을 방지하기 위하여 온실가스의 배출을 감축하는 것을 목적으로 하는 국제협약이 기후변화협약이다. 이 협약은 1992년 6월 브라질 리우에서 개최된 유엔환경개발회의에서 160여 개국의 서명을 받아 채택되었다. 이러한 온실가스배출, 특히 이산화탄소배출의 감축노력의 구체적인 실천지침으로 1997년 12월 일본 교토에서 선진국들이 서명한 **교토의정서**가 2005년 2월 발효되었다.

여기에 미국은 1997년 7월 미 상원에서 중국과 인도 등 신흥공업국들을 의무감축대상에서 제외했다는 이유로 이산화탄소 의무감축을 거부하는 미 하원의 버드 헤겔 결의안을 95대 0으로 가결시켜 교토의정서의 비준을 거부했다. 이러한 의회의 비준실패로 미국은 2001년 3월 탈퇴하였다. 환경관련 국제협약에서 가장 큰 문제는 무임승차자의 이익과 가입에 따른 국가간 손익의 차이에서 발생한다. 미국의 예도 바로 그런 전형적인 문제를 여실히 보여주고 있다.

교토의정서의 내용을 보면 온실가스 의무감축의 국가들을 부속서I국가로 분류하고 있다. 한편 이 국가들이 자국내 의무감축을 이행하는 데 한계가 있을 수 있어 배출권거래, 공동이행, 청정개발체제라는 유연성제도를 경제적 유인책으로 도입하고 있다. 이러한 유연성제도에서 **공동이행**은 부속서I로 분류되는 국가간에 공동으로 배출감축노력을 할 수 있도록 하는 제도이다. 예를 들어 부속서I에 속하는 *A*국가가 *B*국가의 산림녹화사업, 저공해발전시설의 건설 등에 투자하여 감축한 배출감축분을 *A*국가의 배출감축실적으로 인정해주는 제도이다. **배출권거래제도**도 부속서I에 속하는 국가간 배출권을 서로 사고팔 수 있도록 한 제도이다. 예를 들어 부속서I에 속하는 *A*국가가 감축의무를 초과달성할 경우 *B*국가는 *A*국가의 잉여배출권을 매입하여 감축의무를 이행할 수 있도록 하는 제도이다.

그리고 **청정개발체제**는 부속서I에 속하는 국가와 거기에 속하지 않는 개도국간의 온실가스배출감축노력을 장려할 목적으로 만들어진 제도이다. 예를 들어 부속서I에 속하는 *A*국가가 개도국인 *B*국가의 산림녹화사업 등에 투자하여 온실가스배출감축에 기여한다면 이것에 해당하는 배출감축분을 *A*국가의 감축실적에 반영할 수 있다. 그러나 청정개발체제는 이같이 *A*국가의 감축실적에 반영하지 않고 *A*국가의 감축실적분을 일정비율의 수수료로 납부하고 개도국의 기후변화방지를 위한 자금으로 활용하도록 하는 제도이다.

교토의정서의 유연성제도로 선진국이 공장을 더 짓고 싶은데 환경규제에 묶일 경우 남의 나라에 나무를 심어주면 공장을 더 지을 수 있다.[18] 또한 남의 나라에 나무를 심어주고 온실가스배출감축분에 해당하는 배출권을 얻어 더 비싼 가격으로 다른 나라나 기업에 팔 수도 있다. 이처럼 교토의정서의 채택은 기후변화협약이 환경협약에서 경제협약으로 대전환한다는 것을 의미한다.[19] 교토의정서의 배출권거래제도는 기본적으로 **오염자부담원칙**(polluter pay principle)을 기반으로 하는 방법이지만 환경을 많이 오염시키는 나라가 환경을 덜 오염시키는 나라로부터 지원을 받고 오염을 자제하겠다는 양보를 해주는 모양새라면 실제상 희생자부담원칙(victim pay principle)과 다를 바 없다. 대부분의 경우 환경오염에 대해서 오염자부담원칙을 적용하지만 국가간 양보와 타협을 통해 내용상 희생자부담원칙을 적용한다고 볼 수 있다.

정석 사고

범지구적 공유자산의 파괴로 인해 발생하는 범지구적 환경오염의 대표적 예는 지구온난화문제이다. 이 문제를 해결하기 위해 만든 실무지침이 교토의정서이다. 이 의정서에는 가입국내 감축의무를 이행하는 데 한계가 있을 수 있다는 점을 인정하여 배출권거래, 공동이행, 청정개발체제라는 유연성제도를 경제적 유인책으로 도입하고 있다. 교토의정서의 채택은 환경협약이 경제협약으로 대전환하는 중요한 의미를 담고 있다.

정석 사례연구

외부성

수산자원이나 야생동물은 세대내 외부성과 세대간 외부성이 모두 작용하는 대표적 예이다. 수산자원을 보호하기 위해 할 수 있는 첫 번째 수단은 시기나 계절별로 어획량에 따라 어획금지기를 설정하고 어획을 금지시키는 것이다. 1978년 미국의 수협(수산업 관리협회)은 새로운 배들이 조개를 못 잡게 했다. 그 결과 어부들이 기존의 배들을 이용하여 미친 듯이 더 오래 더 많이 어획을 하였다. 그대로 가다가는 조개의 씨가 말라버릴 지경이었다. 무조건 규제한다고 외부성의 문제가 사라지지 않는다는 사례이다.[20] 이에 수협은 개인별 거래가능할당량(Individual Transferable Quotas, ITQ)제도를 도입하여 어획량의 상한선을 설정하는 동시에 어부들에게 개인별로 잡을 수 있는 총량을 명시한 허가증을 발행하기로 하였다. 물론 이 허가증은 어부 사이에 거래를 할 수 있는 배출권거래제도와 같았다. 허가증에 명시된 총량은 연간 총어획량의 상한선과 일치했다.

1989년 수협은 수면조개와 대양대합에 대하여 ITQ제도를 적용하였다. 이후 확대되어 알래스카의 가자미, 은대구, 베링해의 게 등에 대해서도 적용되고 있다. ITQ제도는 외부성에 의한 어업의 비효율적인 생산을 막아내는 데 성공하였다. 어떻게 해서 이 제도가 성공할 수 있었을까?

바다는 소유권이 적용되지 않아 누구나 먼저 어획하면 임자가 될 수 있다. 그렇기 때문에 단순히 금지한다고 외부성에 의한 비효율성을 제거하기 어렵다. 사실 물고기 한 마리 더 잡는 비용은 거의 0이기 때문에 엄청난 남획이 이루어지는 것이다. ITQ제는 개인에게 소유권을 부여하는 것과 같다. 이 경우 개인들은 어류들을 보호할 유인이 생긴다. 그 이유는 어류자원이 풍족해야 어류를 잡을 권리를 더 비싸게 팔 수 있기 때문이다.

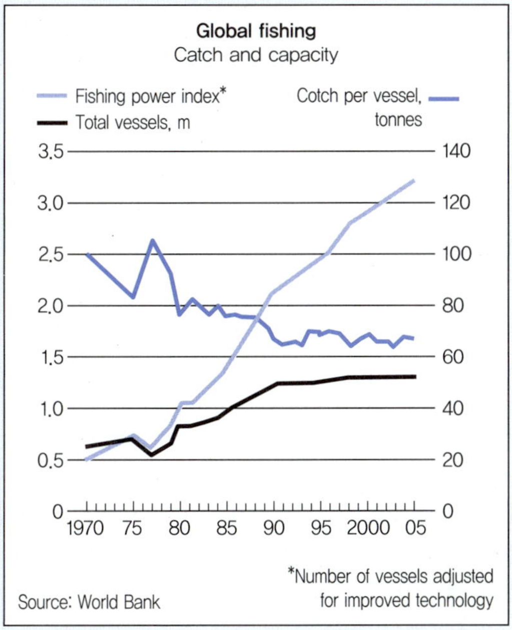

짐바브웨의 코끼리는 ITQ제와 같이 소유권을 땅주인에게 줌으로써 코끼리가 얼마나 잘 보호될 수 있는가를 보여주는 획기적인 사례이다. 보고에 의하면, 땅주인에게 야생동물에 대한 소유권을 준 1882년에서 1995년 사이에 코끼리 수가 40,000마리에서 68,000마리로 증가하였다. 이러한 아이디어가 남아프리카지역에 적용된 이후 자연상태의 동물을 구경하는 관광객들을 대상으로 이익을 낼 수 있어 농사로 벌이가 안 되는 농부들을 유인하고 있다. 이런 생태관광으로 아프리카 남부지역의 18%가 소득을 올리는 것으로 보고된다.

정석 기본문제

1. 외부효과란 무엇이며, 어떤 종류가 있는지 설명하라.

2. 공유지의 비극이 무엇인지 설명하고 그 해결방법을 제시하라.

3. 코오즈의 정리란 무엇이며, 외부성의 하나인 환경오염문제에 어떻게 적용할 수 있는지 예를 들어 설명하라.

4. 외부불경제를 치유하는 정책수단들을 설명하라.

5. 파레토최적 오염수준은 무엇을 의미하는가?

6. 배출권거래제도의 운용방식을 설명하라.

7. 배출권거래제도와 배출부과금제도의 차이점에 대하여 설명하라.

8. 다음 글을 읽고 물음에 답하라.

> 몇 십 년 전만 해도 서민들의 반찬거리였던 굴비가 이제는 여간 부유하지 않고서는 좀처럼 먹을 수 없는 귀한 생선으로 변해버렸다. 우리나라뿐 아니라 중국, 대만의 어부들까지 다투어 잡아 올린 결과 이제는 거의 씨가 말라버릴 지경에 이르렀기 때문이다. 어부들도 고기의 씨가 마르면 자신에게 손해가 돌아온다는 사실을 잘 알고 있다. 그러나 자기만 잡지 않는다고 해서 문제가 해결되지 않을 것이라 생각하여 고기 잡는 손을 멈추지 않는다.[21)]

[1] 위의 상황을 가장 잘 묘사한 것은 다음 중 어느 것인가?
① 정부의 실패 ② 공유지의 비극
③ 보이지 않는 손 ④ 인간의 비합리적 경제행위

[2] 다음 중 윗글의 내용과 가장 거리가 먼 것은 무엇인가?
① 해로운 외부성 ② 시장의 실패
③ 파레토비효율성 ④ 자유경쟁시장의 보이지 않는 손

9. 다음 글을 읽고 물음에 답하라.

> 제주도라는 섬에서는 원주민들이 자급자족을 하고 있다. 이 섬에는 미니라는 여자가 사는데, 그녀는 귤을 매우 좋아한다. 그녀는 자기가 귤을 많이 사 먹으면 귤값이 올라가 다른 사람에게 피해를 끼치는 것을 걱정하였다. 그녀는 미키라는 남자에게 자신의 고민을 털어놓았다. 미키는 쓸데없는 걱정이니 좋아하는 귤을 먹고 싶은 만큼 먹도록 충고했다.

[1] 미니의 고민은 소비의 외부성이라고 할 수 있는지 설명하라.

[2] 미키의 충고는 후생경제학적으로 어떠한 의미를 가지는지 설명하라.

10. 환경세 혹은 피구세의 이중배당가설에 대하여 설명하라.

11. 환경규제가 국제경쟁력을 높일 수 있는지 설명하라.

정석 심화문제

12. 다음 예문을 읽고 물음에 답하여라.

> 미키는 미니에게 옆집에 새로 생긴 구피음식점이 만날 음식쓰레기를 내놓는 바람에 악취로 괴롭다고 불평했다. 미키의 불평을 경제학적으로 부(−)의 '외부성'이라고 한다. 이러한 외부성은 음식물시장의 가격기능으로 해결될 수 없다. 이때 악취공해에 대하여 피구세를 부과하여 해결할 수 있다. 그러나 코오즈의 정리에 의하면 외부성에 관한 재산권을 잘 정의하여 어느 개인에게 부여하면 당사자간의 자발적인 협상을 통해 해결할 수도 있다.

[1] 예문의 문제를 해결하기 위해 피구세를 부과한다면 그 세율은 어떤 식으로 산출되는가?

정석 힌트 피구세의 세율은 현재의 공해방출이 아닌 최적수준의 산출량하에서 공해의 한계피해비용을 구해야 한다.

[2] 만약 악취공해를 일으킬 수 있는 재산권을 구피에게 준다면 코오즈의 정리에 따라 어떻게 해결이 가능한지 설명하라.

13. 어떤 양봉장 옆에 사과를 재배하는 과수원이 들어섰다. 과수원에서 사과를 a단위 생산할 때 양봉업자는 b단위의 꿀을 생산한다. 사과의 생산비용과 꿀의 생산비용이 다음과 같다고 한다.

> 사과 생산비용: $c=a^2$
> 꿀 생산비용: $c=b^2-a$

사과와 꿀은 완전경쟁시장이며, 사과의 가격은 1원이고 꿀의 가격은 2원이라고 가정한다.

[1] 이윤을 극대화하는 사과와 꿀의 생산량을 구하라.

정석 힌트 사과의 한계생산비용은 $2a$, 꿀의 한계생산비용은 $2b$이므로, $p=mc$를 이용하면, 즉 $1=2a$, $2=2b$이다. 따라서 $a=\frac{1}{2}$, $b=1$이다.

[2] 과수원 주인과 양봉업자가 결혼하여 주인이 같아질 때 이윤을 극대화하는 사과와 꿀의 생산량을 구하라.

정석 힌트 사과와 꿀의 생산비용을 합하여 이윤극대화의 생산량을 결정한다. 이때 사과의 한계생산비용은 $2a-1$, 꿀의 한계생산비용은 $2b$이다. $p=mc$를 이용하면, $1=2a-1$, $2=2b$이다. 따라서 $a=1$, $b=1$이다.

[3] 부정적 외부성에 피구세를 부과하듯이 긍정적 외부성에 피구의 보조금을 준다면 과수원 주인에게 얼마의 보조금을 주어야 하는지 설명하라.

정석 힌트 위 [2]의 사회적으로 최적인 생산량에서 양봉업자에게 준 한계편익만큼 보조금을 지불한다. 이 경우 1원이 된다. 독자는 그림을 그려 스스로 확인하기 바란다.

14. 정부는 휘발유 리터당 배급표를 만들어 구매하도록 하는 법안을 만들었다. 이 배급표는 시민들에게 무작위로 배분되며 그들은 이를 전매할 수 있다고 한다.

[1] 이 경제의 사회후생은 증가했다고 말할 수 있는가? 그리고 이러한 사회후생의 관점에서 볼 때 왜 정부는 배급표제를 실시하려고 하는지 설명하라.

정석 힌트 배출권거래제와 같은 논리로 생각한다. 총량을 규제하여 배급표를 나눠 가지게 한 후 개인간 서로 사고팔게 하는 방식이다. 환경오염을 효율적으로 규제할 수 있을 뿐만 아니라 배급표시장을 통해 자원배분의 효율성까지 달성한다.

[2] 백화점에서 때때로 선착순으로 상품세일을 하고 있다. 이것과 위의 배급표제는 사회후생의 관점에서 동일한지를 설명하라. 만약 다르다면 어떻게 다른지를 설명하라.

정석 힌트 선착순 상품세일은 더 많이 지불하고자 하는 개인이 있어도 암시장이 없는 한 구입할 수 없다. 따라서 사회후생손실이 훨씬 더 크다.

15. 어떤 지역에 있는 철강업자 A사와 B사가 생산과정에서 발생하는 폐수를 깨끗이 정화처리하는 데 비용이 들어간다. 예를 들어 폐수방출량이 s톤일 때 각사의 정화처리비용은 다음과 같다.

A사의 정화처리비용: $c=10s-\frac{1}{2}s^2$

B사의 정화처리비용: $c=15s-\frac{1}{2}s^2$

[1] 상수도관리본부는 A사와 B사의 한계정화처리비용을 다음과 같이 구한 후,
A사 한계정화처리비용: $mc_a=10-s$
B사 한계정화처리비용: $mc_b=15-s$
실험적으로 폐수 1톤당 5원의 배출부과금을 부과하였다. 이때 각사의 최적폐수방출량을 구하라.

정석 힌트 단위당 배출부과금을 p라고 하면 각사에 대하여 $p=mc$를 이용하여 최적배출량을 구할 수 있다. 즉, $mc_a=10-s=5$, $mc_b=15-s=5$이다. 따라서 $s_a=5$, $s_b=10$이다.

[2] 상수도관리본부는 배출부과금의 결과에 만족하지 못하여 이번에는 폐수배출총량을 10톤으로 규제하기로 했다. 무상으로 각사에 5톤의 폐수배출권을 나누어 주고 서로 사고팔 수 있도록 하였다. 이때 각사의 최적폐수배출량을 구하고, 배출권거래시장의 균형에 대하여 설명하라.

정석 힌트 배출권시장에서 배출권의 가격이 p로 형성된다면 각사는 $p=mc_a=mc_b$가 성립하는 단위만큼의 배출권을 가지고 배출한다. 그런데 폐수배출총량이 $s_a+s_b=10$이다. 이 두 식을 연립으로 풀면 최적폐수배출량을 구할 수 있다. 즉, (1) $p=mc_a=mc_b=10-s_a=15-s_b$, (2) $s_a+s_b=10$이다. 따라서 $s_a=2.5$, $s_b=7.5$, $p=7.5$이다. A사의 배출권에 대한 초과수요는 $2.5-5=-2.5$이다. 음수의 의미는 배출권을 판매해서 이윤을 얻는다는 것이다. B사에 대해서는 스스로 학습해보자.

제7장
공공선택이론

대의민주제에서 권력이 대표에게 주어지면
그는 보통 사람과 마찬가지로 그 권력을
사회의 이익을 위해서가 아니라
그 자신을 위해 사용하리라는 것은 의심할 여지가 없다.

– John Stuart Mill –

제5장에서는 공공부문이 공공재를 어떤 수준에서 생산 · 공급하는 것이 바람직한가라는 규범적 이론을 살펴보았다. 즉, 공공재의 효율적 생산 · 공급수준에 관한 이론을 학습한 것이다. 그러나 현실에서 정부는 전지전능한 사회의 수호신으로서 모든 정보를 가지고 공공재를 최적으로 공급하지는 못한다. 제5장 4절에서도 설명하였듯이 정부가 공공재의 생산과 공급에 관한 결정을 할 때 정부의 마음대로 하는 것이 아니라 소위 '공공선택'이라는 과정을 거쳐야 한다. 공공선택의 과정은 공공부문에서 집단적으로 의사결정을 하는 과정이며, 각종 투표제도와 같은 정치적 의사결정과정도 포함된다.

세상에 완전한 것은 없듯이 과반수투표제도조차 큰 구조적 문제를 가지고 있다는 점에 주의할 필요가 있다. 더구나 어디에나 꼭 들어맞는 진리는 없다는 것이 우리의 현실이다. 또한 정부부문의 의사결정에는 국민, 정치인, 관료, 로비집단 등 다양한 사람들이 관여하고, 각자가 자신의 이익을 추구하면서 노력한다. 이 과정은 필연적으로 정치적 성격을 가질 수밖에 없다. 그렇다면 그 결과로 도출된 의사결정이 꼭 사회적으로 바람직한 자원배분을 달성한다고 보기 어렵다. 이러한 관점에서 투표제와 정치가나 관료의 경제적 행위를 자세히 관찰하고

제7장 공공선택이론

분석할 필요가 있다.

이 장에서는 공공선택이 무엇인지, 공공선택의 하나로 과반수투표제는 어떤 구조적인 문제점을 가지고 있는지 살펴본다. 이와 더불어 여러 투표제도가 가지는 이론적 근거(규범적 속성)와 문제점들도 설명할 것이다. 그리고 공공선택의 과정에 참여하는 다양한 집단의 목표와 성격을 규명하고자 한다.

이 장에서 배울 것

- 여러 사회상태의 비교는 가능한 것인가?
- 공공선택이란 무엇인가?
- 공공선택으로서의 과반수투표제의 문제점은?
- 여러 투표제의 이론적 근거와 문제점은?
- 공공선택의 정치적 균형이란?
- 관료집단이 추구하는 목표와 자원배분상의 함의는?
- 정치가집단이 추구하는 목표와 자원배분상의 함의는?

제1절 정석 재정학 불가능성정리

시장경제는 실패할 수 있으며, 그 실패를 수정하기 위하여 개입하는 정부는 반드시 집단적 의사결정과정을 거쳐야 한다. 현실적으로 민주적 사회에서 어떤 하나의 사안에 대하여 구성원들의 의견이 다양할 수밖에 없으므로 이러한 의견을 조정하고 통합하는 정치적 과정을 거쳐 합의에 이르게 된다. 이처럼 시장 이외의 방법으로 각 구성원의 의사가 집단의 의사로 통합되는 과정이 경제적 측면에서 갖는 의미를 분석하고자 하는 것이 **공공선택이론**의 핵심이다.[1] 따라서 사회상태에 대한 개인들의 선호체계를 결집하여 사회전체의 선호로 옮기는 과정을 경제학적으로 분석해볼 수 있다. 현실에서 그러한 과정은 다양한 투표제도 등에서 관찰할 수 있으며, 그 분석이 공공선택이론이다.

이와 유사한 이론으로서 사회선택이론이 있는데 두 이론은 상호보완관계에 있다. 사회선택이론은 사회적 선호관계에 관한 일련의 규범적 기준들을 충족시키면서 개인들의 선호를 사회적 선호로 변환시키는 문제를 다루는 사회적 의사결정에 대한 연구이다. 이에 반하여 공공선택이론은 현실적인 투표제도와 같은 비시장적 절차를 통하여 이루어지는 집단적 의사결정에 대한 경제학적 연구이다.[2] 전자가 규범적 이론이라면 후자는 실증적 이론이라는 데 그 차이가 있다.

먼저 사회선택이론에서 얻은 몇 가지 중요한 결과를 논의해보자. 이것은 현실적 투표제도와 관련하여 그 문제점을 찾는 데 많은 도움이 될 것이다.

지금까지 인류 사회가 실제로 경험해온 사회적 의사결정과정과 사회적 선호관계의 유형은 대단히 많다. 그 가운데 중요한 것을 들면 독재, 만장일치, 과반수의결, 공리주의, 최적차등주의 등이다. 버그슨(A. Bergson, 1938)의 논문을 시작으로 애로우(A.J. Arrow, 1951)는 여러 학자들이 공통적으로 타당한 사회적 선호관계라면 반드시 지녀야 할 특성이라고 인정하고 있던 몇 가지 공통적인 조건을 조사한 끝에, 이 조건들을 모두 구비하는 사회적 선호관계 즉 사회선택의 합리적 규칙은 결코 존재할 수 없음을 증명하였다.[3] 제2장 끝부분에서 보았듯이 이를 **애로우의 불가능성의 정리**, 또는 **후생경제학의 제3정리**라고 부른다.

애로우가 찾은 공통적인 조건은 다음과 같다.

첫째, 완비성: 가능한 모든 사회상태에 대하여 비교가능하여야 한다.

둘째, 이행성: 사회가 이것(x)보다 저것(y)을 더 선호하고, 또 저것(y)보다는 그것(z)을 더 선호한다면, 사회는 이것(x)보다는 그것(z)을 더 선호하여야 한다.

셋째, 파레토원칙: 모든 구성원이 더 선호하는 것은 사회도 더 선호하여야 한다.

넷째, 다른 선택대안으로부터의 독립성: 사회가 이것보다 저것을 더 선호한다면, 새로운 대안의 존재여부에 관계없이 사회는 같은 선호를 유지해야 한다.

다섯째, 비독재성: 한 사람만의 선호에 의해 사회의 선호가 결정되어서는 안 된다.

여섯째, 선호의 비제한성: 개인들이 어떠한 선호를 가지더라도 사회적 선호를 도출할 수 있어야 한다.

그리고 애로우는 이상의 조건을 만족하는 사회적 선호관계, 즉 사회선택의 합리적 규칙은 없다고 규정한다. 학자에 따라서는 완비성과 이행성을 합리성 혹은 일관성이라는 공리로 묶기도 하고 선호의 비제한성(보편성)을 공리에서 빼기도 한다.

정석 사고

애로우는 완비성, 이행성, 선호의 비제한성, 파레토원칙, 다른 선택대안으로부터의 독립성, 비독재성의 공리를 모두 충족시키는 사회후생함수는 존재하지 않는다는 것을 보여준다. 이것을 애로우의 **불가능성정리**라고 한다. 어떤 개인이 독재자가 되는 독재적 사회후생함수만이 다른 공리들을 모두 충족시킬 수 있다.

물론 비교적 동질적인 구성원으로 이루어진 사회에서는 이 조건들을 충족시키는 것이 가능할 수도 있다. 제3장 2절에서 설명하였듯이, 문제는 불가능성의 정리가 사실이라면 정부의 개입을 통하여 모든 사람의 후생이 개선되지 않는 한 정부개입은 정당화될 수 없을 것이라는 점이다. 현실적으로 정부가 개입하여 모든 사람의 후생을 증진시키는 경우는 거의 없다. 그렇다면 어떻게 정부의 개입을 정당화할 수 있을까? 어떤 특정한 가치판단을 도입하여 그 기준에 맞추어 평가하는 대안적 방법을 생각할 수 있다. 예를 들어 제3장 2절에서 설명한 보상원칙에 따라 결과를 평가하는 것이다. 즉 어떤 사안이나 사회상태의 순편익의 합을 다른 사안이나 사회상태의 그것과 비교하여 더 큰 쪽을 선택하는 방식이다. 다음에 살펴볼 투표제도도 이러한 대안적 방법의 하나이다.

오늘날 우리가 살고 있는 현실은 민주주의라는 제도하에서 정치적 의사결정을 할 때 개인의 선호를 사회의 선호로 집약하는 과반수투표제를 합리적 규칙으로 보고 있다. 그러므로 투표제가 하나의 사회후생의 선택장치로 인식되고 있다고 하겠다. 투표제에는 과반수투표제 이외에 전원합의

제, 점수투표제, 순위투표제(보다 방식) 등이 있으며, 앞에서 살펴본 린달균형은 전원합의제에 의해 공공재를 배분하는 공공선택이라고 말할 수 있다. 애로우가 지적한 문제점처럼 주어진 개인의 선호를 한데 묶어 집단적인 선호로 전환시키는 민주적이고 합리적인 메커니즘은 존재하지 않는데도 투표제도가 정치적 의사결정에 이용되는 이유는 무엇이며, 그 한계는 무엇인지 알아보자.

제2절 정석 재정학 과반수투표제와 투표의 역설

어떤 안건에 대하여 투표자들의 과반수 찬성이 있으면 그 안건을 채택하는 의사결정방식이 과반수투표제이다. 이러한 투표제에 대해 분석하기 위하여 어떤 사회에 세 명의 투표자 A, B, C가 과반수투표제를 이용하여 세 안건 x, y, z에 대하여 투표를 한다고 가정하자. 그리고 이들의 선호는 **표 7-1**과 같이 주어져 있다고 한다. 투표자 A는 x를 가장 선호하고, 그다음으로 y, 그리고 z를 가장 싫어한다. 투표자 B는 y를 가장 선호하고, 그다음으로 z, 그리고 x를 가장 싫어한다. 투표자 C는 z를 가장 선호하고, 그다음으로 x, 그리고 y를 가장 싫어한다.

표 7-1 투표자의 선호순위

투표자	A	B	C
선호순위 1	x	y	z
선호순위 2	y	z	x
선호순위 3	z	x	y

먼저 두 안건 x와 y에 대한 투표가 이루어질 경우 투표자 A와 투표자 C가 x를 선호하고, 투표자 B는 y를 선호하므로 2:1로 x가 채택된다. 이제 채택된 x와 z에 대한 투표를 할 경우 투표자 A가 x를 선호하고, 투표자 B와 C는 z를 선호하므로 2:1로 z가 최종적으로 채택된다.

반면에 두 안건 y와 z에 대한 투표가 이루어질 경우 투표자 A와 투표자 B가 y를 선호하고, 투표자 C는 z를 선호하므로 2:1로 y가 채택된다. 이제 채택된 y와 x에 대한 투표를 할 경우 투표자 A와 C가 x를 선호하고, 투표자 B는 y를 선호하므로 2:1로 x가 최종적으로 채택된다. 같은 방식으로 두 안건 z와 x에 대한 투표가 이루어질 경우 y가 최종적으로 채택된다. 독자들은 이 사실을 스스로 학습해보도록 하자. 이와 같이 두 안건씩 대결하는 방식을 꽁도세 투표방식이라고 한다. 그리고 이 투표방식을 통하여 최종적으로 살아남는 안건을 **꽁도세승자**(Condorcet winner)라고 부른다. 그림 7-1 은 위의 결과를 요약하였다.

그림 7-1 과반수투표제와 투표의 역설

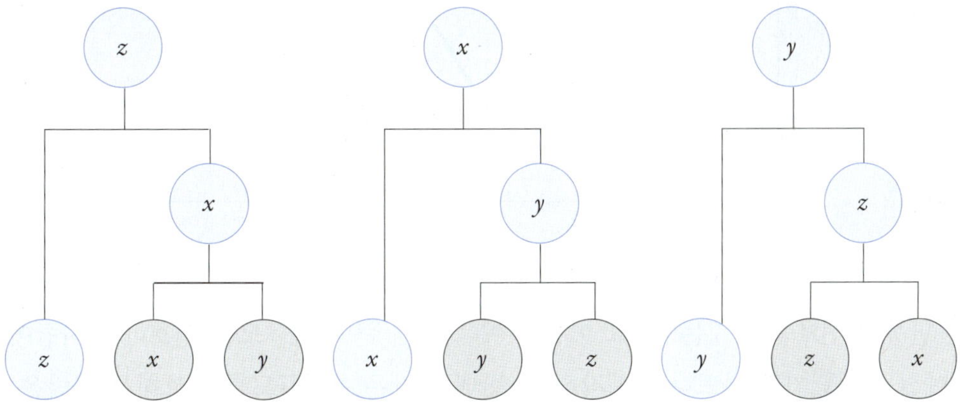

이처럼 투표대결의 순서에 따라서 상이한 결과를 가져올 수 있는 현상을 **투표의 역설**(voting paradox) 또는 **투표의 순환**(cycling of voting)이라고 한다. 이는 사회적 선호가 이행성을 충족시키지 못하기 때문에 발생하는 현상이며, 이러한 결과는 선거제의 민주주의 신념에 커다란 충격을 주었다. 이행성을 만족하지 못하는 이유는 다음과 같다. 처음의 두 안건 x와 y의 투표대결에서 x가 승리하였으나 다음의 두 안건 y와 z의 투표대결에서 y가 승리하였다. 따라서 사회가 이행성을 충족시킨다면 x가 z보다 더 선호되어야 한다. 하지만 x와 z에 대한 투표를 하여 보면 z가 승리한다. 따라서 이행성을 위배하게 된다. 이러한 이유로 의사진행조작이 가능한 것이다.

투표의 역설이 나타나는 근본적인 이유는 개인들의 선호와 깊은 관계가 있다. 이를 그림으로 설명하기 전에 선호의 봉우리(peak)에 대해 이해할 필요가 있다. 주어진 한 개인의 선호체계에서 특정한 점을 잡았을 때, 그 점으로부터 어떤 방향으로든 움직이면 선호순위(효용)가 낮아지는 점을 선호의 봉우리라고 한다. 앞의 예를 선호의 봉우리가 표시되도록 그림을 그려보자.

그림 7-2 를 통해 살펴보면 A와 B처럼 봉우리가 하나인 선호를 우리는 **단봉형 선호**(單峰形 選好)라고 부르고 C처럼 봉우리가 두 개 이상이면 다봉형 선호(多峰形 選好)라고 부른다. 대부분의

그림 7-2 투표의 역설과 선호체계

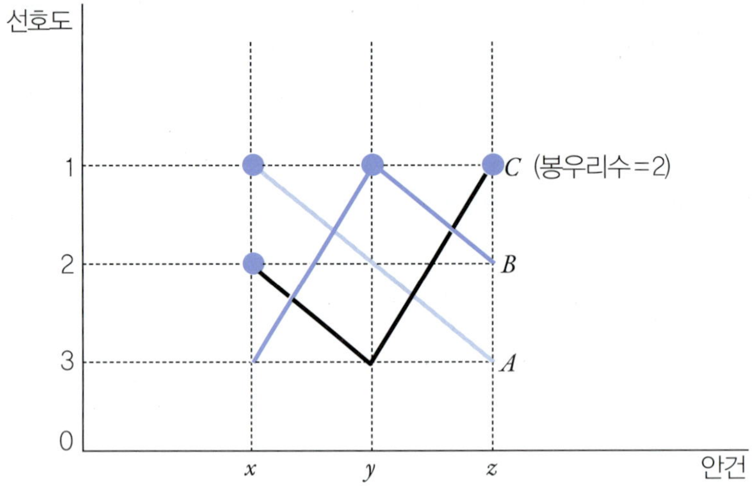

사람들은 단봉형 선호를 가지는데, 그 이유는 예를 들어 큰 예산규모를 선호하는 사람이라면 가장 작은 예산규모를 가장 나쁘다고 생각하고, 반대로 작은 예산규모를 선호하는 사람은 가장 큰 예산을 가장 나쁘다고 생각할 것이기 때문이다. 일차원적인 성격의 안건에 대해서는 대부분의 사람들이 단봉형 선호를 가지므로 다봉형 선호를 가진 사람이 있으면 투표의 역설이 발생한다.

투표의 역설이 발생하는 **표 7-1** 에서 사용한 예를 모든 투표자가 단봉형 선호를 가지도록 하여 다시 살펴보자. 그 예에서 투표자 C는 다봉형 선호를 가지고 있는데, 안건 x와 안건 y의 선호를 서로 바꾸면 단봉형 선호로 바뀐다. 이것을 확인하기 위해서 그림을 그려보면 **그림 7-3**과 같다. 이 경우 투표의 역설이 발생하지 않는다는 것을 확인하기 바란다. 한 가지 주목해야 할 점은 과반수투표제에서 단봉형 선호의 가정이 개인의 선호에 대한 제약을 뜻하므로 이는 곧 애로우의 선호의 비제한성(free ordering)의 공리를 위배함을 의미한다는 사실이다.

정석 사고

비교의 순서가 달라짐에 따라 과반수투표의 결과가 달라지는 현상을 **투표의 역설**이라고 하는데, 개인의 선호가 단봉형이 아닐 경우 발생한다.

과반수투표제에 투표의 순환이 발생하는 사실은 이미 오래전에 꽁도세(Condorcet, 1785)가 밝힌 바 있다. 이후 다지슨(C.L. Dodgson, 1876), 블랙(D. Black, 1948)과 애로우(K. Arrow,

그림 7-3 단봉형 선호체계

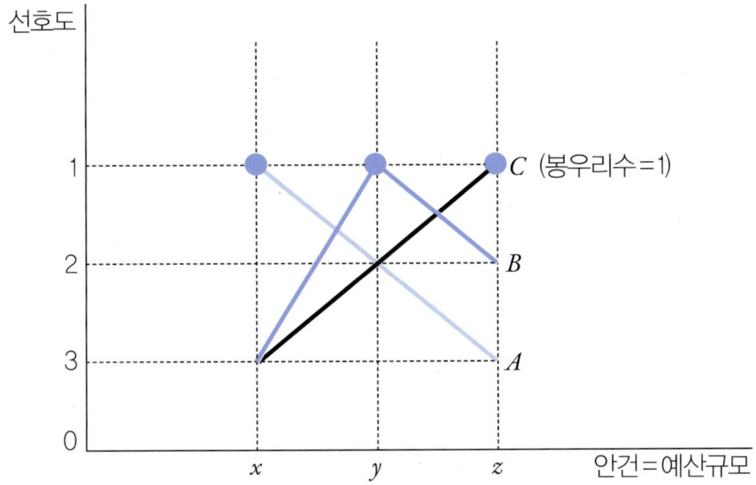

1951)의 연구를 통해 공공선택론의 핵심 중의 하나가 되었다. 투표의 순환은 게임이론에서 '가위-바위-보'게임으로 묘사되기도 한다. 이 게임은 순수균형 대신 상황에 따라 여러 전략이 혼합된 균형만이 존재하므로 투표의 순환과 유사하다.

이러한 문제에도 불구하고 과반수투표제도가 정치적 의사결정에 이용되는 이유는 무엇일까? 다음 항에서 자세히 다루지만 뷰캐넌-털록(Buchanan and Tullock, 1962)의 분석을 이용하여 뮬러(D.C. Mueller, 1989)는 의결에 필요한 인원수가 늘어날 때 의사결정비용(합의비용)과 사회적 외부비용(불만비용)이 발생한다고 가정한다. 찬성에 필요한 인원수가 과반수가 될 때까지 합의에 이르는 의사결정비용(합의비용)이 높은 수준에서 고정되어 있고, 불만인 사람은 계속 줄어 사회적 외부비용(불만비용)이 낮아진다는 것이다. 과반수가 될 때까지 높은 의사결정비용에 고정되는 이유는 과반수가 의결인원수로 될 때까지 교착상태에 빠진다는 것으로 설명한다.

예를 들어 의결인원수를 30%로 하면 국방예산을 5% 증가시키자는 안건에 하나의 30%집단을 만들어 승리할 수도 있고, 그 반대로 예산을 5% 삭감하자는 안건도 하나의 30%집단을 만들어 승리할 수도 있다. 이처럼 하나의 안건에 잇따라 다른 안건이 제기되는 끝없는 교착상태에 빠져 시간을 소모하게 된다. 따라서 과반수는 하나의 안건을 채택하는 최소의 다수가 되는 것이다.

그림 7-4를 통해 이 사실을 이해해보자. 그림의 가로축은 의결에 필요한 인원수를, 세로축은 기대비용을 나타낸다. 이 기대비용에는 합의에 이르는 의사결정비용(합의비용)과 불만인 사람의

그림 7-4 과반수투표제의 최소비용이론

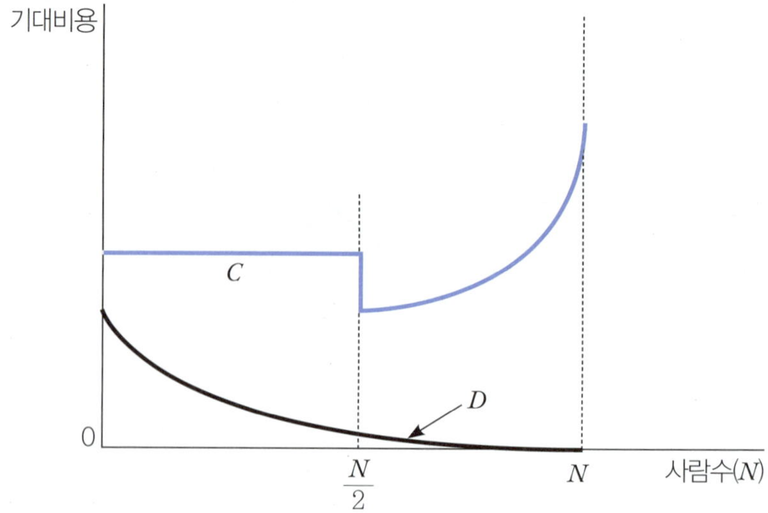

사회적 외부비용(불만비용)이 있다. 의사결정비용곡선 C는 과반수까지 의사결정비용이 고정되다가 과반수가 될 때 이 비용이 급감한 후 상승하기 시작하는 모습을 보인다. 한편 곡선 D의 사회적 외부비용은 불만인 사람이 점차 줄어들어 계속 낮아진다. 이 두 가지 비용을 최소화하는 최적인 원수는 과반수가 되는 것이다.

제3절 다양한 투표제도

어떤 정책대안을 놓고 의사결정을 해야 할 때 모든 투표자가 전원합의해야 하는지, 과반수 이상만 합의해야 하는지, 각자 부여받은 점수로 합의해야 하는지에 따라 여러 투표제도가 존재할 수 있다. 과반수투표제 이외의 다양한 투표제도에 대해 간단히 살펴보자.

1. 전원합의제

스웨덴의 경제학자 빅셀(K. Wicksell, 1896)은 『신조세원론』에서 만장일치의 원칙만이 파레토 효율적인 공공재의 양과 분담률을 확실하게 정해주는 투표규칙이라고 주장한다. 이러한 만장일치 혹은 전원합의제를 옹호하는 예를 들어보자. 어느 도시에 소방서비스를 공급하려고 한다. 소방서의 설치와 소방차를 구입하는 재원을 조세를 부과해서 조달한다고 가정하자. 하나의 안건으로서 모든 시민에게 정액세로 비용을 분담하자는 제안이 있다고 하자.

이 안건에 재산이 적은 시민은 불만을 표시할 것이다. 그중 일부는 소방서비스가 주는 기대효용이 정액세액보다 작을 수 있다. 따라서 이 안건을 채택하면 가난한 시민이 부유한 시민의 재산을 보호하기 위해 보조금을 지불하는 것과 같다. 이제 정액세에 대한 대안으로 재산액에 따른 비례세가 제안된다고 가정하자. 이때 모든 시민의 기대효용이 비용분담액보다 클 가능성이 높다. 결국 이 대안은 전원합의로 채택될 수 있다.[4)]

예에서 보듯이 소방서비스와 같은 공공재가 공급되면 부자와 빈자의 모든 집단의 효용이 모두 증가한다. 이것을 **그림 7-5**를 통해 살펴보자. 그림의 가로축은 빈자의 효용수준을, 세로축은 부자의 효용수준을 나타낸다. 사용재만 존재하는 경우의 파레토효율적인 상태를 *E*점이라고 하자. 소방서비스가 공급되면 효용가능곡선이 바깥으로 이동하고 *AB*상의 어떤 *F*점으로 결정된다는 것

그림 7-5 전원합의의 규범적 속성

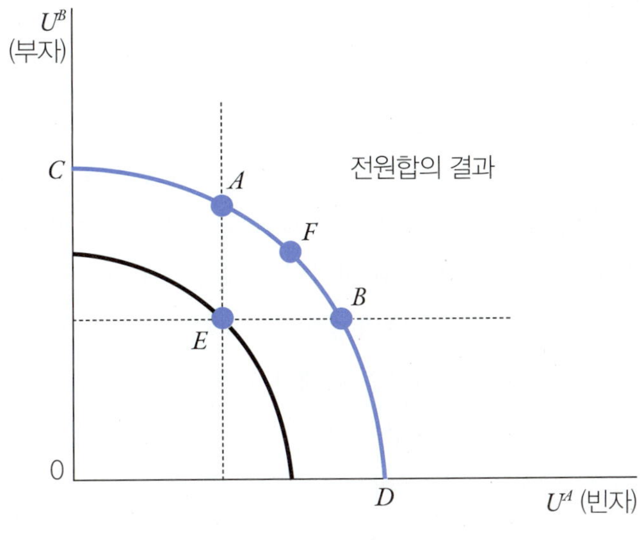

제1편
제2편
제3편
제4편
제5편

이다(파레토원칙).

만약 과반수투표제를 따른다면 위의 그림에서 *AC* 사이의 어떤 점에서 결정될 수 있다. 그 이유는 부자집단이 다수를 점할 수 있다면 소방서비스에 대해 정액세뿐만 아니라 다른 역진적인 조세도 안건으로 채택될 수 있기 때문이다. 그 반대로 빈자집단이 다수를 점할 수 있다면 *BD*상의 어떤 점에서 결정될 것이다.

전원합의제와 과반수투표제의 규범적 속성의 차이를 볼 수 있는 한 가지 예를 더 살펴보자. 어떤 기차에 탄 사람들이 맑은 공기를 마실 권한과 흡연할 권리 사이에 갈등이 있다고 가정하자. 또 승객들이 흡연과 금연문제를 해결할 수 없다면 기차는 출발하지 못한다고 가정하자. 과반수투표제를 옹호하는 사람들은, 전원합의를 통해서는 진퇴양난에 빠지는 결과를 가져오는 반면 다수집단이 얻게 되는 편익이 소수집단에게 드는 비용보다 크면 그 대안이 채택되는 과반수투표제가 합리적일 수 있다고 주장한다. 그런데 문제를 살짝 바꾸어 승객전원이 기차가 출발하기 전에 흡연에 관한 규칙을 만든다고 가정하자. 과반수투표제에 의하면 객실전체가 흡연석이 되거나 금연석이 될 것이다. 그러나 전원합의제의 경우 객실의 일부를 흡연석과 금연석으로 나누는 안건이 채택될 수 있다. 따라서 객관적으로 볼 때 전원합의제가 보다 나은 결과를 가져온다는 것을 알 수 있다.

게임이론을 빌어 설명하면, 전원합의제는 기본적으로 정치적 의사결정과정이 상호협조게임인데 반해, 과반수투표제는 그 과정이 제로섬게임과 같은 갈등게임이라는 것이다. 이러한 근본적인 시각 차이가 각 투표제의 규범적 속성을 규정하고 있다. 빅셀은 소방서비스의 예에서 보듯이 전원합의제가 빈자에게 유리하다고 믿었다.

그러나 전원합의제는 다음과 같은 두 가지 비판을 받고 있다. 첫째, 전원이 만족한 상태에 이르는 과정에 시간이 너무 오래 걸린다는 점이다. 특히 규모가 크고 선호가 다양한 이질적인 집단이나 사회에서는 더욱 오래 걸린다. 둘째, 전원합의제가 전략적 행위를 유발할 수 있다는 점이다. 어떤 안건이 제시될 때 자신에게 가장 유리한 몫이 돌아오는 다른 안건이 제시될 때까지 서로 거부할지도 모른다. 그래서 최종적인 결과는 두 사람의 협상능력에 따라 달라진다. 서로 상대방의 양보의사를 계속 시험해볼 수 있기 때문에 합의에 이르는 과정이 아주 길 가능성이 높다.

빅셀(Wicksell, 1896)과 그 견해에 동의하는 뷰캐넌과 털록(Buchanan and Tullock, 1962)은 전원합의제가 의사결정에 소요되는 시간비용이 매우 클 수 있다는 것을 알고 있었다. 그래서 전원합의제를 포기하고 전원합의에 미치지 못하는 상태에도 만족하고자 했다. 다음 항에서 보겠지만 그들은 최적다수결제를 모색했던 것이다. 그러나 의사결정의 시간비용(합의비용)만 없다면 전원합의가 최선이고 전원합의에 가까울수록 과반수투표제보다 좋은 규칙이라고 보기 때문에 그들을 전원합의제에 대한 옹호자들이라고 할 수 있다.

정석 사고

전원합의제는 투표자 전원이 동의해야 의사결정이 이루어지는 표결방식으로 파레토원칙이라고 한다. 시장에서의 모든 거래가 상호합의를 통한 자발적 거래이므로 전원합의제의 한 유형이라고 할 수 있다. 이 관점에서 볼 때 시장기구의 의사결정방식을 공공부문에 적용하는 방식이라고도 볼 수 있다.

2. 최적다수결제

뷰캐넌-털록(Buchanan and Tullock, 1962)은 전원합의제가 아무런 의사결정비용이 들지 않는다면 사회적 외부비용을 최소화하는 가장 좋은 투표방식이라고 생각했다. 그러나 의사결정비용이 너무 커서 전원합의원칙을 포기한다면 어떤 원칙을 가져야 할까를 놓고 고민을 하였다.

그림 7-6 을 통해 그들이 제안한 원칙을 살펴보자. 그림의 가로축은 의결에 필요한 인원수를, 세로축은 기대비용을 나타낸다. 앞 절의 그림 7-4 에서 보았듯이 기대비용에는 합의에 이르는 의사결정비용(합의비용)과 불만인 사람의 사회적 외부비용(불만비용)이 있다. 곡선 C는 시간지체

그림 7-6 최적다수결제의 의결인원수

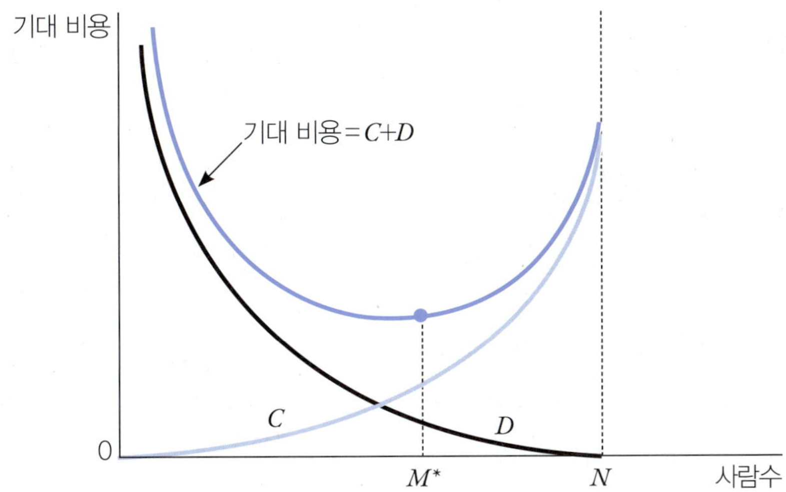

제1편
제2편
제3편
제4편
제5편

에 따른 의사결정비용이 인원수가 증가하면 계속 상승한다. 곡선 D의 사회적 외부비용은 인원수가 증가하면 계속 낮아진다. 이 두 가지 비용의 합을 나타내는 $C+D$를 최소화하는 최적인원수가 최적다수결에 필요한 인원수이다.

뷰캐넌과 털록은 최적다수결의 인원수가 각 개인이 자신의 미래와 선호를 모르는 가상적 상황 속에서 결정되는 것이 가장 바람직하다고 한다. 이것은 마치 롤스가 '무지의 장막(베일)'이라고 표현한 것과 상통한다. 한 가지 주의할 점은 합의에 이르는 시간비용과 반대자의 효용손실비용은 안건에 따라 달라지므로 어느 한 표결방식이 모든 안건에 대해 최적이라고 생각해서는 안 된다는 것이다.

어떤 안건에 반대하는 시민의 효용손실이 크지 않는 사용재의 경우에는 아주 낮은 찬성비율(최적다수결인원수/총인원수)이 필요하고, 집단이 커질수록 유사한 선호를 가진 사람이 늘어나는 경우 최적다수결인원수가 낮아진다. 그 이유는 합의에 도달하기가 더 쉽고, 반대자들의 반대표의 효력이 줄어들기 때문이다. 또한 집단내에서 선호가 남다른 사람들의 경우 최적다수결인원수가 높은 것을 좋아할 것이다. 자신의 반대표가 효력을 가질 수 있기 때문이다. 이처럼 현실에서 어떤 안건에 어느 정도의 최적다수결의 찬성비율인가를 결정하는 문제는 용이하지 않다.

정석 사고

최적다수결제는 최적다수결에 필요한 인원수가 의사결정비용(합의비용)과 불만인 사람의 사회적 외부비용(불만비용)의 합이 최소화되는 찬성비율에 의한다.

3. 점수투표제와 투표거래

라이커(W. Riker, 1962)는 전원합의제하에서 합의에 이른 투표자그룹을 대연합이라고 부르고, 과반수투표제하의 과반수투표자그룹을 최소승리연합으로 묘사한다. 그의 연합이론에 따르면 과반수투표제하의 정치적 의사결정은 순수한 제로섬게임이며, 정치는 파레토효율적 대안 중 선택하는 분배문제라고 한다.

그런데 과반수투표제에서 순환이 발생하려면 안건을 순차적으로 상정해서 대결시켜야 한다. 이 과정에서 연합(coalition)을 통한 정치적 결탁(logrolling)이 가능하다. 과반수투표제는 모든 안건에 대해서 선호강도가 동등하다는 가정을 한다. 그러나 현실적으로 모든 안건에 대하여 선호강도가 다르며, 이로 인해 연합과 정치적 결탁이 가능하다. **연합**은 서로 다른 안건에 선호강도가 높은 두 투표자가 투표거래 혹은 표 교환행위(vote trading)를 위해 결성한 집단이라고 할 수 있다. 이렇게 결성된 승리연합이 표를 주고받는 투표거래를 행할 때 이것을 **정치적 결탁**이라고 할 수 있다.

이러한 선호강도의 차이가 어떻게 연합과 정치적 결탁을 불러오는지 살펴보자. **표 7-2** 는 현재의 상태에서 각각의 안건이 채택되었을 때 세 명의 투표자들의 효용(만족도)의 변화를 나타낸다. 안건들이 개별적으로 과반수투표를 할 경우 모두 부결되는 상태이다. 투표자 *B*는 *X*안, 투표자 *C*는 *Y*안이 채택될 때 이익이 매우 크기 때문에 서로 표 교환행위를 시도할 가능성이 높다. 다시 말해서 투표자 *B*는 *Y*안에 찬성을 해주고 투표자 *C*는 *X*안에 찬성해주면 *X*와 *Y*안이 모두 채택되어 서로에게 이익을 준다.

표 7-2 선호강도와 투표거래(표 교환행위)

투표자	안건	
	X	*Y*
A	−3	−3
B	7	−3
C	−3	7

이러한 투표거래가 세 명으로 구성된 사회전체의 후생수준을 향상시킨다. 왜냐하면 *X*안 혹은 *Y*안에 대한 세 사람의 효용변화의 합(7−3−3)이 1로서 양수이기 때문이다. 투표거래에 의한 정치적 결탁이 없다면 선호강도가 높은 소수가 낮은 선호강도를 가진 다수에 의해 모든 안건이 부결된다. 그러므로 투표거래는 공공재에 대한 개인들의 선호강도를 표출시키는 좋은 방법이 될 수 있다.

이러한 사고를 바탕으로 만들어진 점수투표제는 각 안건에 대한 선호강도를 나타내는 투표제이다. 앞서 본 투표거래를 통한 과반수투표제처럼 사회후생수준이 최대로 달성될 수 있다. 투표자들에게 모두 똑같은 투표점수를 주고 각 안건에 대하여 상대적 중요도에 따라 투표점수를 분할하여 할당할 수 있다. **표 7-3** 은 어느 도시에 세 명의 투표자(*A*, *B*, *C*)에게 각각 10점을 할당하

표 7-3 점수투표제와 전략적 행위

투표자	안건		
	도서관	수영장	야구장
A	5	4	1
B	1	8	1
C	3	2	5
합계	9	14	7

여 도서관(X), 수영장(Y), 야구장(Z)을 건설하는 사업에 점수로 투표한 결과이다.

현재 점수투표의 승자는 수영장 건설이다. 그런데 투표자 C는 야구장 건설을 가장 선호하지만 채택될 가능성이 없으므로, 차라리 가장 싫어하는 수영장 건설을 반대하기 위해 도서관 건설에 10점을 몰아줄 수 있다. 그 결과 도서관 건설 안건이 채택될 수도 있다. 따라서 점수투표제는 이러한 전략적 행위로 인해 비합리적인 선택을 하게 되는 결과를 초래한다.

점수투표제와 유사하면서도 전략적 행위에 대한 약점이 덜 심각한 투표제로서 **보다방식**(borda count, 1781)의 점수투표제가 있다. 이 방식은 자신에게 주어진 총점수를 몰아주지 않고, 안건이 10개이고 10점을 부여받았다면 자신이 가장 선호하는 순서에 따라 10, 9, 8, ……, 1로 순위별 점수를 할당한다. 최종선택되는 안건은 각 안건별로 점수의 합계를 내어 가장 많은 점수를 얻은 안건이 선택된다. 이 투표제는 순위투표제라고도 하는데, 점수투표제처럼 애로우의 공리 중 다른 선택대안으로부터의 독립성을 만족시키지 못한다.

정석 사고

점수투표제는 부여받은 점수를 어떤 안건에 몰아줄 수 있으므로 선호의 강도를 반영할 수 있는 장점이 있다. 그러나 투표자의 전략적 행위에 매우 취약하다는 단점이 있다. 애로우의 공리 중 다른 선택대안으로부터의 독립성을 만족시키지 못하는 것이다. 보다방식의 점수투표제(순위투표제)는 순위에 의해 선호의 강도를 반영할 수 있는 제약을 가지지만 전략적 행위에 대한 약점이 덜 심각한 투표제이다.

제4절 정치적 균형과 중위투표자의 정리

앞에서 살펴본 것처럼 안건이 일차원적인 경우에 투표자들이 단봉형 선호를 갖고 있다면 과반수투표제를 사용하여 무리 없이 대안을 선택할 수 있다. 이때 어떤 안건에 대해 합의가 이루어진 상태를 '정치적 균형'이라고 한다. 과반수투표제가 사용되는 상황에서 어떠한 정치적 균형이 나타날 것이며, 그 균형이 파레토효율적인 배분을 달성할 수 있는지를 검토하는 것은 대단히 흥미로운 일이다.

먼저 투표의 역설이 발생하지 않는 단봉형 선호를 생각해보자. **표 7-1**의 예에서 투표자 *C*는 다봉형 선호를 가지고 있는데, 안건 *x*와 안건 *y*의 선호를 서로 바꾸면 단봉형 선호로 바뀐다는 것을 확인하였다. 모든 투표자가 이러한 단봉형 선호체계를 가진다고 할 때, 안건을 세 가지 수준의 예산규모로 보고 과반수투표제의 정치적 균형을 찾아보면 투표자 *B*가 가장 선호하는 안건 *y*가 선택된다. 최종적으로 선택된 안건 *y*는 어떤 성격을 갖는지 잠시 살펴보자. 세 투표자들을 선호하는 예산규모가 작은 사람부터 차례로 나열하면 *A*, *B*, *C*의 순이 되며 *B*가 분포에서 가운데에 위치해 있다고 하여 중위투표자(median voter)라고 부른다. 중위투표자가 가장 선호하는 안건이 정치적 균형으로 선택된다는 것이 블랙(D. Black)의 '**중위투표자의 정리**'이다.[5)]

정석 사고

모든 사람의 선호가 단봉형 선호를 나타낼 경우 과반수투표제에 의한 의사결정방식은 항상 중간에 위치한 사람이 가장 선호하는 안건이 채택된다는 것이다. 이것을 블랙의 중위투표자의 정리라고 한다.

정치적 균형의 파레토효율성을 생각하기 위하여 투표의 안건인 예산규모를 정부지출의 증가로 보고, 소득이 높을수록 더 많은 지출을 선호한다고 가정하자. 그러면 투표자 *A*, *B*, *C*는 빈곤층, 중산층, 부유층이라고 볼 수 있으며, 중산층이 선호하는 정부지출수준이 항상 선택된다. 그 이유는 빈곤층과 중산층이 함께 부유층의 대안을 거부하고, 중산층과 부유층은 빈곤층의 대안을 거부할 수 있으므로 중산층이 항상 표대결에서 이기게 된다. **그림 7-7**은 투표자들의 단봉형 선호를 가정하고 이러한 사실을 확인하도록 그린 것이다. 투표자 *A*와 *B*는 공공재에 있어서 *m* 이상의 어

그림 7-7 중위투표자의 결정적 역할

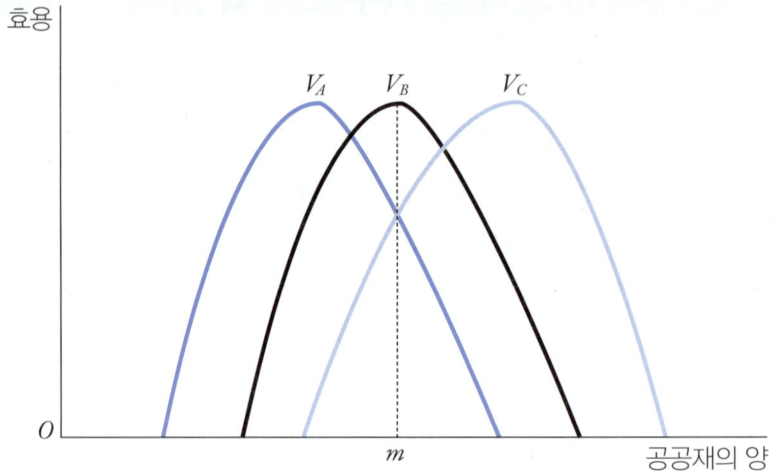

떤 공급량보다 m을 더 선호하고, 투표자 B와 C는 m 이하의 어떤 공급량보다 m을 더 선호한다. 따라서 중위투표자의 선호가 안건을 결정하는 역할을 하게 된다.

그렇다면 중위투표자의 균형은 파레토효율적인가 하는 의문이 들 수 있다. 불행히도 답변이 간단하지 않다. 투표자들 모두 공공재로부터 얻는 한계편익이 동일하고 조세가 균등한 경우, 중위투표자는 공공재의 추가적 단위에 대한 총편익의 1/3을 얻게 되고 총비용의 1/3을 지불하게 된다. 즉, 한계편익과 한계비용이 일치하는 파레토효율적인 공공지출수준이 선택된다. 그러나 이 결론은 균등조세의 경우만 타당하다고 할 수 있다.

보웬은 중위투표자의 공공지출 선호가 투표자들의 선호의 평균값을 평균으로 하는 정규분포를 따를 때 과반수투표제에 의한 공공지출수준은 파레토효율적이라고 주장한다. 이처럼 중위투표자 선호의 정규분포성 가정이 충족될 때에만 파레토효율적인 것이다. 또한 우하향하는 한계편익과 일정한 한계비용이라는 단봉형 선호의 가정을 필요로 한다.

중위투표자모형을 실증적으로 검정할 때 가장 많이 사용하는 방법은 정부의 지출(공공재의 수요와 공급)이 중위투표자가 납부하는 조세가격과 그의 소득수준에 의해 영향을 받는지를 살펴보는 것이다. 이러한 공공선택적 접근법은 모형에 조세가격을 포함시킴으로써 공공재의 수요가 일종의 공공선택과정이며, 그 과정에서 공공재를 조달하는 비용과 수요가치가 중요하다는 사실을 밝혀내었다. 또한 공공재의 수요가 평균소득이 아니라 중위투표자의 소득에 의해 결정된다는 사실도 밝혀내었다는 점이 공공선택론의 공헌이라고 할 수 있다.

제5절 정석 재정학 대의민주제의 공공선택

현실의 정부는 모든 사안에 대하여 직접 국민에게 선호를 묻는 투표를 실시하지는 않는다. 우리는 국민들이 자신을 대표할 정치인(대리인)을 선출하고 이들에게 대부분의 의사결정을 맡기는 대의민주제를 채택하고 있다. 대의민주제하에서 정부부문의 의사결정에는 국민, 정치인, 관료, 로비집단 등 다양한 사람들이 관여하며 각자가 자신의 효용을 극대화하기 위해 노력한다. 이 과정은 필연적으로 정치적 성격을 가질 수밖에 없으며, 그 결과로 도출된 의사결정이 과연 사회적으로 바람직할 것인지 의심스러울 수 있다. 따라서 정치가나 관료의 행태를 경제적 측면에서 자세히 관찰하고 분석할 필요가 있다.

1. 관료의 행태

지금까지의 분석에서 사용된 중요한 가정 중의 하나는 정부의 행위가 합리적이라는 것이다. 다시 말해서 모든 공무원들이 편협한 이기심 따윈 전혀 없는 경제학자들처럼 행동한다는 것이다. 정말로 그들은 그들의 행동으로 인해 자신이 손해를 볼 수 있다는 사실을 외면하고 사회후생을 극대화하고자 하는가? 많은 경제학자들은 관료들이 이타적이라는 가정에 의문을 가져왔다. 다음에 논의할 모형들도 이러한 의문에 대한 답을 모색하고 있다.

(1) 니스카넨모형

니스카넨(W. Niskanen, 1971)의 설명에 의하면, 관료들은 사회적으로 바람직한 정부예산 및 공공재 공급수준을 선택하는 것이 아니라, 자기가 소속된 기관의 예산극대화 즉 관료적 생산의 극대화를 추구한다. 관료 자신의 소속기관의 예산이 많이 배정되면 인원과 사업이 많아져서 실적이 올라가고 소속기관의 위상이 높아지며, 결과적으로 관료 자신의 출세가능성이 높아진다는 것이다.

니스카넨모형은 다음 두 가지를 가정한다. 첫째, 정부가 관료의 생산비용에 관한 정보를 독점한다. 둘째, 관료의 보수체계와 목표는 자신이 속한 공공기관의 예산규모와 가장 밀접한 관계를 가진다. 관료가 생산하는 공공재는 본질적으로 비시장적이다. 관료가 공급하는 공공재는 몇 단위식으로 공급되는 것이 아니라 생산된 재화로부터 정부활동의 수준이 추론될 뿐이다. 예를 들어 국방부 예산에서 국방의 단위를 헤아리는 대신 군인과 비행기의 수를 세는 것이 더 쉽기 때문이다. 국민의 입장에서는 전투능력이 더 중요한데도 실제 예산에서는 사람수와 무기수 등만이 반영된다. 관료제의 생산비용의 정보독점은 국민들이 이와 같은 관료를 감시하고 그 생산의 효율성을 평가하기 어렵게 한다. 우리는 어떻게 관료적 생산의 효율성을 파악할 수 있을까?

관료적 생산의 비효율성은 여기에서 끝나지 않는다. 관료의 보수체계가 이 문제를 더 심화시킨다고 볼 수 있다. 관료의 봉급은 효율성 향상과 크게 상관이 없거나 오히려 반대로 작용하기도 한다. 사기업들과 달리 효율성 향상에 의해 절약된 부분의 일부조차 자신의 것으로 가져갈 수 없기 때문이다. 이와 같이 관료가 효율성을 추구할 아무런 유인이 없다면 관료의 목표는 무엇일까? 니스카넨은 관료의 목표가 급여, 관행상의 부수입, 권력, 후원, 명성, 소속기관의 생산수준, 관리와 개혁의 용이성 등이라고 설명한다. 이 중에서 마지막 것을 제외하고는 모두 예산규모와 양(+)의 상관관계를 가진다. 관료의 목표가 국민후생의 증진이 아니라 자신들의 **예산극대화**, 즉 **관료적 생산의 극대화**에 있다는 것이다.[6)]

그의 모형은 관료들이 의회로부터 받아오는 예산이 정부의 공공재수준(z)에 대한 인식에 따라 결정된다. 즉,

$$B = B(z) \tag{7–1}$$

단, B: 편익

이것을 공공효용함수(공공편익함수)라고 한다. 정부는 공공재를 생산하는 비용함수(C)를 자신만이 알고 있다. 그 함수는 다음과 같다.

$$C = C(z) \tag{7–2}$$

이러한 모형에서 국민과 의회는 정부의 총생산수준과 총예산액만 알 수 있을 뿐 파레토효율적으로 생산하는지 알 길이 없다. 이 때문에 관료는 예산액이 생산비용을 충당할 수 있다는 제약조건하에서 자신의 뜻대로 예산을 극대화한다. 즉,

$$B(z) = C(z) \quad (7\text{–}3)$$

그러나 파레토효율적인 생산수준은 한계편익(MB)과 한계비용(MC)이 일치하는 수준이다.

$$MB(z) = MC(z) \quad (7\text{–}4)$$

이상의 결과를 그림을 통해 확인해보자.

그림 7-8 에서 (a)는 공공기관이 제공하는 서비스에서 나오는 총편익과 총비용을 그린 것이고, (b)는 공공서비스의 증가에 따른 총편익과 총비용의 차이인 순편익을 나타낸 곡선이다. 경제학자들은 공공기관이 순편익을 극대화하는 z^*만큼 공급할 것으로 예상하지만, 관료들은 자신이 속한 기관의 규모와 예산을 극대화하려고 소비자들이 지불할 용의가 있는 최대규모의 공공재수준

그림 7-8 니스카넨 모형의 관료적 생산

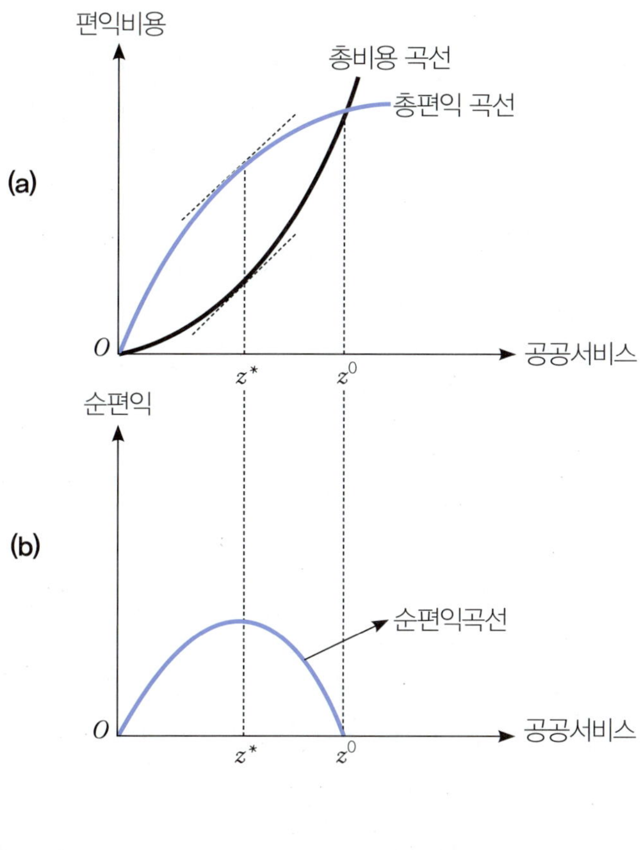

제1편
제2편
제3편
제4편
제5편

인 z^0까지 공급하기를 바란다. 다시 말해서 소비자잉여를 의미하는 순편익이 조금이라도 남아 있기만 하면 관료적 생산수준은 타당성을 인정받을 수 있기 때문에 z^0까지 공급하기를 바라는 것이다. 니스카넨은 이러한 사실을 두고 독점적 관료가 독점공급하는 서비스로부터 주민들이 얻는 소비자잉여를 자신의 입지를 강화하기 위해 회수해가는 것과 같다고 묘사한다.

그러나 관료들이 그들의 진의를 숨기면서 이 규모를 달성하기 위해서는 기관간 경쟁이 존재하지 않아야 한다. 또한 주민들이 공공기관의 진정한 편익과 비용을 확인하는 것이 쉽지 않아야 한다. 그렇지 않으면 공공기관이 의회로 하여금 공공기관의 예산안을 지지하도록 납득시키기가 어려울 것이기 때문이다.

이러한 사실을 뒤집어보면 관료제의 개선책이 도출될 수 있다. 기관간 경쟁을 통하여 공급가격에 대한 정보독점을 줄여서 정부규모의 확대를 방지할 수 있다. 또 공공기관의 편익과 비용구조를 알기 어려워 비효율성이 발생하면 민간시장을 활용하는 것도 생각할 수 있는 개선책이다. 여기에 더해서 니스카넨은 관료의 보수체계를 공공재 생산비용의 절감액과 연관을 지어 절감액의 일부를 지급받도록 하자는 다소 극단적인 개선책을 제시한다.

니스카넨모형은 매우 단순한 모형이지만 관료의 핵심적 행태를 설명했다는 데 그 의의가 크다. 또한 공공선택론이 주로 투표자 혹은 수요자 중심으로 공공재공급수준을 설명하는데, 니스카넨모형은 공급자 중심으로 공공재의 공급수준을 설명했다는 데 중요한 의미가 있다.

정석 사고

니스카넨모형은 관료의 목표가 국민후생의 증진이 아니라 자신의 예산극대화, 즉 관료적 생산의 극대화에 있다고 설명한다. 관료들은 총비용이 외부에 잘 알려져 있지 않는 점을 이용해서 총편익과 총비용이 같은 수준까지 승인을 얻는 방식으로 예산을 극대화할 수 있다. 니스카넨은 이러한 사실을 두고 독점적 관료가 독점공급하는 재화나 서비스로부터 주민들이 얻는 소비자잉여를 자신의 입지를 강화하기 위해 회수해가는 것과 같다고 묘사한다. 니스카넨모형의 중요한 의미는 공급 측면에서 공공재 공급수준을 설명했다는 데 있다.

(2) 미그에-벨랑제 모형

미그에와 벨랑제(Migue and Belanger, 1974)는 니스카넨의 이론을 보완하는 모형을 제시한 바 있는데, 그들은 관료들이 예산의 크기뿐만 아니라 직책과 관련하여 누릴 수 있는 여러 특권

(예: 고급승용차, 골프 및 콘도 회원권 등)에 의해서도 영향을 받는다고 설명한다. 즉, 관료의 효용함수가 존재하며 다음과 같다고 가정한다.

$$U = U(z, R) \tag{7-5}$$

단, z : 관료적 생산수준(예산)
R : 직책상의 특권(예산상의 잉여)

미그에와 벨랑제는 관료적 생산수준은 예산의 크기에 비례하고, 관료들이 직책상의 특권을 취득하기 위해서 **예산상의 잉여**를 가지려고 한다는 점에 주목한다.

그들은 관료가 의회로부터 얻어온 예산을 자신의 소속기관의 생산을 증가시키는 데 모두 써버리면 더 많은 예산을 얻고자 했던 다른 목표를 추구할 수 없게 된다고 한다. 여기서 관료의 다른 목표는 직원수의 확대를 포함해서 여가, 직업보장, 수입 등 X-비효율성[라이벤슈타인(1965)의 용어로서 x-ray처럼 보이지 않는 비효율성]에 해당하는 모든 것들이 될 수 있다.

따라서 관료의 효용함수는 다음 두 가지로 구성된다. 하나는 관료의 고유한 목표인 국민후생의 극대화(Y)이고, 다른 하나는 관료의 과외목표인 관료 자신의 이익극대화(X)이다. 관료들의 입장에서 Y는 자신이 소속한 공공기관이 제공하는 공공재나 공공서비스로부터 국민이 얻는 순편익을 말한다. 이러한 Y는 예산상의 잉여로서 X와 함께 관료의 효용을 증가시키지만, Y가 극대화되는 공공재의 공급수준을 넘어서면 X는 계속 증가하는 반면 Y가 감소한다는 가정을 한다. 따라서 관료는 이 두 목표를 적절히 조화시켜 관료효용함수를 극대화하는 어떤 공공재의 공급수준을 선택한다.[7)]

이러한 사실을 **그림 7-9** 를 통해 확인해보자. **그림 7-9** 의 (a)에서 수평축은 정부가 공급하는 공공서비스의 양을, 수직축은 공공서비스에서 얻는 총편익과 공공서비스생산에 소요되는 총비용을 나타낸다. 이윤을 극대화하는 민간기업이라면 당연히 z^*만큼 생산하고 공급할 것이지만, 니스카넨모형의 관료들은 예산을 극대화하기 위해 순편익이 0이 되는 z_0까지 공공서비스의 공급을 늘리려고 할 것이다. 미그에-벨랑제모형의 관료들은 관료 자신의 효용함수가 존재하며, 그 효용함수는 예산의 크기뿐만 아니라 개인기업의 이윤과 유사한 역할을 하는 예산상의 잉여의 함수라고 한다.

그림 7-9 의 (b)에서 공공서비스의 양에 따른 순편익이 주어질 때 관료들의 효용을 극대화하는 공공서비스의 양은 z_1이다. 미그에-벨랑제모형의 관료들은 예산과 예산상의 잉여를 적절히 조

그림 7-9 **미그에-벨랑제 모형**

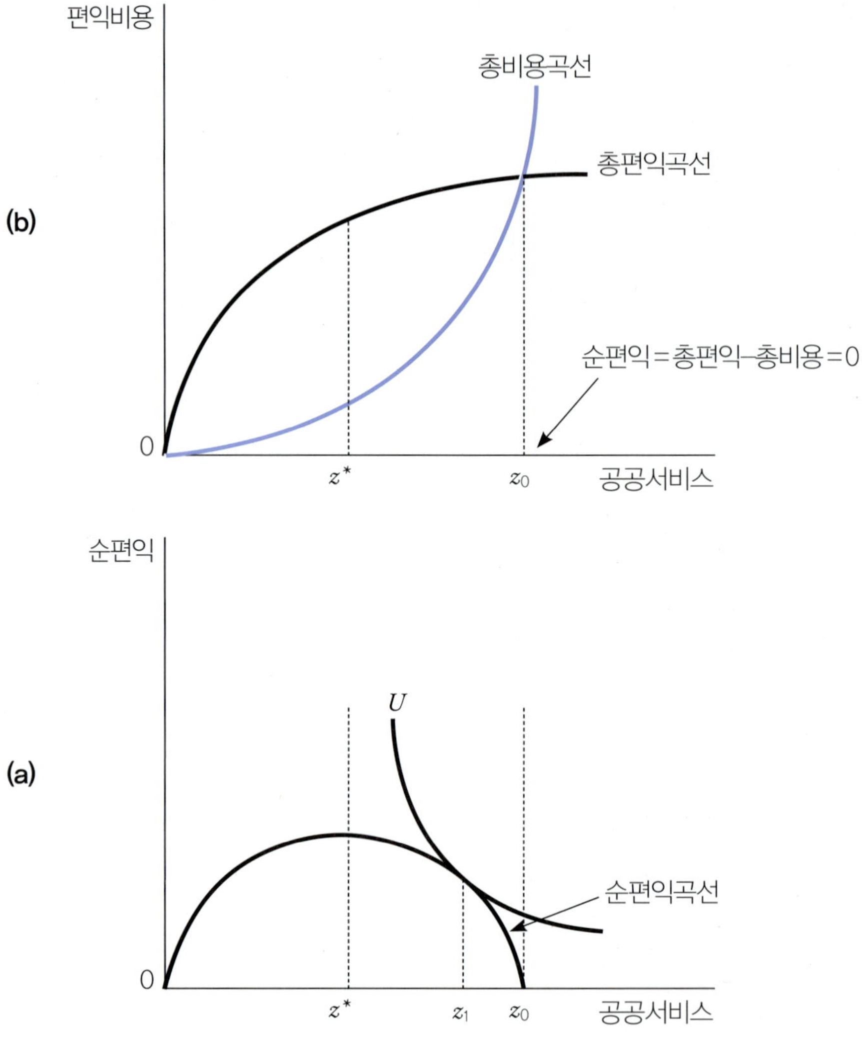

합하는 z_1에서 자신들의 효용을 극대화한다는 것이다. 추가로 z_1이 z_0보다 작다는 것을 확인하기 바란다.

정석 사고

미그에-벨랑제모형은 관료들이 예산과 예산상의 잉여를 통해 관료 자신의 효용을 극대화하기 때문에 예산을 모두 사용하지 않고 어느 정도의 예산상의 잉여, 즉 순편익을 남겨둔다는 것이다. 이 모형은 니스카넨모형과 달리 예산을 모두 사용하여 순편익을 0으로 하는 공공재의 공급수준은 아니지만 여전히 공공재가 과다공급된다는 것을 보여준다.

이와 같이 미그에-벨랑제모형이나 니스카넨모형은 수요분석 위주의 공공선택이론을 공급 측면에서 조명했다는 면에서 새로운 시도로 높이 평가될 수 있다. 당연히 이러한 모형을 비판한다면, 수요 측면을 무시하고 관료들이 수요곡선상의 어떠한 배분도 마음대로 선택할 수 있다는 점이다. 그 결과 국민인 수요자가 모형에서 아무런 역할도 하지 못한다.

2. 정치가의 행태

모든 경제학자들은 정치가들을 관료들과 마찬가지로 이타주의자로 간주하지 않는 듯하다. 노드하우스(W. Nordhaus, 1975)와 맥라이(D. MacRae, 1977)는 정치가들이 재선가능성을 높이기 위하여 경제를 교묘히 조작함으로써 정치적 경기순환이 생길 수 있다고 한다. 투표자들이 물가상승과 실업을 싫어하므로 정치가들은 선거가 다가오면 물가상승과 실업을 낮게 하는 모든 일시적 경제정책을 고안한다는 것이다. 물론 다수의 경제학자들은 이 견해에 반대하고 있으며, 힙스(D.A. Hibbs, 1982; 1987)는 경제정책이 최소한 부분적으로는 집권하고 있는 정당에 투표한 사람들의 선호와 이해관계를 반영한다고 주장한다. 투표자의 선호를 결정하는 중요한 요인은 소득과 재산이라는 것이 이들 연구의 공통점이다.

정당의 경제정책과 투표의 관계도 결국에는 정치가가 많은 표를 얻어 집권을 하는 것으로 귀착된다. 이하에서는 다운즈(A. Downs, 1957)의 관점을 통하여 정치가의 행태를 살펴보자.

다운즈는 정치가가 정책을 만들기 위해 선거에 이기려고 한다기보다는 선거에 승리하기 위해 정책을 만든다고 가정한다.[8] 정치가는 **득표극대화**를 위해 투표자에게 유리한 정책을 공약하고, 투표자는 자신의 이익을 가장 잘 대표해줄 수 있는 정치가에게 표를 던지기 마련이므로, 자신의 이익을 추구하는 정치가라면 투표자의 의사를 충실하게 반영하지 않을 수 없다고 설명한다. 다수의 주민이 감세를 원하면 결국 정치가도 예산을 깎지 않을 수 없고, 따라서 공공재는 과소공급된다는 것이다.[9]

정석 사고

정치가는 득표극대화를 위해 투표자에게 유리한 정책을 공약하므로 투표자가 싫어하는 조세를 줄여 공공재가 과소공급될 수 있다. 즉, 투표자가 공공재 편익에 대한 과소평가로 작은 규모의 예산을 지지하기 때문에, 다시 말해 투표자의 무지 때문에 공공재가 과소공급되기 쉽다.

그런데 정치가가 득표를 극대화하려면 결국 중위투표자의 지지를 많이 얻어야 한다. 그러므로 모든 정치가나 정당들은 중위투표자가 가장 선호하는 방향으로 정책을 변화시키는 것이다. 특히 양당제하에서 두 정당의 정강정책(종합적 방향을 밝힌 정책)들이 서로 유사한 것은 선거에 이기기 위하여 먼저 중위투표자의 지지를 얻고자 하기 때문이다.

이러한 현상을 **호텔링의 원칙** 혹은 최소차이의 원칙이라고 하는데, 호텔링(H. Hotelling, 1929)이 양당제하의 대의민주제의 선택결과에 관한 중위투표자정리를 최초로 밝혔기 때문이다. 호텔링의 영향을 받은 다운즈는 정치적 여론이 자유좌익과 보수우익이 정규분포를 따라 좌측에서 우측으로 분포되어 있을 때, 단봉형 선호를 가진 투표자가 자기의 입장과 가장 가까운 위치에 놓인 후보에게 투표를 한다고 가정한다. 이 경우 결국 양당은 중위투표자의 위치로 이동한다는 것이다. 이러한 논리는 중위투표자정리와 일치한다. 이와 같은 결과는 단일의제, 단봉형 선호, 대칭적 분포, 전원투표, 두 후보 또는 양당만 있는 비현실적인 가정에 기초한 논리이다. 단일의제가 아닌 다차원 의제로 가면 단봉형 선호 이상의 가정들이 필요하기 때문에 과반수투표의 정치적 균형은 불안정할 수 있다.

공공선택의 과정에서 정부부문의 의사결정에는 국민, 정치인, 관료, 로비집단 등 다양한 주체들이 관여하고 각자가 자신의 효용을 극대화하기 위해 노력하기 때문에 필연적으로 정치적 성격을 가질 수밖에 없다. 우리는 공공선택의 과정을 통해 도출된 결과가 사회적으로 바람직한지 논의했다. 그리고 공공재와 사용재의 공공부문에서의 생산을 포함한 정부의 시장개입으로 경제가 파레토효율적인 배분을 달성하는 데 도움이 된다는 보장이 없음을 확인했다. 대부분의 선진국에서 농업부문이 과도하게 보조받고 해외경쟁으로부터 보호받고 있다는 사실을 보아도 사회후생의 극대화가 요원함을 알 수 있다.

정석 사례연구

중위투표자의 정리

우리나라의 국민연금재정이 급속도로 악화되어 2007년 국민연금법이 개정된 바 있다. 연금급여수준이 40년 가입자를 기준으로 할 때 평균소득액의 60%에서 2008년 50%, 2009년부터 매년 0.5%포인트씩 낮추어 2028년에 40%로 인하되는 것이 주요골자이다. 이러한 재정안정조치가 효과가 있는 것은 사실이지만 연금급여수준을 아주 느리게 하향조정하는 것이므로 현재세대보다 미래세대들에게 연금재정부담을 전가하는 것과 유사하다. 이러한 현상은 중위투표자의 정리로 설명이 가능하다.[10)]

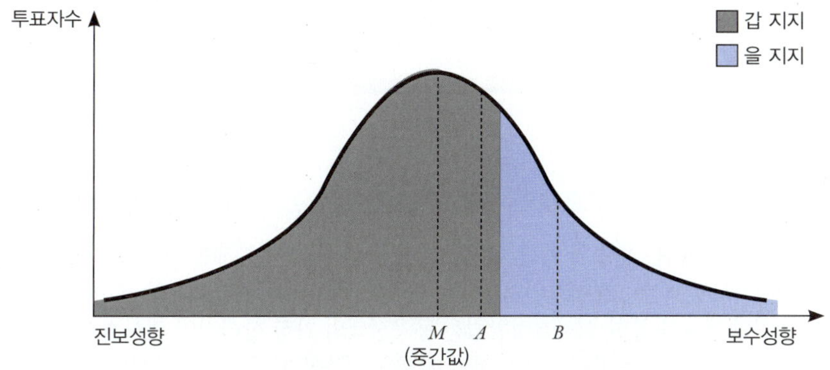

연금급여수준이 아주 오랫동안 완만하게 하락하면 연급재정의 불균형이 심화될 것이 불을 보듯 뻔하므로 그 모든 부담은 미래세대의 조세에 의해 충당되어야 한다. 미래세대는 당장 연금급여수준을 하향조정하고 싶겠지만 현재 생존하는 세대와 함께 투표를 할 수 없다. 아직 태어나지 않았거나 어릴 것이기 때문이다. 결국 현시점의 중위투표자는 현재세대중의 누구일 것이며, 연금급여수준이 아주 천천히 하락하는 것을 선호하게 된다.

이러한 상황에서는 연금개혁이 잘 이루어지지 않을 뿐만 아니라 중위투표자의 눈치를 보는 정치인들이 연금개혁에 앞장설 이유도 없을 것이다. 2003년부터 줄곧 연금개혁의 필요성이 인식되었지만 잘 이루어지지 않은 이유가 바로 중위투표자의 성향 때문이다.

제1편
제2편
제3편
제4편
제5편

정석 기본문제

1. 다음을 약술하라.

[1] 공공선택이론

[2] 중위투표자의 정리

[3] 투표의 역설

[4] 꽁도세의 승자(Condorcet winner)

[5] 선호의 쌍봉형

2. 공공선택이론에 대한 설명으로 잘못된 것을 선택하고 그 이유를 설명하라.

① 관료모형에서는 관료의 예산극대화 행태에서 자원배분문제를 제시하고 있다.
② 정치가모형에서는 정치가의 득표극대화 행태에서 자원배분문제를 제시하고 있다.
③ 개인의 투표를 통한 의사결정방법은 공공선택의 가장 합리적인 의사결정방식이다.
④ 공공선택이론은 공공재의 효율적인 배분을 위하여 제시되는 이론이다.

정석 힌트 공공선택이론은 정부부문의 의사결정이 국민, 정치인, 관료, 로비집단 등 다양한 집단이 관여하여 각자 자신의 효용을 극대화하려는 노력을 한다는 것이다. 따라서 이 과정은 자연히 정치적 성격을 가지며, 그 결과로 정해진 의사결정이 사회적으로 바람직한지 알 수 없다. 정부도 실패할 수 있다는 정부실패의 한 가지 원인일 수 있다.

3. 다음 글을 읽고 옳은 것은 True, 틀린 것은 False로 표시하고 그 이유를 간단히 설명하라.

[1] 공공선택이론에서 관료모형은 현실적으로 왜 공공서비스가 파레토효율적인 양보다 적게 생산되는지를 보여준다.

[2] 투표의 역설은 애로우의 공리 중 이행성을 위배하고, 중위투표자이론은 애로우의 선호의 비제한성을 충족시키지 못한다.

정석 힌트 비교순서에 따라 결과가 달라지는 투표의 모순은 이행성을 충족시키지 못하며, 중위투표자이론은 선호가 단봉형임을 전제하므로 선호의 비제한성 공리를 충족시키지 못한다.

4. 과반수투표제가 최소비용의 의사결정방식이라고 한다면 어떤 논리에 근거하는 것인지 최적다수결의 원리에 입각하여 설명하라.

5. 빅셀, 뷰캐넌, 털록 등 많은 경제학자들이 전원합의제를 가장 선호하였다. 어떤 논리에서 나온 결과인가? 그리고 전원합의제의 문제점은 무엇인가?

6. 다음 예문을 읽고 물음에 답하여라.

> 현실에서 정부가 공공재의 배분에 관한 결정을 내린다고 할 때 이는 공공선택이라는 과정을 거쳐서 결정된다. 여기에 참여하는 여러 주체는 저마다의 이익을 좇아 행동하고 있다. 공공재는 애덤 스미스의 말처럼 시장에서 각자가 자신의 이익을 따라 행동해도 어떤 보이지 않는 손에 의해 공익으로 인도되지 않는다. 각 주체들이 자신의 이익에 너무 집착한 나머지 공공선택의 결과를 바람직하지 못한 방향으로 몰고 가는 경향이 있다.[11]

[1] 위의 내용은 무엇에 대한 설명이며, 내용 중의 여러 주체들의 예를 들어라.

[2] 정치인들은 위의 여러 주체 중 하나인데, 다운즈(Downs)의 모형은 이들의 행태를 한마디로 요약하고 있다. 그 내용이 무엇인지 간단히 설명하라.

[3] 관료들은 위의 여러 주체들 중 하나인데, 니스카넨(Niskanen)의 모형은 이들의 행태를 한마디로 요약하고 있다. 그 내용이 무엇인지 간단히 설명하라.

[4] 공공재를 과다공급하는 집단은 어느 주체인지 말하고 그 이유를 설명하라.

[5] 공공재를 과소공급하는 집단은 어느 주체인지 말하고 그 이유를 설명하라.

7. 다음 그림은 뷰캐넌과 털록이 제안한 최적다수결제를 설명하기 위한 것이다. 다음 물음에 답하라.

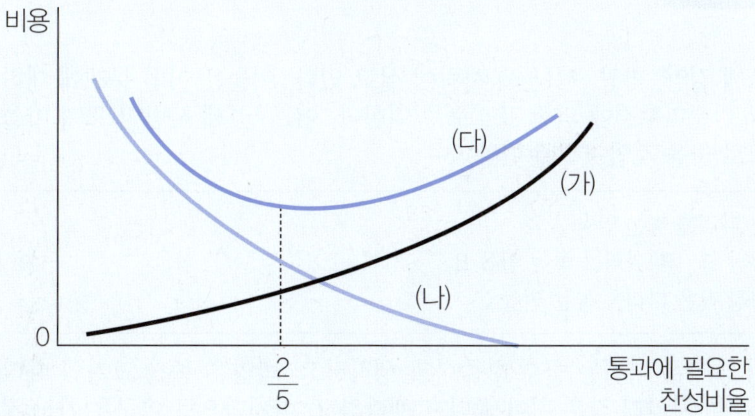

[1] 곡선 (가)에 해당하는 용어를 적고 무엇을 말하는지 설명하라.

[2] 곡선 (나)에 해당하는 용어를 적고 무엇을 말하는지 설명하라.

[3] 곡선 (다)는 무엇을 말하는지 설명하고 이 제도의 문제점을 들어라.

정석 힌트 어떤 새로운 사안이 있을 때마다 의결에 관한 규칙을 새로 정해야 하므로 추가적인 비용이 발생한다.

[4] 헌법이나 국회에서 중요한 사안일수록 의결정족수가 높다. 이러한 사실과 위의 제도는 어떤 관련이 있는가?

정석 힌트 중요한 사안일수록 사회적 외부비용이 매우 크다고 볼 수 있다. 따라서 비록 의사결정비용이 커진다고 하더라도 의결정족수를 높이는 것이 총비용을 최소화하는 방법이다. 바로 뷰캐넌-털록의 최적다수결제가 그 이론적 근거가 될 수 있다.

8. 니스카넨모형은 매우 단순한 모형이지만 관료의 핵심적 행태를 잘 설명한다. 또한 공공선택론이 주로 수요자중심으로 공공재 공급수준을 설명하는데, 니스카넨모형은 공급자중심으로 공공재 공급수준을 설명한다. 니스카넨의 세계에서 관료제를 어떻게 개선시킬 수 있는가? 몇 가지 안을 제시하라.

정석 힌트 기관간 경쟁을 통하여 공급가격에 대한 정보독점을 줄여서 정부규모의 확대를 방지할 수 있다. 또 공공기관의 편익과 비용구조를 알기 어려워 비효율성이 발생하면 민영화나 민간시장을 활용할 수 있다. 그리고 관료의 보수체계를 공공재 생산비용의 절감액과 연관을 지어 절감액의 일부를 지급받도록 하여 이윤동기를 부여할 수 있다.

정석 심화문제

9. 어느 마을에 김양, 박양, 이군 세 사람이 살고 있다. 이들은 어떤 문제에 대하여 의견이 엇갈릴 경우 단순다수결에 의한 표결로 처리한다. 어느 날 세 사람이 모여 마을 앞의 다리를 어떤 규모로 놓을 것인지 의논했다.

(가) 큰 다리를 놓는 안을 A
(나) 중간 크기의 다리를 놓는 안을 B
(다) 가장 작은 다리를 놓는 안을 C

우선 김양의 경우 다리는 클수록 좋다고 생각하고, 박양은 중간 크기의 다리가 가장 좋고 그다음으로는 차라리 작은 편이 좋다고 생각하고, 마지막으로 이군은 가장 작은 다리가 가장 좋고 그다음은 가장 큰 다리라고 생각하고 있다.

[1] 위의 사안들을 꽁도세 투표방식에 의해 두 개씩 표대결을 벌일 때 어떠한 결과가 나오는가? 이를 무엇이라고 하는가?

[2] 위에서처럼 표결의 결과가 달라지는 이유는 무엇 때문인지 예시문을 사용하여 설명하라.

정석 힌트 이군은 다봉형 선호를 가지고 있다.

10. 3명의 어른이 살고 있는 꽃마을에 최근 들어 불량배들이 나타나 청소년들을 괴롭히자 세 어른이 이에 대한 대책을 마련하기로 했다.

(ㄱ) 방범초소를 세우는 것(비용: 90만원)
(ㄴ) 가로등을 설치하는 것(비용: 30만원)

비용은 각자 동일하게 부담하고 투표로 결정하려고 한다. 이때 세 어른의 편익은 다음과 같다.

갑: (ㄱ)안에 33만원, (ㄴ)안에 10만원
을: (ㄱ)안에 34만원, (ㄴ)안에 10만원
병: (ㄱ)안에 30만원, (ㄴ)안에 18만원

[1] 다수결에 의할 경우 어느 안이 채택되는가?

[2] 보상의 원칙에 의할 경우 어느 안이 채택되는가?

정석 힌트 어떤 상태에서 새로운 상태로 변화할 때 손해 보는 자와 이익 보는 자가 있을 경우 이익 보는 자의 이익이 손해 보는 자의 손해를 보상하고도 남음이 있으면 그 변화를 보상의 원칙에 따라 '개선(Improvement)'이라고 한다. 그러나 실제 보상이 이루어지지는 않는다. 예시문에서는 각 안의 사회적 순편익(총편익−총비용)을 계산하면 가로등 설치가 바람직하다.

11. 다음 표는 현재의 상태에서 도서관 건립(X)과 체육관 건립(Y) 안건이 채택되었을 때 세 명의 투표자들의 효용(만족도)의 변화를 나타낸다.

투표자	안건	
	도서관	체육관
A	−5	−5
B	12	−5
C	−5	12

제1편 제2편 제3편 제4편 제5편

[1] 각 안건별로 다수결에 의해 결정을 한다면 어떤 결과가 나오겠는가?

정석 힌트 선호강도가 높은 소수가 낮은 선호강도를 가진 다수에 의해 모든 안건이 부결된다.

[2] 만약 투표자의 연합이 만들어진다면 어떤 결과가 나오겠는가?

정석 힌트 투표자 B는 X안, 투표자 C는 Y안이 채택될 때 이익이 매우 크기 때문에 서로 표 교환행위를 한다.

[3] [2]의 결과를 [1]의 결과와 비교할 때 어느 쪽이 나은 결과를 가져오는가?

정석 힌트 [2]의 결과는 사회전체의 후생수준을 향상시킨다. 왜냐하면 X안 혹은 Y안에 대한 세 사람의 효용변화의 합(12−5−5)이 2로서 양수이기 때문이다.

12. 미그에−벨랑제모형에서 관료의 효용함수가 $U=z+R$(z: 관료적 생산수준, R: 직책상의 특권)일 때와 $U=3z+R$일 때를 비교하면 공공서비스를 더 많이 공급하는 쪽에 대하여 설명하라. 이 결과가 바람직한 것인지도 설명하라.

정석 힌트 각 관료의 한계대체율을 구해보면 $MRS_{zR}=\frac{MU_z}{MU_R}=1$, $MRS_{zR}=\frac{MU_z}{MU_R}=3$이다. 두 번째 관료에게 예산상 잉여에 대한 관료적 생산수준의 상대가치가 더 크다. 따라서 두 번째 관료의 생산수준이 더 높을 것이다. 그림을 통해서도 스스로 확인해보자. 주의할 점은 관료효용함수가 음의 기울기를 가진 직선이다.

제8장
비용-편익분석

사회의 이익이란 무엇인가?

사회를 구성하고 있는 모든 사람들의

이익의 합이다.

- Jeremy Bentham -

우리는 어떤 계획된 행동이 바람직한지를 평가하려고 할 때 그 행동의 손실과 이익을 구분해본다. 경제학자들은 어떤 행동이 이익과 손실을 모두 가져올 수 있다고 보고 이익 또는 편익이 손실보다 더 크다면 행동은 바람직하다고 본다. 여기서 바람직하다는 표현은 경제적으로 타당성이 있다는 의미이다. 이러한 간단한 판단기준이 경제학적 접근의 출발점이 된다.

개인의 행동에서와 마찬가지로 공공사업의 바람직한 정도도 사회적 이익(편익)과 사회적 손실(비용)을 비교해서 판단하게 된다. 이에 따라 개발된 경제적 분석방법이 비용–편익분석 방법이다. 이 방법은 정부의 공공투자사업의 경제성을 평가하는 데 사용된다는 점에서 공공투자사업의 경제성분석이라고도 할 수 있다. 따라서 비용–편익분석은 정부의 경제행위의 타당성을 분석할 때 그 행위로부터 초래되는 비용과 편익을 비교함으로써 이루어진다. 특히 대규모 투자사업의 정부지출의 효과는 국민들에게 미치는 영향이 매우 크므로 정부가 수행하는 공공투자사업을 선정할 때에는 그 타당성을 충분히 분석하여야 한다. 그리고 한정된 자원을 사용한다는 점에서 항상 경합관계에 있는 민간부문을 고려하여야 한다. 한정된 자원을 공공부문이 효율적으로 사용할 수 있는가 하는 경제성의 평가는 공공투자사업들이 사회후생의 증

제8장 비용-편익분석

가를 가져오는지의 여부에 따라 결정될 수 있다. 이론적으로는 사회후생의 증가가 사회후생 함수의 평가를 통해 파악될 수 있지만, 그 개념의 비현실성으로 인해 비용-편익분석이 현실적으로 사용되는 것이다.

정부가 시장에 거래되지 않는 많은 재화와 서비스를 생산할 때 그 가치를 평가하는 문제는 과학인지 예술인지 구분하기 어려울 때도 있다. 우리가 기발한 기법들을 존중해야 하지만 어떤 것도 절대적이지 않다는 사실을 잊어서도 안 된다. 세상에 절대진리란 존재하지 않기 때문이다.[1] 이 장에서는 정부가 수행하는 공공투자사업이 갖는 경제성의 평가방법과 평가기준, 비용-편익의 측정, 비시장재화의 가치평가, 할인율의 선택, 위험성의 문제 등에 대하여 자세히 살펴본다.

이 장에서 배울 것

- 비용-편익분석이란 어떤 기법인가?
- 비용-편익분석의 방법에는 무엇이 있는가?
- 비용-편익분석의 평가는 어떻게 하는가?
- 비용-편익분석에서 비시장재화는 어떻게 평가하는가?
- 비용-편익분석의 할인율은 어떻게 선택하는가?
- 비용-편익분석에서 위험성문제는 어떻게 해결하는가?

제1절 정석 재정학 비용-편익분석의 기초

비용-편익분석의 개념을 처음 사용한 것은 19세기 말 프랑스 경제학자 듀퐁(J. Dupuit)의 연구로 알려져 있다.[2] 그러나 그 개념이 정립되기 시작한 것은 20세기 들어와서 후생경제학이 발전하면서부터라고 할 수 있다. 현대적 의미의 비용-편익분석방법이 소개된 것은 1950년대 미국에서 수자원관리를 위해 강유역사업에 대한 타당성분석을 하여 최종작성한 보고서 「그린북(Green Book)」(1958)이다.

비용-편익분석은 투자효율에 대한 비교분석의 논리에 근거한 분석기법 중 하나로, 공공투자사업이 한정된 자원을 합리적으로 사용하기 위해서는 민간투자사업보다 더 효율적이라야 타당성이 있다는 점을 밝힌다. 어떤 공공사업을 수행하려고 할 때 그 사업에 소요되는 비용과 그 사업에서 얻는 편익을 모두 객관적인 화폐단위로 표시하여 비교함으로써 그 사업의 타당성을 분석하는 것이다.[3] 비용-편익분석의 기본틀은 **그림 8-1** 에 나타나 있다.

공공사업에 소요되는 재원조달은 보통 조세나 공채를 통해 이루어진다. 이렇게 조달된 재원이 민간부문에 그대로 있었다면 소비되든지 투자되든지 하였을 것이다. 따라서 공공사업의 사회적 기회비용은 이렇게 평가할 수 있다. 즉, 정부가 이 자금을 사용함으로써 민간부문이 투자자금으로 사용하지 못한 부분과 정부가 재화를 소비한 만큼 민간부문의 소비가 위축된 부분을 평가하여 사회적 기회비용으로 보는 것이다. 이에 따르는 문제점으로 공공사업의 사회적 기회비용은 조세의 초과부담과 환경오염 등과 같은 외부성으로 인해 종종 시장가격과는 괴리가 있다. 이제 조달된 재원을 가지고 공공사업을 시행했다고 한다면 국민들은 그 사업의 혜택을 받을 것이다. 그러

그림 8-1 비용-편익분석의 틀

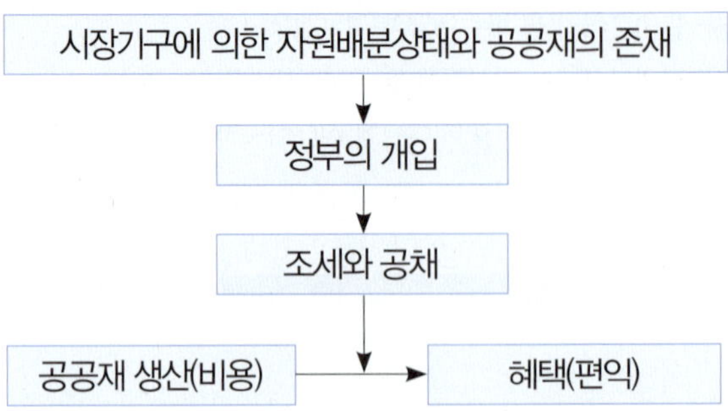

나 주로 공공재나 외부성이 강한 사업을 대상으로 하는 공공사업은 편익이 시장에서 현시되지 않으므로 계산상의 어려움이 따를 수밖에 없다. 현실의 경제에서는 수요 및 공급곡선에 의한 소비자잉여와 생산자잉여의 합계를 편익으로 보지만 공공사업의 경우 가상적 공공재 수요곡선을 가정하거나 설문을 통해 편익을 얻을 수밖에 없다.

정석 사고

비용–편익분석은 사회후생의 관점에서, 즉 시장이 공공재생산과 배분에 비효율적이라는 가정하에서 효율적인 자원배분을 위한 공공투자사업의 경제성분석이라고 할 수 있다. 따라서 비용–편익분석은 특별한 경우가 아니면 주로 효율성을 분석한다.

제2절 정석 재정학 비용–편익분석의 방법

우리가 시장경제를 설명할 때 주로 비유한 사과, 빵 등은 소비하는 즉시 편익을 얻고 비용을 부담하는 상품들이지만, 집과 자동차와 같은 상품들은 구입에 따르는 편익과 비용이 몇 년 동안에 걸쳐 발생하게 된다. 또한 기업에서 공장을 확장한다든지 하는 투자사업도 편익과 비용이 몇 년 동안에 걸쳐 발생하게 된다. 이러한 상품들과 사업은 미래에 발생하는 모든 편익과 비용을 현재가치로 바꾸어 현재시점에서 구매결정과 사업시행결정을 하여야 한다.

공공사업의 경우에도 편익과 비용이 미래에 계속 발생한다면 시간은 의사결정의 중요한 요소가 된다. 예를 들어 댐 건설로 인한 용수공급의 편익은 현재뿐만 아니라 10년 후에도 발생한다. 환경에 대해서도 마찬가지로 시간이 감에 따라 석유와 같은 자원은 소모되고 어류나 산림처럼 재생산이 가능한 자원도 점점 줄어들어 미래세대에 남겨질 양이 적어지고, 공해도 점점 누적된다.

현재시점에서 의사결정을 하려고 한다면 결국 미래의 순편익을 현재가치로 바꿀 수 있어야 한다. 현재가치로 바꾼다는 것은 시간의 화폐가치를 포함시켜야 한다는 것을 의미한다. 시간의 화폐가치는 불확실성의 정도와 물가상승, 투자기회의 많고 적음 등에 따라 달라진다.

이러한 이유 때문에 누구든지 오늘의 1원이 내년의 1원보다 더 낫다고 생각한다. 오늘 1원을 은행에 예금하면 내년에는 1원 이상이 되기 때문이다. 예를 들어 이자율이 10%라면 오늘의 1원은 내년에 1.10원이 된다. 이 경우 오늘의 1원과 내년의 1.10원은 별 차이가 없다. 반대로 내년에 가질 1원은 오늘 얼마의 가치를 가질지를 계산해보면 1/(1+0.1)원이 될 것이다. 즉, 내년의 1원은 오늘의 0.90원과 동등한 가치를 가진다. 이처럼 모든 미래의 편익과 비용을 현재와 동등한 가치로, 즉 현재가치(present value)로 바꾸는 사고의 접근이 필요하다. 구매 또는 투자사업을 하려는 사람들과 마찬가지로 정부도 현재시점에서 공공사업의 투자결정을 해야 하기 때문이다.

앞에서 정부지출사업의 편익과 비용을 비교하여 정당성 혹은 경제성을 판단할 수 있다고 하였다. 그렇다면 그 사업이 최적 또는 최선인가 하는 문제는 어떻게 판단할 수 있는지 알아보자. 현재시점에 발생하는 다양한 자원배분방법 사이의 선택은 흔히 **정태적 효율성**(static efficiency), 혹은 그냥 효율성(efficiency)이라는 규범경제학적인 기준에 따라 이루어진다. 이 기준에 의하면 공공사업의 순편익이 최대가 되는 자원배분방식이면 최적의 선택이 된다.

만약 편익과 비용이 여러 기간에 걸쳐서 발생하는 자원배분간의 비교에서는 어떠한 최적의 선택기준을 사용해야 할까? 이러한 경우에 최적선택을 하는 기준은 **동태적 효율성**(dynamic efficiency)이라는 개념을 사용한다. 동태적 효율성은 정태적 효율성을 일반화한 것이다. 앞에서 본 현재가치방식이 여기에 사용될 수 있는데, 주어진 어떤 기간 동안 자원을 배분 또는 사용하는 방법 중에서 순편익을 가장 크게 하는 방법이면 바로 동태적 효율성을 만족하는 자원배분이 된다.

1. 현재가치법

앞에서 예로 든 가계나 기업의 결정에서처럼 정부도 새 도로나 새 학교를 건설해야 하는 투자계획들을 가지고 있다. 정부는 이러한 계획들 중 우선순위를 결정해야 하고, 동시에 경제적 타당성을 평가하여야 한다. 이를 위한 하나의 방법으로 현재가치법을 들 수 있다.

만약 지금(0기)부터 n기 이후까지 매기 편익이 B만큼 발생하고 비용이 C만큼 발생하는 사업이 있다면 순편익의 현재가치는 어떻게 나타날까? 자금의 기간당 할인율(discount rate)이 r이라고 할 때 순편익의 현재가치(NPV)는 다음과 같다.

$$NPV = B - C + \frac{B-C}{1+r} + \cdots + \frac{B-C}{(1+r)^n} \tag{8-1}$$

이 접근법은 개별투자계획에서 편익과 비용의 현재가치의 차이인 **순편익의 현재가치**(Net Present Value, NPV)가 0보다 크면 경제적 타당성이 있다고 평가할 수 있으며, 여러 투자계획 중 순편익의 현재가치가 가장 큰 사업을 우선순위가 있는 사업으로 평가할 수 있다.

정석 사고

현재가치법에 의하면, 미래의 비용과 편익을 현재로 환산하여 편익의 현재가치가 비용의 그것보다 크면 사업이 경제성을 가진다고 볼 수 있다. 문제는 할인율이 클수록 사업의 미래가치가 과소평가된다는 점이다.

예를 들어 x와 y라는 투자계획이 있다고 하자. 투자계획 x는 지금 100만원의 비용이 들고 1년 후에 120만원의 편익을 가져다주는 데 비해, 투자계획 y는 지금 1,000만원의 비용이 들고 1년 후에 1,080만원의 편익을 가져다준다고 하자. 적정할인율이 10%라고 할 때 두 투자계획의 순편익의 현재가치를 구해보면 다음과 같다.

$$NPV_x = \frac{120}{(1+0.1)} - 100 = 9.09 \tag{8-2}$$

$$NPV_y = \frac{1,080}{(1+0.1)} - 1,000 = -18.19 \tag{8-3}$$

따라서 투자계획 x는 순편익의 현재가치가 0보다 크므로 경제적 타당성이 있으며, 투자계획 y는 순편익의 현재가치가 0보다 작아서 경제적 타당성이 없다고 할 수 있다.

2. 내부수익률법

만약 우리가 1원을 투자하면 이익을 남길 때도 손해를 볼 때도 있을 것이다. 그렇다면 주식이나 증권투자의 경우도 손해 보는 사람과 이익 보는 사람들이 있고, 경제전체의 평균으로 보면 서로 상쇄되어 0에 가깝다. 마찬가지로 평균적인 사람이 투자를 1원 할 때 평균적으로 얻을 수 있는 순수익은 0에 가깝다고 할 수 있다. 앞의 투자계획처럼 여러 시점에 걸쳐 편익과 비용이 발생하는 경우라면 평균적으로 매년 얼마 정도의 수익률을 가지면 순수익이 0에 가까워지는지를 찾고,

이를 시장에서의 안전수익률과 비교한 후 시장수익률이 더 크다면 사실 사업을 포기하고 은행에 돈을 맡겨두는 편이 나을 것이다.

이상의 설명에서 어떤 투자계획에서 투자를 1원 할 때 손해 보지 않고 평균적으로 매년 올릴 수 있는 기대수익률을 **내부수익률**(internal rate of return)이라고 한다. 즉, 내부수익률이란 어떤 투자계획의 순편익의 현재가치를 0으로 할 때 투자 1원당 기대되는 평균수익률이라고 말할 수 있다.

앞에서 본 것처럼 지금(0기)부터 n기 이후까지 매기 편익과 비용이 각각 B와 C만큼 발생하는 사업이 있을 때 내부수익률은 어떻게 나타낼까? 이때에는 순편익의 현재가치를 0으로 하는 식에 내부수익률을 자금의 기간당 할인율로 대체 · 사용하여 내부수익률(R)을 정의한다.

$$B-C+\frac{B-C}{1+R}+\cdots+\frac{B-C}{(1+R)^n}=0 \tag{8-4}$$

이 식에서 구한 R값이 내부수익률로서 투자계획에 사용되는 자금의 기회비용, 즉 할인율보다 크면 그 사업은 수익성이 있는 사업으로 인정받아 채택될 수 있다. 그 반대의 경우에는 당연히 기각하는 평가기준이다.

정석 사고

순편익의 현재가치를 0으로 만드는 할인율이 **내부수익률**인데, 1원당 평균수익률이라고 할 수 있다. 따라서 1원당 평균수익률이 높은 사업일수록 우선순위를 가진다. 이 방법은 사업의 규모나 이자율의 영향을 받지 않는 특징을 가진다.

현재가치법에서와 동일한 예를 사용하여 x와 y라는 투자계획이 있다고 하자. 투자계획 x는 지금 100만원의 비용이 들고 1년 후에 120만원의 편익을 가져다주는 데 비해, 투자계획 y는 지금 1,000만원의 비용이 들고 1년 후에 1,080만원의 편익을 가져다준다고 하자. 시장이자율이 10%라고 할 때 두 투자계획의 내부수익률을 구해보고, 경제적 타당성을 평가해보자. 투자계획들의 내부수익률(R)은 다음과 같이 구할 수 있다.

$$IRR_x=\frac{120}{(1+R)}-100=0 \tag{8-5}$$

$$IRR_y = \frac{1,080}{(1+R)} - 1,000 = 0 \qquad (8\text{-}6)$$

위 식들에서 투자계획 x의 내부수익률은 20%이고 투자계획 y의 내부수익률은 8%임을 알 수 있다. 이 결과의 의미를 보면, 투자계획 x는 투자를 1원 할 때 손해 보지 않으면서 기대되는 연평균수익률이 0.2원이라는 의미이고, 투자계획 y는 투자를 1원 할 때 손해 보지 않으면서 기대되는 연평균수익률이 0.08원이라는 의미이다. 따라서 투자계획 x는 시장에서 기대되는 수익률(1원당 0.1원)인 시장이자율보다 높으므로 경제적 타당성이 있으며, 투자계획 y는 기대수익률이 시장이자율보다 낮으므로 경제적 타당성이 없다고 할 수 있다.

이상의 논의에서 짐작할 수 있듯이 내부수익률법은 여러 해에 걸쳐 편익과 비용이 발생하는 투자계획의 경우 고차다항식이 되어 풀기가 어렵고, 풀더라도 하나의 해가 아닌 복수해가 나올 수 있다. 또한 비교대상이 되는 시장수익률을 어떻게 선택하는가에 따라 자의적으로 평가될 위험이 있다. 이러한 위험들 때문에 일반적으로 내부수익률보다 현재가치법이 더 선호되고 있다.

3. 편익-비용비율법

편익-비용비율법(benefit-cost ratio)은 현재가치법처럼 정부가 새 도로나 새 학교를 건설해야 하는 투자계획들을 가지고 있을 때 계획들의 우선순위를 결정하는 동시에 경제적 타당성을 평가하는 방법 중의 하나이다. 이 접근법은 개별투자계획에서 편익과 비용의 현재가치의 차이 대신 편익과 비용의 현재가치의 비율인 **편익-비용비율**을 기준으로 경제적 타당성을 살펴보는 방식이다.

지금(0기)부터 n기 이후까지 매기 편익과 비용이 각각 B와 C만큼 발생하는 사업이 있을 때 편익-비용비율은 어떻게 나타날까? 이때에는 자금의 기간당 할인율을 r이라고 할 때 편익-비용비율(BCR)을 다음과 같이 정의한다.

$$BCR = \frac{B + \frac{B}{1+r} + \cdots + \frac{B}{(1+r)^n}}{C + \frac{C}{1+r} + \cdots + \frac{C}{(1+r)^n}} \qquad (8\text{-}7)$$

이 식에서 구한 *BCR*값이 1보다 크면 그 사업은 경제성이 있는 사업으로 인정받아 채택될 수 있다. 그렇지 않으면 기각하는 평가기준이다.

앞에서 살펴본 예로서 x와 y라는 투자계획이 있다. 투자계획 x는 지금 100만원의 비용이 들고 1년 후에 120만원의 편익을 가져다주는 데 비해, 투자계획 y는 지금 1,000만원의 비용이 들고 1년 후에 1,080만원의 편익을 가져다준다고 하자. 적정할인율이 10%라고 할 때 두 투자계획의 편익-비용비율을 구해보면 다음과 같다.

$$BCR_x = \frac{\frac{120}{(1+0.1)}}{100} = 1.09 \qquad (8\text{–}8)$$

$$BCR_y = \frac{\frac{1,080}{(1+0.1)}}{1,000} = 0.98 \qquad (8\text{–}9)$$

따라서 순편익의 현재가치법에서 살펴본 것처럼 투자계획 x는 편익-비용비율이 1보다 크므로 경제적 타당성이 있으며, 투자계획 y는 편익-비용비율이 1보다 작아서 경제적 타당성이 없다고 할 수 있다.

그러나 순편익의 현재가치법과 편익-비용비율법이 항상 같은 결과를 보여주지는 않는다. 특히 편익-비용비율법을 사용하면 순편익의 규모가 작은 투자계획이 선택될 때도 있다. 다음 **표 8-1**을 통해 이러한 사실을 확인해보자.

표 8-1 편익-비용비율과 순편익의 현재가치

사업	편익의 현재가치	비용의 현재가치	편익-비용비율	순편익의 현재가치
x	200	100	2	100
y	400	250	1.6	150

표 8-1은 투자계획 x와 y의 편익-비용비율과 순편익의 현재가치를 보여준다. 표에서 편익-비용비율을 비교해보면 투자계획 x가 더 바람직한 사업으로 선택된다. 그런데 순편익의 현재가치

를 비교해보면 투자계획 y가 더 바람직한 것으로 나타난다. 따라서 편익-비용비율법은 최적규모가 아니더라도 투자규모가 작으면 오히려 더 바람직한 결과를 보여줄 수 있다. 이러한 문제점으로 인해 실제에서는 순편익의 현재가치법이 더 많이 사용되고 있다.

정석 사고 **편익-비용비율법**은 사업의 비용 한 단위당 편익이 얼마인가를 보여주는 것이므로 소규모사업이 상대적으로 높은 편익-비용비율을 갖는 경우가 많다. 따라서 순편익의 규모가 중요한 사업의 우선순위를 정할 때에는 의미가 없다고 할 수 있다.

제3절 비용-편익의 평가

정석 재정학

정부가 교통혼잡을 없애기 위해 주요도시 주변에 새 고속도로를 건설할지를 결정한다고 하자. 먼저, 비용은 무엇일까? 이 경우 건설비와 건설 중의 혼잡 같은 단순한 회계상의 비용이 아니라, 정부는 도로건설에 사용되는 국가자원의 기회비용을 조심스럽게 계산하여야 한다. 이는 물론 대부분 자원의 시장가격에 반영되어 있다. 시멘트, 철강 등등에 대해 정부가 지불해야 하는 금액은 최소한 다른 사람이 그 물건들을 다른 용도에 쓰기 위해 지불해야 하는 금액만큼은 되기 때문이다. 또한 다른 사람들이 지불해야 하는 금액은 최소한 그 자원이 사적 부문에서 갖는 가치만큼은 된다. 다시 말해서 정부는 경제전체에 대한 자원의 기회비용을 지불해야 하는 것이다.

다음으로, 새 고속도로를 건설할 때 얻는 편익은 무엇일까? 도로혼잡이 해결되어 그곳을 통행하는 운전자들이 절약하게 되는 시간의 가치를 들 수 있다. 또한 교통혼잡에 따른 연료의 손실을 줄임으로써 절약되는 연료도 편익에 해당된다. 그 밖에 새 도로가 더 안전할 경우 사고의 잠재적인 감소도, 배기가스나 소음을 도시주변으로 내보내게 된 것도 편익으로 꼽을 수 있다. 이러한 모든 편익을 화폐로 계산하고 현재가치로 전환시켜, 계산결과 편익이 비용보다 크다면 도로를 건설하는 것이 좋다. 그러나 정부가 다른 투자계획도 가지고 있다면 그 계획의 순편익의 현재가치를 계산한 다음, 고속도로 건설계획과 서로 비교하여야 한다. 모든 계획을 다 시행할 재정이 없다면 실행될 수 있는 최선의 투자계획만을 선택해야 한다.

이상의 설명에서 보듯이 비용-편익분석의 가장 어려운 점은 정부가 계획하는 투자의 편익과 비용의 항목이나 형태가 정해지면 그것들을 어떻게 화폐액으로 평가할 수 있는가 하는 것이다. 편익이나 비용을 화폐액으로 평가할 때 가장 바람직한 단위가치 계산방식은 사회적 기회비용을 제대로 반영하는 시장가격을 사용하는 것이다. 그러나 대부분의 공공사업에 있어서 시장가격 자체가 존재하지 않거나 시장실패로 인하여 시장가격이 사회적 기회비용을 제대로 반영하고 있지 못한 것이 현실이다. 편익이나 비용을 평가하는 데 시장가격을 도출하기 어려울 때에는 사회적 기회비용을 제대로 반영하는 **잠재가격**을 찾아야 한다.

1. 시장가격

앞에서 언급한 것처럼 편익이나 비용을 화폐액으로 평가할 때 가장 바람직한 단위가치 계산방식은 사회적 기회비용을 제대로 반영하는 시장가격을 사용하는 것이다. 시장가격이 생산에 소요되는 사회적 한계비용을 반영하는 동시에 소비자에게 돌아가는 사회적 한계편익을 반영할 때 가장 이상적인 가치평가기준이 될 수 있다.

이와 같이 공공사업의 한계가치가 시장가격에 반영된다면 공공사업의 사회적 가치는 공공사업에 의해 공급되는 공공재의 총단위에 시장가격을 곱함으로써 구할 수 있다. 따라서 사회적 기회비용을 반영하는 시장가격이 존재하는 경우 공공사업의 진정한 사회적 가치를 구할 수 있는 것이다. 그러나 현실적으로 경제내 존재하는 여러 왜곡으로 인해 시장가격이 사회적 기회비용을 반영하는 경우가 오히려 드물다. 그런 경우라도 시장가격이 존재한다면 약간의 **조정된 시장가격**을 사용하면 다른 대안보다 우월할 수 있다.

예를 들어 독점시장에서 독점자가 공공사업을 위해 추가로 생산한 중간재를 정부가 사용하는 경우, 이 재화의 진정한 사회적 기회비용은 추가적 생산을 위해 소요된 자원비용 즉 한계비용을 평가기준으로 사용하여야 한다. 다른 예로서 어떤 기업에서 물품세가 부과된 재화를 공공사업을 위해 추가로 생산을 하고 정부가 이것을 사용하는 경우, 시장가격에서 물품세를 뺀 생산자가격을 평가기준으로 사용할 수 있다. 또 다른 예를 들어보면 실업이 존재하는 경우, 실업상태에 있는 근로자를 고용하여 정부의 공공사업에 투입한다면 그들이 포기해야 하는 여가의 가치가 임금이며, 일반적으로 시장임금보다 낮을 것으로 예상된다. 이 경우 시장임금보다 어느 정도 낮아야 하는 것인지에 대한 기준을 정하기 쉽지 않다. 이와 같이 대안이 명확하지 않을 경우, 실제 지급되는 임금을 여가의 사회적 기회비용으로 사용하는 것이 더 나을 수 있다.

2. 잠재가격

앞에서는 시장이 완전하든 불완전하든 간에 시장가격이 존재하는 경우 이것을 그대로 사용할지 어느 정도 조정을 통하여 사용할지를 결정하는 것에 대해 알아보았다. 이 항에서는 시장에서 거래되지 않는 재화들이어서 아예 시장가격이 존재하지 않는 경우 그 가치평가를 어떻게 할 것인가에 대해 살펴보고자 한다. 예를 들어 깨끗한 공기, 잘 보호된 자연환경, 수명의 연장, 시간의 절약 등은 어떻게 평가할 것인가?

공공사업의 사회적 가치평가를 위해 시장가격이 존재하지 않는 경우 자원의 진정한 기회비용을 반영하는 가격을 찾아야 한다. 시장이 왜곡되어 있거나 존재하지 않는 경우 진정한 사회적 가치(기회비용)를 반영하는 가격을 **잠재가격**이라고 정의하자. 아래에서는 시간, 생명, 공공재, 환경 등 시장이 존재하지 않는 재화 즉 비시장재화의 잠재가격을 도출하는 방법을 모색해 본다.

(1) 시간의 가치

정부의 도로사업으로 소비자들의 여행시간이나 재화를 생산하여 공급하는 시간이 절약되었다고 하자. 이 경우 절약된 시간의 가치는 어떻게 평가할 수 있는지 생각해보자. 절약된 시간이 생산량의 증가를 가져온다면 시간당 임금수준을 절약된 시간의 단위가치로 평가할 수 있다. 한편 절약된 시간이 소비자들의 여가시간을 증가시킨다면 여가시간의 기회비용인 시간당 임금수준을 사용할 수 있으므로 생산량의 증가처럼 시간당 임금수준을 절약된 시간의 단위가치로 평가할 수 있다. 물론 여행시간의 단축은 여행의 즐거움을 감소시키는 부분도 있으므로 시간당 임금수준보다 좀 더 낮아야 하는 경우도 있을 것이다. 반대로 여행시간의 단축이 여행의 고통을 감소시킨다면 시간당 임금수준보다 좀 더 높아야 하는 경우도 있을 것이다. 그러나 어느 정도 높고 낮아야 하는지 알 수 없을 때는 시간당 임금을 사용하는 것이 더 나은 대안일 수 있다.

그리고 실증적인 방법을 통해 시간의 가치를 알아낼 수 있는 간접적인 방법도 있다. 예를 들어 승용차와 버스에 들어간 비용의 차이와 각 교통수단에 의한 소요시간의 차이의 관계에서 절약된 시간의 비용을 구할 수 있다. 이것을 절약된 시간의 가치로 보는 방법이다. 만약 버스 대신 승용차로 목적지까지 가면 1시간이 절약되지만 비용이 2만원 더 지출된다고 하자. 이 경우 1시간의 가치는 2만원이 된다고 보는 것이다. 주의할 점은 이러한 비용을 고려한 시간가치의 평가는 최소한의 가치를 의미하기 때문에 실제 사회적 가치를 과소평가할 우려가 있다.

(2) 생명의 가치

생명의 가치를 돈으로 살 수 없는 무한한 가치라고 말하는 사람들도 많다. 그럼에도 불구하고 인명피해를 방지하기 위한 공공사업의 편익에 생명의 가치를 포함시키지 않을 수 없다. 생명의 가치로 가장 먼저 생각할 수 있는 방법은 사망할 경우 일생 동안 벌 수 있는 미래의 기대소득의 현재가치만큼 잃게 되므로 이것을 생명의 기회비용으로 보는 것이다. 이러한 방식은 **인적자본접근법**(human capital approach)이라고 할 수 있다. 인적자본접근법에 의한 직접적인 가치평가는 교육, 연령 등 여러 사회적, 개인적 특성을 고려하여야 하므로 주관적일 가능성이 높다. 이러한 문제를 피하여 측정하는 간접적인 방법들이 많이 사용된다.

그중 하나로 사망을 피하기 위해 일생 동안 지불할 용의가 있는 최대지불용의액을 생각할 수 있다. 이러한 방식을 **지불용의접근법**(willingness-to-pay approach)이라고 부를 수 있다. 현실적으로 최대지불용의액은 생명보험료의 총액으로 평가할 수 있다. 다른 방법은 사망위험이 있는 어떤 일을 할 때 그 대가로 받아야 하는 최소한의 보상금액으로 생명의 가치를 구할 수 있다. 이러한 방식을 **수취용의접근법**(willingness-to-accept approach)이라고 할 수 있다. 이것은 사망위험이 높은 직업과 그렇지 않은 직업 사이의 임금격차를 구하고 이것을 일생 동안의 합계액으로 생명의 가치를 평가하는 것이다.

하나의 실증적인 방법으로 테일러와 로젠(R. Thaler and S. Rosen, 1975)은 사망위험에 대한 보상으로 받는 임금격차를 A, 사망할 확률이 P이면 생명의 가치는 A/P원으로 구할 수 있다고 한다.[4)] 예를 들어 사망의 위험(P)을 100명당 사망자수로 나타내고, 이것을 보상임금격차(A)와의 선형관계로 가정하고 실증적으로 살펴보니 선형계수가 10이라고 하자. 이것은 사망의 확률이 1/100씩 높아지면 시간당 보상임금격차가 10원씩 커진다는 의미이다. 그러므로 시간당 생명의 가치는 10원/(1/100) 혹은 10원×100명=1,000원이다. 이러한 간접적인 접근법들은 생명의 가치를 과소평가하기 쉬운데 그 이유는 사람들이 자신의 직업과 관련해서 위험도를 무시하거나 잘 모르는 경우가 많기 때문이다.

(3) 공공재의 가치

정부가 제공하는 경찰, 소방, 공원과 같은 재화의 사회적 가치는 공공재의 특성인 비경합성과 비배제성으로 인해서 시장이 형성되기 어렵다. 따라서 정부가 이러한 공공재를 공급하기 위해 조세를 부과하게 되는데 조세가 일종의 공공재의 가격역할을 한다. 이러한 조세는 공공재의 공급비용을 고려한 것이기 때문에 공공재의 최소한의 사회적 가치를 의미하므로 과소평가하게 된다는 것에 주의해야 한다.

그런데 공공재에 따라 정부가 직접 가격을 설정해야 하는 경우도 발생한다. 예를 들어 국립공원의 입장료를 설정하려고 하면 그 공원의 수요를 추정하고 소비자잉여를 계산하여 이것을 공원의 사회적 가치로 평가할 수 있다. 다른 방법으로는 직접 소비자들의 지불용의액을 물어서 파악하는 설문조사방식도 생각할 수 있다. 물론 이 방법은 소비자들의 전략적 응답에 따라 가치가 달라질 수 있다. 또는 소비자들이 그 국립공원을 방문하는 비용을 통해 최소한의 가치를 파악할 수도 있다. 이러한 여러 방법들은 다음에 논의할 환경의 가치를 평가하는 방법과 동일하므로 그때 더 상세히 살펴보기로 한다.

(4) 환경의 가치

환경은 시장이 없고 거래도 되지 않지만 가치를 가지고 있다. 많은 사람들이 환경파괴와 오염을 싫어하고 환경개선을 위해 비용을 부담할 의사가 있다. 따라서 환경은 경제적 가치를 가지고 있는 것이 분명하다. 환경의 가치를 평가할 때 주의할 점은 환경 자체의 본질적 가치를 직접 추정하는 것이 아니라, 환경오염 등으로 경제가 기존의 상태에서 다른 상태로 변하는 것에 대한 지불용의액(willingness-to-pay)으로 추정한다는 것이다.

환경의 가치 혹은 편익과 비용을 추정하는 것은 항상 어려운 과제였다. 환경과 같은 비시장재화의 가치평가는 매우 어렵고 중요한 것이기 때문에 다음 절에서 상세히 설명할 것이다. 여기서는 환경의 가치에 어떤 종류가 있는지만 설명한다.

환경이 제공하는 총경제적 가치를 다음 두 가지 요소로 분류할 수 있다: 사용가치, 비사용가치.[5] 피어슨(D. Pearce, 1991) 같은 경제학자에 의하면 비사용가치는 존재가치를 의미하며, 사용가치는 다시 직접사용가치, 간접사용가치, 선택가치로 구분하였다. 그러나 크루틸라(J.V. Krutilla, 1976) 등과 같은 경제학자는 선택가치를 비사용가치에 포함시키고, 비사용가치를 선택가치, 존재가치, 유산가치로 구분하였다. 즉, 사용가치(직접사용가치, 간접사용가치)와 비사용가치(존재가치, 유산가치, 선택가치)로 분류한다. 기본적으로 이 분류에 따른 가치들이 그림 8-2에 요약되어 있다.[6)]

그림 8-2 환경의 비시장가치

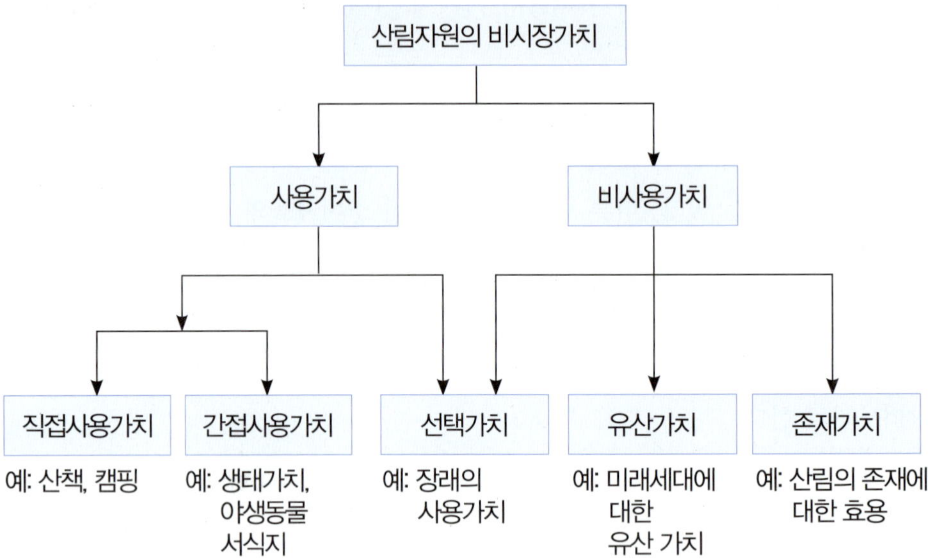

사용가치는 환경자원의 직접적 사용에서 나오는 가치를 말하며, 예를 들어 바다에서 어류를 어획한다든지, 산림에서 목재를 채취한다든지, 관개수로에서 물을 끌어올려 사용함으로써 얻는 가치를 포함한다. 심지어 자연경관에서 얻는 시각적 아름다움도 이러한 가치를 가진다. 공해가 병을 일으키고, 유류의 해상오염이 어류를 죽이고, 매연이 자연경관을 헤치는 것도 전부 사용가치를 잃게 하는 것이다. 사용가치는 다시 직접사용가치와 간접사용가치로 구분할 수 있다. 직접사용가치는 이미 위에서 언급한 내용이며, 간접사용가치는 동식물이 많아져서 생태가치가 높아지거나 환경이 개선되는 것을 TV 등을 통해 보고 즐김으로써 얻는 효용을 말한다.

비사용가치는 사람들이 결코 사용하지 않을 자원을 보존하거나 개선시키는 데 자발적으로 지불하려고 하는 현상에 대하여 부여되는 가치라고 할 수 있다. 만약 정부가 경주의 포석정이나 첨성대를 일반인들에게 팔려고 한다면, 시민들이 플래카드를 들고 거리에서 시위를 할 것으로 상상할 수 있다. 사람들이 결코 방문하지 않는다고 하더라도 이러한 지구상에서 유일한 자원이 가치를 가진다는 것은 두말할 나위가 없을 것이다. 어떤 경제학자들은 비사용가치를 **존재가치**라고 부른다.

선택가치는 옵션가치라고도 하며, 사람들이 미래에 환경을 사용할 수 있는 가능성에 대하여 부여하는 가치를 말한다. 사람들이 비록 현재 사용하지 않는다고 하더라도 미래에 환경을 사용할 선택(옵션)을 가질 수 있는 데 대한 가치의 개념인 것이다. 사용가치가 현재의 사용에서 나오는 가치라면, 선택가치는 미래의 사용에 대비한 선택권을 가지려는 욕망의 가치라고 할 수 있다.

유산가치는 현재도 미래도 이용할 가능성이 없지만 후손들이 미래에 사용하고 즐길 수 있도록 환경을 보존하는 데 기꺼이 지불하고자 하는 가치를 말한다. 사실 유산가치는 존재가치와 중복되는 부분이 많지만 일부 학자들에 의해 존재가치와 별도로 비사용가치의 하나로 인정되고 있다.[7)]

위에서 설명한 가치들을 모두 합하면 환경의 총가치, 즉 총지불의사액이 나온다. 한 가지 주의할 점은 비사용가치를 측정하는 것은 대단히 어렵고 그 크기가 의외로 크게 계산될 수 있다. 이 때문에 환경의 사용가치가 작은 경우를 제외하고는 비사용가치를 포함시키지 않는 경향도 있다.

정석 사고

환경의 총가치=사용가치+비사용가치(존재가치+선택가치+유산가치)

환경의 모든 가치들이 상호배타적인 개념은 아니다. 예를 들어 고향 입구의 느티나무는 고향주민에게는 쉼터로서 사용가치를, 고향을 떠난 사람에게는 선택가치, 유산가치, 존재가치를 가진다.

제4절 정석 재정학 비시장재화의 비용-편익의 평가

정부 및 공기업이 행하는 각종 개발사업에 의한 환경파괴가 심각한 환경문제로 떠오르고 있다. 1990년대 말에 큰 사회적 물의를 일으켰던 시화호 방조제사업도 환경문제를 정확히 고려하지 않은 개발사업이었고, 새만금 간척사업도 환경영향을 고려하지 않은 개발사업이라고 할 수 있다. 따라서 각종 공공개발사업에 대하여 보다 엄밀한 환경평가가 이루어져야 함은 두말할 필요가 없을 것이다.

표 8-2에서 요약하고 있는 것처럼 비시장재화나 환경의 가치를 평가하는 방법에는 직접관찰방법과 간접관찰방법이 있다. 직접관찰방법은 실제 자원사용과 선택으로부터 관찰되고, 그 관찰로부터 유추될 수 있는 가치평가방법이다. 예를 들면 유류에 의한 해양오염으로 인하여 어부가 잃어버리는 가치를 계산할 때, 직접관찰법은 어획량의 감소분과 상실한 편익의 가치를 직접 계산하는 것이다. 이 경우 가격들에 대한 직접관찰이 가능하며, 그것들의 사용으로 가치의 상실분을 직접 계산할 수 있다. 따라서 이 경우는 특별한 기법이 필요치 않다.

이에 반해 간접관찰방법은 실제행동을 관찰하지만 간접적으로 가치를 유추하는 방법을 말한다. 여기에는 **회피비용법** 또는 **방어비용법**(averting or defensive expenditures method), **여행비용법**(travel cost method), **속성가격법**(hedonic price method) 등이 있다.

그런데 실제행동을 관찰할 수 없어 간접적으로도 가치를 유추할 수 없는 가상적인 경우, 사람들이 얼마나 지불할 용의가 있는지를 직접 물어서 가치를 평가하는 방법을 생각할 수 있다. 이러한 방법에는 **조건부 가치평가법**(contingent valuation method)이 있는데, 간접적인 편익추정방식으로 계산될 수 없는 가치를 평가하는 수단으로 사용된다. 이 절에서 환경의 편익과 비용추정방법을 상세히 설명할 것이다.

표 8-2 잠재가격의 도출방법

방법	행위관찰	가상
직접	시장가격	조건부 가치평가법
간접	회피(방어)비용법 여행비용법 속성가격법	—

1. 회피비용법

회피비용법(averting or defensive expenditure method) 혹은 회피행동접근법(averting behavior approach)은 사람들이 환경오염을 회피하기 위해 구입하는 재화의 가치를 환경의 가치로 평가하는 방법을 말한다. 이 접근법은 예를 들어 오존에 의해 콩생산량이 줄어든다면 농부가 이를 회피하기 위해 사적으로 지출하는 여러 방어비용으로 환경의 가치를 평가한다. 다른 예로 대기오염으로 눈물과 콧물이 나는 증상을 회피하기 위해 구입한 약품들의 지출비용으로 환경의 가치를 파악할 수 있다. 또 수질오염으로 수돗물을 마시기 어려워 생수를 사 먹거나 정화기를 설치하는 것과 같은 사적 지출을 환경의 가치로 볼 수 있다.

기본적으로 공해와 대체할 수 있는 재화들의 **대체관계**를 이용하여 그 방어비용을 환경의 가치로 평가하는 것이다. 이것을 **그림 8–3** 을 통해 이해해보자. 그림은 가로축을 따라 어획량을 증가시키려면 추가적인 어획노력과 장비가 소요되어 한계비용이 증가하는 것을 나타낸다. 그러나 어획량이 증가함에 따라 한계편익 혹은 한계수입이 감소한다. 만약 수질오염개선사업으로 수질이 많이 개선되었다고 하자. 그림과 같이 수질개선에 의해 동일한 어획에 대한 한계비용이 감소하여 MC_0에서 MC_1으로 회전이동한다. 이때 수질변화의 가치는 BCD로 추정된다.[8)]

수질오염의 예는 대기오염의 경우에도 그대로 적용된다. 만약 대기오염이 심해져서 호흡기 등의 질환으로 건강이 악화된다고 하자. 원래의 건강수준이라도 유지하려고 건강악화를 방지해주는 약품이나 의료서비스에 대한 지출을 증가시킬 것이다. 이 경우 그림과 반대로 한계비용이 위로 회전이동하게 되며(MC_1에서 MC_0), 이때에도 대기질의 변화에 대한 가치는 BCD로 추정된다.

회피비용법은 공해와 대체관계에 있는 재화나 서비스를 구입할 수 있는 경우에만 유용하다. 그리고 대기오염으로 공기의 질이 악화될 때 이것을 회피하기 위한 여러 노력들에 대한 가상적 한계편익을 알아야 하는 것이 가장 큰 어려움이다. 그다음으로는 구입한 재화가 결합생산효과를 가지는 경우이다. 대기오염으로 실내에서 에어컨을 가동하는 경우, 대기오염을 정화하는 기능도 있지만 시원한 공기로 땀을 식혀주는 기능도 있다. 에어컨의 가동비용 중 어디까지가 회피비용인지 알기 어려운 것이다.

그림 8–3 수질오염의 회피비용법

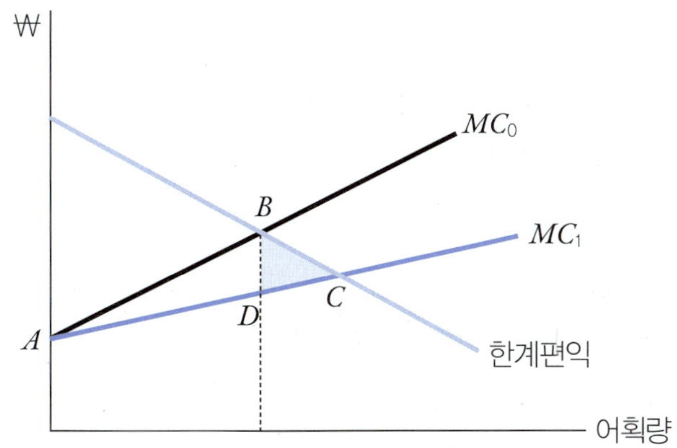

제1편
제2편
제3편
제4편
제5편

정석 사고

공공사업의 편익과 비용항목들의 단위가치(잠재가격)를 평가하는 방법으로서 먼저 실제행동을 관찰하지만 간접적으로 가치를 유추하는 방법을 생각할 수 있다. 회피비용법은 어떤 개인이 수돗물이 오염되어 마시기 힘들다고 생각할 때 생수를 사거나 정수기를 달아 오염을 회피할 수 있는데, 이러한 회피행위에 의한 방어지출비용을 환경의 가치로 보는 방법이다.

2. 여행비용법

여행비용법(Travel Cost Model, TCM)은 공해에 의하여 스포츠낚시가 줄어들었다면 공해의 피해에 대한 가치를 스포츠낚시에 실제 지불하는 비용의 감소로 평가하는 하나의 가치평가방법이다. 회피비용법이 공해와 구입재화간의 대체관계를 이용하는 것과 달리, 공해라는 환경재의 감소와 스포츠낚시의 소비지출 사이에 존재하는 **약보완관계**(weak complementarity)를 이용하는 방식이다. 약보완관계는 보완관계에 다음 두 조건이 추가적으로 필요하다. 첫째, 여행지를 방문하지 않으면 사람들이 여행지의 환경으로부터 얻는 한계효용(한계지불용의액)도 0이다. 둘째, 여행지의 수요(방문)를 0으로 하는 어떤 수준의 여행비용이 존재한다. 즉, 어떤 높은 수준의 여행비용(이를 '초크가격(choke price)'이라고 함)을 지불하면서까지 여행하지 않으므로 여행이 필수적인 것은 아니다.

이러한 약보완관계를 이용하여 스포츠낚시에 대한 소비지출을 보고 환경에 대한 수요곡선을 도출하는 방법이다. 즉, 낚시터에 가는 데 소요되는 경비에 대한 정보를 이용하여 스포츠낚시와 관련된 환경재의 가치를 평가하는 것이다. 프리만(A.M. Freeman, 1993)은 이 접근방법의 두 가지 형태를 제시한 바 있다. 하나는 어떤 장소를 방문하는 횟수를 조사하는 것이고, 다른 하나는 여러 장소 중 어떤 특징에 의해 장소를 선택하는지를 조사하는 것이다. 여기서는 첫 번째 형태에 초점을 두고 살펴보자.

이 방법은 마샬(A. Marshall)의 소비자잉여에 이론적 기초를 두고 있으며, 클로손과 네취(M. Clawson and J.L. Knetsch, 1966) 이후 크게 발전하였다. 이 방법은 관광지나 위락지역의 여행에 소요되는 직접적인 금전비용과 시간비용에 따라 방문횟수가 어떻게 반응하는가를 보고 그 지역의 환경질에 대한 편익을 간접추정하는 모형이다.

먼저 어떤 장소를 방문하는 횟수를 조사하는 예를 통하여 살펴보자. 설악산의 예를 들어보면 설악산까지 가는 데 거리가 멀어 비용이 많이 소요되는 지역의 주민들은 연 1회 정도 방문하고 거리가 가까운 지역의 주민들은 연 5-6회 방문한다고 하자. 이러한 사실로부터 여행비용과 여행횟수 혹은 방문횟수 사이에 역의 관계가 있다는 것을 알 수 있다. 이것을 그림으로 나타내면 대표적 여행자의 여행수요곡선이 된다. 그런데 설악산의 환경이 개선되었다고 하자. 이로 인해 여행자들의 방문이 늘어 수요곡선은 오른쪽으로 이동할 것이다. 평균여행비용 이상의 원래의 수요곡선과 우측이동한 수요곡선 사이의 면적이 평균소비자잉여의 증가분이다. 이것에 연간 총여행자수를 곱하면 설악산의 개선된 환경의 연간가치를 구할 수 있다.

이것을 **그림 8-4** 를 통해 이해해보자. 우선 여행비용과 방문횟수 사이에 존재하는 여행수요곡선을 그린 것이 *ED*곡선이다. 이제 여행지의 수질(Q)이 개선된 경우 여행지의 가치가 얼마나 증가하는지 살펴보자. 원래의 여행수요곡선 *ED*가 우측으로 이동하여 새로운 여행수요곡선은 *AB*가 된다. 이때 소비자잉여의 증가분은 여행비용 *OC* 이상의 원래의 수요곡선과 우측이동한 수요곡선 사이의 면적 *ABDE*이다. 이것이 환경개선에 대한 편익, 즉 환경의 가치이다. 이 방법의 문제점은 여행자가 가지는 환경의 가치를 평가하므로 비사용가치를 추정할 수 없다는 점이다.

그림 8-4 여행수요곡선

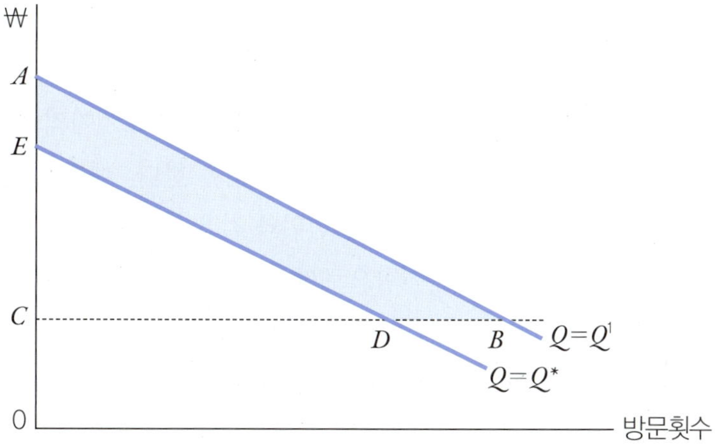

정석 사고

여행비용법은 환경과 약보완관계에 있는 재화시장을 이용하여 환경의 가치를 도출하는 방법이다. 어느 강의 수질개선으로 스포츠낚시가 늘었다면 이 강의 원래의 여행수요곡선과 수질개선 후의 새로운 여행수요곡선을 비교하여 수질개선의 편익을 추정하는 방식이다.

3. 속성가격법

속성가격법(Hedonic Price Method, HPM)에는 속성자산가치법과 속성임금법이 있다. 속성자산가치법은 자산가치의 여러 속성을 분해하여 환경이라는 속성의 가치를 찾으려고 하는 접근법이며, 속성임금법은 임금의 구성요소 중 건강과 안전을 위협하는 환경이라는 속성에 대한 가치를 찾으려는 접근법이라고 할 수 있다. 두 접근법이 근본적으로 동일한 방식이므로 이 항에서는 속성자산가치법을 주로 설명하고자 한다.

속성가격법은 소비자가 특정재화를 구입한다고 할 때 재화 자체보다 재화가 제공하는 속성을 원하기 때문에 구입한다는 랭캐스터(K. Lancaster, 1966)의 신소비자이론에 근거를 두고 있다. 그릴리치(Z. Griliches, 1971)와 로젠(S. Rosen, 1974)의 선구적 연구를 출발점으로 1980년대에 비약적으로 발전하였다.

신소비자이론에 따르면 소비자들이 자동차를 구입할 때에는 단순히 교통수단만을 위해서가 아니라 승차감, 안전성, 사회적 지위 등의 복합적인 속성들에 대해 가치를 매기고 가격에 비해 가치가 가장 높은 차종을 선택하게 된다는 것이다. 마찬가지로 강변을 끼고 있는 아파트의 가격이 상대적으로 많이 올랐다고 하였을 때 그러한 가격의 상승분은 강변의 개선된 경관 혹은 조망의 가치가 아파트가격에 반영된 것이라고 할 수 있다. 따라서 조망이나 맑은 공기와 같은 환경의 가치를 아파트 주택시장에서 간접적으로 관찰하여 도출할 수 있는 것이다.

어느 지역이 근린공원과 수질오염의 개선프로그램으로 인해 토지가격이 상승하였다고 하자. 이 경우 먼저 주택가격에 대한 여러 속성을 분리하는 작업을 한다. 예를 들어 주택가격이 대지의 크기, 시장과의 거리, 대기오염의 정도나 조망의 범위와 같은 환경의 질에 의해 결정된다고 하자. 주택가격을 분리한 속성들에 대해 회귀분석함으로써 환경의 질이 주택가격에 미치는 한계효과(속성가격)를 파악할 수 있다. 이처럼 환경의 속성가격을 유추할 수 있다면 환경의 속성가격과 환경의 질이라는 수량의 관계로부터 환경질의 수요곡선이 도출될 수 있다.

이상의 논의를 그림과 예를 통하여 설명해보기로 하자. 어떤 주택가격(P)이 대지의 크기(S), 시장과의 거리(D), 환경의 질(Q)에 의해 결정된다고 하자. 이 접근법은 다음 두 단계로 나누어 환경의 수요함수를 도출한다.

첫째 단계: 환경의 속성가격을 알기 위해 다음을 추정한다. 이 식을 주택의 속성가격함수라고 하자.

$$P=\alpha+\beta S+\gamma D+\delta Q \tag{8–10}$$

단, α, β, γ, δ: 추정계수

둘째 단계: 주택의 속성가격함수내의 δ는 환경질의 변화에 대한 주택의 한계가치를 나타내며, **환경의 속성가격**이다. 이 속성가격을 환경의 질에 대하여 회귀분석하면 환경의 수요함수가 도출된다. 즉, 환경의 수요함수는 다음과 같다.

$$\delta=\frac{\Delta P}{\Delta Q}=P_Q=c+dQ \tag{8–11}$$

단, c, d: 추정계수

위에서 Q를 한 단위 더 지닌 주택을 얻기 위하여 추가적으로 지불해야 하는 금액인 $\Delta P/\Delta Q$가 바로 환경의 속성가격이며 이를 환경의 질과 함께 나타낸 것이 **그림 8–5** 이다.

그림 (a)는 첫째 단계에서 추정된 주택가격(P)과 환경의 관계를 보여주는 주택의 속성가격함수이다. 그림 (b)는 둘째 단계에서 추정된 환경의 속성가격(P_Q)과 환경의 관계를 보여주는 환경의 수요곡선(D_Q)이다. 이 수요곡선은 주택시장에서 소비자가 환경의 질이 한 단위씩 개선될 때마다 더 지불해야 하는 금액을 나타낸다. 모든 사람의 선호와 소득수준이 같다면 환경의 수요곡선(D_Q) 아래 면적(빗금 친 부분)이 바로 환경의 가치를 나타낸다.

이러한 환경의 수요곡선과 개인의 지불용의액은 어떻게 관련되어 있을까? 예를 들어 어떤 지역의 주택시장에서 환경의 수요함수가 그림의 D_Q곡선과 같이 추정되었다고 가정하자. 주택시장에서 가격수취자로서 행동하는 개인 1은 자신의 효용을 극대화하기 위하여 시장의 속성가격과 자신의 한계지불용의액이 일치할 때까지 Q를 조정하여 최종적으로 Q_1단위를 지닌 주택을 구입하게 된다. 마찬가지로 개인 2도 자신의 효용을 극대화하기 위하여 시장의 속성가격과 자신의 한계지불용의액이 일치할 때까지 Q를 조정하여 최종적으로 Q_2단위를 지닌 주택을 구입하게 된다. 그림 (b)에서 MV_1곡선은 개인 1의 환경에 대한 한계가치곡선을, MV_2곡선은 개인 2의 환경에 대한 한계가치곡선을 각각 나타낸다. 따라서 개인 1은 D_Q곡선과 MV_1곡선이 만나는 환경단위를 지닌 주택을 구입하게 되고, 개인 2는 D_Q곡선과 MV_2곡선이 만나는 환경단위를 지닌 주택을 구입하게 된다는 것이다. 관측된 균형점 a와 b를 연결하면 환경의 수요곡선이 된다.

그림 8-5 속성가격법에 의한 환경질의 수요함수

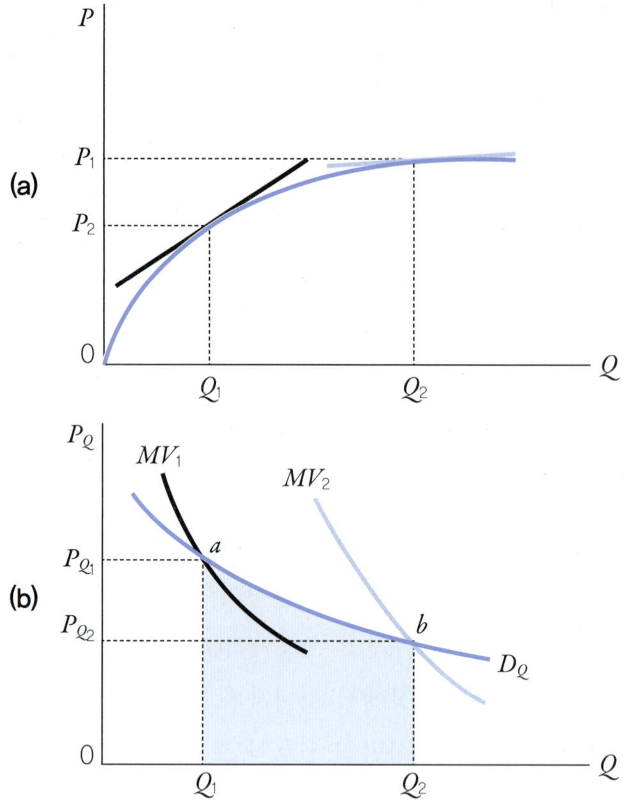

만약 모든 개인이 동일한 소득과 효용함수를 가지는 경우에는 관측된 균형점 a와 b를 연결한 궤적 자체가 환경의 개인별 수요곡선이 된다. 그러나 개인의 소득과 효용함수가 동일하지 않는 상황에서는 각 개인들의 MV_1곡선과 MV_2곡선을 어떻게 찾아내야 하는가? 이것을 속성가격법의 **식별문제**(identification problem)라고 한다. 이때는 일종의 다양한 경매액수들을 고정된 환경질의 수준 및 기타변수들에 회귀시킴으로써 수요곡선을 식별해낼 수 있다. 이 경우 환경수준이 다른 모든 점에서 MV_1곡선과 MV_2곡선처럼 개인별 수요곡선이 다르게 나타난다. 식별문제를 해결하는 다른 방식은 여러 개의 주택시장자료를 이용하여 여러 개의 주택시장에서의 개인의 선택점들을 연결하여 개인별 수요곡선을 도출하는 것이다. 이 접근법의 문제점은 주택소유자가 가지는 환경의 가치를 말하기 때문에 비사용가치를 추정하기 어렵다는 것이다.

정석 사고

속성가격법은 환경과 보완관계에 있는 시장자료를 이용하여 환경의 가치를 평가하는 방법이다. 만약 주택가격이 환경의 질의 영향을 받을 때 주택가격으로부터 환경의 속성가격을 유추하여 환경의 수요곡선과 한계가치를 도출하는 방법이다.

4. 조건부 가치평가법

앞에서 살펴본 것처럼 시장에서 선호된 행동을 관찰함으로써 간접적으로 편익을 추정하는 것과 달리 직접적으로 사람들이 환경재에 부여하고 있는 가치를 도출해내는 방법이 있다. 실제로 시장이 존재하는 것처럼 가상의 시장을 설정하고 설문조사를 통해 소비자들에게 지불용의액을 직접 물어서 얻은 자료를 바탕으로 소비자 후생변화(보상변화 혹은 보상잉여)를 산출하고 가치를 구하는 방법을 **조건부 가치평가법**(Contingent Valuation Method, CVM)이라고 한다.

이러한 방법은 데이비스(R.K. Davis, 1963)의 입찰게임법이 소개되면서 발전하였다. 1989년 3월 24일 발생한 미국 최대의 엑손-발데즈(Exxon-Valdez)호 원유유출사고가 조건부가치평가법의 발전에 중요한 전환점이 되었다. 원유유출사고가 발생한 알래스카 해안 사운드지역은 어업 및 관광산업과 관련된 자연환경의 사용가치뿐만 아니라 생태계의 비사용가치를 잃었다. 알래스카 주정부는 엑손사를 상대로 피해보상소송을 제기하기 위해 환경전문가를 동원하여 CVM에 의해 비사용가치를 추정하였다. 전 미국을 표본대상지역으로 하여 면접조사방식으로 추정된 비사용가치는 28억달러에 이르렀다.

미국 해양기상청은 애로우(K. Arrow)와 솔로우(R. Solow)를 포함한 저명한 경제학자들에게 이러한 비사용가치 추정법이 타당한지 검토하도록 했다. 그들은 조건부 가치평가법이 일정한 가이드라인을 따를 경우 문화적, 역사적 장소의 가치나 멸종위기의 특정 동식물의 가치는 물론 비사용가치를 측정하는 적절한 수단이라고 결론을 내렸다. 이 사건은 이후 조건부 가치평가법이 비사용가치를 추정하는 수단으로 광범위하게 사용되는 계기가 되었다.

(1) 조건부 가치평가법의 이론적 배경

앞에서 살펴본 여행비용법처럼 일반적으로 환경재와 보완관계에 있는 시장재화를 관찰함으로써 편익을 추정하는 것은 마샬(A. Marshall)의 소비자잉여에 이론적 배경을 두고 있다. 그러나 조건부 가치평가법은 환경재의 질적 개선에 대한 가치인 지불용의액(Willingness-To-Pay, WTP)이나 수취용의액(Willingness-To-Accept, WTA)을 직접면담을 통해 얻는 것이다. 두 개념은 소비자의 후생변화를 측정하는 도구인 힉스(J.R. Hicks)의 보상변화와 대등변화에 이론적 기초를 두고 있다. 환경의 질을 수량으로 보고 가격변화 대신 수량변화에 대한 보상변화나 대등변화를 측정한다. 특히 이러한 보상변화와 대등변화를 **보상잉여**(Compensating Surplus, CS)와 **대등잉여**(Equivalent Surplus, ES)라고 한다.

환경의 질은 공공재이므로 가격이 존재하지 않는다고 가정하자. 이러한 가정 때문에 일반적인 효용극대화문제를 이용하여 최적수준의 환경질을 결정할 수 없다. 그러므로 다음과 같은 질문을 통해 보상잉여나 대등잉여를 구할 수 있다. "만약 현재의 환경수준이 $\triangle Q$만큼 개선된다면 본인의 현재 후생수준을 유지하면서 어느 정도의 소득감소를 감당할 수 있겠는가?" 이에 대한 응답이 바로 환경질의 한계단위에 대한 지불용의액 또는 보상잉여이다. 즉,

$$WTP = CS \tag{8-12}$$

이와 유사한 방식으로 다음과 같은 질문을 통해 대등잉여를 구할 수 있다. "만약 현재의 환경수준이 $\triangle Q$만큼 개선될 기회가 있는데, 이를 포기할 경우 어느 정도의 소득보상이 필요하겠는가?" 이에 대한 응답이 환경질의 한계단위에 대한 수취용의액 또는 대등잉여이다. 즉,

$$WTA = ES \tag{8-13}$$

이것을 다음 그림을 통해 이해해보자. **그림 8-6**에서 공공재의 가격이 없다는 가정에서 가격선(예산선)이 수평선으로 주어져 있다. 그리고 개인에게 주어진 화폐소득은 $\overline{Y}$로 나타냈다. 만약 환경의 질이 Q_0에서 Q_1로 개선되면 소비자선택점은 a에서 b로 이동한다. 새 균형점 b에서 원래의 효용수준 U_0까지 낮추는 대가로 보상해야 하는 금액 bc가 보상잉여이며 한계지불용의액이다. 이번에는 원래의 균형점 a에서 더 나은 환경의 기회를 포기하는 대가로 받아야 하는 금액 ad가 대등잉여인 동시에 한계수취용의액이다. 환경의 경우 두 추정값의 차이가 클 수 있다. 다음에서 그 이유를 살펴보자.

그림 8-6 환경질의 변화와 후생

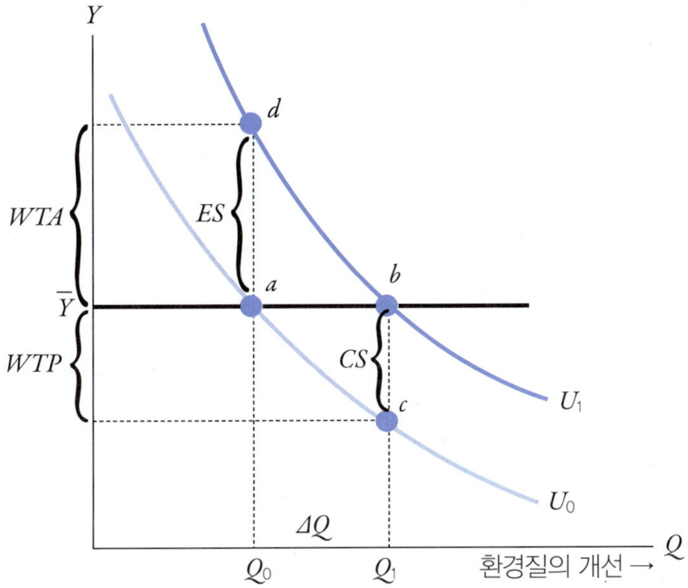

두 추정값의 차이를 발생시키는 몇 가지 효과 중에 부존효과(endowment effect), 임배딩효과(embedding effect) 등이 잘 알려져 있다. 행태경제학자들이 실험한 결과, 어떤 상품을 가지고 있는 상태에서 그 상품을 포기할 때 최소한 받으려고 하는 금액(수취용의액, Willingness-To-Accept, WTA)과 어떤 상품을 가지고 있지 않는 상태에서 그 상품을 가지기 위해 지불하려고 하는 금액(지불용의액, Willingness-To-Pay, WTP)이 서로 다르다는 것이다. 이것을 **부존효과**(endowment effect)라고 한다. 상식적으로 생각할 때 자신이 가지고 있는 물건에 대한 애착심 때문에 상당한 금액을 받지 않고서는 포기하지 않으려는 심리적 현상이 작용한다고 하겠다. 예를 들어 자신이 매우 좋아하는 머그컵이 있다고 하자. 그 머그컵을 다른 사람이 구입가격을 준다고 해도 쉽게 포기하지 않을 것이다. 환경의 가치를 평가할 때 설문조사에서 무엇을 묻는가에 따라 이처럼 가치가 달라지므로 조건부 가치평가법의 신빙성에 문제가 생길 수 있는 것이다.

다른 문제로 환경의 가치를 설문조사로 물을 때 환경서비스에 포함되는 여러 가지 구성요소들(야생보존, 공원조성, 재해방지, 수질보존 등)을 별도로 물을 때 그 구성요소들의 개별가치를 모두 더하면 환경서비스의 가치가 되어야 한다. 그러나 실제 포괄적으로 환경서비스의 가치를 물을 때 그 가치가 더 작게 나온다는 것이다. 이것을 **임배딩효과**(embedding effect)라고 부른다. 그 밖에 사람들이 환경의 가치를 평가할 때 남들이 받을 혜택이나 미래세대의 혜택까지 고려한 이타적인 동기가 개입할 수 있다. 이러한 경우 환경의 가치가 과대평가될 소지가 많다. 이것을 다이아몬드-하우스만(P. Diamond and J. Housman, 1994)은 **만족감효과**(warm glow effect)라고 부른다. 그리고 설문조사방식은 질문의 순서에 따라 그 가치의 크기가 다를 수 있다. 이것을 **응답효과**(response effect)라고 한다. 이와 같은 여러 효과들이 조건부 가치평가법을 신뢰하기 어렵게 하는 요인들이다. 그럼에도 불구하고 조건부 가치평가법은 점점 더 적용범위가 넓어지고 있으며, 여러 학자들에 의해 더 과학적으로 만들려는 노력이 진행되고 있다.

(2) 조건부 가치평가법의 가상성

조건부 가치평가법은 먼저 환경서비스의 변화에 대한 가상적 시장상황을 설정하는 것으로 시작한다. 예를 들면 지방정부가 하천의 수질개선사업을 통하여 수질을 생수수준으로 만들려고 한다면 이 사업을 위해 얼마만큼 지불할 용의가 있는지 물어보는 것이다. 이러한 가상적 시장을 통해 개인의 가치를 추정하기 때문에 사전적 후생변화를 측정하는 방법이라고 말할 수 있다. 가상적인 조건하에서 의향과 행동을 예상하는 것이므로 의향과 행동 사이에 강한 연관성이 있다는 것을 전제로 하고 있다.

가상적 시장상황이 실제상황을 잘 묘사하도록 만들기 위해서는 다음과 같은 유효성 조건을 충족하여야 한다.[9)]

내용의 유효성

가상시장의 상세한 구조와 재화의 묘사가 정확해야 한다. 환경재와 환경사업의 지불조건과 방법에 대한 설명이 명확해야 하고, 재화의 가상시장이 응답자들의 지불용의액을 유도할 수 있도록 설정되어야 한다.

범주의 유효성

실제시장과 가상시장에서의 지불액에 대한 응답이 유사하여야 한다. 예를 들어 수돗물 안정성을 높이는 사업일 때는 지불조건으로 판매세보다는 수도세 등이 제시되는 것이 범주의 유효성 측면에서 바람직하다.

구성의 유효성

같은 대상을 다른 방법을 통해 얻은 결과와 유사하고, 이론적 예측과 일치하여야 한다. 예를 들어 이론적 예측의 검정은 지불용의액을 다른 독립변수와 회귀분석을 하여 얻는 부호와 크기, 신뢰도 등에 의해 이루어진다.

가상시장을 통해 개인의 가치를 추정하기 위해서는 위의 유효성조건을 고려하여 설문을 제대로 디자인하여야 한다. 설문조사는 면접조사, 우편조사, 전화조사 등이 있으며, 면접조사가 가장 일반적으로 사용되고 있는 조사방법이다. 설문조사시 설문지의 작성에서 환경은 일반 사람들이 대상을 정확히 파악하기가 쉽지 않다. 따라서 이러한 재화들이 설문응답자의 마음속에 구체적으로 떠오르도록 묘사되어야 한다.

예를 들어 하천의 수질개선사업의 경우 각기 다른 수질수준에 따른 야외활동 등을 묘사함으로써 응답자로 하여금 수질의 차이와 그에 따른 지불용의액의 차이를 유도할 수 있다. 이러한 목적으로 사용되는 대표적인 상황설명방법으로 '**수질사다리**'가 있다. **그림 8-7** 은 사람들이 수질의 차이를 쉽게 이해할 수 있도록 수질단계별로 야외활동까지 묘사하고 있다.

(3) 조건부 가치평가법의 지불용의액

현재의 상황부터 설명하기 시작하여 개선된 상태의 상황을 구체적으로 요약, 정리하여 설문지에 포함시켜야 한다. 이러한 가상상황하에서 사람들이 밝히는 지불용의액과 실제 지불할 수 있도록 지불수단을 제공하는 것이 무엇보다 중요하다. 앞서 본 수질개선사업을 위해 어떤 방법으로 대가를 지불할 것인지를 제시하여야 한다. 예를 들면 재산세의 인상, 소득세의 인상, 수도요금의 인상 등의 방법을 제시하여야 한다. 그리고 정확한 지불용의액을 알아내기 위한 방법으로 다음 네 가지가 있다.[10)]

개방형질문법

응답자에게 1회에 한하여 직접 얼마를 지불할 용의가 있는지 물어서 알아내는 방법이다. 이 방법은 한 번의 판단으로 끝나기 때문에 금액의 신뢰성이 문제가 될 수 있다.

그림 8-7 수질사다리

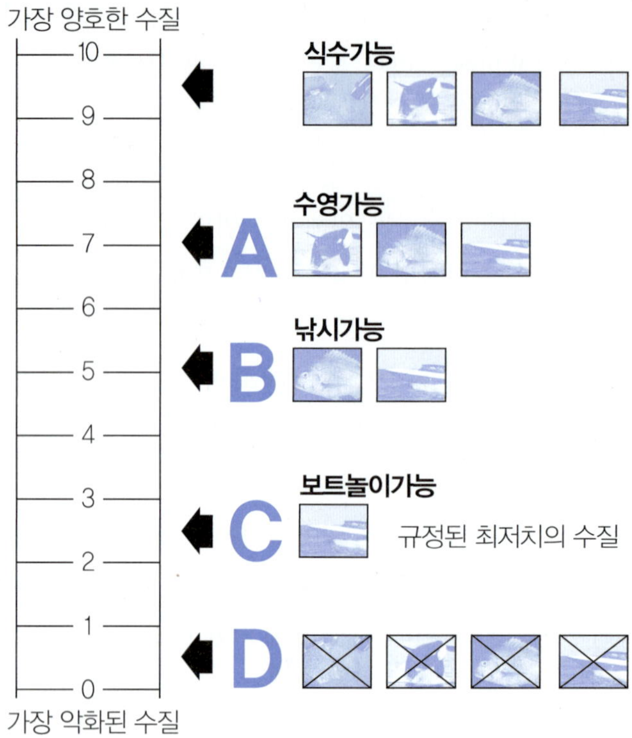

경매법

가장 오래되고 비교적 현재까지 많이 사용되는 방법이다. 랜달, 아이브스, 이스트만(Randall, Ives and Eastman, 1974) 등에 의해서 고안된 이 경매법은 직접 지불용의액을 묻지 않고 경매 방식을 사용해서 개인들에게 임의의 금액을 선택하여 제시한다. 응답자는 제시된 금액이 자신의 가치보다 크다면 "아니오"라고 응답하고 다시 액수를 낮추어 질문을 하게 된다. 반대로 응답자는 제시된 금액이 자신의 가치보다 작다면 "예"라고 응답하게 되고 다시 액수를 높여 질문을 하게 된다. 이 방식의 문제점은 처음 시작하는 액수에 따라 개인들의 지불용의액이 크게 영향을 받는 출발점 편의(starting point bias)를 가진다는 것이다.

지불카드법

이 방식은 하네만(Hanemann, 1978), 미첼과 칼슨(Mitchell and Carson, 1981; 1984) 등

에 의해서 개발되었으며, 개방형질문법의 응답의 어려움과 경매법의 출발점 편의를 보완하기 위해 고안된 방식이다. 일련의 작은 액수부터 큰 액수에 이르기까지 금액이 적힌 카드를 개인들에게 제시하고 그중에서 하나를 선택하도록 하는 방식이다. 이 지불카드는 보조자료로서 각 금액에서 경찰, 소방, 도로, 공교육, 국방 등의 사업을 할 수 있는 시각적 단계까지 제공을 하는 것이다. 다만 이러한 참고카드가 환경가치를 추정하고자 하는 대상과는 크게 관련이 없어야 한다. 그렇지 않으면 그 사업 중 가장 유사한 금액을 고르는 고정점 편의(anchor bias)가 발생할 수 있기 때문이다.

양분선택형법

이 방식은 비숍과 허버레인(Bishop and Heberlein, 1979)에 의해 처음 소개되었으며, 1회에 한하여 미리 설정된 금액을 응답자에게 제시하고 “예”, “아니오”로 한 번만 대답하게 한다. 응답자는 제시된 금액이 자신의 지불용의액과 같거나 작으면 “예”라고 대답하고 그 반대면 “아니오”라고 대답하게 된다. 아니라고 응답하는 경우에 한해 다른 금액을 제시할 수도 있다. 이 방식은 응답하기가 쉬워 응답률이 높다. 특히 우편조사의 경우 가장 적합한 방식이기도 하다. 그러나 이 방식의 큰 단점은 불연속적인 금액자료만 얻기 때문에 상대적으로 정보가 적게 담겨 있다는 점이다. 따라서 보다 많은 관측치를 얻기 위해서는 표본응답자의 수를 크게 할 필요가 있다.

이상의 단계를 거쳐 자료가 수집되면 환경개선의 효과에 대한 소비자들의 평균지불용의액이 계산된다. 환경개선의 전체가치는 평균지불용의액에 해당사업의 이용자수를 곱하여 구할 수 있다. 이처럼 조건부 가치평가법은 수요함수를 추정하지 않고 소비자의 후생변화를 바로 측정할 수 있기 때문에 편리할 뿐만 아니라 비사용가치까지 큰 어려움 없이 추정할 수 있다. 이러한 장점 때문에 환경의 가치추정에 점점 더 많이 사용되고 있다. 호언과 랜달(Hoen and Randall, 1987)은 이 방식의 추정결과가 소비자의 선호를 잘 반영하고 있으며, 다른 기법에 의해 추정된 결과와 대체로 일치한다는 것을 보여주었다.

설문을 통해 의향을 묻는 것은 항상 진실된 가치와 오차가 있을 수 있다. 이러한 오차를 편의(bias)라고 하는데, 조건부 평가법도 다음 몇 가지 편의(bias)들을 가지고 있다: 전략적 편의, 정보 편의, 출발점 편의, 가상 편의. 이 중에서 전략적 편의는 특정 결과가 되도록 응답자가 답하는 경우 발생한다. 예를 들어 정부가 낚시를 못하도록 강을 보존하는 결정을 하고자 할 때 응답자들이 낚시에 대해 실제가치 이상으로 상당히 높은 가치를 매기면 그 결정이 바뀔 수 있다. 정보 편의는 응답자들이 거의 경험을 가지고 있지 않는 속성들에 대하여 가치를 매겨야 할 때 발생한다. 출발점 편의는 응답자들이 답하고자 하는 지불용의액의 범위가 잘못 설정될 때 발생한다. 가상 편의는 응답자들이 실제 선택보다는 가상적 선택을 위해 응답하기 때문에 발생하는 편의이다.

정석 사고

조건부 가치평가법은 가치가 관찰될 수 없는 가상적인 경우, 사람들이 얼마나 지불할 용의가 있는지를 직접 물어서 가치를 평가하는 방법이다. 실제로 시장이 존재하는 것처럼 가상적인 시장을 설정하고 설문조사를 통해 소비자들에게 지불용의액을 직접 물어서 얻은 자료를 바탕으로 환경의 가치를 구하는 방법이다.

5. 환경의 비용

이제까지의 논의로 환경가치에 대한 편익의 측면을 살펴보았지만 환경개선이나 보존의 비용의 계산도 생각만큼 쉽지 않다. 경제학에서 말하는 비용이란 항상 기회비용, 즉 포기된 차선의 용도에서의 편익을 의미하기 때문이다. 이러한 관점에서 어떤 공공사업의 비용은 그 사업자금이 민간부문에서 차선의 용도로 이용되었을 때 발생할 편익을 의미한다. 그러므로 공공사업의 비용을 추정하기 위해서는 그 사라진 편익을 살펴보아야 한다.

환경서비스는 인적 자원이 투입되지 않아도 생산비가 들어간다. 보통 생산비란 생산에 소요되는 화폐적 비용과 실물의 희생을 화폐금액으로 환산한 것을 말한다. 일정량의 생산요소를 가지고 두 가지 이상의 재화 생산이 가능할 때, 그 생산요소로써 한 가지 재화를 생산하면 다른 재화를 생산할 기회를 희생시키는 것이 된다. 이때 생산된 재화의 생산비는 그 재화를 생산하는 데 실제 소요된 비용으로써 계산하지 않고, 그 생산으로 말미암아 희생된 또는 포기된 다른 재화의 생산량으로 표시한 것을 그 재화의 기회비용(opportunity cost)이라고 한다. 환경서비스에 대한 기회비용은 서비스를 제공하는 자원이 이제 더 이상 차선의 사용목적을 위해 사용되지 못하여 포기한 순편익으로 보아야 한다.

어떠한 자원도 대체사용목적을 가지고 있다면 공짜일 수 없다. 예를 들어 어떤 강이 보트경기장이나 전기발전소로 사용될 수 있다고 하자. 이 경우 전력발전의 기회비용은 보트경기장으로 사용될 때 얻을 수 있는 순편익의 상실로 보아야 한다. 토지의 경우도 마찬가지이다. 비주택용토지는 주택용으로 사용할 때 얻을 수 있는 순편익의 상실이라는 기회비용을 가진다. 또 다른 예로서 어떤 방조제 건설사업을 하는 데 1조원이 들어간다고 하자. 이것은 민간부문에서 다른 차선의 용도로 1조원이 사용되었을 때 발생할 수 있는 편익이 사라졌다는 의미이다.

이러한 기회비용은 어떤 공공사업에 의해서 제공되는 상품과 서비스의 공급곡선으로부터 계산될 수 있다. 물론 이 공급곡선은 투자비용뿐 아니라 외부비용도 포함하는 것이어야 한다. 예를 들어 위락시설을 개발한다면 건설비와 운영비를 포함해서 개발에 따른 매연, 대기오염 등의 환경오염의 외부비용과 쓰레기오염과 같은 이용객들의 오염행위의 외부비용도 포함하여야 한다. 또 다목적댐을 건설하는 경우 고향마을이 수몰되어 사라진 문화 및 전통적 가치, 환경의 급변으로 인한 생물종의 멸종이나 생태계의 변화와 같은 모든 비시장적 외부비용을 포함시켜야 한다.

그러나 공공사업으로 인해 사라진 편익 혹은 사회적 기회비용을 반영한 공급곡선을 알아내기란 거의 불가능에 가까울지도 모른다. 이러한 이유로 보통 투자비용만을 비용으로 간주하는 편법을 사용하기도 한다. 이것은 어디까지나 편법이지 원칙은 아니다. 그리고 이러한 공급곡선조차 추정되기 어려울 때 사용할 수 있는 한 가지 방법은 비용을 부담하는 그룹에게 직접 묻는 것이다. 이 방법은 물론 대답하는 쪽이 속일 가능성이 아주 높다. 왜냐하면 비용을 적게 부담하려고 하는 유인이 있기 때문이다.

이상에서 살펴본 환경의 피해비용 혹은 환경 자체의 비용 이외에도 환경규제에 따른 비용도 발생한다. 이 비용은 환경수준의 목표를 달성할 수 있는 가능한 기술들을 모으고 그중 가장 비용이 적게 드는 기술을 사용할 때의 소요비용을 계산하는 것(비용-효과성분석)이다. 여기에는 환경규제의 행정비용뿐만 아니라 민간부문이 환경규제를 준수할 때 드는 준수비용도 포함된다. 또한 환경규제로 인한 투자의 위축, 실질소득의 감소, 고용기회의 축소 등과 같은 사회적 비용도 고려하여야 한다. 그러나 이 방법도 문제를 가지고 있는데, 현재 사용 중인 환경정화기술이 가장 바람직하다는 아무런 보장이 없기 때문이다. 이러한 문제들을 회피하기 위해서 직접 비용을 묻는 방법과 기술정보를 수집하는 방법을 적절히 혼합하는 방법을 생각할 수 있다. 예를 들어 직접 조사를 통해 모든 가능한 기술정보를 수집하고 그러한 기술들의 실제 소요경비들을 계산하는 것이다.

제5절 정석 재정학 비용-편익의 할인율의 선택

정부의 투자계획에 대한 편익과 비용을 화폐액으로 나타낼 수 있다고 하더라도 적절한 할인율을 사용하여야 경제적으로 타당한 결과를 얻을 수 있다. 만약 너무 낮은 할인율을 선택하면 경제적 타당성이 없는 사업이 집행될 수 있고, 반면에 너무 높은 할인율을 선택하면 경제적 타당성이 있는 사업이라도 집행되지 않을 수 있다.

정부가 투자계획에 사용하는 할인율을 **사회적 할인율**이라고 하는데, 사회적 할인율로서 시장이자율을 사용할 수 있는가 하는 문제와 시장이자율을 사용하지 못하는 경우 자본의 사회적 기회비용과 사회적 시간선호율 중 어느 것을 사용할 것인가 하는 문제가 있다.

(1) 시장이자율

자본시장이 완전경쟁상태이고 외부성과 같은 시장왜곡이 없다면 시장이자율이 당연히 자본의 기회비용을 제대로 반영할 것이다. 이 경우에는 사회적 할인율로서 시장이자율을 사용할 수 있다. 그러나 현실의 자본시장에는 조세 등과 같은 많은 왜곡이 존재하므로 시장이자율이 자본의 기회비용을 제대로 반영한다고 보기 어려운 측면이 있다.

(2) 사회적 할인율

정부의 투자계획에 시장이자율을 사용하는 것이 현실적으로 바람직하지 않다면 이에 대한 대안으로 사용될 수 있는 사회적 할인율로서 다음 두 가지를 고려할 수 있다. 하나는 '자본의 사회적 기회비용'이고, 다른 하나는 '사회적 시간선호율'이다.

자본의 사회적 기회비용은 정부의 투자계획에 사용되는 자본이 다른 차선으로 사용될 때 얻을 수 있는 가치로서, 그것을 사회적 할인율로 사용할 수 있다. 예를 들어, 정부의 투자계획에 사용되는 자본이 민간투자를 대체하는 것이라면 투자수익률을 사회적 할인율로 사용한다.

한편, 정부의 투자계획이 민간소비를 대체하는 것이라면 현재소비의 기회비용인 소비자의 사회적 시간선호율을 사용한다. 소비자의 시간선호율은 경제전체의 현재소비와 미래소비에 대한 한계대체율을 측정하여 구할 수 있는데, 그 결과를 정부의 투자계획에 사용되는 사회적 할인율로 사용할 수 있다. 그런데 경제가 균형을 이룬다면 소비자의 시간선호율은 다시 민간부문의 투자수익률에서 소득세율을 뺀 세후(post-tax)투자수익률과 일치하여 이것을 사회적 할인율로 사용할 수 있다. 아래에서 이러한 사실을 좀 더 상세히 살펴보도록 하자.

민간투자의 대체: 투자수익률

정부의 공공사업에 사용되는 자본이 민간투자를 대체하는 경우라면 그만큼 민간부문의 투자수익을 희생한 것이다. 이때 정부의 공공사업의 기회비용은 바로 그 희생한 민간부문의 투자수익인 것이다. 따라서 이 경우 민간부문의 세전(pre-tax)투자수익률을 공공사업의 사회적 할인율로 사용하여야 할 것이다. 이러한 사고는 공공사업의 투자수익이 최소한 민간부문의 투자수익만큼 나와야 한다는 것에 기초하고 있다.

민간소비의 대체: 소비자의 시간선호율

만약 정부의 공공사업에 사용되는 자본이 민간소비를 대체하는 경우라면 그만큼 민간부문의 현재소비를 희생한 것이다. 이때 정부의 공공사업의 기회비용은 바로 그 희생한 민간부문의 현재소비이다. 투자수익률과 달리 현재소비의 상대가치는 현재소비와 미래소비의 한계대체율을 통해 구할 수 있는데 이것을 **소비자의 시간선호율**이라고 한다. 따라서 이 경우 소비자의 시간선호율을 정부의 투자계획에 사회적 할인율로 사용하는 것이다. 이때 사용하는 할인율을 소비자의 사회적 시간선호율이라고 한다.

그런데 소비자가 현재소비-미래소비의 시점간 최적자원배분을 달성한다면 소비자의 시간선호율은 소비자이자율과 동일하다. 그러므로 경제의 동태적 파레토효율성에서 소비자의 시간선호율이 소비자이자율과 같다는 생각에서 소비자이자율 또는 소비자의 시간선호율을 공공사업의 사회적 할인율로 사용할 수 있는 것이다. 그리고 경제가 균형을 이룬다면 소비자의 시간선호율은 다시 민간부문의 투자수익률에서 소득세율을 뺀 세후(post-tax)투자수익률과 일치하여 이것을 공공사업의 사회적 할인율로 사용할 수 있다.

민간투자와 민간소비의 부분대체

정부의 공공사업에 사용되는 자본이 일부는 민간투자를 대체하고 그 나머지는 민간소비를 대체한 경우에는 그 구성비율에 따라 앞에서 논의한 각각의 기회비용을 적용하면 된다. 예를 들어 공공사업에 투자되는 자본의 a%는 민간투자를, b%는 민간소비를 대체한다면 (a×세전투자수익률+b×세후투자수익률)/100과 같은 **가중평균치**를 공공사업의 사회적 할인율로 사용할 수 있다.

그러나 문제는 정부가 공공사업에 사용하는 자본의 구성비율을 이처럼 파악하기가 쉽지 않다는 것이다. 이러한 경우에는 어떻게 해야 할까? 한 가지 방법으로 투자의 잠재가격을 파악하는 것을 생각할 수 있다. 투자의 잠재가격은 투자 1원이 가져오는 미래의 모든 편익의 현재가치라고 할 수 있다. 만약 잠재가격이 1보다 크면 투자 1원은 더 많은 소비단위로 환산될 수 있다는 의미이다. 예를 들어 투자의 잠재가격이 1.5원이고 정부가 100원을 투자한다면 이 사업을 소비단위로 가치를 환산하면 150원이라는 것이다.

민간부문의 왜곡

앞에서 살펴본 방법들은 민간부문의 할인율을 대체하여 사용하는 대안이다. 그러나 잘 알려진 것처럼 민간부문에서 적용되는 할인율은 사용재의 시장으로서 외부효과가 작거나 없는 경우가 많다. 그러나 공공사업의 경우 긍정적 외부효과가 있으므로 상대적으로 더 낮은 할인율을 적용하여 공공사업이 긍정적으로 평가되도록 하는 것이 바람직하다는 주장이 있다. 물론 어느 정도 설득력이 있지만 외부효과를 측정하기가 어려운 점도 있고, 할인율을 낮추는 편법으로 악용될 소지가 있기 때문에 외부효과를 별도로 고려하는 것이 좋다.

다음으로 민간부분에 적용되는 할인율은 보통 미래세대에 대한 고려를 하지 않는다. 그러나 공공사업의 경우 미래세대에 미치는 영향이 클 것으로 예상되므로 미래에 발생하는 편익과 비용에 대해 낮은 할인율을 적용할 필요가 있다는 주장도 있다. 이러한 주장도 설득력이 있지만 민간부문이라고 항상 근시안적인 현재세대만 고려한다는 보장은 없다. 따라서 분명한 사실은 자의적으로 사회적 할인율을 낮추거나 하여 편익-비용을 부풀리는 것은 피해야 한다. 이러한 사실로 정부가 사회성을 중시해서 사회적 관점에서 자금의 기회비용을 고려해야 한다는 당위성이 줄어드는 것은 아니다.

정석 사고

정부의 공공사업이 민간투자를 대체하는 경우 세전 투자수익률을 사회적 할인율로 사용하고, 민간소비를 대체하는 것이라면 현재소비의 기회비용인 소비자의 사회적 시간선호율을 사회적 할인율로 사용할 수 있다. 그리고 이 둘이 섞여 있는 경우 그 가중평균치를 사회적 할인율로 사용할 수 있다.

제6절 정석 재정학 비용-편익의 위험성문제

정부의 투자계획에 대한 편익과 비용을 파악하는 것은 미래에 발생하는 모든 편익과 비용을 알 수 있다는 것을 전제로 한다. 그러나 어떤 공공사업이든 미래에 대한 불확실성 혹은 위험성을 수반하기 마련이다. 이러한 경우 어떻게 위험성문제를 다룰 것인가에 대해 간단히 살펴보자.

공공사업을 평가할 때 미래에 대한 위험성문제가 있으므로 적절히 할인율을 조정하여 사용하여야 한다는 주장이 있다. 공공사업이 주로 비용은 초기에 발생하고 편익은 미래 모든 시점에 걸쳐 발생한다는 것이다. 따라서 높은 할인율을 적용하여 미래에 발생할 편익이 작아지도록 위험성에 대한 조정이 필요하다는 것이다.

그러나 이러한 조정방식은 바람직하지 않은 것으로 알려져 있다. 스티글리츠(J. Stiglitz, 2000)는 할인율이 위험성에 대한 조정인자가 아니라 단순히 미래의 가치를 현재화하는 인자에 불과하다는 것을 지적한다. 그러면 위험성이 있는 공공사업의 경우 어떻게 조정해야 하는가?

위험성문제에 가장 많이 사용되는 방식은 위험성이 내포된 편익이 확실한 금액으로 얼마에 해당하는가를 찾는 것이다. 이것을 **확실대등액**(certainty equivalents)이라고 한다. 다시 말해서 이 개념은 공공사업의 순편익의 기대효용과 같은 효용수준을 가져다주는 확실한 금액을 의미한다.

예를 들어 어떤 공공사업이 몇 년 후에 발생할 것으로 불확실하게 예상되는 순편익이 a원이라고 하자. 그런데 잘못하면 순편익이 0원이 될 수도 있으며 그 확률은 각각 0.5, 0.5라고 하자. 이 공공사업의 순편익의 기대치는 $0.5a$원이 된다. 그러나 이 기대치는 불확실한 금액이며, 이 금액보다 작지만 확실한 금액 b원과 같은 효용을 느낀다고 하자. 이때 바로 b원을 확실대등액이라고 하며, $b/(0.5a)$만큼 위험할인을 한 것과 같다. 이처럼 순편익을 위험할인하여 확실대등액으로 바꾸어 공공사업의 위험성에 대한 조정액을 구하는 것이다. 이 조정액을 순편익으로 사용하여 일반적인 편익-비용분석의 절차를 따르면 된다.

그림 8-8 기대효용과 확실대등액

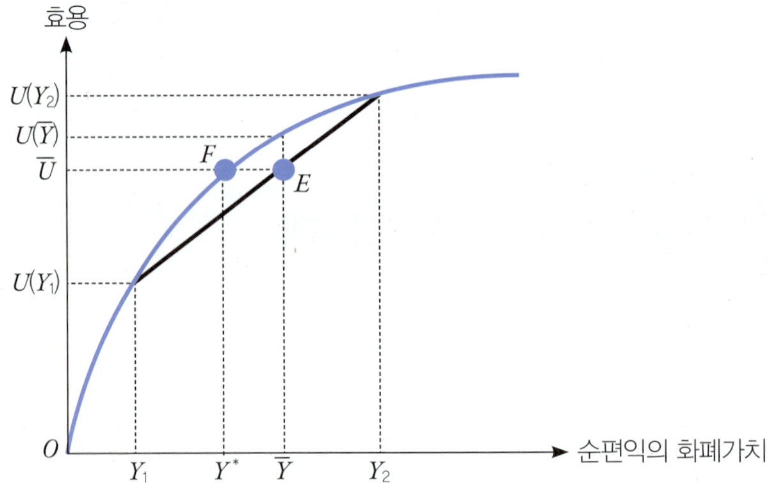

이제 **그림 8-8**을 통하여 이해해보자. 그림에서 수평축은 순편익을, 수직축은 효용을 나타낸다. 어떤 공공사업이 p의 확률로 Y_1의 순편익과 $(1-p)$의 확률로 Y_2의 순편익을 발생한다고 하자. 이 공공사업에 의한 순편익의 기대치는 $\overline{Y}$이고, 순편익의 기대효용은 $\overline{U}$라고 하자. 이러한 상태를 나타내는 점이 E이다. 그림의 E점과 같은 수준의 효용을 가져다주는 확실한 금액은 F점이 의미하는 Y^*이다. 이것이 바로 확실대등액이다. 따라서 순편익의 기대치 $\overline{Y}$를 EF만큼 위험할인하여 확실대등액 Y^*를 구한다는 것이다.

그런데 위험성 자체를 어떻게 평가할 것인가 하는 문제는 쉽지 않다. 공공사업에서 만들어내는 상품 또는 유사한 상품이 민간부문에 있는 경우에는 이와 관련된 위험성을 참고할 수 있다. 그러나 민간부문에 유사한 상품이 존재하지 않는 경우 편익과 비용의 확률분포를 추정하여 위험성을 평가할 수밖에 없다. 한 가지 희망적인 점은 공공사업의 편익이 경제전체의 국민소득에 미치는 영향이 작고 편익과 비용이 다수에게 분할되는 경우 위험도 분산되어 위험성에 따른 문제가 거의 발생하지 않는다는 것이다. 이것을 **애로우-린드**(Arrow and Lind)**정리**라고 한다. 이 경우에는 비용-편익분석에 위험성문제를 고려할 필요가 없다.

정석 사고

정부의 공공사업이 위험성문제를 가질 때 공공사업의 순편익의 기대효용과 같은 효용수준을 가져다주는 확실한 금액, 즉 확실대등액을 찾아 사용한다. 애로우-린드정리에 따르면 공공사업의 편익규모가 작고 편익과 비용이 다수에게 분할되는 경우 위험도 분산되어 위험성문제가 거의 발생하지 않는다.

정석 사례연구

공해의 비용과 편익

편익과 비용의 분석은 공해문제를 해결하려는 노력에 대한 평가를 하는 데 사용되어왔다. 공해의 규제는 많은 편익을 발생시킬 것이다. 그러나 공해규제의 비용도 따른다.

1997년 미국의회에서 공해규제의 편익이 비용보다 충분히 큰가의 여부에 대하여 답을 찾아보고자 하였다. 이에 미국 환경청(Environmental Protection Agency, EPA)은 대기정화법(Clean Air Act)에 의해 1970-1990년 사이 대기오염방출량을 감소시킨 비용과 편익을 수량화하고 화폐가치로 환산하였다. 편익에는 사망률을 감소시키고, 대기시야가 넓어지고, 호흡기질환, 납중독, 심장병 등이 줄어든 것들을 포함시켰다. 비용에는 공기정화장치를 설치하고 관리하는 비용으로 인해 상품과 서비스의 가격이 상승하고, 기업과 공장들이 잘 준수하는지 감독하고 실행하는 비용도 포함시켰다. 조사한 편익과 비용이 다음 표에 나타나 있다.[11)]

공해규제의 편익과 비용 (단위: 1990년의 십억달러)

	1975	1980	1985	1990	현재가치
편익	355	930	1,155	1,248	22,200
비용	14	21	25	26	523
순편익	341	909	1,130	1,220	21,700

주) 편익은 평균편익이며, 비용은 구입비용 등을 연간으로 나눈 연간비용임
자료) The Benefits and Costs of the Clean Air Act, EPA, 1997

표에서 보는 바와 같이 순편익의 현재가치가 제로보다 훨씬 크다는 것을 알 수 있는데, 이 점에 대하여 몇 가지 설명을 하고자 한다. 먼저 공해가 생태계에 미치는 피해를 줄여주는 편익을 포함시키지 않은데도 순편익이 크게 나왔다는 사실이다. 따라서 모든 것을 빠짐없이 포함시키지 않아도 건전한 정책판단의 결론이 바뀌지 않았다. 그리고 표의 결과는 공해규제정책이 경제적으로 타당하다는 것을 보여주지만, 그 정책이 파레토효율적이라는 더 강한 결론을 내릴 수는 없다. 이러한 강한 결론을 내리기 위해서는 순편익의 현재가치가 단순히 0보다 크다는 사실 이상으로 모든 대안 중 가장 크다고 말할 수 있어야 한다. 다른 정책대안이 목표한 공해방출량을 더 적은 비용으로 달성할 수 있다면 위의 대기정화법은 파레토효율적이었다고 말할 수 없을 것이다.

개발과 보존의 비용과 편익

흔히 환경정책을 선택할 때 토지를 개발할 것인지 녹지로 보존할 것인지의 문제간에 충돌이 있을 수 있다. 토지가 보존되면 생태보존의 편익이 따르고 개발을 하면 소득과 고용을 증대시킬 기회를 가지게 될 것이다.

정석 사례연구

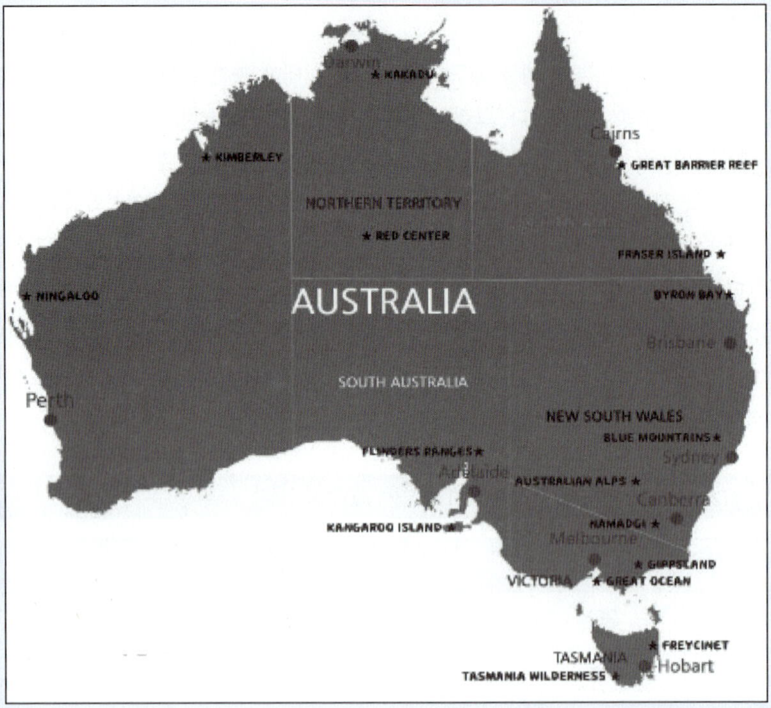

이러한 상충에서 선택문제로 1990년대 호주의 카카두 국립공원의 사례를 보자. 당시 카카두 국립공원내 일부지역이 금 등의 광산자원이 매장되어 있어 개발과 보존의 딜레마가 있었다.[12] 정부는 어떠한 선택을 해야 할 것인가? 그 답을 찾는 한 가지 방법은 두 가지 대안 사이의 순편익을 조사하는 것이다. 이 경우 편익을 계산하기가 상당히 어려운데, 이 지역이 유엔의 문화유적지로 등재되어 있어 인류고고학적 가치와 야생동물을 포함한 생태학적 가치가 있었기 때문이다.[13] 그래서 편익을 모든 개인들에게 묻는 방법을 택하였다. 개인들에게 보존을 위해 얼마를 지불할 용의가 있는지를 묻는 것인데, 이 방법을 조건부 가치평가법(Contingent Valuation Method, CVM)이라고 부른다. 이 책의 본문에서 이미 상세히 다루었지만, 개인의 진정한 수요가격에 대한 정보를 알아내는 방법이라고 생각하면 된다. 위의 사례에서 정부는 보존의 가치를 435(백만달러)로 측정하였고 개발의 가치를 102(백만달러)로 측정하였다. 당연히 카카두 국립공원은 개발되지 않았다.

할인율의 중요성

미국과 캐나다는 한때 메인(Maine)과 뉴브룬스빅(New Brunswick) 사이에 위치한 파사마쿼디 만(Passamaquoddy Bay)에 조력발전소를 건설할 수 있는지 논의에 들어갔다. 이 프로젝트는 초기자본 비용이 매우 높고, 오래 유지된다는 가정하에 운영비용은 아주 낮은 프로젝트였다. 1950년대 초반에 시작된 논의가 1959년에야 프로젝트의 비용-편익분석이 완성되었다.[14]

그런데 두 나라의 비용과 편익의 수치를 동일하게 맞추고, 각 나라가 계산한 분석결과는 완전히 달랐다. 캐나다는 발전소건설에 경제성이 없다고 결론을 내렸지만 미국은 발전소를 건설할 경제적 타당성이 있다고 결론지었다. 양국 사이에 무슨 일이 있었던 것일까?

정석 사례연구

양국의 결론이 완전히 달랐던 이유를 찾아보면, 양국이 서로 다른 사회적 할인율을 사용했다는 것을 발견할 수 있다. 캐나다가 4.125%의 할인율을 사용한 반면 미국은 2.5%의 할인율을 사용하였다. 캐나다처럼 높은 할인율을 사용하면 비용측면에서 초기자본비용이 상대적으로 높은 비중을 차지하게 되어 비용-편익분석에서 비용이 매우 커지게 된다. 따라서 캐나다의 결론은 순편익이 음수였던 것이다. 이에 반해 미국처럼 낮은 할인율을 사용하면 장기간 미래에 발생할 운영비용이 상대적으로 높은 비중을 차지하게 되어 낮은 운영비용을 높게 우대한 것이므로 캐나다에 비해 비용이 적어지게 된다. 이로 인해 미국은 순편익을 양수로 보았던 것이다.

그 밖에 다른 사례들도 있다. 1962년 미국의회가 할인율 2.63%를 사용하여 비용-편익분석을 한 많은 수력발전프로젝트를 통과시켰다. 폭스와 허핀달(Fox and Herfindahl, 1964)은 이러한 프로젝트에 할인율 8%를 적용하면 그 많은 프로젝트의 20%만 간신히 비용-편익분석을 통과했을 것이라고 주장하였다.[15)]

할인율의 선택은 의회와 대통령 사이의 논쟁에서 뜨거운 이슈가 되기도 했다. 그 사례로 지미 카터 대통령과 의회의 수력발전소건설에 대한 논쟁이 있다. 카터 대통령은 할인율 6.38%를 사용하면 대부분의 수력발전소건설 프로젝트는 거의 낭비적인 지출이었다고 한 반면 의회는 매우 낮은 할인율을 사용하여 프로젝트들을 정당화시키려고 했다. 이처럼 할인율의 선택은 프로젝트 자체뿐 아니라 세대간 자원배분의 차원에서도 매우 중요한 역할을 한다.

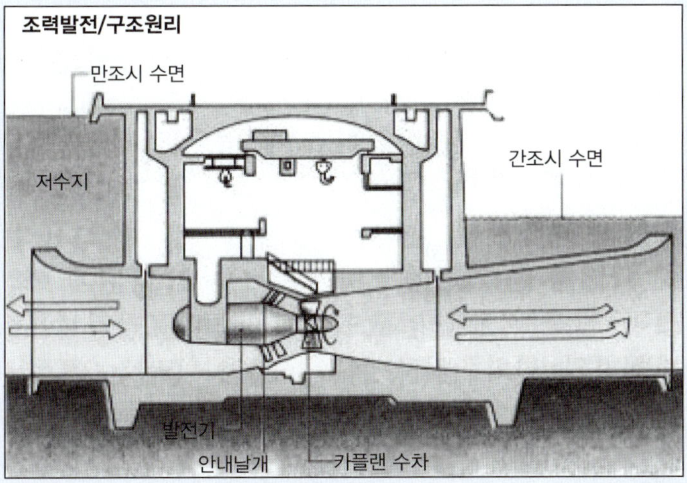

정석 기본문제

1. 비용–편익분석에서 새로운 도로를 건설하는 바람에 옛 도로에 인접한 상가들의 소득이 감소했다면 이것을 비용으로 계산해야 하는지를 설명하라.

2. 정부가 특정 공공재의 생산 · 공급을 계획하여 사회의 편익과 사회의 비용을 사회적 할인율로 할인한 결과 그 값이 양(+)이 나와 시행하기로 했다. 그리고 당해사업에 필요한 재원은 조세를 통해서 조달하기로 했다. 정부의 의사결정을 효율성과 공평성 측면에서 어떻게 평가할 수 있는지 설명하라.

정석 힌트 순편익의 현재가치를 극대화하므로 효율적이라고 할 수 있지만 조세를 통해 재원을 조달하므로 반드시 손해를 보는 자와 이익을 보는 자가 생기기 마련이다. 따라서 공평하다고 볼 수 없다.

3. 어떤 공공투자계획에서 비용과 편익을 계산할 때 잠재가격을 사용할 필요가 있는 경우에 대하여 설명하라.

4. 비용–편익분석에서 민간부문의 투자에 쓰여야 할 부분이 공공투자에 쓰인 경우 어떤 할인율을 사용하는 것이 합당한지를 설명하라.

정석 힌트 합당한 사회적 할인율로는 민간투자의 수익률을 반영하는 사회적 기회비용 즉 자본의 사회적 기회비용을 사용할 수 있다.

5. 편익–비용비율법의 장단점에 대하여 설명하라.

6. 비용–편익분석에서 내부수익률은 무엇을 의미하며, 내부수익률법에 따른 공공투자계획의 타당성을 판단하는 방식을 설명하라.

7. 비용–편익분석에서 순편익의 현재가치법과 내부수익률법을 비교 설명하라.

8. 어떤 공공투자사업이 올해 1,000원의 경비를 들여 완성하면, 지금부터 1년 뒤에 1,080원의 수익을 발생시킨다고 한다. 할인율이 5%일 때 이 사업의 순편익 현재가치를 계산하고 사업의 타당성에 대하여 설명하라.

9. 비용–편익분석에서 사회적 할인율을 크게 잡았을 때 어떤 문제가 생기는지 설명하라.

정석 힌트 장기사업의 순편익이 과소평가되기 쉽다. 상대적으로 단기사업이 과대평가되어 유리하다.

10. 정부가 사회적 할인율을 선택할 때 균형상태에서 동일한 값이라고 판단하고 있는 것을 모두 골라라.

(가) 주관적인 시간선호율	(다) 세후 투자수익률
(나) 소비자 이자율	(라) 세전 투자수익률

정석 힌트 소비자의 시점간 자원배분모형에서 소비자의 주관적 시간선호율은 소비자의 무차별곡선의 기울기이다. 균형하에서는 무차별곡선이 예산선과 접하므로 예산선의 기울기와 같고, 예산선의 기울기는 소비자 이자율을 의미한다. 이것은 세금을 공제한 투자수익률 즉 세후 투자수익률과 같다.

11. 생명의 가치는 어떻게 평가할 수 있는지 설명하라.

정석 힌트 크게 보아서 두 가지 방법이 있다. 첫 번째 방법은 인적자본접근법으로서, 사망할 경우 일생 동안 벌 수 있는 미래의 기대소득의 현재가치만큼 잃게 되므로 이것을 생명의 기회비용으로 보는 것이다. 두 번째 방법은 지불용의접근법으로서, 사망을 피하기 위해 일생 동안 지불할 용의가 있는 최대지불용의액을 생명의 가치로 보는 것이다.

12. 환경의 가치를 평가할 때 어떤 유형들의 가치를 포함해야 하는지 설명하고, 그 가치를 실증적으로 평가하는 방법의 종류를 열거하라.

정석 힌트 본문의 [그림 8-1]과 [표 8-2]를 참조하기 바란다.

정석 심화문제

13. 다음 글을 읽고 물음에 답하라.

> (가) 비용–편익분석은 정부의 경제행위의 타당성을 분석할 때 그 행위로부터 초래되는 비용과 편익을 비교함으로써 이루어진다. (나) 특히 대규모 투자사업의 정부지출의 효과는 국민들에게 미치는 영향이 매우 크므로 정부가 수행하는 공공투자사업을 선정할 때에는 그 타당성을 충분히 분석하여야 한다. (다) 그리고 한정된 자원을 사용한다는 점에서 항상 경합관계에 있는 민간부문을 고려하여야 한다. (라) 한정된 자원을 공공부문이 효율적으로 사용할 수 있는가 하는 경제성의 평가는 공공투자사업들이 사회후생의 증가를 가져오는지의 여부에 따라 정해질 수 있다. (마) 이론적으로는 사회후생의 증가가 사회후생함수의 평가를 통해 파악될 수 있지만, 그 개념의 비현실성으로 인해 비용–편익분석이 현실적으로 사용되는 것이다. (바) 정부가 시장에 거래되지 않는 많은 재화와 서비스를 생산할 때 그 가치를 평가하는 문제는 과학인지 예술인지 구분하기 어려울 때도 있다. 우리가 기발한 기법들을 존중해야 하지만 어떤 것도 절대적이지 않다는 사실을 잊어서도 안 된다.

[1] 위의 예문 중 (마)에서 사회후생함수로 사회후생의 증가를 평가할 때 따르는 문제점은 무엇인가?

정석 힌트 사회후생함수의 존재와 설정 모두에 어려운 문제점을 가진다. 애로우의 불가능성정리는 모든 민주적이고 합리적 공리를 만족하는 사회후생함수는 존재하지 않는다고 하며, 사회후생함수를 설정한다 해도 어떤 방식으로 설정하는가에 대하여 주관적 가치판단이 개입할 수 있다. 따라서 사회후생함수는 관념적으로 유용하지만 실용적인 면에서 별로 쓸모가 없다.

[2] 위의 예문 중 (라)에서 사회후생의 증가를 가져오는지의 여부를 정하기 위해, 공공사업에서 나오는 편익을 평가하는 일반적인 방법을 말하라.

정석 힌트 어떤 사업의 사회적 편익은 그 사업에서 발생하는 사회후생, 즉 소비자잉여와 생산자잉여의 증가로 평가한다.

[3] 위의 예문 중 (나)에 비추어 볼 때 비용–편익 기준에 입각한 공공재 생산의 최적규모는 어떠한 조건에서 결정되어야 하는가?

정석 힌트 새무엘슨조건이 충족되면 파레토 효율적 공급이 되는데, 비용과 편익이 장기간에 걸쳐 발생하므로 매 기간마다 새무엘슨조건이 충족되는 동태적 파레토효율성을 만족해야 한다.

[4] 위의 예문 중 (바)에서 비시장재화의 평가가 때때로 과학인지 예술인지 구분하기 어려운 이유는 무엇인가?

정석 힌트 인간 생명의 가치라든가 환경의 가치를 평가한다는 것은 나름대로 과학적 접근법을 사용하지만 사실은 거의 예술과 같아서 인간의 지식을 총동원하여 모든 것을 종합하더라도 정확한 참값을 알기 어렵다는 의미이다. 역사적 예로서 엑손–발데즈호 원유유출사고처럼 그 피해가 광범위해서 사용가치와 비사용가치를 모두 평가할 때 단순히 사람에게 물어서 그 가치들을 알아내는 방법은 사실 철저히 과학적으로 설문조사를 함에도 불구하고 그 결과는 과학이라기보다 예술에 가깝다.

[5] 위의 예문 중 (가)에서 비용과 편익을 비교하여 경제성 여부를 판정하는 여러 기준에 대하여 설명하라.

정석 힌트 민간부문의 투자기준처럼 순편익의 현재가치, 내부수익률, 편익–비용비율 등의 방법을 사용한다. 각 기준의 세부적 내용은 본문을 참조하기 바란다.

14. 다음 글을 읽고 물음에 답하라.

> 공공사업의 비용과 편익은 흔히 수년에 걸쳐 발생하기 때문에 총편익과 총비용을 현재가치로 고친 후 그 사업의 타당성을 검토해야 한다. 미래가치는 선정된 할인율로 할인하여 현재가치를 구하는데, 할인율을 결정하는 대략적인 원칙은 민간부문의 소비에 쓰일 자금이 전용되었다면 전 산업의 세후투자수익률을, 민간부문의 투자에 쓰일 자금이 전용되었다면 전 산업의 세전투자수익률을 사용한다.

[1] 세금을 내기 전의 투자수익률이 15%인데 이에 대하여 20%의 소득세율이 적용된다고 하자. 민간부문의 소비에 쓰일 자금이 전용되어 공공사업에 투입될 경우 공공사업의 할인율은 무엇인가?

[2] 위 [1]의 가정하에서 민간부문의 투자에 쓰일 자금이 전용되어 공공사업에 투입될 경우 공공사업의 할인율은 무엇인가?

[3] 위 [1]의 가정하에서 민간부문의 소비에 쓰일 자금과 민간부문의 투자에 쓰일 자금들이 전용되어 공공사업에 투입된 경우 공공사업의 할인율은 얼마인가? 단, 공공사업의 투자자금의 $\frac{1}{3}$은 민간부문의 소비에 쓰일 자금이라고 가정한다.

정석 힌트 공공사업의 사회적 할인율$=\frac{1}{3}\times15\times(1-0.2)+\frac{2}{3}\times15$

15. 다음은 두 공공사업(X, Y)의 비용편익분석의 예를 보여준다.

사업	비용	편익발생기간	연간편익
X	1000원	1년	1070원(1년후)
Y	2000원	1년	2080원(1년후)

[1] 산업의 투자수익률을 계산한 결과, 세금을 내기 전의 투자수익률이 10%인데 이에 대하여 50%의 소득세율이 적용된다고 하자. 민간부문의 소비에 쓰일 자금이 전용되어 공공사업 X와 Y에 투입될 경우 이 공공사업의 할인율은 얼마인가?

[2] [1]의 할인율을 사용하여 사업 X의 순편익의 현재가치를 구하라.

[3] 사업 Y의 내부수익률은 얼마인가?

[4] 미리 선정된 할인율이 5%라면 사업 X와 사업 Y는 경제성이 있는 사업인지 순편익의 현재가치법과 내부수익률법에 의해서 판정하라.

16. 환경정책을 실행하는 경우 환경의 편익을 추정하는 일이 중요한 과제이다. 대기나 수질 등 환경의 질이 개선될 때 소비자가 얼마만큼 지불할 의사를 가졌는지 알아볼 수 있는 여러 방법들에 대하여 설명하라.

[1] 환경과 대체관계에 있는 재화시장을 이용하는 방법

[2] 환경과 약보완관계에 있는 재화시장을 이용하는 방법

[3] 환경을 속성으로 가지고 있는 재화시장을 이용하는 방법

[4] 환경에 대한 가상시장을 만들어 지불용의액을 구하는 방법

17. 디즈니랜드의 대표적 소비자의 효용함수가 다음과 같다.

$U = \sqrt{M}$

단, M: 화폐소득

디즈니정부가 어떤 공공사업을 하려고 하는데 이 사업은 $\frac{1}{2}$의 확률로 100억의 순편익을 주지만, $\frac{1}{2}$의 확률로 아무런 순편익도 주지 않는다.

[1] 디즈니정부의 공공사업에서 나오는 순편익의 확실대등액은 얼마인가?

정석 힌트 $\frac{1}{2}\sqrt{100} + \frac{1}{2}\sqrt{0} = \sqrt{M}$에서 M을 구하면, $M = 25$이다. 따라서 기대순편익의 확실대등액은 25억원이다.

[2] 디즈니정부의 공공사업의 위험할인율은 얼마인가?

제4편 조세이론

제9장
조세의 기본원리

모든 개인의 욕망은 강도가 다르다.

절대적으로 필요한 욕망부터 단순히 사치로 즐기려는 욕망이 있다.

조세는 우리의 욕망충족의 수단을 빼앗아간다.

우리에게 희생을 강요한다.

그러나 그 희생은

우리에게 가장 덜 긴급한 욕망이다.

만약 두 사람이 천달러와 십만달러 소득을 얻고 있을 때

똑같이 십센트를 빼앗으면 그 희생이 불공평하다.

– Martin E. Seligman –

이제까지 우리는 시장의 실패 및 이를 치유하기 위한 정부의 지출활동을 중심으로 살펴보았다. 그러나 이러한 활동을 하기 위해서는 재원이 필요하고 필요한 재원을 조달하는 하나의 방법은 조세이다. 조세는 현대국가의 가장 주된 재정수입이다.

일반적으로 조세는 "국가가 필요로 하는 경비를 조달하기 위해 민간으로부터 특정한 개별적 보상 없이 강제적으로 징수하는 수입"으로 정의되고 있다. 조세는 국가가 성립된 곳이면 어디서나 존재해왔다. 과거 조세는 왕족과 성직자의 이익을 위해 국민들에게 부과되는 강탈로 여겨졌다. 존 스튜어트 밀은 "정부의 관심은 무겁게 과세하는 것이다. 사회의 관심은 필요한 정부지출 이외에 가능하면 적게 납세하려는 것이다"라고 말한다.

조세정책은 고양이와 쥐의 게임과 유사하다. 고양이는 쥐에게 강제로 화폐나 재화를 요구할 수 있지만 쥐는 고양이에게 왜 그만큼을 납세해야 하는지 묻지 못하고 순종하거나 숨거나 도망하는 수밖에 없다. 사실 경제학자도 고양이가 쥐에게 요구하는 금액 자체의 정당성보다 쥐끼리 서로 불공평하다고 느끼지 않고, 조세부담으로 경제활동이 위축되지 않도록 하는 데 관심이 있다. 다시 말해서 조세를 어떻게 할당하고 분배하는 것이 바람직한가에 대한 규범적

제9장 조세의 기본원리

기준 즉 조세원칙을 찾는 데 초점을 맞추고 있다.

일찍이 애덤 스미스는 좋은 조세제도가 갖추어야 할 요건(규범적 기준)들에 대해서도 관심을 가졌는데, 자유주의적 입장에서 조세가 시장기능에 중립적이고 조세부담을 작게 하는 작은 정부를 선호하는 조세원칙을 제시했다. 조세의 내용이 명확하고, 조세납부방법이 편리하고, 직업에 종사하는 국민의 의욕을 떨어뜨리지 않고, 징세비가 최소화되어야 한다는 애덤 스미스의 조세원칙은 존 스튜어트 밀에 의해 '조세의 고전적 원칙'이라고 불렸다. 이제부터 설명하고자 하는 것도 그가 말한 원칙과 크게 다르지 않다.

이 장에서는 조세의 기초개념, 조세의 유형, 바람직한 조세원칙(규범적 기준), 조세의 기능과 역할에 대해서 살펴본다.

이 장에서 배울 것

- 조세의 근거와 기본구조는 무엇인가?
- 조세의 유형에는 어떤 것이 있는가?
- 조세의 바람직한 규범적 기준은 무엇인가?
- 조세의 원칙에서 효율적 조세란 무엇인가?
- 조세의 원칙 중 공평한 조세란 무엇인가?
- 조세의 기능과 역할은 무엇인가?

제1절 정식 재정학 조세의 기초

조세는 일반적으로 국가가 필요한 경비를 조달하기 위해 개별적 보상 없이 민간부문으로부터 강제적으로 징수하는 화폐 또는 재화를 말한다. 여기서 주목할 것은 제1장에서 설명하였듯이 정부의 원리가 시장의 원리와 다르게, 개별적 보상이 없는 **일반보상의 원리**에 따른다는 사실이다. 다시 말해 시장의 원리가 개인이 지불한 비용에 상응하는 재화의 가치로 보상받는 개별보상의 원리에 따른다면, 정부의 원리 즉 일반보상의 원리는 조세로서 감수한 희생에 대해 개인에 따라 상응하는 보상을 받기보다 모든 국민이 골고루 혜택을 받는 것이라고 보아야 한다.

자본주의의 시장경제가 확립되기 이전에는 신분관계에 의한 공납제 형태로 조세가 부과되었다. 그러나 시장경제가 발전하면서 신분관계의 소멸과 더불어 공납제도 폐지되고, 국민은 국가에 일정한 화폐액만 납부하면 자유로운 경제활동을 할 수 있게 된다. 조세는 강제적 성격을 가지는 것으로 국가수입의 중요한 재원이 되고 있다. 반대로 국가가 국민으로부터 조세를 징수할 수 있는 권리, 즉 **재정권력**은 국가존립의 절대적 조건인 동시에 재정의 본질이다.

조세는 시장경제와 함께 발전해온 역사적 산물로 국가기능의 변화에 따라 그 성질이 달라진다. 국민의 생명과 재산을 보호하는 것이 국가의 중요한 기능이라고 인식되었던 시기에는 조세가 단지 그 기능을 수행하기 위한 필요악이라고 여겨졌다. 막스 베버(Max Weber)는 "국가란 독점적 강압력, 통일적 권위, 그리고 제반 법률적 · 행정적 장치를 기초로 일정한 영토와 그 영토 내 주민을 배타적으로 지배하는 정치조직 혹은 공동체"라고 말한다. 고대와 중세의 국가는 전쟁과 대규모 공사를 위해 영토 내 각종 자원을 추출하는 데 공물 혹은 보호를 명분으로 약탈적 공납제를 시행하였다.

이러한 기능을 하던 국가들은 단지 보호를 전제로 수탈하는 방식으로 재원을 확보했지만, 근대사회에 진입하면서 국가간 치열한 경쟁 속에서 기존의 약탈적 공납방식에 의하면 주민들이 조세에 저항하고 다른 국가로 이탈할 수 있다는 사실을 인식하게 된다. 근대국가들은 장기적 안목에서 사회구성원의 재산소유와 생산활동을 장려하고 부의 축적을 도모하여 국가재정수입을 극대화하려고 하였다. 이러한 국가의 장기적 전략은 정치적 민주화와 자본주의의 발전을 촉진시키는 계기가 된다.

자본주의체제를 갖춘 근대사회 이후의 국가들의 중요한 특징은 공공영역과 민간영역에서 각기 다른 원칙이 적용된다는 점이다. 정당간 경쟁과 선거를 통하여 국가권력이 구성되는 공공영역과 시장경제의 원리가 적용되는 민간영역으로 나누어진다. 이때부터 조세가 단순한 재정수입을 조달하는 수단이 아니라 소득을 재분배하고 경제안정을 위한 조정수단으로 인식되기 시작했다.

다음에는 이러한 조세의 근거에 대한 학설들과 조세의 유형, 조세의 기능에 대하여 살펴본 후 조세의 원칙이 되는 규범적 기준을 논하고자 한다.

1. 조세의 근거

조세가 강제적 징수이지만 조세를 징수하는 근거에 대해서는 여러 가지 학설이 있다. 국가가 사회계약에 의해 이루어졌다는 사회계약설과 개인주의 국가관에 따르면 국가의 활동이 국민에게 혜택을 주기 때문에 그 반대급부로서 조세를 징수한다는 **이익설**이 있다. 이러한 관점은 홉스, 로크 등 17세기 정치경제학자와 흄, 루소, 벤담, 애덤 스미스 등에 의해 지지를 받았다. 사회계약의 핵심이 국가가 국민의 생명과 재산을 보호하는 데 있으므로 조세는 그러한 국가의 활동에 대한 가격 혹은 보상이라고 보는 것이다. 조세의 납부는 국민이 가진 화폐와 국가의 공공서비스간의 교환으로 보기 때문에 교환설 혹은 보상설이라고도 한다.[1)]

이익설과 유사하게 사회계약설에 입각해서 조세를 국가라는 보험회사에 국민이 자신들의 재산과 생명의 보호를 보장받기 위해 지불하는 보험료로 보는 **보험료설**이 있다. 이러한 견해는 몽테스키외에 의해 제시되었다고 알려져 있다. 그는 "국가의 수입은 모든 시민이 재산의 안전을 보장받기 위하여 또 재산을 즐겁게 사용하기 위하여 자신의 재산 중에서 교부하는 일부"라고 말한다.

국가는 유기체로서 인간생활의 역사적 발전단계에서 최고형식이라는 역사적 유기주의 국가관에 따르면 국가의 존립과 유지를 위해 국민이 조세를 납부하는 것은 당연한 의무이며 희생이라고 보는 **희생설**이 있다. 이 견해를 지지하는 헤겔(G.W. Hegel)은 "국가의 제일의 의무는 국가 자체를 유지하는 데 있다"라고 하여 희생설을 웅변적으로 대변한다. 그런데 국가는 생활 속에서 선(善)을 실현하는 데 있다고 보는 보편주의 국가관에 의하면 국가목적을 이루기 위해서는 모든 사람이 능력에 따라 국가에 기여해야 한다. 이러한 관점을 반영해서 **능력설**이라고도 한다.

위에서 살펴본 이익설, 보험료설, 희생설 혹은 능력설에서처럼 국가 대 국민의 관점이 아니라 개인이 정부가 공급하는 서비스에 대해 평가를 하고 그 가치에 따라 개인이 납부하는 가격이 조세라고 보는 견해가 있다. 이 견해는 빅셀(K. Wicksell)과 린달(E. Lindahl) 등에 의해 발전하였는데, 국가와 국민의 교환관계도 사실은 개인과 개인간의 교환관계라는 것이다. 국가의 과세규모와 기준도 개인들이 모인 정당을 통해 결정되기 때문이다. 이때 개인이 납부하는 조세는 개인의 한계효용에 의해 결정되는 가격과 같으므로 시장의 사용재와 다를 바 없다고 본다. 이러한 견해를 **가격설**이라고 한다.

이상에서 여러 학설들을 살펴보았지만 국가가 조세를 징수하는 이유가 명백히 보편적으로 적용되는 학설이 있는 것은 아니다. 현대사회의 대의민주제에서는 오히려 국민이 법을 만들고, 자신이 만든 법에 의해 조세를 부담하므로 조세의 근거가 **법규의무설**이라고 할 수 있겠다.

정석 사고

국가는 왜 조세를 징수하는가에 대해 여러 가지 학설이 있다. 국가의 활동이 국민에게 혜택을 주기 때문에 그 반대급부로서 조세를 징수한다는 이익설, 국가라는 보험회사에 국민이 자신들의 재산과 생명의 보호에 대한 보험료를 지불한다고 보는 보험료설, 국가의 존립과 유지를 위해 국민이 조세를 납부하는 것은 당연한 의무이며 희생이라고 보는 희생설, 개인이 납부하는 조세는 개인의 한계효용에 의해 결정되는 가격이라고 보는 가격설, 개인이 만든 법에 의해 조세를 부담한다는 법규의무설 등이 있다.

2. 조세의 기본구조

앞에서 본 것처럼 시대가 흐르면서 국가의 기능도 변화하고 이에 따라 조세제도의 기본골격도 변화해왔다. 고대나 중세국가에서는 주로 토지와 사람에 대해 과세를 했고, 근대사회에 와서는 주류나 담배 등 개인의 기호품과 같은 물품과 개인의 지불능력을 나타내는 소득에 과세하였다. 이러한 과세의 원천을 세원(tax source)이라고 한다.

(1) 세원

세원이란 조세부과의 대상이 되는 경제변수 혹은 경제행위를 말한다. 세원은 조세부과의 기초 또는 대상이 된다는 점에서 과세기초, 과세대상이라고도 부른다. 자본주의 시장경제에서 세원은 일반적으로 개인의 소득, 재산, 자본, 소비 등이다. 소비도 세원으로 포함되고 있지만 진정한 의미에서 세원이라고 하기 어렵다. 소비는 개인의 소득에서 나오기 때문이다. 개인이 소유한 토지나 건물, 금융자산 등을 재산이라고 하며, 이것을 생산활동에 사용하면 자본이 된다. 개인의 소득은 일하여 얻는 근로소득, 재산과 자본을 사용하여 얻는 재산소득, 자본이득을 포함한다.

현대사회의 경제생활이 다양화되고 복잡해짐에 따라 세원도 그만큼 다양하고 복잡하다. 그러므로 어떤 사회에서든 기본적으로 소비활동과 생산활동 중심으로 세원이 구성된다는 것은 놀라운 일이 아니다. 이러한 세원 혹은 과세대상으로부터 여러 형태의 조세가 나타나는데, 이것을 그림 9-1 을 통해 살펴보자. 개인들은 요소시장을 통해 노동을 공급하고 임금을 받는다. 이때 근로소득이 세원이 되며 이에 대해 근로소득세가 부과된다. 기업은 노동을 수요하고 상품을 만들어 판매하고 이윤을 얻는다. 기업이 벌어들인 소득, 즉 이윤을 세원으로 해서 법인세나 사업소득세가 부과된다. 만약 법인기업이라면 주주들에게 배당되는 배당소득도 세원으로서 배당소득세가 부과된다.

이제 그림 9-1 에서 소비재시장을 살펴보자. 일반적으로 상품을 구매하면 모든 상품의 가치 혹은 가격이 세원이 되어 부가가치세가 과세된다. 특히 사치품이나 기호품은 별도로 세원을 잡아

그림 9-1 세원과 조세

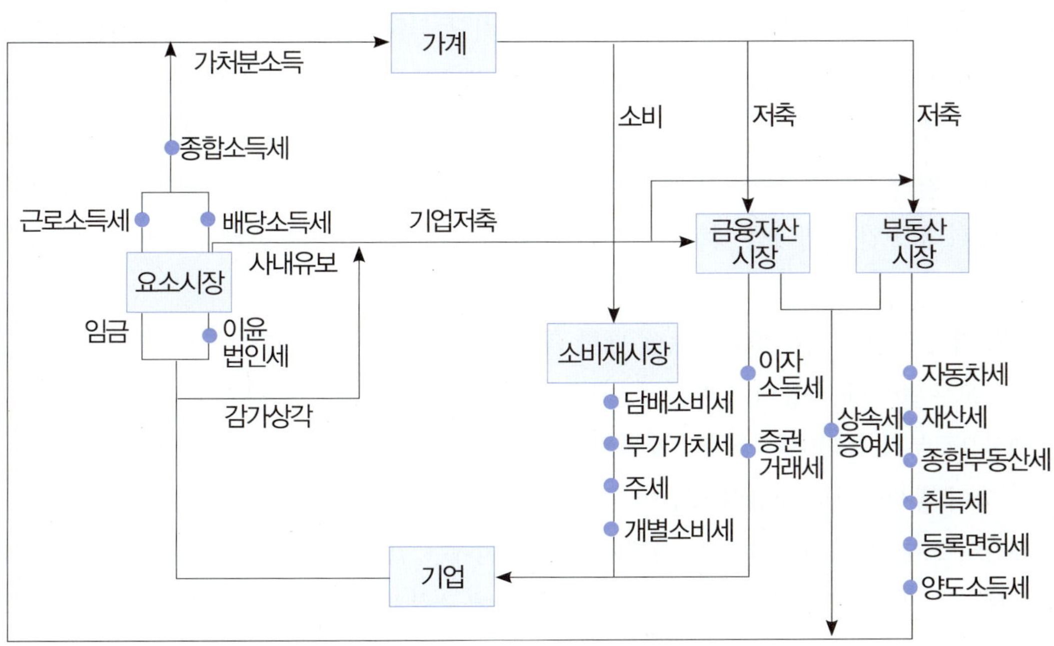

개별소비세를 부과한다. 담배나 주류는 별도로 소비세를 부과하여 소비를 억제하는 한편 재정수입을 확보한다.

금융시장을 살펴보자. 개인이 오늘 저축을 하면 내일 원금과 이자를 받게 되는데, 그 이자소득을 세원으로 보고 종합소득세의 하나인 이자소득세를 부과한다. 그리고 증권에 투자하면 증권거래세가 부과된다. 부동산시장을 살펴보면 세원이 다양하다는 것을 알 수 있다. 부동산을 취득하면 취득세와 등록면허세를 부과하고, 매매하면 취득가격와 양도가격의 차익에 대해 양도소득세를 부과한다. 만약 개인이 소유한 금융자산과 부동산을 후손에 상속하거나 증여하면 상속세와 증여세가 부과된다.

이상을 요약해 보면 다음과 같이 세원에 따라 부과되는 조세의 형태가 정해진다.

첫째, 요소시장의 세원: 임금, 이윤

둘째, 소비재시장의 세원: 모든 상품의 판매가격

셋째, 금융시장의 세원: 이자, 증권거래행위

넷째, 부동산시장의 세원: 지대 혹은 임대소득, 매매행위

이와 같이 세원을 올바르게 분류하고 각 세원간의 관계를 알아보는 것은 경제적 공평성과 효율성 측면에서도 의미있는 일이다. 세원간의 관계와 그 관계로부터 조세효과의 차이를 살펴보자.

먼저 경쟁적 소비재시장(상품시장)에서 판매자 혹은 공급자에게 조세가 부과되는 것과 소비자에게 조세가 부과되는 것은 조세의 효과 측면에서 동일하다. 판매자에게 물품세를 부과하면 단위당 생산비용을 증가시키는 효과가 발생하여 공급자의 공급곡선이 위로 이동한다. 마찬가지로 동일한 물품세를 소비자에게 부과하면 소비자는 현재의 구매가격에서 납부해야 할 단위당 물품세를 뺀 가격만큼을 지불하려고 하기 때문에 (소비자 관점에서의) 유효수요곡선은 아래로 이동한다. 정확히 동일한 결과를 낳는다는 사실을 독자들은 수요곡선과 공급곡선을 그려 확인해보기 바란다.

그리고 저축이 없는 경우 요소소득에 대한 과세와 소비에 대한 과세가 동일하다. 그 이유는 요소소득이 모두 소비에 사용되기 때문에 어느 세원에 과세하든 결과는 같기 때문이다. 재산의 가치는 재산으로부터 흘러나온 소득의 흐름의 현재가치로서, 저축이 없는 경우 소득이 소비와 동일하고, 저축이 발생하여도 개인의 재산이 증가하는 동시에 기업의 자본이 증가하므로 소득이나 소비나 재산이 모두 동일하다. 따라서 과세와 세원 사이에는 일정한 관계가 성립한다. 예를 들어 토지에 대해 재산세를 부과하는 것과 토지의 임대소득에 소득세를 부과하는 것은 동등한 효과를 가

져온다. 이것을 **조세의 동등정리**라고 한다.[2]

경제적 효율성과 공평성 측면에서 최선의 세원은 무엇일까? 이론적으로 헤이그-사이먼즈의 포괄적 소득과 칼도의 포괄적 소비가 오랫동안 최선의 세원으로 논의되어왔다. 먼저 헤이그와 사이몬즈는 **포괄적 소득**이란 "주어진 과세기간 동안의 소비의 시장가치와 자산가치의 순변화의 합"이라고 정의한다.[3] 즉 포괄적 소득개념은 일정기간 동안 이루어진 개인 소비능력의 순증가의 화폐가치이므로, 미실현 자본이득(예로서 주식가격이 오를 경우 보유한 주식의 상승한 주식가치), 귀속소득(예로서 토지를 임대하는 대신 자신이 토지를 사용하는 경우의 토지서비스의 현금가치) 등도 과세대상이 되어야 한다고 주장한다. 이 소득개념에 입각한 소득세는 모든 소득을 동등하게 대우하므로 공평하고, 이로 인해 교란이 없어서 효율적이다. 제13장의 소득세를 논할 때 더 상세히 살펴볼 것이다.

한편 칼도(N. Kaldor, 1956)는 소득은 사회에 기여한 행위이고 소비는 사회의 자원을 소모하는 행위이므로 소비행위에 과세하는 것이 바람직하다고 주장한다. 칼도의 **포괄적 소비**는 소득의 구성요소를 소비와 저축으로 구분할 때 저축을 제외한 모든 소비지출을 의미한다. 주의할 점은 이 개념이 일반적으로 소비세의 과세대상이 되는 소비와 다르다는 것이다. 저축이 없는 경우 포괄적 소비는 포괄적 소득과 동일한 개념이다. 다만 저축에 과세하는지의 여부에 차이가 난다. 저축은 소비를 억제하고 사회에 기여한 것이므로 과세해서는 안 된다는 것이다. 칼도는 효율성 측면에서 저축에 과세하는 소득세보다 소비행위에 대한 과세가 교란(개인의 선택행위에 영향을 미쳐 결과를 바꾸는 현상)이 없기 때문에 우월하다고 여긴다. 또한 공평성 측면에서도 저축성향이 높은 사람이 세금을 더 많이 내는 소득세제보다 소비세제가 더 공평하다고 본다.

(2) 과세주체

과세주체는 조세를 부과할 권리를 가진 주체로서 국가 혹은 정부가 이에 해당한다. 국가는 과세주체로서 법적 요건에 따라 과세권을 행사하고, 징세권과 세수보유권도 가진다. 과세주체는 중앙정부와 지방정부로 나눌 수 있다. 중앙정부가 과세권자인 조세를 국세라고 하며, 지방정부가 과세권자인 조세를 지방세 혹은 도세와 시군세라고 한다.

(3) 납세자와 담세자

납세자 혹은 납세의무자는 조세를 납부하는 개별경제주체를 말한다. 담세자 혹은 세부담자는 조세를 실질적으로 부담하는 개별경제주체를 말한다. 납세자와 담세자가 항상 일치하지는 않는다. 소득세의 경우에는 납세자와 담세자가 일치하지만 일반소비세 성격의 부가가치세는 납세자와 담세자가 일치하지 않는다. 부가가치세의 경우 납세자는 사업자이지만 담세자는 소비자이다. 재산세나 법인세의 경우 장기적으로 조세의 일부를 소비자나 근로자에게 전가할 수 있다면 납세자와 담세자가 동일하지 않을 수 있다. 이 경우 납세자와 담세자의 구분은 매우 중요한 의미를 가진다.

(4) 과세객체

과세객체는 조세가 부과되는 대상을 말하며, 과세대상 혹은 과세물건이라고도 부른다. 앞에서 본 세원과 동일한 개념으로서 과세객체는 물건과 행위 등을 가리키는데, 예를 들어 소득, 재산, 자본, 소비지출행위 등이 과세객체가 된다. 소득세의 과세객체는 개인의 소득이고, 재산세의 과세객체는 재산이며, 소비세의 과세객체는 소비상품의 가치나 소비행위가 될 수 있다. 과세객체는 인세와 물세로 나눌 수 있는데, 인세는 개인의 지불능력과 개인적 사정을 고려한 인격적 요소에 과세하는 조세이다. 반면에 물세는 물건이나 재산에 과세하는 조세이다. 소득세나 상속세 등은 인세, 재산세는 물세이다.

(5) 과세표준

과세표준(tax base, 과표)은 세율이 적용되는 과세객체이며, 금액, 가격, 수량, 무게, 부피 등의 일정한 크기로 나타낸다. 과세표준의 크기에 따라 세액이 다르게 결정된다고 하여 **제2의 세율**이라고 부른다. 소득세나 법인세의 경우 소득에서 각종 경비를 공제한 금액이 과세표준이며, 여기에 세율을 적용하여 최종납세액을 결정한다. 즉 '세액=과세표준×세율'이다.

(6) 면세점

소득세의 경우 각종 공제제도로 인해 소득세납부의 의무가 없어지는 소득을 면세점이라고 하는데, 이것은 개인별 사정을 고려하여 결정되는 공제액의 합계이다. 소득세의 납부액이 0이라면 조세부담이 전혀 없는 상태로, 일정소득 이하에서 각종 공제제도의 혜택을 받았음을 의미한다. 면세점은 저소득층의 조세부담과 관련되어 있다. 면세점을 인상하면 저소득층의 조세부담이 가벼워지고 실효세율은 인하된다. 반대로 면세점을 인하하면 저소득층의 조세부담이 무거워지고 실효세율은 인상된다.

(7) 세율

세율(tax rate)은 세법에 의해 세부담의 크기를 나타내는 것으로 개인의 과세표준에서 세금납부액이 차지하는 몫 혹은 비율이다. 세액이 과표에 세율을 곱한 것이므로 세율은 그 과표의 일정비율인 백분율로 나타낸다.

세액과 과표 사이에 존재하는 함수관계를 세수함수 혹은 조세함수라고 부르기로 하자. 세액을 T, 과표를 Y라고 하면, 조세함수는 다음과 같다.

$$T = T(Y) \tag{9–1}$$

조세함수에서 과표소득 한 단위에 대한 세액을 **평균세율**이라고 하며 다음과 같다.

$$\text{평균세율} = \frac{T}{Y} \tag{9–2}$$

한편 조세함수에서 과표소득이 한 단위 증가할 때 늘어나는 추가적 세액을 **한계세율**이라 한다.

$$\text{한계세율} = \frac{\Delta T}{\Delta Y} \tag{9–3}$$

기하학적으로는 원점과 조세함수상의 한 점을 연결하는 직선의 기울기가 평균세율이며, 조세함수상의 한 점에서의 접선의 기울기가 한계세율이다.

평균세율과 한계세율의 관계를 잠시 살펴보자. 평균세율이 증가한다는 것은 과표의 증가보다 조세수입의 증가가 빠르다는 의미이다. 이것을 만족시키기 위해서는 한계세율이 증가해야 한다. 따라서 평균세율이 증가할 때 한계세율은 평균세율 위에 있어야 한다. 즉, 조세수입이 과표보다 빠르게 증가할 때는 한계세율이 평균세율보다 더 커야 한다.

세율은 세 가지 유형으로 구분할 수 있다. 첫째, 비례세율로서 과표의 증감과 상관없이 세율이 일정한 유형이다. 둘째, 누진세율로서 과표가 증가할 때 평균세율이 증가하고 한계세율은 평균세율보다 더 큰 유형이다. 셋째, 역진세율로서 과표가 증가할 때 평균세율이 감소하고 한계세율은 평균세율보다 더 작은 유형이다. 이것을 **표 9-1**에 요약하였다.

이상의 세 가지 유형의 세율을 **그림 9-2**을 통해 이해해보자. **그림 9-2**의 (a)는 가로축에 과표, 세로축에 세액을 나타낸 조세함수들이다. 조세함수 T_1과 T_3는 각각 비선형누진세, 선형누진세를 의미한다. 조세함수 T_2는 비례세를 의미하고, 조세함수 T_4는 선형역진세를 의미한다. 그리고 조세함수 T_2, T_3, T_4는 서로 평행한다. **그림 9-2**의 (b)는 가로축에 과표, 세로축에 세율을 표시하고, 각 조세함수로부터 유도한 평균세율과 한계세율을 나타낸 것이다. 예를 들어 수평선으로 그려진 한계세율(T_2, T_3, T_4)는 조세함수 T_2, T_3, T_4에 대한 한계세율이며, 한계세율(T_2)=한계세율(T_3)=한계세율(T_4)라는 뜻이다. 다음에서 각 조세함수와 세율의 관계를 설명한다.

경우 1: 조세함수 T_1(비선형누진세)

그림 (a)에서 조세함수 T_1 위의 A점에서 평균세율과 한계세율을 구해보자. 평균세율(T_1)은 원점에서 점 A를 잇는 직선의 기울기이므로 α가 되며, 그림 (b)의 과표 Y_a에서 수직높이 α로 표시하였다. 한계세율(T_1)은 점 A에서의 접선의 기울기이므로 β가 되며, 그림 (b)의 과표 Y_a에서 수직높이 β로 표시하였다. 따라서 증가하는 한계세율(T_1)과 평균세율(T_1) 중에서 한계세율(T_1)이 더 크다는 사실을 알 수 있다.

경우 2: 조세함수 T_2(비례세)

이 경우 우선 원점에서 점 A를 잇는 직선의 각도 $\alpha=45^\circ$ 라고 가정한다. 그림 (a)에서 조세함수 T_2 위의 점 A에서 평균세율과 한계세율을 구해보자. 평균세율(T_2)은 원점에서 점 A를 잇는 직선의 기울기이므로 α가 되며, 그림 (b)의 과표 Y_a에서 수직높이 α로 표시하였다. 한계세율(T_2)은 점

표 9-1 세 가지 유형의 세율의 특징

세율 \ 조세	평균세율	한계세율
누진세	증가	평균세율보다 더 크다. (증가 혹은 일정)
비례세	일정	일정
역진세	감소	평균세율보다 더 작다. (감소 혹은 일정)

그림 9-2 세율의 유형과 특징

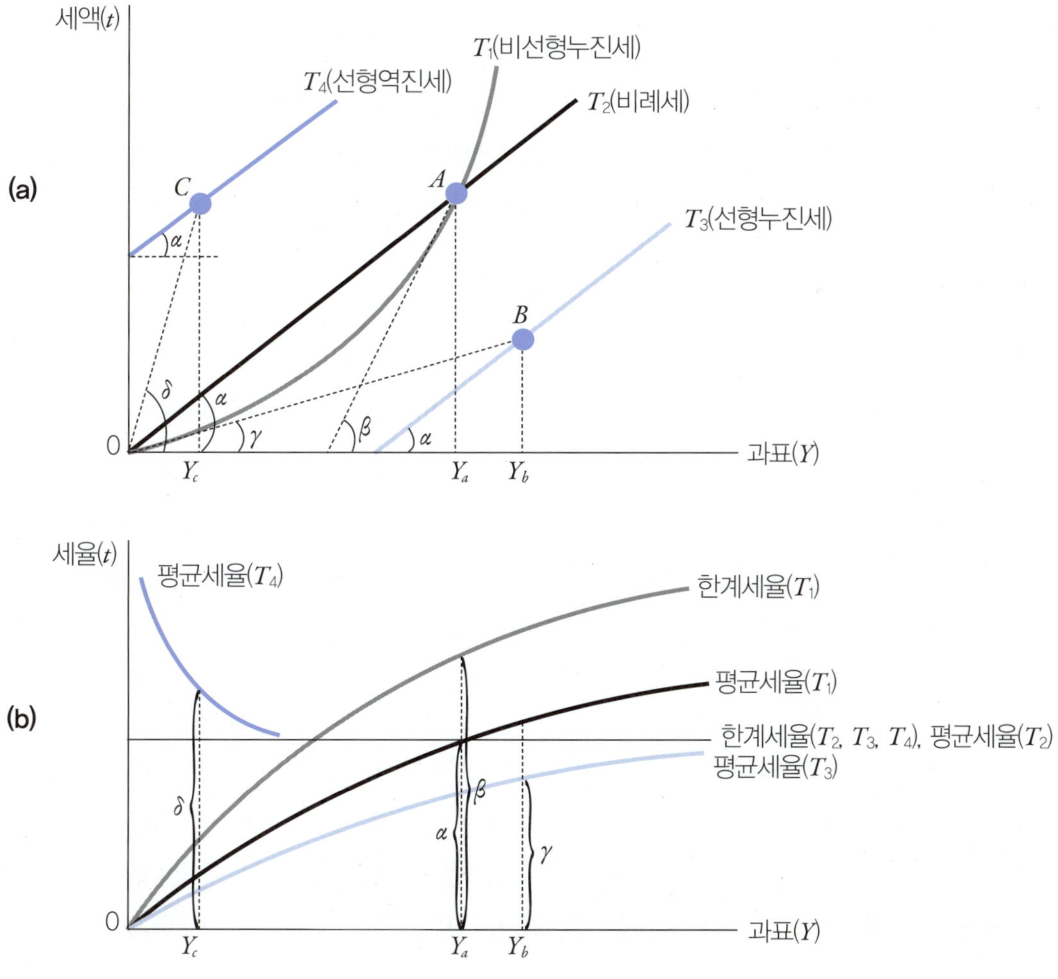

A에서의 접선의 기울기인데 이 경우 α로서 평균세율(T_2)과 같다. 따라서 한계세율(T_2)과 평균세율(T_2)이 일정하면서 서로 동일하다는 사실을 알 수 있다.

경우 3: 조세함수 T_3(선형누진세)

그림 (a)에서 조세함수 T_3 위의 점 B에서 평균세율과 한계세율을 구해보자. 평균세율(T_3)은 원점에서 점 B를 잇는 직선의 기울기이므로 γ가 되며, 그림 (b)의 과표 Y_b에서 수직높이 γ로 표시하였다. 한계세율(T_3)은 점 B에서의 접선의 기울기이므로 α로 일정하다. 따라서 평균세율(T_3)이 증가하지만 한계세율(T_3)은 일정하면서 평균세율(T_3)보다 더 크다는 사실을 알 수 있다.

경우 4: 조세함수 T_4(선형역진세)

그림 (a)에서 조세함수 T_4 위의 점 C에서 평균세율과 한계세율을 구해보자. 평균세율(T_4)은 원점에서 점 C를 잇는 직선의 기울기이므로 δ가 되며, 그림 (b)의 과표 Y_c에서 수직높이 δ로 표시하였다. 한계세율(T_4)은 점 C에서의 접선의 기울기이므로 α로 일정하다. 따라서 평균세율(T_4)이 감소하지만 한계세율(T_4)은 일정하면서 평균세율(T_4)보다 더 작다는 사실을 알 수 있다.

일반적으로 소비세, 물품세 등은 비례세율에 가깝다고 볼 수 있고, 소득세, 법인세, 재산세 등은 누진세율에 가깝다고 볼 수 있다. 그리고 역진세율은 효율성 측면에서 쌀과 같이 수요의 가격탄력성이 낮은 상품에 높은 세율을 부과하고 수요의 가격탄력성이 높은 상품에 낮은 세율을 부과하는 것으로, 주로 저소득층의 필수재는 역진적 세율구조를 갖는다.[4] 그런데 세율이 역진적인지 누진적인지를 구별할 때 그 기준을 평균세율에 두는지 한계세율에 두는지 혼란이 있을 수 있다. 일반적으로는 누진성을 논의할 때 평균세율을 기준으로 한다. 그리고 누진성의 정도를 나타낼 때는 과표(Y)가 변할 때 평균세율($\frac{T}{Y}$)이 얼마나 변하는가를 본다. 즉

$$\frac{\frac{T_1}{Y_1}-\frac{T_0}{Y_0}}{Y_1-Y_0}=\frac{\text{평균세율의 변화}}{\text{과표의 변화}} \qquad (9\text{–}4)$$

과표가 Y_1에서 Y_0으로 증가할 때 평균세율의 증가분이 더 크면 누진성이 높다고 할 수 있다. 또 다른 방법은 조세(수입)의 소득탄력성을 살펴볼 수 있다. 이때 소득탄력성이 크면 클수록 높은 누

진성을 가진다고 하겠다. 조세의 소득탄력성은 소득이 1% 증가할 때 조세부담이 몇 % 증가하는지를 보는 탄력성개념이다. 즉,

$$\frac{\frac{\Delta T}{T_0}}{\frac{\Delta Y}{Y_0}}=\frac{\frac{\Delta T}{\Delta Y}}{\frac{T_0}{Y_0}}=\frac{\text{세액의 \%변화}}{\text{소득의 \%변화}}=\frac{\text{한계세율}}{\text{평균세율}} \tag{9-5}$$

이 값이 크면 클수록 더욱 누진적이라고 보는 것이다. 그런데 주의할 점은 모든 사람의 소득세부담이 똑같이 증가하면, 즉 T_0와 T_1이 모두 10% 증가하면 첫 번째 방법의 값은 10% 증가하지만 두 번째 방법은 ΔT와 T_0가 모두 10% 증가하여 변화가 없다. 따라서 어느 방법으로 누진성을 논의하고 있는지 사전에 명시할 필요가 있다.[5)]

정석 사고

세원이란 조세부과의 대상이 되는 경제변수 혹은 경제행위를, 과세주체는 조세를 부과할 권리를 가진 주체를, 납세자는 조세를 납부하는 개별경제주체를, 담세자는 조세를 실질적으로 부담하는 개별경제주체를, 과세객체는 조세가 부과되는 대상을, 과세표준은 세율이 적용되는 과세객체를, 면세점은 각종 공제제도로 인해 소득세납부의 의무가 없어지는 소득을, 세율은 개인의 과세표준에서 세금납부액이 차지하는 비율을 의미한다. '과세표준×세율=세액'이므로 세액의 결정에 과세표준과 세율이 가장 중요하다고 하겠다. 세율에는 크게 비례세율, 누진세율, 역진세율이 있다. 누진세율은 과표가 증가할 때 평균세율이 증가하는 누진성을 가진 세율을 말한다. 보통 평균세율이 증가할 때 한계세율은 더 크게 증가한다.

제2절 조세의 유형

이론적으로 조세를 분류하고 유형을 정하는 것은 조세체계를 합리적으로 구성하기 위해 필요하다. 조세들은 납세자와 담세자의 일치여부, 과세대상물의 특성, 중앙과 지방정부에 따라 부과되는 조세형태에 의해 몇 가지로 분류할 수 있는데, 그렇게 분류된 조세들은 목적과 성격에 따라 크게 경제효과적 관점과 조세행정적 관점으로 나누어 묶을 수 있다.

1. 경제효과적 분류

(1) 직접세와 간접세

18세기 후반에 중농주의자들은 토지의 순생산물만을 세원으로 생각하여 토지수익에 부과하는 세금을 직접세, 그 이외의 것에 부과하는 세금을 궁극적으로 전가되기 때문에 간접세라고 하였다.[6)]

오늘날에는 세법상 납세의무가 있는 납세자와 그 세금을 실질적으로 부담하는 담세자가 동일한 조세를 직접세(direct tax)라고 한다. 그 예로는 소득세, 법인세, 재산세, 자동차세 등을 들 수 있다. 반면에 자신에게 과세된 세금이 전가되어 다른 사람이 부담하게 되는 세금, 즉 납세자와 담세자가 일치하지 않는 조세를 간접세(indirect tax)라고 한다. 그 예로는 부가가치세, 주세, 담배소비세 등을 들 수 있다.

현실적으로 보면 직접세인 소득세, 법인세도 전가가 어느 정도 이루어지기 때문에 위에서 논의한 방법이 완전한 구분방법이라고 할 수는 없다. 현대적인 기준으로 직접세와 간접세의 구분은 과세물건이 무엇인지에 따른다. 예를 들어 벌어들이는 소득에 대하여 과세하면 직접세로, 소득의 지출에 대하여 과세하면 간접세로 구분한다.

(2) 종가세와 종량세

과세의 표준이 화폐단위인지 수량, 중량단위인지에 의한 구분이다. 종가세(ad valorem tax)는 과세대상물의 가격을 과세의 표준으로 삼아 부과하는 조세이며, 부가가치세처럼 가격 또는 금액의 몇 %라는 식으로 부과한다. 반면에 종량세(unit tax)는 과세대상물의 무게나 수량 등을 과세의 표준으로 삼아 부과하는 조세이며, 주세처럼 1리터당 얼마라는 식으로 부과한다.

2. 조세행정적 분류

(1) 국세와 지방세

조세를 부과하는 과세기관에 따른 구분이다. 국세(national tax)는 중앙정부가, 지방세(local

tax)는 지방정부가 부과하는 조세이다. 우리나라에서 부과하는 국세와 지방세의 종류는 제15장의 [부록]을 참조하기 바란다.

(2) 인세와 물세

과세대상이 사람인지 물건인지에 의한 구분이다. 인세(personal tax)는 소득을 벌어들이는 사람에 대하여 개인적 지불능력을 기준으로 과세하고, 물세(in rem tax)는 개인적 특성과는 상관없이 소득 또는 부의 원천인 토지, 가옥, 영업 등에 대하여 과세하는 조세를 말한다. 그러나 이러한 구분이 완전하지는 않다. 예를 들어 부유세는 세원이 재산이지만 인세로 인정되고 있다. 일반적으로 소득세, 농지세, 주민세는 세원이 소득이고 지불능력을 나타내는 개인적인 특성과 밀접한 관련성이 있다고 보고 인세로 인정되고 있다. 상속세, 재산세, 취득세, 등록세 등은 세원이 재산이고 물세로 구분되고 있다. 그리고 부가가치세나 특별소비세 등은 세원이 소비이고 물세로 분류된다.

정석 사고

조세를 조세의 경제적 효과의 분석 또는 조세행정상의 편의를 위하여 경제효과적 분류와 조세행정적 분류로 나눌 수 있다. 경제효과적 분류에는 직접세와 간접세, 종가세와 종량세 등이 있고, 조세행정적 분류에는 국세와 지방세, 인세와 물세 등이 있다.

제3절 조세원칙: 규범적 기준

조세의 개념적 특징은 개인의 조세납부에 대한 직접적인 반대급부가 없다는 것과 납부에 강제성이 뒤따른다는 것이다. 물론 정부는 국방, 치안, 행정, 교육, 사회간접자본 등의 공공재를 공급하지만 이것들은 개인에게 간접적이고 무형적이다. 그림 9-3 에서 볼 수 있듯이 정부는 조세나 공채로 재원을 조달할 수 있다. 그런데 공채는 민간에 대한 정부의 부채이므로 진정한 의미의 수입원이라고 하기 어렵다. 현대국가에 있어서 조세는 정부수입의 근간을 이루고 있을 뿐만 아니라 경제주체의 의사결정에 영향을 미쳐서 궁극적으로 중요한 정책수단의 하나가 되고 있다.

그림 9-3 정부의 재원조달과 조세

정부의 조세 재원조달방법은 이렇다: 직접세중심으로 할 것인지 간접세중심으로 할 것인지를 결정하여야 하고, 직접세의 경우에도 소득세를 중심으로 할 것인지 법인세를 중심으로 할 것인지를 결정하여야 한다. 소득세의 경우에도 재산소득을 중심으로 과세할 것인지 아니면 근로소득을 중심으로 과세할 것인지 등을 결정하여야 한다. 이러한 문제들은 앞에서 본 것처럼 현실적으로 공공선택이라는 의사결정과정을 통하여 결정된다.[7]

국가의 재원조달방법인 조세를 경제의 대원칙인 효율성과 공평성이라는 두 가지 기준으로 평가할 때에는 기업처럼 수입과 지출을 동시에 고려해야 하지만, 기술적 어려움으로 인해 주어진 지출 수준을 어떻게 달성하는 것이 사회적으로 바람직한가 하는 규범적 기준 즉 조세원칙을 적용한다.

제1절에서 살펴본 조세의 근거가 조세를 왜 납부해야 하는가에 대한 이론이라면, 이 절에서 살펴볼 조세를 어떻게 할당하는 것이 바람직한가에 대한 논의는 **조세원칙**이라고 한다. 조세원칙은 오래전부터 많은 학자들에 의해 논의되어왔지만 대표적으로 애덤 스미스와 바그너, 머스그레이브의 조세원칙을 꼽을 수 있다.

일찍이 애덤 스미스(A. Smith)는 바람직한 조세제도가 갖추어야 할 요건(규범적 기준)을 제시한 바 있다. 그는 개인 수입에 비례하여 공평해야 하고, 조세의 내용이 명확하고, 조세납부방법이 편리하고, 직업에 종사하는 국민의 의욕을 떨어뜨리지 않도록 징세비가 최소화되어야 한다고 주장하였다. 여기서는 애덤 스미스와 다른 학자들이 주장한 조세원칙을 간단히 살펴본 후 바람직한 조세제도의 요건을 제시할 것이다. 이에 대한 깊은 논의는 다른 절들로 미루도록 하자.

먼저, 애덤 스미스의 4대 조세원칙은 자유주의적 입장에서 조세가 시장기능에 중립적이고 조세부담을 작게 하는 작은정부를 선호하는 조세원칙을 제시했다고 볼 수 있다. 이러한 애덤 스미스의 조세원칙은 존 스튜어트 밀에 의해 '**조세의 고전적 원칙**'이라고 불렸다.[8)]

(1) 공평의 원칙(Equity)

국민은 누구나 능력에 비례해서 조세를 부담해야 한다는 것으로 '평등의 원칙'이라고도 한다. 애덤 스미스는 사회사상의 자유 · 평등에 기초한 조세원칙을 주장하였는데, 그가 말하는 조세의 공평성은 비례세적 평등을 가리킨다.

(2) 확실의 원칙(Certainty)

조세의 납세방법, 시기, 금액 등은 납세자를 포함하여 모든 사람이 이해할 수 있도록 쉽고 명확해야 하며, 징세권자의 의사에 따라 임의로 조작 · 변경되어서는 안 된다.

(3) 편의의 원칙(Convenience)

모든 조세는 납세자가 납부하는 데 가장 편리한 시기와 방법으로 징수되어야 한다. 납세자의 지불에 대한 편의성을 고려한 원칙이므로 '지불편의의 원칙'이라고도 한다.

(4) 경제성의 원칙(최소징세비의 원칙, Economy)

조세를 징수할 때 국고에 들어오는 금액 이상으로 납세자에게 부담을 지워서는 안 되며, 이를 위해 징세비가 적게 들어야 하고 본업을 위한 국민의 의욕을 저해해서는 안 된다. 이 원칙은 경제적 효율성을 유지하기 위해 징세비를 최소화해야 된다는 내용을 담고 있다.

이후, 19세기 후반 산업자본주의가 발달하면서 자본과 노동의 대립이 일어나고 국가의 적극적인 개입에 의해 소득 및 재산을 재분배해야 한다는 요구가 생겨났다. 이러한 시대적 상황에서 바그너(A. Wagner)는 세수가 재정수요를 충족하고 재정수요에 탄력적으로 적응할 수 있어야 한다는 재정정책상의 원칙, 조세가 경제발전을 저해해서는 안 된다는 국민경제상의 원칙, 개인의 능력에 비례해서 과세해야 한다는 공정의 원칙, 세무행정을 가장 합리적으로 실시해야 한다는 세무행정상의 원칙을 주장하였다.

애덤 스미스의 시대가 작은 정부를 선호하던 자본주의 초기의 시민시대라고 한다면 바그너의 시대는 재정팽창과 사회정책을 중시하던 시대였다.[9] 그들의 조세원칙은 이러한 시대 배경을 담고 있다고 하겠다. 현대의 산업사회를 시대적 배경으로 현대조세원칙을 만든 머스그레이브(R.A. Musgrave)는 조세부담의 공정성원칙, 조세의 중립성원칙(효율성을 저해하지 않는 조세), 조세정책의 공평성원칙(시장의 비효율성 시정), 조세구조의 재정정책 탄력성원칙(경기조절기능), 세무행정상의 원칙(조세체계의 명확성), 최소징세비의 원칙을 주장하였다.

이상에서 살펴본 조세원칙들은 서로 중복되는 부분도 있고 상이한 부분도 있다. 이 원칙들에서 공통적으로 주장된 요소들을 뽑아보면 조세의 공평성, 조세의 효율성, 최소징세비와 최소순응비(compliance cost) 정도를 들 수 있다. 우리는 이에 더하여 바람직한 조세제도의 요건으로 조세의 경기신축성, 정치적 책임성, 확실성도 살펴볼 것이다.

그런데 한 가지 기억하고 넘어갈 것은 이와 같은 규범들이 언제나 서로 모순된다는 사실이다. 모든 사람들이 똑같은 조세를 납부한다면 간단하고 효율성이 높지만 공평하지 못하다. 왜냐하면 가정형편이나 소득이 모두 다른 까닭에 똑같은 조세를 납부하기 위해 치러야 하는 대가가 다를 것이기 때문이다. 그럴 경우에는 다른 처지에 있는 사람을 다르게 취급해주지 못하는 불공평이 발생한다. 조세제도에서는 공평성이 대단히 중요하다. 만약 사람들이 조세의 부과가 불공평하다고 여기면 조세의 납부를 꺼려 조세순응비가 높아지기 때문이다. 현실적으로 정부가 모든 사람에 대해 세무조사를 실시하여 조세를 납부하게 하는 데에는 인적 및 물적 자원에 한계가 있는 것이다.[10]

정석 사고

조세원칙이란 조세를 어떻게 할당하는 것이 바람직한가에 대한 원칙이다. 조세원칙에 관하여 애덤 스미스는 조세가 공평해야 하고(공평의 원칙), 조세의 내용이 명확하고(확실의 원칙), 조세납부방법이 편리하고(편의의 원칙), 직업에 종사하는 국민의 의욕을 떨어뜨리지 않도록 징세비가 최소화되어야 한다(최소징세비의 원칙)고 주장하였다. 문제는 이러한 원칙들이 언제나 서로 모순된다는 사실이다. 따라서 이들 사이의 적절한 균형을 찾아내는 것이 현실적 과제이다.

제4절 정석 재정학 조세의 원칙: 효율성

옛 소련에 자식이 없으면 내야 하는 무자식세라는 것이 있었다. 제2차세계대전 전쟁고아를 구제하기 위한 목적세였지만 나중에 인구증가의 수단으로 활용되었다. 자녀가 없는 부부나 독신남녀에게 소득의 6%를 물게 했더니 모든 사람들이 아이를 낳았다고 한다. 조세가 우리의 결혼과 부부생활양식까지 바꿀 수 있다는 것을 보여준다. 또 다른 예를 보자. 17세기 영국의 월플 총리는 호화주택의 기준을 벽난로로 정하여 벽난로세를 만들려고 했지만 밖에서 쉽게 알아보기가 어려웠다. 그래서 당시 호화주택들에 창문이 많이 달려 있다는 점에 착안하여 창문세(window tax)를 만들었다. 그 결과 많은 주택들이 창문이 없는 집으로 개조되어 조세를 거두지 못하고 불편만 준 나쁜 조세로 폐지되었다. 이와 같이 조세는 자원배분을 왜곡시켜 우리의 생활양식을 통째로 바꿀 수 있다.[11)]

조세는 민간부문의 납세자들로부터 정부로 자원을 이전시키는 것이다. 이 과정에서 조세의 효율성이 높고 낮다는 것은 조세부과에 따른 사회적 후생손실이 얼마나 발생하는가에 달려 있다. 국민은 조세를 납부하면 소득이 줄기도 하고 상품의 가격이 상승하기도 하여 소비를 줄이게 된다. 소비가 줄어들면 소비자잉여도 줄어들게 마련이다. 이때 줄어든 소비자잉여가 정부가 거두어들인 세수보다 클 때 양자의 차이를 사회적 후생손실이라고 한다. 조세에 의해 발생하는 사회적 후생손실이 조세의 비효율성을 나타낸다.[12)]

구체적으로 설명하면, 일반적으로 조세의 도입은 개인에게 소득의 감소라는 소득효과와 희소성을 반영하지 않고 가격이 높아진 상품을 회피하려는 대체효과를 발생시킨다. 단순한 소득의 감소는 정부의 수입증가로 이어지므로 사회적으로 잃어버린 부분이 없지만, 세금이 부과된 상품의 가격상승은 시장에서 탈락한 소비자들의 불만으로 남게 된다. 이와 같이 조세가 민간부문의 개인의 의사결정에 영향을 주고 선택의 결과를 바꾼다면 자원배분의 효율성은 떨어지게 된다.

따라서 이상적인 조세라면 조세의 부담 때문에 경제주체의 정상적인 경제행위(의사결정 및 선택행위)가 교란되서는 안 된다. 이것을 **조세의 중립성원칙**이라고 하는데, 이러한 성질을 가진 이상적인 조세를 **럼섬세**(lump-sum tax, 럼프섬세, 정액세, 일괄세) 혹은 **중립세**라고 한다.[13)] 교란(distortion)이란 민간부문의 경제행위에 영향을 주어서 그 결과를 바꾸는 것을 말한다. 현실적으로 어떤 교란도 발생하지 않는 완벽한 중립세는 존재하지 않는다. 이러한 현실적 이유로 어떤 조세가 경제행위에 영향을 주더라도 소득효과를 제외한 대체효과의 교란만을 상정하는 것이 보통이다. 따라서 현실적으로 소득효과만 있고 대체효과가 없는 조세를 중립세(럼섬세)로 정의한다.

럼섬세는 민간부문의 경제행위에 교란을 일으키는 조세가 얼마나 비효율적인가를 측정하는 기준조세로 사용될 수 있다. 예를 들어 어떤 물품세가 어떤 상품에 부과될 때 소비자들은 그 상품을 더 적게 사는 반응을 보이게 된다. 따라서 이 물품세는 럼섬세가 될 수 없다. 이 물품세의 비효율성의 정도를 재는 방법으로 동일한 조세수입을 올릴 수 있다는 전제하에서 럼섬세로 대체할 경우 소비자들의 후생수준이 변하는 정도를 측정하는 것이다.[14]

제6장 외부성을 살펴볼 때 환경세 혹은 피구세는 교정적 조세, **교정세**(corrective tax)라고 하였다. 이러한 교정세는 민간부문의 경제행위에 영향을 주지만 시장의 실패를 교정해주는 역할을 하기 때문에 오히려 긍정적 효과를 가져온다. 어떤 사람은 환경세의 경우 소비자에게 그 조세부담이 넘어가면 시장의 왜곡을 불러올 수 있다고 주장한다. 그러나 어떤 사람은 환경세로 인해 상품의 가격이 올라가면 그 상품의 수요가 줄어서 오히려 그 상품을 만들기 위해 유발된 공해가 감소할 수 있고 또 그만큼 자원을 아낄 수 있다고 주장한다.

교정세를 넓게 해석하면 사람의 행동을 일정한 방향으로 유도하는 모든 조세라고 할 수 있다. 일례로 술이나 담배처럼 건강에 해로운 세원에 부과되는 조세인 **죄악세**(sin tax)를 들 수 있다. 술이나 담배가 건강에 해롭다는 것은 누구나 알고 있지만 자제력이 부족한 사람은 합리적으로 결정을 못하고 만다. 이때 죄악세는 온정적 간섭주의에 기초해서 자제력이 부족한 사람의 합리적인 결정을 도와주는 교정세의 역할을 하는 것이다.[15]

정석 사고

럼섬세 혹은 중립세는 소득효과만 있고 대체효과가 없는 조세를 말한다. 인두세처럼 역진적이어서 공평성 측면에서 바람직하지 못하지만, 효율성 측면에서 다른 조세의 사회후생손실을 측정하는 기준조세로 사용될 수 있다. 한편 교정세는 오히려 자원배분에 긍정적 효과를 가져오는 조세를 말한다. 환경세와 죄악세를 그 예로 들 수 있다.

제5절 조세의 원칙: 공평성

조세를 도입하면 사회의 누군가가 부담을 해야 하는데, 그 부담을 누구에게 어떻게 분배할 것인가 하는 공평성의 문제는 조세의 규범적 기준(조세원칙)의 핵심문제이다. 이상적인 조세는 기본적으로 각기 다른 개인들을 공평하게 다루어야 한다. 물론 공평이란 주관적 가치판단이 내재된 것으로 효율성보다 훨씬 복잡하다. 제4장의 분배적 공평성의 개념에 포함되는 요소들을 생각해보면 이해될 것이다.

일반적으로 조세의 공평성은 편익의 원칙과 능력의 원칙이라는 두 가지 접근법으로 평가하고 있다. **편익의 원칙**(benefit principle)은 각 납세자가 정부로부터 받는 편익에 비례하도록 조세부담을 분배하는 것이 공평하다는 접근법이다. 한편 **능력의 원칙**(ability-to-pay principle)은 각 납세자의 경제적 능력에 비례해서 조세의 부담을 분배하는 것이 공평하다고 보는 접근법이다.

1. 편익의 원칙

조세를 정부가 제공하는 공공서비스의 대가로 여겨 각 개인이 얻는 편익에 비례해서 조세를 부담하는 것이 가장 공평하다고 보는 접근법이다. 이 원칙에 따르면 조세수입 측면뿐만 아니라 공공지출까지 고려하여 조세를 부과하여야 한다. 이러한 경우 조세는 공공서비스에 대하여 각자가 지불하는 가격이 된다.

빅셀(K. Wicksell)과 린달(E. Lindahl)이 제시한 **자발적 교환모형**에서 조세가격(린달가격, 린달조세)은 조세납부자가 받는 편익에 따라 부과되고 조세납부자는 납세에 거부감을 갖지 않는다는 재정이론에서 그 뿌리를 찾을 수 있다. 그러나 이 원칙을 적용할 경우 납세자가 조세부담을 줄이기 위해 자신의 편익을 줄여 선호를 표출할지도 모른다. 이처럼 납세자가 무임승차하려는 전략적 행위에 노출되므로 이 원칙은 비현실적일 수밖에 없다. 또한 시장경제의 가장 대표적인 문제점 중의 하나인 소득분배의 불공평성을 시정할 수 없다. 그 이유는 개인들의 편익의 혜택만 고려하고 각자의 지불능력을 고려하지 않기 때문이다. 그러나 정부의 공공서비스가 소비의 경합성과 같은 사용재의 성격을 가지면 혜택을 받는 사람이 비용을 부담하는 것이 공평하다. 현실적으로 공공요금이나 고속도로건설기금을 위한 자동차세 등과 같은 목적세에 한해서 적용이 가능하다.

2. 능력의 원칙

능력의 원칙은 편익의 원칙과 달리 정부지출에 의해 제공되는 서비스와 아무 상관없이 조세수입 측면만 고려하여 개인의 지불능력에 따라 조세를 부과하는 것이 가장 공평하다고 보는 접근법이다.[16] 다시 말해서 정부지출에 의한 편익과 상관없이 각 개인의 경제적 능력에 따라 조세부담이 분배되어야 공평하다는 원칙이다. 밀(J.S. Mill, 1921)이 『정치경제학원리』에서 주장한 **동등희생의 원칙** 또는 **균등희생의 원칙**(equal sacrifice rule)에서 그 연원을 찾을 수 있다.

경제적 능력에 따라 조세부담을 분배한다면 경제적 능력과 조세부담의 크기를 연결하는 구체적인 조세부담의 분배원칙이 필요하다. 그리고 이러한 분배원칙은 공평성의 여부를 판단하는 기준이 된다. 이때 공평성에는 수평적 공평성과 수직적 공평성이라는 두 개념이 있다.

수평적 공평성은 동일한 경제적 능력을 가진 사람은 동일한 조세부담을 져야 한다는 것이다. 여기서 동일한 능력은 무엇을 말하는지가 어려운데, 펠드스타인(M. Feldstein, 1976)에 의하면 납세 이전에 소득으로부터 얻는 효용이 동일한 사람들은 납세 이후에도 소득으로부터 얻는 효용이 같아야 공평하다. 현실적으로 소득에 대하여 각종 경비공제를 하여 조세부담을 분배하는 것이 그 예라고 할 수 있다. 예를 들어 두 가구의 연간소득이 동일하며, 한 가구는 자녀가 2명 있고 다른 가구는 자녀가 없다고 해보자. 두 가구는 같은 액수의 조세를 납부해야 할까? 물론 아니다. 이 경우 자녀가 있는 가구에게 여러 공제혜택을 줌으로써 수평적 공평성을 실현할 수 있다.

수직적 공평성은 서로 다른 경제적 능력을 가진 사람은 서로 다른 조세부담을 해야 공평하다는 것이다. 다시 말해서 경제적 능력이 더 큰 사람은 더 많은 세금을 내도록 하는 것이 공평하다는 견해이다. 이 견해에 찬성하지 않을 사람은 없다고 보지만 막상 경제적 능력이 더 큰 사람이 어느 정도나 더 많이 세금을 내야 하는가 하고 묻는다면 그 답이 쉽지 않다. 예를 들어 월소득 50만원인 사람들이 10만원의 세금을 낸다고 하자. 그러면 월소득 100만원인 사람들은 수직적 공평성의 관점에서 20만원씩의 세금을 내야 하는가, 아니면 30만원씩의 세금을 내야 하는가? 이 문제는 적절한 누진세율구조와 관련되므로 뒤에 다시 자세히 살펴볼 것이다.

이상의 공평성의 여부를 판단하는 두 개념은 서로 상반된다기보다 모든 사람을 동등하게 대우해야 한다는 동일한 가치관에서 나온다고 봐야 한다. 그리고 어떤 조세제도가 수평적 공평성을 충족하더라도 수직적 공평성은 충족하지 못하는 경우도 있다. 예를 들어 월소득 100만원인 사람들은 10만원씩의 세금을 내고(수평적 공평 충족), 반면에 월소득 50만원인 사람들이 20만원씩의 세금을 낸다면(수직적 공평 결여) 이것을 공평하다고 볼 수 없다. 반대로 어떤 조세제도가 수직적 공평성을 충족하더라도 수평적 공평성은 충족하지 못하는 경우도 있다. 예컨대, 자녀유무나 소득의 종류와 상관없이 월소득 100만원인 사람들에게 20만원씩의 세금을 내게 하고(수평적 공평 결여), 월소득 50만원인 사람들에게 10만원씩의 세금을 내게 한다면(수직적 공평 충족) 이것도 공평하다고 말하기 어렵다.

그러므로 수직적 공평성이 결여된 상황에서 수평적 공평성의 원칙을 충족시키거나 수평적 공평성이 결여된 상황에서 수직적 공평의 원칙만을 충족시키는 것 양자 모두 납세자를 차별대우하는 것이다. 이처럼 한 가지 기준만 충족되는 상황이라면 오히려 두 원칙을 모두 충족시키지 않는 것이 더 나은 결과를 가져올 수도 있다(차선의 이론).

정석 사고

조세의 공평성은 편익의 원칙과 능력의 원칙에 의해 평가한다. 편익원칙은 각 납세자가 정부의 공공서비스로부터 받는 편익에 비례하여 조세부담을 분배하는 것이 가장 공평하다는 원칙이고, 능력의 원칙은 각 납세자의 경제적 능력에 비례해서 조세의 부담을 분배하는 것이 공평하다고 보는 원칙이다. 능력의 원칙은 다시 수평적 공평성과 수직적 공평성을 만족시켜야 한다. 이 중 어느 하나가 만족되지 않으면 모두 만족되지 못하는 것이 나을 수 있다는 차선의 이론을 생각해야 한다.

3. 동등희생의 원칙

앞에서 능력의 원칙이 밀(J.S. Mill, 1921)의 『정치경제학원리』에서 주장한 **동등희생의 원칙**(equal sacrifice rule)에서 그 뿌리를 찾을 수 있다고 하였다. 이것은 조세납부의 근거를 희생설에 둔다는 의미이기도 하다. 희생설에 입각해서 어떻게 공평한 과세가 이루어질 수 있는가에 대해 밀(J.S. Mill)은 수직적 공평성의 관점에서 모든 납세자들로 하여금 같은 희생을 감수하도록 해야 한다고 주장하였다. 그는 납세에 따른 효용의 상실을 희생이라 하고, 동등희생이 공평한 조세부담이라고 설명하며 과세로 인해 상실한 효용이 모든 사람에게 동등할 때 사회전체의 희생이 최소화된다고 보았다.

밀의 동등희생의 원칙은 일반적으로 납세로 인한 효용의 감소분이 누구에게나 동등할 것으로 해석되지만, 엄밀히 따져보면 절대적 동등희생(납세로 인한 효용감소분의 균등)과 비례적 동등희생(납세로 인한 효용감소비율의 균등) 그리고 한계적 동등희생(납세액의 한계적 증가로 인한 효용감소분의 균등)으로 구분하여 해석할 수 있다. 이 세 가지의 각도에서 해석을 다르게 함에 따라 당연히 누진성의 정도가 달라진다.

(1) 절대적 동등희생의 원칙

가장 먼저 생각할 수 있는 동등희생의 개념은 납세자마다 납세로 인해 희생되는 효용의 절대량이 같도록 하는 것이다. 이것을 **절대적 동등희생**이라고 한다. 이 경우 희생의 개념이 효용과 관련되어 있으므로 해석할 때 소득과 효용의 관계가 매우 중요하다. 특히 소득의 한계효용이 중요한 개념인데, 이것은 소득이 1원 증가할 때 개인이 얻는 만족의 증가분을 의미한다.

소득이 증가할 때 (총)효용도 함께 증가하지만 한계효용은 감소한다는 것이 일반적인 현상이며, 제2장에서 본 것처럼 이를 한계효용체감의 법칙이라고 한다. 그러나 소득은 화폐액이므로 화폐의 한계효용이 일정 혹은 감소할지 단언하기 어려운 점이 있다. 극단적이기는 하지만 화폐 1원의 한계효용이 1원이라면 화폐의 한계효용은 일정할 것이다. **그림 9-4**의 수평선 (a)가 한계효용이 일정한 경우에 해당된다.

다음은 **표 9-2**의 예를 사용하여 절대적 동등희생의 원칙을 설명해보자. 극단적인 예로서 모든 사람의 선호가 동일하며, 화폐의 한계효용이 일정하다고 가정하자. 이러한 가정은 사실 소득과 효용이 비례한다고 보고 효용 대신 소득을 다루는 문제와 유사하다. 정부가 납세자 A와 B로부터 5만원의 세금을 징수한다면 (2)열에서처럼 A와 B는 각각 2만 5천원씩 납부하게 된다. 제1절에서 조세의 누진성은 과표의 변화에 대한 평균세율의 변화로써 살펴볼 수 있다고 했다. 개인의 과표소득에서 납세액의 비율을 평균세율이라고 하였는데, 참고로 각종 공제가 없을 때 평균세율은 실효세율(effective tax rate)과 같은 개념이다.

이 경우 모두 똑같은 세액을 납부하므로 인두세(poll tax)가 된다. 그리고 (4)열의 평균세율을 보면 고소득자인 A의 평균세율이 저소득자 B의 그것보다 더 낮아서 역진적 조세라는 것을 알 수 있다. 조세부담이 역진적일 경우 정부가 6만원의 세금을 징수하면 (7)열에서 보는 것처럼 모든 사람

그림 9-4 여러 형태의 한계효용과 동등희생의 원칙

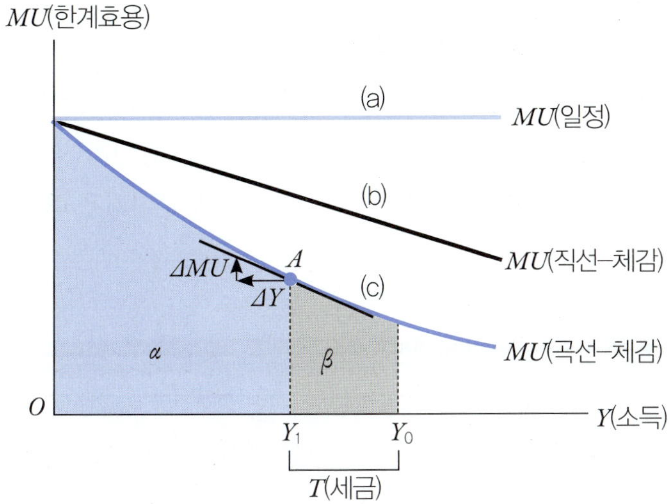

표 9-2 절대적 동등희생과 역진성

납세자	(1) 세전소득	(2) 5만원징수	(3) 세후소득	(4) 평균세율	(5) 6만원징수	(6) 세후소득	(7) 평균세율
A	100,000	25,000	75,000	25%	30,000	70,000	30%
B	50,000	25,000	25,000	50%	30,000	20,000	60%

의 평균세율이 증가한다. 그러나 고소득자 A의 소득이 전체소득에서 차지하는 비중이 높아진다.

절대적 동등희생의 개념을 사용하여 누진성을 보여주려면 소득이 증가함에 따라 한계효용이 빠르게 체감하여야 한다. 이 경우 절대적 동등희생의 원칙은 모든 사람에게 β만큼을 조세로 징수하는 것이 공평하다는 것이다. 새무엘슨(P. Samuelson, 1947)이 밝힌 것처럼 한계효용의 소득탄력성(그림 9-4의 점 A 참조)의 절대값이 1보다 커야 누진세가 되며, 1과 같으면 비례세가 된다. 따라서 절대적 동등희생의 원칙은 누진세를 정당화시키기 어렵다.

(2) 비례적 동등희생의 원칙

다른 대안으로 생각할 수 있는 동등희생의 개념은 납세자마다 납세 전 효용과 납세로 인해 희

생되는 효용의 비율이 같도록 하는 것이다. 이것을 **비례적 동등희생**이라고 한다. 앞에서 설명한 동일한 가정과 예를 사용하여 비례적 동등희생의 원칙을 설명해보자. 정부가 납세자 A와 B로부터 5만원의 세금을 징수한다면 **표 9-3**의 (2)열에서처럼 A와 B는 각각 자신의 소득에서 33.3%를 납부하게 된다. (4)열의 평균세율을 보면 고소득자 A의 평균세율이 저소득자 B의 그것과 동일하여 비례세라는 것을 알 수 있다. 만약 정부가 세액을 높여 6만원의 세금을 징수하면 (7)열에서 보는 것처럼 모든 사람의 평균세율이 증가한다. 그리고 비례세의 경우 고소득자 A의 소득이 전체 소득에서 차지하는 비중은 변하지 않는다.

표 9-3 비례적 동등희생과 비례성

납세자	(1) 세전소득	(2) 5만원징수	(3) 세후소득	(4) 평균세율	(5) 6만원징수	(6) 세후소득	(7) 평균세율
A	100,000	33,333	66,667	33%	40,000	60,000	40%
B	50,000	16,667	33,333	33%	20,000	30,000	40%

비례적 동등희생의 개념을 사용하여 누진성을 보여주려면 소득이 증가함에 따라 한계효용이 우하향하는 직선의 형태로 체감하여야 한다(**그림 9-4**의 (b)). 그 이유는 이 경우 저소득자 1원의 한계효용이 고소득자 1원의 한계효용보다 커서 고소득자로부터 1원을 징수할 때 저소득자로부터는 1원보다 작게 징수해야 동일한 한계효용의 희생비율을 만들 수 있기 때문이다. 그렇지만 한계효용곡선이 우하향하는 곡선의 형태이면 모든 사람에게 $\frac{\beta}{\alpha+\beta}$만큼 조세를 징수해야 하므로 희생되는 한계효용의 면적비율을 계산하기 어려워 일반화된 결론을 끄집어내기 어렵다.

(3) 한계적 동등희생의 원칙

마지막 대안으로 생각할 수 있는 동등희생의 개념은 모든 사람에게 납세로 인해 희생되는 한계효용이 같도록 하는 것이다. 이것을 **한계적 동등희생**이라고 한다. 여기서 희생되는 한계효용이란 세금을 1, 1, ……, 1원씩으로 10원까지 늘려 거둘 때 10원째 세금의 한계효용을 의미한다. 앞에서 설명한 동일한 가정과 예를 사용하여 한계적 동등희생의 원칙을 설명해보자. 정부가 납세자 A와 B로부터 5만원의 세금을 징수한다고 가정하자. 이때 한계효용이 일정하다고 가정했기 때문에 정부가 *A*와 *B* 누구에게 조세를 부과해도 한계효용은 동일하다. 따라서 이 경우 어떤 형태의 조세를 부과하든 동등희생이 된다. 당연히 어떤 세율이든 결정할 수 없는 것이다.

이제 이 가정을 완화하여 소득에 대한 한계효용이 체감한다고 가정하자(그림 9-4 의 (c)). 이때 정부가 납세자 *A*와 *B*로부터 5만원의 세금을 징수한다고 가정하자. 사회전체의 후생감소를 최소화하기 위해 세금의 한계효용을 동일하게 하려면 **표 9-4** 의 (2)열에서처럼 고소득자 *A*가 5만원을 납부해야 한다. 그렇게 해야 *A*와 *B*가 경험하는 소득의 한계효용이 동일해지기 때문이다.

만약 정부가 6만원의 세금을 징수하려고 한다면, (5)열에서처럼 처음 5만원은 고소득자 *A*로부터 징수하고 나머지 1만원은 *A*와 *B*로부터 5천원씩 균등하게 징수하여 희생되는 한계효용이 동일해지게 해야 할 것이다. 이때 조세로 인한 사회전체의 희생이 최소화되고, 공리주의적 사회후생이 극대화된다(피구는 이러한 최소총희생을 '도덕적 공준'이라고 불렀다). 따라서 이 원칙은 모든 사람의 세후 소득이 같아져야 한다는 것이므로 극단적인 누진성을 의미한다.[17)]

이제 (4)열과 (7)열의 평균세율을 비교해보자. 정부가 세금을 높일 때 (7)열에서 보는 것처럼 모든 사람의 평균세율이 증가한다. 그리고 이 경우 고소득자 *A*의 소득이 전체소득에서 차지하는 비중은 감소한다.

표 9-4　한계적 동등희생과 누진성

납세자	(1) 세전소득	(2) 5만원징수	(3) 세후소득	(4) 평균세율	(5) 6만원징수	(6) 세후소득	(7) 평균세율
A	100,000	50,000	50,000	50%	55,000	45,000	55%
B	50,000	0	50,000	0%	5,000	45,000	10%

이상으로 동등희생의 원칙은 해석에 따라 누진성의 정도가 다름을 보았다. 그러므로 동등희생의 원칙만으로 현실의 누진세제를 설명하는 데에는 한계가 있다고 하겠다.

정석 사고

수직적 공평성의 관점에서 동등희생의 원칙은 일반적으로 납세로 인한 효용의 감소분이 모든 사람에게 동등하도록 하는 것으로 해석되지만, 엄밀히 따져보면 절대적 동등희생(납세로 인한 효용감소분의 균등)과 비례적 동등희생(납세로 인한 효용감소비율의 균등) 그리고 한계적 동등희생(납세액의 한계적 증가로 인한 효용감소분의 균등)으로 구분하여 해석할 수 있다.

4. 경제적 능력의 지표

제4장에서도 논의했듯이, 공평성을 충족시키는 경제적 능력의 지표로서 가장 이상적인 것은 각 개인이 누리는 경제적 후생수준이다. 그러나 경제적 후생은 주관적인 개념이기 때문에 현실에서 적합한 대리변수를 선택할 수밖에 없다. 경제적 후생을 대표하는 변수로는 소득, 예산(기회)집합, 재산, 소비수준 등이 있는데, 소득이 가장 많이 쓰이고 있다. 소득을 지불능력의 기준으로 보고 소득이 증가함에 따라 세율이 증가하는 누진세(progressive tax)를 통하여 공평성의 원칙이 어느 정도 실현되는지 알 수 있다. 경제적 후생를 대표하는 변수들인 소득, 예산(기회)집합, 재산, 소비수준 등의 사용가능성과 현실적인 문제점들에 대하여 살펴보자.[18)]

(1) 소득

대부분의 나라에서 조세제도는 소득을 중심으로 운영되고 있다. 소득의 개념은 여러 가지가 있겠지만 여기서는 일정기간 동안 소비와 저축을 위하여 획득한 금액이라고 정의하자.

소득은 현대사회에서 개인의 생활수준을 나타내는 가장 적절한 경제적 능력의 지표로 사용되고 있다. 그러나 소득을 경제적 능력의 지표로 사용할 때 수평적 공평성의 관점에서 문제가 발생할 수 있다. 예를 들어, 어떤 두 사람 A와 B의 임금률이 동일하고 이전소득을 포함한 비근로소득이 동일하다고 가정하자. 다만 선호와 자신이 선택하는 근로시간에 따라 근로소득에 차이가 있다고 하자. 이 경우 두 사람의 예산집합은 완전히 동일하다. 그러나 선호가 다른 관계로 여가와 근로소득의 선택에서 차이가 난다.

그림 9-5를 통해 이 상황을 설명해보자. 그림의 점 A는 A의 선택을, 점 B는 B의 선택을 나타낸다. 두 사람의 예산집합이 동일하지만 선호가 달라서 A는 더 많이 일하여 근로소득을 더 많이 번다. 이러한 상황에서 소득수준에 따라 과세가 이루어지면 당연히 A가 더 무거운 세금을 내야 한다. 개인적 능력면에서 차이가 없는데도 B는 여가를 더 선호하는 이유만으로 가벼운 세금을 낸다. 따라서 동일한 능력을 가짐에도 불구하고 서로 다르게 취급받아 진정한 의미에서 수평적 공평성을 충족시키지 못한다.

이상과 같은 문제점에도 불구하고 소득이 가장 적절한 경제적 능력의 지표로 사용되는 이유는 비교적 정확하고 객관적으로 파악할 수 있으며 현금화가 용이하여 유동성제약이 없기 때문이다.

그림 9-5 동일한 능력과 선호의 차이

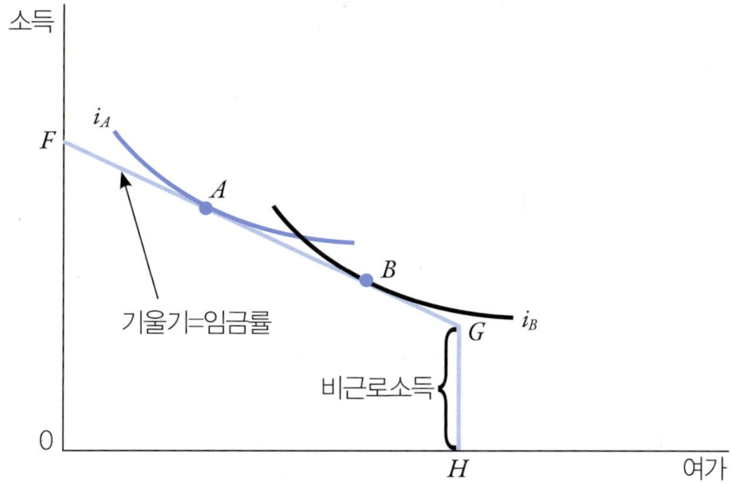

그런데 실제로 소득에 과세를 하는 경우 다음과 같은 여러 가지 문제에 부딪힐 수 있다.

첫째, 실현된 소득 이외에 미실현 소득에도 과세해야 하는가의 문제이다. 예를 들어 자신이 보유한 주택가격이나 주식가격이 올랐다면 자본이득이 발생한 때 현재의 소득으로 보아야 하는가(발생주의), 아니면 주택이나 주식을 처분하여 자본이득이 실현되었을 때 소득으로 보아야 하는가(실현주의)? 이론적으로는 실현여부와 관계없이 모든 소득을 동일하게 취급해야 하는 수평적 공평성의 관점에서 미실현자본이득도 소득에 포함해야 한다. 그러나 대부분의 국가들은 측정상의 문제로 실현된 소득에만 과세한다.

둘째, 귀속임대료(imputed rent)도 소득에 포함시켜야 하는가의 문제이다. 예를 들면 자신이 소유한 집은 임대료를 내지 않아도 된다. 따라서 세금이나 비용이 없다는 가정하에서 자신이 소유한 집을 임대했다면 받을 수 있는 임대료가 귀속임대료이다. 이론적으로는 귀속소득도 소득에 포함해야 하지만 대부분의 경우 측정상의 문제로 소득에 포함하지 않는다.

셋째, 소득을 얻는 데 소요되는 비용은 소득에서 차감해주어야 하는가의 문제이다. 많은 나라에서 이 비용을 소득에서 차감해주고 있다. 그러나 어디까지 비용으로 인정해야 하는가 하는 문제가 발생한다. 예를 들어 영화배우가 직업상 고가의 의상을 구입한다면 이것을 비용으로 인정해야 하는가?

넷째, 실질소득 혹은 명목소득 중 어디에 과세해야 하는가의 문제이다. 물가상승이 발생하면 명목소득이 자동적으로 올라가 조세부담이 커진다. 이론적으로는 공평성의 관점에서 물가상승효과를 제거한 실질소득에 과세해야 하지만 대부분의 국가에서는 명목소득에 과세를 하고 있는 실정이다.

요약하면 이론적으로는 공평성의 관점에서 이전소득, 귀속소득, 미실현소득 등 모든 소득을 동등하게 취급해야 하지만, 현실적으로는 측정상의 어려움으로 과세대상에서 제외한다. 이러한 문제는 헤이그-사이먼즈의 포괄적 소득의 적용과 관련되며, 제13장 현실의 조세제도를 공부할 때 더 자세히 논의할 것이다.

(2) 예산집합

제2절에서 학습한 것처럼 예산집합은 개인의 소비선택이 가능한 영역을 나타낸다. 다시 말해서 예산집합의 크기는 개인에게 소비선택의 자유를 주는 경제적 능력을 나타낸다. 이것을 경제적 능력의 지표로 사용하면 (1)의 경우처럼 소득수준을 경제적 능력으로 볼 때 생기는 문제는 해결되지만, 그림 9-6 의 경우처럼 두 사람의 예산집합이 교차할 때 누가 더 경제적 능력이 큰지 알 수 없게 된다. 따라서 수직적 공평성의 관점에서 *A*와 *B* 중 누가 더 경제적 능력이 있는지 자의적인 판단이 개입될 여지가 생긴다.

그림 9-6 예산집합의 교차문제

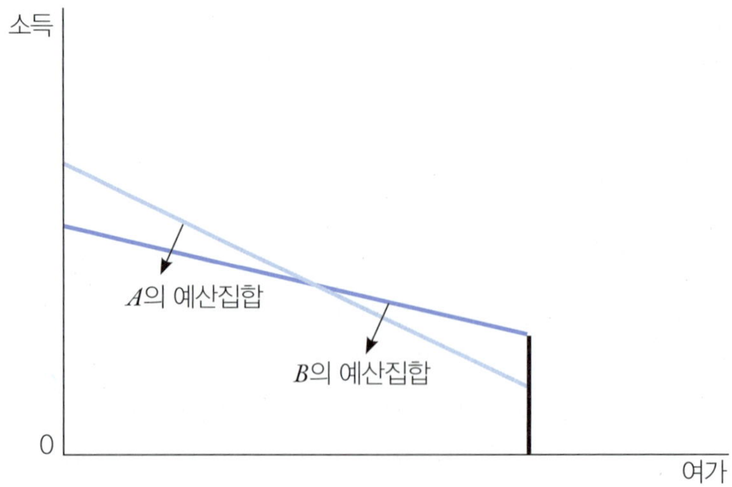

(3) 재산

흔히 우리는 재산이 많은 사람이 부유하며 경제적 능력이 크다고 생각한다. 이러한 점에서 경제적 능력의 지표로서 재산이 소득보다 사실에 가깝다고 할 수 있다. 그러나 어떤 개인의 재산을 정확하게 파악하기란 말처럼 쉽지 않다. 예를 들어 내구성 소비재, 자본재, 현금, 부채 등 모든 것을 포함해야 하지만 이것은 개인의 사생활을 모두 들여다봐야 하는 것과 같은 의미이다. 또한 어떤 개인이 땅을 많이 소유하고 있어서 소위 재산가라고 할 수 있지만 바로 현금화하기 어렵다면 정부가 이에 과세할 때 세부담을 하지 못하고 파산할 수도 있는 것이다. 이러한 이유로 거의 대부분의 나라가 재산을 과세기준으로 삼지 않는다.

(4) 소비수준

마지막으로 소득이나 재산보다 소비수준 혹은 소비지출의 크기로 경제적 능력을 측정하는 것이 더욱 합리적이라고 생각할 수 있다. 특히 개인의 경제적 후생은 소비수준에 의해 결정되며 재산은 소비에 사용되지 않으면 그 가치가 실현되지 않는다. 또한 칼도의 포괄적 소비개념에서 논의하였듯이 저축에 대한 과세를 피할 수 있어 시장의 왜곡을 피하는 장점도 있다.

그러나 소비수준이 높다고 해서 경제적 능력이 크다고 말할 수 없는 점도 있다. 경제적 능력이 크지 않은 어떤 개인이 열심히 일해서 얻은 소득으로 더 많이 소비할 수 있기 때문이다. 그리고 어떤 개인의 소비수준을 파악한다는 것은 한 개인의 재산을 모두 파악하려고 할 때와 마찬가지로 어려울 뿐만 아니라 그 과정에서 사생활을 침해할 가능성이 높다. 또한 소비지출액의 산정에 관한 복잡한 세무행정상의 문제도 발생할 수 있다.

정석 사고

공평성을 충족시키는 경제적 능력의 가장 이상적인 지표는 경제적 후생이다. 그러나 경제적 후생은 주관적인 개념이기 때문에 현실에서 적합한 대리변수를 선택할 수밖에 없다. 경제적 후생을 대표하는 변수로는 소득, 예산(기회)집합, 재산, 소비수준 등을 꼽을 수 있다. 소득은 여가와 노동에 대한 개인의 선호를 반영하지 못하고, 예산집합은 서로 교차하는 경우 경제적 능력을 비교하기 어렵고, 재산은 현금흐름의 유동성제약이 존재하고, 소비수준은 개인의 소비생활을 일일이 점검하는 사생활의 침해가능성이 있다. 모든 지표가 문제를 가지고 있지만 그중 가장 많이 쓰이는 지표가 소득이다. 소득의 또 다른 문제점은 미실현소득, 실질소득, 귀속소득, 비용인정문제 등이다.

제6절 정석 재정학 조세의 다른 규범적 기준

좋은 조세제도가 갖추어야 할 요건으로 효율성과 공평성 이외에 행정적 단순성, 신축성, 정치적 책임성, 확실성을 들 수 있다. 이에 대해 간단히 살펴보도록 한다.

(1) 행정적 단순성

효율성과 공평성을 모두 만족하는 바람직한 조세제도라고 하더라도 모든 사람들이 이해하기 힘들 정도로 복잡하다면 그 운영에 많은 비용이 들 수 있다. 그리고 납세자들이 조세를 납부하는 데 지나친 불편을 겪는다면 조세수입의 확보와 운용에 문제가 생길 수 있다. 또한 현행 조세제도의 내용과 납부방법, 납부시기 등이 복잡하고 불편하면 조세제도의 개편에 대한 요구가 생겨날 것이다. 애덤 스미스의 4대 조세원칙(공평의 원칙, 확실의 원칙, 편의의 원칙, 경제성의 원칙 혹은 최소징세비의 원칙)에서 알 수 있듯이 행정적 단순성은 매우 중요한 조세의 규범적 기준이다.

조세의 운용에 수반되는 비용은 크게 국세청과 같은 징세기관이 운영과정에 부담하는 행정비용 혹은 **징세비용**(tax collection cost)과 납세자인 일반국민들이 부담하는 **납세비용** 혹은 순응비용(compliance cost)으로 나눌 수 있다. 징세비용은 국세청이 조세를 부과하고 징수하는 데 들어가는 비용이다. 납세비용은 납세자가 서류를 작성하는 시간과 고통, 납세하기 위해 소비하는 시간과 고통, 납세하기 위해 지출하는 교통비용, 세무사의 고용비용 등을 모두 포함한다. 조세제도를 운용할 때 납세비용에 비해 징세비용이 중시되는 경향이 있지만 사실 경제전체로 볼 때 납세비용이 훨씬 중요하다.

좋은 조세제도는 징세비용과 납세비용, 그리고 효율과 공평과세의 증감으로 인해 추가적으로 발생할 수 있는 제반 사회적 비용(불공평과세불만, 비효율과세의 후생손실, 조세회피와 탈세 등)을 고려하여 모든 세제운용상의 사회적 비용이 최소화되도록 해야 한다.

그림 9-7 은 조세행정의 비용을 기본적으로 징세비용과 납세비용으로 구성하고, 추가적으로 발생할 수 있는 효율과 공평과세의 증감에 따른 사회적비용을 납세비용에 포함시켰다. 징세비용은 행정규모가 증가하면 같이 증가하고, 납세비용은 행정규모 즉 행정서비스의 공급이 증가함에 따라 감소하는 것으로 나타냈다. 즉 두 비용의 합이 최소화되는 z^*가 최적의 조세행정규모가 된다.

그림 9-7 조세행정의 최적규모

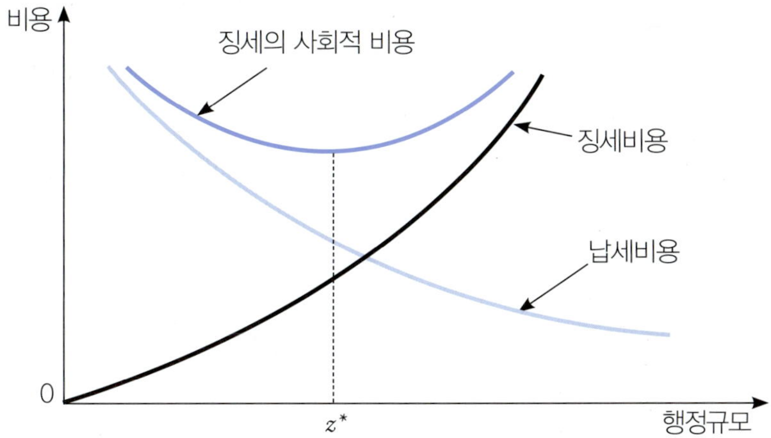

조세제도가 단순명료하지 못하고 복잡하며 형평에 맞지 않으면 불평불만의 원인이 되고 조세회피나 조세포탈을 유인하는 결과가 초래된다. **조세회피**(tax avoidance)란 개인이 조세부담을 적게 하려고 자신의 행동을 바꾸는 절세행위이다. 예를 들어 결혼세를 부과하면 결혼하는 사람들이 줄고, 창문세를 부과하면 집을 지을 때 창문을 없애는 절세행위가 이에 속한다. 이에 반해 **조세포탈**(tax evasion)은 조세부담의 의무를 이행하지 않는 탈세행위를 말한다. 로젠(H. Rosen, 1992)의 **최적탈세모형**을 사용하여 탈세의 선택과정을 간단히 설명할 수 있다.

어떤 위험중립적 개인 A가 과세후소득을 극대화하려고 자신의 소득에서 y원(탈세소득)만큼 고의로 신고하지 않는다고 하자. A가 탈세하는 세액은 그의 한계세율 t에 y원를 곱한 ty원이다. 따라서 소득 1원마다 t원만큼 탈세하므로 t가 A의 한계편익이다. 그러나 세상에 공짜란 없다. 임의로 뽑혀 세무조사를 받을 확률이 p이고 1원 탈세마다 벌금이 F원 부과된다면 A가 탈세하는 1원의 기대벌금은 pF원이다. 이것이 A의 한계비용이다. A의 최적탈세규모는 탈세소득의 한계편익과 기대벌금의 한계비용이 일치하는 소득규모이다.

그림 9-8 은 A의 탈세의 한계편익과 한계비용을 나타낸다. 두 곡선이 교차하는 점 E에서 최적탈세소득(y^*)이 결정된다. 이 모형이 의미하는 것은 빈번히 세무조사를 하여 그 확률을 높이거나 벌금을 높이면 A의 한계비용이 MC'로 위로 이동하여 최적탈세소득(y^{**})이 줄어든다. 그러나 이때에는 추가적인 행정비용 혹은 징세비용이 요구된다. 다른 방법으로서 세율을 대폭 낮추어주면 그림의 MB가 아래로 이동하여 최적탈세소득이 줄어든다. 이 모형은 조세의 누진성이 강할수

그림 9-8 최적탈세의 모형

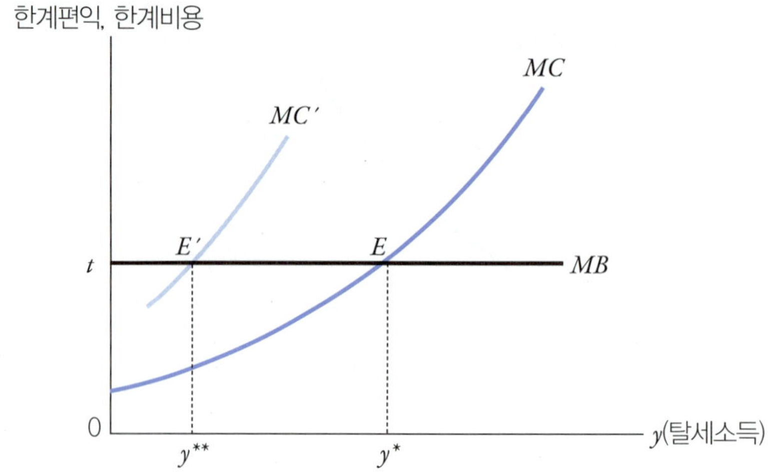

록 세율이 높아지는 고소득층의 탈세유혹도 강해진다는 것을 보여준다.

(2) 신축성

좋은 조세제도는 경제적 여건의 변화에 쉽고 빠르게, 즉 신축적으로 반응할 수 있어야 한다. 예를 들어 경기가 불황이어서 국민소득이 빠르게 감소하고 있는데, 조세제도의 경직성으로 조세수입이 그만큼 감소하지 못하는 경우이거나 오히려 조세수입이 증가하는 경우 경제상황을 더욱 악화시킬 수 있다. 따라서 좋은 조세제도는 경제적 여건에 맞추어 신축적으로 반응할 수 있어야 경제안정을 도모할 수 있다고 하겠다.

그림 9-9 는 시간경과에 따라 경기순환의 호황국면(경기정점)일 때 국민소득이 가장 높고 경기순환의 불황국면(경기저점)일 때 국민소득이 가장 낮은 것으로 표시하였다. 그런데 세수의 순환을 보면 국민소득이 높은 호황일 때 세수가 감소하고 개인의 가처분소득을 높여 경기를 더욱 과열시킨다. 반대로 국민소득이 낮은 불황일 때 세수가 증가하고 개인의 가처분소득을 줄여 경기를 더욱 냉각시킨다. 따라서 경기신축적 조세가 되기 위해서는 경기순환과 세수순환이 같은 방향으로 이루어지도록 경기순행적 조세제도를 만들어야 한다. 예를 들어 누진소득세의 경우 경기불황일 때 소득이 감소하여 세수가 줄어들므로 어느 정도 경기신축적이라고 할 수 있겠다.

그림 9-9 경기역행적 세수의 순환

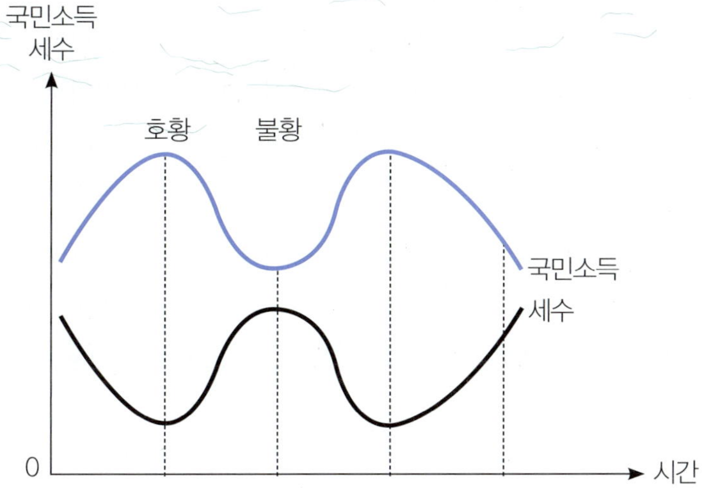

이와 같이 여건의 변화에 신속하게 적응하여 조세수입이 빠르게 변할 수 있는 것도 신축성의 중요한 관점이지만 다른 관점도 있다. 예를 들어 조세의 세율구조가 얼마나 신속하고 쉽게 변할 수 있는가 하는 관점으로 신축성을 평가할 수도 있다. 경제적 여건이 계속 변하고 있는데도 불구하고 세율구조를 신속하게 바꾸기 어렵다면 이러한 조세제도는 정치적 이유가 있다고 하더라도 신축성에 문제가 있는 것이다.

(3) 정치적 책임성

좋은 조세제도는 납세자가 얼마만큼의 세금을 부담하는지를 명백히 알 수 있도록 하여 일반국민으로 하여금 자유로운 선택을 할 수 있도록 해야 한다. 그렇게 할 때 조세제도가 정치적으로 책임 있는 방법으로 운영된다고 말할 수 있다. 정부가 납세자의 반발을 회피하기 위하여 주로 납세액을 잘 모르는 조세에 의존한다면 정치적으로 무책임하다고 할 수 있다. 따라서 조세제도는 적법한 입법절차에 의해서만 조정될 수 있도록 하는 한편 법률에 의해서만 조세를 부과하도록 하는 조세법률주의와 같은 원칙을 통하여 어느 정도 정치적 책임성을 보장할 수 있어야 한다.

(4) 확실성

조세는 정해진 법률과 규정에 따라 쉽고 명확하게 부과되고 집행되어야 한다. 조세가 자의적으로 징수 및 운영된다면 경제의 불확실성을 크게 하여 공평하지도 효율적이지도 못한 결과를 초래하게 된다. 결과적으로 탈세와 편법이 만연하여 사회전체를 불안정하게 할 수 있다.

정석 사고

좋은 조세제도가 갖추어야 할 규범적 기준, 즉 조세원칙으로 효율성과 공평성 이외에 징세비용과 납세비용의 합을 최소화하는 행정적 단순성, 경기나 경제여건의 변화에 적응하는 신축성, 법률에 의해 세액을 명확히 하는 정치적 책임성, 법률과 규정에 따라 명확하게 집행하는 확실성 등을 들 수 있다.

정석 사례연구

조세회피

1981년에 있었던 미국의 세제개혁안에는 부동산에 투자하면 가속감가상각을 받고 이익의 60%가 면세되는 자본이득으로 간주되었다. 또한 석유와 가스를 발견하는 천공기에 초기투자의 60~80%의 세금공제혜택이 주어졌다. 이 법안은 당연히 부동산과 석유가스 산업에 대한 투자를 조장하였고, 석유가스 벤처회사들이 세금도피처가 되었다. 이러한 세금도피행위를 방지하기 위해 1986년에 다시 세제개혁안을 만들었다.[19)]

이를 위한 법안에는 두 가지 방안이 있었다. 하나는 직접 세금회피행위를 제거하는 것으로 석유가스, 부동산에 대한 투자혜택을 제거하는 방안이다. 다른 하나는 소득의 종류를 일반 근로소득과 투자소득, 수동적 소득으로 나누어 투자소득에 대한 혜택을 간접적으로 제거하는 방안이다.

세금도피행위를 직접 제거하는 데 어려운 점은 이미 그 제도를 이용하고 있던 유권자들의 조세저항이었다. 그래서 두 번째의 간접적인 제거방식을 택하였다. 이 방식으로도 세금회피행위를 거의 제거할 수 있었지만 세제가 매우 복잡해졌다. 이 제도는 바람직한 것이었을까? 결국 그 답은 세제가 복잡해져서 발생하는 비용과 세금도피행위가 줄어들어 얻게 되는 공평성과 효율성 제고의 편익들 중 어느 것이 더 큰가에 달려 있다. (지난 일이지만, 만약 그때 직접 세금회피행위를 제거하는 첫 번째 방안을 선택했다면 모든 목표가 달성되었을지도 모른다.)

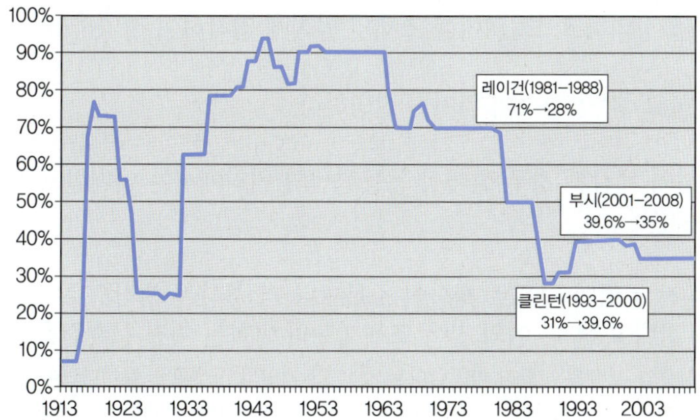

자료: Tax Policy Center

정석 기본문제

1. 국가가 왜 조세를 징수하는가 하는 조세의 근거에 대한 학설들에 대하여 설명하라.

2. 누진세의 경우 평균세율과 한계세율의 관계를 설명하라.

3. 조세의 누진성을 측정하는 두 가지 방법에 대하여 설명하라.

4. 소득이 10만원에서 12만원으로 올랐을 때 세금이 5만원에서 6만원으로 늘어났다. 이때 세금의 누진성을 계산하라.

정석 힌트 평균세율이 변하지 않으므로 과표에 대한 평균세율의 변화는 0이다. 한편 조세의 소득탄력성으로 보면 소득이 20% 증가할 때 세금도 20% 증가하므로 1이 된다. 이 경우 누진성이 없는 비례소득세로 보아야 한다.

5. 애덤 스미스의 4대 조세원칙을 설명하라.

6. 럼섬세 혹은 중립세를 정의하고, 그 의미를 조세의 원칙에 입각하여 설명하라.

7. 공평성의 종류를 말하고, 각 공평성의 의미를 설명하라.

8. 소득의 한계효용곡선이 체감할 경우 절대적 동등희생의 원칙에서는 어떠한 경우에 누진세를 정당화할 수 있는가?

9. '크루소' 정부는 경제적 능력의 지표로 재산이 소득보다 더 좋다는 생각으로 소득과세를 대체하여 재산 과세를 한다고 하자. 이와 같은 조세제도의 변화는 어떤 문제점을 가지는가?

정석 힌트 모든 사람의 재산을 정확히 파악한다는 것은 각 개인의 사생활을 들여다보아야 하는 것과 같다. 재산의 종류도 다양하고 거래형태도 다양하기 때문이다. 그리고 개인들의 재산가치는 부단히 변동하기 때문에 그 가치를 파악하는 것은 거의 불가능에 가깝다. 또한 재산은 현금의 흐름에 문제가 발생하기 쉽다. 그 밖에 재산과세는 자본축적을 어렵게 하기 때문에 경제성장을 저해할 수 있다.

10. 바람직한 조세제도가 갖추어야 할 규범적 기준(조세원칙)들에 대하여 설명하라.

정석 심화문제

11. 동등희생의 원칙에서 동등희생은 무엇을 의미하는지 밝히고, 그 원칙에 대하여 해석하라.

12. 소득에 대한 한계효용이 체감한다고 가정하자. 이 가정하에서 정부가 납세자 A와 B로부터 5만원의 세금을 징수하려고 한다. 이때 사회전체의 후생감소를 최소화하기 위해 세금의 한계효용을 동일하게 하려고 한다.

납세자	(가) 세전소득	(나) 5만원징수	(다) 세후소득	(라) 평균세율	(마) 6만원징수	(바) 세후소득	(사) 평균세율
A	100,000						
B	50,000						

[1] 표의 (나), (다), (라)열을 채워라.

[2] 이제 정부가 납세자 A와 B로부터 6만원의 세금을 징수하려고 한다. 사회전체의 후생감소를 최소화하도록 표의 (마), (바), (사)열을 채워라.

[3] 만약 한계효용이 일정하다고 가정하면 어떤 문제가 발생하는가?

정석힌트 한계효용이 일정하다고 가정하면 정부가 A와 B 누구에게 조세를 부과해도 한계효용은 동일하다. 따라서 이 경우 어떤 형태의 조세를 부과하든 동등희생이 되는 꼴이어서 어떤 세율도 결정할 수 없다.

13. 누진세제가 경제적 능력이 큰 사람이 조세부담도 많이 진다는 수직적 공평성의 원칙을 잘 충족시키는가에 대한 여러 견해들이 있다. 누진세제가 필요하며 당연한 것이라고 모두 믿을지 모르지만 누진세제의 여러 문제점을 지적하는 학자들도 있다. 그러한 주장의 근거들을 보면 다음과 같다. 다음 중 옳은 지적만 골라라.

(가) 세율구조가 매우 복잡하여 탈세할 수 있다.
(나) 누진세의 영향은 주로 소수의 고소득층만 받으므로 다수에 의한 횡포다.
(다) 누진세율이 클수록 노동의욕이 떨어지고 효율성이 낮아진다.
(라) 개인들의 가처분소득을 어느 정도 평준화할 수 있다.
(마) 누진세는 편익의 원칙에 부합하지 않는다.
(바) 동등희생의 원칙에 부합하지 않는다.
(사) 롤스의 원초적 상황에서 모두 누진세를 선택할 것이다.

정석힌트 (라)는 문제점이 아니라 찬성론이며, (마)는 고소득층이 공공서비스의 혜택도 많이 받으므로 누진세가 편익의 원칙에 부합한다. (바)는 공평성의 관점에서 동등희생의 원칙에 부합한다. (사)는 누진세의 찬성의견이다.

제10장 조세와 공평성

공화국이 가져야 할 기본원칙은 세 가지이다.

사회의 모든 구성원이 인간으로서 누리는 자유의 원칙,

하나의 법에 종속하는 종속의 원칙,

모든 사람이 동등한 평등의 원칙.

이것이 모든 국가가 가져야 하는 사회계약의 기초이다.

- Immanuel Kant -

앞 장에서 조세제도는 행정적인 면을 비롯하여 공평성과 효율성이라는 중요한 기준에 의해 평가할 수 있다고 설명한 바 있다. 이 장에서는 그중에서 공평성의 측면에서 조세를 자세히 분석하고자 한다. 특히 조세의 부담이 사회의 구성집단들 사이에 어떻게 분배되는가 하는 조세귀착의 성격을 분석하는 데 초점을 맞추고자 한다.

정부가 어떤 상품에 물품세를 부과하면 그 상품의 생산자와 소비자가 맺고 있는 경제적 관계가 어떻게 변화하는지를 살펴보아야 누가 실질적으로 조세의 부담을 지게 되는지를 알 수 있다. 생산자에게 물품세가 부과되면 언뜻 생각하기에 상품의 생산자가 부담을 질 것 같지만 생산자가 소비자가격을 올려 전가시킬 수도 있다. 이러한 조세의 전가문제는 누가 실질적으로 부담을 하게 되는가 하는 분배적 효과를 이해하는 데 매우 중요하다.

조세의 전가에 의한 분배효과는 완전경쟁시장이나 독점시장 등의 시장구조에 따라 다를 수 있다. 그리고 독점시장이라고 하더라도 소비자들의 수요욕구나 생산자의 비용구조 등에 따라 다를 수 있다. 또한 어떤 하나의 상품에 부과된 물품세가 다른 시장에 파급되어 다시 영

제10장 조세와 공평성

향을 미치므로 이러한 경우도 고려해야 한다. 물론 모든 시장의 파급효과를 정확히 파악하는 것은 불가능하겠지만 측정가능한 만큼 파악할 필요가 있는 것이다. 이 장에서는 조세의 전가, 조세부담의 귀착을 하나의 시장에서뿐 아니라 여러 시장을 고려하여 살펴볼 것이다. 또한 조세로서 물품세뿐만 아니라 요소세의 전가와 귀착문제도 학습할 것이다.

이 장에서 배울 것

- 조세의 귀착이란 무엇인가?
- 조세의 전가란 무엇인가?
- 부분균형분석의 완전경쟁시장에서 물품세의 귀착은?
- 부분균형분석의 독점시장에서 물품세의 귀착은?
- 부분균형분석에서 요소세의 귀착은?
- 일반균형분석에서 물품세와 요소세의 귀착은?

제1절 조세부담의 귀착

정석 재정학

1. 조세귀착의 정의

정부가 조세를 부과할 때 누가 실질적으로 조세부담을 지는가? 어떤 사람에게 세금이 부과되면 그 사람은 세법상 형식적으로 세금을 납부하는 납세자가 된다. 그러나 실제적으로 납세자가 반드시 최종적으로 세금을 부담하는 담세자가 된다고는 할 수 없다. 이때 실질적으로 누군가가 조세의 부담을 가지게 되는 것을 **조세의 귀착**(歸着)이라고 한다. 세법에서 조세를 납부하도록 규정되어 있는 사람에게 조세의 부담이 귀착된다고 보는 것을 조세의 **법적 귀착**(statutory incidence)이라고 부르며, 이와는 달리 실질소득이 감소하는 사람이 실질적으로 조세부담을 진다고 보는 것을 **경제적 귀착**(economic incidence)이라고 부른다.

현실적으로 법적 귀착과 경제적 귀착이 일치하지 않는 경우가 대부분인데, 이러한 경우가 발생하는 이유는 법적 납세자가 다른 사람에게 실질적 조세부담을 떠넘길 수 있기 때문이다. 이처럼 법적 납세자로부터 실질적 담세자에게로 조세부담이 이전되는 현상을 **조세의 전가**(tax shifting)라고 한다. 조세의 전가 정도는 이론적으로 조세납부액에서 납세자의 실질소득의 감소액을 뺀 것과 같다. 물론 법적 납세자가 강제적으로 그 부담을 떠넘기는 것은 아니며, 여러 구성집단(예: 소비자집단, 판매자집단 등)들이 맺고 있는 경제적 관계에서 자연스럽게 나타나는 현상이다.

예를 들면 가구의 제조업자에게 부가가치세가 부과되면 기존의 생산량 수준에서는 조세를 포함한 한계비용이 한계수입보다 높아지므로 이윤을 극대화하는 생산량 수준이 낮아지고, 생산량 수준이 낮아지면 가구의 시장가격은 자연스럽게 상승한다. 여기서 시장가격이 상승하는 것은 가구생산자들이 세금을 가격에 포함시키기 때문은 아니다. 경쟁시장에서 개별기업은 오히려 현재의 시장가격을 유지하고자 한다. 조세를 부담함에 따라 가격이 상승하는 까닭은 조세가 개별기업의 생산량에 영향을 주고, 이는 다시 일부 기업의 시장이탈과 함께 산업전체의 생산량에 영향을 주어 시장가격을 변동시키기 때문이다.

그러므로 조세로 인해 구성집단들이 맺고 있는 경제적 관계가 어떻게 변화하는지를 살펴보아야 누가 실질적으로 조세의 부담을 지게 되는지를 알 수 있다. 만약 구성집단들이 맺고 있는 경제적 관계에 아무런 변화가 없다면, 조세의 전가는 발생하지 않고 조세의 법적귀착과 조세의 경제적 귀착이 일치하게 된다.[1)]

정석 사고

조세의 실질적인 부담을 누가 가지는가의 문제를 조세의 귀착이라고 한다. 세법상으로 조세의 납세자와 조세의 실질적인 부담을 가지는 자(조세의 담세자)가 같다고 보는 개념을 조세의 법적 귀착이라고 하며, 조세의 납세자와 담세자가 다를 수 있다고 보는 개념을 조세의 경제적 귀착이라고 한다. 조세의 경제적 귀착은 조세가 전가될 수 있기 때문이며, 조세의 전가 정도는 이론적으로 조세납부액에서 납세자의 실질소득의 감소액을 뺀 것과 같다.

2. 조세의 전가

세금부담의 공평을 위하여서는 어떠한 세금이 어떻게 전가되어 누구에게 귀착되는가를 명확히 할 필요가 있다. 조세의 전가의 형태에는 크게 전전(forward shifting)과 후전(backward shifting)이 있다. **전전**이란 상품의 유통과정과 조세의 전가방향이 같은 경우로, 판매자로부터 소비자에게 조세부담이 이전되는 현상이다. **후전**은 전전의 반대로, 상품의 유통과정과 반대로 조세의 부담이 이전되는 경우를 말한다.

예를 들어 가구를 생산하는 기업에 판매세가 부과되면 가구생산량이 줄어들어 가구가격이 상승하므로 소비자들에게 조세부담이 전가되는 전전현상이 발생한다. 이와는 달리 구두를 생산하는 기업에게 판매세를 부과하면 원료인 가죽가격이 하락하여 가죽 생산기업에게 조세부담이 전가되는 후전현상이 발생할 수 있다.

그 밖에도 조세부담이 재전가되는 것을 **갱전**(onward shifting), 경영합리화 등의 효율적 생산을 통해 조세부담이 실질적으로 사라지는 것을 **소전**(transformation), 증권이나 토지처럼 미래에 부담할 조세가 현재의 소유자에게 부담되는 **조세환원**(capitalization of taxation)이 있다.

그림 10-1은 구성집단이 맺고 있는 경제적 관계를 통해 조세가 어떤 형태로 전가되는지 보여준다.[2)] 정부가 도매업자에게 물품세를 과세하면 도매업자의 공급비용이 증가하여 공급량은 줄고 소매업자에게 더 높은 공급가격으로 공급된다. **그림 10-1**의 (a)처럼 전전이 발생한다. 소매업자는 다시 소비자에게 높은 상품가격을 받게 되는 전전이 발생할 수 있는데, **그림 10-1**의 (b)처럼 전전이 연속해서 발생하여 재전가되는 현상을 갱전이라고 한다.

그림 10-1 조세의 전가형태와 종류

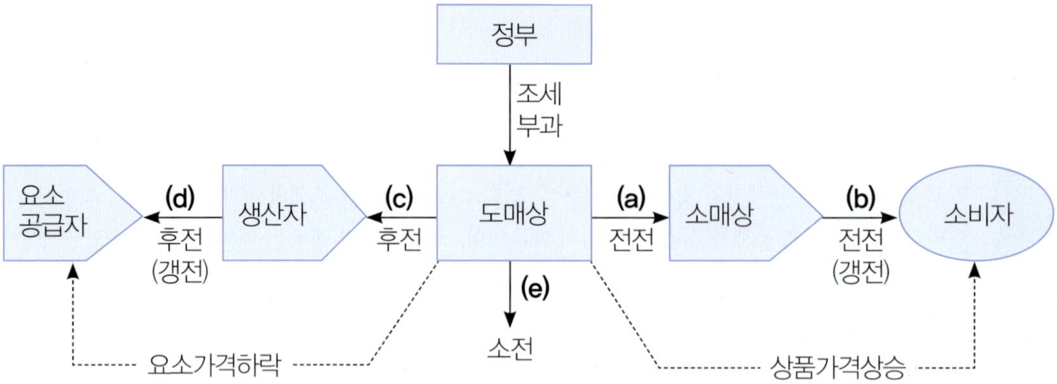

반대로 도매업자가 원료구입가격을 낮추어 원료생산자에게 전가시키는 것을 후전이라고 한다. 원료생산자는 다시 고용하고 있는 근로자의 임금을 낮추어 조세부담을 전가시키는 후전현상이 일어날 수 있다(그림 10-1의 (c)). 이같이 후전이 연속해서 발생하여 재전가되는 것도 갱전이라고 한다(그림 10-1의 (d)). 그리고 경영합리화를 통해 생산비용을 절감하여 조세의 실질적 부담을 상쇄하는 현상으로 소전이 발생할 수도 있다(그림 10-1의 (e)). 이 현상은 생산과정에서만 발생하며 교환과정에서는 발생하지 않는다.

한편 조세환원은 토지와 같이 공급이 고정된 재화에 과세하면 미래의 세부담이 모두 현재의 토지소유자에게 귀착되는 현상이다. 미래의 재산소유자가 부담할 조세를 현재의 소유자가 부담하는 극단적인 후전이라고 할 수 있다. 토지나 주택뿐만 아니라 증권과 같은 재화도 과세 후 그 자본가격이 하락한다. 자본가격은 자본의 미래수익을 시장이자율로 환원(현재가치화)하여 결정되기 때문에 모든 미래세액을 시장이자율로 환원한 금액만큼 자본가격을 하락시킨다. 따라서 구매자는 과세액의 자본환원액만큼 싸게 구입하는 셈이다.[3] 이에 대해서는 별도로 뒤에서 상세히 다루도록 하겠다.

정석 사고

법적 납세자로부터 실질적 담세자에게로 조세부담이 이전되는 현상을 조세의 전가라고 하며, 그 형태에는 판매자로부터 소비자에게 조세부담이 이전되는 전전, 그 반대로 이전되는 후전, 조세부담이 재전가되는 갱전, 경영합리화 등의 효율적 생산을 통해 조세부담이 실질적으로 사라지는 소전, 증권이나 토지처럼 미래에 부담할 조세가 현재의 소유자에게 부담되는 조세환원이 있다.

3. 조세부담의 성격

앞에서 경제적 귀착을 논의할 때 실질적으로 조세부담을 지는 사람은 그의 실질소득이 감소하는 사람이라고 하였다. 따라서 조세부담의 귀착은 개인의 관점에서 볼 때 자신의 실질가처분소득이 어떻게 변하는가를 측정하면 알 수 있다. 만약 소득세와 물품세가 모두 부과된다면 실질가처분소득(y_r)은 다음과 같이 명목소득(y), 소득세(t_y), 물품세(t_p), 물가(p)를 이용하여 나타낼 수 있다.

$$Y_r = \frac{y - t_y}{p + t_p} \qquad (10\text{–}1)$$

이 식에서 소득세가 부과되어 실질가처분소득이 감소하면 개인의 소득원천은 줄어드는 것이므로 이것을 조세부담의 **원천측 효과**라고 한다. 만약 물품세가 부과되어 상품의 가격들이 상승하고 이로써 실질가처분소득이 감소되는 것을 조세부담의 **사용측 효과**라고 한다. 따라서 조세귀착의 분배적 효과를 살펴볼 때 원천측 효과와 사용측 효과를 모두 고려하여야 한다.[4)]

그러나 두 가지 효과가 일차적 효과만을 말하는 것이므로 이차적 효과를 고려하면 위에서 말한 것처럼 명확히 구분되지 않는다. 예를 들어 자동차에 물품세를 부과할 때 자동차의 가격이 올라가고 자동차를 선호하는 소비자의 실질가처분소득이 줄어드는 것은 사용측 효과라고 할 수 있다. 그런데 물품세로 인해 자동차의 가격이 상승하고 자동차의 수요가 감소하여 자동차 생산활동을 소득의 원천으로 삼는 자본소유자의 실질가처분소득이 줄어든다면 물품세가 원천측 효과도 발생시킨다고 할 수 있다.

정석 사고

소득세가 부과되어 실질가처분소득이 감소하는 것을 조세부담의 원천측 효과라고 하며, 물품세부과에 의해 상품의 가격들이 올라 실질가처분소득이 감소하는 것을 조세부담의 사용측 효과라고 한다.

4. 조세귀착과 소득분배

귀착분석은 조세의 분배효과를 측정하는 것이며, 조세 이외에 소득분배에 영향을 미치는 다른 요인들 중 어떤 요인을 고정된 것으로 취급하는가에 따라 절대적 귀착(특정귀착), 차별적 귀착(상계귀착), 균형예산귀착(지출귀착)의 방법이 있다. **절대(적)귀착**은 다른 조세와 정부지출이 불변이라는 가정하에서 특정조세가 소득분배에 미치는 효과를 분석한다. 즉, 소득세가 부과되면 개인의 가처분소득이 감소하고, 가처분소득의 감소는 수요를 감소시키며, 이는 다시 국민소득의 감소와 실업증가로 이어진다. 이처럼 조세의 거시적 변화를 고려해야 하는 까닭에 거의 사용되지 않는다.

차별(적)귀착은 모든 조세와 정부지출이 불변이라는 가정하에서 특정조세를 다른 종류의 조세로 대체했을 경우 나타나는 분배효과를 분석한다.[5] 예를 들면 소득세를 부과했을 때와 소비세를 부과했을 때를 비교해보면 소득분배 측면에서 어느 조세가 더 공평한지 알 수 있다. 귀착의 소득분배효과를 살펴보는 데 가장 많이 사용되는 개념이다.

균형예산귀착은 다른 조세가 없다고 보고 특정조세의 부과에 따른 분배효과뿐만 아니라 이 조세수입을 통한 정부지출의 분배효과까지 함께 살펴본다. 그러나 정부가 부과하는 조세가 여러 개인 경우 분석할 수 없다는 한계가 있다.

이상의 개념을 이용하여 귀착분석을 하고자 할 때에는 소득분배상태를 측정하는 방법 또한 제시되어야 한다. 이러한 목적으로 가장 많이 사용되는 척도가 지니계수와 십분위분배율이다. 이에 대해서는 제4장에서 이미 살펴보았다.

정석 사고

조세귀착의 분석은 조세의 분배효과를 측정하는 것이며, 그 방법에는 절대적 귀착, 차별적 귀착, 균형예산귀착이 있다. 절대(적)귀착은 다른 조세와 정부지출이 불변이라는 가정하에서 특정조세의 분배효과를, 차별(적)귀착은 모든 조세와 정부지출이 불변이라는 가정하에서 특정조세를 다른 종류의 조세로 대체했을 경우 나타나는 분배효과를 측정한다. 균형예산귀착은 다른 조세가 없다는 가정하에서 특정조세의 분배효과와 그 조세수입에 의한 정부지출의 분배효과를 함께 측정한다.

5. 조세귀착의 구분

앞에서 조세부담의 귀착이 무엇을 의미하는지 설명하고, 조세부담의 귀착을 분석하는 방법상의 조건에 따라 절대, 차별, 균형예산귀착의 개념들로 분류할 수 있다고 하였다. 조세귀착은 분석방법상의 조건에 따른 분류 이외에 다른 기준으로도 분류해볼 수 있다.[6]

(1) 부분균형분석과 일반균형분석에 의한 조세귀착

조세귀착의 분배효과를 살펴보는 방법으로 부분균형분석과 일반균형분석을 생각할 수 있다. 부분균형분석은 조세가 부과된 특정시장에서 조세의 직접적인 분배효과를 분석하는 방식이다. 이와는 달리 일반균형분석은 조세가 부과된 특정시장뿐만 아니라 연관된 다른 시장에 미치는 파급효과까지 함께 고려하여 조세의 분배효과를 분석하는 방식이다.

예를 들어 부분균형분석의 관점에서 자본에 과세하면 자본소유자의 조세부담이 증가하는 분배효과를 생각할 수 있다. 일반균형분석의 관점에서 자본에 과세하면 자본소유자의 조세부담이 증가하는 한편 상대적으로 값싸진 노동에 대한 수요가 증가하여 근로자의 임금률이 상승하는 분배효과를 발생시킨다.

부분균형분석은 조세가 부과된 특정시장만 분석하고 다른 시장에 미치는 파급효과를 무시하므로 모형의 현실성이 떨어지지만 조세의 분배효과를 정확하게 측정할 수 있다는 장점을 가진다. 한편 일반균형분석은 보다 현실에 가까운 모형을 분석한다는 장점을 가지고 있지만 분배효과를 정확하게 측정하기 어렵다는 단점을 가진다. 두 분석은 각기 장단점을 가지고 있으므로 어느 것이 더 좋다고 말하기 어렵다. 모형분석의 정확성을 필요로 하면 부분균형분석이 유리하고, 모형분석의 현실성이 중요하다고 생각하면 일반균형분석이 유리하다. 결국 상황에 따라 적절히 선택하는 수밖에 없다.

(2) 단기와 장기에서의 조세귀착

일반적으로 단기는 분석대상이 되는 경제변수의 일부가 조정될 수 없어서 변화하지 못하는 짧은 기간을 말하며, 장기는 분석대상이 되는 모든 경제변수가 조정될 수 있어서 변화하는 충분한 기간을 말한다. 조세부담의 귀착은 단기와 장기의 관점에 따라 상이한 결과를 보여줄 수 있다. 예를 들어 단기적 관점에서 자본에 과세하면 자본소유자의 조세부담이 증가하는 분배효과를 생각할 수 있다. 그러나 장기적 관점에서 볼 때 자본의 과세는 투자를 줄여서 경제의 자본스톡을 감소시키고, 자본스톡의 감소는 고용을 줄여서 근로자의 부담을 증가시키는 분배효과를 발생시킨다. 결국 장기적으로는 자본소유자에 대한 과세가 근로자의 부담을 증가시키는 분배효과를 발생시키는 것이다.[7)]

(3) 폐쇄경제와 개방경제에서의 조세귀착

경제가 개방적인가 폐쇄적인가에 따라 조세귀착의 결과가 달라진다. 개방경제에서는 자원의 이동이 자유로운 반면 폐쇄경제에서는 자원의 이동이 자유롭지 못하다. 이러한 자원의 자유로운 이동 정도에 따라 조세귀착의 결과가 달라질 수 있다.

예를 들어 폐쇄경제에서 자본에 과세하면 자본소유자의 조세부담이 증가하는 분배효과를 발생시킨다. 그러나 개방경제에서 자본이 해외로부터 무한히 공급될 수 있을 때 자본에 과세하면 자본의 세전수익률이 과세폭만큼 상승하여 실질적으로 세후수익률에는 변화가 없다. 즉, 자본소유자는 아무런 부담을 지지 않고 자본사용자가 부담을 모두 지게 되는 분배효과가 발생한다. 만약 세후수익률이 원래보다 더 하락하면 자본이 더 큰 이익을 좇아 해외로 유출되고 만다.

정석 사고

귀착분석은 귀착의 분석방법상의 조건 이외에 부분균형분석과 일반균형분석, 장단기, 폐쇄 및 개방경제 등으로 분류해볼 수 있다.

제2절 조세귀착의 분석: 부분균형분석

정석 재정학

귀착의 분석기준의 하나로서 부분균형분석과 일반균형분석이 있다고 하였다. 이 절에서는 조세귀착의 부분균형분석으로 조세가 부과된 특정시장에서 조세의 직접적인 효과만을 살펴보겠다. 일반균형분석은 다음 절에서 논의될 것이다.

1. 완전경쟁시장과 물품세의 귀착

완전경쟁시장에서 어떤 상품에 물품세가 부과될 때 조세의 경제적 귀착이 어떻게 되는지 살펴보자. 물품세는 상품 1단위당 일정한 금액을 부과하는 세금(종량세, 단위세)이다. 현실에서 종량세의 예로는 담배소비세, 주세 등이 있다.

휘발유나 포도주와 같은 상품에 대해 물품세가 부과되었을 때 그 세금을 결국 누가 부담하는가의 문제, 즉 조세부담의 귀착(tax incidence)문제는 해당상품의 시장의 수요 · 공급곡선을 이용하여 분석할 수 있다. 정부가 상품의 판매에 대하여 1개당 일정액의 물품세를 부과하였다고 가정하자. 이에 따라 상품생산자는 상품 1개를 소비자에게 판매할 때마다 일정액의 물품세를 정부에 납부하여야 한다.

그러나 가격상승을 통하여 조세부담의 일부가 소비자에게 이전될 수도 있기 때문에 세법상의 조세납부자인 생산자가 항상 그 세액 전부를 실질적으로 부담하는 것은 아니다. 이와 같이 조세가 부과되었을 때 각 경제주체들이 자신의 경제활동을 조정하여 조세의 실질적인 부담의 일부 또는 전부를 타인에게 이전시키는 전가(轉嫁)현상이 발생한다. 이러한 조정과정이 완료되어 실질적인 조세부담이 각 경제주체들에게 귀속된 결과가 조세부담의 귀착문제이다. 조세의 귀착문제를 다음 그림을 통하여 살펴보자.

그림 10-2에서 D와 S곡선은 물품세가 부과되기 전의 상품에 대한 수요곡선과 공급곡선이다. 이때 D와 S곡선은 E점에서 교차하고 있으므로 조세가 부과되기 전의 상품의 균형가격은 P_0이며, 균형거래량은 Q_0이라는 것을 알 수 있다. 그런데 정부에서 단위당 AE만큼의 물품세를 부과하였다고 가정하자.

조세귀착의 분석을 위해 우선 생각할 수 있는 관점은 두 가지이다. 하나는 공급자 혹은 생산자

그림 10-2 조세부담의 귀착: 생산자과세

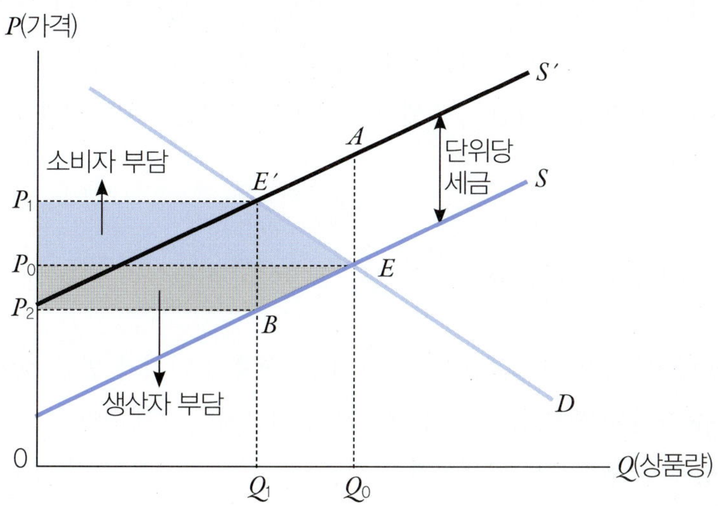

제1편
제2편
제3편
제4편
제5편

에게 물품세를 부과하는 관점이고, 다른 하나는 소비자에게 물품세를 부과하는 관점이다. 아래에서 살펴보겠지만, 사고의 논리에 차이는 있지만 두 관점이 동일한 조세귀착의 결과를 보여준다. 따라서 물품세가 소비자나 생산자 어느 쪽에 부과되어도 동일한 결과를 얻는다는 사실이다.

(1) 물품세가 생산자에게 부과되는 경우

물품세가 생산자에게 부과되면 공급곡선이 그 액수만큼 위로 이동한다. 그 이유는 생산자들이 전보다 높은 비용, 즉 생산자가 지불하여야 하는 물품세를 이전의 비용에 추가시킨 금액으로 생산량을 조절하여 상품을 공급하기 때문이다. 이에 따라 공급곡선은 곡선 S로부터 AE만큼 위쪽으로 평행이동한 곡선 S'가 된다. 이것은 생산자들이 물품세로 인하여 경쟁시장가격에서 전보다 적게 공급한다는 의미이다. 그러므로 새로운 균형점은 수요곡선 D와 새로운 공급곡선 S'가 교차하는 점 E'가 된다. 이때 새로운 균형가격은 P_0에서 P_1로 상승한 반면, 새로운 균형거래량은 Q_0에서 Q_1로 감소한다.

그렇다면 물품세 AE는 과연 누가 실질적으로 부담하는 것일까? 그중 일부는 상품생산자가 부담하는 것이 분명하다. 왜냐하면, 상품생산자가 실제로 얻는 단위수입은 P_2(새로운 상품가격 P_1에서 물품세 AE, 또는 BE'만큼의 액수를 공제한 차액)에 불과하기 때문이다. 생산자는 새로운 상품가격 P_1에서 물품세 AE를 부담해야 하는데 공급곡선이 위쪽으로 평행이동하였으므로 AE는 P_1P_2와 같은 금액이다. 이것은 상품생산자가 이전보다 단위당 P_0P_2만큼 수입이 감소하므로 물품세 P_1P_2 중 P_0P_2를 부담한다는 의미이다. 나머지는 소비자들이 부담하게 된다. 소비자는 상품 1개를 구입하는 데 이전에는 P_0을 지불하면 되었으나, 이제는 P_1을 지불해야 하므로 물품세 P_1P_2 가운데 P_1P_0을 부담하게 된다. 따라서 부과된 물품세의 일부는 생산자들이 부담하게 되고, 나머지 부분은 소비자들에게 전가된다.

(2) 물품세가 소비자에게 부과되는 경우

소비자들의 입장에서는 주어진 공급량에 대해서 그 상품의 가치가 변한 것이 아니므로 세금부과 전과 동일한 수요곡선을 가진다. 그러나 생산자의 입장에서 실제수익은 소비자가 지불하는 금액에서 세금만큼 뺀 금액과 같으므로 생산자가 직면하는 수요곡선은 소비자의 수요곡선이 단위당

그림 10-3 조세부담의 귀착: 소비자과세

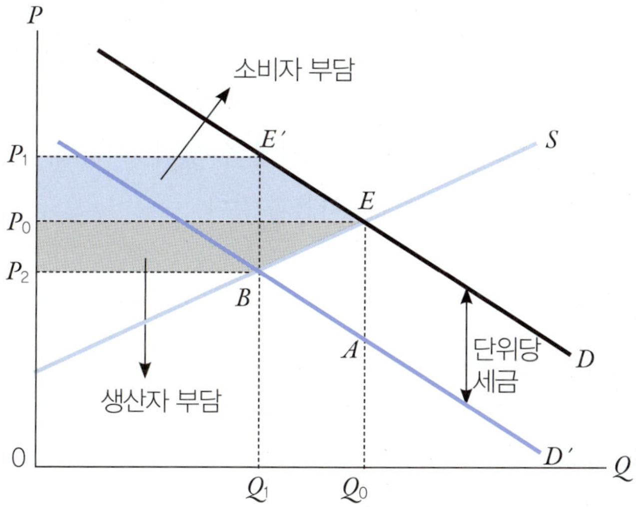

제1편
제2편
제3편
제4편
제5편

세액만큼 아래로 이동한 것과 같다. 이때 생산자가 직면하는 수요곡선을 유효수요곡선이라고 부르기로 한다.

그림 10-3 에서 물품세가 소비자에게 부과되면 생산자가 직면하는 유효수요곡선은 수요곡선 D가 단위당 세금 AE만큼 아래쪽으로 평행이동한 곡선 D'가 된다. 이것은 생산자들이 물품세로 인하여 경쟁시장가격에서 전보다 적게 공급한다는 의미이다. 그러므로 새로운 균형점은 유효수요곡선 D'와 공급곡선 S가 교차하는 B점에서 세금만큼 수직으로 올린 수요곡선상의 점 E'가 된다. 새로운 균형가격은 P_0에서 P_1로 상승한 반면, 새로운 균형거래량은 Q_0에서 Q_1로 감소한다. 이 경우 AE는 상품생산자가 물품세 P_1P_2 중 P_0P_2를 부담하고 소비자들이 P_1P_2 가운데 P_1P_0을 부담하게 된다. 이 결과는 앞에서 본 (1)의 경우와 결과적으로 완전히 동일하다.

(3) 조세귀착과 수요 · 공급곡선의 형태

위에서 물품세가 소비자나 생산자 어느 쪽에 부과되어도 동일한 결과를 얻는다는 사실을 확인하였다. 그리고 일반적인 경우 소비자와 생산자가 공히 나누어 부담한다는 것도 알 수 있다. 궁극적으로 물품세의 부담을 어느 쪽이 더 많이 지게 되는가 하는 문제는 수요와 공급의 가격탄력성에 따라 달라진다.

예를 들어 **그림 10-4**와 같이 공급곡선이 완전탄력적인 수평선으로 주어지면 물품세의 모든 부담은 소비자에게 귀착될 수 있다. 반대로 수요곡선이 완전탄력적인 수평선이면 모든 부담은 생산자에게 귀착되고 소비자는 아무런 부담도 지지 않는다. 독자 스스로 확인해보기 바란다.

요약해보면 시장에서 가격에 민감한 사람은 협상력이 상대적으로 크다는 의미로, 시장에서는 약삭빠르고 민첩한 쪽이 항상 유리하다는 것을 짐작할 수 있다. 이상의 내용을 간단한 수식을 이용하여 정리해보자. 단일상품의 시장균형식은 다음과 같다.

$$D(P)=S(P-T) \qquad (10\text{–}2)$$

단, P: 소비자가격
T: 단위당세금
D: 수요곡선
S: 공급곡선

가격과 조세가 변화하고 수요곡선과 공급곡선이 직선이라고 가정하면

$$D(\Delta P)=S(\Delta P)-S(\Delta T) \qquad (10\text{–}3)$$

라고 표현할 수 있다. 개념적으로, 가격이 1원 변화할 때 수요와 공급이 각각 수요탄력성 ε과 공급

그림 10-4 조세부담의 귀착: 완전탄력적 공급곡선

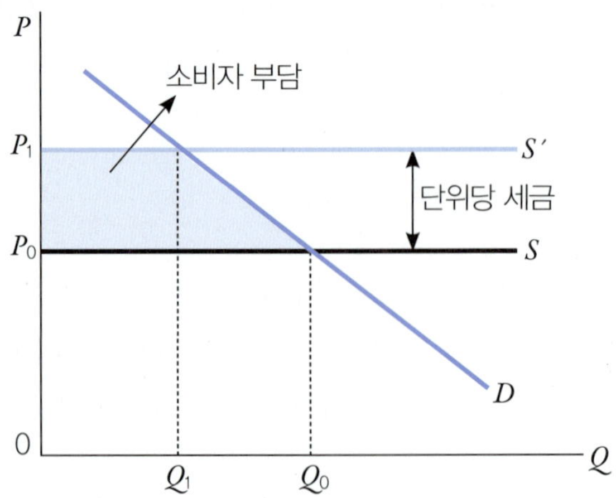

탄력성 η만큼 변화한다고 생각하자.[8)] 그래서 가격이 $\triangle P$원 변화하면 수요와 공급은 각각 $-\varepsilon\triangle P$, $\eta\triangle P$만큼 변화한다고 하자. 수요의 변화에 (−)를 붙인 이유는 가격과 수요량이 서로 반대로 변화하므로 복잡한 것을 피해 양수로 만들기 위해서이다. 마찬가지로 조세가 $\triangle T$원 변화하면 공급이 $\eta\triangle T$만큼 변화한다고 할 수 있다. 따라서 식 (10–3)을 다음과 같이 표현할 수 있다.

$$-\varepsilon \Delta P = \eta \Delta P - \eta \Delta T \tag{10–4}$$

이 결과로부터 조세에 따른 귀착의 정도가 수요와 공급의 가격탄력성에 관련된 정도를 정확히 파악할 수 있다. 즉,

$$\frac{\Delta P}{\Delta T} = \frac{\eta}{\varepsilon + \eta} \tag{10–5}$$

이 식은 조세가 $\triangle T$만큼 변화할 때 소비자가격 $\triangle P$의 변화 정도가 수요탄력성 ε과 공급탄력성 η에 의존한다는 의미이다. 따라서 다음과 같이 정리할 수 있다.

첫째, 수요가 완전탄력적이면($\varepsilon=\infty$) $\triangle P=0$이므로 공급자가 모든 조세부담을 지게 된다.

둘째, 수요가 완전비탄력적이면($\varepsilon=0$) $\triangle P=\triangle T$이므로 수요자가 모든 조세부담을 지게 된다.

셋째, 공급이 완전탄력적이면($\eta=\infty$) $\triangle P=\triangle T$이므로 수요자가 모든 조세부담을 지게 된다.

넷째, 공급이 완전비탄력적이면($\eta=0$) $\triangle P=0$이므로 공급자가 모든 조세부담을 지게 된다.

정석 사고

물품세가 소비자나 생산자 어느 쪽에 부과되어도 동일한 귀착의 결과를 얻는다. 시장에서 가격에 민감한 사람은 협상력이 상대적으로 크다는 것을 의미하므로 수요자와 공급자 중 가격에 민감한 쪽이 조세부담을 더 적게 진다. 따라서 수요가 가격에 대해 탄력적일수록 수요자의 조세부담은 줄어들고, 공급이 가격에 탄력적일수록 생산자의 조세부담은 줄어든다.

(4) 종가세와 조세귀착

앞에서 논의한 물품세는 상품 1단위당 일정한 금액의 세금을 내는 형태인 종량세 혹은 단위세

라고 하였다. 그런데 상품가격의 몇 %를 세금으로 내는 형태인 종가세를 물품세로 부과하면 조세귀착의 결과에 어떤 변화가 있을까? 결론적으로 말하면 종량세를 분석한 결과와 양적인 차이는 있지만 질적으로 동일하다.

물품세로서 종가세가 부과되면 수요곡선이나 공급곡선은 평행이동하는 것이 아니라 회전이동한다. 그림 10-5의 그림 (a)는 수요자에게 종가세가 과세된 경우 유효수요곡선이 아래로 회전이동하는 것을 보여준다. 그림 (b)는 생산자에게 종가세가 과세된 경우 공급곡선이 위로 회전이동하는 것을 보여준다. 그림 (b)에서 가격이 α이고 이 가격수준의 50%의 세율(t)로 종가세가 부과되면 세금액 $\beta=0.5\times\alpha$이며, 세율 $t=\frac{\beta}{\alpha}$이다. 따라서 공급곡선을 따라 α가 커지면 β도 커지므로 S에서 S'로 회전이동한다. 종가세도 조세귀착의 결과가 종량세의 경우와 동일하므로 여기서 다시 설명하지 않는다. 그러나 노동에 대한 과세는 종가세의 형태이기 때문에 그때 상세히 보기로 한다.

그림 10-5 조세부담의 귀착: 종가세

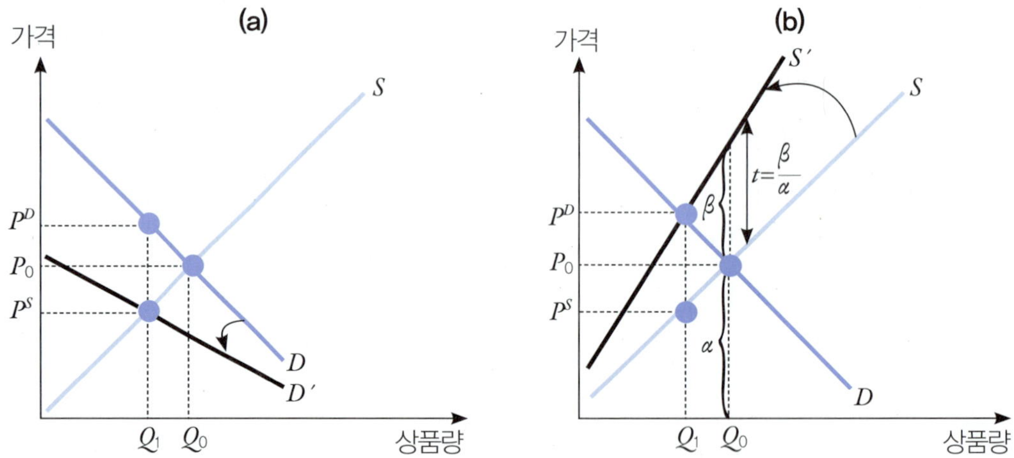

2. 독점시장과 물품세의 귀착

우리는 독점시장의 경우 독점생산자가 조세를 소비자에게 쉽게 전가할 수 있을 것으로 생각하기 쉽다. 그러나 독점생산자라도 그의 목표는 조세전가에 있지 않고 이윤극대화에 있으며, 조세를 완전히 전가하는 것이 항상 이윤극대화를 가져오지는 않는다.

경쟁시장에서와 마찬가지로 독점시장에서도 생산자에게 물품세가 부과될 때 한계비용이 상승하여 수입이 감소하고, 생산량이 줄어 시장에서 소비자가격은 상승할 것이다. 일반적으로 시장수요곡선이 우하향하는 직선이라면 그 시장수요곡선상에서 소비자가격이 결정되므로 세액의 100% 만큼 오를 수는 없을 것이다. 따라서 독점기업이라 하더라도 조세부담을 소비자에게 완전히 전가시킬 수는 없으며, 어느 정도의 조세부담을 질 수밖에 없다.

그러나 스티글리츠(J. Stiglitz, 1988)가 밝힌 특수한 경우로서 어느 점에서나 수요탄력성이 일정한 우하향하는 시장수요곡선일 때 조세가 부과되면 그 시장수요곡선상에서 소비자가격은 세액의 100% 이상 오를 수도 있다. 또 다른 가능성으로서 오히려 독점기업 입장에서 조세가 과중하지 않아서 이윤이 줄어들긴 하지만 수익은 여전히 충분하다고 여긴다면 생산량과 시장가격이 변하지 않을 수도 있다.

(1) 독점의 조세귀착: 선형수요곡선과 일정한 한계비용

완전경쟁시장에서처럼 종량세가 독점생산자에게 부과되는 경우를 살펴보자. 가장 간단한 모형으로서 수요곡선이 우하향하는 직선이고 한계비용이 일정한 경우의 조세귀착을 알아보자.

그림 10-6 에서 단위당 세금이 α만큼 부과될 때 한계비용곡선이 그만큼 상향이동한다. 한계

그림 10-6 독점과 조세부담의 귀착: 선형수요곡선과 한계비용 일정

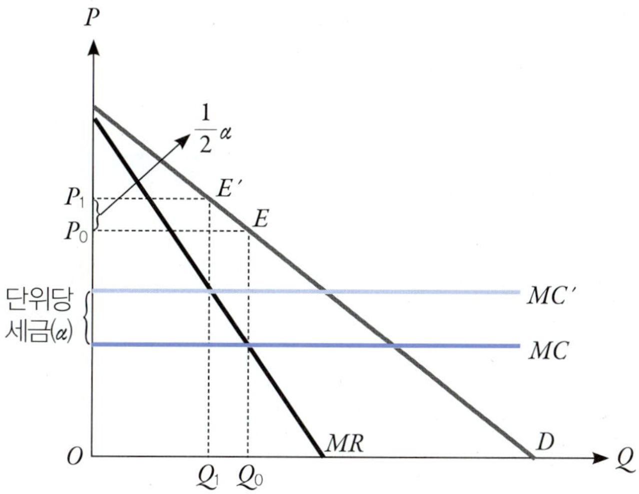

제1편
제2편
제3편
제4편
제5편

비용곡선이 한계수입곡선을 따라 α만큼 위로 이동하면 조세부과 후 이윤극대화 생산량이 결정된다. 그런데 우리는 한계수입곡선(MR)의 기울기는 수요곡선(D)의 기울기의 2배라는 사실을 알고 있다. 이 사실을 생각하면 한계수입곡선을 따라 α만큼 위로 이동하는 대신 수요곡선을 따라 이동한다면, 한계비용곡선은 $\frac{1}{2}\alpha$만큼 높아지는 것과 같다. 따라서 단위당 세금이 α만큼 부과될 때 소비자가격 혹은 상품가격은 $\frac{1}{2}\alpha$만큼 높아지는 것이다. 이 경우 조세부담은 소비자와 생산자에게 반반씩 귀착된다.

(2) 독점의 조세귀착: 비선형수요곡선과 일정한 한계비용

스티글리츠(J. Stiglitz, 1988)가 밝힌 특수한 경우로서 수요곡선이 어느 점에서나 탄력성이 일정한 우하향하는 곡선일 때 소비자가격이 세액의 100% 이상 오를 수 있다는 사실을 확인해보자. 그림 10-7 은 한계비용이 일정하고 수요의 가격탄력성이 항상 2인 특수한 수요곡선을 가정한 그림이다.

독점시장에서는 가격과 한계수입의 관계가 다음과 같다.

$$MR = P\left(1 - \frac{1}{\varepsilon}\right) \qquad (10\text{–}6)$$

단, ε: 수요의 가격탄력성

(10–6)식의 경우 수요의 가격탄력성이 2이면 가격은 항상 한계수입의 2배라는 일정한 배수관계를 가진다.

이때 상품 1단위당 α원의 종량세가 부과된다고 하자. 그림 10-7 에서 한계비용곡선은 위로 α원만큼 이동한다. 가격이 항상 한계수입의 2배라는 일정한 배수관계를 가지므로, 한계비용곡선이 한계수입곡선을 따라 α만큼 위로 이동하는 대신 수요곡선을 따라 이동한다면 가격은 2α만큼 높아지는 것과 같다. 따라서 단위당 세금이 α만큼 부과될 때 소비자가격 혹은 상품가격은 2α만큼 높아지는 것이다.

이 경우 조세부담은 소비자에게 100% 이상 전가되지만 독점생산자의 이윤이 조세부과 전보다 커지지 않고 작아진다.

그림 10-7 독점과 조세부담의 귀착: 일정한 탄력성의 비선형수요곡선과 한계비용 일정

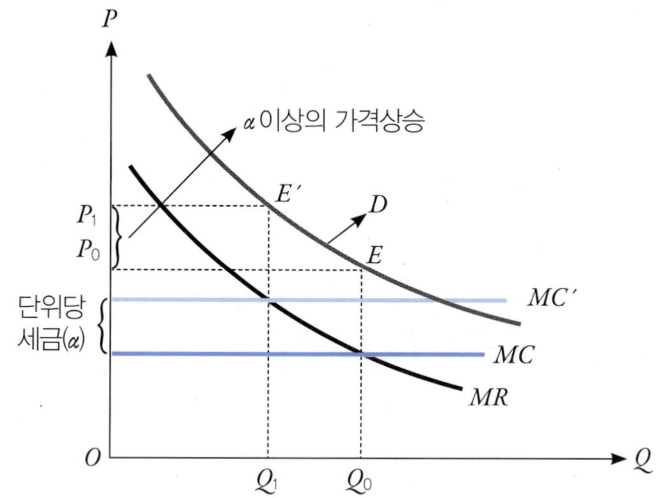

(3) 독점의 조세귀착: 선형수요곡선과 일반적 한계비용

일반적인 경우 독점시장의 조세귀착은 어떻게 되는지 알아보자. 우리는 조세가 소비자나 생산자 어느 쪽에 부과되어도 동일한 조세귀착을 보여준다는 것을 알고 있다. 독점시장의 일반적인 경우 조세가 생산자보다 소비자에게 부과되는 것으로 분석하는 것이 양쪽의 부담 정도를 파악하기 쉽다.

이제 물품세가 소비자에게 α만큼 부과된다고 가정하면, **그림 10-8**에서 보는 것과 같이 생산자 입장에서 본 유효수요곡선은 D에서 D'로 이동한다. 물품세가 부과되기 전의 균형점은 E, 소비자가격은 P_0, 독점이윤은 $(P_0EA \cdot AC_0)$의 사각형이다. 물품세가 부과된 후의 균형점은 E', 소비자가격은 P_1, 독점이윤은 $(P_2BC \cdot AC_1)$의 빗금 친 사각형이다.

두 균형점을 비교해보면 단위당 세액 $\alpha = BE' = P_1P_2$ 중 소비자가격이 상승한 부분인 P_1P_0을 소비자가 부담하고 그 나머지인 P_0P_2를 생산자가 부담한다는 것을 알 수 있다. 그리고 독점이윤은 감소한다는 것도 알 수 있다. 조세귀착의 결과는 완전경쟁시장과 유사하다고 하겠다. 결론적으로 일반적인 우하향하는 수요곡선의 경우 독점생산자와 소비자가 나누어 조세부담을 지게 된다. 이 경우 수요곡선이 비탄력적일수록 소비자부담이 증가하고, 한계비용곡선의 기울기가 클수록 독점생산자의 부담이 증가한다. 독점은 공급곡선이 별도로 존재하지 않으므로 공급곡선 대신 한계비

그림 10-8 독점과 조세부담의 귀착: 일반적 경우

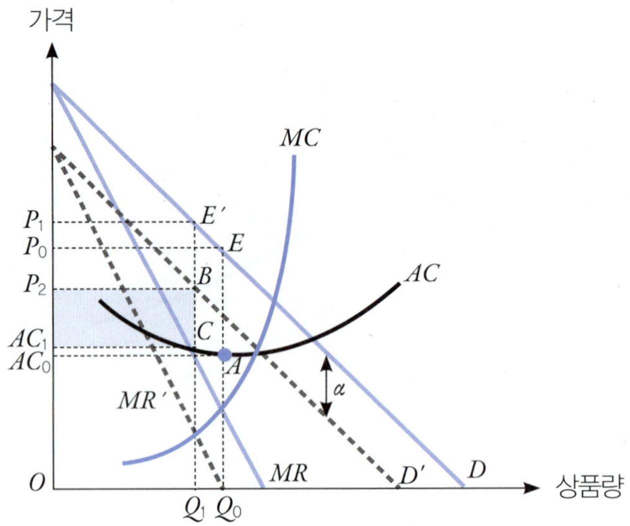

용곡선을 사용한 것이다. 따라서 한계비용곡선을 공급곡선처럼 생각하면 완전경쟁시장에서 탄력성과 조세부담의 관계와 같다는 사실을 알 수 있다.

그런데 한 가지 재미있는 사실은 독점시장에서는 종량세와 종가세의 효과가 다르다는 것이다. 세율 t의 종가세를 부과하는 경우 독점생산자가 지불받는 가격은 $(1-t)P$이고 정부의 세액은 tP이다. 이때 한계수입곡선의 이동에 주목할 필요가 있는데, 그 이유는 독점생산자가 이동한 한계수입곡선과 한계비용곡선이 만나는 생산량에서 이윤극대화를 하기 때문이다. 종가세의 한계수입곡선은 $(1-t)MR$로 회전이동하게 된다. 어떤 생산량에서도 $MR < P$이므로 한계수입곡선의 감소액(tMR)이 세액(tP)보다 작다. 동일한 세액을 걷는 종량세와 비교해보면 종량세의 경우 세액만큼 한계수입곡선도 아래로 평행이동하므로 종가세의 경우보다 더 많이 아래로 이동한다. 이것은 종량세의 생산량이 더 많이 감소한다는 의미이므로 종량세가 종가세에 비해 상대적으로 비효율적인 조세이다.

정석 사고

독점생산자는 물품세를 소비자에게 쉽게 전가할 수 있을 것으로 생각하지만 조세의 완전한 전가가 항상 가능한 것은 아니다. 독점시장은 별도의 공급곡선이 존재하지 않으므로 수요탄력성이 조세귀착의 중요한 역할을 한다. 선형수요곡선과 일정한 한계비용의 경우 물품세의 50%가 소비자에게 전가된다. 수요탄력성이 일정한 비선형수요곡선과 일정한 한계비용의 경우 물품세의 100% 이상으로 소비자에게 전가된다. 일반적으로 우하향하는 수요곡선의 경우 독점생산자와 소비자가 조세부담을 나눈다. 이 경우 수요곡선의 가격탄력성에 반비례해서 소비자부담이 증가하고, 한계비용곡선의 기울기에 비례해서 독점생산자부담이 증가한다.

3. 생산요소에 대한 과세의 귀착

이제까지 상품에 과세되는 물품세를 살펴보았는데, 노동이나 자본에 대해 요소세를 과세하면 조세부담의 귀착은 어떻게 될까? 여기에 대한 답을 찾아보도록 하자.

(1) 노동에 대한 과세

우선 간단히 노동시장의 특징을 논의하고 조세부담의 귀착을 살펴보자. 노동시장에서 노동을 공급하는 근로자들은 노동의 기회비용 즉 여가의 한계효용인 임금률을 보고 노동공급량을 결정한다. 그리고 생산을 위하여 노동을 수요하는 기업은 노동의 한계생산물가치에 따라서 노동수요량을 결정한다. 여기서 노동의 한계생산물가치는 노동을 한 시간 해서 구두 두 켤레를 생산한다고 하면 구두 두 켤레가 시장에서 받는 금액인 시장가치를 말한다. 따라서 노동시장의 균형상태에서 명목임금률은 구두 두 켤레의 시장가치와 일치하게 되며, 실질임금률은 바로 구두 두 켤레가 되는 것이다.

이러한 노동시장에서 노동공급자에게 근로소득세가 부과된다고 가정하여 그 균형상태의 변화와 조세귀착을 살펴보기로 하자. 노동에 대한 과세를 근로소득세라고 한다. 기본적으로 근로소득세도 앞에서 사용한 분석틀을 그대로 이용할 수 있다. 다만 근로소득세는 노동시간당 조세가 부과되는 종량세의 형태가 아니라 임금의 일정비율을 과세하는 종가세(ad valorem tax)의 형태라는 것에 주의하기 바란다. 먼저 앞에서 주로 본 종량세와의 차이를 설명하면 **표 10-1**과 같다.

표 10-1 종량세와 종가세

종량세	$P_d - T = P_s$
종가세	$P_d(1-t) = P_s$

단, P_d는 소비자지불가격, P_s는 생산자수취가격, t는 세율, T는 단위당 세액

표에서 보는 것처럼 종가세인 근로소득세는 기업의 노동수요가격인 시장임금률에서 일정비율로 감액되는 것을 의미하며, 감액을 고려한 나머지가 근로자가 받는 임금률이다. 다시 말해서 근로소득세는 근로자가 받는 임금률(순임금률)과 시장임금률간의 쐐기(leverage) 역할을 하여 근로소득을 감소시킨다.

그림 10-9에서 D는 노동의 수요곡선이고, S는 노동의 공급곡선이며, D'는 근로자의 관점에서 근로소득세 부과 후의 수요곡선이다. 그림에서 근로소득세는 종가세의 형태로 세율은 다음과 같다.

$$t = \frac{AE'}{L_1E'} = \frac{w_1 - w_2}{w_1} \tag{10-7}$$

그림 10-9 노동에 대한 과세의 귀착

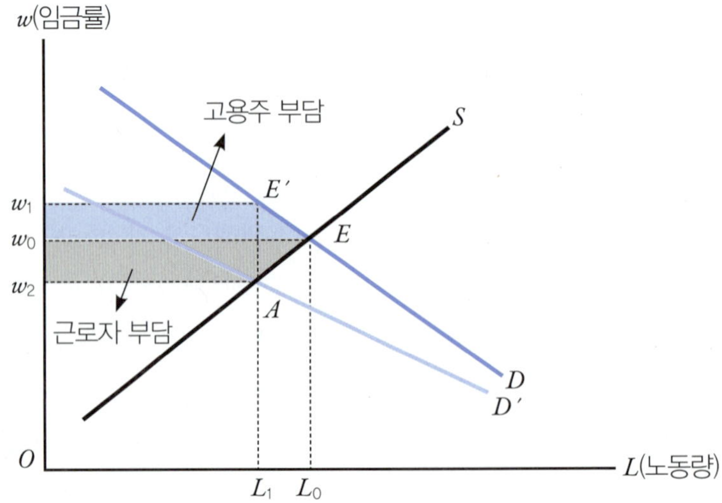

근로소득세가 부과되면 새로운 균형점 E'에서 세금을 제외한 순임금률은 w_2로 낮아진다. 이러한 임금률의 하락은 근로자의 조세부담이 되며, 조세는 근로자와 고용주가 나누어 부담하게 된다. 또한 누가 상대적으로 더 많은 부담을 지게 되는가는 노동수요와 공급의 가격탄력성에 달려 있다.

(2) 자본에 대한 과세

제1절에서 설명했듯이 경제가 폐쇄적인지 개방적인지에 따라 귀착의 양상이 달라진다. 폐쇄경제에서 자본에 과세하면 자본시장의 자본사용자와 자본소유자의 조세부담이 함께 증가하는 분배효과를 발생시킨다. 그러나 개방경제에서는 자본이 해외로부터 무한히 공급될 수 있으므로 주어진 이자율에 대해 자본의 공급곡선이 수평선이라고 할 수 있다. 이때 자본에 과세하면 자본의 공급곡선이 과세폭만큼 위로 이동하여 실질적으로 세후수익률에는 변화가 없다. 앞에서도 설명하였듯이 자본소유자는 아무런 부담을 지지 않고 자본사용자가 모든 부담을 지게 되는 분배효과가 발생한다.

정석 사고

노동에 대한 과세는 물품세처럼 근로자와 고용주가 나누어 부담하게 된다. 자본에 대한 과세는 폐쇄경제일 경우 물품세와 다른 특징이 없지만 개방경제일 경우 자본의 공급곡선이 완전탄력적인 수평선이 되기 때문에 자본사용자가 모든 부담을 지게 된다.

4. 이윤에 대한 과세의 귀착

경제학적으로 이윤이라고 하면 생산자의 총수입에서 생산의 기회비용을 뺀 경제적 이윤을 말한다. 만약 경제적 이윤에 대해 과세를 하면 누가 부담을 지게 될까? 이러한 조세는 생산자의 선택행위에 아무런 영향을 미치지 못한다. 생산자는 이윤세가 부과된 후 이윤을 극대화하려면 이윤세의 부과 이전에도 이윤을 극대화해야 되기 때문이다.

이 설명을 간단히 확인해보자. 이윤세가 이윤의 몇 %를 내도록 하는 종가세 방식이며, 세율을 t라고 가정하자. 생산자가 생산활동을 하려면 생산자의 경제적 이윤(P)에 대해 다음 조건이 만족되어야 한다.

$$P=(1-t)[R-C]\geq 0 \tag{10-8}$$

단, R: 총수입
C: 생산의 기회비용

위 식에서 알 수 있듯이 t의 값에 관계없이 생산자는 이윤을 극대화한다. 따라서 이윤세는 생산자의 생산량의 선택을 바꾸지 않으므로 아무에게도 전가되지 못하고 생산자가 전적으로 부담을 지게 된다. 이 결과는 장단기, 경쟁 혹은 독점시장과 관계없이 성립한다.

현실에서 이윤세에 가장 가까운 조세가 법인세이다. 그러나 법인세는 경제적 이윤이 아닌 회계적 이윤에 대해 과세하는 것이므로 완전히 중립적이라고 보기 힘들다. 제13장에서 법인세를 살펴볼 때 더 상세히 설명할 것이다. 그리고 경제적 이윤은 위험에 대한 대가라는 점에서 정확한 측정이 어렵다. 따라서 이윤세는 현실성이 약하다고 하겠다.

정석 사고 경제적 이윤에 대한 과세는 생산자의 이윤극대화 생산량의 결정에 아무런 영향을 미치지 못한다. 따라서 이윤세의 부담은 그대로 생산자에게 귀착된다.

5. 조세의 자본화와 귀착

토지나 주택과 같이 공급이 고정되어 있거나 내구적인 성격을 가진 상품에 과세하면 조세부담이 자본화되어 즉시 상품가격을 그만큼 하락시킨다. 여기서 **조세의 자본화**라는 것은 미래에 발생할 조세부담이 현재가치화된다는 의미이다. 이것을 조세환원이라고도 하며, 과세의 발표만으로 즉시 효과가 발생한다고 해서 **공표효과**(announcement effect)라고도 한다. 제13장에서 재산세를 논의할 때 상세히 다루므로 중복을 피하기 위해 여기서는 간단히 살펴보자.

예를 들어 어떤 토지에서 연간 R의 임대료수입이 연말마다 영구히 기대된다고 하자. 할인율은 시장이자율 r이며, 토지세 t가 매년 일정하게 부과될 경우 토지의 가치(P^*)에 어떤 변화가 발생하는지 보면 다음과 같다. 토지의 가격이 매기(每期)의 순임대료수입의 현재가치이므로 연초의 토지가격은 다음과 같이 나타낼 수 있다.

$$P^{*}=\frac{R-t}{1+r}+\frac{R-t}{(1+r)^{2}}+\cdots \qquad (10\text{–}9)$$

이 식에서 조세환원액 혹은 조세의 자본화 금액(T^{*})은 다음과 같다.

$$T^{*}=\frac{t}{1+r}+\frac{t}{(1+r)^{2}}+\cdots \qquad (10\text{–}10)$$

따라서 매년 부과하는 토지세의 현재가치 즉 조세환원액만큼 즉시 토지의 가격이 하락하는 것이다. 실제로 세금을 내는 사람은 미래의 그 시점에서 토지를 소유하는 사람이지만 현재 토지를 소유한 사람이 이미 낮은 가격으로 매매를 하기 때문에 미래의 조세부담이 현재소유자에게 귀착된다.

정석 사고

조세의 자본화는 토지와 같이 공급이 고정된 재화에 과세하면 미래에 발생될 조세부담이 현재가치화되는 현상을 말한다. 따라서 토지의 가격이 조세의 자본화 금액만큼 하락하여, 미래의 조세부담이 현재의 토지소유자에게 귀착되는 현상이 발생한다.

제3절 정석 재정학 조세귀착의 분석: 일반균형분석

지금까지 우리는 부분균형분석을 통해 조세가 부과된 상품시장만의 조세귀착문제를 다루었다. 이와 같은 분석은 다른 시장에 미치는 영향을 무시함으로써 조세귀착에 대해 완전한 분석이 될 수 없다. 과세된 시장이 경제에서 차지하는 비중이 작을 경우에는 바람직하지만 비중이 클 경우에는 다른 시장에 미치는 영향까지 고려하는 일반균형분석이 필요하다.

조세귀착의 일반균형분석은 널리 알려진 하버거(A.C. Harberger, 1962; 1974)의 분석결과를 참조하여 설명할 수 있다. 분석의 편의를 위해서 다음과 같은 몇 가지 가정을 한다.

첫째, 사회적 총량이 주어진 노동과 자본을 사용하여 생산하는 자동차와 섬유산업만이 있는 단순한 생산경제이다.

둘째, 이 경제의 모든 시장은 완전경쟁적이며, 자동차의 생산이 섬유의 생산보다 더 자본집약적인 방법으로 이루어진다.

셋째, 각 상품은 규모에 대한 수익불변의 기술을 사용하며, 요소는 부문간 자유로이 이동할 수 있다.

넷째, 소비자의 선호와 부존자원은 모두 동질적이다.

이상의 가정에서 생각할 수 있는 조세의 종류는 일반물품세, 개별물품세(자동차세, 섬유세), 일반요소과세, 부분요소과세(노동과세, 자본과세) 등이다. 우리는 이 중에서 개별물품세와 부분요소과세만을 분석할 것이다. 그 이유는 일반물품세의 경우 모든 상품에 동일한 세율이 적용되므로 비례소득세와 동일하기 때문이다. 또한 일반요소과세의 경우 모든 부문의 요소에 동일하게 과세되므로 과세를 피할 길이 없어 전가되지 않고 조세부담이 그 요소에 귀착된다.

이제 위에서 가정한 단순경제에서 개별물품세의 부과가 전체경제에 미치는 영향을 고려하여 조세부담의 귀착을 살펴보자.[9)]

(1) 개별물품세의 귀착

먼저 자동차에 물품세를 부과하였다고 하자. 자동차에 세금이 부과되면 자동차의 소비자가격이 상승하므로 소비자들은 자동차의 구매를 줄이고 상대적으로 값싼 섬유의 수요를 늘린다. 이에 따라 생산자들은 자동차의 생산을 줄이고 섬유를 더 많이 생산하고자 하며, 자동차산업이 생산을 줄임에 따라 방출된 노동과 자본은 생산을 늘리는 섬유산업으로 흡수된다.

그런데 자동차산업이 자본집약적이므로 생산을 줄일 때 자본이 노동보다 상대적으로 더 많이 방출되어, 노동과 자본시장에서 자본의 가격이 임금에 비해 상대적으로 많이 하락한다. 이처럼 자본집약적인 산업에 물품세가 부과될 때 그 산업에 집약된 요소에 불리하게 작용하는 효과를 **산출효과**라고 한다. 그러므로 자본집약적인 자동차에 과세하면 자동차의 수요가 감소할 뿐만 아니라 경제 내의 모든 자본공급자의 몫도 줄어들게 된다.

정석 사고

자본집약재 산업에 물품세를 부과하면 그 산업이 위축되고 그 산업에 집약된 요소인 자본이 상대적으로 더 많이 방출되어 자본의 상대가격이 하락한다. 이와 같이 어떤 산업에 물품세가 부과될 때 그 산업에 집약된 요소에 불리하게 작용하는 효과를 산출효과라고 한다. 따라서 산출효과에 의해 모든 자본의 소유자에게 조세의 부담이 지워진다.

그림 10-10 개별물품세의 일반균형분석

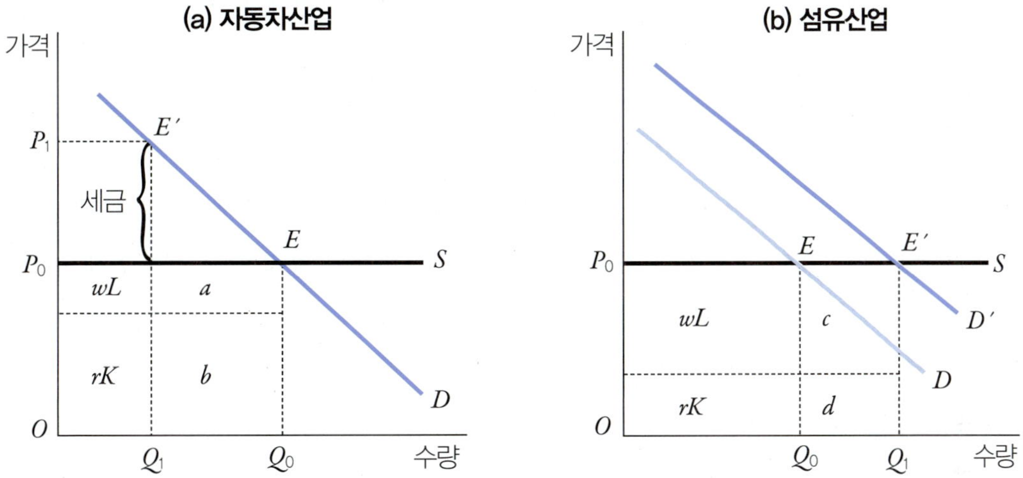

이상의 논의를 그림 10-10 을 통하여 이해해보자. 그림에서 노동과 자본시장인 요소시장은 생략하였다.

그림 (a)에서 자동차산업의 초기균형은 수요와 공급이 일치하는 (P_0, Q_0)이며, 자본집약적인 점을 반영하여 생산비용 중 자본몫은 $(rK+b)$, 노동몫은 $(wL+a)$이라고 가정한다. 마찬가지로 그림 (b)에서 섬유산업의 초기균형은 (P_0, Q_0)이며, 노동집약적인 점을 반영하여 생산비용 중 자본몫은 (rK), 노동몫은 (wL)이라고 가정한다.

그런데 자동차에 물품세가 부과되어 소비자가격이 P_1로 상승하면, 공급량은 Q_1로 감소하고 노동몫 a와 자본몫 b가 이 산업에서 방출된다. 그리고 소비자들이 상대적으로 싼 섬유소비로 대체하려고 하기 때문에 섬유산업의 수요곡선이 D에서 D'으로 이동하게 된다. 섬유의 소비자가격은 동일하지만 수요증가에 따라 공급량이 늘어나야 하므로 새로운 균형은 (P_0, Q_1)이 된다. 이때 자동차산업에서 방출된 자본몫 b는 섬유산업의 생산에 고용되기 위해서 자본몫이 d로 축소되어야 한다. 따라서 자본가격은 하락할 수밖에 없다. 이것이 **산출효과**이다. 반대로 자동차산업에서 방출된 노동몫 a는 섬유산업의 생산에 고용되기 위해서 노동몫 c로 확대되어야 한다. 따라서 노동가격은 상승할 수밖에 없다.

이상에서 살펴본 산출효과의 크기는 일반적으로 두 산업의 요소집약도, 과세대상산업의 수요탄력성(엄밀히 말해서 수요의 가격탄력성과 교차탄력성이지만 줄여 부르기로 한다), 두 산업의 요소의 대체탄력성에 따라 달라진다. 요약하면 다음과 같다.

첫째, 수요탄력성이 클수록 과세산업에 집약된 요소의 부담이 커진다.

둘째, 두 산업간의 요소집약도의 차이가 클수록 과세산업에 집약된 요소의 부담이 커진다.

셋째, 두 요소간의 대체탄력성이 작을수록 과세산업에 집약된 요소의 부담이 커진다.

한 가지 남은 논의로서 과세되는 자동차산업의 집약된 요소를 소득의 원천으로 삼는 자본소유자에게 불리하다는 사실은 모든 사람의 선호가 동일하기 때문에 나오는 결과이다(원천측). 만약 소비자들의 선호가 다르다면 자동차의 소비에 많은 지출을 하는 사용자에게 높은 조세부담이 돌아간다(사용측).

(2) 부분요소세의 귀착

이제 앞에서 살펴본 물품세의 부과 대신 요소세가 전체경제에 미치는 영향을 고려하여 조세부담의 귀착을 살펴보자. 먼저 자동차에 사용되는 자본에만 요소세(부분요소세)를 부과하였다고 하자. 이와 같이 특정부문의 요소에만 과세한 조세를 **부분요소세**라고 한다. 이 경우 요소세는 자동차의 소비자가격을 상승시키므로 소비자들은 자동차의 수요를 줄이고 섬유의 수요를 늘리게 된다. 자동차산업이 자본집약적이므로 생산을 줄임에 따라 자본이 노동보다 상대적으로 더 많이 방출된다. 방출된 노동과 자본은 섬유산업으로 일부 흡수될 수 있지만 섬유산업이 노동집약적이어서 상대적으로 노동을 더 많이 수요하게 된다. 따라서 노동과 자본시장에서 자본의 가격이 임금에 비해 상대적으로 많이 하락한다.

개별물품세에서와 같이 과세된 산업이 위축되어 그 산업에 집약된 요소에 불리하게 작용하는 것을 **산출효과**라고 한다.

한편 자동차산업에서 자본에만 과세되기 때문에 자본비용이 상승하여 자본에 대한 수요는 감소하고 노동에 대한 수요는 증가한다. 이에 따라 자본의 상대가격은 하락하게 된다. 이와 같이 자본에 과세되어 자본에게 불리하게 작용하는 효과를 **요소대체효과**라고 한다. 그러므로 자본집약적인 자동차산업의 자본에 과세하면 자동차의 수요가 감소할 뿐만 아니라 경제 내에서 자본소유자의 몫도 줄어들게 된다.[10]

정석 사고

자본집약재 산업의 자본에 부분요소세를 부과하면 산출효과에 의해 그 산업이 위축되고 그 산업에 집약된 요소인 자본이 상대적으로 더 많이 방출되어 자본의 상대가격이 하락한다. 그리고 요소대체효과는 과세된 요소인 자본에 불리하게 작용하여 자본의 수요감소로 자본의 상대가격을 하락시킨다. 따라서 산출효과와 요소대체효과가 모두 자본의 상대가격을 하락시키는 방향으로 작용한다.

과세로 인해 상품가격이 인상됨에 따라 수요가 감소하고 생산량이 감소하여 나타나는 산출효과는 과세산업이 자본집약적인지 노동집약적인지에 따라 그 효과가 달라진다. 만약 자동차산업의 자본 대신 섬유산업의 자본에 과세하면 노동집약적인 산업이기 때문에 노동이 상대적으로 많이 방출된다. 따라서 오히려 자본의 상대가격이 올라간다.

그러나 요소대체효과는 두 산업의 요소집약도에 관계없이 과세로 인해 상대적으로 요소가격이 상승한 자본의 수요를 줄이고 노동으로 대체함으로써 자본의 상대가격이 하락한다.

이상의 두 가지 효과는 서로 상반되게 작용하므로 그 상대적 크기에 따라 자본에 대한 과세가 노동자에게 전가될 수 있음을 보여준다. 다음 **그림 10-11** 에 이제까지 설명한 경우들을 정리하였다.[11)]

그림 10-11 부분요소세의 일반균형분석

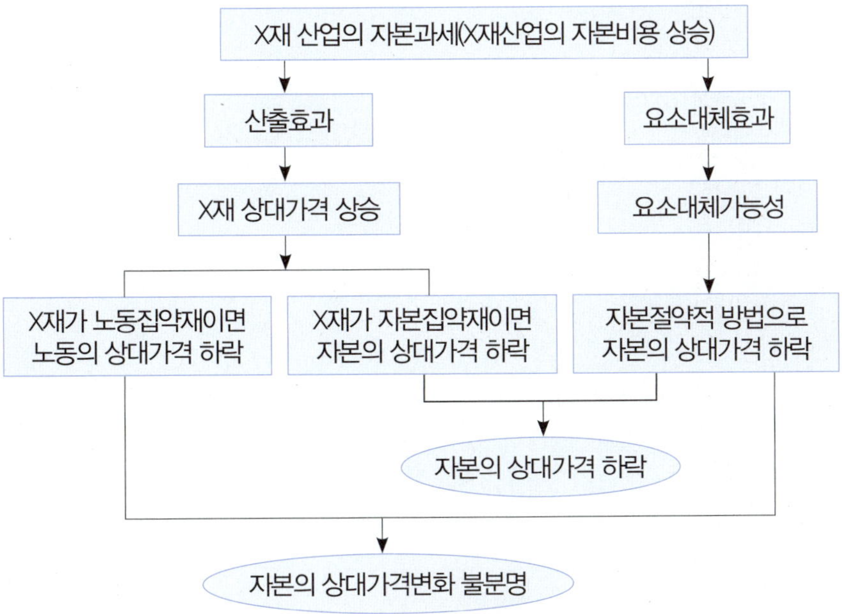

그리고 개별물품세와 마찬가지로 부분요소세의 귀착은 과세상품의 수요탄력성, 두 상품의 대체탄력성 등에 의해 달라진다. 이것을 요약하면 다음과 같다.

첫째, 수요탄력성이 클수록 산출효과가 커진다.

둘째, 두 산업간의 요소집약도의 차이가 클수록 산출효과가 더욱 커진다.

셋째, 두 산업간의 요소의 대체탄력성이 작을수록 산출효과가 더욱 커진다.

넷째, 과세산업의 생산비에 자본이 차지하는 비중이 클수록 산출효과가 더욱 커진다.

다섯째, 과세산업의 요소의 대체탄력성이 클수록 요소대체효과는 더욱 커진다.

개별물품세에서와 같은 결론으로서 모든 사람의 선호가 동일하기 때문에 귀착의 원천측만 보고 사용측을 분석에서 제외시킨 것이다. 만약 소비자들의 선호가 다르다면 귀착의 사용측에서 자동차를 선호하는 소비자가 상대적으로 높은 조세부담을 지게 될 것이다.

정석 사례연구

담배소비세

한국을 포함한 여러 나라에서 담배에 대한 세금을 올려야 한다는 논쟁이 진행되어왔다. 우리나라의 경우 세금이 담배가격에서 차지하는 비중은 62% 정도까지 해당하는데, 여기에 추가하여 담배에 부과되는 건강증진부담금을 올려야 한다는 사람이 많다. 미국에서도 2000년에 갑당 24센트 하던 건강증진부담금을 34센트로 실제 인상하였다. 그러나 이 정도로는 인상효과가 없으므로 더욱 많이 올려야 한다는 주장이 있었다.[12)]

똑같은 담배라는 상품을 두고도 어떤 사람은 가격상승과 소비억제를 통한 금연효과를 이유로, 다른 사람은 담배제조업자에게 징벌을 가하기 위해 생산자가격을 낮추는 효과를 이유로 담배관련 부담금을 인상해야 한다는 것이다. 이러한 담배에 대한 소비세의 인상이 어느 효과를 가져오는지 보여주는 좋은 사례가 있다.[13)]

미국은 담배에 2.5센트의 낮은 세율을 부과하는 버지니아주부터 한 갑에 1.51달러를 부과하는 코네티컷주와 매사추세츠주에 이르기까지 다양하다. 1990년 이후 뉴저지주는 한 갑당 27센트에서 1.18달러로 거의 6배를 올리는가 하면 애리조나주는 한 갑당 15센트에서 1.18달러로 거의 8배를 올렸다. 많은 연구자들은 호기심을 가지고 담배세를 인상한 주와 인상하지 않은 주를 비교해보았다. 거의 모든 연구자들이 보여주는 결과는 담배가격이 담배세만큼 상승했다는 것이다.

담배가격구조 (단위: 원)

※ 세금 및 부담금 총액: 1,550원(소비자가격의 62%), 담배 한 갑: 2,500원

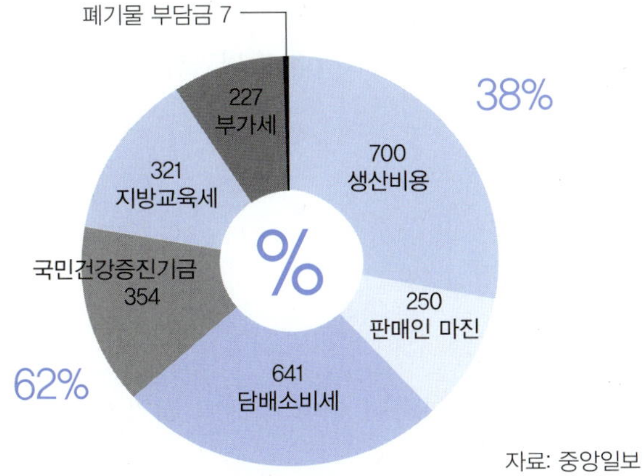

자료: 중앙일보

이러한 현상은 담배에만 국한된 이야기는 아니다. 예를 들어 포터바(J.M. Poterbar, 1996)는 1947년과 1977년 사이에 의류와 다른 개인적인 물품에 세율을 바꾼 8개 도시표본을 조사하였다. 그는 이들 상품의 가격이 판매세가 증가한 만큼 상승한다는 사실을 발견했다.

정석 기본문제

1. 조세의 전가는 무엇을 의미하며, 어떤 형태들이 있는지 설명하라.

2. 조세의 전가가 가장 용이한 경우를 수요탄력성과 공급탄력성의 크기와 관련지어 설명하라.

3. 정부는 담배에 대한 개별물품세(t)를 부과하여 어떤 공공지출을 행할 것을 생각하고 있다. 만일 종량세를 부과한다면 수요곡선이나 공급곡선이 얼마나 이동하고 그 결과 조세귀착은 어떻게 나뉘는가?

   [1] 공급곡선이 수평일 경우

   [2] 수요곡선이 수직일 경우

   [3] 일반적인 경우

4. 정부는 어떤 공공지출을 위해 근로소득세를 생각하고 있다. 만약 종가세를 부과한다면 노동수요곡선이나 노동공급곡선이 얼마나 이동하고 그 결과 조세귀착은 어떻게 나뉘는가?

   [1] 노동공급곡선이 수평일 경우

   [2] 노동수요곡선이 수직일 경우

   [3] 일반적인 경우

5. 수요의 가격탄력성이 큰 재화에 물품세를 부과하면 어떤 형태의 전가가 발생하기 쉬운지 설명하라.

   정석힌트 기업에게 과세할 때 기업이 소비자에게 전가시키는 것을 전전, 요소공급자에게 전가시키는 것을 후전이라고 한다.

6. 정부는 생수를 파는 독점시장에 단위당 세금을 100원 부과하였다. 이 생수회사의 수요곡선은 우하향하는 선형수요곡선이며, 한계비용은 일정하다고 가정한다. 소비자와 생산자가 부담하는 조세귀착에 대하여 설명하라.

   정석힌트 스티글리츠의 특수한 경우로서 단위당 세금의 1/2만큼 소비자가격을 상승시킨다.

정석 심화문제

7. 정부는 독점시장에서 동일한 세수를 확보하기 위해 종가세와 종량세 중 어느 것이 더 효율적인 조세체계인지를 알아보고자 한다. 이 점에 대해 설명하라.

정석힌트 종가세의 한계수입곡선은 $(1-t)MR$로 회전이동하고, 종량세의 한계수입곡선은 세액(tP)만큼 아래로 평행이동한다. 어떤 생산량에서도 $MR \langle P$이므로 종가세의 한계수입곡선의 감소액(tMR)이 종량세의 그것(tP)보다 작다. 따라서 동일한 세액을 걷는 종가세의 생산량이 더 크므로 종가세가 종량세에 비해 유리한 조세체계이다.

8. 국민연금제도의 실시에 따른 갹출금의 귀착을 분석하려고 한다. 어떤 시장을 분석해야 하는지, 어떤 요인들에 의해 전가유무가 결정되는지 설명하라.

정석힌트 국민연금제도의 갹출금은 근로소득세의 경제적 작용과 유사하다. 따라서 노동의 공급탄력성, 요소대체탄력성, 노동집약재의 수요탄력성 등에 따라 전가유무가 결정된다.

9. 노동집약적으로 생산되는 쌀과 자본집약적으로 생산되는 옷이 있다고 가정한다. 자본집약재인 옷에 물품세를 부과하는 경우 이 조세의 귀착에 대하여 설명하라.

정석힌트 하버거모형을 사용하여 산출효과(생산효과)를 살펴보자. 자본집약재 산업인 옷 산업이 위축되므로 옷 산업에 집약된 요소인 자본이 상대적으로 더 많이 방출되어 그 요소의 상대가격이 하락할 것이다. 따라서 자본의 소유자에게 물품세의 부담이 지워진다. 또한 옷을 상대적으로 많이 소비하는 사람에게 물품세의 부담이 귀착된다.

10. 노동집약적으로 생산되는 쌀과 자본집약적으로 생산되는 옷이 있다고 가정한다. 쌀의 생산에 고용된 자본에 대하여만 과세할 때 조세의 귀착은 어떠한지 설명하라.

정석힌트 하버거모형을 사용하여 산출효과(생산효과)와 요소대체효과로 나누어 생각해보자. 산출효과(생산효과)에 의하면 쌀 산업이 위축되므로 쌀 산업에 집약된 요소에 불리하게 작용한다. 따라서 쌀의 자본비용이 인상되므로 쌀의 상대가격이 올라가고, 노동의 상대가격이 하락한다. 한편 요소대체효과에 의하면 자본에 과세되므로 자본에게 불리하게 작용할 것이다. 따라서 쌀의 자본이 옷 생산으로 이동하게 되어 옷의 자본–노동비율이 올라가고, 자본의 상대가격이 하락한다. 두 효과에 의해서는 자본의 상대가격이 하락할지 상승할지를 알 수 없다.

제11장 조세와 효율성

만약 중산층이 없다면 사회는 어떻게 될까?

가난한 자의 수가 항상 부유한 자의 수를 능가할 것이다.

소요가 일어나고 국가는 종지부를 찍을 것이다.

– Aristotle –

앞 장에서는 바람직한 조세제도가 가져야 할 중요한 기준인 공평성과 관련된 조세의 귀착 문제에 대하여 논의하였다. 이 장에서는 바람직한 조세제도의 또 다른 기준이 되는 효율성과 관련된 문제에 대하여 자세히 살펴본다. 특히 조세가 경제주체의 선택행위와 의사결정과정을 교란함으로써 발생하는 초과부담의 성격을 분석하는 데 초점을 맞춘다.

분석의 출발점으로 어떤 조세가 효율적인가 하는 의문을 가질 수 있다. 조세는 민간부문에서 공공부문으로 자원이 이전되는 것이기에 그 자체가 자유로운 시장의 작용을 방해하는 교란이다. 경쟁시장에서는 자유로운 거래를 통해 모든 경제주체들이 교환의 이익을 누린다. 조세로 인해 소비자가격이 올라가고 생산량이 감소하면 경제주체간 거래규모도 줄어든다. 따라서 각자가 얻을 교환의 이익도 줄어드는데, 이것이 조세가 야기하는 교란이다.

효율적인 조세는 이러한 교란을 최소화하는 조세라고 할 수 있다. 빵과 옷, 구두, 양말 등에 물품세를 부과할 때 어떤 교란이 발생할까? 개인의 차원과 시장의 차원에서 이 문제를 어떻게 분석해야 할까? 조세가 야기하는 교란에 의한 개인의 후생손실은 측정가능한 것일까? 이러한 물음에 답하기 위해서는 우선 조세가 야기하는 교란, 즉 초과부담의 성격을 파악해야

제11장 조세와 효율성

한다.

또한 조세는 우리의 경제행위에 많은 영향을 미친다. 저축이자에 대해 소득세가 부과되면 저축이 줄어들까? 만약 저축이 줄어든다면 미래의 자본량은 줄고 고용은 감소될 것이다. 근로소득세는 노동공급을 증가시킬까? 만약 근로소득세로 인해 노동의욕이 감소된다면 근로소득세는 장기적으로 경제성장을 저해할 것이다. 법인소득세는 투자를 증가시킬까? 법인소득세가 기업의 자본구조에 영향을 주고 투자를 저해한다면 경제성장을 둔화시킬 것이다. 법인소득세가 기업의 자본구조에 영향을 준다면 그것이 바람직한 방향인지 살펴보아야 한다.

우리는 이 장에서 이상의 많은 질문들에 대해 경제학적으로 어떻게 접근해야 하는지 보여주고, 가능하면 그 답을 찾아보려고 한다.

이 장에서 배울 것

- 효율적 조세와 초과부담이란 무엇인가?
- 물품세의 초과부담은 어떻게 측정하는가?
- 근로소득세의 초과부담은 어떻게 측정하는가?
- 이자 및 근로소득세가 저축에 어떤 영향을 주는가?
- 근로소득세가 노동공급에 어떤 영향을 주는가?
- 법인소득세가 투자, 위험행위, 자본구조, 배당정책에 어떤 영향을 주는가?

제1절 정석 재정학 효율적 조세와 초과부담

효율적인 조세는 조세로 인한 왜곡을 최소화하는 조세라고 말할 수 있다. 여기서 왜곡이란 경제의 선택행위와 의사결정과정을 교란시킴으로써 파레토효율적인 시장균형을 달성할 수 없음을 말한다. 즉 조세로 인하여 경제에서 희소한 자원인 상품들이 꼭 필요로 하는 사람들에게 일부 돌아가지 않을 수도 있다는 표현이다.

1. 초과부담의 정의

조세는 민간부문의 납세자들로부터 정부로 자원을 이전시키는 것이기 때문에 민간부문에 사용될 자원이 시장에서 빠져나간다는 것을 의미한다. 그리고 시장에서 자원이 빠져나간다는 것은 시장의 교환규모가 줄어든다는 것을 의미한다. 따라서 시장거래자들의 교환의 이익 중 상당한 부분이 시장에서 사라진다. 납세액만큼의 자원은 정부로 이전되지만 시장에서 거래규모 축소로 인해 사라진 교환의 이익은 아무에게도 이전되지 않은 비용인 셈이다. 이 비용은 경제의 비효율성을 나타내며, 모든 국민이 부담을 지게 된다. 이처럼 조세로 인한 자중손실(deadweight loss) 또는 후생비용(welfare cost)을 일컬어 **초과부담**(excess burden)이라고 한다. 보다 엄밀하게 정의하면 초과부담은 조세징수액 이상으로 조세가 가져오는 실제 부담을 말한다.

소비자가 세금을 납부하면 소득이 줄거나 상품가격이 올라서 소비가 줄어든다. 이때 줄어든 부분이 정부가 얻게 되는 세수의 가치보다 클 때 그 차이를 가리켜 사회적 후생손실 혹은 초과부담이라고 하는 것이다. 이 사회적 후생손실은 가장 중요하게 세율이, 그리고 수요와 공급의 가격탄력성 등이 클수록 커지고 조세부과의 효율성은 더욱 낮아진다. 이와 같은 사실들을 다음 절에서 상세히 살펴볼 것이다.

정석 사고

초과부담=조세의 실제부담−조세징수액

2. 초과부담의 발생원인

조세가 비효율적일 수 있는 것은 초과부담이 발생하기 때문이며, 초과부담이 발생하는 이유는 경제의 상대가격체계를 인위적으로 교란하기 때문이다. 예를 들어 빵과 옷 중 빵에만 세율 t인 물품세가 부과된다고 하자. 이 경우 소비자는 빵의 가격을 물품세가 포함된 $(1+t)P$로 인식하고 공급자는 물품세를 제외한 가격에 따라 생산결정을 한다. 따라서 다음의 관계가 만족될 때 조세가 있는 시장의 균형이 달성된다.

$$MRS_{빵,\ 옷}=(1+t)P \qquad (11\text{–}1)$$
$$MRT_{빵,\ 옷}=P$$

단, P는 빵의 생산자가격인데 옷(중립재로서 옷의 가격은 1)에 대한 상대가격으로 보기로 한다. 그러므로 빵에만 물품세가 부과된 상태에서 각 경제주체들이 자신의 이익을 고려하여 의사결정을 한다면 다음과 같은 효율성조건이 성립할 것이다.

$$MRS_{빵,\ 옷}=(1+t)MRT_{빵,\ 옷} \qquad (11\text{–}2)$$

즉, 조세부과 후에는 $MRS>MRT$가 된다. 옷을 중립재로 볼 때 빵의 한계대체율은 빵의 한계편익을 의미하고 빵의 한계변환율은 빵의 한계비용을 반영하므로, 조세가 부과되면 빵의 한계편익이 한계비용보다 커진다. 결국 소비자가 인식하는 빵의 가격은 물품세로 인해 원래의 자원비용(P)보다 더 높아지고, 여기에서 선택행위에 교란이 생기는 원인을 찾을 수 있다.[1] 이때 한계편익과 한계비용의 괴리가 조세의 초과부담이다.

정석 사고

초과부담은 상대가격체계의 왜곡으로 인해서 발생한다. 이러한 왜곡은 가격변화에 따른 대체효과를 낳고 소비자의 선택을 바꿔놓는다. 따라서 초과부담은 조세부과로 인해서 효율적인 자원배분의 조건이 충족되지 않기 때문에 발생한다고 할 수 있다.

물품세가 아닌 다른 조세의 경우에도 초과부담이 발생한다. 예를 들어 근로소득세나 이자소득세를 살펴보면 근로소득세는 여가와 노동 사이의 선택행위에, 이자소득세는 현재소비와 미래소비 사이의 선택행위에 교란을 일으킨다.[2] 물론 이상적인 조세라면 조세의 부담 때문에 경제주체의 정상적인 경제행위(의사결정 및 선택행위)에 교란이 있어서는 안 되지만 현실적으로 완벽하게 효율적인 조세는 존재하지 않는다.

앞에서 살펴보았듯이 예외적이기는 하지만 경제행위에 교란을 가져오지 않는 조세가 존재할 수 있는데, 정액세라고도 부르는 **럼섬세**(lump-sum tax)가 바로 그것이다.[3] 이상적인 조세형태로서 럼섬세는 소득효과만 있고 대체효과는 없는 조세를 포괄하며, 이것과 비교하여 각 조세의 비효율성의 정도를 평가할 수 있어서 개념적으로뿐만 아니라 실제적으로도 유용하게 사용된다.

제2절 물품세의 초과부담

1. 부분균형분석

제10장에서 어떤 상품에 부과된 물품세의 부담이 어떻게 귀착되는지를 살펴보았다. 이제 물품세가 얼마나 비효율적인지를 분석하기 위해 경쟁시장을 가정한다. 그리고 물품세는 상품 1단위당 부과되는 일정한 금액의 세금(종량세, 단위세)이라고 가정한다.

정부는 우리가 자주 먹는 배라는 과일의 판매에 대하여 1개당 일정액의 물품세를 부과하였다고 가정하자. 상품생산자는 상품 1개를 소비자에게 판매할 때마다 일정액의 물품세를 정부에 납부하여야 하므로, 물품세는 배의 생산자가격을 일정 세금액만큼 낮추는 역할을 한다. 이에 따라 공급량이 줄어들고 배의 소비자가격은 상승하게 된다. 다시 말해서 배의 물품세는 생산자 또는 공급자가 받는 수취가격과 시장가격간의 쐐기(leverage) 역할을 하여 배의 공급량을 감소시킨다.

그림 11-1 에서 D와 S곡선은 물품세가 부과되기 전의 배에 대한 수요곡선과 공급곡선이다. 이러한 D와 S곡선은 점 E에서 교차하고 있으므로 조세가 부과되기 전의 배의 균형가격은 P_0이며, 균형거래량은 Q_0이라는 것을 알 수 있다. 이때 정부가 AE만큼의 배세를 부과하였다고 가정하자.

조세부담의 귀착에서처럼, 배세가 부과되었을 때 소비자의 수요곡선은 전혀 변화하지 않을 것

그림 11-1 **조세의 초과부담**

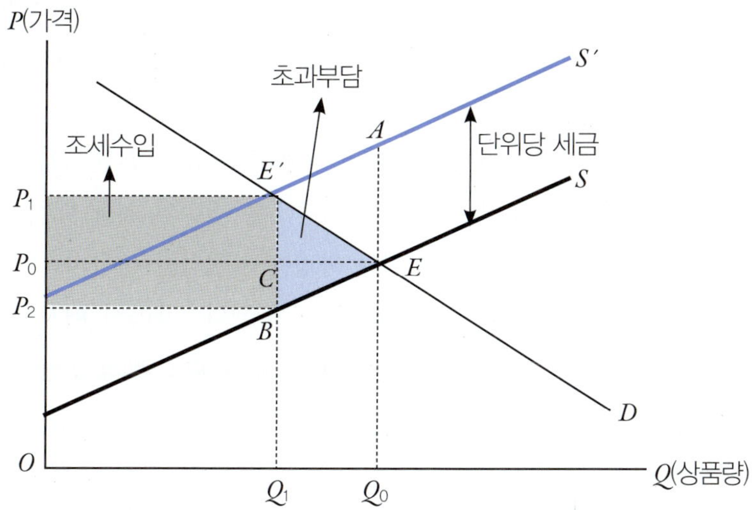

이라고 가정한다. 소비자들은 주어진 공급량에 대해서 세금부과 전과 동일한 가격을 지불하려고 할 것이다. 반면 공급자의 입장에서는 주어진 시장가격에 대해서 공급비용이 증가(또는 수입이 감소)한 것으로 볼 것이다.

그러므로 배세가 부과되면 비용의 증가로 공급곡선이 그 세액만큼 위로 이동한다. 새로운 공급곡선은 곡선 S로부터 AE만큼 위쪽으로 평행이동한 곡선 S'가 되고, 새로운 균형점은 수요곡선 D와 새로운 공급곡선 S'가 교차하는 점 E'가 된다. 그리고 새로운 균형가격은 P_0에서 P_1로 상승하는 반면, 새로운 균형거래량은 Q_0에서 Q_1로 감소한다.

조세귀착에서 보았듯이 이 경우 배의 공급자는 배세 P_1P_2 중 P_0P_2를 부담한다. 소비자는 상품 1개를 구입하는 데 배세 P_1P_2 가운데 P_1P_0을 부담하게 된다. 그러나 조세의 효율성문제는 조세를 사회의 누가 부담하는가가 아니라, 생산량의 감소로 누구의 손에도 들어가지 않고 사라진 돈이 있는가의 여부이다. 만일 조세부과로 인하여 사회적으로 사라진 돈이 있다면 그 조세는 경제적 효율성이 없다.

그림에서 배시장의 초기균형은 수요와 공급이 일치하는 (P_0, Q_0)이며, 배에 T원의 물품세가 부과되어 소비자가격이 P_1원으로 상승하면, 배의 공급량은 Q_1로 감소하고 정부의 조세수입은 (T원)$\times$(Q_1)이 된다. 중요한 것은 배시장의 초기상태 (P_0원, Q_0)와 후기상태 (P_1원, Q_1) 사이로서, 소비자들이 배 (Q_1-Q_0)단위를 포기하였다는 점이다. 소비자들이 포기하는 첫 번째 배의 가치는 P_0원이며, 배를 (Q_1-Q_0)개 포기할 때 마지막 배 1개의 가치는 P_1원이다. 그 사이에 포기한 모든 개수의 배에 대한 가치의 합계는 □$E'EQ_0Q_1$이다. 그러나 소비자들이 배의 소비를 줄이는 과정에서 절약한 소비지출액이 P_0원$\times(Q_1-Q_0)$단위이므로 소비자들이 상실한 가치는 '□$E'EQ_0Q_1-P_0\times(Q_1-Q_0)$원'이 된다.

한편, 배의 공급자들은 배시장의 초기상태 (P_0원, Q_0)와 후기상태 (P_1원, Q_1) 사이에 배 (Q_1-Q_0) 단위의 공급량을 줄였다. 공급자들이 생산을 포기하는 모든 개수의 배에 대한 수입의 합계는 P_0원$\times(Q_1-Q_0)$단위이다. 그러나 배의 생산을 줄이는 과정에서 절약한 생산비용이 □BEQ_0Q_1이므로 공급자들이 상실한 이윤은 '$P_0\times(Q_1-Q_0)$원−□BEQ_0Q_1'이 된다. 따라서 배시장에서의 $\triangle E'EB$가 바로 사회전체로 볼 때 소비자와 생산자의 총후생비용을 나타내며, 배세 T원에 대한 초과부담을 나타낸다. 이를 **하버거의 삼각형**(Harberger's triangle)이라고도 부른다. 이는 조세의 부담 중 소비자와 공급자의 의사결정을 교란시킴으로써 발생한 비용이며, 납세액 이상의 후생손실이므로 사회에 초과부담이 된다.

납세액 이상의 후생손실을 의미하는 초과부담은 사회의 누구에게도 배분되지 않는 비용이기 때문에 이를 최소화하는 조세가 효율적이고 바람직한 조세라고 할 수 있을 것이다. 이제 하버거의 삼각형의 의미를 파악하였으므로 그 크기를 측정하는 방법을 살펴보자. 필요 이상으로 복잡한 계산과정을 피하기 위하여 공급자의 한계비용이 일정하다고 가정한다. 이러한 경우 **그림 11-2** 에서 보듯이 한계비용이 일정하여 공급곡선은 수평적으로 그려진다.

그림 11-2 조세의 초과부담: 수평적 공급곡선

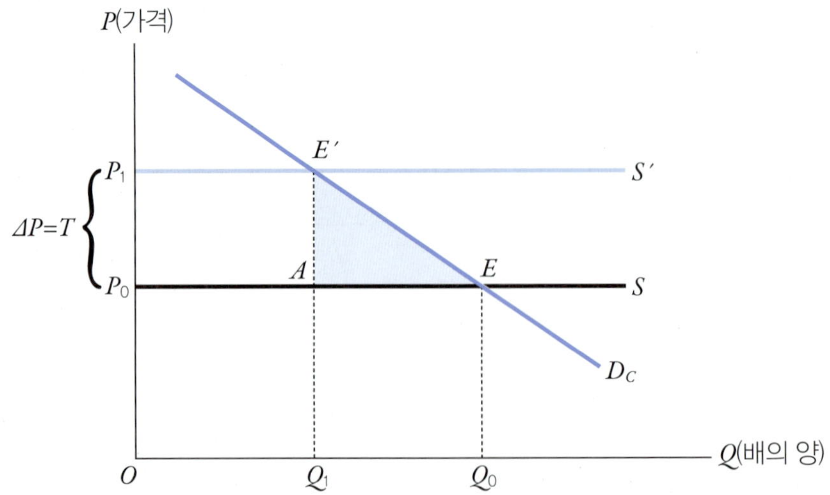

(1) 수평적 공급곡선

조세의 초과부담의 크기를 측정하려면 수요의 가격탄력성을 먼저 이해해야 한다. 수요의 가격탄력성(ε)은 가격변화율에 대한 수요량변화율이므로 다음의 관계가 성립한다.

$$\frac{\Delta Q}{Q}=\varepsilon\frac{\Delta P}{P} \tag{11–3}$$

그리고 배에 단위당 T원의 세금이 부과될 때 가격의 변화가 $\triangle P$이므로 $T=\triangle P$가 되고, 세율(t)은 다음과 같다.

$$\frac{\Delta P}{P}=t \tag{11–4}$$

위의 두 관계를 결합하면 수요량의 변화는 수요탄력성과 세율로 표현될 수 있다. 즉,

$$\frac{\Delta Q}{Q}=\varepsilon t \tag{11–5}$$

삼각형의 면적(그림의 $\Delta AEE'$)은 가격변화와 수량변화를 곱한 값의 꼭 절반에 해당하므로 초과부담은 다음과 같다.

$$\begin{aligned}\textbf{초과부담}&=\frac{1}{2}\Delta P\cdot\Delta Q \qquad (11\text{–}6)\\&=\frac{1}{2}\frac{\Delta P}{P}\cdot\frac{\Delta Q}{Q}\cdot(PQ)\\&=\frac{1}{2}\varepsilon t^2\cdot(PQ)\end{aligned}$$

단, 마지막 항은 총거래액을 의미한다. 또한 정부세수(R)를 다음과 같이 정의하면,

$$R=t\cdot(PQ) \tag{11–7}$$

초과부담액인 하버거의 삼각형은 다음과 같은 형태로도 나타낼 수 있다.

$$\text{초과부담} = \frac{1}{2}\varepsilon t R \tag{11-8}$$

요약하면 조세의 초과부담의 크기는 다음의 몇몇 요인에 의하여 결정된다는 것을 알 수 있다.

첫째, 수요의 탄력성이 큰 상품에 과세하면 초과부담은 커진다.

둘째, 초기의 소비지출액이 큰 상품일수록 초과부담은 커진다.

셋째, 세율이 높을수록 초과부담은 커진다. 특히 초과부담은 세율의 제곱에 비례하여 커진다는 점에 유의해야 한다.

따라서 세율을 낮추는 대신 여러 과세대상이 되는 원천을 찾아 정부의 세수목표를 달성하는 것이 바람직하다고 할 수 있다.

정석 사고

수평적 공급곡선의 경우, 초과부담$=\frac{1}{2}\varepsilon t^2 \cdot (PQ)$이다. 이 공식에서 초과부담은 세율, 수요탄력성, 초기지출액, 정부세수액이 클수록 커진다. 특히 초과부담은 세율의 제곱에 비례해서 더욱 커진다. 따라서 다양한 상품에서 세원을 찾고 그 세원들에 낮은 세율을 적용하여 세수목표를 달성하는 것이 좋다.

위에서 한 가지 설명하지 않고 진행한 것이 있는데, 흔히 초과부담을 측정할 때 수요곡선을 사용하지 않고 보상수요곡선을 사용한다는 점이다. 그 이유는 초과부담이 소득효과와 관계없이 대체효과에 의한 교란에서만 생긴다고 보기 때문이다. 두 수요곡선의 차이를 이해하는 데 어려움을 겪는 독자들을 위해 **그림 11-3** 을 이용하여 간단히 설명해보자.

기본적으로 가격효과는 슬러츠키방정식(Slutsky equation)을 통해 대체효과와 소득효과로 나눌 수 있다. 조세로 인한 가격상승은 상대적으로 값싼 상품으로 대체하려고 하기 때문에 수요가 감소하는 대체효과를 발생시킨다. 그림에서 점 E에서 점 E'로 가격이 상승함에 따라 수요량이 Q_0에서 Q_1으로 줄어드는 것이 대체효과이다. 그리고 실질소득의 감소로 모든 상품의 구매량이 줄어드는 소득효과에 의해 가격은 변화 없이 P_1에서 구매량이 점 E'에서 점 E''로 줄어드는 것이다.

그런데 보상수요곡선은 소득효과를 뺀 가격과 수요량의 조합을 그린 것이다(**그림 11-2** 에서 수요곡선을 D_C라고 표시한 이유이다). 따라서 이 수요곡선상에서는 실질소득 혹은 효용수준이 동

그림 11-3 조세와 보상수요곡선

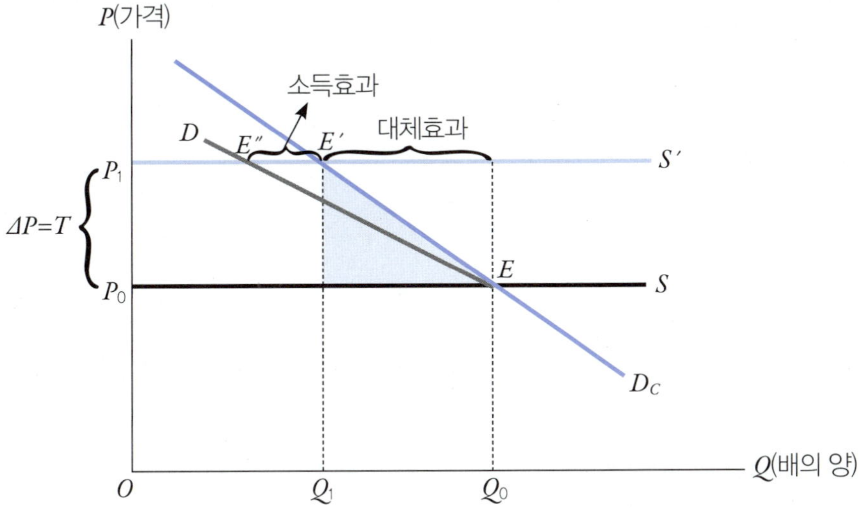

일하다는 특징을 가진다. 이러한 과정을 두 상품공간에서 예산선을 이용하여 살펴보면 더 정확한 설명이 가능하지만 독자의 몫으로 남긴다.

이상에서 보았듯이 어떤 조세가 부과되었을 때 목표로 정해진 조세수입을 얻는 과정에서 초과부담이 크게 발생할수록 그 조세는 비효율적이라고 할 수 있다. 따라서 조세수입에서 초과부담이 차지하는 비율을 구하고, 이것을 **비효율성계수**(coefficient of inefficiency)라고 한다. 비효율성계수는 다음과 같이 나타낼 수 있다.

$$\text{비효율성계수} = \frac{\text{초과부담}}{\text{조세수입}} = \frac{1}{2}\varepsilon \cdot t \qquad (11\text{-}9)$$

이 식에 따르면 비효율성계수는 수요의 가격탄력성과 세율에 의존하며, 수요의 가격탄력성이 클수록 그리고 세율이 높을수록 비효율성은 커진다는 것을 알 수 있다.

(2) 일반적 공급곡선

이제 공급자의 한계비용이 일정하다는 가정을 완화하여 일반적인 경우를 다루어보자. 다시 말해서 생산량의 증가에 따라 공급자의 한계비용이 증가하므로 공급곡선이 우상향하는 경우이다.

이미 앞에서 살펴본 것처럼 배세의 부과는 배의 소비자가격을 상승시키고, 공급자가격을 하락시킨다. 그중 소비자가격의 상승분 (P_1-P_0)을 T_1, 공급자가격의 하락분 (P_2-P_0)을 T_2라고 하면, 조세 T원은

$$T=T_1+T_2 \tag{11–10}$$

이고, 세율로 표현하면

$$t=t_1+t_2 \tag{11–11}$$

이다. 그리고 배의 공급탄력성을 η라고 가정한다. 배시장이 청산되기 위해서 배세의 부과로 인한 수요량의 변화와 공급량의 변화는 같아야 하므로

$$\frac{\varDelta Q}{Q}=\varepsilon t_1=\eta t_2 \tag{11–12}$$

이고, (11–11)식의 세율과 (11–12)식의 수요량의 변화를 간단히 하여 다음을 구할 수 있다.

$$t-t_1=t_2=\frac{\varepsilon t_1}{\eta} \tag{11–13}$$

따라서 세율 t와 t_1은 다음과 같이 표현된다.

$$t=t_1+\frac{\varepsilon t_1}{\eta}=\frac{\eta+\varepsilon}{\eta}t_1 \tag{11–14}$$

혹은

$$t_1=\frac{\eta}{\eta+\varepsilon}t \tag{11–15}$$

앞의 일정한 한계비용의 경우처럼 삼각형의 면적은 가격변화와 수량변화를 곱한 값의 절반에 해당하므로 초과부담은

$$\frac{1}{2}\Delta P\cdot\Delta Q=\frac{1}{2}\frac{\Delta P}{P}\cdot\frac{\Delta Q}{Q}\cdot(PQ)$$
$$=\frac{1}{2}t\cdot[\varepsilon t_1]\cdot(PQ)$$
$$=\frac{1}{2}\frac{\eta\varepsilon}{\eta+\varepsilon}t^2\cdot(PQ) \quad (11\text{–}16)$$

가 된다. 여기서 큰 특징은 (11–6)식에 공급과 수요탄력성의 합에서 공급탄력성이 차지하는 비중을 가중하였다는 것을 알 수 있다. 일반적인 경우에는 공급탄력성이 클수록 가중치가 커지고 초과부담도 커진다.

정석 사고

초과부담 $=\frac{1}{2}\frac{\eta\varepsilon}{\eta+\varepsilon}t^2\cdot(PQ)$

수평적 공급곡선의 경우와 마찬가지로 수요의 탄력성이 클수록, 초기의 소비지출액이 클수록, 세율이 높을수록 초과부담은 커진다. 또한 공급탄력성이 클수록 초과부담도 커진다.

일반적 공급곡선의 경우 초과부담을 계산하기 위해 약간의 수학을 사용하였지만 사실 훨씬 쉽고 간단한 방식이 있다. 식 (11–12)는 다음과 같은 비례식을 의미한다.

$$t_1 : t_2=\eta : \varepsilon \quad (11\text{–}17)$$

그리고 $t=t_1+t_2$이므로 다음 비례식이 성립한다.

$$t_1 : t_2=\frac{\eta}{\eta+\varepsilon}t : \frac{\varepsilon}{\eta+\varepsilon}t \quad (11\text{–}18)$$

따라서 상품 1과 상품 2의 세율을 각각 오른쪽의 것으로 두고 **그림 11-4** 의 ΔABC의 면적을 구하면 된다. **그림 11-4** 를 이용하여 독자 스스로 해보기 바란다.

그림 11-4 우상향 공급곡선과 초과부담

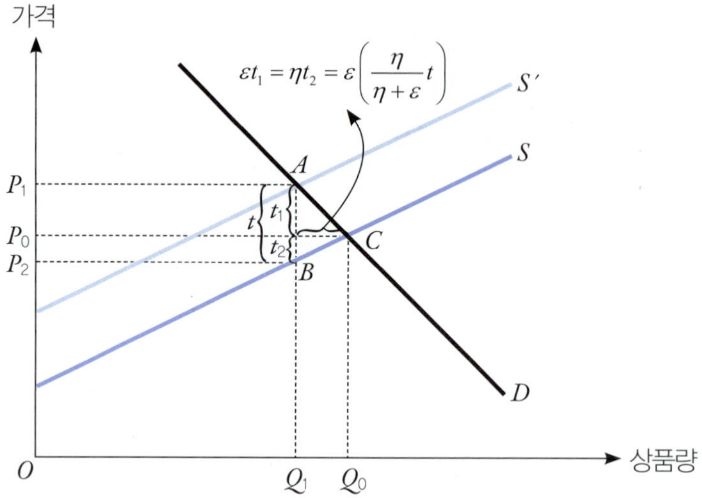

2. 개인적 관점에서의 초과부담

이제 개인의 선택행위의 관점에서 초과부담의 크기가 어떻게 측정되는지 알아보자. 어떤 소비자가 주어진 소득으로 빵(X)과 옷(Y)을 구입한다고 가정하자. 정부가 빵에만 물품세를 부과할 때 이 소비자의 선택이 어떻게 바뀌고 이때 발생하는 초과부담은 얼마나 되는가?

그림 11-5 는 이 소비자의 원래 예산선을 AB, 물품세부과 후 예산선을 AC로 나타내고 있다. 물품세의 부과로 빵의 가격이 상대적으로 올라서 예산선은 AC로 이동하며, 새로운 균형점은 E'이고 그때의 효용수준은 i'이다. 이제 물품세의 부과로 소비자의 후생손실액이 얼마인지 알아보자. 그리고 이 소비자가 실제 지불하는 세금의 크기도 알아보자. 이 양자의 차이가 초과부담이다.

우선 이 소비자가 실제 지불하는 세금의 크기는 새로운 균형점 E'에서 원래의 예산으로도 같은 양의 빵을 구매하지만 조세로 인해 줄어든 옷의 구매량이다. 이것은 새로운 균형점 E'에서 수직으로 그은 직선이 원래의 예산선 AB와 만나는 점 F 사이의 거리, 즉 선분 FE'이다. 이 선분이 옷의 단위로 표시한 세금의 크기이다.

다음으로 물품세의 부과로 소비자의 후생손실액이 얼마인지 알아보자. 이것을 알기 위해 소비자에게 물품세로 인한 효용의 감소를 피하기 위해 지불할 용의가 있는 금액을 묻는 것이다. 제

그림 11-5 개인적 관점에서의 초과부담

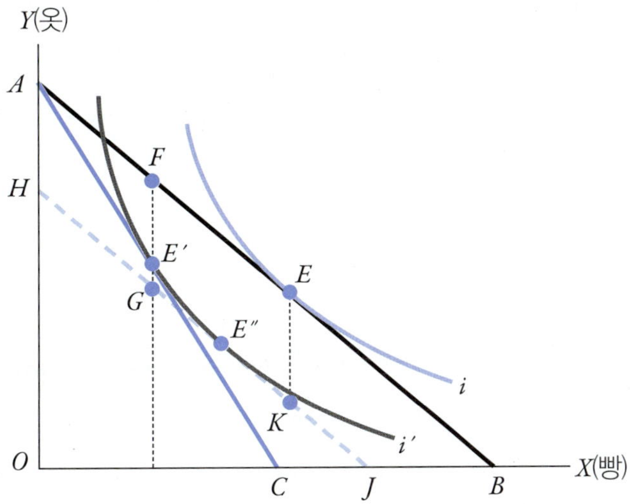

2장에서 본 바와 같이 소비자의 진정한 후생변화를 측정하는 이 개념을 **대등변화**(equivalent variation)라고 한다. 이 금액은 원래의 균형점 *E*에서 새로운 효용수준 *i*′에 접할 때까지 원래의 예산선을 아래로 평행이동시켜 선분 *HJ*(그림의 점 *E*″에 접하는 점선)을 구한 후, 점 *E*에서 수직으로 그은 직선이 선분 *HJ*와 만나는 점 *K* 사이의 거리, 즉 선분 *EK*이다. 이것은 사실 두 효용수준 *i*와 *i*′의 차이를 옷의 단위로 표시한 것이다.

이제 소비자가 실제 지불하는 세금의 크기와 대등변화를 비교하기 위해 선분 *EK*를 점선을 따라 점 *E*′에 이를 때까지 이동시켜 선분 *FG*를 구한다. 당연히 선분 *FG*는 *EK*와 길이가 같다. 따라서 세금의 크기인 선분 *FE*′보다 대등변화인 선분 *FG*가 더 크다. 이 차이가 물품세의 초과부담이다. 즉,

초과부담=선분$E'G$=선분FG−선분FE'

이상에서 소비자의 진정한 후생변화를 측정하는 개념으로 대등변화를 사용했지만 보상변화도 있다. 이 경우 소비자에게 원래의 효용수준으로 되돌아가기 위해 보상해주어야 하는 금액이 된다. 위에서의 설명과 동일하게 초과부담을 보여줄 수 있기 때문에 독자의 몫으로 남겨둔다.

예외적인 경우로서 빵과 옷이 완전보완관계를 가질 때 초과부담은 어떻게 될까? 이 경우 소비자

의 무차별곡선의 형태는 L자형으로 나타난다. 따라서 상품간 대체효과가 발생하지 않으므로 초과부담도 발생하지 않는다. 초과부담은 대체효과에 의해서만 발생한다는 사실에 주의할 필요가 있다.

정석 사고 개인적 관점에서 본 초과부담의 정의와 크기: 초과부담 = 대등변화 − 세금의 크기

3. 일반균형분석

조세의 초과부담에 대한 일반균형분석은 생산가능곡선과 사회무차별곡선을 이용한 새무엘슨(Samuelson)−프리드만(Freidman)형의 분석을 생각할 수 있으나, 관련된 두 상품시장의 효과만을 생각하는 하버거(Harberger, 1974)형의 일반균형분석을 하는 것이 훨씬 직관적으로 보인다. 따라서 분석의 편의를 위해서 우리는 배와 사과라는 두 과일시장만 있는 단순한 시장경제를 가정한다. 그리고 이 경제의 모든 시장은 경쟁적이며, 사과와 배를 생산하는 한계비용은 일정하다고 가정한다. 이제 이러한 단순경제에서 앞에서 본 물품세의 부과가 전체경제, 즉 두 과일시장에 미치는 영향을 동시적으로 고려하여 조세의 초과부담을 살펴보자.[4)]

(1) 다른 교란요인이 없는 경우

먼저 가격이 1원인 배에 물품세 1원을 부과하였다고 하자. 배에 세금이 부과되면 배의 소비자가격이 상승하고, 소비자들은 배의 구매를 줄이고 사과의 수요를 늘리려고 할 것이다. 일반적으로 사과의 수요가 증가하면 사과의 가격도 상승할 것이며, 상승한 사과가격은 다시 배시장에 영향을 줄 것으로 예상된다.

그러나 우리가 가정한 단순한 시장경제에서는 배에 세금이 부과되면 배의 소비자가격이 상승하여 사과의 수요를 늘리려는 대체현상이 발생하지만, 사과생산자들의 한계비용이 일정한 관계로 경쟁시장에서 사과의 가격은 오르지 않는다. 따라서 사과시장의 가격상승은 없고 다시 배시장에 영향을 주지는 않는다. 이상의 논의를 **그림 11-6**을 통하여 이해해보자.

그림 11-6에서 배시장의 초기균형은 수요와 공급이 일치하는 (P_0=1원, Q_0)이며, 사과시장의 초기균형은 (P_0=1원, Q_0)이다. 그런데 배에 1원의 물품세가 부과되어 소비자가격이 P_1=2원으로

그림 11-6 **초과부담의 일반균형분석: 다른 조세가 없을 경우**

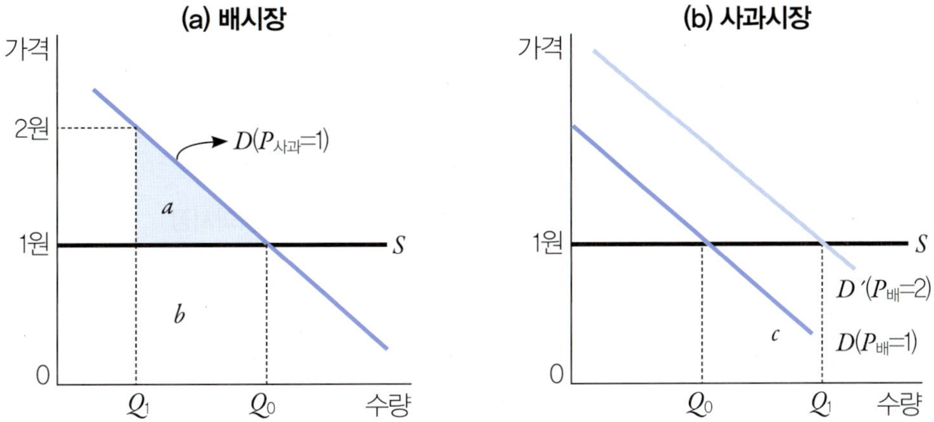

상승하면, 배의 공급량은 Q_1으로 감소하고 정부의 조세수입은 (1원)(Q_1)이 된다. 중요한 것은 배시장의 초기상태 (P_0=1원, Q_0)와 후기상태 (P_1=2원, Q_1) 사이로, 소비자들이 배 (Q_1-Q_0)단위를 포기하였다는 점이다. 소비자들이 포기하는 첫 번째 배의 가치는 1원이며, 배를 (Q_1-Q_0)개 포기할 때 마지막 배 1개의 가치는 2원이다. 그 사이에 포기한 모든 개수의 배에 대한 가치의 합계는 ($a+b$) 영역이다.

그러나 소비자들이 배의 소비를 줄이는 과정에서 절약한 소비지출액으로 상대적으로 싼 사과소비로 대체하려고 하기 때문에 사과시장의 수요곡선이 D에서 D'로 이동하게 된다. 사과의 소비자 가격은 동일하지만 사과소비의 증가에 따라 공급량이 늘어나야 하므로 새로운 균형은 (P_0=1원, Q_1)이 된다. 따라서 배시장에서 포기한 가치 ($a+b$)에서 사과시장으로부터 더 얻은 가치 (c)를 공제해야 정확한 소비자의 가치감소분, 즉 소비자의 후생비용을 얻을 수 있다. 사과를 더 소비함으로써 얻는 가치 (c)는 정확히 (b)와 같다는 사실을 확인하기 바란다. 따라서 배시장에서의 영역 (a)가 바로 사회전체로 볼 때 소비자의 후생비용이자, 배의 물품세 1원에 대한 초과부담을 나타낸다.

정석 사고

서로 대체관계에 있는 두 상품시장에서 다른 상품시장에 조세 등의 왜곡이 없고 생산의 한계비용이 일정한 경우, 한 상품에 새로운 조세를 부과하면 그 상품시장은 새로운 조세에 의한 초과부담이 발생하지만 다른 상품시장은 수요증대효과가 있더라도 추가적인 후생증가나 초과부담이 발생하지 않는다.

앞에서 배운 대로 초과부담의 크기를 측정해보면, 배에 단위당 T원의 세금이 부과될 때 초과부담은 $\frac{1}{2}T\Delta Q$가 된다. 만일 t를 세율 즉 $\frac{T}{P_0}$라고 하면, 원래의 가격과 소비량이 각각 1원과 1개일 때 초과부담은 $\frac{1}{2}(t)(\varepsilon t)$ 혹은 $\frac{1}{2}\varepsilon t^2$이 된다.

그림 11-7 초과부담의 일반균형분석: 다른 조세가 있을 경우

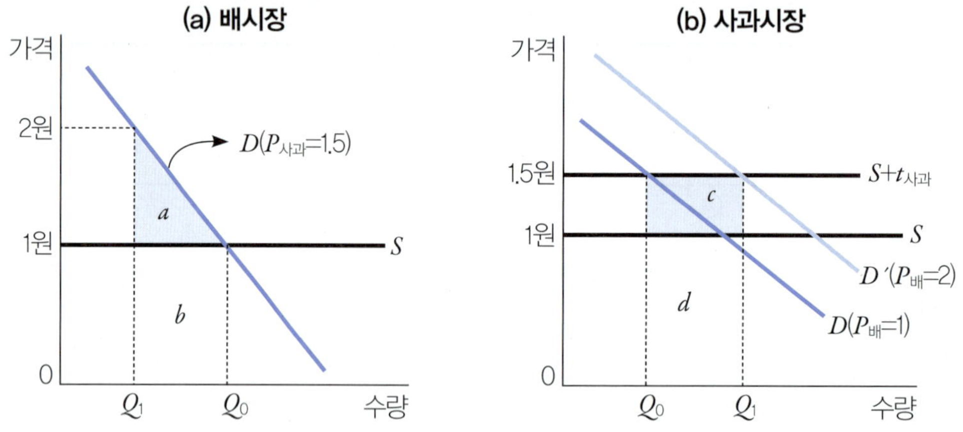

(2) 다른 교란요인이 있는 경우

앞에서 논의한 경우가 대부분의 조세에 대하여 아주 잘못된 추정이나 큰 오차가 있는 계산결과를 가져오지는 않는 것으로 알려져 있다. 그러나 현실경제에는 여러 조세가 여러 시장들에 부과되어 있는 경우가 흔하므로 좀 더 현실적으로 상황을 바꾸어보고자 한다. 즉 지금까지의 가정에서는 경제 내 다른 시장에 조세가 없다고 하였으나 이제 다른 시장에 조세가 이미 부과되어 시행 중일 때, 배시장에 새로이 도입되는 조세의 초과부담은 어떻게 변할 것인지를 살펴보고자 한다.

앞 항의 예를 사용하여 배시장에 조세가 부과된다고 하자. 다만 사과시장에 이미 0.5원의 물품세($t_{사과}$)가 부과되어, 이를 반영한 사과가격이 1.5원이라고 가정한다. **그림 11-7**을 통해 초과부담이 어떻게 변하는지 살펴보도록 하자.

앞 항과 마찬가지로 배시장의 조세($t_{배}$)로 인해 소비자들이 포기하는 (Q_1-Q_0)개의 배에 대한 후생(가치)은 $(a+b)$이다. 앞 항과의 차이는 사과시장에서 나타난다. 소비자들이 사과에 대해 처음에는 1원을 지불했으나 조세부과로 1.5원을 지불하고 있다. 그리고 배시장에 조세가 부과되어도 여전히 1.5원을 지불한다. 왜냐하면 사과생산자들의 한계비용이 일정한 관계로 경쟁시장에서 사과의 가격이 오르지 않기 때문이다. 배세(배시장의 조세를 약칭)가 도입됨에 따라 상대적으로 값이 싸진 사과의 수요가 늘어나 사과의 수요곡선이 D에서 D'로 이동하게 되면서 증가한 사과소비의 가치는 $(c+d)$로 나타낼 수 있다. 그러므로 현재의 예에서 배세의 부과에 따라 변화하는 소비자의 후생 크기는 배시장의 $(a+b)$만큼의 후생손실과 사과시장의 $(c+d)$만큼의 후생증가를 종합하면 파악될 수 있다.

앞 항에서처럼 b와 d는 배와 사과의 생산비용으로서 생산이 대체된 것으로 보아 같은 금액이라고 가정하면 소비자의 순후생손실은 $(a-c)$가 된다. 면적 a는 배세의 도입에 따른 초과부담이며, 면적 c는 사과의 수요증가에 따라 증가한 정부의 세수를 나타낸다. 따라서 사과시장에서의 정부의 세수증대효과가 새로운 조세부과에 의한 배시장의 초과부담보다 더 크다면 사회후생이 오히려 증가함을 알 수 있다.

정석 사고

서로 대체관계에 있는 두 상품시장에서 다른 상품시장에 이미 조세가 존재하는 경우 한 상품에 새로운 조세를 부과하면, 새로운 조세에 의한 초과부담이 발생하더라도 다른 상품시장의 정부세수의 증대효과로 인해 오히려 사회후생이 증가할 수 있다.

이상의 직관을 가지고 구체적인 계산을 통해 그 정확한 관계를 살펴보도록 하자. **그림 11-7**에서 금액 c는 $(t_{사과})\times(d)$와 같고, 금액 d는 금액 b와 같기 때문에 금액 c에 대하여 다음의 관계가 성립한다.

$$c=t_{사과}\times(b)=t_{사과}[\varepsilon t_{배}P_{배}Q_{배}] \tag{11-19}$$

금액 b는 $b=P_{배}\Delta Q_{배}$인데, 식 (11-5) 즉 $\frac{\Delta Q}{Q}=\varepsilon t$를 이용하여 $b=P_{배}[\varepsilon t_{배}Q_{배}]$로 표현되기 때문이다. 배의 원래가격과 공급량이 각각 1원과 1단위라고 하고, 소비자의 순후생손실을 생각해보면 다음과 같다.

$$a-c=\frac{1}{2}\varepsilon t_{배}^{2}-t_{사과}[\varepsilon t_{배}] \tag{11-20}$$
$$=\frac{1}{2}\varepsilon t_{배}[t_{배}-2t_{사과}]$$

위 식에서 우리는 사과에 이미 조세가 부과되어 있을 때 배세를 부과하더라도 사회후생이 오히려 증가할 수 있다는 점에 주목할 필요가 있다. 예를 들어 사과에 부과되어 있는 것과 동일한 세율을 배에 부과해보자. 식 (11-20)에서 $[t_{배}-2t_{사과}]$는 음의 값을 가지므로, 배세의 부과로 음의 순후생손실 즉 순후생증가가 발생한다. 만약 예처럼 배세가 정확히 사과세의 2배라고 하면 순후생손실도, 순후생증가도 발생하지 않는다. 이러한 사실은 상품시장이 둘 이상인 경우에도 그대로 적용된다.

제3절 근로소득세의 초과부담

정석 재정학

이제까지 주로 물품세의 초과부담을 살펴보았는데, 이 절에서는 근로소득세의 초과부담을 살펴보자. 근로소득세는 노동에 대한 과세이며, 일반적으로 종가세(ad valorem tax)의 형태를 가진다. 앞에서 주로 본 종량세의 중요한 경제적 결과들과 마찬가지로, 종가세는 종량세와 달리 요소소득에 대하여 일정한 비율로 과세가 된다. 제10장에서 논의했듯이 근로소득세는 근로자가 받는 임금률과 시장임금률간의 쐐기(leverage)역할을 하여 근로소득을 감소시킨다. 노동시장에서 노동공급자에게 근로소득세가 부과될 때 부분균형분석으로 그 초과부담을 살펴보기로 하자.

1. 부분균형분석

(1) 수평적 노동수요곡선

그림 11-8은 근로소득세가 노동시장에서 어떤 역할을 하며, 사회적 후생비용 즉 초과부담이 어떻게 발생하는가를 보여주고 있다. 그림에서 D는 노동의 수요곡선이고, S는 노동의 공급곡선

이며, D'는 근로소득세 부과 후의 수요곡선을 보여준다. 주의할 점은 D'가 고용주의 관점에서 가능한 노동수요곡선의 이동이 아니라 근로자의 관점에서 직면하는 노동수요곡선(유효수요곡선)을 나타낸다는 것이다. 그리고 S는 임금률의 변화로부터 나오는 소득효과를 제거하고 대체효과에 의한 노동공급곡선, 말하자면 노동의 보상공급곡선이다. 근로소득세는 근로자가 받는 임금률과 시장임금률간의 쐐기역할을 하여, 순임금률을 w_0에서 $(1-t)w_0$으로 하락시킨다. 이에 따라 노동공급이 L_0에서 L_1로 줄어들며, 노동공급자의 잉여는 사다리꼴 $BCE'E$만큼 줄어든다. 이 중 사각형 $ABCE'$는 조세수입으로 정부에 들어가고, 남은 삼각형인 AEE'가 근로소득세의 초과부담이 된다.

하버거의 삼각형 AEE'의 초과부담은 물품세의 초과부담을 부분균형분석으로 측정하는 것과 동일한 방식으로 계산될 수 있다. 즉,

$$\text{초과부담} = \frac{1}{2}\eta_L t^2 w_0 L_0 = \frac{1}{2}\eta_L t R \tag{11-21}$$

단, η_L: 노동공급의 임금탄력성

R: 조세수입

물품세의 초과부담공식과 다른 점은 수요의 가격탄력성 대신 노동공급의 임금탄력성이 사용된

그림 11-8 근로소득세의 초과부담: 수평적 노동수요곡선

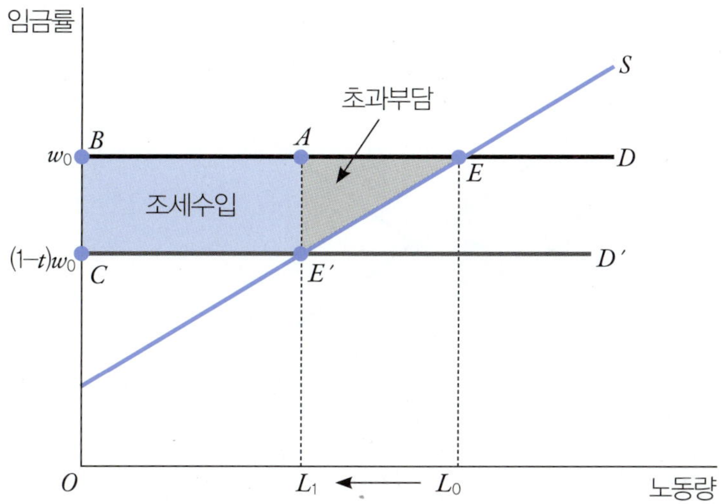

제1편
제2편
제3편
제4편
제5편

다는 것이다. 근로소득세의 초과부담은 세율의 제곱에 비례해서 커지고, 노동공급의 임금탄력성(대체효과)이 클수록 커지며, 초기 근로소득이 높을수록 커진다.

(2) 일반적 노동수요곡선

그림 11-9에서 D는 노동의 수요곡선이고, S는 노동의 공급곡선이며, D'는 근로소득세 부과 후의 수요곡선을 보여준다. 앞 장에서 본 바와 같이 근로소득세는 근로자와 고용주가 나누어 부담하는데, 문제는 근로소득의 감소로 인하여 노동공급량이 감소하게 된다는 점이다. 노동공급량의 감소는 대체재인 여가 또는 실업의 증가를 의미하며, 이것이 초과부담을 발생시킨다.

노동수요곡선이 우하향하는 일반적인 경우에도 초과부담의 크기는 앞에서 본 물품세와 동일하게 추정될 수 있으며, $\Delta AEE'$와 같다. 이 초과부담 중 $\Delta BEE'$는 노동의 수요자(고용주) 후생손실을, ΔABE는 노동의 공급자(근로자) 후생손실을 말한다. 앞에서 분석한 결과들과 특별히 다르지 않지만, 노동공급의 임금탄력성뿐만 아니라 노동수요의 임금탄력성도 초과부담의 크기에 영향을 미친다. 물품세의 경우에서 추론해보면 초과부담은 노동수요의 임금탄력성이 클수록 커진다. 일반적 공급곡선일 때 도출한 물품세의 초과부담공식을 그대로 사용할 수 있다. 다만 상품의 수요와 공급탄력성을 노동의 수요와 공급탄력성으로 바꾸어 사용해야 한다. 독자 스스로 한번 연습해 보기 바란다.

그림 11-9 근로소득세의 초과부담: 일반적 노동수요곡선

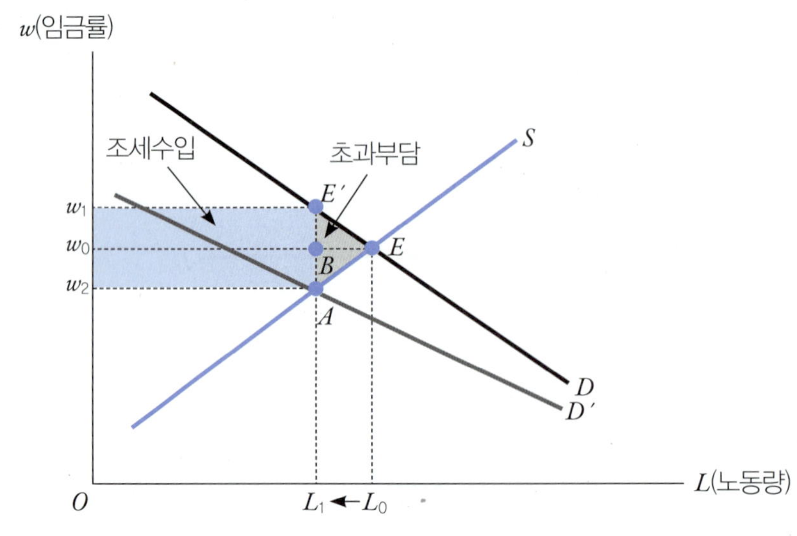

정석 사고

수평적 노동수요곡선의 경우 근로소득세의 초과부담은 세율의 제곱에 비례해서 커지고, 노동공급의 임금탄력성(대체효과)이 클수록 커지며, 초기 근로소득이 높을수록 커진다. 일반적 노동수요곡선의 경우 근로소득세의 초과부담은 추가적으로 노동수요의 임금탄력성이 클수록 커진다.

2. 개인적 관점에서의 초과부담

개인적 관점에서 물품세의 초과부담을 살펴본 것과 유사한 방식으로 근로소득세의 초과부담도 파악할 수 있다. 어떤 근로자가 조세가 부과되지 않은 때 시간당 임금 w를 받고 있다고 하자. 이때 그의 소득과 여가 사이의 선택집합을 나타내는 예산선은 **그림 11-10**의 AB이다. 이제 세율이 t인 근로소득세가 부과되면 이 근로자의 시간당 임금 혹은 임금률은 $(1-t)w$로 하락하여 예산선은 CB로 이동하게 된다. 이에 따라 새로운 균형점은 E'가 되고 그때의 효용수준은 i'이다. 이 상황에서 근로소득세의 부과로 인한 소비자의 후생손실액을 파악하는 하나의 방법으로서 조세로 인한 효용감소를 피하기 위해 지불하고자 하는 금액을 그림에서 구해보자.

근로자가 실제 지불하는 세금의 크기는 새로운 균형점 E'에서 원래의 예산으로도 같은 여가시간만큼 즐기지만 조세로 인해 줄어든 소득액이다. 이것은 새로운 균형점 E'에서 수직으로 그은 직선이 원래의 예산선 AB와 만나는 점 G 사이의 거리, 즉 선분 GE'이다. 한편 근로소득세의 부과로 근로자의 후생손실액이 얼마인지 알아보기 위해, 근로자에게 근로소득세로 인한 효용의 감소를 피하기 위해 지불할 용의가 있는 금액을 묻는 것이다. 물품세에서 본 바와 같이 소비자의 후생변화를 소득단위로 표시한 **대등변화**(equivalent variation)를 구하는 것이다.

대등변화는 원래의 균형점 E에서 새로운 효용수준 i'에 접할 때까지 원래의 예산선을 아래로 평행이동시켜 선분 DH(그림의 점선)을 구한 후, 점 E에서 수직으로 그은 직선이 선분 DH와 만나는 점 J 사이의 거리, 즉 선분 EJ이다.

이 근로자가 실제 지불하는 세금의 크기와 대등변화를 비교해보자. 대등변화는 선분 EJ 혹은 선분 GF와 같고, 세금의 크기는 선분 GE'이므로 대등변화가 세금의 크기보다 더 크다. 이 차이가 물품세의 초과부담이다. 즉,

$$\text{선분 } E'F(\text{초과부담}) = \text{선분 } GF(\text{대등변화}) - \text{선분 } GE'(\text{세액}) \qquad (11\text{–}22)$$

이 경우 초과부담은 대체효과에 의해서만 발생한다.

그림 11-10 개인적 관점에서의 초과부담

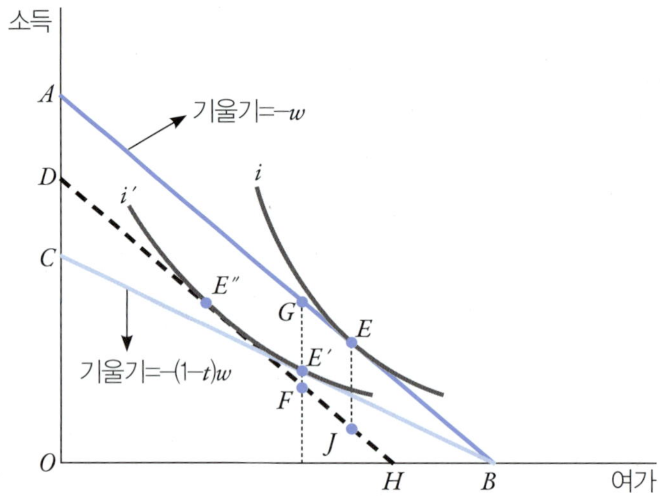

정석 사고

개인적 관점에서 본 근로소득세의 초과부담도 물품세의 초과부담과 유사하여 대등변화가 조세수입을 초과하는 부분이다.

제4절 조세제도 전체의 초과부담

정석 재정학

앞 절들에서는 개별조세들의 초과부담에 대해서 살펴보았는데, 현 조세제도 전체의 초과부담은 어떻게 측정할 수 있을까? 조세제도 전체를 놓고 사회적 후생손실을 측정하는 방법에는 기본적으로 다음 두 가지를 생각할 수 있다. 하나는 현 조세제도의 모든 조세를 정액세 혹은 럼섬세(lump-sum tax)로 대체하여 사회후생이 얼마나 증가할 수 있는가를 재는 방법이다. 이렇게 해서 나오는 사회적 후생증가가 있다면 이것을 현 조세제도의 초과부담으로 본다. 다른 하나는 일반균형모형을 이용하여 경제전체에서 조세 1원이 증가할 때마다 발생하는 초과부담의 크기, 즉 한계초과부담을 측정하는 방법이다.

많은 연구들이 두 번째 방법을 사용하여 초과부담의 측정결과들을 내놓고 있다. 예를 들어 발라드 등(C. Ballard et al., 1985)은 CGE모형(Computable General Equilibrium Model, 계산가능한 일반균형모형)을 이용하여 미국의 한계초과부담을 측정한 바 있다. 그들의 연구에 따르면, 미국의 현 조세제도에서 조세수입이 1달러 증가할 때마다 최소 0.17달러에서 0.56달러에 이르는 한계초과부담이 발생한다. 이와 같은 결과를 생각할 때 정부의 공공사업의 비용–편익분석에서 편익–비용비율이 1보다 커야 경제성이 있는 것이 아니라 최소 1.17이나 1.56보다 커야 경제성이 있다고 보아야 한다.

한계초과부담 접근방법의 기본 아이디어는 다음과 같다.[5)] 노동시장에서 수평적 노동수요곡선의 가정하에서 하버거(A.C. Harberger, 1964)가 보여준 개인근로자의 초과부담(W_i)은,

$$\text{초과부담}(W_i) = \frac{1}{2}\eta_L t_i^2 y_i \quad (11\text{–}23)$$

단, y_i: 개인 i의 근로소득

이제 노동공급의 탄력성은 모두에게 동일하다고 가정하고 비례소득세를 부과해보자(모든 사람의 한계세율과 평균세율이 같아진다). 이 가정하에서 n명의 총초과부담은 다음과 같다.

$$\text{총초과부담}(W) = \frac{1}{2}\eta_L t^2 \sum_{i=1}^{n} y_i \quad (11\text{–}24)$$

한편, 과표$\sum_{i=1}^{n} y_i$에 대한 총조세수입은 다음과 같다.

$$\text{총조세수입}(R) = t\sum_{i=1}^{n} y_i \quad (11\text{–}25)$$

따라서 조세의 변화에 의한 총초과부담과 총조세수입의 변화는 각각 다음과 같다.

제1편
제2편
제3편
제4편
제5편

$$\Delta W = \eta_L t \sum_{i=1}^{n} y_i \Delta t \qquad (11\text{–}26)$$
$$\Delta R = \sum_{i=1}^{n} y_i \Delta t$$

위의 두 식을 서로 나누면 조세의 한계후생비용 혹은 **한계초과부담**을 얻을 수 있다.

$$\frac{\Delta W}{\Delta R} = \eta_L t \qquad (11\text{–}27)$$

그러므로 공공사업 1원의 한계비용은 조세의 한계초과부담($\Delta W/\Delta R$)에 직접비용(1)을 합한 것이다. 즉,

$$MC = \eta_L t + 1 \qquad (11\text{–}28)$$

발라드 등이 구한 값이 $\eta_L t$=0.17~0.56이라는 것이다.

정석 사고

조세제도 전체의 초과부담을 측정하는 방법의 하나는 경제전체에서 조세 1원이 증가할 때마다 발생하는 초과부담의 크기, 즉 한계초과부담을 산출하는 것이다. 발라드 등은 미국의 한계초과부담이 0.17~0.56에 이른다고 한다. 이것은 공공사업 1원의 진정한 한계비용이 1.17~1.56원이라는 의미이다.

제5절 조세와 경제행위

정석 재정학

1. 소득세와 저축

저축은 자본축적의 원천이다. 저축 없이는 자본축적도 없으며, 경제의 확대재생산도 불가능한 것이다. 따라서 조세가 저축에 미치는 영향은 주된 관심의 대상이 아닐 수 없는데, 그 분석은 현재와 미래를 모두 고려하여야 하기 때문에 쉽지 않다.

사람들이 저축을 하는 이유는 은퇴 후의 생활을 대비하기 위해서이기도 하고 예기치 않은 일과

같은 불확실한 미래를 위해서이기도 하고 유산으로 남겨주기 위해서일 수도 있다. 어떤 동기이든 모두 현재와 미래를 고려하여 저축이 결정된다고 볼 수 있다. 따라서 현재와 미래를 연결 짓는 유일한 가격인 금리 또는 이자율이 대단히 중요한 역할을 할 것으로 예상할 수 있다.

저축을 분석하는 가장 기초적인 모형은 피셔(I. Fisher)의 시점간 자원배분모형을 들 수 있다. 이 모형을 사용하여 조세가 저축에 미치는 영향을 살펴보도록 하자. 어떤 대표적인 개인이 두 기간을 살아가는데, 0기(현재)에 노동을 공급하여 소득을 얻고 일부를 저축하며, 1기(미래)에 은퇴를 하여 0기의 저축으로 생활한다고 가정한다. 이것을 흔히 **2기간 생애주기모형**이라고도 한다.

대표적 개인의 현재소득을 Y라고 하면 현재소득 중 일정부분을 현재소비하고 나머지는 저축을 하며 그 저축은 이자소득으로 미래소비에 사용될 것이다. 생애전체의 관점에서 가장 바람직한 현재소비와 미래소비의 선택을 **그림 11-11** 에서 C_0*와 C_1*로 표시하였다. 이때 저축(S)은 현재소득(Y)에서 현재소비(C_0*)를 뺀 나머지이며, 이자소득의 형태로 미래소득인 동시에 미래소비가 된다. 즉,

$$C_1=(1+r)S=(1+r)(Y-C_0) \tag{11–29}$$

단, r: 이자율

그림 11-11 시점간 자원배분

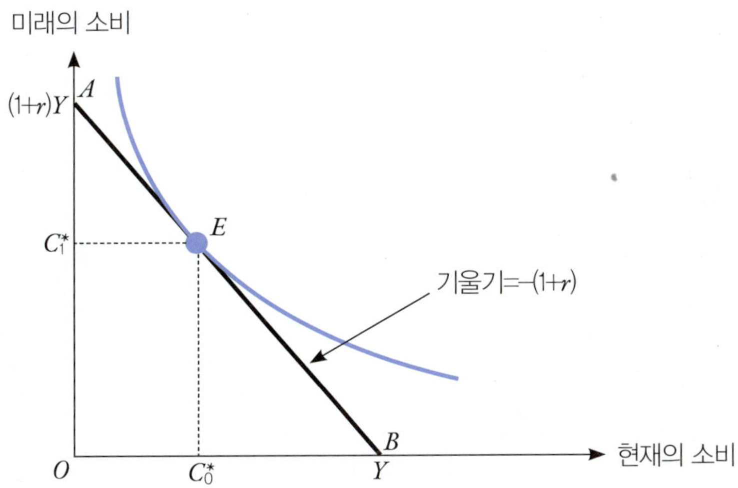

여기서 한 가지 재미있는 해석이 가능한데, 현재소비 1원의 기회비용은 미래에 포기해야만 하는 소비라고 보면 1원이 가져다주는 미래소비 $(1+r)$원이 된다. 예를 들어 이자율이 10%일 때 1원을 저축한다면 1년 후 1.1원을 소비할 수 있을 것이다. 따라서 현재소비 1원의 기회비용인 $(1+r)$원을 현재소비의 가격이라고 해석할 수 있다.

이제 이자소득에 t의 세율로 소득세가 부과되었다고 가정하자. 이자소득세가 부과되면 순이자율이 $(1-t)r$로 하락하게 된다. 이에 따라 대표적 개인의 예산선은 **그림 11-12**의 (a)에서 보는 것처럼 AB에서 DB로 회전이동하게 된다. 현재소비의 가격이 하락하였으므로 대체효과와 소득효과가 발생할 것으로 예상된다.

대체효과는 가격이 하락한 것을 더 많이 소비하는 방향으로 작용하므로 현재소비가 증가하게 된다. 한편 **소득효과**는 이자소득이 줄어들어 생애의 실질소득이 감소하므로 정상재의 성격을 갖는 현재소비도 감소하게 된다. 따라서 대체효과와 소득효과의 상대적 크기에 따라 저축이 줄 수도 있고 늘 수도 있다. 그림 (a)는 현재소비를 감소시키는 소득효과가 대체효과보다 더 큰 경우를 보여준다. 그림 (b)는 현재소비를 증가시키는 대체효과가 소득효과보다 더 큰 경우이다. 결론적으로 이자소득세가 저축에 미치는 영향은 소득효과와 대체효과의 상대적 크기에 의존하며, 소득효과만 있는 럼섬세와 비교하면 대체효과로 인한 초과부담의 크기를 파악할 수 있다.

그림 11-12 이자소득세의 저축효과

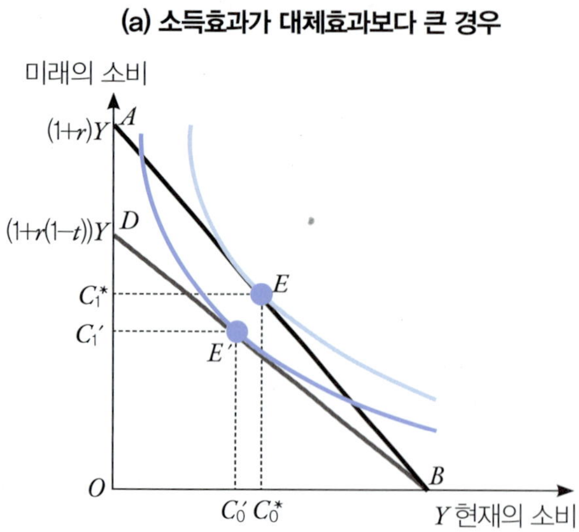

만약 이자소득세 대신 근로소득세를 부과하면 저축에 어떤 영향을 미칠까? 근로소득세는 생애의 실질소득을 감소시키는 소득효과만 있고 대체효과가 없으므로 초과부담은 발생하지 않고 정상재의 성격을 갖는 현재소비와 미래소비를 모두 감소시킨다. 특히 미래소비가 감소하므로 저축이 감소했음을 알 수 있다. 독자 스스로 예산선을 아래로 평행이동시켜 이 사실을 확인해보기 바란다.

이자소득세가 저축에 미치는 효과를 실증적으로 분석한 연구들은 조세의 직접적 효과가 아니라 조세가 이자율을 변화시키면 이자율에 저축이 얼마나 민감하게 반응하는가를 계량경제학적으로 추정하고 있다. 이러한 저축의 이자율탄력성을 추정한 연구들 중 기존의 실증연구를 종합한 하우즈만-포터바(J. Hausman and J. Poterba, 1987)는 저축의 이자율탄력성이 거의 0에 가깝다고 한다. 다른 연구들을 보면 블라인드(A. Blinder, 1975)는 저축의 이자율탄력성이 거의 0이고, 보스킨(M. Boskin, 1978)은 탄력성이 0.3~0.6의 범위 안에 있는 것으로 추정했다. 이와 같이 다양한 연구들이 각양각색의 탄력성값을 제시하고 있어, 저축의 이자율탄력성을 구하는 일이 쉽지 않다는 것을 보여준다.

정석 사고

이자소득세를 부과하면 현재소비의 가격이 하락하므로 대체효과와 소득효과가 발생한다. 현재소비가 정상재인 경우, 소득효과에 의해 현재소비를 줄이고 저축을 늘리고, 대체효과에 의해 상대가격이 하락한 현재소비를 늘리고 저축을 줄인다. 따라서 이자소득세가 저축에 미치는 영향은 확실하지 않다.

2. 소득세와 노동공급

위에서 이자소득세가 저축에 미치는 영향을 개인적 선택의 문제에서 분석하였다. 거의 똑같은 방식으로 근로소득세가 개인의 노동공급의 선택에 어떤 영향을 미치는지 분석해볼 수 있다. 개인의 노동공급에 관한 결정은 자신의 시간을 노동과 여가 사이에서 효용을 극대화하기 위해 어떻게 배분을 할 것인가 하는 문제로 볼 수 있다. 가장 단순한 경우로 비례소득세를 부과하는 경우 개인의 노동공급의 선택문제를 살펴보도록 하자.

그림 11-13의 (a)에서 선분 AC는 개인 근로자가 직면하는 예산선으로서 기울기가 $-w_0$(임금률)이다. 예산선의 기울기가 $-w_0$인 이유는 여가의 소득에 대한 상대가격을 생각해보면 알 수 있

그림 11-13 근로소득세의 노동공급효과

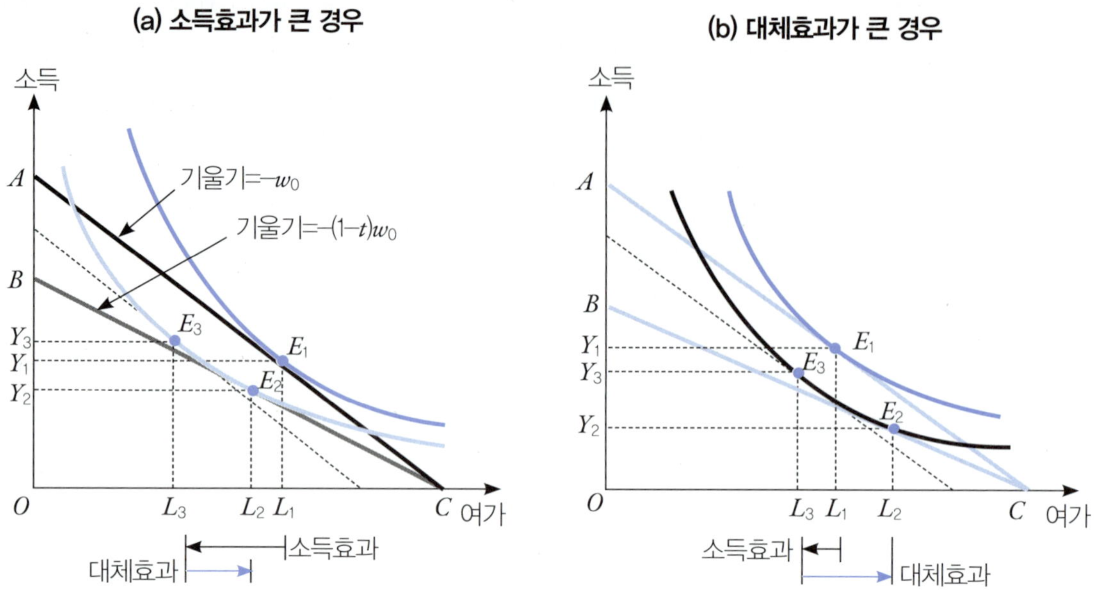

다. 예를 들어 여가 한 시간의 가격은 한 시간을 일하는 대신 여가로 쓸 때 포기해야 하는 소득을 의미하므로 시간당 임금, 즉 임금률이 된다. 그림에서 개인 근로자는 점 E_1의 여가와 소득의 조합을 선택함으로써 효용을 극대화한다. 이때 이 개인 근로자는 L_1C의 길이에 해당되는 노동시간을 공급하기로 결정한 것이다.

이제 세율 t인 비례소득세를 부과한다고 하자. 이 소득세는 예산선을 BC로 회전이동시키고, 새 예산선의 기울기를 $-(1-t)w_0$로 감소시킨다. 이때 개인 근로자의 새로운 선택은 점 E_2에서 이루어지고 그의 노동공급은 L_2C의 길이로 늘어나는 결과를 보여준다. 소득세의 부과는 여가의 가격을 하락시키므로 대체효과와 소득효과가 발생한다.

대체효과는 가격이 하락한 것을 더 많이 소비하는 방향으로 작용하므로 여가의 소비가 증가하게 된다. 한편 임금률이 낮아져서 개인 근로자의 실질소득이 감소하므로 **소득효과**가 발생한다. 여가가 정상재의 성격을 갖는다면 소득효과에 의해 여가의 소비도 감소하게 된다. 따라서 대체효과와 소득효과의 상대적 크기에 따라 노동공급이 늘 수도 있고 줄 수도 있다.

그림 (a)는 여가의 소비를 감소시키는 소득효과가 대체효과보다 더 큰 경우를 보여준다. 이 경우 노동공급곡선이 후방굴절형으로 나타나는데, **그림 11-14**와 같다. 그림 (b)처럼 만약 대체효과가 더 강하면 더 많은 여가를 소비할 것이므로 노동공급은 줄어들게 된다. 결론적으로 근로소득세가 노동공급에 미치는 영향은 소득효과와 대체효과의 상대적 크기에 의존한다. 그리고 동일한 세수의 럼섬세(lump-sum tax)와 비교하면 비례소득세의 대체효과로 인한 초과부담의 크기를 파악할 수 있다. 럼섬세는 대체효과가 없으므로 초과부담도 발생하지 않으며 항상 노동공급이 증가한다.

그림 11-14 후방굴절형 노동공급곡선

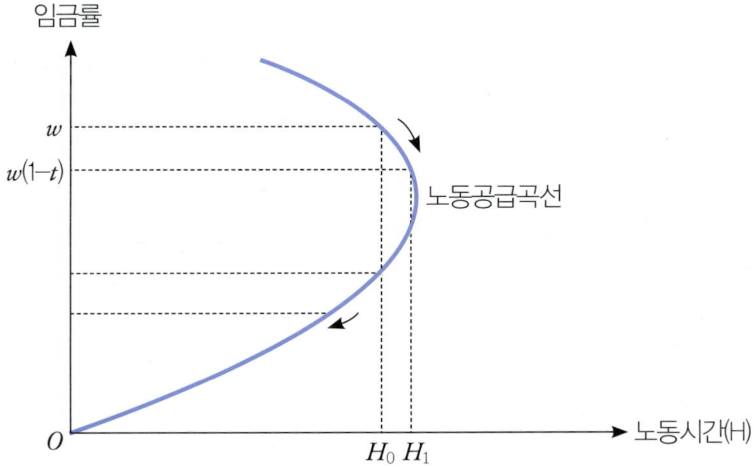

근로소득세가 노동공급에 미치는 효과를 실증적으로 분석한 많은 연구들은 남성근로자들의 경우 임금률이나 소득이 변화하더라도 노동공급이 거의 변화하지 않거나 변화하더라도 아주 미미하게 변화한다는 결과를 보여준다. 그러나 여성들의 노동공급은 임금률이나 소득의 변화에 매우 민감하게 반응한다는 연구결과가 많다.

그리고 우리나라의 연구 중 나성린 · 남재량 · 문춘걸(2002)은 근로자가구의 남성들을 주된 대상으로 하여 추정한 결과, 주요 외국의 많은 연구결과와 같이 노동공급의 임금탄력성이 음(−)의 값을 가진다는 것을 보여준다. 즉 노동공급곡선이 후방굴절한다는 것이다. 이는 근로소득세 한계세율의 인하가 오히려 노동공급을 감소시킬 수 있음을 의미한다. 실제로 근로소득세 한계세율이 인하되었던 1994년의 근로시간은 전년도 근로시간보다 짧아졌다는 것이다.

정석 사고

노동에 대한 비례소득세의 부과는 여가의 가격을 하락시키므로 대체효과와 소득효과가 발생한다. 대체효과에 의해 여가소비를 늘리고 노동공급을 감소시킨다. 여가가 정상재일 때 소득감소로 인한 소득효과에 의해 여가소비를 줄이고 노동공급을 증가시킨다. 따라서 노동공급의 증감은 두 효과의 상대적 크기에 의존한다. 소득효과가 더 큰 경우 노동공급이 늘어 후방굴절형 노동공급곡선이 나온다. 한편 동일한 세수의 럼섬세로 대체하면 대체효과가 없으므로 초과부담도 발생하지 않으며 항상 노동공급이 증가한다.

3. 법인소득세와 투자

이제 법인의 소득에 대한 과세가 투자에 미치는 영향을 개인적 선택의 문제처럼 법인기업의 선택문제로 분석할 수 있다. 기업이 투자를 한다는 것은 자본재를 구입한다는 것을 의미한다. 따라서 투자는 자본재의 증가분인 것이다. 조세가 저축에 미치는 영향을 볼 때 현재소비의 기회비용을 파악하였다. 조세가 노동공급에 미치는 영향을 볼 때 여가의 기회비용을 파악하였다. 마찬가지로 조세가 투자에 미치는 영향은 자본의 기회비용을 살펴보는 것이다.

이러한 자본의 기회비용을 살펴보는 대표적인 모형으로는 조겐슨(D. Jorgenson, 1963)의 **신고전파 투자모형**을 들 수 있다. 이 모형은 기업이 자본재를 구입할 때 자본재의 기회비용이 무엇인가를 살펴보는 것이다. 조세부과가 자본재의 기회비용을 높이면 기업은 자본재의 구입, 즉 투자를 줄일 것이다. 따라서 이러한 투자의 축소는 경제의 효율성을 낮추는 것이다.

다른 모형은 킹과 풀러톤(M. King and D. Fullerton, 1984)의 **한계실효세율 모형**을 들 수 있다. 이것은 조세부과로 투자자금을 공급하는 저축자의 수익률에 어떤 변화가 발생하는지 살펴보는 단순한 모형이다. 조세가 부과될 때 저축자의 세후 투자수익률이 감소하면 한계실효세율(=(세전투자수익률−세후투자수익률)/세전투자수익률)이 증가하여 투자를 저해하게 된다는 것이다. 아래에서는 이 두 모형을 통해 조세가 투자에 미치는 영향을 살펴보고자 한다.

(1) 신고전파 투자모형

어떤 기업이 자본재(K)를 구입하고 노동(L)을 투입하여 생산활동을 한다고 가정한다. 분석의 편의를 위해 자본재 1단위의 구입가격이 1원이고 생산한 재화의 가격은 p원이라고 가정한다. 이때 이 기업은 자본구입에 따르는 이자비용과 경제적 감가상각비용을 고려하여 다음과 같이 이윤(Π)을 극대화한다.

$$\Pi = pF(L, K) - wL - rK - \delta K \qquad (11\text{–}30)$$

단, w: 임금률
r: 이자율
δ: 경제적 감가상각
F: 생산함수

위에서 rK는 이자비용, δK는 감가상각비용을 나타내며, 둘을 합한 것이 자본재구입의 기회비용이다. 왜냐하면 차입을 통해 자본재를 구입한다면 매기 차입이자를 지불하여야 하고, 또한 자본재를 보유하면 매기 경제적으로 그 가치가 줄어들기 때문이다.

기업이 자본에 대하여 이윤을 극대화하는 조건은 자본의 한계수입과 한계비용이 같은 다음 식으로 표시할 수 있다.

$$p \cdot MP_K = r + \delta \qquad (11\text{–}31)$$

단, MP_K: 자본의 한계생산성

이 식의 왼쪽은 자본의 한계생산물가치로, 예를 들어 기계 1단위가 신발 2켤레를 생산하고 시장에서 켤레당 2만원에 판매된다면 한계생산물가치는 4만원이 된다. 식의 오른쪽은 자본재 1단위 구입에 따르는 기회비용을 나타낸다. 이 자본의 기회비용을 **자본의 사용자비용**(user cost)이라고 한다. 만약 조세가 부과된 결과 자본의 사용자비용이 높아지면 투자가 줄어들고, 이 비용이 낮아지면 투자가 늘어나는 것이다. 따라서 조세가 부과될 경우 자본의 사용자비용이 어떻게 변하는지 살펴보자. 먼저 자본의 사용자비용을 C라고 하고 각종 공제혜택이 없을 경우 세율 t만큼 법인의 이윤에 대한 과세는 다음 결과와 같다.

$$(1-t)p \cdot MP_K = (1-t)C = r + \delta \qquad (11\text{–}32)$$

이 식의 의미는 기업이 투자할 때 최소한 $(1-t)C$만큼의 수익은 있어야 투자를 한다는 것이다.

그림 11-15 법인소득세와 투자

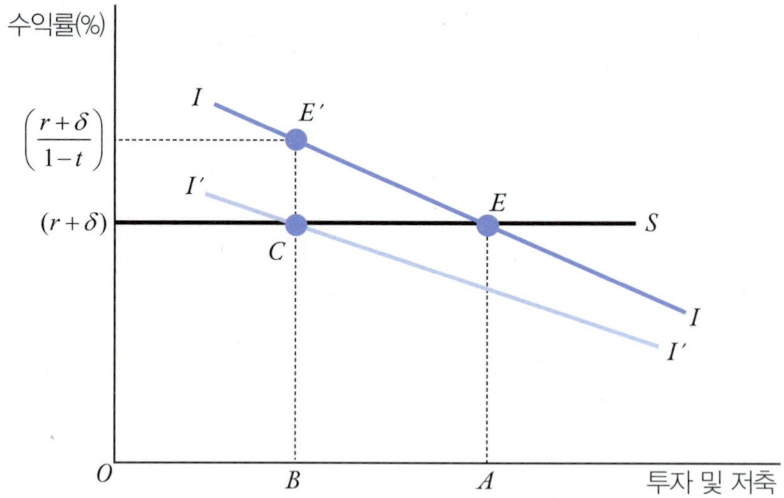

따라서 조세부과 후 자본의 사용자비용은 다음과 같이 증가한다는 것을 알 수 있다. 즉,

$$C=\frac{r+\delta}{1-t} \tag{11-33}$$

그림 11-15 는 법인세에 의해 민간투자가 감소된다는 것을 보여주고 있다. 그림의 I는 투자곡선을, S는 저축곡선을 나타낸다. 기업의 관점에서 투자곡선이 세율 CE'/BE'의 부과에 의해 선 I에서 선 I'로 이동하고, 새로운 균형점이 E에서 E'로 이동한다. 이에 따라 투자가 A에서 B로 줄어든다. 이때 투자의 조수익률 혹은 사용자비용이 선분 BE'로 증가하였으나 순수익률은 선분 BC로 선분 AE와 같다.

그러나 대부분의 경우 법인세는 투자유인제도 조항을 가진다. 예를 들어 이자비용과 법인세상의 감가상각비용을 경비처리를 하여 과세소득에서 제외해주는 것이다. 이 중에서 법인세상의 감가상각이 경제적 감가상각과 다른데, 그 감가상각률을 α라고 하자. 이때 자본의 사용자비용과 한계수입의 관계는 다음과 같다.

$$(1-t)p\cdot MP_K=(1-t)C=r+\delta-t\cdot r-t\cdot \alpha \tag{11-34}$$

그러므로 감가상각비용($t\alpha$)과 이자비용(tr)의 경비처리는 다음에서 보는 것처럼 자본자의 사용자비용을 낮춘다.

$$C=\frac{r+\delta-t\cdot r-t\cdot\alpha}{1-t} \tag{11-35}$$

만약 경제적 감가상각률과 법인세상의 감가상각률이 같고, 타인자본뿐 아니라 자기자본의 기회비용도 경비처리해준다면 과세되기 전과 동일한 조건을 달성한다. 자본의 사용자비용이 조세에 중립적으로 되는 것이다. 그리고 최종납부세액에 몇 %를 직접 할인해주는 투자세액공제는 위 식에 (1−투자세액공제율)을 곱하면 사용자비용이 투자세액공제율만큼 낮아진다는 것을 확인해보기 바란다. 즉, 투자세액공제율을 k라고 하면,

$$C=(1-k)\cdot\frac{r+\delta-t\cdot r-t\cdot\alpha}{1-t} \tag{11-36}$$

이 식에서 법인세의 투자세액공제는 자본의 사용자비용을 낮추어 투자를 증가시킨다.

(2) 한계실효세율모형

만약 조세부과가 없다면 어떤 투자로부터 나오는 (세전)수익률과 투자자금을 공급하는 저축자의 (세후)수익률이 같을 것이다. 그런데 조세가 부과되면 저축자의 세후수익률이 투자의 세전수익률보다 작아진다. 이러한 차이를 **조세쐐기**(tax wedge)라고 한다. 조세쐐기를 세전투자수익률로 나눈 것을 **실효세율**이라고 하며, 투자 1원에 대한 실효세율을 **한계실효세율**이라고 한다.[6] 즉,

$$\text{한계실효세율}(t)=\frac{i-s}{i} \tag{11-37}$$

단, i: 투자의 세전 실질수익률
s: 저축의 세후 실질수익률

이 세율은 투자의 수익 중 몇 %를 조세수입으로 가져가는지를 보여주는 비율이다. 따라서 이

제1편
제2편
제3편
제4편
제5편

한계실효세율이 0보다 크면 조세가 투자를 저해하는 것이고, 이것이 0보다 작으면 조세가 투자를 촉진한다는 의미이다.

킹과 풀러톤(M. King and D. Fullerton, 1984)은 그들의 한계실효세율모형을 사용하여 영국, 독일, 미국, 스웨덴의 조세제도의 투자효과를 실증적으로 분석하였다. 그들의 연구결과에 따르면 평균적으로 한계실효세율이 가장 낮은 영국의 3.7%에서 가장 높은 독일의 48.1%에 이르기까지 조세가 투자행위를 위축시키는 효과가 있다는 사실을 확인할 수 있다.

그러나 어떤 경우에는 한계실효세율이 음수가 나오는데, 그것은 가속상각이나 투자세액공제와 같은 각종 공제제도로 한계실효세율이 낮아진 결과이다. 사실 음수가 나온다는 것은 투자에서 나오는 수익에 더하여 보상금까지 저축자가 받는다는 것을 의미한다. 그들의 연구결과 중 가장 극단적인 예는 영국의 조세제도에서 부채로 투자재원을 조달하는 경우로서, 한계실효세율이 −100.8%이어서 영국의 조세제도가 기업투자의 부채비율을 높이는 효과를 가진다는 것을 알 수 있다. 결론적으로 조세제도가 투자행위에 왜곡을 초래하고 있다고 할 수 있다.

정석 사고

조세가 투자에 미치는 영향은 자본의 기회비용을 살펴봄으로써 파악할 수 있다. 이러한 자본의 기회비용을 살펴보는 신고전파 투자모형은 조세부과가 자본의 기회비용, 즉 자본의 사용자비용을 높여 투자를 줄인다. 그러나 가속상각, 투자세액공제 등과 같은 공제제도는 자본의 사용자비용을 낮추어 투자를 촉진한다. 한편 조세가 부과되면 저축자의 세후수익률과 투자자의 세전수익률 사이의 조세쐐기가 생기고 이것을 세전투자수익률로 나눈 것을 실효세율 혹은 한계실효세율이라고 한다. 한계실효세율이 0보다 크면 투자가 줄어든 것이다.

4. 조세와 위험부담

앞에서 기업의 소득에 대한 과세가 투자에 미치는 영향을 살펴보았다. 그런데 모든 투자는 정도의 차이는 있지만 위험을 수반하게 된다. 수익이 높은 투자는 그만큼 높은 위험을 감수해야 하는 것이 보통이다. 따라서 투자에 대한 조세의 효과를 분석할 때 위험부담도 고려해야 한다. 역설적이지만 투자에 대한 과세가 오히려 투자실패로 인한 손실을 줄여주는 역할을 하여 위험부담이 큰 투자를 촉진하기도 한다.

조세가 투자의 위험부담에 미치는 효과를 분석하기 위해서 다음과 같은 모형을 설정해보자. 거의 모든 사람들은 위험을 회피하려는 경향이 있다고 가정하자. 어떤 투자자가 주어진 자산(W)을 주식과 같은 위험자산과 현금과 같은 안전자산으로 적절히 분배하여 자산구성을 하려고 한다. 이 투자가의 효용수준은 어떤 특정한 자산구성에서 나오는 수익률과 위험률의 함수라고 하자. 수익률이 높을수록 투자가의 효용수준은 올라가고, 위험률이 높을수록 투자가의 효용수준은 낮아진다.

이 모형에서 투자의 수익률보다 위험률을 정의하기가 상대적으로 어렵다. 투자의 수익률은 주어진 자산가치(W)에서 어떤 자산구성의 수익의 기대치가 차지하는 비율이다. 투자의 위험률은 주어진 자산가치(W)에서 어떤 자산구성을 할 때 부담할 수 있는 손실의 기대치가 차지하는 비율이다. 물론 현금과 같은 안전자산은 수익도 위험도 없는 것으로 가정한다.

이 모형의 결과를 예측하자면 우선 손실에 세율을 곱한 만큼 정부가 보상해주는 완전한 보상의 경우와 전혀 손실을 보상해주지 않는 경우로 나누어보아야 한다. 완전한 보상의 경우 투자자의 기회선을 축소시키기는 하지만 투자자의 선택을 바꾸지는 않는다. 이 경우 투자자는 동일한 수익률과 위험률을 유지하기 위해 위험자산의 구성을 늘리게 된다.

한편 정부가 위험에 대해 보상하지 않는 경우 투자자가 부담하는 동일한 위험률에서 수익률만 줄어든다. 따라서 투자의 기회선이 동일한 위험률에 대해서 수익률이 낮아지는 방향으로 회전이 동하게 되고 효용을 극대화하는 투자자의 선택이 바뀌게 된다. 이 경우 수익이 떨어진 위험자산에서 안전자산으로 대체하려는 대체효과와 수익률하락으로 실질소득이 감소하고 이로 인한 소득효과가 발생한다. 소득효과가 위험자산을 늘리는 방향으로 작용하면, 이 두 효과의 상대적 크기에 따라 투자의 위험부담행위가 증가할 수도 감소할 수도 있는 것이다.

(1) 완전한 보상

정부가 세율 t로 조세를 부과할 경우 자산을 보유함으로써 나오는 수익과 위험이 $(1-t)$의 비율로 감소한다. 그러나 감소한 수익과 위험의 기회에서 동일한 수익률과 위험률을 유지하기 위해서는 위험자산의 구성을 늘리게 된다. 이 사실은 정부가 t의 비율만큼 수익과 위험을 나누어 가진다는 것을 의미한다. 따라서 정부가 투자자의 위험부담을 나누어 가지므로 위험부담행위가 증가하게 된다.

이러한 결과는 사회후생을 증가시키는 것인가 아니면 그 반대인가를 판단해보아야 효율성을 말할 수 있다. 만약 정부가 위험을 부담하는 비용이 투자자의 위험부담비용과 같다면 정부의 조세부과가 위험부담행위를 증가시키는 악영향을 가져올 것이다. 당연히 사회후생의 관점에서 투자자의 선택을 교란한 결과로서 사회후생이 감소한다고 해석할 수 있다.

만약 정부가 위험을 부담하는 비용이 투자자의 위험부담비용보다 더 적으면 정부의 조세부과가 위험부담의 투자행위를 촉진하는 순기능을 가져올 것이다. 사회후생의 관점에서 투자자의 선택을 교란한 부분이 있지만 투자를 촉진하고 위험부담을 효율적으로 분산하여 사회후생을 오히려 증가시킬 수 있다.

이것과 유사한 정부의 역할을 보여주는 한 가지 예를 들어보자. 정부가 기업의 소득에 조세를 부과하는 여러 가지 이유 중의 하나는 정부가 기업에 투자한 주주들의 권리를 보호하는 법의 제정, 집행, 감독이라는 일종의 공공재를 제공하는 혜택의 대가라는 것이다. 정부가 기업에 조세를 징수하면 사실상 정부는 주주의 일원이 되어 다른 주주처럼 파산의 위험부담을 나누어 가지면서 기업의 수익을 가져가는 것과 동일한 것이다.

그림 11-16 완전한 보상과 조세의 효과

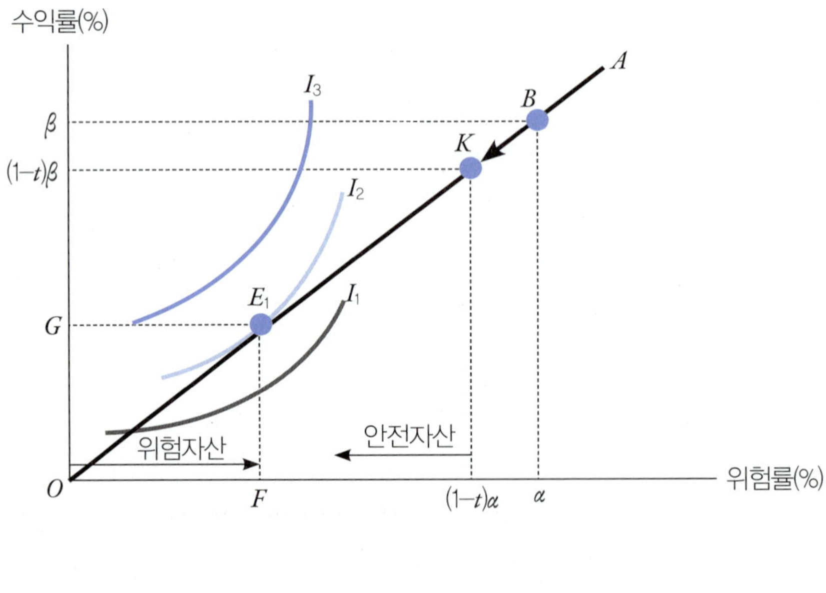

이상에서 논의한 것을 그림 11-16 을 통해 이해해보자. 그림의 가로축은 위험률을, 세로축은 수익률을 표시하고 있다. 직선 OA는 어떤 투자자의 모든 선택가능한 자산구성의 기회선을 나타낸다. 투자자가 전액을 안전자산으로 보유하면 점 O를 선택하고, 전액을 위험자산에 투자하면 점 B를 선택한다. 투자자의 무차별곡선의 형태는 제2장의 [부록]에 상세히 설명된 것처럼 수익률을 재화, 위험률을 비재화로 보고 그린 것이다. 투자자의 효용극대화를 위한 선택점은 E_1이다. 이 점은 OE_1/OB의 비율만큼 위험자산을 구성한다는 것을 의미한다. 이 선택점이 원점에 가까울수록 안전자산을 선호하여 그 구성을 늘리게 된다.

이제 정부가 세율 t로 조세를 부과할 경우 투자자의 수익과 위험이 $(1-t)$의 비율로 감소한다. 그림에서는 새로운 기회선이 OK로 축소하게 된다. 그러나 투자자의 효용극대화의 선택점은 바뀌지 않는다. 이것이 위험자산의 구성비율이 변하지 않았다는 것을 의미하지는 않는다. 그림에서 보는 것처럼 위험자산의 구성비율이 OE_1/OK의 비율로 증가한 것이다. 그러므로 정부의 조세가 위험부담행위를 증가시키는 결과를 초래한다. 앞에서 논의한 것처럼 그 이유는 정부가 투자자의 위험과 수익을 나누어 가지기 때문이다. 즉, 정부가 투자자의 일원이 되어 위험부담을 나누는 동시에 수익도 나누어 가지는 것이다.

(2) 보상하지 않는 경우

이제 정부가 손실에 대하여 전혀 보상을 하지 않는 경우 조세가 투자의 위험부담행위에 어떤 영향을 미치는지 살펴보자. 투자자의 입장에서 볼 때 위험은 전혀 분담되지 않는데 수익만 감소한 결과와 동일하다. 따라서 이 경우 동일한 위험률에서 수익률이 감소한 기회선으로 이동하게 된다. **그림 11-17**에서 새로운 기회선은 OA에서 회전이동한 OA'이다. 새로운 기회선에서 효용을 극대화하는 선택점은 E_2이다. 이 선택점에서 위험자산의 구성비율은 OE_2/OH로 바뀐다. 이 사실은 위험률의 대가인 수익률이 떨어지므로 위험률의 상대가격이 낮아진 것과 같이 해석할 수 있다. 따라서 이러한 가격효과는 대체효과와 소득효과를 발생시킨다.

먼저 수익률이 떨어진 위험자산에서 안전자산으로 대체하려는 **대체효과**를 생각할 수 있다. 위험자산의 상대가치가 감소하므로 안전자산으로 대체하려고 하기 때문에 위험부담행위가 감소하게 된다. 다음은 수익률하락으로 실질소득이 감소하여 이로 인한 **소득효과**가 발생한다. 문제는 이러한 소득효과로 소득이 감소하면 투자의 위험부담행위가 감소할지 증가할지 알기 어렵다는 것이다. 소득이 감소할 때 위험부담행위가 감소한다면 대체효과와 소득효과가 같은 방향으로 작용하여 조세가 위험부담행위를 감소시킨다. 그러나 소득이 감소할 때 위험부담행위가 오히려 증가한다면 이 두 효과의 상대적 크기에 따라 투자의 위험부담행위가 증가할 수도 감소할 수도 있는 것이다.

그림 11-17 비보상의 경우와 조세의 효과

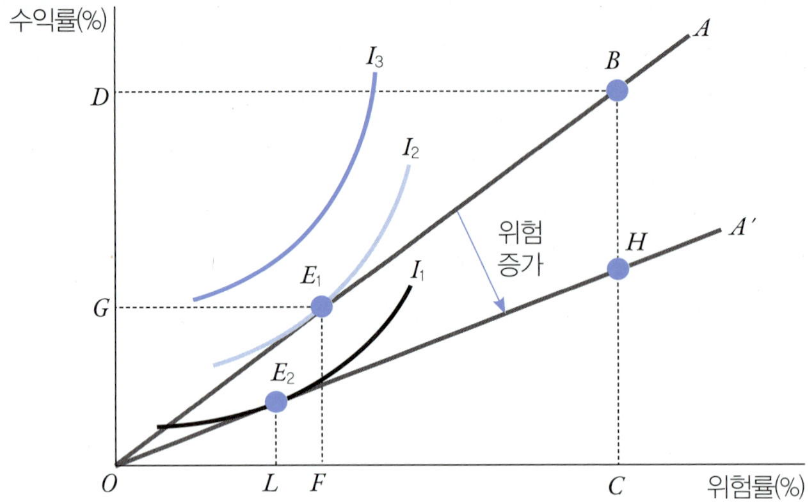

정석 사고

위험이 따르는 투자행위에 대하여 정부가 손실에 세율을 곱한 만큼 보상해주는 완전한 보상의 경우와 전혀 손실을 보상해주지 않는 경우로 나누어볼 수 있다. 완전한 보상의 경우 투자자의 기회선을 축소시키기는 하지만 투자자의 선택을 바꾸지는 않는다. 이 경우 투자자는 동일한 수익률과 위험률을 유지하기 위해 위험자산의 구성을 늘리게 된다. 한편 정부가 위험에 대해 보상하지 않는 경우 동일한 위험률에서 수익률만 낮아진다. 이에 따라 투자의 기회선이 회전이동하고 투자자의 선택이 바뀐다. 이 경우 수익이 떨어진 위험자산에서 안전자산으로 대체하려는 대체효과와 수익률하락으로 실질소득이 감소하고 이로 인한 소득효과가 발생한다. 소득과 위험부담행위가 (+)의 관계이면 위험자산을 줄이고, 소득과 위험부담행위가 (−)의 관계이면 소득효과가 대체효과와 반대로 작용해서 위험자산의 증감을 알 수 없다.

5. 조세와 기업의 자본구조

조세가 기업의 자본구조와 배당정책을 어떻게 바꿀 것인가 하는 주제를 기업의 입장에서 살펴보자. 사실 정부와 기업의 관계는 고양이와 쥐의 게임과 유사하다. 쥐가 더 다양한 방법으로 숨어버린다면 고양이는 어떻게 해야 할까? 반대로 고양이가 다양한 방법으로 공격하면 쥐는 어떻게 해야 하는가?[7] 이 비유에서 고양이의 공격이란 조세정책을, 쥐의 전술이란 조세정책에 맞추어 자신에게 가장 유리한 자본구조와 배당정책을 만드는 것을 말한다.

시장구조의 성과를 살펴볼 때 완전경쟁시장을 파악하는 것에서 시작하듯이, 기업의 자본구조의 선택문제는 모딜리아니-밀러(Modigliani and Miller, 1958)가 밝힌 기업의 투자재원의 자금조달방식과 기업의 가치의 관계를 파악하는 데서 시작한다. 그들은 타인자본을 이용하여 기업의 가치를 높이고, 그 가치를 극대화하는 어떤 최적의 자본구조가 있다고 하는 전통적 이론을 정면으로 비판하였다. 그들의 비판의 핵심은 조세와 거래비용이 없을 때 기업의 가치가 타인자본을 많이 또는 적게 사용하는 것과 상관없다는 것이다. 이것을 **모딜리아니-밀러의 제1명제**라고 한다.

모딜리아니-밀러는 제1명제를 도출해내기 위해 다음과 같은 가정들을 하고 있다.[8)] 첫째, 기업의 투자정책은 이미 정해져 있고 투자자인 주주에게 알려져 있다. 둘째, 기업의 수익에 부과되는 조세가 없다. 셋째, 아무 거래비용 없이 주식은 자유롭게 거래될 수 있다. 넷째, 자본시장이 완전하다. 다섯째, 투자자인 주주와 경영자들은 동일한 정보를 가진다. 여섯째, 경영자는 기업의 가치를 극대화한다. 일곱째, 기업이 파산하여 퇴출하는 비용이 없다. 이러한 가정에서 그들은 기업이 어떤 자본구조를 선택해도 주주의 차원에서 이것을 상쇄할 수 있기 때문에 기업의 자본구조에 관한 선택은 아무 의미가 없다고 주장한다.

예를 들어 어떤 기업의 투자수익은 a원이고, 부채가 b원이며, 이자율은 r%라고 하자. 추가적으로 주주들은 c원을 빌려 주식을 매입했다고 하자. 이때 주주들의 순소득은 얼마일까? 우선 주주의 배당액은 투자수익에서 부채의 이자지불액만큼 뺀 $(a-rb)$원이다. 주주는 c원을 빌려 주식매입을 하였으므로 rc만큼 대출이자를 지불해야 한다. 따라서 주주의 순소득은 $(a-rb-rc)$원이다.

기업이 부채비율을 낮추기 위해 d원만큼 신주를 발행하여 그 판매액으로 부채의 일부를 상환한다고 가정하자. 그리고 그 발행된 신주는 주주들이 d원만큼 추가 대출을 받아 매입한다고 하자. 이때 주주들의 순소득은 얼마인지 구해보자. 주주들에게 돌아가는 배당액은 신주발행액 d원만큼 부채가 낮아졌으므로 $a-r(b-d)$원이 된다. 주주는 c원에 추가로 d원을 더 빌려 주식매입을 하므로 $r(c+d)$원만큼 대출이자를 지불해야 한다. 따라서 주주의 순소득은 $a-r(b-d)-r(c+d)$원, 즉 $(a-rb-rc)$원이다. 기업이 부채비율을 낮추어도 주주의 순소득은 변하지 않는다.

이제 반대로 기업이 부채비율을 높이기 위해 e원만큼 사채를 발행하고 주주의 배당금을 높여준다고 가정하자. 이때 주주들의 순소득은 얼마일까? 주주의 배당액은 투자수익에서 원래의 부채와 추가 부채를 합한 부채의 이자지불액만큼 뺀 $a-r(b+e)$원이 된다. 주주는 c원을 빌려 주식매입을 하였으므로 rc만큼 대출이자를 지불해야 한다. 그러나 주주는 e원의 배당금을 추가로 지급받고 기존의 주식매입자금의 대출 일부를 갚는다고 하자. 이 경우 주주의 순소득은 $a-r(b+e)-r(c-e)$원, 즉 $(a-rb-rc)$원이다.

결과적으로 기업이 자금조달방식을 바꾸어서 신주를 발행하여 부채비율을 낮추어도, 사채를 발행하여 부채비율을 높여도 주주의 순소득에는 아무런 변화가 없다. 그러므로 기업의 자본구조가 기업의 가치에 아무런 영향을 주지 않는다고 해석할 수 있다.

(1) 법인세의 부과

기업이 부채의 이자를 상환할 때 재무제표상에서 이자도 총수익에서 비용으로 차감하게 된다. 법인세 혹은 기업소득세가 과세표준을 정할 때 부채의 이자를 비용으로 공제해주기 때문이다. 이렇게 되면 타인자본을 이용하는 부채가 많을수록 법인세의 부담이 작아져서 납세액도 줄어든다. 이것을 **부채의 감세효과**(tax shield)라고 한다. 이러한 사실 때문에 모딜리아니-밀러의 제1명제가 성립하기 어려운 것이다. 아래에서 부채의 감소효과가 어느 정도인지, 그것이 기업의 가치를 얼마나 높이는지 살펴보도록 하자.

부채의 감세효과의 크기를 측정하는 방법은 의외로 간단하다. 어떤 기업의 부채가 b원이며, 이자율은 r%라고 하자. 그리고 기업의 이윤에 세율 t의 법인세가 부과된다. 이 경우 법인세의 감세효과는 부채이자 rb원이 경비 처리되므로 trb원만큼 법인세 부담이 작아진다. 이러한 감세효과가 영원히 계속된다고 보고 그것의 현재가치를 구해보기로 하자. 조세는 연말에 낸다고 보고 첫기의 법인세 부담의 감세액도 할인하기로 한다. 즉,

$$\frac{rtb}{1+r}+\frac{rtb}{(1+r)^2}+\cdots \qquad (11\text{–}38)$$

간단한 무한등비급수의 공식으로, 초항을 (1-등비)로 나누면 다음과 같은 부채의 감세효과의 현재가치(PV)를 계산할 수 있다.

$$PV=tb \qquad (11\text{–}39)$$

부채의 감세효과의 현재가치는 법인세율에 부채액을 곱한 것과 같다. 따라서 세율이 높을수록,

부채액이 클수록 감세효과가 크다. 이러한 사실을 감안할 때 다른 조건이 일정할 경우 부채가 있는 기업의 가치(V_1)가 부채가 없는 기업의 가치(V_0)보다 더 클 것이다. 그리고 두 기업가치의 차이가 바로 부채의 감세효과의 현재가치인 것이다. 즉,

$$V_1 - V_0 = tb \tag{11-40}$$

기업의 가치를 극대화하는 기업은 바로 이와 같은 감세효과 때문에 자금을 조달할 때 지분을 매각하는 것보다 타인자본을 선호한다. 법인세가 자기자본보다 타인자본을 우대하기 때문에 발생하는 경제의 교란요인이라고 할 수 있다. 당연히 경제의 비효율성을 높인다고 할 수 있다. 그런데 부채의 감세효과로 기업이 타인자본으로 자금을 조달하는 것이 유리하다면 부채가 많을수록, 지분이 적을수록 좋은 것일까? 그렇지는 않다. 왜냐하면 부채가 쌓이면 기업이 숨쉬기 어렵게 되기 때문이다. 그 의미는 부채의 감세효과가 편익이라면 거래대금의 회전이 어려워지고 파산의 가능성이 높아지는 비용을 치러야 한다는 것이다.

그러므로 이러한 부채의 편익과 비용을 고려하여 적절한 수준의 부채 대 자본의 비율을 유지했을 때 기업의 총가치가 극대화될 수 있다. 이러한 분석은 사실 부채와 지분의 구분이 매우 분명하다는 것인데 어떤 자산은 경계가 애매모호한 경우도 있다. 예를 들어 채권이 주식으로 전환가능한 전환사채와 같은 것이 그 예이다. 이것을 부채로 볼지 자본으로 볼지에 따라 기업의 재무제표가 달라지고 기업의 총가치도 달라질 수 있다.

(2) 소득세의 부과

앞에서는 법인세가 기업의 자본구조에 미치는 영향을 살펴보았다. 그런데 개인에게 부과되는 소득세도 기업의 자본구조에 영향을 미친다. 개인이 기업을 통해 벌어들이는 소득으로는 주주의 배당금, 주식의 매각에 따른 자본이득, 기업이 발행한 채권보유에 의한 이자소득을 들 수 있다. 따라서 이러한 유형의 소득이 소득세의 과세대상이 되는데, 각 소득유형별로 세율이 다르다는 점에 주의해야 한다.

이제 법인세에 더해서 주주에게 소득세가 부과된다고 가정하자. 이러한 경우 기업의 자본구조에 어떤 영향이 있는지 살펴보자. 우선 우리가 생각해야 할 것은 기업이 주주의 자산가치를 감안

하여 자본구조를 결정하므로 자연히 법인세와 소득세를 모두 고려한 조세부담을 최소화한다는 점이다. 그러므로 기업은 주주의 자산가치를 감안하여 법인세 납부 후 투자이익에 대하여 어떻게 처리할 것인지 다음 세 가지 방법을 생각한다. 첫 번째는 세후 투자이익을 주주들에게 모두 배당하는 것이다. 두 번째는 기업이 사내유보를 통해 생산을 위한 투자를 늘려 주가를 올리는 것이며, 세 번째는 자사주(자기회사주식)를 시장에서 사들이는 것이다.

주주가 받는 배당금은 일반소득으로 분류되고 과세대상이다. 물론 주식을 매각하지 않는 한 주가상승분에 대하여 세금을 납부할 필요가 없다. 이것을 미실현자본이득이라고 하는데, 여기에 대해서는 현행세법상 과세하지 않기 때문이다. 그러나 주가상승으로 주식을 매각하면 자본이득세를 부담해야 한다.

간단한 모형을 분석하기 위해 기업의 소득에 대한 법인세율을 t, 기업이 발행하는 채권에 대한 이자소득세율을 s라고 하고, 주주에게 지급되는 소득의 세율을 m이라고 하자. 아주 단순화하기 위해 기업의 투자수익이 1원이라고 가정한다. 이 경우 채권보유자에게 지불되는 소득세 납부 후 이자순소득은 법인세가 부과되지 않아서 $(1-s)$원이고, 주주에게 지급되는 법인세(세율 t)와 소득세(세율 m) 납부 후 순소득은 법인세가 부과되어서 $(1-t)(1-m)$원이다. 채권과 주식의 순소득의 차이가 0보다 크면 채권의 순소득이 더 큰 것을 의미하므로 타인자본에 대한 의존도를 높이는 효과를 가져올 것이다. 예를 들어 어떤 기업의 총부채가 b원이고 이자율이 r이라고 할 때 rb원만큼 투자자에게 지급된다고 하자. 이때 기업의 부채를 주식 대신 채권으로 자금을 조달한다고 하면 이에 따른 투자자의 순소득의 차이(채권과 주식의 순소득의 차이)는 다음과 같이 정의될 수 있다.

$$[(1-s)-(1-t)(1-m)]rb \tag{11-41}$$

앞서 법인세에서 본 것처럼 이 식을 연간 순소득으로 보고 그 현재가치를 PV_s라고 하자. 이 현재가치는 부채가 없는 기업의 가치(U_0)와 부채가 있는 기업의 가치(U_1)의 차이를 나타낸다. 즉,

$$U_1-U_0=PV_s \tag{11-42}$$

만약 법인세와 소득세가 존재하지 않는다면 $s=t=m=0$이며, $PV_s=0$이 된다. 이 경우가 모딜리아니-밀러의 제1명제로서 매우 특수한 경우라는 것을 알 수 있다. 현실적으로는 이자소득, 배당소

득, 자본이득의 유형에 따라 각각 다른 세율을 적용하고 있다. 따라서 투자자마다 어느 것이 더 유리한지 다를 수 있다.

고든과 이(R. Gordon and Y. Lee, 2001)는 미국에서 법인세율의 변화가 기업의 자본구조에 매우 큰 영향을 미치는 것으로 분석하고 있다. 법인세율이 조금만 올라가도 기업이 부채비율을 높이는 반응을 보여주고 있다. 앞에서 본 것처럼 부채의 감세효과가 더 커지기 때문이다. 지볼리 등(D. Givoly et al.,1992)의 다른 여러 연구들도 이와 비슷한 결과를 보여주고 있다.

정석 사고

조세와 거래비용이 없을 때 기업의 가치가 타인자본을 많이 또는 적게 사용하는 것(부채-자본비율)과 상관없다는 것을 **모딜리아니-밀러의 제1명제**라고 한다. 그러나 법인세와 소득세가 존재하는 현실에서는 이 명제가 수정될 필요가 있다. 법인세는 부채이자를 비용으로 공제해주기 때문에 부채의 감세효과(tax shield)를 발생시켜 기업의 부채-자본비율을 높인다. 한편 소득세의 경우 배당소득세가 무거워지면 채권으로 자금조달을 하여 기업의 부채-자본비율을 높이고, 이자소득세가 무거워지면 주식으로 자금조달을 하여 기업의 부채-자본비율을 낮추는 효과가 있다. 그리고 현실적 제약으로서 불확실성과 파산의 위험 등으로 기업이 부채-자본비율을 많이 늘릴 수는 없다.

6. 조세와 배당정책

기업의 투자수익을 처분하는 방법 중의 하나가 배당이다. 기업의 배당정책이 기업의 가치에 어떤 영향을 미치는지 살펴보자. 모딜리아니-밀러(Modigliani and Miller, 1961)는 조세와 거래비용이 존재하지 않고 완전한 자본시장이 존재한다는 가정하에서 기업의 배당정책이 기업의 가치에 전혀 영향을 주지 않아서 무의미하다고 주장한다. 기업의 가치는 기업의 투자수익에 의해서 결정될 뿐 배당정책은 기업의 가치를 결정하는 데 무의미하다. 이것을 모딜리아니-밀러의 **배당무의미성이론**(dividend irrelevance theory)이라고 한다.

한 가지 예를 통해 배당무의미성이론의 의미를 살펴보자. 어떤 기업이 보유하고 있는 여유자금을 어떤 투자계획에 사용할 것인지 결정한 상태에서 주주들에게 추가적으로 배당금을 더 지급하려 한다고 하자. 이 경우 기업은 신주발행을 통해 자금을 마련하고 추가 배당을 한다. 기존 주주들은 추가 배당금만큼의 소득이 증가하지만 주식이 늘어난 만큼 주식의 가치가 떨어진다. 따라서 기업의 가치에는 아무런 변화가 없는 것이다. 이것을 식으로 표시해보면 다음과 같다.

기업의 가치 = 기존주식의 가치 + 신주발행액

이 식의 의미는 신주발행규모가 정확히 기존주식규모만큼이라면 신주발행으로 기존주식의 가치가 50%로 반 토막 난다는 것이다. 따라서 주식규모만 2배가 되고 그 기업의 가치에는 아무 변화가 없는 것이다. 결과적으로 기업이 배당을 늘리면 주주들의 손에 현금이 더 들어간다는 사실 이외에 기업의 가치에는 변화가 없다. 이러한 논리는 어떤 기업이 높은 배당률을 약속하는 배당정책을 사용한다고 해서 그 기업의 주식가치가 상승하지 않는다는 것이다.

모딜리아니-밀러의 이론은 여러 비현실적인 가정을 하고 있다. 자본시장이 완전하고, 조세와 거래비용이 없다는 가정 등이 그 예이다. 이 중 특히 조세가 존재하면 기업의 배당정책이 영향을 받을 것으로 예상된다. 그 이유는 대부분의 나라에서 배당소득에 적용되는 세율과 주가상승에 따른 자본이득에 적용되는 세율이 다르기 때문이다.

앞에서도 설명한 것처럼 투자수익은 배당되거나, 사내유보되어 생산을 위한 투자로 주가를 올리거나, 자사주를 사들이는 데 사용될 수 있다고 했다. 기업이 투자수익을 주주에게 배당하는 대신 사내유보를 결정하면 주식가격이 올라간다. 그러나 주주들이 주식을 팔지 않는 한 주가상승분에 대해 세금을 납부할 필요는 없다. 만약 주주가 주식을 매각한다면 주가상승으로 얻은 자본이득에 대해 세금을 내야 한다. 그런데 일반적으로 자본이득세율이 배당소득에 적용되는 일반소득세율보다 낮다. 이러한 이유들 때문에 기업의 경영자는 주주들의 조세부담을 상대적으로 가볍게 하면서 생산을 위한 투자를 할 수 있는 사내유보 쪽을 선호하게 된다. 표면적인 이유는 주주에게 배당을 해도 세금부담이 크므로 차라리 투자수익을 새로운 투자에 사용해서 주가를 올리는 편이 낫다는 것이다. 실제적인 이유는 기업의 경영자가 생산을 늘려 기업과 경영자 개인의 영향력을 강화하는 데 있다.[9)]

이러한 사내유보를 선호하는 경향이 현실에서도 일어나는지 펠드스타인-그린(M. Feldstein and J. Green, 1983)이 검증한 바 있다. 미국에서 배당소득에 적용되는 세율이 평균적으로 사내유보됨으로써 생기는 자본이득의 세율보다 훨씬 높다는 것이다. 그럼에도 불구하고 평균적으로 세후투자수익(이윤)의 45%를 배당금으로 지급해왔다는 사실을 밝혔다. 이와 같이 세금부담이 더 큰데도 불구하고 매우 높은 배당률을 지키는 현상을 **배당금의 수수께끼**(dividend puzzle)라고 한다.

배당금의 수수께끼처럼 세금부담이 무거운데도 어떤 기업은 왜 앞으로 몇 년간 일정비율로 배당할 것을 약속할까? 첫째 이유로 생각할 수 있는 것은 해당기업이 이미지를 개선하기 위한 방책이라는 것이다. 보통 경영자는 주주들보다 회사에 대한 정보를 많이 가지고 있고 잘 파악하고 있다. 반대로 주주는 일상의 경영에 참여하지 않기 때문에 정보력에서 경영자와 비교할 수 없을 정도로 소외되어 있다. 주주와 경영자 사이에 정보의 비대칭성이 존재하는 것이다. 주인-대리인간의 이익이 달라 발생하는 전형적인 문제로서 '**주인-대리인문제**(principal-agent problem)'라고 한다.

이것은 대리인인 경영자가 주인인 주주와 다른 개인적인 목표를 갖게 되어 주인의 뜻대로 일을 수행하지 않는 문제를 가리킨다. 경영자는 주주에게 배당할 투자수익을 낭비하지 않는다는 것을 보여주기 위해 앞으로 몇 년간 투자수익의 일정비율을 배당할 것을 약속한다. 주주의 관점에서도 이러한 약속은 경영자의 도덕적 해이를 막는 수단이 될 수 있다. 배당금의 지급으로 현금이 줄어들면 경영자는 더 자주 자본시장을 통해 자금을 조달하게 된다. 이 과정에서 자본시장의 투자전문가의 평가와 감독을 받게 되어 경영자의 도덕적 해이를 어느 정도 막을 수 있다. 주주는 그 대가로 배당소득에 대한 조세부담을 지는 것이다.

이상에서 설명한 이유가 어느 정도 현실성이 있는지에 관한 여러 실증분석을 살펴보면 확실한 답이 없다. 주인-대리인의 관계를 통해 높은 배당률을 설명하는 여러 연구의 결과들이 서로 상반된 결과를 보여주고 있기 때문이다. 상당한 설득력이 있는 이유이지만 다른 이유들도 살펴보기로 하자.

둘째 이유로 들 수 있는 것은 소액주주의 경우 생활비를 충당하기 위해 안정적 현금흐름을 필요로 하므로 높은 배당률을 선호한다는 것이다. 그리고 기업은 이러한 소액주주의 필요성을 수용하여 배당금을 지급한다는 것이다. 그러나 기업이 사내유보를 통해 주식의 가치를 높여줄 수도 있고, 자사주를 매입하여 주식의 가치를 높일 수도 있다. 이러한 방법은 실질적으로 소액주주에게 배당금을 지급하는 것과 동일하다. 따라서 이것은 논리적 근거가 약하다고 하겠다.

셋째 이유로 생각할 수 있는 것은 경영자가 미래의 수익성과 성장가능성에 대해 주주에게 신호(signal)를 발송하기 위해 배당금을 증가시킨다는 것이다. 그러나 경영자가 왜 배당금이라는 그런 값비싼 수단을 꼭 고집해야 하는가 하는 반론이 가능하다. 실증연구에서도 배당금이 미래의 수익성과 상관관계가 있다는 연구들과 상관관계가 없다는 연구들이 섞여 있는 상황이어서 명확한 결론을 내리기가 어렵다.

넷째 이유로 쉐프린-스탯맨(H. Shefrin and M. Statman, 1984)의 행태경제이론에서 그 근거를 찾아볼 수 있다. 그들에 의하면 주주가 배당금을 요구하는 이유는 자신의 자제력에 대한 믿음이 없어서 투자실패에 따른 자본손실을 피하고 배당금이라도 챙기자는 투자자의 심리적 특성이라는 것이다. 이러한 이유가 설득력이 있어서 광범위한 지지를 받고 있는 것은 아니다.

이와 같이 배당금의 수수께끼를 풀어보려는 여러 학자들의 노력에도 불구하고 속 시원한 한 가지 정답은 없다. 그런데 최근 기업의 투자수익이 배당금으로 주주에게 나누어지는 경우는 점차 줄고, 자사주를 매입하는 수단이 선호되는 경향이 있다고 한다. 브래브 등(A. Brav et al., 2005)의 연구는 이 사실을 확인하고 있다.

정석 사고

기업이 투자수익을 주주에게 배당하는 대신 사내유보를 결정하면 주식가격이 올라가고, 주식을 팔지 않는 한 주가상승분에 대해 세금을 납부할 필요도 없어 배당보다 사내유보가 주주에게 유리하다. 그러나 현실적으로 상당한 금액이 오히려 배당되고 있는 현상을 '**배당금의 수수께끼**'라고 한다. 그 이유는 주인-대리인문제, 안정적 배당흐름의 선호, 수익성과 성장가능성에 대한 신호(signal)역할, 투자실패에 따른 자본손실을 피하려는 심리적 특성 등으로 설명할 수 있다.

정석 사례연구

창문세와 너비세

1696년 영국의 윌리암 3세는 국가재정의 확충을 위해 창문에 세금을 부과하였다. 보통 부자들이 창문이 많은 큰 저택을 소유하고 있었기 때문에 부자들에게서 많은 세금을 거두려는 목적이었다. 조세문제는 쥐와 고양이의 게임과 유사하다. 정부라는 고양이가 힘으로 조세를 부과하면 쥐에게는 전략으로 맞서 버티다가 종국에는 숨어버릴 수 있는 것이다. 즉, 고양이에게 힘이 있다면 쥐에게는 전략이 있다. 이 사실을 몰랐던 윌리암 3세는 어떤 결과를 맞이했을까?

부자들은 가장 손쉬운 전략으로 자신의 저택의 모든 창문을 없애버렸다. 이 덕분에 아직도 영국의 건축물 중에는 17세기 건축된 창문없는 저택들이 전통가옥으로 남아있다. 비슷한 시기의 비슷한 예로 네덜란드는 건축물의 너비에 비례해서 과세하였다. 그 결과 암스테르담에 사는 사람들은 좁고 높은 건물만 건축하여 세금을 회피하였다.[10)]

출처: 불산일보

정석 기본문제

1. 개별상품에 개별소비세를 부과하는 경우 초과부담(=하버거의 삼각형)이 발생하는데 이의 크기를 결정하는 요인을 2가지 이상 들어라.

2. 물품세의 초과부담과 세율의 정확한 관계를 설명하고, 그 이유를 설명하라.

3. 종가세를 부과했다고 할 때 수요자의 한계대체율과 공급자의 한계변환율의 관계는 무엇인가?

4. 세금으로 인한 사회적 손실액은 어떻게 계산하는가?

5. 3가지 재화에 대하여 물품세를 각각 1, 2, 3원을 부과하였더니 수요가 각각 3단위, 2단위, 1단위 줄어들었다. 물품세의 초과부담은 얼마인가? 단, 공급은 완전탄력적이라고 가정한다.

정석 힌트 우선 재화 1에 대한 조세 1원으로 인해 수요가 줄어든 양이 3단위일 때 초과부담은 $\frac{1}{2}\times(1)\times(3)$이다. 다른 재화들에도 똑같이 계산하면 당해 물품세의 총초과부담은 $\frac{1}{2}(1\times3+2\times2+3\times1)=5$가 된다.

6. 어떤 상품에 대한 세율을 50%에서 25%로 인하하였을 때 초과부담액의 변화는 얼마인가?

정석 힌트 초과부담은 세율의 제곱에 비례한다. 따라서 세율이 $\frac{1}{2}$로 되면 초과부담은 $\frac{1}{4}$로 줄어든다. 다시 말해서 세율이 2배 줄어들면 초과부담은 4배 줄어든다. 알고 있더라도 표현에 주의하기 바란다.

7. 조세의 소득탄력성이 1.5인 경우 소득이 100에서 150으로 변동하였다면 조세는 20에서 얼마로 변동하는가?

정석 힌트 조세의 소득탄력성은 $\frac{\text{조세변화율}}{\text{소득변화율}}$이므로 $\frac{\Delta t}{20}\Big/\frac{50}{100}=1.5$이고, $\Delta t=15$이다. 따라서 조세는 20에서 35로 변동한다.

8. 어떤 재화에 대한 수요곡선과 공급곡선이 각각 다음과 같이 주어졌다고 한다.

> 수요: $P=10-Q$
> 공급: $P=2$

정부가 이 상품에 대하여 단위당 2원의 물품세를 부과하고자 한다. 이 조세의 초과부담을 구하라.

정석 힌트 수요=공급으로 놓으면 최초의 $Q=8$을 구할 수 있다. 이제 물품세 2원만큼 공급곡선을 상향이동시키면 새로운 $Q=6$을 구할 수 있다. 따라서 초과부담은 $\frac{1}{2}\Delta P\Delta Q=\frac{1}{2}\times2\times2=2$이다.

9. 근로소득세가 부과된 후 근로의욕이 증가하였다면 어떤 이유인지 설명하라.

정석 힌트 여가가 정상재라면 대체효과는 여가소비를 늘리고, 소득효과는 여가소비를 줄인다. 따라서 이 경우 소득효과가 더 강하게 작용하여 여가소비를 줄이고 노동공급을 증가시킨다.

10. 현재와 미래만 있는 시점간 자원배분모형에서 이자소득에 과세를 할 경우 대표적 개인의 현재소비와 미래소비에 대한 선택에 미치는 효과를 설명하라. 또한 저축에 미치는 영향도 설명하라.

정석 힌트 이자소득세의 부과는 현재소비와 미래소비의 상대가치를 변화시킨다. 따라서 대체효과와 소득효과가 모두 발생한다. 대체효과는 현재소비의 기회비용이 낮아져서 현재소비를 증가시킨다. 소득효과는 실질소득이 감소하여 현재소비를 감소시킨다. 따라서 두 효과의 상대적 크기에 의존한다. 저축은 현재소득에서 현재소비를 뺀 나머지의 개념이므로 현재소비에 영향을 미치는 두 효과에 의존한다.

11. 정부가 투자자의 위험부담행위에 대해 보상을 해주지 않고 투자수익에 과세를 하는 경우 투자자의 위험부담행위는 증가하는가? 사회후생의 관점에서 어떻게 평가할 수 있을까? 단, 위험부담행위의 소득탄력성은 양수이다.

정석 힌트 어떤 투자자의 입장에서 동일한 위험률에서 수익률이 낮아진다. 따라서 위험부담행위의 상대가치가 하락하여 대체효과와 소득효과가 발생한다. 대체효과와 소득효과가 같은 방향으로 작용하여 위험부담행위가 감소한다. 이 경우 과세는 투자를 저해한다. 따라서 사회후생이 감소한다고 볼 수 있다.

12. 모딜리아니–밀러의 제1명제의 가정에서 비현실적인 것에 대하여 평가하라. 그러한 비현실적인 가정을 현실적으로 수정해도 성립하는가?

13. '디즈니랜드'의 법인세율은 10%이다. 그런데 법인세의 한계실효세율을 측정해보니 10%보다 낮게 나타났다. 그 이유를 설명하고, 투자행위에 미치는 영향에 대해 설명하라.

정석 힌트 한계실효세율은 세전투자수익률과 세후수취이자율의 차이를 비율로 나타낸 것이다. 이것이 낮게 나오는 이유는 법인세상 투자를 촉진하는 다양한 제도들로 인해 세후수취이자율이 높아서이다. 예를 들어 가속감가상각, 지급이자공제, 투자세액공제, 각종 준비금제도(납세시기를 늦추어주는 제도), 특정기간조세감면제도(Tax Holidays, 일정한 기간동안 특정산업에 속한 기업에게 조세감면의 혜택을 주는 제도) 등이 있다.

14. '크루소' 나라에서 법인세제상 지급한 이자는 경비처리를 해준다. 또한 경제적 감가상각보다 빠른 가속감가상각을 허용한다. 법인세의 부과가 기업들의 투자행위에 미치는 영향을 설명하라.

정석 힌트 법인세의 부과는 자본의 사용자비용을 증가시켜서 투자를 감소시킬 것이다. 단, 이자경비공제 r과 감가상각률 α의 합이 1보다 작아야 한다($\alpha+r<1$).

15. '배당금의 수수께끼'가 무엇인지 가장 설득력 있는 논리로 제시하라.

정석 심화문제

16. 정부는 담배에 대한 개별소비세의 초과부담을 추정하려고 한다. 이때 초과부담을 하버거의 삼각형이라고 부르며, 이는 선형수요와 공급의 그림상에서 항상 삼각형으로 나타나기 때문이다. 담배인삼공사는 담배의 공급을 주어진 가격에서 무한히 공급할 수 있다고 한다. 담배의 수요곡선을 추정하여 탄력성을 계산한 결과 2를 얻었으며, 담배가격은 현재 갑당 1,000원이고 이 가격에 1억갑이 판매되고 있다.

[1] 정부는 담배소비세를 100원 올리기로 했다. (가) 소비자가 지불할 담배가격과 (나) 담배소비세 100원으로 인한 국민소득의 감소액(즉 사회적 비용)을 각각 구하라.

[2] 이제 담배 이외에 쌀시장까지 고려하기로 한다. 그리하여 쌀시장의 수요를 추정한 결과 수요탄력성이 0.5이었다. 그리고 쌀을 생산하는 한계비용은 kg당 1,000원으로 일정하고 현재 쌀의 소비량은 100만kg($1,000,000=1\times10^6$)이라고 한다면 (가) 총사회적 비용이 가장 작게 되는 쌀의 세율(또는 kg당 소비세액)과 이때의 (나) 쌀시장의 초과부담액을 구하라.

17. 다음 그림은 '미키'라는 어떤 개인의 빵과 옷의 소비선택을 나타낸다. 원래의 예산선 AB에서 그의 선택점은 E였다. 이제 물품세가 부과되어 예산선이 AC로 변하고 물품세 부과 이후 그의 선택점은 E'가 되었다.

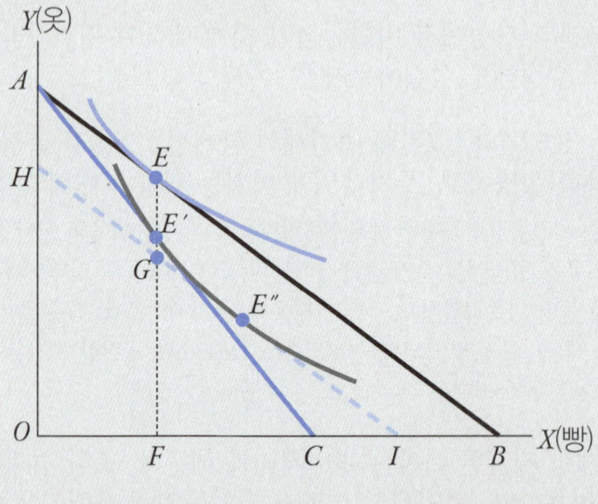

[1] 그림에서 보는 것처럼 물품세 부과 후에도 빵의 수요량에 변화가 없다. 이러한 현상이 왜 발생하는지 설명하라.

정석 힌트 물품세의 부과로 빵의 상대가격이 변하면 대체효과와 소득효과가 모두 발생한다. 대체효과는 상대적으로 비싸진 빵의 수요를 줄인다. 소득효과는 실질소득의 감소로 정상재일 때 빵의 수요를 줄이고, 열등재일 때 빵의 수요를 늘린다. 만약 빵이 열등재이면 대체효과와 소득효과가 서로 반대로 작용하고 두 효과의 합이 0이 될 수 있다.

[2] 물품세 부과로 미키가 납부하는 세금의 크기를 구하라.

정석 힌트 새로운 예산선 AC 위의 그의 선택점인 E′에서 수직으로 올려 원래의 예산선과 만나는 점(그림에서는 우연히 점 E가 된다)까지의 거리가 세금의 크기가 된다. 즉, 선분 EE′가 옷의 단위로 표시한 세금의 크기이다.

[3] 물품세 부과로 미키가 상실한 후생의 크기를 구하라.

정석 힌트 두 가지 방식으로 생각할 수 있다. 하나는 대등변화나 보상변화를 측정하는 것이다. 그림에서 대등변화는 선분 EG이다. 다른 방식은 물품세를 럼섬세로 대체할 때 잃게 되는 효용의 수준을 옷의 단위로 측정하는 방법이다.

[4] 물품세의 초과부담을 계산하라.

정석 힌트 대등변화에서 미키가 납부한 세금의 크기를 빼면 되므로 선분 E′G가 초과부담이다.

18. '디즈니랜드'에서 사과의 한계비용은 7로 일정하며 시장에서 사과는 조세 4를 포함하여 11에 거래되고 있다. 그런데 배에 대하여는 조세가 부과되고 있지 않는 현실에 대하여 사과 공급자들이 불평하며 조세부과를 요구하였다. 이에 따라 디즈니 정부는 배에 대하여도 단위당 2의 조세를 부과하기로 했다. 배의 조세로 인해 사과의 소비가 7단위 증가하였다. 단, 배의 한계비용은 10으로 일정하고 배의 수요는 다음과 같다.

$$P=30-Q$$

배에 대한 조세부과가 사회후생에 미치는 영향은 무엇인가?[11)]

정석 힌트 배에 대한 조세부과로 초과부담이 $2(=\frac{1}{2}\times2\times2)$만큼 증가한다. 그러나 사과의 생산과 소비가 7단위 증가하므로 사회후생은 28단위$(=4\times7)$ 증가한다. 사과를 추가 1단위 생산할 때 4만큼의 조세수입증가로 사회후생이 증가하기 때문이다. 따라서 사회후생은 26(=28−2)만큼 증가한다.

19. 흔히 조세는 초과부담을 발생시키지만 보조금은 그렇지 않을 것이라고 생각하기 쉽다. 다음 예를 통해 이 문제를 살펴보자. 어떤 빵의 수요가 다음과 같다.

$$P=25-Q$$

빵의 생산에 드는 한계비용은 5로 일정하다. 정부는 빵의 소비촉진을 위해 단위당 2의 보조금을 지급하기로 했다.

[1] 빵에 대한 보조금은 초과부담을 발생시키는가?

정석 힌트 원래의 균형에서 Q=20인데 보조금만큼 한계비용을 낮추어 생각하면 Q=22가 된다. 즉, 빵의 수요가 2단위 증가한다. 빵의 가치가 변한 것이 아닌데 빵의 수요가 늘어난 것은 보조금이 실질적으로 빵생산자의 단위당 비용을 보조해주어 인위적으로 한계비용을 낮춘 결과이다. 따라서 2단위 증가한 수요에 대해서 빵의 한계편익이 한계비용을 초과한다. 이 부분이 사회가 부담할 초과부담이다.

[2] 빵에 대한 보조금의 초과부담액을 계산하라.

정석 힌트 초과부담액은 $\frac{1}{2}\times2\times2=2$이다.

20. '크루소'라는 나라의 조세제도는 다음과 같다.

> (가) 법인세제는 기업이 지급한 이자를 경비로 처리한다.
> (나) 법인세제는 10%의 투자세액공제를 허용한다.
> (다) 이자소득의 세율은 근로소득의 2배이다.
> (라) 주주의 자본이득과 배당소득은 이자소득과 동일한 세율이다.

크루소 정부가 법인세율을 인하하기로 했다. 기업들의 자본구조, 즉 부채-자본비율에 어떤 영향을 주는지 설명하라.

정석 힌트 채권을 보유하는 경우의 이자소득과 주식을 보유하는 경우의 배당소득을 비교하면,

$$[(1-s)-(1-t)(1-m)]rb$$

이 식이 어떤 방향으로 변하는지 보면 파악할 수 있다. 조건에서 $s=m$이므로 이 식은 $t(1-m)rb$가 된다. 따라서 법인세율 t의 인하는 부채비율을 낮추게 된다. 이러한 식이 아니더라도 법인세율의 인하는 부채의 감세효과를 낮추므로 부채비율을 낮추는 자본구조를 갖게 된다.

21. '프라이데이' 정부는 이자소득세율과 배당소득세율을 동일하게 하고, 사내유보에 의한 주가상승분인 자본이득에 대해 소득세를 면제한다. 기업의 투자수익은 배당금으로 40%, 사내유보로 60% 분배된다고 한다. 프라이데이 정부가 법인세율을 50%로 정할 때 기업은 어떤 자본구조를 선택할까? 단, 기업은 법인단계와 주주단계의 모든 조세부담을 최소화하려고 노력한다.

정석 힌트 어떤 사람이 채권에 투자할 경우 기업의 투자수익 1원에 대해 얻는 세후 순소득은 $(1-s)$원이다. 만약 주식에 투자하면 배당소득 $(1-t)(1-s)$원과 사내유보로 인한 주가상승분(자본이득) $(1-t)$원의 순소득을 얻는다. 배당금과 사내유보가 각각 40%와 60%이므로 순소득은,

$$\frac{2}{5}(1-t)(1-s)+\frac{3}{5}(1-t)$$

주식 대신 채권으로 자금을 조달하는 경우의 투자자의 순소득은,

$$\left\{(1-s)-\left[\frac{2}{5}(1-t)(1-s)+\frac{3}{5}(1-t)\right]\right\}rb$$

이 식에 $t=0.5$를 대입하고 그 결과가 0보다 큰 s값을 구하면 $s<5/8$이다. 따라서 $s<5/8$보다 작으면(일반적으로 여기에 해당될 것임), 채권이 유리해서 부채-자본비율을 높이는 자본구조를 선택한다.

제12장 최적조세론

나는 어떤 사람의 등에 올라타 있다.

그의 목을 졸라서 나를 등에 태우게 했다.

나는 그에게 매우 미안한 마음이 들었다.

모든 수단을 써서 그의 짐을 가볍게 해주고 싶었다.

그러나 그의 등에서 내려오는 것만 빼고…….

– Lev Nikolayevich Tolstoy –

앞 장들에서 바람직한 조세가 가져야 할 효율성과 공평성에 대하여 각각 살펴보았다. 그러면 효율성과 공평성을 동시에 만족하는 조세제도는 있는 것일까? 불행히도 모든 것을 만족하는 조세제도는 없다. 특히 경제학에서 자주 경험하듯이 세상에서 모든 것에 적용될 수 있는 절대적 진리는 없는 것이다.

우리는 어느 한쪽이 충족되지 못할 때 그다음 차선책을 찾기 마련이다. 이러한 차선의 논리는 이 장에서 설명할 최적조세와 깊은 관계를 가지고 있다. 경제학에서 차선의 이론은 전체 조건에서 한 가지 조건이 만족되지 못할 바에는 모든 조건이 만족되지 않은 상태가 오히려 더 나을 수도 있다고 말한다. 이것은 경제의 한 부문만이 비효율적이라고 해서 경제의 모든 부문이 비효율적인 상태보다 더 낫다는 보장은 없다는 의미이다.

우리가 살펴볼 최적조세는 정부의 조세수입목표, 소득분배의 목표, 자원의 효율적 배분목표들간의 상충 정도를 최소화한다는 점에서 차선의 논리가 적용된다. 최적조세이론은 조세부과가 효율성을 상실한다는 점을 인정하면서 가능하면 이를 최소화하는 조세구조를 찾으려는 접근방법을 채택하고 있다. 이와 같이 차선의 성격을 갖고 있는 조세구조를 찾고 다시 공평성

제12장 최적조세론

의 관점을 추가하여 현실적으로 가장 바람직한 조세구조를 찾는 것이다.

그러나 차선의 이론이 시사하듯이 어느 정도의 효율성을 포기하고 공평한 조세제도를 만드는 것이 바람직한가에 답을 찾기가 쉽지 않다. 물품세의 경우 효율성을 위해 모든 상품에 차등과세 혹은 단일과세 하는 것이 바람직한가? 소득세의 경우 공평성을 위해 어느 정도 누진적인 것이 바람직한가? 이 장에서는 이러한 주제들을 살펴보려고 한다. 구체적으로는 최적조세이론의 의미와 성격, 최적물품세의 세율구조, 최적소득세의 의미와 성격, 최적소득세의 세율구조 등에 대하여 논의하고자 한다.

이 장에서 배울 것

- 최적조세이론의 의미와 성격은 무엇인가?
- 최적물품세의 세율구조는 어떤 것인가?
- 램지규칙이란 무엇인가?
- 선형누진세란 무엇인가?
- 최적선형누진소득세율은 무엇인가?
- 최적비선형소득세의 세율구조는 무엇인가?

제1절 최적조세의 정의

조세는 세액부담과 초과부담으로 구성되며, 초과부담은 보상받지 못하는 후생상의 손실이므로 그 값이 작을수록 좋은 조세이다. 그러나 초과부담을 완전히 제거하는 것은 불가능하므로 가능한 한 줄일 수 있는 정부정책을 고안할 필요가 있다. 또한 효율성과 그에 상충되는 공평성이 조화를 이룰 필요가 있다. 정부의 세수목표와 소득분배의 목표를 달성하면서 최선은 아니더라도 효율성의 감소로 인한 후생손실을 최소화하는 조세구조를 흔히 **최적조세**(optimal tax)라고 한다. 따라서 최적조세는 사회후생을 극대화하는 조세구조로서 소득분배의 목표가 주어진 상황에서는 조세의 초과부담을 최소화하는 과세방식이다. 최적과세는 최적상품과세와 최적소득과세로 나누어볼 수 있다. 이 장에서도 이러한 구분을 따라 살펴볼 것이다.

제2장 [부록]에서 두 사람이 있는 교환경제에서 파레토효율성은 엣지워스상자의 계약곡선으로 나타남을 살펴보았다. 이 계약곡선은 두 사람의 효용공간으로 옮겨놓을 수 있는데, 이 곡선을 효용가능곡선 혹은 효용가능경계라고 한다. 따라서 효용가능곡선의 어떤 점도 파레토효율적이다. 만약 조세가 효율적이라면 조세부과 후에도 여전히 효용가능곡선 위의 한 점을 선택할 것이다. 이와 같은 조세구조를 **파레토효율적 조세구조**라고 한다.

따라서 이론적으로 최적조세구조를 찾는다면 우선 파레토효율적 조세구조를 찾는 것이다. 그 다음은 그러한 조세구조 중 공평한 조세구조를 선택하면 된다. 그 결과 선택되는 조세구조는 당연히 사회후생을 극대화할 것이다. 그러나 현실적으로 이러한 조세구조를 찾기는 어려우며, 이에 따라 전형적인 최적조세이론은 효율성의 관점에서 최선이 아닌 차선의 조세구조를 찾고 그 위에 공평성의 관점을 추가하여 바람직한 조세구조를 찾는 방식이다.

정석 사고

정부의 세수목표와 소득분배의 목표를 달성하면서 효율성의 감소로 인한 후생손실을 최소화하는 조세구조를 최적조세라고 한다.

제2절 정석 재정학 최적물품세

1. 램지규칙

간접세의 대표적인 형태인 물품세의 최적조세구조를 살펴보도록 한다. 만약 여가를 포함한 모든 상품에 대하여 동일한 세율의 물품세가 부과된다면 상품들의 상대가격이 영향을 받지 않으므로 초과부담은 발생하지 않는다. 그러나 여가에 과세하기는 어렵고 모든 상품에 동일한 세율을 적용하기도 어렵다.[1] 즉, 어느 정도의 초과부담은 감수해야만 한다. 따라서 주어진 세수목표와 소득분배목표에서 초과부담을 최소화하는 최적물품세를 고안할 필요가 있는데, 이를 **램지조세**(Ramsey tax)라고 한다.

(1) 램지규칙

앞 장에서 초과부담을 측정해보았듯이 어떻게 과세하는 것이 초과부담을 최소화하는가는 명백하다. 물품세의 초과부담은 수요의 가격탄력성이 클수록 커진다. 따라서 수요가 비탄력적이면 높은 세율을, 수요가 탄력적이면 낮은 세율을 적용하면 된다. 이를 간단한 그림을 사용하여 확인할 수 있다. **그림 12-1**을 보면 사과와 구두의 생산자가격(1원)이 동일하고 구두에 대한 수요의 가격탄력성이 사과보다 더 크다. 이때 두 상품에 같은 물품세 1원을 부과하였을 때 구두의 초과부담 b가 사과의 초과부담 a보다 크다는 것을 알 수 있다. 따라서 총초과부담 $(a+b)$를 최소화하기 위해서는 구두에 대한 세율을 조금 낮추고 사과에 대한 세율을 조금 높이면 된다. 램지규칙은 이와 같은 아이디어를 출발점으로 한다.

이제 사과와 구두라는 서로 독립적인 두 상품에 물품세를 부과한다고 가정하고 어떤 세율구조하에서 총초과부담이 극소화될 수 있는가를 보자. 사과에 1단위당 1원의 세율로 물품세를 부과할 때 발생하는 초과부담은 $0.5\times\Delta Q_{사과}$(그림의 면적 a)라고 쓸 수 있다. 그리고 이때의 조세수입은 단위당 세금 1원에 수요량을 곱한 $Q_{사과}$원이라고 쓸 수 있다. 따라서 조세수입 1원당 초과부담은,

$$0.5 \times \Delta Q_{사과}/Q_{사과} \qquad (12\text{–}1)$$

이것은 조세 1원 증가시킬 때 발생하는 초과부담이라는 의미에서 **한계초과부담**이라고도 한다. 물론 앞 장에서 설명한 조세제도 전체의 한계초과부담과 성격을 달리하지만 의미는 같은 것이다.

구두에 대해서도 1단위당 1원의 세율로 물품세를 부과할 때 발생하는 초과부담은 $0.5 \times \Delta Q_{구두}$(그림의 면적 b)이며, 사과와 똑같은 과정을 통하여 조세수입 1원당 초과부담은,

$$0.5 \times \Delta Q_{구두}/Q_{구두} \qquad (12\text{–}2)$$

두 시장의 초과부담의 합을 최소화하는 조건은 조세수입 1원당 초과부담이 같아지는 상태이다. 즉,

$$0.5 \times \Delta Q_{사과}/Q_{사과} = 0.5 \times \Delta Q_{구두}/Q_{구두} \qquad (12\text{–}3)$$

이것이 바로 최적물품세의 조건이다. 물품세의 총초과부담을 최소화하기 위해 모든 상품의 수요량이 동일한 비율로 감소하도록 세율구조를 정해야 한다는 것을 **램지규칙**(Ramsey rule) 또는 **램지법칙**이라고 부른다. 그림에서도 세율이 동일한 물품세를 부과할 경우 구두시장의 수요량의 감소비율이 훨씬 크다는 것을 알 수 있으며, 램지규칙에 따라 구두시장의 세율을 낮추어야 총초

그림 12-1 수요탄력성과 램지조세

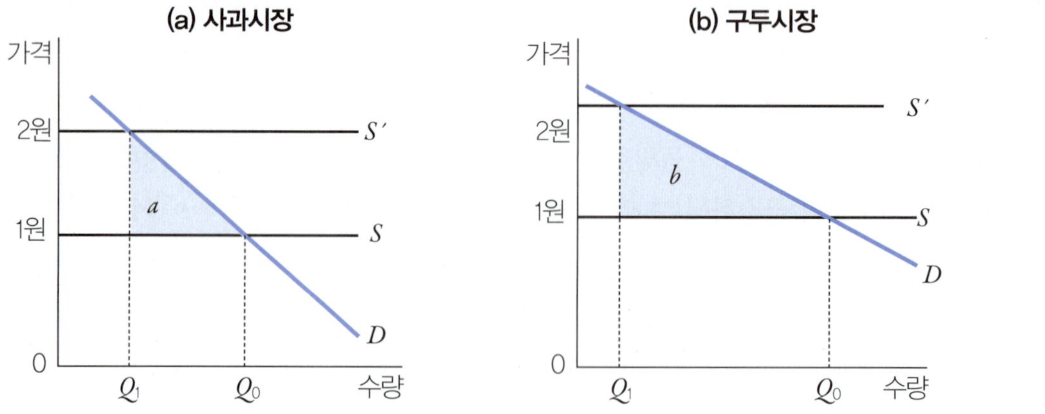

과부담이 최소화된다.

정석 사고 조세부과에 의해 모든 상품의 수요량이 똑같은 비율로 감소되도록 세율구조를 정하면 총초과부담이 최소화된다. 이것을 램지규칙 또는 램지법칙이라고 한다.

(2) 역탄력성의 법칙

이상에서 살펴본 램지규칙은 수요의 가격탄력성(약칭 수요탄력성)과 세율의 관계로 바꿀 수 있다. 예를 들어 사과와 구두시장의 수요탄력성을 각각 $\varepsilon_{사과}$와 $\varepsilon_{구두}$라고 하면, 두 시장에서 조세수입 1원당 초과부담이 동일하다는 표현은 다음처럼 쓸 수 있다.

$$0.5\times\varepsilon_{사과}\ t_{사과}=0.5\times\varepsilon_{구두}\ t_{구두} \qquad (12\text{–}4)$$

이 식은 다음과 같은 세율과 수요탄력성의 비례식으로 간단히 바꿀 수 있다.

$$\frac{t_{사과}}{t_{구두}}=\frac{\varepsilon_{구두}}{\varepsilon_{사과}} \qquad (12\text{–}5)$$

이것이 바로 **역탄력성의 법칙**(inverse elasticity rule)이라고 불리는 식이다.

이 식의 의미는 그림에서 보는 것과 같이 구두처럼 수요탄력성이 큰 상품은 낮은 세율을 적용하고, 사과처럼 수요탄력성이 상대적으로 작은 상품은 높은 세율을 적용하는 것이 총초과부담을 최소화하는 세율구조라는 것이다. 이 법칙은 상품간 대체나 보완관계가 없는 경우 타당한데, 만약 사과와 구두가 대체적이면 사과에 대한 과세가 구두의 수요를 증가시켜서 정부의 세수증대효과가 나타난다. 이러한 효과까지 고려하면 역탄력성의 법칙과 다른 결론이 나올 수도 있다. 그리고 이 법칙에 따르면 수요탄력성이 낮으면 그만큼 교란도 작을 것이므로 수요탄력성이 0인 상품에만 과세하여 조세수입을 얻을 수 있다면 초과부담이 없는 최적조세가 된다.

정석 사고 수요탄력성이 큰 상품에는 낮은 세율을 적용하고, 수요탄력성이 작은 상품에는 높은 세율을 적용하는 것이 총초과부담을 최소화한다. 이것을 역탄력성의 법칙이라고 한다.

한 가지 주의할 점은 램지규칙이나 역탄력성의 법칙을 현실에 적용하는 데 매우 곤란한 문제가 있다. 왜냐하면 비탄력적인 수요를 갖는 상품은 일반적으로 생활필수품이며, 탄력적인 수요를 갖는 상품은 보통 사치성 상품이기 때문이다. 결국 램지규칙에 의하면 필수품에는 높은 세율을 적용해야 하므로 세부담에 있어서 불공평한 문제가 발생한다. 여기에 최적소득과세의 필요성이 있는 것이다.

2. 콜렛-헤이그규칙

모든 상품에 동일한 세율을 적용하는 물품세를 부과한다면 초과부담이 발생하지 않을 수 있다. 그리고 정액세형태의 소득세를 부과할 때도 모든 상품의 상대가격체계를 교란시키지 않으므로 초과부담이 발생하지 않는다. 따라서 동일한 세율의 물품세는 정액세와 동등하다. 그러나 여가라는 상품을 고려대상에 넣으면 완전히 다른 이야기가 된다.

콜렛-헤이그(Corlett and Hague, 1953)는 여가를 제외한 다른 모든 상품에만 물품세를 동일한 세율로 부과할 경우 여가와 관련된 상품들의 상대가격체계에 교란이 발생하여 초과부담이 발생한다고 주장한다. 따라서 어떤 조세구조도 불가피하게 대체효과에 의한 교란을 발생시킨다고 할 수 있다. 여가를 제외한 동일세율의 물품세를 모든 상품에 부과하면 여가의 상대가격을 낮추어 여가를 지나치게 소비하게 하는 비효율성을 야기한다.

이러한 관점에서 초과부담을 줄이기 위해 여가에 과세하는 방법으로 어떤 상품이 작업복이나 작업구두처럼 여가에 대체적이면 낮은 세율을, 스키나 골프용품과 헬스용품처럼 여가와 보완적이면 높은 세율을 적용함으로써 여가에 대해 간접적으로 과세하는 효과를 기대할 수 있다고 주장한다. 이것을 **콜렛-헤이그규칙**이라고 부른다. 따라서 이 규칙은 정액세와 같이 물품세도 모든 상품에 대해 단일세율을 적용하면 효율적일 수 있지만 여가에 대해 과세할 수 없으므로 오히려 차등세율을 옹호하는 이론이라고 하겠다.

정석 사고

여가를 제외한 다른 모든 상품에만 물품세를 동일한 세율로 부과할 경우 여가와 관련된 상품들의 상대가격체계에 교란이 발생하여 초과부담이 발생한다. 초과부담을 줄이기 위해 여가에 과세하는 방법으로 어떤 상품이 여가에 대체적이면 낮은 세율을, 여가와 보완적이면 높은 세율을 적용함으로써 여가에 대해 간접적으로 과세하는 효과를 기대할 수 있다. 이것을 콜렛-헤이그규칙이라고 한다.

제3절 최적소득세

소득세는 고소득자와 저소득자 사이에 차등적인 부담을 전제로 하는 조세로, 세율구조의 적절한 누진성을 선택하여 효율성과 공평성 사이에 적절한 균형을 취함으로써 사회후생을 극대화하는 것이다. 따라서 상품과세에서와 같은 불공평한 문제를 어느 정도 해소할 수 있다. 최적소득세의 논의에서는 어느 정도의 효율성을 희생시키면서 공평한 과세를 할 것인가에 대한 가치판단이 중요하다. 문제는 가치판단이 사람마다 다르고, 사회마다 보편적인 가치조차 다르다. 따라서 사회 구성원의 성향과 이에 의해 규정되는 정부의 성격에 따라 달라질 수밖에 없다.

일반적으로 납세자의 소득수준이 높아짐에 따라 평균세율이 올라가는 성격을 가지는 조세를 누진세라고 한다(누진성과 세율의 관계는 제9장을 참조할 것). 우리나라의 소득세제를 보면 6~38%의 초과누진세제를 사용하고 있는데, 소득수준에 따라 한계세율이 계속 변화해나가는 형태의 누진세제를 말한다.[2] 이렇게 한계세율이 변화하는 누진세는 분석하기가 어려우므로 선형누진세를 가지고 최적소득세의 의미를 살펴보자.

1. 선형누진세

선형누진세는 한계세율이 일정하게 유지되면서 평균세율이 올라가는 누진성을 보여줄 수 있는 특성을 가지고 있다. 선형누진세를 정의하면, 조세부담액(T)과 소득(Y) 사이에 다음과 같은 직선관계가 존재한다.

$$T = a + tY \tag{12-6}$$

이 식은 모든 사람에게 a만큼 소득을 보장하고(부의 소득세), 그 이상 소득을 벌 경우 일정한 한계세율 t를 적용한다는 의미이다.[3] 그림 12-2 에서처럼 소득이 Y_0가 될 때까지는 세금을 내는 것이 아니라 소득에 세율을 곱한 만큼 돌려받는다. 누진성을 보기 위하여 $a=0$인 비례세와 비교해보면, 비례세의 경우 평균세율이 일정한 반면 선형누진세의 경우 평균세율이 계속 상승한다는

그림 12-2 선형누진세와 비례세

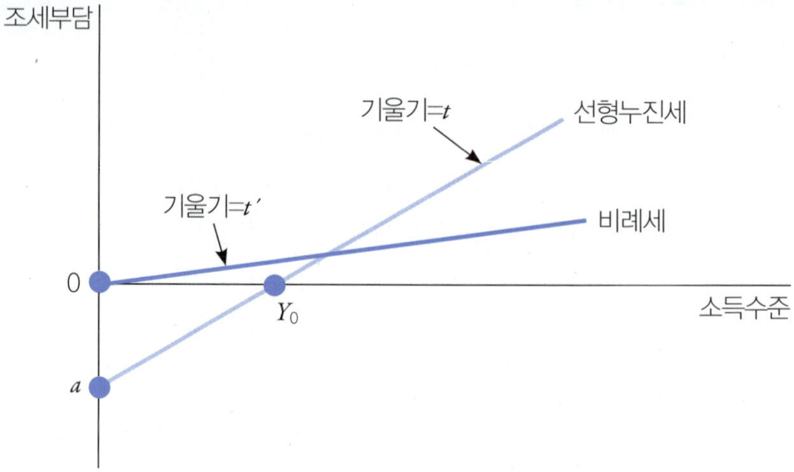

그림 12-3 평균세율과 한계세율

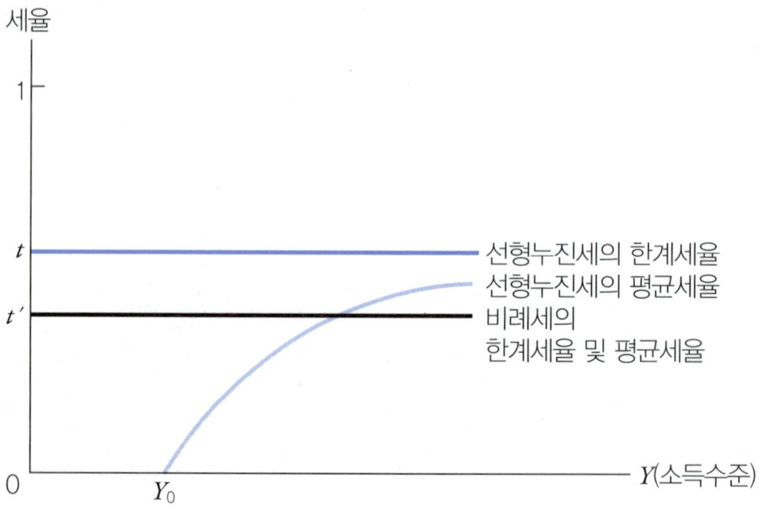

것을 알 수 있다. 이를 그림 12-3에서 쉽게 확인할 수 있다. 따라서 비례세도 선형누진세의 한 특수한 경우라고 할 수 있다.

이제 선형누진세의 초과부담과 재분배효과에 대하여 살펴보자. 먼저 비례세와 선형누진세의 초과부담을 비교하기 위해 럼섬세(정액세)를 도입하기로 한다. 럼섬세가 부과될 때의 예산선은 원래의 예산선과 평행하여 축소되므로 여가와 소득 사이의 상대가격을 교란시키지 않는다.

그림 12-4를 통해 선형누진세, 비례세, 럼섬세를 비교해보자. 원래의 예산선은 선분 AB이고, 기울기는 w_0이다. 세율 t의 비례세가 부과되면 임금률이 w_0에서 $(1-t)w_0$로 낮아져서 예산선이 HB로 회전이동한다. 이때의 새로운 균형점은 F이며, 효용수준은 $\bar{i}$이다. 이 효용수준의 무차별곡선에 점 E에서 접하도록 'ㄱ'자형으로 그린 예산선이 선형누진세의 경우이다.

원래의 예산선에서 효용수준 $\bar{i}$의 무차별곡선에 접하는 럼섬세를 부과해보자. 럼섬세는 상대가격체계에 교란을 주지 않으므로 원래의 예산선에서 효용수준 $\bar{i}$의 무차별곡선에 접할 때까지 아래로 평행이동시키면 된다. 이때 얻어진 예산선이 점선 CD로 표시되어 있다.

앞 장에서 개인의 관점에서의 초과부담은 대등변화(혹은 보상변화)에서 조세부담액을 뺀 것이라고 하였다. 그림 12-4에서 개인의 진정한 후생변화는 새로운 효용수준 $\bar{i}$에서 원래의 효용수준으로 되돌아가기 위해 지불할 용의가 있는 금액이다. 이 개념을 보상변화(원래의 효용수준이 없으므로 대등변화라고 보아도 무방함)라고 하는데, 이 경우 럼섬세의 크기로 파악할 수 있다. 점 G에서 점 I 사이의 수직거리, 즉 선분 IG가 보상변화인 동시에 럼섬세의 크기이다. 원래의 예산선과 럼섬세의 예산선이 평행하므로 선분 $IG=JL=KM$임을 주의하기 바란다.

이렇게 구한 보상변화를 각 조세들의 조세부담액과 비교함으로써 초과부담을 계산할 수 있다. 먼저 럼섬세의 경우 조세부담액이 선분 IG이므로 초과부담이 없다. 비례세의 경우 조세부담액이

그림 12-4 선형누진소득세의 초과부담

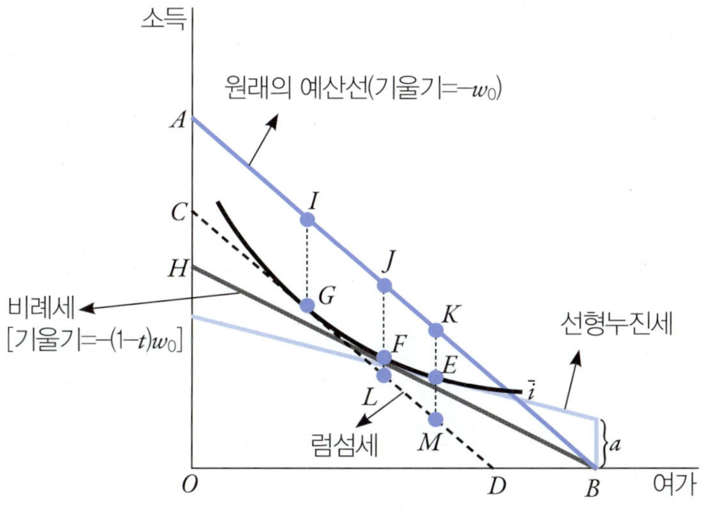

제1편
제2편
제3편
제4편
제5편

선분 *JF*이므로 초과부담은 선분 *FL*이다. 선형누진세의 경우 조세부담액이 선분 *KE*이므로 초과부담은 선분 *EM*이다. 선분 *EM*이 선분 *FL*보다 더 크므로 선형누진세의 초과부담이 가장 크다는 사실을 확인할 수 있다.

선형누진세의 소득재분배효과는 조세수입이 일정하다는 전제하에서 (한계)세율(t)과 정액보조금(a)의 조정을 통해 다르게 나타난다. 예를 들어 정액보조금을 작게 하면 세율을 더 내려야 하고, 정액보조금을 크게 하면 세율을 더 올려야 한다. 이제 소득재분배효과를 강화하기 위해 정액보조금을 더 올린다고 하자. 이를 위해 세율을 더 높여야 하고, 세율이 더 높아지면 초과부담이 더 커지기 때문에 효율성을 더 많이 잃게 된다.

그림 12-5는 정액보조금 a와 세율 t에서 a'와 t'로 변할 때 빈곤층과 부유층에 어떤 효용의 변화를 가져오는지 보여준다. 그림에서 빈곤층의 효용은 증가하는 반면 부유층의 효용은 감소한다. 따라서 재분배효과를 통한 공평성과 효율성 사이에 적절한 균형을 이루도록 하는 최적소득세의 설계가 필요한 것이다.

그림 12-5 선형누진소득세의 재분배효과

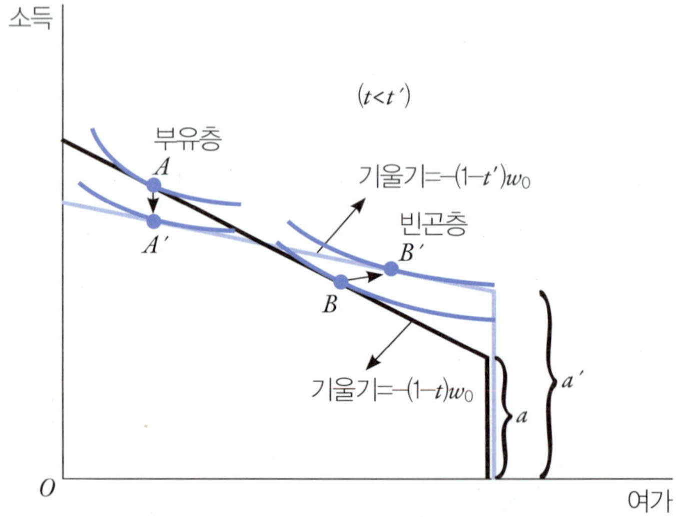

정석 사고

동일한 효용수준에서 조세부담액의 크기순을 보면 '럼섬세>비례세>선형누진세'이다. 초과부담의 크기순을 보면 '럼섬세<비례세<선형누진세'이다. 소득재분배효과(한계세율 측면)를 보면 '럼섬세<비례세<선형누진세'이다. 선형누진세의 소득재분배를 더 크게 하기 위해 한계세율을 높이면 초과부담이 더 커진다. 따라서 선형누진세의 소득재분배효과는 효율성과 상충하므로 적절한 균형을 찾는 수밖에 없다.

2. 최적선형누진세

스턴(N. Stern, 1976)은 최적선형누진세 모형의 설정과 적절한 계수값들을 사용하여 선형누진세의 최적세율구조를 살펴보려고 하였는데, 이것을 스턴의 **최적선형누진세율**이라고 한다. 스턴은 한계세율 t에 영향을 주는 요인으로 노동과 여가 사이의 대체탄력성(ε), 정부의 세수목표(R), 공평성지표(v) 등을 들고 있다. 그리고 모든 사람의 여가와 소득에 대한 선호가 동일하고, 그 선호는 어디서나 대체탄력성이 동일하다는 가정을 전제로 대체탄력성(ε)이 0에서 1 사이의 값을 가질 때 최적선형누진세율을 계산하였다. **표 12-1**은 모형의 계수값들이 변함에 따라 최적누진소득세율이 어떻게 변하는지 계산한 것이다.

예를 들어 표의 R=0에서 ε=0.6일 때, v=−1의 최적선형세율을 읽으면 38.9%이다. 여기서 R은 노동자들의 총소득에서 세수가 차지하는 비율로서 R=0는 조세수입이 단순히 소득재분배 목적으로 국민들에게 이전지출되는 경우를 말한다. v=−1의 의미는 단순히 개인의 효용을 합하는 공리

표 12-1 최적선형누진세율과 평등도 및 대체탄력성 (단위 : %)

R(세수/총소득)	ε	v=1	v=−1	v=−2	v=−∞
R=0 (순수 재분배적 조세)	0.2	36.2	62.7	67.0	92.6
	0.4	22.3	47.7	52.7	83.9
	0.6	17.0	38.9	43.8	75.6
	0.8	4.1	33.1	37.6	68.2
	1.0	12.7	29.1	33.4	62.1
R=0.05	0.2	40.6	68.1	72.0	93.8
	0.4	25.4	54.0	58.8	86.7
	0.6	18.9	45.0	50.1	79.8
	0.8	19.7	38.9	43.8	73.6
	1.0	20.6	34.7	39.5	68.5
R=0.10	0.2	45.6	73.3	76.7	95.0
	0.4	35.1	60.5	64.1	89.3
	0.6	36.6	52.0	57.1	83.9
	0.8	38.6	46.0	51.3	79.2
	1.0	40.9	41.7	47.0	75.6

자료: Stern(1976); Atkinson & Stiglitz(1980)

그림 12-6 최적선형누진세율구조

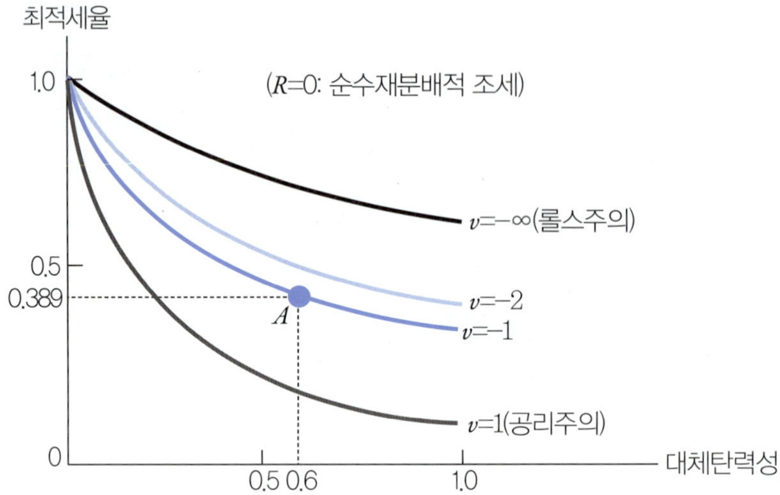

주의적 평등성(v=1)과 가장 가난한 사람의 효용수준이 그 사회의 후생을 결정하는 롤스주의적 평등성(v=−∞) 사이의 어떤 평등성에 대한 선호를 나타낸다.

이러한 **표 12-1** 의 결과가 **그림 12-6** 에 요약되어 있다. 그림의 가로축은 대체탄력성을, 세로축은 최적선형누진세율을 나타낸다. **그림 12-6** 의 점 A가 앞의 예에 해당되며, 대체탄력성이 0.6일 때 최적선형누진세율이 38.9%라는 것이다.

스턴의 최적세율구조에서 세율과 그 결정요인의 관계를 다음과 같이 정리할 수 있다.

첫째, 여가와 소득 사이의 대체탄력성(ε)이 클수록 한계세율은 낮아야 최적세율구조가 된다.

둘째, 정부의 세수목표(R)가 클수록 최적한계세율은 높아야 최적세율구조가 된다.

셋째, 공평지향지표(v, 사회구성원의 공평에 대한 선호도)가 클수록 최적한계세율은 높아야 최적세율구조가 된다.

표와 그림을 통해 볼 때 스턴의 결과는 평등도선호가 극단적이지 않으면 최적세율이 높지는 않다는 것을 암시한다.

정석 사고

스턴의 최적선형누진세율구조는 여가와 소득 사이의 대체탄력성이 클수록, 정부의 세수목표가 클수록, 공평지향지표(사회구성원의 공평에 대한 선호도)가 클수록 최적한계세율은 높아야 한다.

3. 최적비선형소득세

이제 여러 개의 한계세율이 적용되는 비선형소득세의 최적세율구조에 대하여 간단한 논의만 하고자 한다. 최적비선형소득세에 관한 연구(예: J. Searde, 1976)들에서 공통적으로 도출되는 결과의 하나는 비선형소득세율구조 아래에서 최고소득수준의 한계세율이 0이어야 한다는 것과 최저소득수준의 한계세율도 0이어야 한다는 것이다. 언뜻 생각하면 우리의 상식과 다른 면도 있어 보이지만 다음 예를 보면 이해할 수 있다.[4)]

어떤 개인이 매월 2,000만원을 버는데 조세부담이 1,000만원이라고 하자. 그가 일을 더 하면 1,000만원을 더 벌 수 있지만 추가로 500만원을 세금으로 내는 것이 싫어서 포기할 수 있다. 만약 정부가 추가로 버는 1,000만원에 대해 한계세율을 0으로 해준다면 그는 일을 더해서 1,000만원을 더 벌고, 정부도 아무것을 잃을 것이 없으며 도리어 소비세의 일부가 세수로 흘러들어올 수 있다. 그러므로 오히려 사회적 후생이 증가할 수 있다.

최저소득수준의 한계세율을 0으로 두는 것은 수직적 공평성의 관점에서 지불능력이 없으므로 세금을 거두지 않는 것이다. 종합해보면 최저소득수준의 한계세율을 0으로 두는 것은 공평성의 기준을, 최고소득수준의 한계세율을 0으로 두는 것은 효율성의 기준을 적용하는 것과 같다. 이러한 점을 고려해볼 때 최적세율은 낮은 소득에서 0으로 시작해서 소득이 높아짐에 따라 세율이 증가하다가 어느 소득수준부터는 감소해서 0이 되는 세율구조이다. 즉, 그림 12-7과 같은 형태가 최적세율구조이다.

그림 12-7 최적비선형누진세율과 소득수준

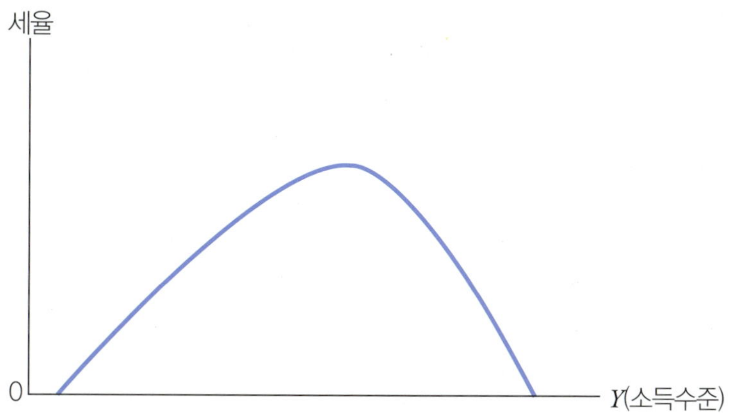

제1편
제2편
제3편
제4편
제5편

정석 사고

시드 등의 최적비선형소득세의 세율구조에 관한 연구에 따르면 소득수준이 높은 구간에 적용할 한계세율과 소득수준이 낮은 구간에 적용할 한계세율을 0으로 하면 사회후생수준을 증가시키는 파레토 개선이 가능하다.

이상에서 살펴본 바와 같이 최적상품과세는 초과부담을 최소화한다는 효율적인 과세에만 초점을 맞춘 것이며, 최적소득과세는 상품과세에서의 불공평성을 시정하면서 비효율을 최소화하자는 것으로 공평성과 효율성을 동시에 추구한다.

정석 사례연구

직원복지혜택의 효율성과 공평성: 임신출산

기업들이 직원들에게 건강보험이나 임신출산의 비용보상과 같은 일정한 복지혜택을 제공한다면 효율성과 공평성의 관점에서 어떤 문제가 생길까? 이러한 복지혜택을 특정집단 고용주 의무편익(a group-specific employer mandate)이라고 한다. 그루버(Jonathan Gruber, 1994)는 1970년 중반 임신출산의 비용보상을 의무화하는 주법안의 경제적 효과를 분석하였다. 종전에는 임신출산의 극히 일부비용만 의료보험을 통해 보상되었지만, 이 법안은 임신출산의 모든 비용을 의료보험을 통해 보상하는 것이다.[5)]

이 법을 시행하는 주들에서는 임신출산에 따른 의료비용이 크게 증가하였고, 이로 인해 여성들을 고용하는 기업의 비용도 크게 증가하였다. 그루버의 연구결과는 이 법의 시행으로 인한 비용은 편익을 받는 집단의 임금에 완전히 전가되는(임금이 하락하는) 반면 고용에는 거의 변화가 없다는 것을 보여준다. 이러한 결과는 규제로 인해 후생손실이 거의 발생하지 않아 효율성의 관점에서 큰 문제가 되지 않지만 의무편익에 따르는 비용이 전적으로 편익을 받는 여성의 임금하락으로 전가되기 때문에 공평성의 관점에서 문제가 있다는 것을 시사한다.

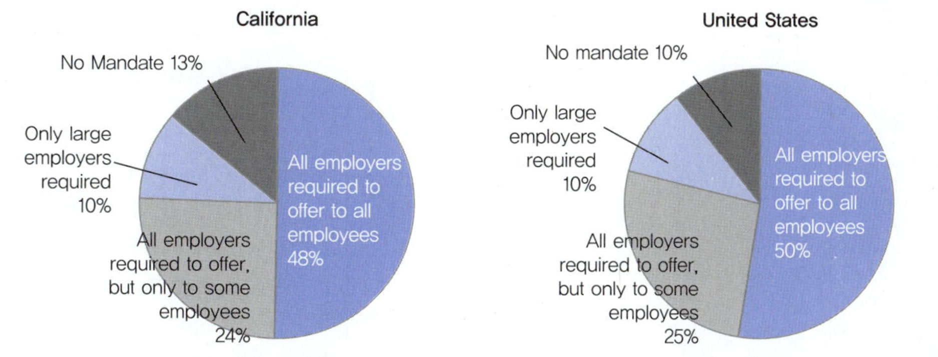

자료: NORC survey on employer mandates, 2003

직원복지혜택의 효율성과 공평성: 건강보험

서머스(Lawrence Henry Summers, 1988)의 연구에 의하면, 직원에게 건강보험과 같은 복지혜택을 제공하면 기업의 고용비용이 자연히 증가하고 기업의 노동수요가 줄어서 노동수요곡선이 왼쪽 아래로 이동한다. 그러나 한 가지 기억해야 할 것은 기업의 복지혜택이 늘어나면 노동의 공급이 증가해서 노동공급곡선이 오른쪽 아래로 이동한다는 사실이다. 그는 이러한 효과를 고려할 때 새로운 노동수요공급의 균형점에서는 고용된 근로자의 수는 전과 별 차이가 없지만 근로자의 보수는 분명히 이전보다 낮아진다는 결과를 보여주었다. 즉, 직원들이 복지혜택을 누리려면 급여삭감이라는 대가를 치러야 한다.[6)]

정석 사례연구

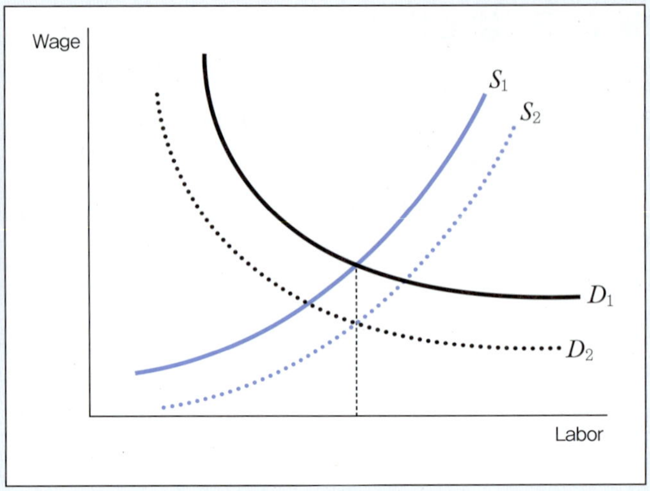

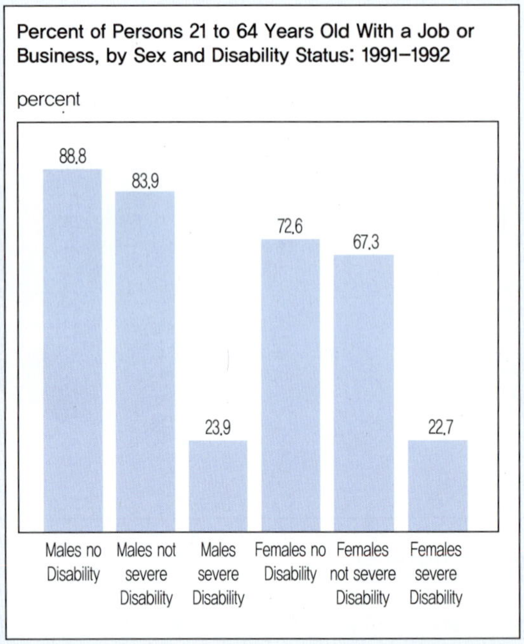

직원복지혜택의 효율성과 공평성: 장애인법

이와 유사한 예로서 1992년 미국에서 장애인법(Disability Act)을 제정해서 기업들이 장애인직원에게 필요한 시설과 서비스를 제공하도록 하였다. 예를 들어 로비에 들어가는 계단 옆에 경사로를 설치해서 휠체어로 출입이 가능하도록 해야 하며, 장애인 고용에 차별을 두어서는 안 된다. 그들이 받는 보수도 다른 직원들과 동등해야 하며 이를 위반할 때에는 엄청난 벌금을 부과하였다. 장애인에게 의무편익을 제공하는 이 법안은 어떤 결과를 가져왔을까?

기업들의 계산에 의하면 장애인을 1명 더 고용하는 데 들어가는 평균비용이 1,000달러나 증가하였다. 대런 에이시모글루와 조슈아 앙그리스트(Daron Acemoglu and Joshua Angrist, 2001)는 이 '장애인법'의 효과를 법제정 이전과 이후를 비교하여 취업률, 근로시간, 세후소득 등에 대한 결과를 보여주었다. 분석결과, 우리가 예상한 것과는 정반대로 장애인의 고용과 세후소득이 모두 어느 정도 감소하였다.[7]

정석 기본문제

1. 상품과세에 있어서 램지명제 또는 램지규칙(법칙)이란 무엇인가?

정석 힌트 램지규칙이란 초과부담이 최소화되기 위해서는 각 상품의 수요감소율이 동일하여야 한다는 것이다.

2. 콜렛-헤이그규칙이란 무엇이며, 이 규칙이 나온 이론적 배경에 대하여 설명하라.

정석 힌트 콜렛-헤이그(Corlett and Hague, 1953)는 여가를 제외한 다른 상품에만 물품세를 부과할 경우 초과부담이 발생하므로, 그 상품이 작업복처럼 여가에 대체적이면 낮은 세율을, 스키나 골프용품과 헬스용품처럼 여가와 보완적이면 높은 세율을 적용함으로써 여가에 대해 간접적으로 과세하는 효과를 기대할 수 있다고 주장한다. 이 규칙이 나온 배경은 중립세(럼섬세)와 같이 물품세도 모든 상품에 대해 단일세율을 적용하면 효율적일 수 있지만 여가에 대해 과세할 수 없으므로 오히려 차등세율을 옹호하며 나온 이론이다.

3. "모든 상품가격의 일정비율로 상품세를 부과하는 경우 초과부담의 문제는 발생하지 않는다"는 주장에 대하여 논평하라.

정석 힌트 상품의 상대가격체계에 변화가 없으면 대체효과가 발생하지 않으므로 초과부담이 발생하지 않는다. 그러나 여가라는 상품에 과세할 수 없다면 여가와 관련된 상품들과 여가 사이의 상대가격이 변하므로 상대가격이 낮아진 여가의 소비가 늘어나게 된다. 이것이 초과부담을 발생시킨다.

4. 램지규칙에 의한 최적조세에 따르면 빵의 수요가 100단위에서 80단위로 감소하였을 때 옷의 수요는 얼마나 줄어야 하는가? 그런데 과세 전 옷의 수요는 200단위였다.

정석 힌트 램지규칙에 따르면 각 상품의 수요감소율이 동일하여야 한다. 빵이 20% 감소하였으므로 옷도 20% 감소하여야 한다. 그러므로 옷은 40단위 감소한다.

5. 세 재화의 수요의 가격탄력성이 각각 2, 4, 6이라면 램지룰에 따른 최적물품세율구조는 어떻게 되는지 설명하라.

정석 힌트 최적물품세율은 탄력성에 반비례한다. 이에 의해 탄력성의 비율이 1 : 2 : 3이면 최적물품세율은 $\frac{1}{1} : \frac{1}{2} : \frac{1}{3}$이 되어야 한다. 따라서 최적물품세율은 6 : 3 : 2이다.

6. 비선형최적소득세의 세율구조를 가질 때 소득이 증가하면 평균세율과 한계세율의 관계는 어떻게 되는가?

정석 힌트 비선형소득세의 경우 소득수준이 높은 구간에 적용할 한계세율과 소득수준이 낮은 구간에 적용할 한계세율을 0으로 하면 사회후생수준을 증가시키는 파레토개선이 가능하다. 따라서 최적세율은 낮은 소득에서 0으로 시작해서 소득이 높아짐에 따라 세율이 증가하다가(이때 평균세율은 한계세율보다 낮다) 어느 소득수준부터는 감소해서(이때 평균세율은 한계세율보다 높다) 0이 되는 세율구조이다

7. 스턴의 최적선형누진세제에서 최적세율과 소득-여가 사이의 대체탄력성의 관계를 설명하라.

정석힌트 스턴의 최적선형누진세율에 영향을 미치는 요인은 두 가지이다. 하나는 평등에 대한 선호이고, 다른 하나는 소득-여가 사이의 대체탄력성이다. 이 중 두 번째 요인과의 관계를 묻는 문제이지만 첫 번째 요인과의 관계도 알아두는 것이 좋다. 평등에 대한 선호가 높을수록 최적세율이 높아야 한다. 그리고 이 문제의 답으로서 소득-여가 사이의 대체탄력성이 높을수록 대체효과에 의한 초과부담이 발생할 가능성이 크므로 최적세율은 낮아야 한다.

정석 심화문제

8. 다음 예문을 읽고 물음에 답하라.

> 조세를 부과하는 데는 크게 두 가지 원칙(공평성과 효율성)이 있는데 이들을 모두 충족시키는 것이 바람직하나 현실적으로 불가능에 가깝다고 할 수 있다. 조세를 공평하게 부담시키기 위해서는 (가) <u>어떤 기준</u>이 있어야 하며, 이 기준에 입각하더라도 조세전가의 문제가 발생하여 조세귀착의 문제로 이어진다.
> 조세를 효율적으로 부과하려고 해도 중립세(럼섬세)를 제외하고는 초과부담의 문제를 발생시킨다. 이러한 관점에서 현실의 조세를 평가해보고 어떤 조세가 바람직한가를 연구하는 것이 최적조세론이라고 할 수 있다. 전통적으로 전제하기를 직접세(혹은 소득세)는 초과부담이 없으므로 간접세(소비세)에 초점을 맞추어 (나) <u>초과부담을 극소화하는 최적상품과세문제</u>를 연구해왔다. 그러나 계층간의 조세부담의 형평성을 별로 고려하고 있지 않다는 점 때문에 최적상품과세론을 보완하는 (다) <u>최적소득과세문제</u>가 또한 연구되었다.

[1] 위의 내용 중 조세가 공평의 원칙을 구현하기 위해서 밑줄 친 (가)의 어떤 기준을 적용하는 것이 바람직하다고 여겨지는가? (경제적 능력의 척도로서 소득을 채택할 경우)

[2] 밑줄 친 (나)의 최적상품과세문제에서 여러 시장이 있는 경우 초과부담을 극소화하는 기준은 무엇인가?

[3] 밑줄 친 (다)의 최적소득과세문제를 고려할 때 스턴(Stern)의 최적선형누진세 모형에서 한계세율과 평균세율의 대소관계는 어떻게 되는가? 왜 누진세가 되는가?

9. 다음 글을 읽고 물음에 답하라.

> 매일경제신문에 의하면 주류시장점유율 56%를 차지하는 맥주(총판매액: 3조원)와 22%를 차지하는 소주(총판매액: 1조원)업계에서 '랄랄라' 광고로 OB라거는 상당한 맥주소비를 늘였고, '참나무통 맑은 소주'로 진로는 소주시장을 확대해왔다고 한다.
> 정부는 IMF시대에 실업은 늘고 오히려 술소비가 늘어날 것을 걱정하여 소주와 맥주에 대한 개별물품세(t)를 부과하여 거둔 세수입으로 어떤 실업자를 위한 공공지출을 행할 것을 생각하고 있다. 그리하여 이들 주세에 대한 효율성을 추정하기 위해 초과부담을 측정하는 한편 최적상품세율을 구해보려고 한다. 소주와 맥주회사는 소주와 맥주를 주어진 가격에서 무한히 공급할 수 있다고 한다.

[1] 소주시장의 수요곡선을 추정하여 탄력성을 계산한 결과 1을 얻었으며, 소주가격에 대한 세액의 비율은 5%였다. 그리고 맥주시장은 물품세 100원을 부과하였더니 맥주 2,000,000병(이백만 병)의 수요가 줄었다.
(1) 소주시장의 사회후생손실인 초과부담액을 계산하여라.
(2) 정부가 파악할 수 있는 소주와 맥주시장의 총초과부담액은 얼마인지를 말하라.

[2] 정부는 맥주시장의 수요곡선을 추정하여 탄력성을 계산한 결과 0.5를 얻었다고 한다. 소주와 맥주시장의 최적상품세율의 비는 어떻게 구성되는지 그 비율을 설명하라.

10. 선형누진세는 정액보조금(100)과 세율(0.2)이 주어질 때 조세와 소득 사이에 다음과 같은 관계를 가진다.

$$T=-100+0.2Y$$

[1] 면세점은 얼마인지 구하라.

정석 힌트 면세점은 조세부담이 없어지는 소득수준이므로 T=0일 때 Y=500이다.

[2] 소득이 400일 때 그가 내는 세금액은 얼마인가?

정석 힌트 소득 400을 식에 넣으면 T의 값은 −20이 된다. 이것은 20의 보조금을 의미한다. 즉, 부의 소득세이다.

[3] 이제 동일한 세수목표 아래에서 세율을 t=0.4로 높였다고 하자. 이때 면세점은 얼마로 변하는지 설명하라. 세율의 인상으로 경제에 어떤 변화가 예상되는가?

정석 힌트 세율이 0.2에서 0.4로 2배가 되었다면 동일한 세수 아래에서 정액보조금도 2배가 되어야 한다. 이것은 정액보조금의 인상으로 공평에 의한 재분배효과는 증가하지만 세율이 높아져서 효율성을 낮추는 결과를 가져온다.

[4] 최적선형누진세를 구하는 방법에 대하여 설명하라.

정석 힌트 세율이 높아지면 초과부담이 커진다. 그러므로 세율과 함께 정액보조금이 상승하면 재분배효과가 높아지지만 초과부담도 커진다. 만약 (한계)세율이 너무 높아서 고소득층이 노동공급을 줄이면 세수가 오히려 감소하므로 누진세율의 과세한계가 존재한다. 따라서 그 한계내에서 정액보조금의 재분배효과와 세율의 초과부담 사이의 적절한 타협 혹은 균형을 찾아야 한다.

제13장 현실의 조세제도

정부의 관심은 무겁게 과세하는 것이다.
사회의 관심은 필요한 정부지출이 허용하는 한
가능하면 적게 납세하려는 것이다.

– John Stuart Mill –

지금까지 공평성과 효율성의 관점에서 바람직한 조세의 특징을 살펴보았다. 이론적으로 바람직하다고 해서 현실에서도 그대로 적용된다는 보장은 없다. 그러나 바람직한 조세의 원칙에 입각해서 현실의 여러 가지 조세들을 살펴보고 개선할 점을 찾을 수 있다면 보다 나은 조세제도를 만들 수 있을 것이다.

이 장에서 다루는 현실의 조세는 소득세, 법인세, 소비세, 자산세이다. 개인의 경제적 능력의 지표로 가장 많이 사용되는 것이 소득이다. 그런데 소득에도 여러 종류와 형태가 존재할 수 있으며 그러한 소득을 어떻게 측정하여 과세할 수 있는가 하는 현실적 문제를 살펴본다. 어떤 개인이 주식을 사서 주가가 오르는 덕택에 많은 돈을 벌면 공평성의 관점에서 과세하는 것이 합리적이지만 주식을 팔지 않으면 어떻게 과세할 수 있을까 하는 현실적 문제가 따른다. 법인세의 경우에도 이론과 달리 복잡한 현실적인 문제가 생길 수 있다. 법인의 이윤, 즉 소득에 과세하려고 할 때 법인이 주주들에게 배당하지 않고 사내유보를 결정하면 과세할 수 없다. 이러한 경우 어떻게 현실적으로 처리해야 하는가의 문제도 있다. 또한 법인의 이윤에 과세하고 또다시 주주들에게 배당될 때 과세한다면 이것이 과연 정당한 것인가 하는 문제도 있다.

제13장 현실의 조세제도

소비세에 과세할 때에도 복잡한 문제가 발생할 수 있다. 개별상품별로 과세하는 것이 맞는지 모든 상품에 일률적으로 과세하는 것이 맞는지도 현실적으로 따져보아야 한다. 모든 상품에 과세를 하면 역진적인 조세가 될 것이므로 공평성의 관점에서 문제가 발생한다. 현실적으로 이러한 문제를 어떻게 해결하는가를 살펴볼 필요가 있다. 자산세를 현실적으로 적용할 때 자산을 어떻게 측정할 수 있는가 하는 문제가 생긴다. 자산을 소유하고 교환하는 행위들에 대해서 어느 정도로 과세해야 현실성과 공평성과 효율성이 충족되는지 살펴보아야 한다. 이 장에서는 현실에서 사용되고 있는 개별조세들의 특성과 효과, 현실적 문제점과 해결책 등에 대해서 살펴보도록 한다.

이 장에서 배울 것

- 소득의 정의와 문제점은 무엇인가?
- 소득세의 현실적 구조는 무엇인가?
- 법인세의 정의와 이중과세문제의 현실적 해결책은 무엇인가?
- 법인세의 구조와 귀착은 무엇인가?
- 부가가치세의 정의와 구조는 무엇인가?
- 자산세의 정의와 구조는 무엇인가?

제1절 소득세

소득세는 원래 영국에서 1798년 나폴레옹전쟁의 전쟁비용을 조달하기 위하여 당시 영국 수상인 윌리엄 피트가 부과한 임시세로 등장하였다가, 이후 폐지와 재도입을 반복하다가 재정적자를 해결하기 위해 1842년에야 제도화되었다. 미국에서는 남북전쟁 비용문제로 1862년 처음 도입되었다가 전쟁 직후 폐지되었으나 1913년 루즈벨트의 헌법개정을 통해 제도화되었다. 우리나라에서는 일제하인 1936년에 처음 도입되었다.

세계 거의 모든 나라에서 소득세는 정부의 가장 중요한 조세수입원인 동시에 직접세를 대표하는 현실의 조세제도상의 핵심적 위치를 차지하고 있다. 그 이유는 조세수입의 측면에서 비중이 클 뿐만 아니라 민간부문의 경제적 선택에 중요한 영향을 미치기 때문이다. 소득세가 개인의 노동공급결정이라든가 저축의 결정과정에 중요한 영향을 미친다는 것은 아무리 강조해도 지나치지 않다.

소득세를 결정하는 기본적인 과정을 보면, 먼저 총소득이 결정되어야 하고, 그 소득을 얻기 위하여 들어간 소득취득비용을 빼서 과세대상의 소득을 결정하고, 다시 이 소득에서 생활의 기본비용(경비)을 공제하여 얻은 소득에 세율을 곱한다. 따라서 소득세를 결정하는 데 중요한 것은 소득세의 세원인 소득의 정의 및 범위, 취득비용과 기본경비 들을 공제해주는 공제범위, 세율의 결정 등일 것이다. 이제 이들에 대한 내용을 상세히 살펴보자.

1. 소득의 정의

원칙적으로 소득세란 각 개인이 1년간 벌어들인 소득에 대해 부과되는 조세를 말한다. 그런데 현실적으로 소득세를 운용할 때 가장 심각한 문제는 소득의 정의와 범위일 것이다. 소득에 대한 과세가 적절히 이루어지려면 납세자의 경제적 능력을 정확히 반영해야 하나, 사실 사람들의 경제적 능력을 직접 측정하기는 힘든 일이기 때문에 소득을 대리변수로 삼아 과세의 원천으로 삼는다. 이때 가장 이상적인 소득의 개념은 납세자의 경제적 능력을 증가시키는 모든 것을 포함해야 하지만 현실적으로 쉬운 일이 아니다. 다음은 가장 이상적이라 할 수 있는 소득의 개념을 소개하고, 현실의 소득세가 어떠한지를 설명한다.

(1) 헤이그-사이먼즈의 소득

재정학자들이 즐겨 사용하는 소득개념으로서 가장 포괄적이고 바람직한 소득의 개념이 헤이그-사이먼즈(Haig-Simons)에 의해 제시된 바 있다. 그들은 어떤 사람의 경제적 능력을 대표하는 대리변수로서의 소득이 보통 생각하는 소득만을 포함하는 것으로는 충분하지 않다고 생각하였다. 예를 들어 자신이 보유한 토지의 가격이 상승하여 재산가치가 올라갔다면 소비능력의 증가로 생각해서 소득의 증가로 보아야 하는데 일반적으로 소득의 일부로 포함시키지 않는다.

헤이그와 사이먼즈는 이러한 미실현 자본이득(unrealized capital gains)도 소득의 일부로 포함시켜야 한다는 점에 착안하여 다음과 같은 소득의 정의를 제시하였다. 이들에 따르면, 소득은 "주어진 과세기간 동안의 소비의 시장가치와 자산가치의 순변화의 합"이다.[1)] 다시 말해 소득이란 일정기간(주로 1년) 동안에 이루어진 개인 소비능력의 순증가를 화폐가치로 환산한 것이다. 이러한 개인 소비능력의 순증가는 1년 동안에 이루어진 개인의 실질적인 소비지출에 순가치의 증가를 합한 것과 같다. 그리고 순가치는 개인이 소유하고 있는 자산의 가치에서 부채를 뺀 것과 같으므로 순가치의 증가는 개인의 잠재소비력(potential to consume)의 증가를 의미한다.

따라서 헤이그-사이먼즈의 소득개념에는 개인의 실질적인 소비지출뿐만 아니라 잠재적인 소비능력을 증가시키는 모든 형태의 소득이 포함된다. 소득이 헤이그-사이먼즈의 소득에 입각해서 이상적으로 정의되면, 첫째 개인의 담세능력을 정확하게 측정할 수 있으므로 조세부담의 수평적 공평성의 관점에서 동일한 소득능력을 가진 사람은 동일한 수준으로 과세될 수 있는 가능성이 높아지며, 둘째 효율성의 관점에서 모든 종류의 소득을 동일하게 취급하므로 소득을 얻는 방법을 변경시켜 소득세부담을 줄일 수 있는 방법이 전혀 존재하지 않기 때문에 소득세에 의한 자원배분의 왜곡을 최소화할 수 있다는 장점이 있다.

정석 사고

소득=소비지출+순가치의 증가분

헤이그-사이먼즈는 포괄적 소득에 미실현 자본이득, 귀속소득, 여가 등도 포함시켜서 과세해야 한다고 주장한다.

제1편
제2편
제3편
제4편
제5편

(2) 헤이그-사이먼즈의 소득측정의 문제

헤이그-사이먼즈의 소득개념은 소득에 대한 가장 이상적인 정의라고 할 수 있지만, 문제는 현실적으로 측정하기가 결코 쉽지 않다는 데 있다.

첫째로 이들의 소득정의에 따르면 실현된 자본이득뿐만 아니라 **미실현 자본이득**(unrealized capital gains)도 소득에 포함시켜야 하는데, 가장 문제가 되는 부분이 바로 미실현 자본이득이다. 예를 들어 부동산이나 보물 등은 거래가 성립된 후 자산가치의 변동을 측정하게 된다. 그러나 전혀 거래되지 않고 있을 경우 자산가치의 변화를 정확히 측정한다는 것은 쉬운 일이 아니다.

둘째로 이들의 소득정의에 따르면 **귀속임대료**(imputed rent)도 측정하여 소득에 포함시켜야 하지만 측정 자체가 쉽지 않다. 예를 들어 자신이 집을 소유하고 있다면 전 · 월세자가 지불해야 하는 임대료를 내지 않아도 된다. 따라서 자신이 소유한 집을 임대했을 때 받을 수 있는 임대료에서 주택유지비용과 재산세 등을 차감한 것을 마치 집의 소유자가 자신에게 임대료를 내는 것과 같다는 의미에서 귀속임대료라고 한다. 이것을 측정하기도 쉽지 않지만, 자동차나 TV 등 내구성 소비재로부터 발생하는 귀속임대료를 측정하기란 훨씬 더 어렵다.

셋째로 소득을 측정하는 것도 문제이지만 소득을 얻는 데 소요되는 비용을 어떻게 측정할 것인가 하는 문제도 있다. 헤이그-사이먼즈의 소득개념이 순가치의 증가를 파악하는 것이므로 소득을 얻는 데 지출된 비용은 당연히 소득에서 공제되어야 한다. 만일 어떤 사람이 자신의 회사에서 업무상 복사기를 사용하는 경우, 이 사람의 복사비는 소득을 얻기 위한 비용이다. 그러나 만일 개인적 용도로 복사기를 사용했다면 소비지출로 보아야 한다. 문제는 대부분의 경우 이 둘을 엄격하게 구분하여 측정하기란 말처럼 쉽지 않다.

넷째로 헤이그-사이먼즈의 소득정의에는 자본 중 인적자본(human capital)이 누락되고 물적자본(physical capital)만 포함되어 있다. 같은 금액으로 어떤 사람은 물적자본에 투자하고 어떤 사람은 인적자본에 투자하는 경우에 두 사람을 서로 다르게 대우한다는 것은 조세의 공평성원칙에 위배될 수 있는 것이다.

(3) 현실의 소득정의

비록 이상적이기는 하지만 측정상의 난점으로 헤이그-사이먼즈의 소득정의를 그대로 사용하기는 현실적으로 어렵다. 현실에서는 다음과 같은 점들을 고려하여 소득세를 부과하고 있다.

첫째, 소득을 정의할 때 미실현 자본이득, 귀속임대료와 같은 비현금소득 등을 포함시키지 않는 것이다. 실현여부와 관계없이 소득의 증가가 발생한 사실에 과세하자는 발생주의와 실현된 소득의 증가만 과세하자는 실현주의가 있는데, 현실적으로는 실현주의를 기본원칙으로 채택하고 있다.

둘째, 실현되지 않은 소득의 증가 이외에도 연금과 연금저축의 이자 등을 정치적인 이유로 소득에 포함시키지 않는다. 본질적으로는 일반적인 소득과 다를 바 없지만 정부가 지불해놓고 다시 소득세를 부과하는 것이 자연스럽지 않다는 이유로 과세대상에서 제외한다.

셋째, 기업들이 현물로 지급하는 수당들도 개인의 소비능력을 증가시키는 소득의 일종임에도 불구하고 과세대상에서 제외되고 있다. 따라서 소득세의 과세대상이 되는 소득은 매우 제한적일 수밖에 없다.

소득세 운용에서도 헤이그-사이먼즈의 소득개념을 적용하는지의 여부에 따라 종합소득과세와 분리소득과세 방법이 있을 수 있다. 종합소득과세는 개인별로 근로소득, 사업소득 등의 각종 소득을 모두 합산하여 누진세율을 적용하는 방식이다. 한편 분리소득과세는 소득을 발생원천별로 원천징수세율을 적용하여 분리과세 하는 방식이다. 종합소득과세방식은 분리소득과세방식에 비해 계산이 복잡하고 탈세의 가능성이 높지만 소득재분배의 기능이 강하다는 장점이 있다. 예를 들어 한계세율이 높은 고소득자가 각 소득에 대하여 분리과세 된다면 일부 소득에 대해서는 낮은 세율을 적용받아 조세부담이 현저하게 줄어들 수 있다. 현재 우리나라의 소득세도 일부 이자소득과 배당소득, 연금소득 등에 대해서 일정한 소득금액을 한도로 분리과세 하여 완전하지는 않으나 종합소득과세방식을 채택하고 있다.

정석 사고

헤이그-사이먼즈의 포괄적 소득이 가장 이상적이지만 현실에서는 실현주의를 기본원칙으로 미실현 자본이득, 귀속임대료와 같은 비현금소득 등을 소득에 포함시키지 않고, 연금과 연금저축의 이자 등을 정치적인 이유로 소득에 포함시키지 않고, 기업들이 현물로 지급하는 수당도 제외하여 과세대상이 되는 소득이 매우 제한적이다.

2. 소득공제제도

각 개인의 소득세액을 결정하기 위한 첫 단계로서 총소득액을 결정하였다고 하더라도 그 소득을 취득하는 비용은 사람마다 다를 수 있다. 이러한 경우로서 어떤 사람이 다른 사람과 똑같은 소득을 얻지만 그 소득을 취득하는 비용이 높다면 그 높은 비용을 차감해주는 것이 납세능력에 따른 공평한 과세이다. 여기서는 두 번째 단계로서 소득세의 과세대상에서 공제될 소득취득비용을 결정하는 문제를 살펴보도록 하자.

헤이그-사이먼즈의 소득개념에서도 보았듯이, 소득을 얻기 위해 지출한 비용은 개인의 소비지출이나 순가치의 증가가 아니기 때문에 마땅히 공제되어야 한다. 이러한 소득공제(exemptions and deductions)는 보통 인적공제(exemptions)와 필요경비공제(deductions)로 구성된다. 우리나라에서는 독특한 소득공제의 하나로서 근로소득공제가 허용되고 있다. 그리고 소득공제를 해주는 방식에 추가하여, 어떤 특별한 소득에 대해서 추가적으로 과세액에서 직접 깎아주는 방식의 세액공제가 있다.

(1) 인적공제

인적공제란 생계를 같이하는 가족구성원의 수나 특성에 따라 일정한 소득을 총소득액에서 공제해주는 제도이다. 인적공제를 하는 이유는 소득의 취득과 직접 관련이 있는 것은 아니지만 불가피하게 지출되어야 하는 비용으로서, 생계를 같이하는 가족구성원에 대한 양육비 등의 기초생계비를 과세대상에서 제외하고자 하기 때문이다. 그 대표적인 예는 (가족)기본공제, 경로우대자공제, 장애자공제 등이다.

(2) 필요경비공제

인적공제 외에 특정한 지출에 대해 공제해주는 제도로, 대개 사회보장적 경비를 보조하려는 목적으로 소득에서 일정한도액을 공제한다. 그 대표적인 예는 보험료공제, 의료비공제, 교육비공제, 무주택근로자공제 등이다.

(3) 근로소득공제

우리나라의 소득세에는 근로소득공제라는 독특한 공제가 있다. 이 제도는 근로소득자에게만 적용되며, 근로소득자들이 대부분 중하위 소득계층에 속한다고 보고 근로소득자의 조세부담을 경감해준다는 취지가 있다. 실질적으로 근로소득공제를 허용하는 이유는 근로소득을 장려한다는 것과 사업소득자와 달리 탈세하기 어려워 전액 과세된다는 형평성의 문제에서 혜택을 주고자 하는 것이다.

(4) 세액공제

소득공제시 총소득에서 경비를 공제하는 방식이 아니라 과세액에서 직접 깎아주는 방식을 **세액공제**라고 한다. 세액공제는 납세자에게 적용되는 한계세율과 상관없이 세액공제액만큼 납부세액에서 빼므로 한계세율이 낮은 사람에게 유리하다고 할 수 있겠다. 우리나라에서는 어떤 소득을 장려할 목적으로 세액공제를 해주고 있는 예로서 근로소득세액공제, 배당소득세액공제, 저축세액공제, 기장세액공제 등을 들 수 있다.

공제제도를 운영할 때 고려해야 할 사항은 공제항목이 너무 많으면 탈세할 가능성이 높아지고, 공제수준이 너무 낮으면 최저생계비 이상으로 과세될 수 있다는 것이다. 따라서 공제항목을 단순화하면서도 최저생계비를 고려하여 각종 공제의 크기를 결정하여야 한다. 보통 **면세점**(免稅點)이 최저생계비의 개념으로 사용되는데, 정확히 말하면 어느 수준의 소득까지 소득세 납부의무가 없는 소득수준을 말한다. 면세점은 각 개인마다 다르며, 각 개인의 소득공제액의 합계액이 면세점이 된다. 다음의 예를 통해 면세점의 의미를 살펴보도록 하자.

직장인 김갑돌은 소득이 없는 부인과 대학생 자녀 2명을 두고 있으며, 보험료로 80만원(건강보험료 40만원, 자동차보험료 40만원), 대학생 자녀의 학비로 각각 400만원을 지출하고 있다고 가정하자. 또 소득세법에 따라 1인당 인적공제는 150만원, 근로소득공제는 연간 근로소득 500만원 이하 부분에 대해서는 전액이, 이를 초과하는 부분에 대해서는 50%에 해당하는 금액을 공제받을 수 있다고 가정하자.[2] 김갑돌 가족의 면세점을 찾는 것은 김갑돌이 연간 얼마의 근로소득을 벌어야 소득세를 납부하지 않는가에 대한 답을 찾는 것과 같다. 김갑돌의 연간 근로소득을 y라고 하면 그의 근로소득이 인적공제와 필요경비공제, 근로소득공제의 합계액과 같을 때 과세대상소득이 0인 면세점이 된다. 즉,

$$
\begin{aligned}
y = & 150\text{만원} \times 4 \\
& + (40\text{만원} + 40\text{만원}) + 400\text{만원} \times 2 \\
& + [500\text{만원} + (y - 500\text{만원}) \times 0.5]
\end{aligned}
$$

이 식의 좌변 y는 연간 근로소득액을 의미하며, 우변의 첫째 줄은 4인에 해당하는 인적공제액을, 둘째 줄은 보험료공제와 교육비공제를 합한 필요경비공제액을, 셋째 줄은 근로소득공제액을 나타낸다. 이 식을 계산하여 얻는 y값(3,460만원)이 바로 이 가족의 면세점이 된다.

면세점은 너무 높아도 너무 낮아도 문제가 된다. 면세점이 너무 높은 경우 소수의 사람들만이 소득세를 납부하므로 조세수입이 줄어들게 된다. 한편 면세점이 너무 낮으면 가난한 가족의 생계유지가 어려워진다. 따라서 공제제도는 위에서 살펴본 점들을 고려하여 공제의 목적에 따라 다르게 운용될 수밖에 없다.

정석 사고

면세점은 소득세 납부의무가 없는 소득을 말하며, 일정한 소득 이하에서는 각종 공제제도로 인하여 세부담이 없을 수 있다.

3. 소득세의 세율구조

앞 2항에서 설명한 것처럼 과세를 할 소득액이 결정되면 그 과세대상소득액에 한계세율을 곱하여 소득세액을 결정할 수 있다. 오늘날 거의 모든 나라에서는 모든 납세자에게 동일한 세율을 적용하지 않고 소득이 높아질수록 고율로 과세하는 누진세율구조를 택하고 있다. 앞에서도 보았듯이 누진소득세율구조는 선형일 수도 있고 비선형일 수도 있는데, 일반적으로 비선형 누진소득세율구조를 단순화하여 몇 개의 **소득구간**(income bracket)으로 구분한 뒤 각 구간에 대해 차등세율을 적용하고 있다. 대부분의 국가들이 이러한 누진세율구조를 가지고 있다.

우리나라의 소득세율구조는 **표 13-1** 에서 보는 바와 같이 낮은 소득구간에는 낮은 세율이, 높은 소득구간에는 높은 세율이 적용되는 계단식 누진세율구조를 보여준다. 과세표준(과세대상소득)이 1,200만원 이하이면 6%의 세율을, 3억원 초과하면 38%의 세율을 적용하는 5단계의 누진세율구조이다.

표 13-1 소득세율구조

과세표준	세율(%)
1,200만원 이하	6
1,200만~4,600만원	15
4,600만~8,800만원	24
8,800만~3억원	35
3억원 초과	38

표 13-1 에서 세율은 보통 소득구간에서의 한계세율을 의미한다. 한계세율 6%의 의미는 소득이 100원 증가할 때 세액이 6원 증가한다는 것이다. 그리고 과세대상소득에서 소득세액이 차지하는 비율을 평균세율이라고 한다.[3] **그림 13-1** 은 3억원 이하 면세점(E) 이상의 소득에 대하여 4개의 소득구간과 한계세율 적용한 누진소득세율구조를 보여준다. 그림 (a)는 평균세율과 한계세율의 관계를, 그림 (b)는 소득의 증가에 따른 납세액의 변화를 보여준다. 그림 (b)를 통하여 소득세의 누진성 정도를 시각적으로 파악할 수 있다.

그림 13-1 누진소득세율구조

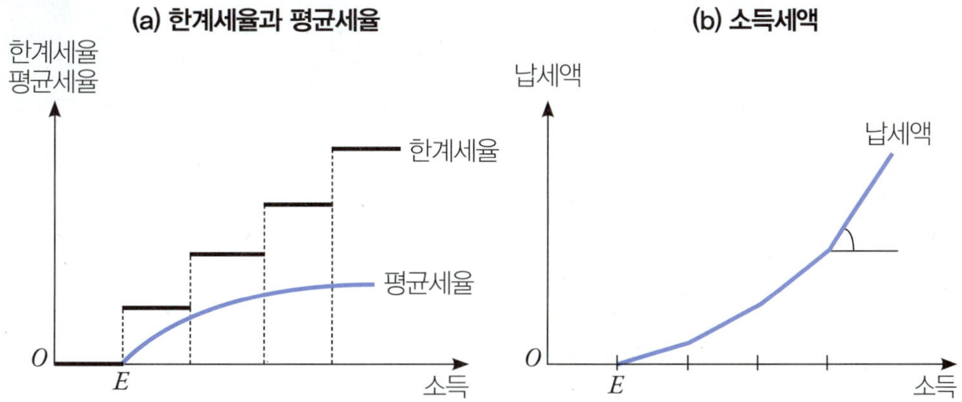

4. 과세단위

앞에서 우리는 소득세액의 결정과정을 3단계까지 살펴보았다. 다음 문제는 소득세의 세율구조가 누진적이기 때문에 과세단위(개인 혹은 가족)의 선택이 조세부담에 영향을 미친다는 것이다. 만일 소득세가 비례세 형태라면 과세단위의 선택은 소득세액에 중립적이다. 왜냐하면 모든 소득에 대해서 동일한 세율이 적용되기 때문이다. 여기서는 누진소득세의 과세단위와 관련한 문제에 대하여 살펴보자.

로젠(H.S. Rosen, 1977)은 바람직한 과세단위에 대한 조건을 제시한 바 있는데, 그 주요내용은 다음과 같다.[4)] 첫째, 수직적 공평성의 원칙이 충족되어야 한다. 그래서 소득이 증가함에 따라 한계소득세율이 증가하여야 한다. 둘째, 수평적 공평성의 원칙이 충족되어야 한다. 즉, 두 가정이 동일한 소득을 가진다면 동일한 소득세액을 납부하여야 한다. 셋째, 소득세의 부과가 결혼에 대한 의사결정에 대해 중립적이어야 한다. 즉, 결혼 전에 어떤 두 사람이 납부하고 있는 소득세액의 합이 결혼한 후에도 동일하여야 한다.

대개의 경우 소득이 있는 자녀는 분리과세를 하므로 여기서는 결혼한 부부의 경우에 대해서 살펴본다. 다음 **표 13-2**에 제시된 예를 통하여 어떤 방식이 로젠의 원칙들을 충족시키는지 알아보자. 표에 제시된 예는 미키와 미니가 한 가정을 이루고, 갑돌이와 갑순이가 다른 가정을 이룬다고 가정한다. 그리고 결혼 전에 미키 부부는 미키의 소득이 미니보다 많았고, 갑돌이 부부는 소득

표 13-2 과세단위별 소득세액 (단위 : 십만원)

		결혼 전 소득	결혼 전 소득세액	과세단위		유리한 방식
				개인 (분리과세)	가족 (합산과세)	
A 가정	미키	150	20	20	30	개인
	미니	50	5	5		
B 가정	갑돌이	100	10	10	30	개인
	갑순이	100	10	10		

주: 100(×십만원) 이하이면 소득세율이 10%, 이를 초과하면 초과한 금액에 대한 소득세율이 20%인 단순한 누진세율구조를 가정하고, 공제도 없다고 가정한다.

이 같았다고 가정한다.

과세단위를 개인으로 할 경우 개인별로 결혼 전과 후의 납세액은 동일하다. 그러나 두 가정의 총소득이 동일함에도 불구하고 미키 가정은 25를, 갑돌이 가정은 20을 납부하게 되어 조세부담의 수평적 공평성을 저해하는 문제가 발생한다.

이제 문제의 해결을 위해 과세단위를 가족으로 하여 개인소득을 합산한 후 소득세를 부과하면 두 가정은 합산소득이 동일하므로 조세부담도 동일해진다. 그러나 두 가정 모두 결혼 전 소득세액보다 소득세 부담이 커지므로 로젠의 결혼중립성의 원칙을 위배하게 된다.

소득세의 운용에서는 과세단위를 개인이나 가족 중 어느 단위로 선택하느냐에 따라 수평적 공평성과 결혼중립성의 원칙을 동시에 만족시킬 수 없는 문제가 야기될 수 있으며, 이러한 모든 문제를 동시에 해결하기란 현실적으로 어렵다.

정석 사고

과세단위를 개인으로 하면 결혼 전후의 납세액은 동일하지만 합산소득이 동일한 가정이라 하더라도 조세부담이 다를 수 있다. 과세단위를 가족으로 하면 합산소득이 동일한 가정은 동일한 조세부담을 가지지만 결혼 전후의 납세액이 달라진다.

5. 소득의 인플레이션세

지속적인 물가상승현상을 보통 인플레이션이라고 하는데, 인플레이션은 여러 가지 경로를 통해 소득세의 실질적 부담에 변화를 가져온다. 인플레이션이 부채가 많은 개인에게 유리한 효과도 주지만 이로 인해 더 무거운 세금의 부담을 지는 것이 일반적이다. 또 인플레이션이 진행되고 있을 때 정부의 조세수입이 증가하여 경제안정을 위한 자동안정화의 역할을 하는 긍정적인 측면도 있지만, 인플레이션이 조세부담을 높여 재정수입을 올리는 수단으로 악용될 수 있다는 부정적인 측면이 더 강하다.

인플레이션이 소득세의 실질적 부담을 증가시키는 결과를 가져오는 첫째 이유로는 명목소득은 늘어나지만 실질소득이 누진세의 부과로 감소한다는 점을 들 수 있다. 소득세의 모든 구조적 특성이 명목소득에 기초하여 규정되기 때문에 인플레이션이 발생하면 실질소득의 변화가 없어도 조세부담이 커지게 된다. 이것을 **세율구간상승**(bracket creep)의 문제라고 한다. 예를 들어 소득이

1,000만원인 사람이 면세점에 해당되어 소득세를 내지 않다가 인플레이션율이 100%가 되어 소득이 2,000만원이 되었다고 하자. 그리고 소득세제에 의해 이 사람의 소득이 면세점 1,000만원을 초과하면 6%의 소득세를 내야 한다고 가정하자. 이 경우 면세점 1,000만원을 초과한 1,000만원의 6%인 60만원을 소득세로 납부하게 된다. 따라서 이 사람의 실질소득은 인플레이션 발생 전후 모두 1,000만원인데 인플레이션 발생 후 소득세의 납부로 가처분소득이 940만원으로 줄어들게 된다.

인플레이션은 부채의 가치를 하락시켜 부채를 많이 지고 있는 개인의 실질소득을 증가시키는 효과를 가져다준다. 마찬가지로 정부의 부채가치도 하락하여 구매력이 화폐소유자로부터 정부로 이전되는 현상이 발생한다. 또한 인플레이션이 진행되는 과정에서 부가적으로 국민소득에서 조세수입이 차지하는 비중이 높아짐에 따라 정부부문의 상대적 비중이 저절로 커지게 된다. 이와 같이 인플레이션을 이용하여 국민들이 모르는 사이에 정부부문의 비중을 증가시키는 것은 바람직하다고 볼 수 없다. 이때 인플레이션으로 인해 추가로 부담하는 모든 형태의 조세를 **인플레이션세**라고 볼 수 있다.

많은 나라에서는 인플레이션으로 인한 조세의 실질적 부담의 증가와 정부부문의 자연적 증가를 방지하기 위해서 주기적으로 세율을 조정하거나 조세부담을 인플레이션에 맞추어 자동적으로 조절하는 물가연동제 또는 지수화를 실시하고 있다. 예를 들어 미국에서는 1985년부터 소득세율을 인플레이션율에 연동하여 지수화하고 있다. 우리나라에서는 주기적으로 소득세를 조정하여 인플레이션에 의한 조세부담을 완화시키고 있다. 미국처럼 지수화하는 경우 안정적이고 예측가능한 세법을 가진다는 측면에서, 우리나라처럼 주기적으로 소득세제를 조정하는 경우 세법을 주기적으로 검토하고 개선할 기회를 가진다는 측면에서 바람직하다. 전 세계적으로 보아서 인플레이션이 둔화되고 재정지출에 대한 수요가 증가함에 따라 대부분의 나라가 인플레이션에 대한 자동조정장치를 없애는 추세이며, 미국과 프랑스 등 일부 나라만 자동조정장치를 유지하고 있다.

표 13-3을 통하여 인플레이션에 의한 소득세의 실질적 부담의 증가에 따라 지수화나 주기적 세제개선을 하는 경우 어떤 것을 조정해야 하는지를 살펴보고자 한다. 가상적 사례로서 개인사업을 하는 김갑돌은 혼자 살고 있으며, 보험료로 100만원(건강보험료 50만원, 자동차보험료 50만원)을 지출하고 있다고 가정하자. 또 소득세법에 1인당 인적공제는 150만원, 근로소득공제는 연간 근로소득 500만원 이하 부분에 대해서는 전액을, 초과하는 부분에 대해서는 50%에 해당하는 금액을 공제혜택 받을 수 있다고 가정하자. 소득세율은 1,000만원 이하의 소득에 대해서는 6%,

표 13-3 인플레이션과 소득세 (단위: 1만원)

	인플레이션 발생전	인플레이션 발생후	
		비지수화	지수화
소득	1,000	2,000	2,000
인적공제	150	150	300
보험료공제	100	100	200
근로소득공제	750	1,250	1,500
과세가능소득	0	500	0
납세액	0	30	0

주: (1) 1,000(×만원) 이하이면 소득세율이 6%, 초과한 금액에 대하여 소득세율이 15%인 단순한 누진세율 구조를 가정한 사례이다. (2) 납세액은 과세가능소득=소득−(인적공제+보험료공제+근로소득공제)에 세율을 곱한 것이다. (3) 인플레이션 발생 전 근로소득공제와 인플레이션 발생 후 비지수화의 근로소득공제는 500+(명목소득−500)×0.5로 계산한 결과이다. (4) 인플레이션 발생 후 비지수화 납세액은 과세가능소득=[2,000−(150+100+(500+(2,000−500)×0.5)] =500을 구한 후 그 소득에 대해서 세율 6%를 적용한 결과이다.

초과한 금액에 대해서는 15%를 적용한다고 가정하자.

인플레이션이 발생하기 전 김갑돌은 자신의 소득 1,000만원에서 소득공제 합계를 뺀 과세가능소득이 0이므로 납세액도 0이 된다. 그런데 인플레이션율이 100%인 경우 물가상승과 연동하여 지수화되어 있지 않으면 명목소득이 2배 되더라도 인적공제와 보험료공제는 동일하고 근로소득공제는 1,000만원까지 전액, 초과분에 대해서 50% 공제혜택이 주어지므로 과세가능소득은 표와 같다. 김갑돌의 최종납세액은 과세가능소득 500만원에 세율 6%를 적용한 결과로서 30만원이 된다. 이것은 인플레이션이 지수화되지 않은 관계로 김갑돌이 납부해야 하는 인플레이션세라고 할 수 있다.

인플레이션이 발생한 후 소득세제가 물가상승에 연동되도록 지수화되어 있다면 김갑돌의 명목소득이 2배로 증가할 때 인적공제와 보험료공제도 2배로 커지며, 근로소득공제도 근로소득 500만원이 아닌 1,000만원에 대해서 전액 공제, 그 초과분에 대해서 50%의 공제혜택을 받게 된다. 다시 말해서 지수화에 의해서 모든 공제혜택이 2배로 확대된다고 할 수 있다. 이 경우 김갑돌의 소득은 모든 공제합계액과 같아져서 인플레이션 발생 전과 동일하게 과세가능소득이 0이 되므로 납세액이 없다.

> **정석 사고**
> 인플레이션으로 인해 추가로 부담하는 모든 형태의 조세를 인플레이션세라고 한다. 인플레이션세를 없애려면 인플레이션 발생시 인플레이션율만큼 모든 공제혜택을 확대하고, 세율구간의 소득도 인플레이션율만큼 높여야 한다.

제2절 법인세

현대의 국민경제에서 법인세는 소득세와 함께 직접세에서 가장 중요한 비중을 차지하는 조세이다. 법인세는 개인을 대상으로 부과되는 조세가 아니라 법적 실체인 법인의 순이윤에 부과된다. 그러나 법인(legal person)은 법적으로만 그 실체가 인정되기 때문에 조세부담은 궁극적으로 기업이 아니라 기업의 주주(shareholders)가 진다. 따라서 개인의 소득에 부과되는 개인소득세가 존재하는 상황에서 법인의 소득에 대해 별도의 조세를 부과하는 **이중과세**(double taxation)의 문제가 발생할 수 있다.

법인세의 과세대상이 되는 법인소득은 법인이 연간 얻은 총수입에서 총비용을 차감한 것이다. 이렇게 얻은 총이윤(법인소득)에서 지출공제(차입이자지출 및 감가상각비 등)를 받아 과세가능이윤을 결정한다. 마지막으로 과세가능이윤에 세율을 곱하여 법인세액을 결정한다. 따라서 법인세를 결정하는 데 중요한 것은 법인세의 세원인 수입과 비용의 정의 및 범위, 지출공제의 범위, 세율의 결정 등이다. 이제 이들에 대한 내용을 상세히 살펴본다. 그리고 이에 앞서 법인세의 성격과 부과 이유에 대한 논란을 잠시 살펴본다.

1. 법인세의 성격과 의미

개인소득세가 존재하는 상황에서 법인의 순이윤에 대해 별도의 조세를 부과할 필요가 있는가하는 이중과세(double taxation)의 문제가 있다고 하였다. 궁극적으로 조세부담을 지는 것은 오직 개인일 뿐이며, 법적으로만 존재하는 법인에 대하여 과세하는 것은 공평한 과세라는 원칙에도 어긋난다는 것이다. 예를 들어 법인의 차원에서 일률적으로 동일한 세율을 적용하면 주주들 중 소득이 높은 사람에게 이익을 주고, 소득이 낮은 사람에게 손해를 주게 되는 문제점이 생긴다. 그리고 법인에서 발생한 이윤은 주주들에게 배당되므로 법인차원에서 법인세가 부과된 후 다시 개인차원에서 배당금에 대해 개인소득세가 부과되므로 이중의 조세부담이 발생하게 된다. 이처럼 법인세와 소득세를 통합하여 과세하는 것이 좋다는 입장을 **통합주의 견해**(integrationist view) 또는 **법인의제설**이라고 부른다.

이러한 이중과세의 문제로 법인세가 소득세에 통합되어야 한다는 통합주의 견해에 대해서 오늘날 소유와 경영이 분산되어 있고, 규모가 큰 법인들은 사회적 영향력도 점점 커지고 있어서 스스로 존재하는 법적 실체로 보아야 한다는 **절대주의 견해**(absolute view) 또는 **법인실제설**이 있다. 이 견해로 법인을 이해한다면, 법인이 독자적인 납세능력을 갖고 있으므로 법인에 대해서 독립적이고 절대적인 조세가 존재해야 한다. 절대주의 견해에서 법인세가 부과되어야 할 합리적인 이유들을 찾아보면 다음과 같다.

첫째, 법인은 사회로부터 여러 가지 혜택을 받고 있기 때문에 그 대가로서 법인세가 부과되어야 한다는 것이다. 법인은 기업이기 때문에 기업활동을 하는 데 따르는 법적, 제도적 측면에서의 정부지원을 받고 있다고 하겠다. 그러나 일반적인 기업활동에 따르는 혜택을 법인만 받고 있는 것은 아니다. 기업이라면 모두 혜택을 받을 수 있기 때문에, 이 이유만으로 법인세의 정당성을 주장하기는 어려워 보인다.

둘째, 일반적으로 소득세는 주주에게 귀속되는 법인의 이윤 중 배당된 소득에만 부과되고 사내유보(retained earnings)가 된 법인소득에 대해서는 부과되지 않는다. 그러므로 법인이 이윤을 주주에게 배당하지 않고 사내유보시킨다면 주주들은 자본이득을 취하면서 조세가 실현되지 않음으로써 개인소득세를 회피할 수 있다. 따라서 법인세를 과세함으로써 사내유보를 통해 조세의 부담을 회피하려는 것을 방지할 수 있다는 것이다.

셋째, 법인의 순이윤에 대한 과세는 정액세처럼 자원배분의 왜곡을 야기하지 않고, 정부가 기업의 행위에 영향을 주는 수단으로 활용될 수 있다. 정부는 법인세를 활용하여 기업들의 저축과 투자를 촉진할 수 있으며, 이를 통해서 경제성장을 포함한 정부의 여러 목표를 용이하게 달성할 수 있다는 것이다.

정석 사고

법인세와 관련하여 통합주의 견해에 따르면 배당소득에 이중과세하므로 공평하지 못하고, 법인과 비법인 사이의 자원배분을 왜곡하고 타인자본의 의존도를 높여 비효율성을 가져온다고 주장한다. 반면 절대주의 견해에 따르면 법인은 법적 실체로서 사회의 다양한 혜택을 누리므로 법인세를 부과하는 것이 공평하며, 사내유보된 주주의 소득에 과세할 근거가 되며, 법인세의 적절한 활용을 통해 저축과 투자를 유도할 수 있다고 주장한다.

2. 법인세의 과세대상과 세율구조

(1) 법인세의 과세대상

법인세의 과세대상은 법인이 일정기간 동안 얻은 총수입에서 총비용을 뺀 것으로 정의된다. 앞 절에서 살펴본 소득세에서 헤이그-사이먼즈의 포괄적 소득개념이 측정상 난점이 있듯이 법인세의 경우에도 기업의 총수입이나 총비용에 포함시켜야 할 항목의 선택은 대단히 어려운 문제이다. 또한 법인에도 공공법인, 일반법인, 영리단체와 비영리단체 등 여러 종류가 있기 때문에 다양한 형태의 수입과 비용을 감안하여 과세대상을 정의한다는 것은 매우 어려운 일이라고 할 수 있다.

더불어 법인세의 과세대상을 정의할 때 법인의 경제적 행동에 어떤 영향을 주는지 적절히 고려하여야 한다. 예를 들어 어떤 방식으로 감가상각을 허용하는가에 따라 투자수준이 달라질 수도 있다. 법인세제가 복잡해지면 법인의 선택에 미치는 교란효과도 커지므로 단순하면서도 저축과 투자를 유인할 수 있는 법인세제를 구축하여야 하는 것이다.

보통 법인의 총수입은 임금, 지대, 이자, 회계적 이윤, 감가상각, 중간재구입비용으로 구성되며, 법인세의 과세표준에서 제외되는 법인의 비용은 기본적으로 근로자에게 지급한 임금, 이자부담, 중간재구입비용, 그리고 과세기간 동안 사용한 자본재의 비용인 감가상각비 등을 포함한다. 여기서 법인소득으로서의 회계적 이윤은 총수입에서 총비용을 뺀 것으로 다시 **경제적 이윤**과 **자기자본의 기회비용**(귀속이자)으로 구성되는데, 자기자본의 기회비용이 과세대상이 되는 이유는 차입금에 대한 지급이자는 비용으로 인정하지만 주주가 공급한 자본(자기자본)의 귀속이자는 비용으로 인정하지 않기 때문이다. 이러한 특성은 법인으로 하여금 타인자본에 대한 의존도를 높이는 결과를 가져올 수 있다.

정석 사고

법인의 총수입은 임금, 지대, 이자, 회계적 이윤, 감가상각, 중간재구입비용으로 구성되며, 이때 법인세는 원칙적으로 회계적 이윤에 대하여 과세한다. 회계적 이윤은 경제적 이윤과 자기자본의 기회비용으로 구성되는데, 자기자본의 기회비용(귀속이자)을 비용으로 인정하지 않으므로 과세대상이 된다.

(2) 법인세의 세율구조

소득세와 함께 직접세 중 가장 중요한 조세인 법인세는 소득세처럼 납세자인 법인의 지불능력에 따라 조세부담을 다르게 하기가 쉽지 않다는 문제가 있다.[5] 따라서 법인세는 법인의 지불능력에 따른 누진세율구조를 가지는 사회적 당위성을 가지지 못한다. 다른 많은 나라의 법인세율구조가 누진적인 세율구조를 가지고 있지 않는 것도 그런 이유에서이다.

우리나라 법인세율구조는 **표 13-4**에서 보듯이 법인부문을 국내 모든 법인과 조세특례제한법상 규정된 조합법인(농협, 수협, 신협 등)과 같은 공공법인으로 나누어 다른 세율을 적용하고 있다. 국내 모든 법인 중 과세표준 2억원 이하 법인의 세율이 과세표준 2억원 초과 법인의 세율보다 낮은 것은 영세한 규모의 법인에게 세부담을 낮추어주자는 취지이다. 그런데 법인의 이윤이 작으면 영세한 법인인지에 대해서는 논란의 여지가 있어 보인다.

표 13-4 법인세의 세율구조

구분		세율(%)
영리 및 비영리법인	과세표준 2억원 이하	10
	과세표준 2억원 초과~200억원 이하	20
	과세표준 200억원 초과	22
당기순이익과세공공법인	과세표준 전액	9

3. 지출공제제도

기업의 활동은 투자재원의 조달과 투자결정에 의해 이루어진다. 투자재원을 조달하는 방법에는 차입, 사내유보, 주식발행이 있다. 한편 투자결정은 조달된 투자재원을 효율적으로 투자하는 것과 관련된다. 그리고 바람직한 법인세는 이러한 결정에 중립적이어야 한다. **모딜리아니-밀러정리**에 의하면, 조세와 거래비용이 없으면 기업이 어떤 투자재원의 조달방식(자본구조)을 선택하든 기업의 가치에 아무런 영향이 없다. 법인세도 이처럼 중립적이어야 바람직하다. 그러나 흔히 법인세의 이자공제, 감가상각 등은 기업의 투자재원조달비용에 영향을 주고 자본의 사용자비용(투자의 한계비용)에 영향을 미치므로 투자결정에 중립적이지 않다.

(1) 이자부담

기업이 차입을 통해 자금을 조달했을 경우 이자부담은 비용으로 인정되어 법인세의 과세표준에서 공제해주고 있다. 그러나 사내유보 혹은 신규주식발행을 통해 자금을 조달한 경우 자기자본의 귀속이자를 비용으로 인정하지 않아 공제받지 못한다. 이 항목은 기업이 법인세부담을 줄이기 위하여 지나치게 차입에 의존하는 문제를 발생시킬 수 있는 것이다.

(2) 감가상각

법인이 생산활동을 위해 구입하는 중간재의 구입비용은 법인의 비용으로 인정하여 과세표준에서 공제해주고 있다. 현실적으로 기업이 구입하는 비내구적 재화는 비용의 계산에 문제가 없지만, 기계나 건물 등과 같은 내구적 재화의 경우에는 비용의 계산에 어려움이 많다. 이러한 자본재의 경우 기업의 생산활동과정에서 매년 소모되는 만큼을 자본재의 비용으로 간주하고, 이에 따라 하락하는 자본재의 가치를 **감가상각**(depreciation)이라고 한다.

기업의 투자활동과 관련된 의사결정에 중립적인 법인세제를 만들려고 한다면 원칙적으로 법인세상의 감가상각과 경제적 감가상각이 일치되도록 하여야 한다. 경제적 감가상각은 자본재가 소모됨에 따라 자본재의 실질적 가치가 줄어드는 부분을 의미한다. 자본재는 자본재의 수명이 짧아지거나 자본재의 성능이 떨어지거나 자본재에 체화된 기술이 낙후되어 그 가치가 줄어들 수 있다. 이 같은 자본재의 가치하락의 정도를 측정하는 것이 쉬운 일은 아니지만 기본적으로 두 가지 방법을 생각할 수 있다. 시장가격 접근방법과 비시장가격 접근방법이 그것이다. 아래에서 각 접근방법에 대하여 간략히 살펴보자.

첫 번째로, 시장에서의 자본재가격을 조사하여 감가상각을 측정하는 시장가격 접근방법이다.

예를 들어 자동차의 경우처럼 연식에 따른 직물기계의 가격을 조사하여 직물기계의 가격 하락속도를 알아내는 방식이다. 그러나 인플레이션이 진행되고 있다면 단순히 시장조사를 통해 얻은 가격자료에서 감가상각을 계산해서는 안 된다. 그 이유는 어떤 직물기계의 가격이 1년 지났을 때의 가격보다 2년 지났을 때 인플레이션으로 인해 더 오를 수도 있기 때문이다. 따라서 시장조사를 통해 얻은 가격에서 인플레이션효과만큼을 차감한 후 감가상각을 계산하여야 한다.

또한 자본재의 기술적 진부화의 정도를 감안하여 감가상각을 계산하여야 한다. 다시 직물기계의 경우를 생각해보면 올해 생산된 직물기계가 작년에 생산된 직물기계보다 훨씬 진보된 기술력을 담고 있기 때문이다. 기술적 진부화의 정도를 따로 추출한다는 것이 결코 쉬운 일은 아니지만, 인플레이션효과와 더불어 기술적 진부화의 효과를 차감하여 감가상각을 계산하여야 한다.

두 번째로, 자본재가 노후화되는 물리적 과정에 대한 관찰을 통해 감가상각을 측정하는 비시장가격 접근방법이다. 예를 들어 가격이 1,000만원인 기계가 5년의 수명을 가지고 있으며 매년 1/5씩 생산성이 떨어진다고 가정하면, 생산성이 떨어지는 부분을 화폐가치로 표현하여 감가상각을 측정하는 방법이다.

현실적으로 법인세법상의 감가상각은 경제적 감가상각과 일치하지 않는 경우가 많다. 그런데도 경제적 감가상각이 중요한 이유는 법인세가 투자결정에 중립성을 가지도록 하는 데 있다. 만약 정부가 오히려 투자를 촉진하거나 다른 목적으로 감가상각제도를 활용하는 경우 경제적 감가상각의 개념은 중요하지 않게 된다.

법인세에서 감가상각을 인정하는 방법에는 두 가지가 있다. 하나는 정액상각(straight-line depreciation)제도이고, 다른 하나는 가속상각(accelerated depreciation)제도이다. **정액상각**제도는 매년 동일한 비율로 자본재가 소모되도록 허용하는 방법이며, **가속상각**제도는 자본재의 구입 초기에 감가상각공제를 크게 하여 조세부담을 많이 경감시키는 방법이다. 가속상각을 할 수 있는 방법 중의 하나는 자본재의 수명을 실제보다 짧게 잡는 것이다.

예를 통해 두 가지 방법의 차이를 살펴보자. 법인세율이 10%인 제도하에서 어떤 기업이 5년간 사용할 수 있는 자본재를 1억원의 가격에 구입했다고 하자. 자본재의 수명에 기초하여 1년에 1/5씩 감가상각을 하도록 하면 5년간 1년에 2,000만원씩 과세대상소득에서 비용으로 공제받게 되어 5년간 1년마다 200만원씩(감가상각공제액×법인세율) 세금을 절약할 수 있다. 이것이 정액상각제도이다. 그런데 정부가 투자촉진을 위해 즉시감가상각(즉시경비처리)이 되도록 하는 극단적 가속상각제도를 허용한다면 법인세율이 10%인 경우 즉시 1,000만원의 세금을 절약할 수 있다. 당연히 즉시감가상각제도의 절세액의 현재가치가 더 클 것이므로 기업에게 훨씬 더 유리한 방식이라고 할 수 있다. 그러나 가속상각제도는 기업이 세금절감을 받은 후 되파는 등의 세금회피수단으로 사용할 수도 있다는 문제점을 가지고 있다.

정석 사고

기업의 생산활동과정에서 하락하는 자본재의 가치를 감가상각이라고 한다. 법인세상의 감가상각은 매년 동일한 비율로 자본재가 소모되도록 허용하는 정액상각제도와, 자본재의 구입 초기에 감가상각공제를 크게 하여 조세부담을 경감시켜주는 가속상각제도가 있다.

(3) 투자세액공제

근로소득을 장려하고 다른 소득과의 형평성을 고려한다는 취지에서 허용하는 근로소득세액공제처럼, 투자세액공제제도는 자본재를 구입한 연도에 자본재 구입비의 일정비율을 법인세액으로부터 공제해주어 투자촉진을 유도하는 방법이다. 감가상각의 경우에는 감가상각공제액에 법인세율을 곱한 액수만큼 세금이 절약되지만, 투자세액공제는 최종산출세액에서 직접 공제되기 때문에 투자세액공제액이 바로 세금에서 절약되는 금액이다. 앞에서 살펴본 가속상각이 장기적인 투자에 유리한 반면, 투자세액공제는 기업이 단기간 자주 투자하면 공제혜택도 그만큼 커지므로 단기적인 투자에 유리한 방식이다.

4. 법인세와 인플레이션

인플레이션은 소득세에서처럼 여러 경로를 통해 법인세의 실질적 부담에 영향을 미친다. 그 영향은 법인에게 유리할 수도 불리할 수도 있는데, 여러 실증적 연구들은 대체로 인플레이션이 실질세율을 상승시켜 법인에게 불리한 영향을 미치는 경우가 더 많다고 한다. 다음에서는 인플레이션이 법인에게 미치는 불리한 효과와 유리한 효과들을 살펴보고, 이러한 점들을 고려하여 법인세제를 적절히 조정하는 방법을 설명하고자 한다.

(1) 인플레이션의 불리한 효과

법인세법에서 감가상각은 자본재의 원래 구입비용인 역사적 비용(historical cost)을 기준으로 허용하고 있다. 인플레이션이 없을 때에는 이러한 감가상각의 기준이 아무런 문제를 가져오지 않는다. 그 이유는 자본재의 내구연한인 수명이 다하여 같은 자본재를 재구매할 때에도 동일한 가격을 지불하고 구입할 수 있기 때문이다. 이러한 재구매비용을 **자본재의 대체비용**(replacement cost)이라고 하는데, 자본재의 역사적 비용과 대체비용이 다를 때는 기업의 실질적 부담에 변화가 생긴다.

예를 들어 기업이 수명이 5년인 기계를 1,000만원에 구입하고 정액감가상각에 의해 매년 1/5씩 감가상각을 한다면 연간 200만원씩 총 1,000만원의 감가상각을 할 것이다. 그런데 기계구입 후 100% 인플레이션율이 발생하면 총감가상각액은 1,000만원인 데 비해 5년 후 기계를 재구입하려고 할 때에는 2,000만원을 대체비용으로 지출하여야 한다. 즉 인플레이션으로 인해 감가상각의 실질가치가 대체비용의 1/2배로 하락하여 기업의 실질적 조세부담이 증가하게 된다.[6]

인플레이션이 법인의 실질적 부담에 영향을 미치는 또 다른 경로로는 기업이윤을 계산할 때 재고비용을 처리하는 방식이 있다. 기업에서 이미 생산해서 축적해놓은 물품인 재고를 처리하는 회계방식에는 다음 두 가지가 있다. 첫 번째 방식은 가장 오래된 재고가 우선적으로 팔려 나간 것으로 보는 **선입선출법**(first-in first-out, FIFO)이며, 두 번째 방식은 가장 최근에 생산된 재고가 우선적으로 팔려 나간 것으로 보는 **후입선출법**(last-in first-out, LIFO)이다. 먼저 대부분의 기업이 사용하고 있는 선입선출법의 경우를 살펴보자. 인플레이션이 발생하여 생산단가가 상승하면 동일한 물품이라도 가장 오래된 재고와 인플레이션 발생 후 가장 최근 생산된 재고의 생산비용이 달라진다. 인플레이션의 발생 전 오래된 재고의 원래 생산비용은 상대적으로 낮을 것이므로 기업의 이윤이 과대평가된다. 따라서 기업의 법인세의 실질적 부담은 증가하게 된다.[7]

정석 사고

기업이 재고비용을 처리하는 방식에는 가장 오래된 재고가 우선적으로 팔려 나간 것으로 보는 선입선출법과 가장 최근에 생산된 재고가 우선적으로 팔려 나간 것으로 보는 후입선출법이 있다. 인플레이션이 발생할 때, 선입선출법은 기업의 이윤을 과대평가하여 법인세의 실질적 부담을 증가시킨다.

(2) 인플레이션의 유리한 효과

일반적으로 인플레이션은 채권자와 화폐소유자에게 불리하고 채무자와 재화소유자에게 유리하다고 알려져 있다. 개인이 아닌 기업의 경우 투자비용을 차입에 의존하는 경우가 많다. 따라서 인플레이션은 기업의 부채의 실질가치를 감소시키는 유리한 효과를 주기도 한다. 다시 말해서 인플레이션은 기업이 부담하는 이자비용의 실질가치를 하락시켜서 부채를 경감해주는 것이다.

이상에서 살펴본 것처럼 인플레이션은 법인에게 불리한 효과와 유리한 효과를 모두 주고 있다. 그러나 일반적으로는 인플레이션이 법인이 부담할 실질세율을 상승시킨다고 말한다. 이러한 현상을 방지하기 위해 법인세제를 이용하여 감가상각액을 늘려주거나 자본재의 수명을 짧게 만들어주는 것이다.

5. 법인세의 귀착

법인세의 실질적 부담이 누구에게 귀착되는가에 대해서 여러 견해가 있다. 기본적으로는 법인세의 성질과 관련되는데, 법인세를 하버거모형처럼 자본에 대한 과세로 볼 것인지 신고전파의 견해처럼 이윤에 대한 과세로 볼 것인지에 따라 법인세 부담의 귀착에 대한 결과와 해석이 달라진다. 아래에서는 두 가지 관점을 기준으로 법인세 부담의 귀착을 살펴보자.

(1) 자본에 대한 과세

앞에서 설명한 것처럼 법인세는 총수입에서 총비용을 뺀 회계적 이윤에 대하여 과세하고 있다. 법인소득으로서의 회계적 이윤은 다시 경제적 이윤과 자기자본의 기회비용(귀속이자)으로 구성되고, 차입금에 대한 지급이자는 비용으로 인정하지만 주주가 공급한 자본(자기자본)의 귀속이자는 비용으로 인정해주지 않는다. 따라서 법인세는 법인부문에 투자된 자본에 대한 과세라고 볼 수 있다.

이러한 관점에서 법인세 부담의 귀착은 제10장에서 논의한 하버거(1962)의 모형을 사용하여 분석할 수 있다. 하버거모형에서 자본집약재인 자동차의 자본에만 부과된 조세와 법인세를 대응해보면 법인부문의 자본비용 상승으로 상품가격은 올라가게 되고 수요는 비법인부문인 섬유산업으로 옮겨지게 된다. 따라서 자동차 수요의 감소로 인해 법인부문인 자동차산업의 생산이 감소한다. 이러한 산출효과는 법인부문의 자본의 방출량이 많을수록 자본의 상대가격을 더 많이 하락시키는 효과를 발생시키고, 법인세의 부담은 자본의 소유자에게 많이 돌아가게 된다. 또한 법인부문의 자본에 과세하면 요소대체효과에 의해서 자본의 수요가 줄어 자본의 상대가격은 떨어진다. 두 효과 모두 자본의 소유자에게 불리한 방향으로 작용한다.

이때 자본소유자의 법인세부담의 크기는 상품수요의 가격탄력성, 부문간 요소집약도의 차이, 요소간 대체탄력성, 자본의 공급탄력성 등에 의존한다. 일반적으로 상품수요의 가격탄력성이 클수록, 부문간 요소집약도의 차이가 클수록, 요소간 대체탄력성이 작을수록, 자본의 공급탄력성이 작을수록 자본의 소유자가 더 많은 부담을 지게 된다. 이 중에서 자본의 공급탄력성은 장기와 단기에 따라 완전히 달라지므로 이것을 기준으로 법인세부담의 장단기효과를 살펴볼 수 있다.

단기적으로 볼 때 수요와 공급 조건의 변화에도 불구하고 법인부문은 자본의 공급수준을 신축적으로 변화시키지 못한다. 따라서 이 경우 자본시장을 분석한다면 단기에서의 자본의 공급곡선은 완전비탄력적이며, 제10장에서 보았듯이, 자본의 가격인 자본수익률에 둔감한 측이 법인세의 부담을 더 많이 지게 된다. 자본의 공급자가 법인세 부담을 전적으로 지게 되는 것이다. 이것을 그림 13-2 를 통해 살펴보자.

그림 13-2 는 단기에 있어서 법인부문 내의 자본에 대한 수요와 공급을 나타낸다. 자본의 단

그림 13-2 법인세 부담의 귀착(단기)

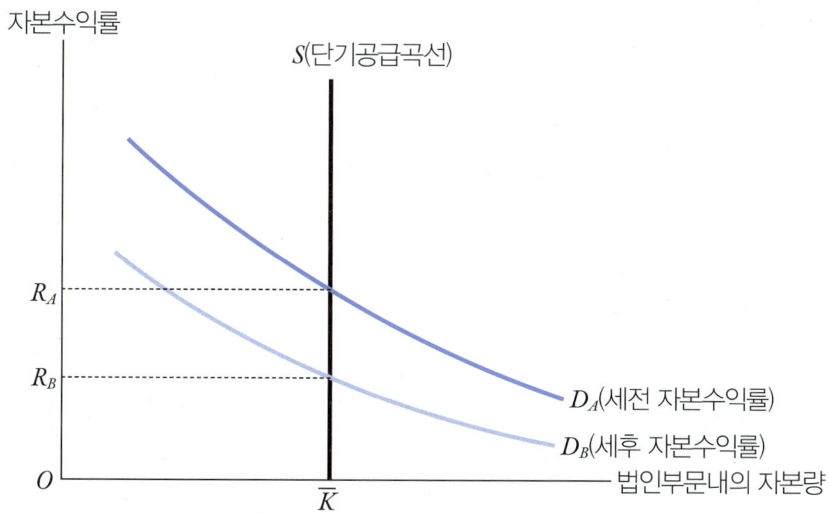

기공급곡선은 자본수익률과 상관없이 자본량이 $\overline{K}$로 고정되어 있다는 의미에서 수직선 S로 나타나 있다. 자본의 수요곡선은 자본수익률의 감소함수이므로 우하향하는 곡선으로 나타난다. 법인세를 자본에 대한 과세로 보는 경우 법인세의 부과는 자본에 대한 수익률을 낮추는 효과를 내어 자본의 수요곡선이 D_A에서 D_B로 이동하게 된다. 자본의 공급자 혹은 소유자에게 돌아가는 수익률이 R_A에서 R_B로 법인세만큼 낮아지고, 법인세의 부담은 전적으로 자본소유자에게 귀착된다는 것을 알 수 있다.

그런데 시간이 경과하면 국내의 법인부문뿐만 아니라 비법인부문이나 해외부문에서도 자본이 공급될 수 있다. 따라서 장기적으로는 법인부문에 대한 자본공급이 무한히 이루어질 수 있다. 이러한 경우 자본시장을 분석한다면 장기에서의 자본의 공급곡선은 완전탄력적(수평선)이며, 제10장에서와 같은 논리로 보면, 자본의 가격인 자본수익률에 민감한 측이 법인세의 부담을 더 적게 지게 될 것이다. 그러므로 장기에서는 자본의 공급자가 법인세 부담을 전혀 지지 않는다. 이것을 **그림 13-3** 를 통해 살펴보자.

그림 13-3 은 장기에 있어서 법인부문 내의 자본에 대한 수요와 공급을 나타낸다. 자본의 장기공급곡선은 주어진 자본수익률에서 자본량이 무한히 공급될 수 있거나 완전 탄력적이라는 의미에서 수평선 LS로 나타나 있다. 자본의 수요곡선은 단기에서처럼 자본재의 수익률의 감소함수로서 우하향하는 곡선으로 나타난다. 법인세의 부과가 자본의 수요곡선을 D_A에서 D_B로 이동시키지만 균형자본수익률은 세전이나 세후에도 R^*로 결정된 채 변하지 않는다. 따라서 장기의 경우 자본의 소유자에게 법인세의 부담이 전혀 돌아가지 않고, 전적으로 노동공급자와 상품소비자에게 전가된다는 것을 알 수 있다.

요약하면 법인세의 부담은 자본의 공급탄력성이 얼마나 큰지의 여부에 따라 자본소유자에게 또는 소비자와 노동공급자에게 귀착될 수 있다. 앞에서 살펴본 단기와 장기의 두 가지 경우는 극단적인 예이며, 현실적으로는 자본의 공급탄력성이 완전 비탄력적이지도 완전 탄력적이지도 않는 그 중간 정도의 수준을 가질 것으로 예상된다. 이러한 경우 법인세 부담의 귀착은 앞에서 살펴본 하버거의 모형을 사용하여 분석할 수 있을 것이다.

정석 사고

부분균형분석으로 살펴볼 때 단기적으로는 법인세가 자본수익률을 낮추어 법인세의 부담이 법인부문에 투자된 자본의 소유자에게 귀착된다. 그러나 장기적으로는 해외부문 등을 통해 자본이 무한히 공급되어 자본수익률에 변화가 없고 법인세의 부담이 노동공급자와 상품소비자에게 전가된다.

그림 13-3 법인세 부담의 귀착(장기)

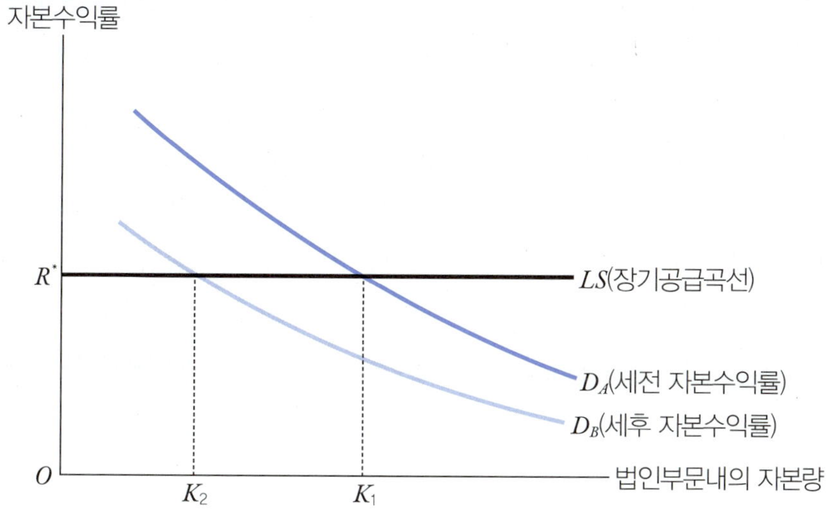

(2) 경제적 이윤에 대한 과세

법인세는 총수입에서 총비용을 뺀 회계적 이윤에 대하여 과세한다고 하였다. 그리고 법인소득으로서의 회계적 이윤은 다시 경제적 이윤과 자기자본의 기회비용(귀속이자)으로 이루어진다고 하였다. 이것은 현실적으로 법인세를 경제적 이윤에 대한 과세로 보기 힘든 근거가 된다.

그러나 경제적 이윤은 기업의 총수입 중에서 모든 기회비용을 뺀 잉여의 개념으로 정의되므로 회계적 이윤과 경제적 이윤의 차이는 바로 자기자본의 기회비용이라고 할 수 있다. 다시 말해 법인이 행하는 한계투자가 차입자금으로 조달되고 있다면 법인세를 경제적 이윤에 대한 과세라고 볼 수 있는 것이다. 여기서 한 가지 조건이 더 필요하다. 기업의 회계적 이윤을 계산할 때 자본재의 비용인 감가상각이 실질적 자본재의 가치하락을 의미하는 경제적 감가상각과 동일하면 법인세를 순수한 경제적 이윤에 대한 과세라고 볼 수 있다.

정석 사고

법인이 행하는 한계투자가 차입자금으로 조달되고, 회계적 감가상각이 경제적 감가상각과 동일할 때 법인세를 순수한 경제적 이윤에 대한 과세라고 볼 수 있다.

이러한 관점에서 법인세 부담의 귀착문제는 쉽게 이해할 수 있다. 법인세를 경제적 이윤에 대한 과세라고 보면 법인세가 기업의 선택행위에 아무런 영향을 미치지 못한다는 것을 의미한다. 기업은 법인세의 부과 이전에 이윤을 극대화하는 선택을 했을 것이고 법인세가 부과되더라도 그 선택을 바꾸어야 할 아무 이유가 없는 것이다.

법인세가 법인의 이윤극대화선택에 아무 교란을 발생시키지 않는다는 것을 간단한 예를 사용하여 증명해보자.[8] 한계투자가 차입자금에 의해 조달되고 있는 어떤 법인이 1원의 투자계획을 고려하고 있다고 가정한다. 그리고 이윤의 일정비율을 덜어내는 방식의 법인세가 부과되며, 법인세율을 t라고 가정한다. 투자계획의 기회비용에는 자본재의 감가상각률(d)과 1원의 차입자금의 이자부담인 이자율(r)이 포함되며, 투자계획이 경제성을 가지려면 법인의 순이윤(P)에 대해 다음 조건이 만족되어야 한다.

$$P=(1-t)[ER-(d+r)]>0 \qquad (13\text{–}1)$$

단, ER: 투자계획의 기대수익률

이 식에서 $t=0$이면 법인세의 부과 이전 투자계획이 경제성을 갖고, $t\neq 0$이면 법인세의 부과 후 투자계획이 경제성을 갖는다. 따라서 t의 값에 관계없이 법인은 법인의 이윤을 극대화하는 것이다. 즉, 법인세의 부과가 법인의 투자결정에 아무 영향을 미치지 않는다.

이상의 증명은 법인세가 이윤에 대한 과세라는 견해를 뒷받침한다. 그리고 이러한 사실은 법인세의 부담을 근로자나 소비자에게 전가시키지 못한다는 것을 의미하므로 법인세의 부담은 법인의 소유주인 주주에게 전적으로 귀착된다는 것을 알 수 있다. 또한 이러한 이유로 법인세는 초과부담을 전혀 일으키지 않는다.

정석 사고

법인세가 경제적 이윤에 과세될 때 법인기업이 법인세의 부과 이전에 이윤을 극대화하는 선택을 하고 있다면 법인세가 부과되더라도 그 선택을 바꾸지 않을 것이므로 법인세는 기업의 선택행위에 아무런 영향을 미치지 못한다. 따라서 법인세의 부담은 그대로 주주에게 귀착된다.

6. 법인세의 통합문제

앞에서 언급한 것처럼, 법인세는 개인소득세가 존재하는 상황에서 법인의 이윤에 대해 별도의 조세를 부과하는 것이기 때문에 이중과세(double taxation)의 문제가 있다. 법인에서 발생한 이윤은 주주들에게 배당되므로 법인차원에서 법인세가 부과된 후 다시 개인차원에서 배당금에 대해 개인소득세가 부과되므로 이중의 조세부담이 발생하게 되는 것이다.

법인소득에 대한 이중과세는 공평성의 측면 이외에 효율성의 측면에서도 문제를 일으킬 수 있다. 예를 들어 법인과 비법인부문간 자원배분의 왜곡현상이 발생할 수 있고, 자본의 수익에 대한 과세가 높아지면 저축과 투자에 교란을 가져올 수 있다.

그리하여 법인세의 이중과세의 문제에 대해 법인세가 소득세에 통합되어야 한다는 통합주의 견해와 법인들은 스스로 존재하는 법적 실체로 보아 별도로 법인세를 과세하여야 한다는 절대주의 견해가 엇갈리고 있다. 이 항에서는 실무자와 학자들 사이에 계속되고 있는 법인세와 소득세 통합 논의에 대해, 통합한다고 하더라도 완전하게 통합하는 방법과 부분적으로 통합하는 방법을 비교분석하여 알아본다.

제1편
제2편
제3편
제4편
제5편

(1) 완전통합방식

법인의 이윤은 배당이윤과 사내유보이윤으로 나누어볼 수 있는데, 법인세가 이들 이윤에 대하여 어떤 식으로 소득세와 통합하여 부과되는가에 따라 조합방식(partnership method)과 자본이득방식(capital gain method)으로 다시 나눌 수 있다.

조합방식은 법인의 주주를 조합원처럼 생각하여 법인의 이윤을 주주에게 완전히 귀속시킨 후 소득세를 부과하는 방식이다. 실현되지 않은 자본이득인 사내유보이윤은 주주에게 직접 배당되지 않지만 주주의 지분에 따라 이윤을 나누어 주주의 소득으로 귀속시킬 수 있다. 이 방식은 규모가 큰 법인에서처럼 주식의 매매가 빈번히 이루어져 주주가 계속 바뀌는 상황에서 법인의 이윤을 주주별로 완전히 귀속시키기 어렵다는 문제점을 가지고 있다.

자본이득방식은 실현여부와 관계없이 모든 자본이득에 대하여 소득세를 부과하는 방식이다. 법인의 이윤이 법인단계가 아닌 주주단계에서 소득세의 형태로 과세된다는 의미이다. 따라서 이 방식은 정기적으로 주주가 얻는 자본이득을 알아내어 소득세를 부과해야 한다.

완전통합방식은 1970년대와 1980년대에 캐나다와 독일에서 고려된 적이 있지만 채택되지는 않았다.

정석 사고 완전통합방식에는 법인의 이윤을 주주에게 완전히 귀속시킨 후 소득세를 부과하는 조합방식과 미실현 자본이득까지 포함해서 소득세를 부과하는 자본이득방식이 있다.

(2) 부분통합방식

앞에서 살펴본 것처럼 완전통합방식은 사내유보이윤을 주주에게 귀속시킨다든가 미실현 자본이득을 정기적으로 알아내어 주주에게 알린다든가 하는 행정의 복잡성으로 인해 사용하는 나라가 거의 없다. 부분통합방식은 법인의 배당이윤에 대한 이중과세문제라도 해결하려고 하는 노력의 결과로 나온 방식이다.

부분통합방식은 법인의 이윤 중 배당이윤에 대해서 이미 법인의 단계에서 법인세의 형태로 과세되므로 주주의 단계에서 주주가 배당이윤에 대한 소득세를 이미 납부한 것으로 간주하여 그만큼 소득세를 면제해주는 방식이다. 이와 같이 이미 납부한 것으로 간주하는 배당이윤에 대한 소득세를 **귀속법인세** 혹은 선납법인세(advanced corporation tax)라고 부르기도 한다.[9]

영국을 비롯하여 대부분의 유럽 국가들이 사용하고 있는 법인세의 통합방식은 부분통합방식으로서 **귀속제도**(imputation system) 혹은 그로스업(Gross-up)방식이라고 부르는데, 이 방식을 간단한 예를 통하여 살펴보자.

먼저 주주에게 나누어지는 배당이윤은 순배당이윤의 개념이라는 사실을 인식할 필요가 있다. 개념적으로 파악하면, 법인세의 납부 전 총배당이윤이 존재하고 이러한 총배당이윤에 법인세가 부과된 후 주주에게 배분되므로 주주의 배당이윤은 순배당이윤의 개념이라고 할 수 있는 것이다. 귀속법인세와 배당이윤의 이러한 관계를 살펴보면 부분통합방식인 귀속제도를 이해할 수 있다.

만약 법인의 배당이윤에 적용할 기준적 소득세율(법인세율)이 30%라고 하면 어떤 주주가 10,000원의 순배당이윤 또는 순배당소득을 지급받기 위해서는 법인세의 납부 전 총배당이윤이 얼마나 되어야 할까? 주주의 순배당이윤인 10,000원을 B, 법인세의 납부 전 총배당이윤을 A라고 하면,

$$B=(1-0.3)A \tag{13-2}$$

이 식에서 B에 10,000원을 대입하면 총배당이윤 A를 구할 수 있다. 즉,

$$A=\frac{1}{(1-0.3)}B \tag{13-3}$$

따라서 법인세는 법인의 단계에서 총배당이윤에 법인세율 30%를 곱하여 산출되므로 귀속법인세는 다음과 같다.

$$\text{귀속법인세}=0.3\times A=\frac{0.3}{(1-0.3)}B \tag{13-4}$$

이 식은 귀속법인세와 주주의 배당이윤(B)의 관계를 잘 보여준다.

이 식을 이용하여 부분통합방식의 귀속제도를 이해해보자. 어떤 법인의 법인소득이 10,000원이며, 기준적 소득세율(법인세율)이 30%라고 가정하자. 이 경우 법인의 배당가능이윤인 총배당이윤은 법인소득에서 법인세를 제외한 7,000원이며, 이것이 주주에게 모두 배당이윤으로 돌아가고 사내유보는 없다고 가정한다. 이때 귀속법인세를 계산해보면 7,000원에 0.3/(1−0.3)을 곱하여 3,000원이 되는데, 이것을 법인은 선납법인세로 납부하게 된다. 결론적으로 주주는 7,000원의 배당이윤과 함께 3,000원의 선납법인세만큼 세액공제의 혜택을 받게 된다.

정석 사고

부분통합방식은 배당이윤에 대해서 미리 법인세의 형태로 원천과세되므로 주주가 배당이윤에 대한 소득세를 이미 납부한 것으로 간주해주는 방식이다.

법인세의 이중과세문제를 그대로 안고 있는 제도를 고전적 제도라고 부르고, 이것을 기준으로 완전통합방식과 부분통합방식인 귀속제도를 비교해보도록 하자. **표 13-5**에서 고전적 과세제도는 먼저 법인세율(c)로 원천과세하고 배당이윤은 다시 주주의 투자소득으로 간주하여 개인소득세율(m)로 개인소득세가 부과된다. 이 제도는 이중과세의 문제를 안고 있지만, 아직도 미국, 네덜란드 등에서 사용되고 있다.

표를 통해 이중과세의 문제를 해결하기 위해 사용되는 부분통합과세방식인 귀속제도를 보자.

위에서 살펴보았듯이, 귀속제도는 법인이 법인세액을 미리 납부하고 주주가 배당이윤에 대한 개인소득세를 납부할 때 선납법인세액만큼 세액공제를 해주는 제도이다. 예를 들어 납부한 법인세액을 주주에게 귀속시키는 비율인 귀속세율(n)이 기준적 소득세율 30%이고 어떤 주주의 개인소득세율(m)이 15%라고 한다면 그 주주는 ($m-n$)=−15%만큼 배당이윤을 돌려받게 된다.

한편 완전통합방식은 모든 법인소득을 주주의 배당소득으로 귀속시키고 그 소득에 개인소득세율(m)을 적용하는 방식이다. 따라서 세부담액은 법인소득에 개인소득세율을 곱하면 구할 수 있다. 표의 둘째행이 이 결과를 잘 보여주고 있다.

대부분의 유럽 국가들이 귀속제도를 채택하고 있으며, 우리나라에서는 이와 유사한 배당세액공제제도를 운용하고 있다. 이 제도는 법인의 이윤에 부과되는 법인세를 사내유보이윤에 대한 과세와 배당이윤에 대한 과세로 분리하여 그중 배당이윤에 대한 과세는 주주가 이미 납부한 것으로 간주하고 세액공제를 해주는 방식이다. 부분통합방식인 귀속제도와 기본적으로 같은 제도이다.

표 13-5 법인세의 과세제도

통합과세방식	법인의 세율	주주의 세율	총납세액
고전적 제도	c	m	c×법인소득+m×배당이윤
완전통합제도	–	m	m×법인소득
부분통합제도	c	$m-n$	c×법인소득+[$m-n$]×배당이윤

주: m: 개인소득세율, n: 귀속세율, c: 법인세율

제3절 소비세

정석 재정학

소비세는 재화 및 용역이 생산되고 소비되는 모든 거래과정에 부과되는 조세이다. 소비세는 개인의 경제적 상황을 고려하지 않기 때문에 공평성 측면에서 역진적인 조세이다. 조세부담의 수평적 공평성의 관점에서, 소비세는 동일한 소득을 가진 가구라 할지라도 가족구성원의 수가 많으면

소비지출이 늘어나서 부담도 늘어나기 때문에 수평적 공평성을 저해한다. 또한 수직적 공평성의 관점에서, 소비세는 저소득층일수록 소득에 대한 소비비중이 높아서 상대적인 부담이 늘어나기 때문에 수직적 공평성도 저해한다. 그러나 행정적으로 운용하기가 쉽고 조세저항이 작다는 장점을 가지고 있다.

1. 소비세의 유형

소비세를 분류하는 기준으로 과세범위나 과세단계를 들 수 있다. 과세범위에 따라 개별소비세와 일반소비세로, 과세단계에 따라 단일단계세와 다단계세로 분류한다.

(1) 개별소비세와 일반소비세

개별소비세는 특정한 재화와 용역에 특정한 세율을 선별적으로 적용하는 소비세로, 물품세, 담배소비세, 주세 등이 여기에 해당된다. 일반소비세는 모든 재화와 용역에 대해 일률적으로 동일한 세율을 부과하는 소비세이다. 일반소비세의 대표적인 예로 부가가치세와 일반판매세 등을 꼽을 수 있다.

(2) 단일단계세와 다단계세

단일단계세는 제조업자, 도매업자, 소매업자 등으로 구분되는 생산이나 유통과정의 한 단계에 대해서만 과세하는 소비세이다. 이러한 조세의 예로 일반판매세(general sales tax)와 물품세(excise tax)를 들 수 있다. 다단계세는 생산 및 유통과정의 모든 단계에 걸쳐 과세하는 소비세이다. 대표적인 예로는 부가가치세(value-added tax)와 다단계거래세(multi-stage turnover tax)가 있다. 그림 13-4 는 어떤 재화가 생산과정과 유통과정을 거쳐 최종소비자에게 전달되는 과정을 보여준다. 그림에서 보듯이 각 단계에서 거래가 이루어지고 이러한 거래단계 중 어떤 한 단계에서만 소비세가 부과되면 단일단계세, 모든 거래단계에 대해서 소비세가 부과되면 다단계세라고 한다.[10)]

그림 13-4 과세단계에 의한 소비세의 분류

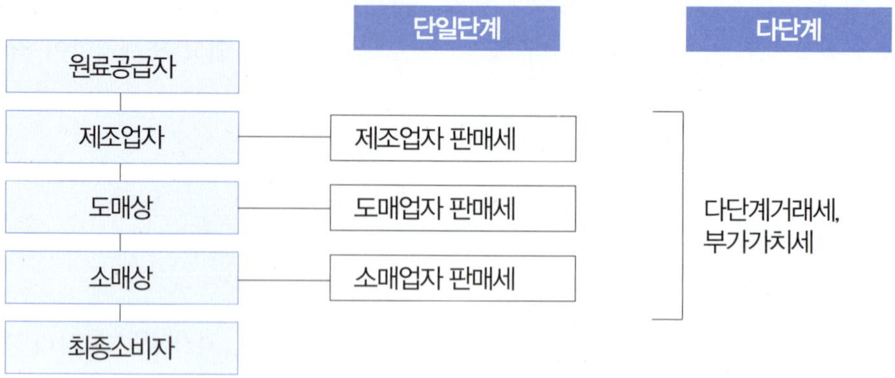

2. 부가가치세

개별소비세의 문제점은 특정한 재화나 용역에만 부과되기 때문에 소비자의 선택을 왜곡하여 과세의 중립성을 지킬 수 없다는 것이다. 소비세가 부과됨으로써 소비자의 선택이 왜곡되면 그만큼 자원배분의 효율성이 저해될 수밖에 없으며, 그 피해는 소비자와 생산자 모두에게 돌아간다.

개별소비세와 달리 소비세가 과세의 중립성을 저해하지 않도록 모든 재화와 용역에 부과될 수 있다. 이러한 일반소비세는 확실히 개별소비세보다 바람직하다고 할 수 있으며, 여기에 속하는 대표적인 소비세가 부가가치세와 다단계거래세이다.

(1) 부가가치세와 다단계거래세

부가가치세는 재화의 거래나 용역의 제공에서 얻는 부가가치에 대하여 과세하는 일반소비세이다. 그리고 생산이나 유통과정의 각 단계에서 생기는 부가가치에 부과하는 다단계세이다.

부가가치세는 1919년 독일에서 그리고 1921년 미국에서 각각 제안되었으나, 1955년 프랑스에서 최초로 도입되었다. 그 후 EC가맹국인 영국, 이탈리아, 네덜란드 등을 비롯하여 오스트리아, 노르웨이, 스웨덴 등에서 도입하였다. 그러나 미국에서는 현실적 여건이 여의치 않아 아직 실시하지 않고 있다. 우리나라에서는 1977년 종래의 8가지 간접세를 통합하여 시행중이다.[11]

유럽에서는 부가가치세를 도입하기 전에 다단계거래세가 실시되고 있었다. 다단계거래세는 생산 및 유통의 거래과정의 앞 단계에서 부과된 세금을 포함하여 각 단계에서의 총판매액에 대해 과세하는 일반소비세이다. 도 · 소매상들은 자신들의 재화나 용역의 구입비용에 일정한 비율의 이윤을 더하여 판매가격을 설정한다. 따라서 이전 단계의 거래에서 부과된 소비세만큼 다음 단계의 도 · 소매상이 그 재화나 용역을 구입하는 비용은 높아진다. 여러 거래단계를 거치면서 최종소비자가 지불하는 재화의 가격은 누적적으로 높아지는데, 이러한 현상을 **누적효과**(accumulative effect)라고 한다.

다단계거래세는 누적효과 이외에 기업간 수직적 통합(vertical integration)을 유도하는 문제점을 가지고 있다. 예를 들어 한 기업이 제조, 도매, 소매과정을 모두 통합하여 거래단계의 수를 줄이면 소비세의 부담을 대폭 줄일 수 있다. 누적효과와 더불어 자원배분의 효율성에 문제를 야기할 수 있다.

누적효과와 수직적 통합의 문제 이외에도 수출과 수입에 대한 과세에서 형평성을 잃을 수 있다. 흔히 국가간 교역에 대한 조세정책은 수입품에 대해서 국내생산 제품과 동일한 과세를 하고 수출품에 대해서 과세하지 않는 **목적지원칙**(destination principle)을 적용한다. 그런데 다단계거래세는 거래단계의 수가 상대적으로 적은 수입품에 낮은 소비세를 부과하게 되므로 국내생산 재화와 비교할 때 차별적 우대를 받는 것이 된다. 또한 수출품에 소비세가 부과되면 WTO(세계무역기구)의 규정에 따라 수출품에 부과된 소비세는 환급을 받을 수 있는데, 각 생산단계에서 부과된 거래세의 총계를 파악하기 어려우므로 환급액 결정 문제가 생긴다.

이와 같은 다단계거래세의 문제점을 극복하기 위해서 도입된 것이 부가가치세이다. 단일세율구조를 가진 부가가치세는 다단계거래세의 문제를 거의 모두 해결할 수 있는 세제인데 뒤에서 자세히 살펴볼 것이다. 우선 부가가치세의 성격을 이해하기 위해서는 부가가치가 무엇인지에 대하여 살펴볼 필요가 있다.

정석 사고

부가가치세는 다단계거래세의 문제점들인 누적효과(징수된 소비세 이상으로 재화의 가격이 상승하는 효과), 수직적 통합의 촉진, 수출시 소비세 환급의 어려움 등을 해결하기 위해 도입된 일반소비세이다.

(2) 부가가치의 의미

부가가치(value added)란 각 생산단계에서 추가적으로 창출된 가치로, 기업이 생산된 재화를 판매할 때 받는 가격과 생산에 사용되는 중간투입물(중간재)을 구입할 때 지불한 가격의 차이로 정의한다. 다시 말해서 각 생산단계에서 생산된 재화의 가치에서 중간투입으로 사용된 재화의 가치를 뺀 것이다.

하나의 예로서 밀을 재배해서 밀가루로, 밀가루를 사용하여 빵으로 만들어 소비자에게 파는 경우를 생각해보자. 먼저 어떤 농부가 임금, 지대, 이자, 감가상각비 등의 비용을 들여 밀을 생산하였다고 가정한다. 이 농부는 생산한 밀을 총비용에 적당한 이윤을 붙여 100만원에 제분업자에게 판매를 하였다. 100만원에 밀을 구입한 이 제분업자는 역시 임금, 이자, 지대, 감가상각비 등의 비용을 투입하여 밀가루로 가공을 하였다고 가정하자. 제분업자 역시 비용에 적당한 이윤을 붙여 생산된 모든 밀가루를 제빵업자에게 150만원에 팔았다고 하자. 이 밀가루를 구입한 제빵업자 역시 비용을 투입하여 빵을 생산하고, 여기에 적당한 이윤을 붙여서 최종소비자에게 200만원에 팔았다고 하자. 이 과정을 그림을 통해 살펴보자.

그림 13-5에서 보듯이 각 생산단계에서 추가된 가치를 부가가치(value added)라고 부른다. 농부는 밀을 생산하는 단계에서 100만원의 가치를 부가하였고, 제분업자는 50만원(150만원－100만원)의 가치를 부가하였으며, 제빵업자는 50만원(200만원－150만원)의 가치를 부가하였다.

그림 13-5 **생산단계별 부가가치**

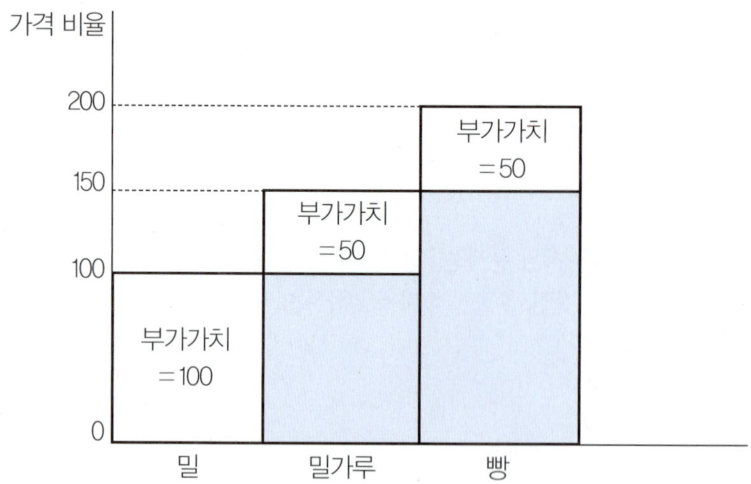

각 생산단계에서의 부가가치의 합은 200만원(100만원+50만원+50만원)으로 최종생산물의 시장가치와 정확히 같은 금액이 된다. 또한 이것은 각 생산자가 생산과정에 기여한 생산요소에 대해 지불한 임금, 이자, 지대(임대료), 이윤을 모두 합한 것과도 같다.

부가가치세는 각 생산단계에서 창출되는 부가가치에 대해 일정한 세율로 과세하는 소비세를 의미한다. 이제 그림 13-5 의 예를 사용하여 단일세율이 10%일 때 (다단계)거래세의 과세방식과 어떤 차이가 있는지 알아보자. 표 13-6 에서처럼 부가가치세는 총 20원인데, 이것은 최종소비자가격에 부가가치세율을 곱한 것과 같다. 반면에 (다단계)거래세는 중간투입물의 매입세액을 환급받을 수 없어서 앞 단계의 세액을 포함한 총가격으로 매입하고 부가가치를 합한 가격에 세율이 적용되며, 납부세액은 총 48.6원이 된다. 따라서 거래세는 중간투입물에 대해 이중과세하는 문제를 가진다.

표 13-6 부가가치세와 다단계거래세

	부가가치세				거래세		
	순가격	부가가치	세액	총가격	순가격	세액	총가격
밀	100	100	10	110	100	10	110
밀가루	150	50	5	165	160	16	176
빵	200	50	5	220	226	22.6	248.6
계	20				48.6		

주: (1) 거래세에서 순가격은 앞 단계의 총가격에 다음 단계의 부가가치를 더하여 얻는다. (2) 거래세의 경우 부가가치세액이 총가격에 더해지므로 모든 생산자는 한 푼도 부담하지 않고 최종소비자가 모두 부담하게 된다.

앞에서 살펴본 예에서는 부가가치세의 계산이 어렵지 않다. 그러나 현실경제에서는 소비재만 생산되는 것이 아니고 자본재도 생산되기 때문에 자본재를 소비재처럼 취급해야 할지의 여부에 따라 몇 가지 유형의 부가가치세로 구분된다.

정석 사고

부가가치는 각 생산단계에서 추가적으로 창출한 가치로, 각 생산단계에서 생산된 재화의 가치에서 중간투입으로 사용된 재화의 가치를 뺀 것이다. 부가가치세는 각 생산단계에서 창출되는 부가가치에 대해 일정한 세율로 과세하는 일반소비세이다.

(3) 부가가치세의 유형

자본재는 생산과정에서 사용되므로 구입한 시점에서 소비가 이루어지지 않는다. 부가가치세는 자본재를 부가가치세의 과세대상에 어떻게 포함시키는가에 따라 몇 가지 유형으로 구분된다.

소비형 부가가치세

소비형이라는 용어에서 생각할 수 있는 것처럼 소비재를 과세대상으로 하고 자본재를 과세대상에서 제외하는 유형이다. 부가가치를 계산할 때 일정기간의 총매출액(총판매액)에서 모든 중간투입물(중간재)의 구입비용과 함께 자본재의 구입비용을 빼는 방법이 있다. 이러한 방식의 부가가치세는 실질적으로 생산된 소비재의 가치에 대해서만 부과되는 것으로 소비형 부가가치세라고 한다. 우리나라와 유럽의 대부분 나라에서 이러한 유형의 부가가치세를 채택하고 있다.

순소득형 부가가치세

순소득이라는 용어는 국민총소득(국민총생산)이 총소비와 총투자의 합계인데 여기에 자본재의 감가상각비용을 빼서 총투자 대신 순투자를 사용하면 국민순소득(국민순생산)이 된다는 것을 의미한다. 따라서 일정기간의 총매출액에서 모든 중간투입물의 구입비용을 뺀 후 추가로 자본재의 감가상각비용을 뺀 것을 과세대상으로 삼는 방법이 가능하다. 이러한 유형의 부가가치세를 순소득형 부가가치세라고 한다. 이 방식은 자본재를 구입해서 한 해 동안 실제 사용한 부분은 자본재 전체가 아니라 자본재의 감가상각비용이라고 보는 관점이다.

총소득형 부가가치세

순소득형 부가가치세에서 보았듯이 총소득과 순소득의 차이는 자본재의 감가상각비용을 포함하는지의 여부에 달려 있다. 총소득의 개념은 자본재의 감가상각비용을 공제하지 않으므로 자본재도 소비재와 동일하게 다루어 공제를 허용하지 않는다는 의미를 가진다. 따라서 부가가치를 계산할 때 일정기간의 총매출액에서 중간투입물의 구입비용만 공제하고, 자본재와 관련한 비용(구입비용과 감가상각비용)을 공제해주지 않는 방법이 가능하다. 이렇게 과세하면 모든 소비재와 자본재에 대해서 소비세가 부과되는 효과와 동일하게 된다. 이러한 유형의 부가가치세를 총소득형 부가가치세라고 하는데, 가장 포괄적인 유형이라고 할 수 있다.

정석 사고

소비형 부가가치세=총매출액−자본재(투자재)구입비용−중간재구입비용
순소득형 부가가치세=총매출액−감가상각비용−중간재구입비용
총소득형 부가가치세=총매출액−중간재구입비용

(4) 부가가치의 과세방법

앞에서 부가가치세의 유형을 살펴보았는데, 어떤 유형이든 중간투입물의 구입비용을 공제하는 방식에 따라 거래액공제방식과 매입세액공제방식 두 가지 과세방법으로 나눌 수 있다. 그 밖에도 부가가치세의 과세방법에는 각 기업이 지급한 생산요소의 소득(임금, 이자, 지대, 이윤)을 모두 더해서 부가가치를 계산하는 합산방식이 있으나 행정상의 복잡성으로 잘 사용되지 않는다.

거래액공제방식(Account Method)

기업의 총매출액에서 전 단계 생산자로부터의 모든 중간투입물의 구입비용을 빼서 부가가치를 구한 다음 세율을 곱하여 세액을 결정하는 방식이다. 이 방식은 각 기업의 부가가치를 직접적으로 구하여 부가가치세액을 산출한다는 의미에서 **직접적 공제방식**이라고도 부른다.

매입세액공제방식(Invoice Method)

기업의 총매출액에 세율을 곱하여 세액을 결정한 다음 전 단계 생산자가 납부한 세액을 공제하여 최종세액을 결정하는 방식이다. 이 방식은 각 기업이 총매출액에 대해 부가가치세를 납부할 의무를 가지는 한편 전 단계 생산자가 이미 납부한 부가가치세를 세액공제로 되돌려 받기 때문에 **간접적 공제방식**이라고도 부른다.

매입세액공제방식은 행정적 절차가 단순할 뿐만 아니라 납세자간 상호견제를 할 수 있어 탈세를 어느 정도 방지하는 효과가 있다. 이러한 효과가 발생하는 이유는 전 단계 생산자가 부가가치세를 납부하지 않았을 경우 전 단계 생산자가 납부할 부가가치세액까지 다음 단계의 생산자가 납부하여야 하기 때문이다. 이와 같은 장점으로 거의 모든 나라에서 매입세액공제방식을 채택하고 있다.

> **정석 사고**
> 순소득형 부가가치세를 가정할 때 과세방식의 차이는 다음과 같다.
> 합산방식=(임금+이자+지대+이윤)×세율
> 거래액공제방식=(총매출액−감가상각비용−중간재구입비용)×세율
> 매입세액공제방식=(총매출액)×세율−(감가상각비용+중간재구입비용)×세율

(5) 부가가치세의 세율구조

일반적으로 부가가치세는 모든 소비재에 대하여 동일한 세율을 적용하고 있다. 동일한 세율 부과는 소비자선택의 왜곡문제를 최소화한다는 점에서 긍정적이지만, 전체소득 중 소비지출 비중이 높은 저소득층에 대해 불리하게 작용할 수 있다. 이런 이유로 생활필수품에 낮은 세율을 적용하고 있으며, 국가간 교역에서 수풀품은 조세를 부과하지 않는 것이 원칙이다. 즉 생활필수품과 수출품에 대하여 면세제도와 영세율제도가 사용되고 있다.

면세

부가가치세가 단일세율인 관계로 고소득층과 저소득층간의 수직적 공평성의 문제를 부분적으로 해소하기 위해 사치성 상품에 대해 고세율의 개별소비세를 부과하거나, 식료품이나 의약품 등과 같은 생활필수품에 대해 부가가치세를 면세하는 **면세제도**가 운용되고 있다. 그리고 의료와 교육 등과 같은 공익성이 높은 재화나 서비스, 우표와 복권 등과 같은 공익단체가 제공하는 재화나 서비스, 부가가치의 측정이 어려운 금융·보험서비스 등도 면세대상에 포함된다. 어떤 상품이 면세대상이 되면 그 상품의 최종소비단계에서만 부가가치세가 면제되고 중간단계에서 납부된 부가가치세는 환급되지 않는다.

한 가지 주의해야 할 점은 면세대상 사업자가 최종소비단계에 위치해 있는 경우에 소기의 목적을 달성할 수 있다는 사실이다. 만약 면세대상 사업자가 생산하는 재화를 중간투입물로 사용하는 다른 과세대상 사업자가 있는 경우 면세제도는 원래의 목적과 달리 부가가치세의 수입을 증가시킨다. 앞의 제빵의 예로 돌아가서 이해해보자. 농부는 밀을 100원어치 생산해서 제분업자에게 팔고, 제분업자는 200원어치 밀가루를 만들어 제빵업자에게 팔고, 제빵업자는 300원어치 빵을 만들어 최종소비자에게 판매한다. 만약 제빵업자에게 면세해주면 밀가루구입가격에 포함된 부가가치세를 환급해주지는 않기 때문에 그의 세액은 0이며, 정부의 조세수입은 제빵업자의 부가가치세

10원만큼 줄어든다.

그런데 만약 제분업자에게 면세혜택을 주면 어떻게 될까? 일단 조세수입은 제분업자의 부가가치세 10원만큼 줄어든다. 그리고 제빵업자의 경우 바로 전 단계의 제분업자가 부가가치세를 면제받아 매입세액을 공제받을 것이 없다. 따라서 제빵업자는 300원에 해당하는 부가가치세를 전부 납부해야 한다. 이때 정부의 조세수입은 제빵업자의 30원과 농부의 10원을 합해서 40원이 되므로 오히려 증가한다.

영세율

대부분의 나라에는 수출품의 가격경쟁력을 높이기 위해 운용하는 완벽한 면세제도가 있는데, 이를 **영세율제도**라고 한다. 면세제도는 중간단계에서 납부된 부가가치세가 환급되지 않지만, 영세율의 적용을 받으면 전 단계의 부가가치세도 환급받을 수 있다. 수출품에 영세율을 적용할 경우 수출업자는 부가가치세를 납부할 의무도 없고 전 단계에서 납부된 부가가치세액도 모두 환급받는다. 이 점이 면세제도와 다르며, 따라서 영세율제도는 완벽한 면세제도라고 할 수 있다.

정석 사고

면세제도는 당해 단계에서만 부가가치세가 면제되며, 영세율제도는 수출 등 외화획득사업에 대하여 전 단계 세액이 모두 환급된다는 차이가 있다.

우리나라에서 개별소비세, 주세, 인지세, 담배소비세 등을 제외한 일반소비세로서의 부가가치세는 일률적으로 10%의 세율을 적용한다. 그리고 부가가치를 계산할 때 다른 모든 중간투입물의 구입비용과 함께 자본재의 구입비용을 총매출액에서 빼는 소비형 부가가치세의 유형을 가진다. 또한 과세방식으로는 매입세액공제방식을 택하고 있다.

정석 사고

부가가치세액=매출세액−매입세액

우리나라의 부가가치세의 과세체계는 **그림 13-6**에 요약되어 있다. **그림 13-6**은 목재가구를 예로 들면 목재생산자로부터 도매가구업자, 소매가구업자, 소비자에 이르는 거래과정을 대략 4단계로 구분하여 각 단계에서 만들어지는 부가가치에 대한 과세체계를 가상적으로 보여준다. 재화와 용역의 공급에 대해서는 원칙적으로 부가가치세가 과세되지만 다음과 같은 공급에 대해서는 부가가치세가 면제된다.

첫째, 농산물, 축산물, 수산물, 수돗물, 연탄, 의료서비스, 교육서비스, 여객운송서비스(항공기, 고속버스, 택시, 고속철도는 제외) 등

둘째, 도서, 신문, 잡지, 예술창작품, 도서관, 과학관, 박물관, 동물원의 입장 등

셋째, 금융보험서비스, 임대서비스, 저술가, 작곡가, 직업운동가 등의 인적 서비스

넷째, 우표, 복권, 공중전화, 공익단체가 공급하는 물품이나 서비스

그림 13-6 부가가치세의 과세체계

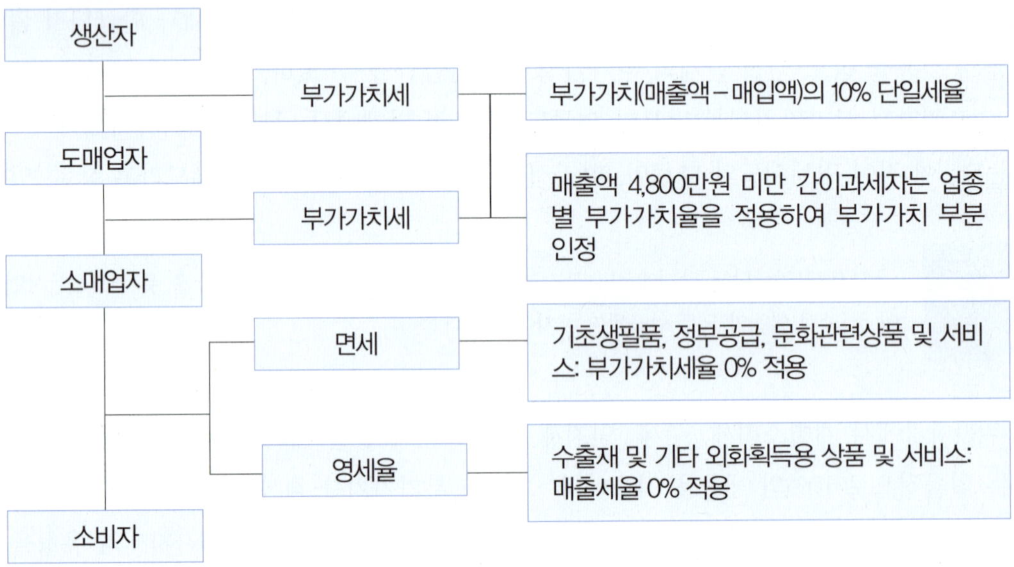

제4절 자산세

자산은 재산과 채무로 구성되어 있다. 재산은 유형 · 무형의 재산으로 나눌 수 있는데, 무형재산은 주식, 채권, 예금, 연금, 현금 등을 포함하고 유형재산은 토지, 건물, 시설 등의 부동산을 포

함한다. 그리고 채무는 주택융자금, 은행부채, 사채 등을 포함한다. 자산세는 개인이 보유한 자산의 모든 가치에 대하여 부과하는 조세이다. 자산세는 실질적으로 개인의 재산의 총가치에 부과하는 것이므로 재산세라고도 한다.

재산세는 부과하는 형태에 따라 개별재산세와 일반재산세로 구분할 수 있다. 재산을 개별적으로 포착하여 과세하면 개별재산세, 전부를 포착하여 과세하면 일반재산세이다. 재산세는 기본적으로 재산의 총액에 대하여 과세하는 물세인데, 재산총액에서 부채를 뺀 재산순액에 대하여 과세하는 부유세가 있다. 그런데 부유세는 세원이 재산임에도 불구하고 인세로 인정되고 있다.

또한 재산세는 조세를 부담하는 내용에 따라 명목적 재산세와 실질적 재산세로 구분할 수 있다. 명목적 재산세는 재산을 세원으로 하지만 납세자가 자신의 소득에서 조세를 부담하는 경우이다. 재산총액에 부과하는 일반재산세와 재산순액에 부과하는 부유세가 이에 해당된다. 실질적 재산세는 재산을 세원으로 하지만 실질적으로 납세자의 재산으로 부담되는 경우이다. 유산세, 상속세, 증여세, 양도소득세, 자본과세 등이 이에 해당한다. 이러한 관점에서 명목적 재산세는 소득세를 보완하는 조세라고 할 수 있고, 실질적 재산세는 불로재산소득에 과세할 목적과 함께 부의 재분배나 국가수입의 조달 등의 목적을 가진 조세이다.

1. 자산세의 근거

자산에 세금을 부과하는 근거에는 국가가 개인의 재산을 보호하고 그 가치를 유지시키는 대가로 보는 이익설이 있고, 개인의 자산이 많을수록 지불능력이 증가하므로 이에 대해 부과해야 한다는 능력설이 있다. 또 다른 근거로는 소득세의 분배기능을 보완하는 성격으로서 자산세가 부의 불공평한 분배를 시정하는 역할을 할 수 있다는 것을 들 수 있다. 재원조달방편에서 소득세는 중앙정부가 징수하고 자산세는 지방정수가 징수한다. 더 구체적으로 설명하면 다음과 같다.

첫째로 자산세는 부의 불공평한 분배를 시정하는 역할을 할 수 있다는 것이다. 역사적으로 토지와 같은 부동산에서 발생하는 지대는 불로소득으로서 사회적 잉여분이라고 간주해왔다. 따라서 사회적 잉여분에 과세하는 것은 공평성의 원칙에 부합한다는 것이다. 한걸음 더 나아가 헨리 조지(Henry George)는 그의 저서『진보와 빈곤(Progress and Poverty)』에서 모든 종류의 조세를 토지세로 단일화하면 전체 경제행위에 아무런 교란효과가 없어 효율적이라고 주장한다. 이러한 주장이 완전히 채택된 것은 아니지만 자산세의 위치와 중요성이 강화되어왔다고 할 수 있다. 그리고 부의 불균등한 분배와 소득의 불균등한 분배는 그 분포와 사회적 중요도가 다르므로 일반소득세만으로 해결할 수 없는 부의 불균등한 분배를 해결하는 측면이 있다.

둘째로 자산을 많이 가진 사람이 국방행정서비스나 경찰행정서비스 등과 같은 편익을 더 많이 받으므로 편익의 원칙에 입각하여 자산세가 과세되어야 한다는 것이다. 이러한 서비스 덕분에 재산이 더 잘 보호받을 수 있고 자산가치도 증가할 수 있다고 보는 것이다. 그러므로 자산의 소유자가 향유한 혜택의 대가를 지방정부에 납부해야 하는 것은 당연하다고 본다. 그러나 이 원칙에 따라 자산세를 합리화하려면 모든 자산이 공공서비스의 혜택을 균등하게 향수하고 그 혜택의 가치가 자산세수입과 같다는 조건이 만족되어야 한다. 현실적으로 이러한 조건이 만족되기는 어렵다.

셋째로 조세의 공평성 측면에서 자산세가 지불능력의 원칙에 부합한다는 것이다. 개인의 재산이 많을수록 조세를 지불할 능력이 더 크므로 그에 따라 자산세를 부과하는 것은 개인의 지불능력의 원칙에 따르는 것으로 본다.

자산보유로 인한 지불능력은 소득획득능력이라고 볼 수 있는데, 자산세 혹은 재산세를 비례소득세와 같다고 보는 생각이다. 예를 들어 자본수익률이 10%일 때 1,000원 가치의 자산에서 얻게 될 소득은 100원이다. 그런데 이 소득에 10%의 소득세를 부과하면 10원의 조세수입을 얻고, 자산세를 1% 부과해도 10원의 조세수입을 얻을 수 있다. 즉, 자산세율과 자산에서 획득하는 소득세율 사이에 다음과 같은 동등한 관계가 성립한다.

$$t_p = rt_y \tag{13–5}$$

단, t_p: 자산세율
t_y: 소득세율
r: 자본수익률

이와 같은 관계에서 보듯이 양 조세간에는 아무런 차이가 없다. 즉 자산세는 비례소득세와 다를 바 없는 것이다. 그러나 여기서의 문제점은 자산세가 자본소득에 대한 과세이므로 모든 소득을 동일하게 다루어야 한다는 포괄적 소득의 개념에 비추어 볼 때 자본소득에만 한하여 보완적인 조세를 부과할 특별한 이유가 없다는 것이다.

넷째로 자산은 이동성이 없기 때문에 조세회피 및 세원이전이 어려워 조세부담이 직접 자산소유자에게 돌아간다는 것이다. 최소한 단기적으로 볼 때 부동산과 같은 자산은 이동할 수 없으므로 자산세가 자산소유자에게 귀착될 수 있다. 그러나, 뒤에서 살펴보겠지만, 장기적으로 볼 때는 자산세의 부담이 모두 자산소유자에게 돌아간다고 볼 수는 없다. 다만 자산세의 귀착과 상관없이 자산을 이동시키기 어려운 관계로 지방정부의 중요한 세원이 될 수 있다.

그러나 자산세가 가지고 있는 여러 가지 문제점도 있다. 자산은 저축을 통해 증식되므로 자산세가 저축할 동기를 상실하게 할 수 있으며, 자산도 수많은 형태가 있기 때문에 자산의 가치를 평가하는 것 자체가 쉽지 않다는 점이 문제된다. 현실적으로 자산세에는 상속세, 증여세, 재산세 등이 있는데, 자산세의 특징과 세율, 귀착에 대해 살펴본 후 이에 대해 알아보기로 하자.

정석 사고

자산세의 근거는 부의 불공평한 분배를 시정하고, 편익의 원칙과 지불능력의 원칙에 부합하고, 조세회피 및 세원이전이 어려워 조세부담이 자산소유자에게 직접 돌아가기 때문에 세수확보와 부의 재분배를 용이하게 한다는 점이다.

2. 자산세의 특징과 세율

자산세가 부에 대한 조세의 일종이지만 부유세와는 다르다고 하였다. 자산세가 자산의 과세대상에서 부채를 공제하지 않으면 재산세와 동일하다고 할 수 있다. 일반적으로 자산세의 주요한 특징은 다음과 같다.[12)]

첫째, 과세표준은 재산총액이며 순재산액이 아니다. 원칙적으로는 재산총액에 부채를 공제하지 않는다. 미국의 경우 일반재산세는 모든 재산의 총가치를 과세표준으로 정하고 있다.

둘째, 자산의 가치는 시장가치(교환가치) 혹은 임대가격으로 평가한다.

셋째, 자산세 혹은 재산세는 보통 비례과세방식을 채택한다.

넷째, 자산세가 부의 원천에 대해 과세하므로 인적 사항을 고려하지 않는다.

다섯째, 자산세는 지방정부가 제공하는 서비스의 편익에 대한 반대급부의 성격을 가진다. 물론 지방정부의 공공서비스(상하수도시설, 철도건설, 가도등설치, 도로포장, 소방활동, 치안활동 등)의 편익이 자산가치와 정비례하는 것은 아니어서 완전하지는 않지만 편익의 원칙에 의한 과세로 어느 정도 합리화할 수 있다.

여섯째, 자산세의 과세대상이 되는 자산의 종류는 나라마다 다르다. 미국의 경우 모든 자산을 과세대상으로 하지만 영국은 부동산만, 호주, 캐나다 등은 토지만, 우리나라는 토지, 건물, 가옥, 중기, 항공기만을 과세대상으로 한다.

자산세의 실질적 부담을 보기 위해 보통 명목세율 대신 실효세율을 사용한다. 명목세율은 자산세액(T)을 자산평가액(V)으로 나눈 비율이고, 실효세율은 명목세율에 평가비율을 곱한 세율이다. 여기서 평가비율(A)이란 자산평가액(V)을 자산의 시장가격(P)으로 나눈 비율이다. 즉,

$$\text{실효세율}=A\cdot\frac{T}{V} \qquad (13\text{–}6)$$

단, $A=V/P$

예를 들어 자산의 시장가격이 1,000원이고, 자산평가액이 500원이며, 공제는 없으며, 자산세율 1%가 부과되는 경우를 생각해보자. 이때 평가비율 A는 500/1,000=0.5이다. 자산세는 자산평가액을 기준으로 과세되므로 실효세율은 $0.5\times\frac{5}{500}$가 된다. 명목세율과의 차이는 자산의 형태에 따라 커질 수 있고, 인플레이션이 발생하면 더 커진다. 미국의 경우를 보면 자산의 평가액이 시장가치의 절반 이하라는 연구들이 있다.

정석 사고

자산세의 실제적 부담수준을 보려면 명목세율 대신 실효세율을 보아야 한다. 따라서 자산평가액보다 자산의 완전한 시장가치가 중요하다.

3. 자산세의 귀착

(1) 토지

어떤 재산에 개별재산세가 부과될 때 재산가치가 얼마나 하락하는지 또는 변하지 않는지를 아는 것은 조세부담의 귀착과 관련해서 대단히 중요한 일이다. 재산세와 같은 조세가 재산가치에 반영되는 것을 흔히 **조세자본화**(tax capitalization) 또는 **조세환원**이라고 한다. 예를 들어 어떤 토지에 토지세를 부과하였다고 하자. 우선 토지의 가치를 어떻게 평가할 것인가의 문제를 생각해

보자. 재산의 가치평가와 마찬가지로 토지의 가치평가는 장래에 토지에서 발생할 것으로 기대되는 소득의 총액을 파악하는 것이다. 이때 적절한 할인율을 사용하여 장래에 기대되는 소득을 현재가치로 바꾸어주는 것이 필요하다.

예를 들어 어떤 토지에서 연간 R의 임대료수입이 기대된다고 하자. 그리고 할인율은 시장이자율로서 r이라고 하자. 그러면 토지의 가치(P)는 다음처럼 표시할 수 있다.

$$P=\frac{R}{1+r}+\frac{R}{(1+r)^2}+\cdots \tag{13-7}$$

위에서 첫 임대료수입(R)을 할인한 이유는 연간임대료수입이 연말에 가서 정산된다는 의미를 가진다. 토지의 가치를 무한등비급수(초항/(1−등비))를 이용하여 간단히 표현하면 다음과 같다.

$$P=\frac{R}{r} \tag{13-8}$$

이제 토지세 t가 매년 일정하게 부과될 경우 토지의 가치(P^*)에 어떤 변화가 발생하는지 보도록 하자. 이때의 토지의 가치는 다음과 같이 나타낼 수 있다.

$$P^*=\frac{R-t}{1+r}+\frac{R-t}{(1+r)^2}+\cdots \tag{13-9}$$

마찬가지로 무한등비급수를 이용하여 토지세부과 후 토지의 가치를 간단히 표현하면 다음과 같다.

$$P^*=\frac{R-t}{r} \tag{13-10}$$

이상에서 P와 P^*를 비교해보면 다음의 값만큼 하락함을 알 수 있다.

$$P-P^*=\frac{t}{r} \tag{13-11}$$

따라서 매년 부과하는 토지세의 현재가치만큼 토지의 가격이 하락하는 것을 알 수 있다. 이처

그림 13-7 자산세의 과세효과: 토지

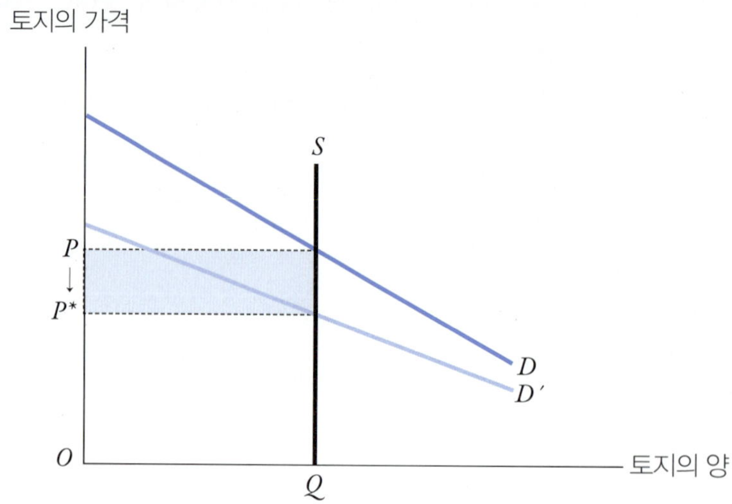

럼 조세가 재산소유자의 재산가치에 그대로 반영되는 것을 조세가 재산가치에 자본화되었다는 의미로 조세자본화 또는 조세환원이라고 부른다.

그림 13-7 에서 보는 것처럼 토지세가 부과되면 수요곡선이 조세환원액만큼 D에서 D'로 아래로 이동한다. 토지세가 부과되고 난 후 토지소유자가 받는 가격은 P에서 P^*로 즉시 하락하게 된다. 토지세를 포함한 토지가격은 여전히 P이기 때문에 토지의 사용자는 전혀 조세부담을 하지 않는다. 그림의 빗금 친 사각형부분이 토지세수입이며 토지소유자가 모두 부담한다.

재산세가 일반재산세가 아닌 개별재산세의 경우에는, 토지의 예에서처럼 단기적으로 공급이 고정되어 있는 경우 조세자본화를 통해서 토지의 가치 혹은 가격이 하락하고 현재 토지소유자가 전적으로 부담하게 된다. 그러나 장기적인 관점에서 볼 때 토지세로 인해 토지의 가치가 하락하면 토지와 다른 형태의 부동산에 투자를 전환할 수도 있다. 이렇게 투자가 자본의 양을 늘려서 자본의 한계생산성을 낮추는 경우에는 토지세가 자본소유자에게 전가될 수도 있다.

만약 재산세가 진정한 의미의 일반재산세라면 미래의 기대소득을 감소시키는 동시에 투자수익률을 낮추어 이자율과 할인율이 비례적으로 하락하게 된다. 결과적으로 자산의 총가치에 아무런 변화가 없다. 이 경우에는 현재의 재산소유자가 전적으로 조세부담을 한다고 보기 어렵다. 오히려 나중에 구입할 미래소유자를 포함한 모든 재산소유자에게 귀착된다고 보아야 할 것이다.[13)]

그리고 다른 부수적 효과로서 일반재산세가 투자의 수익성을 낮추면 개인들의 저축의욕을 떨어뜨리고 소비를 늘리게 되는 부작용이 따를 수 있다. 또한 재산소유자의 투자대상이 부동산과 같은 실물자산에서 금융자산 혹은 교육과 같은 인적 자산으로 옮겨갈 수도 있다. 주택의 경우에도 주택임대시장에서는 주택소유주가 임대료를 올려서 재산세를 소비자에게 전가시킬 수 있다. 이에 대해 간단히 살펴보자.

정석 사고

조세의 자본화 또는 조세환원은 조세가 자산소유자의 자산가치에 자본화되었다는 의미이다. 따라서 조세는 자산으로부터 발생하는 장래의 모든 소득을 감소시켜 자산의 총가치를 하락시킨다.

(2) 임대주택

주택임대시장에서 임대주택에 재산세가 부과되면 기대수익률이 하락하여 임대주택의 공급이 감소한다. 공급이 감소하면 임대료가 상승하여 재산세의 일부가 임차인에게 전전(forward shifting)되고, 나머지는 주택소유자에게 후전(backward shifting)된다. 일부가 후전하는 이유는 임대주택의 공급이 감소함에 따라 임대주택의 수요도 감소하기 때문이다. 한 가지 주의할 것은 재산세가 전전하는 과정에 시간이 많이 걸린다면 임대주택소유자는 임대료를 인상하지 못하고 재산세를 부담해야 한다.

그림 13-8 자산세의 과세효과: 임대주택

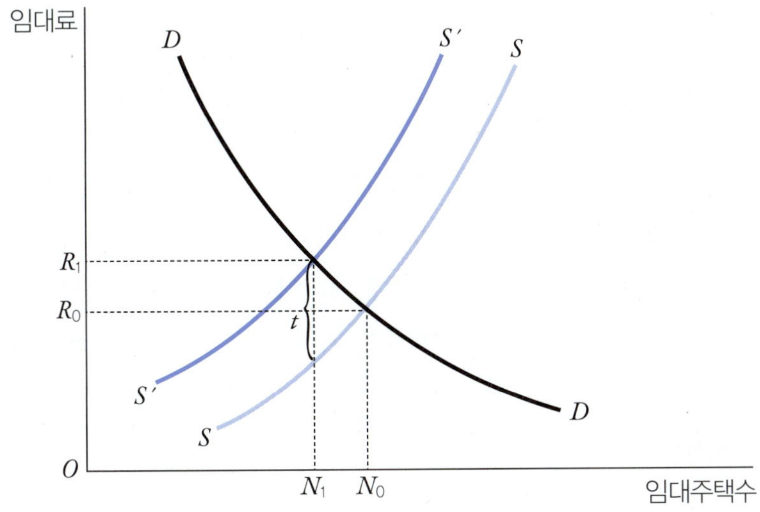

제1편
제2편
제3편
제4편
제5편

그림 13-8 에서 재산세로 인하여 기대수익률이 하락하면 공급곡선이 S에서 S'로 위로 이동한다. 그 결과 임대료는 R_0에서 R_1로 상승하며, 임대료상승에 따라 공급과 함께 수요도 N_0에서 N_1로 감소한다. 주목할 것은 단위당 조세보다 임대료 상승폭이 작다는 사실이다. 따라서 재산세의 일부가 임차인에게 전전되는 것이다.

4. 자산세의 종류

(1) 재산세

보통 땅이나 주택 같은 부동산은 개인의 부의 축적수단으로서 또는 주택문제를 해결하기 위해 취득된다. 그런데 개인은 부동산을 취득하여 양도할 때까지 재산세를 부담하게 된다. 그러므로 재산세는 부동산과 같은 특정한 유형의 재산에 부과되는 자산세이다. 소득세와 달리 부동산 등과 같은 재산은 이주나 이동을 통해 조세를 회피하기 어렵기 때문에 지방정부가 부과하는 지방세의 중요한 세원이 되고 있다.

우리나라의 경우 재산세는 전국의 토지와 건물을 소유자별로 합산하여 누진과세하는 지방세이다. 주택분 재산세, 건축물분 재산세, 토지분 재산세로 나누어 과세하고 세율구조와 납기도 모두 다르다. 과세방법은 주택분 재산세의 경우 별장을 제외한 일반주택에 최저 0.1%에서 최고 0.4%까지 4단계의 초과누진세율을 적용한다.[14] 상가와 빌딩 등과 같은 건축물에 대한 재산세는 최저 0.25%에서 최고 4%까지 3단계의 세율을 적용하고, 주택에 딸린 부속토지를 제외한 토지분 재산세는 다시 종합합산 과세대상토지(나대지), 별도합산 과세대상토지(건축물 부속토지), 분리과세 대상토지(임야, 골프장용 토지 등)로 나누어 각각 다른 3단계의 세율을 적용한다.

우리나라에서는 재산세 이외에 부동산을 과다보유하는 것을 억제하기 위해 중앙정부에서 국세로서 종합부동산세를 부과하고 있다. 개인별로 공시가격을 합산한 후 주택은 6억원, 나대지는 5억원, 사업용 토지는 80억원을 초과하는 부동산에 대하여 주택분 종합부동산세와 토지분 종합부동산세를 부과한다. 주택분 종합부동산세의 세율은 최저 0.5%에서 최고 2%까지 5단계의 초과누진세율을 적용한다. 한편 토지분 종합부동산세의 세율은 최저 0.75%에서 최고 2%까지 3단계의 초과누진세율을 적용한다.

(2) 상속세

상속세는 상속으로 재산을 물려받는 사람(상속인)에게 부과되는 자산세이다. 대부분의 경우 재산을 물려주는 사람(피상속인)은 사망한 후이기 때문에 사망한 사람이 내는 것이 아니라 재산을 물려받는 사람이 부담하게 된다. 상속재산은 무상으로 취득하는 것이기 때문에 과세할 수 있는 정당성을 가진다고 할 수 있다. 어떻게 보면 일생 동안 열심히 모은 재산에 과세하는 것이 공평하지 않은 것 같지만, 피상속인이 생존시 부담해야 할 소득세 등을 내지 않은 것에 대하여 일괄 과세한다는 의미가 있다. 따라서 부와 소득의 편중을 시정하는 소득세의 보완적 역할을 한다고 볼 수 있다.

상속세는 피상속인이 가지고 있던 모든 재산에 대하여 과세하는 특징을 가진다. 피상속인이 사망하기 전 10년 이내 상속인에게 증여한 증여재산과 5년 이내 상속인이 아닌 타인에게 증여한 증여재산도 포함하여 과세한다. 상속세는 개인소득세와 같이 일정수준까지 인적공제와 경비공제를 해주고 그 금액을 넘어서는 상속액에 대해 누진세율을 부과한다.

우리나라의 경우 상속받은 재산은 상속 당시의 시가로 평가하여 상속세를 계산하지만 시가산정이 어려운 경우 토지는 개별공시지가, 건물은 과세시가 표준액으로 평가한다. 상속세를 계산할 때 여러 공제제도가 있어서 보통 상속세를 걱정할 필요가 없다. 유가족의 장래생계를 보장하기 위해 일정한 금액을 공제해주는 것으로 기초공제(2억원), 배우자공제(30억원 한도로 5억원 공제), 기타인적공제(자녀공제, 미성년자공제, 연로자공제, 장애인공제 등), 금융재산상속공제, 재해손실공제 등이 있다. 그리고 기초공제와 기타인적공제의 합계액이 5억원 이하일 경우 일괄공제 방식으로 5억원을 공제받을 수 있다. 그러므로 자녀와 배우자가 상속인일 경우 일괄공제와 배우자공제를 합하여 최소한 10억원까지 상속세가 면제된다. 상속세의 세율은 1억원, 5억원, 10억원, 30억원을 기준으로 최저 10%(1억원 이하)에서 최고 50%(30억원 초과)까지 5단계의 초과누진세율을 적용한다.

재산상속과 관련하여 자주 발생하는 문제가 상속순위와 상속지분일 것이다. 먼저 우리나라의 민법에 의하면 피상속인의 배우자, 직계비속, 직계존속, 형제 · 자매, 사촌 이내의 방계혈족만이 상속자격이 있다. 만일 상속받을 자격이 있는 사람이 여러 사람인 경우 분쟁의 방지나 공익을 위해서 상속순위와 지분을 정하고 있다. 이에 대한 것은 **표 13-7**에 요약하였다.

표 13-7 상속순위와 상속지분

상속순위	상속인	상속지분
1순위	직계비속 · 배우자 [공동]	1, 배우자 1.5
2순위	직계존속 · 배우자 [공동]	1, 배우자 1.5
3순위	형제 · 자매 [1 · 2순위 없는 경우]	각 1
4순위	사촌 이내의 방계혈족 [1 · 2 · 3순위 없는 경우]	각 1
최종순위	국가 [1 · 2 · 3 · 4순위 없는 경우]	—

주: 방계혈족에서 3촌 이내는 백숙부, 고모, 외숙부, 이모, 질(조카) 등이며, 4촌 이내는 종 · 고종 · 외종 · 이종 형제자매 등이다.

(3) 증여세

상속세와 달리 상속하는 사람이 살아 있는 동안 증여하는 금액에 부과되는 자산세이다. 상속재산에만 과세하고 무상증여재산에 대해서는 과세하지 않으면 무거운 상속세를 회피하기 위해서 재산의 일부를 증여할 수 있다. 이것은 조세의 공평성에도 어긋나고 상속세의 징수에도 차질이 생기므로 증여세를 부과하여 상속세를 보완하는 것이다. 이 자산세는 증여의 누적총액에 부과되며, 상속세와 같이 일정수준까지는 공제를 해주고 초과하는 금액에 대해 누진세율을 적용한다.

우리나라의 경우 과세방법은 증여받은 재산을 당시의 시가로 평가하며, 친족간의 증여에 대해서는 친족공제를 해주고 있다. 예를 들어 배우자는 6억원, 직계존비속은 3천만원, 미성년 비속은 1천 5백만원, 기타 친족은 5백만원의 증여재산공제를 허용하고 있다. 그리고 증여의 의사표시는 반드시 서면으로 하여야 법적 효력이 있다. 증여세의 세율은 상속세와 마찬가지로 1억원, 5억원, 10억원, 30억원을 기준으로 최저 10%(1억원 이하)에서 최고 50%(30억원 초과)까지 5단계의 초과누진세율을 적용한다.

정석 사례연구

배당세

2003년 5월 28일 부시 대통령은 고용과 성장을 위한 세제개편안에 서명하게 되는데, 거기에 배당세율을 감소시키는 법안도 포함되어 있었다. 그 당시의 배당세율은 38.6%였는데, 이것은 자본세율 20%보다 높은 세율이었다. 이 법안의 통과로 2009년 다시 38.6%로 되기 전까지 배당금과 자본이득에 대한 세율은 15%로 줄었고, 배당금과 주식은 대단히 매력적인 투자수단이 되었다.[15]

이 법안에 찬성하는 사람들은 이것이 경제를 활성화하고 법인소득의 이중과세를 방지할 수 있다고 주장했다. 부시도 배당금의 이중과세를 방지함으로써 경제를 성장시킬 수 있을 것으로 믿었다.

반면에 낮은 배당세율에 반대하는 사람들은 배당금이 주로 고소득계층에게 지급되기 때문에 배당세율을 낮추면 재정수입이 줄어들 뿐만 아니라 조세가 역진적으로 되는 것을 우려하였다.

2003년에 있었던 이 배당세율의 인하는 어떤 효과를 가져왔는지 알아보자. 체티와 사에즈(Raj Chetty and E. Saez, 2006)는 세율이 인하된 이후 배당지출규모가 약 25% 증가했다는 연구결과를 제시하고 있다. 또한 이 증가는 대부분 연금기금과 같은 비과세기업이 아닌 과세기업들에서 발생했다고 한다. 그렇다고 투자가 증가했는지의 여부는 아직 확실한 증거가 없다.[16]

법인세 2% 포인트 인하에 따른 경제효과

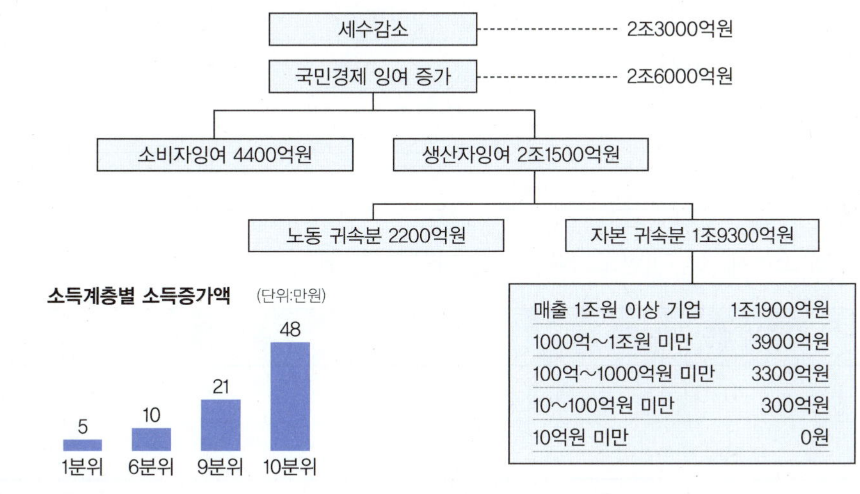

자료: 경향신문

제1편 제2편 제3편 제4편 제5편

정석 기본문제

1. 다음은 소득세법에 대한 세율표 및 근로소득공제, 근로소득세액공제표이다.

과표(단위: 만원)	세율(%)
0–1,200	6
1,200–4,600	15
4,600–8,800	24
8,800–30,000	35

단, 근로소득공제는 다음과 같다.

총급여액(단위: 만원)	공제율(%)
0–500	80
500–1,500	50
1,500–3,000	15
3,000–4,500	10
4,500초과	5

단, 근로소득세액공제(한도: 50만원)는 다음과 같다.

산출세액(단위: 만원)	공제세율(%)
0–50	55
50–	30

갑돌이는 아내 갑순이를 위하여 열심히 일하여 연간 3,000만원의 근로소득을 벌고 있다. 그리고 그는 의료보험료로 연간 50만원, 자동차 보험료로 연간 50만원을 지출하고 있다. (단, 인적 공제는 1인당 150만원)

[1] 갑돌이의 근로소득공제금액은 얼마인가?

정석 힌트 두 번째 근로소득공제표를 이용하여 초과누진공제율을 적용한다. 즉,

$500\times0.8+(1{,}500-500)\times0.5+(3{,}000-1{,}500)\times0.15=1{,}125$만원이다.

[2] 갑돌이의 소득공제금액을 구하라.

정석 힌트 근로소득공제액, 의료보험료, 자동차보험료, 인적공제액을 더한다. 즉, 1,125+(50+50)+150×2=1,525만원이다.

[3] 갑돌이의 과표는 얼마인가?

정석 힌트 총소득에서 소득공제금액을 뺀다. 즉, 3,000−1,525=1,475만원이다.

[4] 갑돌이가 납부하는 최종세금액은 얼마인가?

정석 힌트 과표에 세율을 곱한 후
(1,475−1,200)×0.15+1,200×0.06=41.25+72=113.25만원 (가)
근로소득세액공제를 구한다. 즉,
(113.25−50)×0.3+50×0.55=18.975+27.5=46.475만원 (나)
최종납부세액은 (가)−(나)=66.775만원이다.

2. 최근 부부합산과세에 대한 위헌판결은 소득세제에서 과세단위의 선택이 매우 중요하다는 사실을 일깨워준다. 부부합산과세의 문제점을 설명하라.

정석 힌트 부부합산과세는 부부합산소득에 과세하므로 누진세율을 적용받아 조세부담이 커지며, 결혼에 대한 과세, 즉 결혼세의 역할을 하여 결혼을 억제하도록 한다. 그리고 부부 중에서 주 근로소득자가 아닌 사람은 근로의욕이 낮아져서 노동공급이 감소하게 된다.

3. 법인세의 이중과세조정방식 중 귀속제도란 무엇인지 설명하라.

4. 법인세의 이중과세논쟁의 핵심은 고전적 제도를 완전통합제도와 비교하면 그 차이를 설명할 수 있다. 예를 들어 법인세 납부 전 법인소득이 100만원, 법인세율이 50%, 주주단계에서 70%의 개인소득세율로 과세된다고 가정하자. 이때 고전적 제도와 완전통합제도 아래서의 법인세와 소득세납부액을 도출하라.

정석 힌트 고전적 제도는 개인소득세와 법인세를 분리해서 이중과세하는 것이므로, 법인세액=100만×0.5=50만원과 개인소득세액=50만원(배당소득)×0.7=35만원의 합인 85만원이다. 완전통합제도에서는 법인세가 없고 법인소득이 개인의 배당소득이므로 개인소득세액=100만원×0.7=70만원이 된다.

5. 그로스업(gross-up)방식에 의한 이중과세조정을 할 때 개인소득세의 과표를 설명하라.

정석 힌트 그로스업방식은 원천징수법이라고도 하는데, 배당소득과 기납부한 법인세액의 일부를 합산하여 소득세액을 산출하는 방식이다. 이때 법인세액에 표준개인소득세율을 곱하여 합산금액을 산출한다.

6. 부가가치세의 면세제도와 영세율제도의 차이를 설명하라.

7. 부가가치세는 상품의 거래나 서비스의 제공과정에서 얻은 부가가치(마진)에 대하여 과세하는 간접세이다. 우리나라에서는 전 단계 세액공제방법에 의하여 계산하고 있으며, 10%의 단일세율을 적용하고 있다.

[1] 한 가지 예로서 일반과세자인 구두방이 가공한 소가죽을 1억 5천만원어치 구입해서 2억원의 판매액을 올렸다고 할 때 부가가치세로 납부해야 할 금액은 얼마인가?

[2] 만일 생선가게에서 생선을 1억 5천만원어치 구입해서 2억원의 판매액을 올렸다고 할 때 부가가치세로 납부해야 할 금액은 얼마인가?

정석 힌트 면세대상상품을 생각해보자. 면세상품이면 부가가치세는 0이다.

[3] 위 [2]의 예에서 생선전량이 수출판매되고 있다면 부가가치세는 얼마인가?

정석 힌트 외화획득 수출상품에 대하여 영세율제도를 운영하고 있다. 영세율제도에 해당되는 상품이면 매입세액(매입액의 10%)을 환급받을 수 있다.

8. 재산세는 어떤 근거로 정당화될 수 있는가?

9. 재산세를 경제전체의 자본에 대한 과세로 파악하고 전체자본의 공급이 완전비탄력적이라고 보는 견해가 있다. 이때 재산세가 부과될 경우의 경제적 효과를 설명하라.

정석 힌트 자본공급이 완전비탄력적이므로 재산세의 부담이 전적으로 자본소유자 혹은 공급자에게 귀착된다. 그러므로 대체로 보아서 자본소유자는 고소득계층이라는 가정을 하면 재산세가 역진적(전통적 견해)인 것이 아니라 누진적인 조세의 성격을 가질 수 있다. 전통적 견해는 재산세를 물품세로 다루었기 때문에 반대되는 결론을 내리게 된다.

정석 심화문제

10. 사람들은 어떤 방법을 통하여 벌어들인 소득이든, 일단 손안에 들어온 소득은 같은 것으로 취급한다. 그러나 세금을 낼 때는 그렇지 않다. 어떤 종류의 소득인가를 엄밀히 따진다. 세법에서의 소득은 크게 종합소득, 양도소득, 퇴직소득으로 구분하고, 종합소득은 다시 근로소득, 사업소득, 이자소득, 배당소득, 연금소득, 기타소득으로 세분한다.

이와 같은 개인의 여러 가지 소득에 대하여 부과하는 세금을 소득세라고 한다. 소득세액을 결정하는 방식은 우선 소득금액에서 소득을 얻기 위해 들어간 필요경비(비용과 부양가족공제)를 공제한다. 이들을 공제한 소득이 과세대상소득이 된다. 과세대상소득에 세율을 곱하면 세액이 산출되는데, 저축이나 배당세액을 공제해주는 세액공제를 한 후 최종 납부세액이 결정된다.

우리나라의 소득세율구조가 다음과 같다고 가정한다.

과표(단위: 만원)	한계세율(단위: %)
0–100	6
100–300	15
300–600	24
600 이상	35

[1] 종합소득은 헤이그–사이먼즈의 소득과 유사한 개념이다. 헤이그–사이먼즈의 포괄적 소득을 정의하라.

[2] 예문의 소득세제와 헤이그–사이먼즈의 소득에 따른 소득세제와 어떤 차이점이 있을까?

정석 힌트 헤이그–사이먼즈 소득은 실현주의가 아닌 발생주의에 입각한 포괄적 소득개념이다. 예를 들어 미실현자본이득, 귀속임대료, 귀속소득 등 모두를 소득에 포함해서 과세해야 한다는 것이다. 그러나 현실의 소득세제는 실현주의에 입각한 열거적 소득이다. 열거적이라는 의미는 세법상 열거된 실현소득에 대해서만 과세한다는 의미이다.

[3] 소득세를 부과할 때 총소득에서 각종 경비를 공제해주는 이유는 무엇인가?

정석 힌트 인적 공제는 자녀양육 등에 소요되는 비용이 지불능력을 줄이기 때문이고, 보험료 등의 필요경비를 공제해주는 이유는 국가가 지출할 사회보장적 상품을 개인이 대신 지출했다고 보기 때문이다.

[4] 소득세율구조를 볼 때 누진세율이라고 할 수 있는데 실질적으로는 누진성이 거의 없다고 주장한다. 그 이유를 말하라.

정석 힌트 소득세제상의 각종 공제제도 때문에 조세회피의 가능성이 크다. 고소득층일수록 조세포탈의 편익이 커져서 공제제도를 적극 활용하기도 하고 악용하기도 한다.

[5] 갑돌이는 500만원의 소득을 벌어들이고 있다. 그의 소득공제가 200만원이고 50만원의 세액공제를 받는다고 할 때 그가 내는 세금액은 얼마인가?

정석 힌트 소득–소득공제액을 계산한 후 100만원까지는 6%, 100만원 초과 300만원까지는 15%를 적용하는 초과누진세이다. 마지막으로 세액공제를 하면 된다. 즉, 과표는 500–200=300이며, 납부세액은 $[(300-100)\times 0.15+100\times 0.6]-50=40$이다.

[6] 위 [5]의 예에서 실효세율은 얼마인가?

정석 힌트 실효세율＝(세액공제 전)소득세/공제전소득＝90/500＝0.18이다.

[7] 갑돌이는 아내 갑순이와 자녀 2명이 있는 근로소득자이다. 국세청은 연간 600만원의 인적 공제를 허용하고, 소득 중 300만원 이하 부분에 대해서는 전액 근로소득공제를 해주고, 이의 초과부분에 대해서는 20%를 추가공제 해주기로 했다. 갑돌이가 아내와 가족을 위해 얼마를 벌 때 세금을 내지 않는가?

정석 힌트 면세점을 y라고 하면, 이 소득이 공제소득액과 같다. 따라서 공제소득=인적 공제+근로소득공제=600+[300+(y−300)×0.2]=y이다. 이것을 만족하는 y값은 y=1,200만원이다.

11. 다음 글을 읽고 물음에 답하라.

> 법인세는 원칙적으로 회계적 이윤에 대하여 과세한다. 회계적 이윤은 경제적 이윤과 자기자본의 기회비용으로 구성되는데 회계적 이윤은 일종의 법인의 소득으로 볼 수 있다. 따라서 법인세는 법인소득세라고 생각할 수 있으며, (가) 회계적 이윤 중 경제적 이윤에 대한 과세라고 보는 견해와 법인부문에 투하된 (나) 자본에 대한 과세라는 견해가 있다.
> 법인세액을 결정하는 방식은 우선 법인소득금액에서 소득을 얻기 위해 들어간 필요경비(감가상각, 지급이자)를 공제한다. 이들을 공제한 소득이 과세대상소득이 된다. 과세대상소득에 세율을 곱하면 세액이 산출되는데, 투자세액을 공제해주는 세액공제를 한 후 최종 납부세액이 결정된다.
> 법인세는 주주단계에서 개인의 차원에서 배당소득세를 낸 이윤에 대해서 법인의 차원에서 다시 과세하는 (다) 이중과세의 문제를 가지고 있다. 이는 다른 소득원천과의 수평적 공평성에 위배된다고 말할 수 있다. 법인실제설에 입각한 고전적 제도는 법인세와 개인소득세를 분리과세하는 이중과세를 정당하다고 보고 있으나 법인의제설에 입각한 통합제도방식은 개인소득세만 존속시키자고 주장한다.

[1] 밑줄 친 (가)를 정당화할 수 있는 조건을 말하라.

정석 힌트 법인의 추가적 한계투자가 차입자금으로 조달되고, 세제상의 감가상각률이 경제적 감가상각률과 일치할 때 경제적 이윤에 대한 과세로 볼 수 있다.

[2] 밑줄 친 (나)를 정당화할 수 있는 근거는 무엇인가?

정석 힌트 자기자본에 대한 이자는 비용으로 공제하지 않고 있다.

[3] 밑줄 친 (다)를 피해야 하는 근본적 이유는 무엇일까?

정석 힌트 공평성과 효율성의 원칙에서 법인과 비법인 부문을 달리 취급하고, 두 부문 사이의 자원배분을 왜곡시킨다. 또한 자본수익률이 변하여 저축의 결정에 교란을 발생시킨다.

[4] 법인세납부 전의 법인소득을 300만원, 법인세율이 50%, 그리고 주주단계에서 70%의 개인소득세율로 과세된다고 한다. 이때 고전적 제도와 통합제도 아래서의 법인세 납부액은 각각 얼마인가?

정석 힌트 고전적 제도는 법인세로 300×0.5=150만원을 납부한다, 통합제도에서는 법인세납부는 없고 법인소득을 모두 주주에게 귀속시켜 개인소득세로 300×0.7=210만원 납부한다.

12. 다음 글을 읽고 물음에 답하라.

> 우리가 상품을 사거나 서비스를 제공받았을 때에는 대금의 10%가 세금으로 부과되는데, 이것을 부가가치세라 한다. 부가가치세는 주로 선진국을 중심으로 하여 시행되고 있는 조세이며, 우리나라는 1977년 아시아에서 최초로 도입했다. 부가가치세는 판매자가 내는 세금이 아니다. 대금에 추가되어 부과되므로 세금을 세무서에 납부하는 사람은 판매자이지만, 실제로 세금을 부담하는 사람은 소비자이다. 현재 부가가치세는 국세수입의 약 30%를 차지하고 있으며, 소득수준에 관계없이 동일한 부담을 요구한다는 점에서 대표적인 (가) <u>역진세적 성격</u>을 띠고 있다고 할 수 있다.
>
> 우리나라의 부가가치세액을 결정하는 방식은 우선 (나) <u>총판매액에서 중간투입물의 구입비용과 자본재의 구입비용을 공제하는 소비형 과세방식을 택하고 있다.</u> 이들을 공제한 금액이 과세대상이 된다. 과세대상금액에 세율을 곱하면 세액이 산출되는데, 수출 등 외화획득사업자에게는 (다) <u>영세율제도</u>를, 기초생활필수품의 공급자에게는 (라) <u>면세제도</u>를 운영하고 있다.

[1] 밑줄 친 (가)는 어떤 요인들에 의해 영향을 받는가?

정석 힌트 모든 상품에 일률적으로 과세되므로 서민들이 많이 구입하는 생활필수품 등의 소비에 역진적이다. 그리고 고소득계층의 저축성향이 높을수록 소비지출비중이 서민에 비해 낮아져서 역진성이 더욱 커진다. 이러한 이유로 생활필수품 등에 면세제도를 적용하고 있다.

[2] 밑줄 친 (나)와 같은 방식은 어떤 경제적 효과가 있는가?

정석 힌트 자본재가 과세대상에서 제외되므로 투자가 촉진되는 효과가 있다.

[3] 밑줄 친 (다)는 어떤 경제적 효과가 있는가?

정석 힌트 수출산업을 지원하고 육성하며, 국제적인 이중과세를 방지할 수 있는 효과가 있다.

[4] 밑줄 친 (라)는 어떤 경제적 효과가 있는가?

정석 힌트 부가가치세가 생활필수품 등에 매우 역진적이므로 서민들의 세부담을 완화하여 소비지출을 증가시키는 효과가 있다.

[5] 골프용품 등 고가의 사치품에 대해서는 높은 세율의 개별소비세를 부과한다. 이것과 위의 부가가치세는 소비세라는 점에서 동일하다. 그러나 조세의 초과부담 측면에서 완전히 다른 결과를 가져온다. 어떻게 다르며, 이러한 개별소비세의 근거는 무엇일까?

정석 힌트 개별소비세는 일반소비세인 부가가치세와 달리 특정물품의 상대가격을 변화시켜 시장의 왜곡을 크게 한다. 그러나 그 특정상품의 소비를 억제하는 목적을 이룰 수 있다. 예를 들면 고급외제 핸드백, 장신구 등의 소비를 억제하기 위해 고율의 개별소비세를 부과할 수 있다. 또한 술과 담배와 같은 해로운 외부효과를 발생시키는 상품의 경우에는 죄악세와 같은 교정적 조세의 역할을 하여 소비억제와 함께 해로운 외부성을 줄일 수 있다.

[6] 어떤 농부가 한 해 동안 밀을 50억원어치 생산해서 제분업자에게 팔고, 제분업자는 80억원어치 밀가루를 생산해서 제빵업자에게 팔았다. 제빵업자는 100억원어치의 빵으로 만들어 소비자에게 팔았다. 정부가 밀가루 생산업체(제분업자)를 육성하기 위해 부가가치세의 면세제도를 적용하기로 했다. 면세제도가 없을 때의 총부가가치세액과 면세제도를 적용한 후의 총부가가치세액의 차이를 구하고, 그 이유를 설명하라.

정석 힌트 면세제도가 없을 때 각 생산단계의 부가가치세액의 합은 5+3+2=10억원이다. 그런데 밀가루업체에 면세제도가 적용되면 5+0+10=15억원이 된다. 마지막 단계에서 부가가치 납부세액을 살펴보면 제빵업자가 10억원의 부가가치세를 납부하고 매입세액공제를 받으려고 해도 제분업자가 납부한 부가가치세가 없어서 매입세액공제를 받지 못한다. 따라서 100억원의 10%를 고스란히 납부해야 한다. 결과적으로 당초 제분업자의 부가가치 30억원에 대한 3억원의 면세효과가 사라지고 전액 국고로 환수되는 효과가 생길 뿐만 아니라 면세 전 단계에서 이미 과세한 부가가치에도 다시 부가가치세를 과세하는 효과가 발생한다. 이와 같이 면세효과가 사라져 국고로 환수되는 효과를 '환수효과', 이미 과세한 부가가치에 다시 과세하는 효과를 '누적효과'라고 한다.

[7] 위 [6]의 예에서 제빵업자에게 영세율제도를 적용한다면 부가가치세액의 합은 어떻게 변하는가?

정석 힌트 소매단계에서 영세율제도가 적용되면 제조단계, 도매단계에서 납부한 부가가치세액이 전액 환급되므로 부가가치세의 합은 0이 된다.

제5편
복지와 재정

제14장 사회복지

재화에 대한 사람들의 만족은
절대량이 아니라 상대량 즉 그의 욕구와 그 소유자의
관계에 의존한다. 그러므로
소유 하나만 떼놓고 보면
분모 없는 분자 같아서 아무런 의미가 없다.

– Arthur Schopenhauer –

복지는 사전적으로 '행복한 삶'을 의미한다. 사회복지는 행복한 삶의 의미를 뛰어넘어, 행복한 삶을 살아가기 어려운 모든 사람을 지원하고 돕는 사회적 활동이라고 할 수 있다. 따라서 사회복지는 모든 사회구성원의 생활안정 및 직업, 의료, 재해 등의 보장을 포함하는 복지를 추구하기 위한 사회적 노력, 즉 넓은 의미의 사회적 방책을 총칭한다. 분배적 정의를 논의할 때 살펴보았듯이 사회적, 경제적 불평등을 해소함으로써 사회와 모든 개인의 후생을 증대시키는 것 역시 사회복지에 속한다. 우리 사회의 산업이 고도화되면서 사회복지의 필요성은 더욱 커지고 있다. 경제성장과 복지는 별개가 아니라 함께 선순환구조를 가진 경제체계라는 인식이 필요하다.

우리 사회가 지향하는 목표가 복지국가라면 사회복지의 필요성은 더욱 커진다. 사회복지는 국가가 제공하는 혜택이 아니라 국가에 대한 국민의 권리라는 점도 중요하다. 복지국가에 이르면 '국민의, 국민에 의한, 국민을 위한' 민주주의도 완성될 수 있는 것이다. 복지국가가 되기 위한 필수요소들은 무엇일까? 무엇보다 국민의 삶이 일정한 생활수준 이하로 내려가지 않도록 국가가 보장해야 한다. 이것을 위한 제도적 장치가 바로 사회복지제도 혹은 사회보장

제14장 사회복지

제도인 것이다.

사회보장이라는 명칭은 일정수준의 복지급여와 지원이 보장된다는 의미에서 사용된다. 이러한 사회보장제도는 어느 나라나 공통으로 공공부조, 사회보험, 사회수당, 사회복지서비스의 네 가지 유형으로 나뉜다. 그러나 나라에 따라 공공부조 또는 사회보험이라는 프로그램에 모든 내용을 포함시키기도 하고, 우리나라처럼 사회수당제도를 특정계층에 한정한 사회수당제도로 바꾸어 사회복지서비스에 포함시키기도 한다. 나라마다 복지의 형태와 이름은 다르더라고 그 내용은 본질적으로 동일하다.

이 장에서는 빈곤을 어떻게 정의해야 하는가 하는 문제부터 빈곤을 해소하기 위한 사회복지정책의 수단, 사회보장제도의 종류와 그 경제적 효과, 우리의 사회보장제도의 현실 등에 대하여 상세하게 살펴본다.

이 장에서 배울 것

- 빈곤과 빈곤선을 어떻게 정의할 것인가?
- 빈곤해소를 위한 사회복지정책의 종류와 효과는 무엇인가?
- 사회보장제도의 종류와 그 내용은 무엇인가?
- 우리나라의 사회보장제도의 종류와 그 내용은 무엇인가?
- 공공부조의 기본원리와 그 경제적 효과는 무엇인가?
- 국민연금, 고용보험, 국민건강보험의 당위성과 경제적 효과는 무엇인가?

제1절 사회보장제도

사회보장제도는 일반적으로 사회복지제도라고 부른다. 좁게는 미국의 국민연금과 같은 사회보장제도(social security system)를 말한다. 사회복지제도의 목표는 사회의 모든 구성원이 인간다운 삶을 살아갈 수 있도록 경제적 빈곤으로부터 보호하는 데 있다. 우리나라에서는 사회복지향상을 위한 제도로서 사회보장제도라고 부른다. 이 장에서는 사회보장제도와 사회복지제도를 무차별적으로 사용할 것이다. 일반적으로 경제적 빈곤이란 사회적으로 받아들이기 힘든 생활수준으로 정의할 수 있다. 이 절에서는 먼저 빈곤을 어떻게 측정할 것이며, 빈곤으로부터 보호할 사회복지제도의 종류에 대해 설명한다.

1. 빈곤의 척도

빈곤을 측정하기 위해서는 빈곤선을 규정할 필요가 있다. 예를 들어 빈곤선을 기본적인 영양분을 섭취하기 위해 필요한 최소한도의 소득(절대적 빈곤)으로 정할 수도 있고, 평균소득의 일정수준 이하의 소득(상대적 빈곤)으로 정할 수도 있다.

일단 빈곤선이 규정되면 빈곤선에 미치지 못하는 빈곤한 자들의 소득과 빈곤선의 소득격차(빈곤갭)를 구하여 빈곤선에서 그 소득격차(빈곤갭)가 차지하는 비중을 구한다. 이를 **소득갭비율**(소득격차비율) 혹은 **소득갭률**이라 하는데 다음과 같이 표현한다.

소득갭비율=[빈곤선−빈곤한 자의 소득]/빈곤선 (14–1)

그림 14–1 을 통해 그 의미를 살펴보도록 하자. 그림은 수평축에 인구를 소득의 크기에 따라 배열하고, 수직축에 소득수준을 나타낸 것이다. 그림에서 Y_p는 빈곤선을 나타내며, p는 빈곤선이하의 사람수를 나타내고, A점과 C점을 연결하는 곡선은 각 인구의 소득수준을 연결한 궤적을 나타낸다. 그림에서 빈곤선에 미치지 못하는 빈곤한 자들의 소득과 빈곤선과의 소득격차는 면적 a로 표시되어 있고, 빈곤한 자들의 실제소득은 b로 표시되어 있다. 따라서 소득갭비율은 다음과 같

그림 14-1 소득갭비율과 빈곤지수

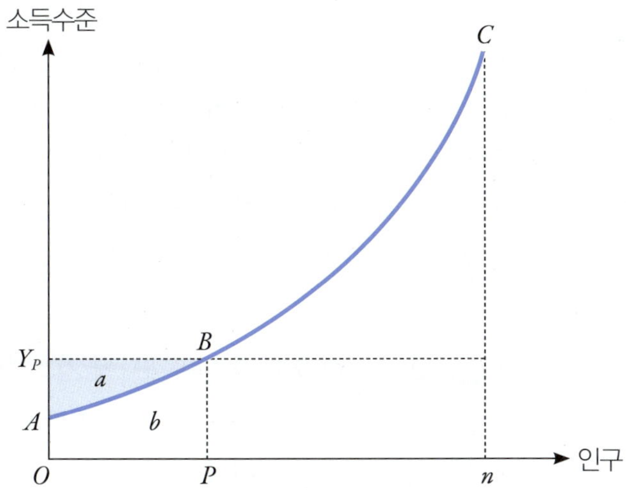

이 정의될 수 있다.

$$소득갭비율 = \frac{a}{a+b} \tag{14-2}$$

위에서 살펴본 소득갭비율을 빈곤한 자들의 수가 전체인구에서 차지하는 비율, 즉 '**빈곤율**'로 가중하면 다음과 같은 빈곤지수를 구할 수 있다.

$$빈곤지수=빈곤율 \times 소득갭비율 \tag{14-3}$$

이 지수는 소득격차가 없거나 빈곤한 자가 없는 경우 0의 값을 가지고 반대로 모든 사람이 빈곤한 자이거나 소득이 없으면 1의 값을 가진다. 따라서 빈곤지수의 값이 클수록 빈곤하다는 것을 의미한다.

빈곤지수는 빈곤한 자들간의 소득재분배가 일어나는 경우 빈곤한 자들의 소득분배 지니계수가 바뀌지만 이러한 것을 파악할 수가 없다는 문제점을 가진다. 이러한 문제를 해결한 지수가 **센지수**인데 다음과 같다.

$$\text{센지수} = \text{빈곤율} \times [\text{소득갭비율} + (1 - \text{소득갭비율}) \times (\text{빈곤한 자의 지니계수})] \quad (14\text{–}4)$$

위 식에서 빈곤한 자의 지니계수는 빈곤인구간의 소득불평등도를 나타내는 지니계수이다. 따라서 센지수는 전통적인 빈곤지수가 가지는 약점을 보완하도록 빈곤한 자들간의 소득분배의 정도를 반영하고 있다. 센지수는 빈곤율, 소득갭비율, 빈곤한 자의 지니계수를 결합하는데 이러한 것들은 어렵지 않게 얻을 수 있는 정보라는 사실이 센지수의 강점이라고 할 수 있다. 그리고 센지수는 0과 1 사이의 값을 가지는데 빈곤상태가 심할수록 높은 값을, 빈곤상태가 심하지 않으면 낮은 값을 가지게 된다.

현실에서 정책적으로 정의되는 빈곤선은 흔히 절대적 빈곤개념에 기초하여 설정되는데 사회가 모든 구성원에게 최소한 제공해야 한다고 책임을 느끼는 생활수준이라고 할 수 있다. 빈곤선이 정책적으로 정의되는 까닭은 절대적 빈곤의 퇴치가 정치적 명분이 있어 보이기 때문이다.

정석 사고

빈곤율과 소득갭(비)율을 곱한 빈곤지수는 빈곤계층이 없는 경우 0의 값을, 모든 사람이 빈곤계층이면 1의 값을 가진다. 따라서 이 지수의 값이 클수록 빈곤하다. 센지수는 빈곤한 자들간의 소득재분배를 파악할 수 있는 빈곤지수의 하나이다.

2. 빈곤선의 현실적 결정

앞에서 설명하였듯이 빈곤선은 절대적 빈곤의 개념에 입각해서 기본적인 영양분을 섭취하기 위해 필요한 최소한도의 소득으로 정할 수도 있고, 상대적 빈곤의 개념에 입각해서 평균소득의 일정수준 이하의 소득으로 정할 수도 있다. 두 가지 기준 모두 설득력이 있지만 빈곤 자체를 객관적인 기준으로 정할 수도 있고 주관적인 기준으로 정할 수도 있다. 이러한 다양한 기준에 대한 견해를 살펴보도록 하자.

(1) 라운트리방식

영국의 라운트리(S. Rowntree)는 요크에 사는 주민을 대상으로 가장 기본적인 의식주를 해결할 수 있는 최소한의 소득이 얼마인지 알기 위한 조사를 하였다. 그 내용은 주택임대료, 음식물비, 의복비, 연료비, 잡비에 대한 최소한의 금액을 모두 더하여 최저생계비를 계산하는 것이다. 이와 같이 절대적이고 객관적인 기준에 의해 빈곤선을 산출하는 방식을 **라운트리방식**이라고 한다.

문제는 가장 기본적인 의식주라는 것이 생물적인 생존을 위한 것인지 사회적 생존을 위한 것인지 명확하지 않다는 것이다. 인간은 사회적 동물이기 때문에 당연히 사회적 생존을 위해 필요한 것들도 포함되어야 할 것이다.

(2) 타운젠드방식

타운젠드(P. Twonsend)는 빈곤계층을 평균소득의 50% 수준보다 낮은 계층으로 정의하면서 빈곤문제를 전체소득과 관련지어 보아야 한다고 주장한다. 전체소득분포에서 차지하는 평균소득의 몇 % 식의 상대적 소득기준을 사용하여 빈곤계층을 정의하면 빈곤계층이라고 빵으로만 살 수는 없는 것이다. 빈곤은 객관적으로 정의될 수 있으며, 상대적 박탈감(relative deprivation)이라는 개념을 적용해야 한다고 주장한다. 이러한 방식을 **타운젠드방식**이라고 한다.

이 방식은 상대적 빈곤선을 객관적으로 정하기 위해 다이어트, 의복, 주택, 주택환경, 레크리에이션, 교육, 건강, 사회관계 등의 사회지표를 조사하여 상대적 빈곤을 정한다. 앞에서 본 라운트리방식의 절대적 빈곤은 경제가 발전하면 줄어들게 된다. 그러나 이 방식으로 상대적 빈곤선을 정하면 아무리 소득이 증가하고 경제가 발전해도 빈곤이 사라지지 않는다는 점에서 정치적 명분이 부족하다. 결국 이 방식에 의해 빈곤을 사라지게 하는 유일한 방법은 소득의 불평등을 줄여 상대적 박탈감을 없애는 것이다.

(3) 라이덴방식

라이덴(Leyden) 대학교의 학자들은 빈곤선을 절대적이든 상대적이든 어느 한쪽을 택하기보다 사회의 '빈곤에 관한 인식(perception of poverty)'에 바탕을 두고 정해야 한다고 주장한다. 따라서 사람들에게 직접 물어서 자신이 빈곤한 상태로 느끼는지에 관한 인식의 정도를 조사하는 것이다. 다시 말해서 설문조사를 통하여 사람들에게 직접 꼭 필요한 최소한의 소득을 묻고 그 얻어진 조사결과들을 통계적으로 처리하여 빈곤선을 계산하는 방식이다. 이처럼 주관적인 기준으로 빈곤선을 정하는 방식을 **라이덴방식**이라고 한다. 빈곤에 대한 각자의 주관적인 인식을, 빈곤을 유발한 객관적 상황에 연결하려는 시도라고 할 수 있다. 그들의 말에 의하면 이 방식이 모든 빈곤선의 개념을 통일하고 일반화한 것이라고 한다.

앞에서 살펴본 빈곤선결정의 세 가지 방식은 어느 정도 이론적인 측면이 강하다. 현실에서 정책적으로 정의되는 빈곤선은 라운트리방식의 절대적이고 객관적인 기준을 선호하지만, 보통 그 사회의 경제규모, 빈곤을 퇴치하고자 하는 정치적 명분 등을 고려하여 결정된다. 따라서 흔히 공공부조정책이 절대적 빈곤개념에 기초하여 설정되는 경우가 많은 것은 놀라운 사실이 아니다. 그 사회가 모든 구성원에게 최소한 제공해야 하는 생활수준에 책임을 느끼는 정도가 되어야 정치적 명분이 있을 것이다. 또한 이처럼 정해진 절대적 빈곤을 없앤다는 것은 상당한 정치적 호소력이 있는 것이다.

정석 사고

빈곤선을 결정하는 방식에는 세 가지가 있다. 즉 절대적이고 객관적인 기준에 의해 빈곤선을 산출하는 라운트리방식, 상대적 박탈감이라는 개념을 적용하여 상대적 빈곤선을 추정하는 타운젠드방식, 주관적인 기준으로 빈곤선을 정하는 라이덴방식이다. 현실적으로 빈곤선을 정할 때에는 라운트리방식에 기초하여 그 사회의 경제규모, 빈곤퇴치의지 등을 고려한다.

3. 사회복지정책의 종류와 효과

사회복지정책은 정부가 부의 소득세나 이전지출(소득보조)을 통해 극빈계층과 취약계층의 생계를 보장하고 바람직한 소비행위를 유도하는 모든 정책을 일컫는다. 정부지출에는 정부가 재화 및 서비스를 구입하기 위해 지출하는 것과 특정계층에 대한 소득보조와 같은 이전지출로 나뉜다. 정부의 이전지출은 자원배분, 소득분배, 거시경제에 영향을 미치는 경제적 효과가 있다. 여기서는 정부의 이전지출이 갖는 자원배분의 측면에 초점을 두고 살펴볼 것이다. 정부지출이 거시경제에 미치는 효과는 제16장에서 별도로 다룬다. 아래에서는 사회복지정책의 종류와 그 효과를 간단히 살펴보자.

(1) 현금보조(cash transfer)

정부가 가난한 사람에게 매월 100만원의 소득을 현금으로 보조해준다고 가정하자. 그리고 현금으로 소득보조를 받는 가난한 사람은 식품과 소주를 구입해서 생계를 유지한다. 그의 예전의 예산선, 즉 선택가능집합이 현금보조로 확대되어 선택가능한 상품묶음의 범위가 커진다. 두 상품 모두 정상재라면 소득이 증가함에 따라 식품과 소주의 소비를 증가시킨다. 이와 같은 실질소득의 증가에 의한 소비증가를 소득효과라고 한다. 따라서 그의 효용 혹은 후생은 크게 증가할 것으로 예상된다.

이상의 사실을 **그림 14-2** 를 통해 살펴보자. 현금보조를 받기 전에 가난한 사람은 원래의 예산선 *AB*에서 식품과 소주를 선택한다. 효용을 극대화하는 소비자균형점은 예산선과 무차별곡선이 접하는 *E*점이다. 이제 현금을 보조받아 선택가능범위가 확대된다. 그는 새로운 예산선 *CD*에서 식품과 소주를 선택한다. 새로운 예산선에서 효용을 극대화하는 소비자균형점은 새로운 예산선과 무차별곡선이 접하는 점 *E′*이다. 식품의 소비량은 증가된 실질소득 *BD*보다 작은 *F*에서 *F′* 만큼 증가한다. 이같이 실질소득의 증가보다 식품소비량의 증가가 작은 것은 실질소득의 증가로 식품의 소비뿐만 아니라 소주의 소비도 증가하기 때문이다.

한 가지 주목할 것은 현금방식으로 소득을 보조해주는 경우 위에서 보는 것처럼 소득효과만 발생하여 식품과 소주간의 상대가격에 변화가 발생하지 않는다는 사실이다. 이 사실 때문에 현금보

그림 14-2 현금보조의 경제적 효과

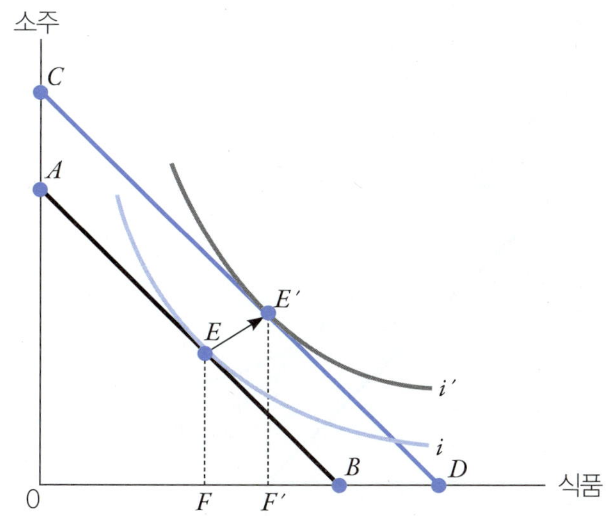

조방식은 자원배분에 있어서 비효율성을 초래하지 않는다. 그러나 정부가 현금보조방식으로 가난한 사람을 돕는 목적이 증가한 소득으로 모두 식품을 구입하게 하는 것이었다면 목적을 달성하는 데 실패할 수 있다.

(2) 현물보조(in-kind transfer)

정부가 가난한 사람에게 현금 대신 매월 쌀과 식빵, 우유 등의 식품으로 현물을 보조해준다고 가정하자. 현물보조를 받는 가난한 사람은 식품과 소주를 구입해서 생계를 유지한다. 그는 원래의 예산선이 현물보조로 확대되어 선택가능한 상품묶음의 범위가 커진다. 그러나 현금보조와 달리 현재 가진 예산에서 최대로 구매가능한 소주량은 확대되지 않는다. 다시 말해서 현물보조를 받은 사람이 소주의 소비량을 증가시킬 수 있지만 원래의 예산선이 나타내는 소주의 최대구매량을 초과해서 증가시킬 수는 없다. 일반적인 경우 현금보조와 동일할 것으로 예상된다. 그러나 특수한 경우 그의 효용이 증가하지만 현금보조에 미치지 못할 수 있다.

이상의 사실을 그림 14-3 을 통해 살펴보자. 현물보조를 받기 전에 가난한 사람은 원래의 예산선 *AB*에서 식품과 소주를 선택한다. 효용을 극대화하는 소비자균형점은 예산선과 무차별곡선이 접하는 점 *E*이다. 이제 현물을 보조받아 선택가능범위가 확대된다. 이때 그의 새로운 예산선

그림 14-3 현물보조의 경제적 효과

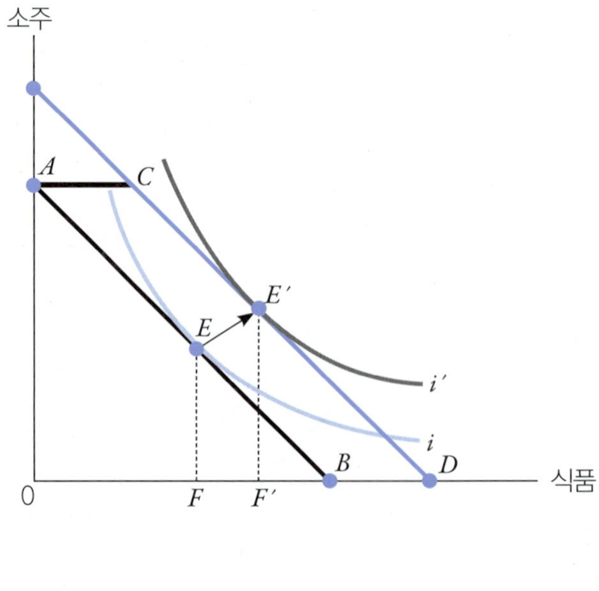

은 점 A에서 식품보조량만큼 수평으로 이동한 C점에서 꺾인 ACD가 된다. 새로운 예산선에서 효용을 극대화하는 소비자균형점은 새로운 예산선과 무차별곡선이 접하는 점 E'이다. 이 경우 더 설명할 것 없이 현금보조와 완전히 동일한 효과를 가진다.

특수한 경우로서 그림 14-4 를 보면 현금보조시의 균형점 E'는 이미 설명한 것과 같은 논리로 찾을 수 있다. 그러나 원래의 예산선일 때 최대 구매가능한 소주량을 초과한 부분에서 선택이 이루어진다는 것에 주의하기 바란다. 이 경우 현물보조하의 새로운 소비자균형점은 C에서 이루어진다. 그의 효용이 i'로 증가하지만 현금보조하의 효용수준 i''에 미치지 못한다. 이 경우에도 식품과 소주간의 상대가격에 변화가 발생하지 않는다. 따라서 자원배분의 비효율성을 초래하지 않는다. 그러나 정부가 가난한 사람에게 더 많은 식품을 소비하도록 하는 것이 목표였다면 비록 약간의 효용상실이 있더라도 현물보조방식이 선호될 수 있다.

그림 14-4 현물보조와 현금보조의 경제적 효과의 비교

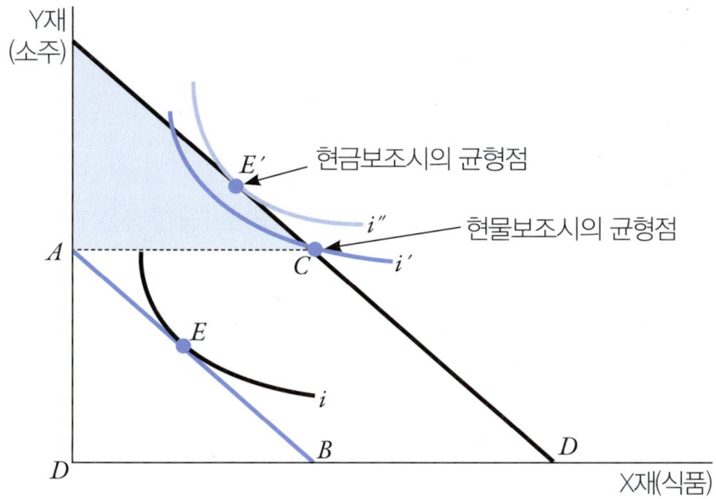

(3) 가격보조

이제 정부가 가난한 사람에게 현금이나 현물 대신 매월 식품을 50% 할인해서 구매할 수 있는 식품할인권을 준다고 가정하자. 앞의 예와 마찬가지로 식품할인권을 받는 가난한 사람은 식품과 소주를 구입해서 생계를 유지한다. 그는 원래의 예산범위에서 식품을 반값으로 할인해서 구매할 수 있으므로 실제로 식품가격이 50% 내린 것과 동일하다. 따라서 그의 새로운 예산선은 식품구매량이 두 배로 확대되어 선택가능한 상품묶음의 범위가 커진다. 그러나 현물보조처럼 소주의 소비량을 증가시킬 수 있지만 원래의 예산선이 나타내는 소주의 최대구매량을 초과해서 증가시킬 수는 없다. 일반적인 경우 가난한 사람이 식품할인권을 활용하여 실질소득증가의 효과를 보려면 식품을 더 많이 구매하는 것이 유리하다. 그 이유는 식품을 구매하지 않으면 실제로 지급되는 보조혜택이 사라지기 때문이다. 따라서 이 가난한 사람은 효용을 극대화하는 선택을 할 때 최대한 식품을 많이 구매하려고 할 것이다.

가격보조의 경우 소주에 대한 식품의 상대가격이 변화하므로 슬러츠키효과인 소득효과와 대체효과에 의해서도 가난한 사람의 선택을 어느 정도 설명할 수 있다. 식품의 상대가격이 하락하면 실질소득이 증가하여 두 상품의 소비를 모두 증가시키는 소득효과와 식품이 상대적으로 싸져서 소주 대신 식품의 소비를 증가시키는 대체효과가 발생한다. 따라서 소주의 소비는 두 효과가 상반되게 작용하므로 알 수 없지만, 식품의 소비는 두 효과가 모두 동일한 방향으로 작용하여 증가한다. 그리고 이 경우 대체효과 때문에 자원배분의 비효율성이 발생한다. 현물보조처럼 정부가 가난한 사람이 더 많은 식품을 소비하도록 하는 것이 목표였다면 비록 약간의 비효율성은 있더라도 이 방식이 선호될 수 있다.

이상의 사실을 **그림 14-5**를 통해 살펴보자. 가격보조를 받기 전에 가난한 사람은 원래의 예산선 AB에서 식품과 소주를 선택한다. 효용을 극대화하는 소비자균형점은 예산선과 무차별곡선이 접하는 E_0점이다. 이제 식품가격을 보조받아 선택가능범위가 확대된다. 이때 새로운 예산선은 A점에서 식품가격을 할인받는 만큼 증가한 식품의 최대 소비가능량을 나타내는 D점을 잇는 AD가 된다. 새로운 예산선에서 효용을 극대화하는 소비자균형점은 새로운 예산선과 무차별곡선이 접하는 E_1점이다. 이 경우 E_1점은 소주의 소비는 줄고 식품의 소비가 대폭 증가한 것을 나타내는데, 꼭 소주의 소비가 감소하는 것은 아니다. 앞에서 설명했듯이 소득효과는 소주의 소비를 증가시키지만 대체효과에 의해 소주의 소비가 감소한다. 두 효과 중 대체효과가 더 강하면 소주의 소비가 감소할 수 있다.

식품가격보조에 의해 자원배분의 비효율성이 나타난다고 했는데 그것이 어느 정도인지를 살펴보자. 가장 간단한 방법으로 가난한 사람에게 식품가격보조와 같은 만족을 주면서 현금보조를 해주는 경우 정부의 보조금 지급규모를 살펴보는 것이다. 우선 식품가격보조를 하는 경우 정부의 보조금 지급규모를 찾아보자. 가격보조하의 균형점 E_1에서 아래로 수직선을 그어 원래의 예산선과 만나는 점을 F점이라고 하자. 이 점의 특징은 식품의 양은 같으면서 소주의 양만 다르다는 것이다. 이때 E_1F의 길이가 가격보조하의 보조금 지급액이 된다. 그 이유는 가격보조가 없는 상태에서 소비자는 원래의 소득을 모두 지출하여 F점을 선택할 수 있다. 그런데 이 상태에서 가격보조가 주어짐으로써 E_1점을 선택할 수 있게 된 것이다. 그리고 E_1점은 원래의 소득보다 더 많은 소득을 지출해야 구매가능한 선택점이다. 따라서 두 점의 차이가 소주의 단위를 사용한 소득액의 차이인 동시에 정부의 보조금의 크기이다.

이제 가난한 소비자에게 가격보조하의 균형점 E_1과 동일한 만족을 주면서 현금보조를 하는 경우를 살펴보자. 현금보조의 경우 소득효과만 있고 대체효과가 없으므로 두 상품의 상대가격이 변하지 않는다. 따라서 원래의 예산선을 E_1점을 통과하는 무차별곡선에 접할 때까지 평행이동시켜 보자. 이때 E_1점을 통과하는 무차별곡선에 접하는 예산선 HC를 구할 수 있다. 가격보조하의 균형점 E_1에서 아래로 내려가는 수직선이 예산선 HC와 만나는 점을 G점이라고 하자. 이때 GF의 길이가 현금보조하의 보조금 지급액이 된다. 이것은 HA와도 길이가 같으며, 가격보조의 경우와 비교할 때 더 적은 보조금으로 가난한 사람에게 동일한 효용을 줄 수 있다는 것을 의미한다.

이와 같이 현금보조에 비해 정부의 보조금이 더 많이 들어가는 비효율성이 발생한다. 그 원인은 앞에서 말했듯이 식품의 상대가격의 변화로 인한 대체효과에 있다. 이때 대체효과는 가난한 사람의 합리적인 선택을 왜곡시키는데, 정부가 식품의 가격할인을 통해 식품의 기회비용과 상관

그림 14-5 가격보조와 현금보조의 경제적 효과의 비교

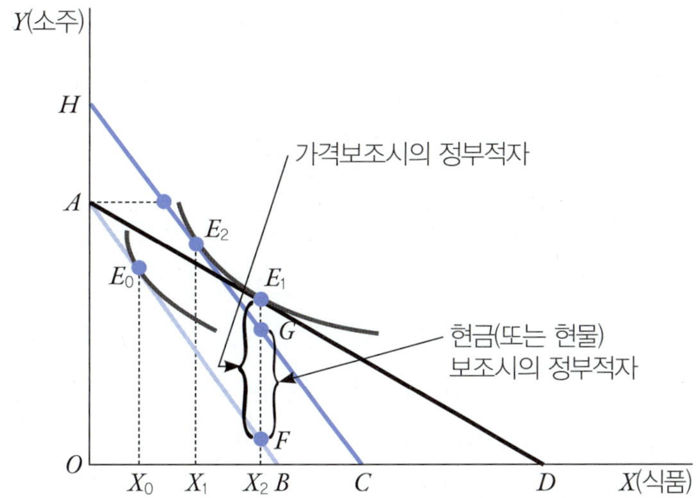

없이 그 소비를 증가시키기 때문이다. 그런데 정부의 원래 의도한 목적이 식품의 소비증가와 소주의 소비억제라고 하면 효율성을 희생해서 목적을 가장 잘 달성했다고 볼 수 있다. 그러나 기억해야 할 것은 정부의 정책목표가 사회적 후생의 향상이라면 현금보조방식이 가장 좋은 방식이라는 사실이다.

정석 사고

사회복지정책에는 세 가지 방식이 가능하다. 현금보조방식은 정부가 저소득층에게 현금보조를 통해 구매력을 증가시키는 방식이다. 현물보조방식은 정부가 생활필수품 등의 현물을 무상으로 주는 방식이다. 가격보조방식은 정부가 저소득층 등의 특정계층이 구입하는 상품에 할인혜택을 주는 방식이다. 이 중에서 가격보조방식은 상대가격체계를 교란시켜서 시장의 왜곡을 초래한다. 일반적으로 현금보조가 후생 측면에서 가장 우월하고, 그다음은 현물보조이다. 가장 우월한 현금보조 대신 현물보조나 가격보조를 사용할 때에는 온정적 간섭주의(paternalism)의 관점에서 공공주택, 의료시설 등과 같은 가치재의 소비를 촉진하기 위해서이다.

(4) 부의 소득세(Negative Income Tax, NIT)

부의 소득세는 스티글러(J. Stigler, 1946)가 처음 제시한 것으로 알려져 있다. 기본발상은 면세소득을 정하고 그 소득보다 높은 계층은 정(+)의 소득세를 부과하고 그 소득보다 낮은 계층은 부(−)의 소득세를 부과하는 것이다. 부(−)의 소득세는 사실 소득세를 납부하는 것이 아니라 오히려 정해진 면세소득에 미치지 못하는 만큼 일정한 한계세율을 곱하여 돌려받는 보상액의 성격을 가진다.

부의 소득세는 가난한 사람들이 직접 인터뷰하거나 자격심사를 받지 않아도 되어 수치심 없이 보조금과 같은 혜택을 받을 수 있다는 장점이 있다. 오히려 가난한 사람은 정부로부터 보조금을 받는 것을 자신의 권리로서 인식하게 된다. 또한 일반적인 조세제도 내에서 운영할 수 있기 때문에 행정적으로 단순하고 비용도 적게 든다. 그리고 앞에서 본 것처럼 현물보조나 가격보조가 아니라 현금보조의 형태이기 때문에 자원배분의 효율성도 이룰 수 있다.

이처럼 많은 장점에도 불구하고 대부분의 국가들은 부의 소득세를 채택하지 않고 있다. 그 이유로서 우선 생각할 수 있는 것은 빈곤선 이하의 모든 빈곤계층에게 부의 소득세를 적용하여 보조금을 지급하면 재정부담이 상상 이상으로 클 수 있다. 또한 부의 소득세를 적용하는 기준선인 면세소득보다 약간 많이 벌어들이는 계층의 경우 노동의욕을 떨어뜨릴 것이다. 약간 더 높은 소득을 벌어들인다는 이유로 세금을 낼 바에야 차라리 일하지 않고 부의 소득세, 즉 보조금을 받고 생계를 유지하려고 할 수 있기 때문이다. 그런데 이런 이유들보다 더 큰 문제점은 부의 소득세가 과연 빈곤을 퇴치하는 데 효과가 있는가에 대한 근본적인 의문이다. 아픈 환자에게 단지 통증해소 주사를 잠시 놓는 것이 아니라 근본적으로 치료하는 제도가 아닐 수 있기 때문이다. 이러한 여러 가지 이유 때문에 이 제도를 전면적으로 실시하고 있는 나라는 거의 없다. 부분적으로나마 실시하고 있는 예는 미국의 Earned Income Credit(근로소득공제)와 영국의 Family Income Supplement(가족소득보조)에서 찾아볼 수 있다.

부의 소득세의 기본구조는 개인이 노동과 상관없이 최소한 가질 수 있는 소득인 기초수당을 정하여 기초수당 이상으로 소득이 늘면 그 소득에 일정한 크기의 한계세율을 곱하여 보조금이 줄어들도록 하는 것이다. 만약 어떤 개인이 100원을 소득으로 벌었다면 한계세율이 10%라고 가정할 때 10원만큼 보조금이 줄어든다는 것이다. 설명의 편의상 다음과 같은 선형세율구조를 가진 부의 소득세를 생각해보자.

$$S=m-tY \qquad (14\text{–}5)$$

단, S: 보조금
m: 기초수당
t: 한계세율
Y: 소득

개인이 벌어들이는 소득이 없는 경우에는 Y=0이어서 보조금은 바로 기초수당이 된다. 그런데 개인이 벌어들이는 소득이 있는 경우 얼마를 벌어야 면세가 가능한가를 찾아보자. 이러한 면세소득은 보조금 S를 0으로 놓고 Y를 구한다. 이때 면세소득 Y는 다음과 같다.

$$Y=\frac{m}{t} \qquad (14\text{–}6)$$

어떤 개인이 위의 소득만큼 벌면 부의 소득세도 정의 소득세도 내지 않는 경계선 소득이다. 이 소득보다 더 많이 벌면 소득세를 납부하기 시작하고, 이 소득보다 더 적게 벌면 보조금을 받게 되는 것이다. 이러한 운영방식을 그림을 통하여 살펴보자.

그림 14-6 은 어떤 개인의 여가와 근로소득간의 선택모형이다. 부의 소득세가 실시된다고 가정한다. 이 제도로 인한 새로운 예산선은 일을 하지 않아도 m만큼의 기초수당을 보장받으므로, A점을 지나는 원래의 예산선과 달리 여가의 최대소비수량에서 m만큼 위로 올라간 굵은 예산선이다. 원래의 예산선과 기울기가 다른 이유는 기초수당 m을 초과하여 번 소득에 대해 한계세율 t가 적용되기 때문이다. 즉, 시간당 임금이 w에서 $(1-t)w$로 하락하기 때문이다. 그림에서 기초수당 m보다 소득이 많아지면, 원래의 예산선과 새로운 예산선 사이의 수직거리가 의미하는 보조금이 점점 작아지다가 면세소득 m/t에 도달하면 제로가 된다. 이제 m/t 이상 소득을 벌면 보조금의 혜택은 사라지고 한계세율 t만큼 소득세를 납부해야 하는 것이다.

그림 14-6 누진소득세의 경제적 효과

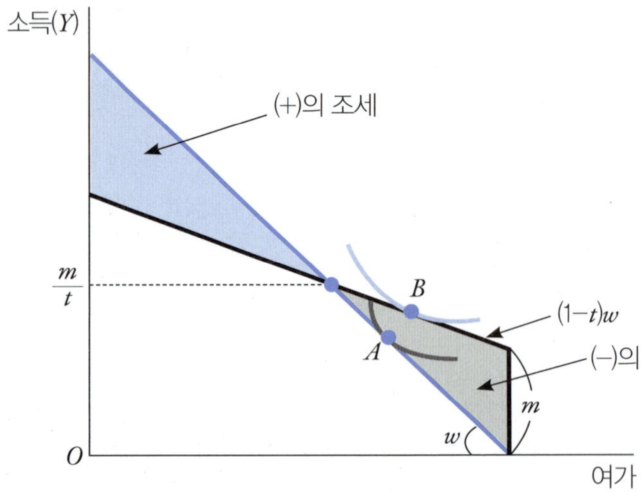

그림에서 한 가지 더 살펴볼 것은 다른 복지제도처럼 부의 소득세를 실시하면 어떤 개인의 효용극대화를 하는 여가와 소득의 최적선택점이 A점에서 B점으로 이동한다는 사실이다. 이러한 개인의 선택이 노동공급에 어떠한 영향을 미칠 것인가에 대해 살펴보자. 여가를 정상재라고 가정한다. 그림상으로는 여가소비가 늘어나고 노동공급이 줄어든 것으로 나타난다. 그러나 정확히 말하면 부의 소득세가 시간당 임금을 낮추어 가격효과를 발생시킨다. 이 가격효과는 소득효과와 대체효과로 나누어볼 수 있다.

일반적으로 시간당 임금이 낮아지면 실질소득이 감소한다고 보아야 하지만, 면세소득 m/t 이하의 소득계층은 소득이 낮아질수록 더 많은 보조금을 받기 때문에 소득이 늘어나는 소득효과를 발생시킨다. 그러므로 실질소득의 증가로 여가의 소비를 늘리려는 소득효과가 작용한다. 그리고 시간당 임금이 여가의 기회비용이므로 이 기회비용이 낮아진다. 따라서 여가의 가격(기회비용)이 낮아져서 여가의 소비를 늘리려는 대체효과가 작용한다. 두 효과가 같은 방향으로 작용하여 여가의 소비가 늘고 노동공급이 감소할 가능성이 높다. 이것이 부의 소득세의 단점으로 지적되는 노동공급의 감소효과이다. 이상에서 설명한 내용을 **표 14-1**에 요약하였다. 한 가지 주의할 점은 보조금을 받는 저소득계층의 노동공급에 미치는 영향을 설명한 것이다. 표에서 여가가 열등재인 경우는 스스로 확인하도록 독자의 몫으로 남겨둔다.

표 14-1 부의 소득세가 노동공급에 미치는 영향

여가의 특성	대체효과	소득효과	가격효과(NIT의 효과)
정상재	노동공급 감소	노동공급 감소	노동공급 감소
열등재	노동공급 감소	노동공급 증가	대체효과가 크면 노동공급 감소, 소득효과가 크면 노동공급 증가

이제 부의 소득세는 저축에 어떤 영향을 미칠 것인가에 대해 살펴보자. 만약 일하는 기간 동안 저축을 많이 하면 은퇴 후 이자소득이나 배당소득이 늘어나서 부의 소득세가 주는 보조금혜택이 감소할 수 있다. 따라서 부의 소득세는 이러한 예상을 하는 합리적인 개인들의 저축을 감소시킨다고 볼 수 있다.

마지막으로 부의 소득세와 효율성과 소득재분배의 관계에 대해 살펴보자. 부의 소득세에서 효율성과 관련된 변수는 세율인데, 세율이 높으면 사람들의 노동의욕을 줄이기 때문이다. 부의 소득세에서 소득재분배와 관련된 변수는 기초수당이며, 이 수당이 높으면 재분배효과도 더 클 것이다. 그런데 만일 예산규모가 주어지면 기초수당을 높일 때 세율도 높여야 한다. 그래야 소득세수를 일정하게 확보할 수 있기 때문이다. 다시 말해서 재분배효과를 크게 하면 효율성을 희생시켜야 한다는 의미이다. 따라서 이러한 두 측면을 적절히 조화시키는 것이 필요하다고 하겠다.

정석 사고

부의 소득세는 면세소득을 정하고 그 소득보다 높은 계층은 정(+)의 소득세를 부과하고 그 소득보다 낮은 계층은 부(−)의 소득세를 부과하는 제도이다. 부(−)의 소득세는 사실 소득세를 납부하는 것이 아니라 오히려 정해진 면세소득에 미치지 못할 때 일정한 한계세율을 곱한 만큼 돌려받는 보상액의 성격을 가진다. 별도의 자격심사가 필요 없어 국가에 대한 복지의 수혜가 아니라 복지의 권리라는 성격이 강하다. 부의 소득세의 단점으로 노동공급의 감소와 저축의 감소를 들 수 있다. 이 제도는 예산이 많이 들고 빈곤의 근본적인 해결방안이 아니기 때문에 실행하는 나라가 거의 없다.

4. 사회보장제도의 종류

사회보장제도 혹은 사회복지제도는 사회의 모든 구성원이 인간다운 삶을 살아갈 수 있도록 경제적 빈곤으로부터 보호하는 제도이다. 경제적 빈곤으로부터 보호하는 방법은 정부가 소득이전을 통하여 빈곤한 소득층을 직접 도와줄 수도 있고, 일정한 금액을 거두어 경제적 빈곤에 빠지는 경우를 대비하도록 할 수도 있다. 이에 따라 사회보장제도는 사회보험과 공공부조(사회부조), 사회복지서비스로 나눌 수 있다. 다음 그림 14-7이 이것을 보여준다. 그림에서 사회수당은 나라에 따라 사회복지서비스에 포함하기도 하고 별도로 다루기도 한다.

그림 14-7 사회보장제도의 종류

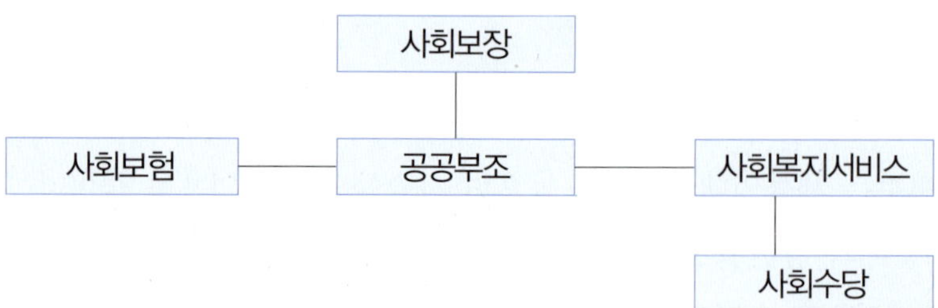

사회보험은 보험금의 형태로 일정한 금액을 거두어 경제적 빈곤에 빠지는 경우를 대비하도록 하는 기여적 급여의 성격을 가진다. 한편 공공부조는 정부가 보험금과 같이 일정한 금액을 거두지 않고 소득이전을 통하여 빈곤한 소득계층(극빈계층)을 직접 도와주는 비기여적 급여의 성격을 가지는 제도이다. 한편 사회복지서비스는 노약자와 장애인과 같은 취약계층을 대상으로 사회복지시설과 각종 경비의 부조를 제공하는 사회복지제도이다. 사회수당은 노인수당, 아동수당, 장애인 수당으로 구분하고, 공공부조와 달리 특정범주의 사람들에게 무료급여를 제공하는 사회복지서비스이다.

(1) 사회보험

사회보험은 보험방식을 이용하여 위험을 예방하는 사회보장제도이다. 우발적 사고나 일시적으로 경제적 능력을 상실하여 경제적 빈곤에 빠지는 경우에 대비하는 강제보험이다. 장래에 닥칠 위험과 빈곤을 예방하기 위해 모든 국민에게 보편적으로 적용된다는 의미에서 보편적 복지제도의 하나라고 할 수 있다.

사회보험은 강제적으로 가입해야 하는 보험이다. 예를 들어 강제보험료가 소득의 2%이고 실직할 때 현재소득의 50%를 보장해준다는 식이다. 이와 같이 개인의 선택에 맡기지 않고 강제적으로 보험을 적용하는 것은 위험을 분산하고, 고소득계층에서 저소득계층으로 소득을 재분배하기 위해서이다. 보험시장에서는 도덕적 해이와 역선택의 문제로 시장이 실패하므로 정부가 이 문제를 강제보험을 통해 해결한다. 그리고 수직적 공평성에 따라 소득계층별 보험납부액을 달리 책정함으로써 소득재분배의 효과를 얻을 수 있다.

사회보험을 위험의 종류에 따라 분류하면, 퇴직에 대비하는 연금보험, 실업의 위험에 대비하는 실업보험 혹은 고용보험, 질병의 위험에 대비하는 의료보험 혹은 건강보험, 산업재해에 대비하는 산재보험 등이다. 어떤 나라에서는 여러 위험을 묶어서 하나의 보험제도로 다루기도 한다. 영국의 경우 국민보험제도를 통해서 실업, 질병, 퇴직에 대한 급여를 제공한다. 제도의 형태는 다를 수 있어도 대부분의 복지국가에서는 이상의 네 가지 사회적 위험에 대해 사회보험방식으로 다루고 있다.

고용보험은 일정액의 기여금을 낸 실적이 있는 사람이 실직한 경우 일정기간 동안 실업수당을 지불하는 사회보험이다. 건강보험은 일정액의 기여금을 낸 실적이 있는 사람이 질병으로 인하여 일을 못하게 되었을 때 질병급여를 받는 사회보험이다. 연금보험은 일정액의 기여금을 일정한 기간 동안 납부한 사람이 퇴직 이후 일정한 소득을 지불받는 사회보험이다. 연금보험은 재원조달방식에 따라 경제에 미치는 영향이 달라지는데 이에 대해 살펴보기로 하자.

적립방식(fully funded method)

적립방식은 국민들이 일정한 액수의 보험료를 내고, 그 수입으로 기금을 조성하는 정부저축의 형태를 말한다. 따라서 일정기간 동안 보험료를 납부한 국민만이 보험적 성격의 급여혜택을 받을 수 있다. 이러한 방식의 연금제도의 도입은 각 개인이 노후를 대비한 민간저축을 감소시키지만 기금조성액만큼 정부저축이 늘어나게 되어 민간저축의 감소분을 상쇄시킨다.

부과방식(pay-as-you-go method)

부과방식은 현재 일하고 있는 국민들이 일정한 액수의 보험료를 내고, 그 수입으로 기금을 조성하여 현재의 노후계층에 대해 지출하는 급여형태를 말한다. 다시 말해서 현재 일하고 있는 청년세대가 은퇴하여 일하지 않는 노령세대를 책임지는 방식이라고 할 수 있다. 따라서 현재 조성된 기금으로 현재 보험료를 내지 않는 노후계층에게 급여혜택을 주는 것이어서 사회후생을 증대시킬 수 있다. 그러나 장기적으로는 노후대책에 소홀해져서 국민저축이 감소하게 되고, 이로 인해 자본축적이 감소하여 경제성장과 미래세대의 사회후생이 감소할 수 있다.

이상에서 보는 두 방식의 차이는 사회심리학적 측면에서 두드러진다. 적립방식의 경우 자신이 적립한 기금을 찾아간다는 의미에서 국가에 의한 복지의 수혜가 아니라 복지의 권리로 인식할 수 있다. 부과방식의 경우 일하는 청년세대로부터 기금을 받는 것이므로 거북함과 더불어 복지의 권리가 아니라 복지의 수혜로 인식될 수 있다. 따라서 이러한 측면에서 적립방식이 부과방식보다 우월하다고 할 수 있다.

또한 재정수지균형의 문제에서 적립방식은 적립한 기금한도 내에서 연금을 지급하므로 적어도 이론상 재정수지의 문제가 발생하지 않는다. 반면에 부과방식의 경우 제도의 연금지불능력이 경기변동과 연관되어 있어서 언제 수지불균형이 발생할지 예측하기 어렵다. 인구가 급속히 고령화되고 경기가 둔화되는 상황에서 부과방식은 재정적자를 발생시킬 불안정성을 가진다.

사회보험의 재분배효과를 어느 정도로 할 것인가 하는 문제도 나라마다 다를 수 있다. 미국과 같이 개인의 능력에 따라 성과가 보장되는 나라는 능력에 따라 보험료를 내고 보험금에 비례해서 보험급여를 받도록 해서 능력과 부담에 따른 공평성을 보장할 수도 있다. 이러한 경우 소득재분배의 효과는 낮아질 수밖에 없다. 반면에 스웨덴처럼 저소득계층에게는 보험료의 부담을 대폭 낮추고 고소득계층에게는 보험료의 부담을 대폭 높여 사회의 공평성을 높일 수도 있다. 따라서 사회보험의 재분배효과는 보험료 대비 급여액의 비율이 소득계층간 어느 정도인가에 따라 결정된다. 그런데 사회보험의 재원이 부족한 경우 일반조세로 충당되는데, 일반조세가 누진세율구조이므로 사회보험의 재분배효과는 더욱 커진다. 그러므로 사회보험의 재분배효과는 보험료 대비 급여액비율의 소득계층간 차이뿐만 아니라 일반조세의 충당정도에 따라 결정된다고 볼 수 있다.[1)]

(2) 공공부조(사회부조)

공공부조(사회부조)는 과거에 공적부조라고 했는데, 사회보험금의 납부여부와 관계없이 사회적으로 경제적 도움이 필요한 극빈계층에게 급여가 지불되는 사회보장제도이다. 이에 해당하는 우리나라의 제도는 국민기초생활보장법이다. 미국에서는 TANF(Temporary Aid to Needy Families)가 이에 해당된다. 이 제도의 구조는 일반조세로 재원을 마련한 다음 자산을 심사하여 일정수준이하인 사람에게 급여하도록 하는 것이다.

공공부조가 극빈계층에 한정해서 복지급여를 제공하므로 선별적인 복지제도라고 할 수 있다. 자산조사과정에서 수치심과 낙인효과가 발생하지만 복지급여를 받기 위해 치러야 할 개인적 비용이 필요하다고 보는 관점도 있다. 이러한 비용이 개인 스스로 자립해야 한다는 신호로서의 긍정적 기능을 한다는 것이다. 그러나 뒤에서 더 살펴보겠지만 공공부조는 극빈계층의 근로의욕을 완전히 상실하게 하는 부정적 효과를 발생시킨다.

(3) 사회복지서비스

사회보장제도의 마지막 유형으로서 소득, 재산, 연령, 건강, 정신, 가족구성 등의 관점에서 정상적인 사회활동을 하기 어려운 취약계층을 대상으로 사회복지시설과 서비스를 제공하는 제도이다. 주로 무의탁 노인, 아동, 부녀자, 장애인, 부랑인 등에게 사회복지시설을 제공하여 그들을 수용하고 보호하는 서비스를 제공한다.

그리고 나라에 따라 사회복지제도의 한 가지 유형으로 사회수당을 별도로 다루기도 한다. 사회수당은 보통 노인수당, 아동수당, 장애인수당으로 구분한다. 공공부조와 달리 특정범주의 사람들에게 무료급여를 제공하는 사회복지서비스이다. 아동수당의 경우 특정연령 이하이면 가난한 집이든 부유한 집이든 상관없이 소정의 급여를 제공한다. 소득계층의 차이를 두지 않는 이유는 아동들이 복지를 수혜가 아니라 권리라고 인식하도록 하기 위해서이다. 노인수당은 아동수당처럼 소득계층과 상관없이 모든 노인에게 지급하는 수당제도이다. 장애인수당도 다른 수당들과 마찬가지로 소득계층과 상관없이 모든 장애인에게 지급하는 수당제도이다. 노인, 아동, 장애인은 사회적 약자이므로 사회적 합의를 통해 특별한 배려를 하는 사회복지제도이다.[2)]

우리나라에서는 사회수당을 사회복지서비스에 묶어서 다룬다. 그러나 우리나라에서는 저소득계층의 노인, 아동, 장애인에게 한정하여 사회수당을 제공하기 때문에 선별적 사회복지제도라고 할 수 있다. 우선 노인복지로서 저소득계층의 노인들에게 경로연금을 지급하고, 경로당 운영비를 지원하고, 기초생활보호대상 장애인에게 장애수당을 지급하고, 장애아동을 부양하는 저소득계층에게 장애아동부양수당 등을 지급한다.

정석 사고

사회보장제도는 사회의 모든 구성원이 인간다운 삶을 살아갈 수 있도록 경제적 빈곤으로부터 보호하는 제도이다. 이 제도는 사회보험과 공공부조(사회부조), 사회복지서비스로 나눌 수 있다. 사회보험은 보험방식을 이용하여 위험을 예방하는 사회보장제도이다. 공공부조는 사회보험금의 납부여부와 관계없이 사회적으로 경제적 도움이 필요한 극빈계층에게 급여가 지불되는 사회보장제도이다. 사회복지서비스는 취약계층을 대상으로 사회복지시설과 서비스를 제공하는 사회보장제도이다. 이러한 사회보장제도는 시장이 효율적으로 할 수 없는 위험부담과 온정적 간섭주의에 입각해서 빈곤을 예방하고 해결하기 위한 소득재분배정책이라고 할 수 있다.

제2절 우리나라의 사회보장제도

우리나라는 일반적인 저소득계층을 위한 조세의 누진세율구조 및 저소득계층 공공재(영구 임대아파트와 같이 주로 저소득계층이 혜택을 받는 공공재)를 제외한 모든 복지정책수단으로 사회보장제도를 운영하고 있다. 이렇게 사회보험제도를 기반으로 한 극빈계층과 취약계층을 위한 모든 조세, 보조금, 정부서비스를 **사회보장제도**(social security system)라고 한다.

그림 14-8 은 우리나라 사회보장제도의 기본골격을 보여준다. 사회보장제도는 사회보험, 공공부조, 사회복지서비스로 구분된다. 사회보험은 가입자들이 강제저축의 형태로 낸 보험료에 의해 운영된다. 이에 반해 공공부조는 정부의 일반예산에서 재원을 조달한다. 이러한 일반예산은 정부가 거두어들인 조세에 의해 운영된다. 그리고 공공부조는 소득이전을 통한 재분배효과를 추구한다. 사회보험은 갑작스런 직업상실과 같은 일에 대비하기 위한 것이므로 재분배효과가 상대적으로 약하다고 할 수 있다. 사회복지서비스는, 공공부조가 극빈계층을 대상으로 한다면, 취약계층을 대상으로 복지시설과 경비부조를 제공하는 사회보장제도이다.

그림 14-8 사회보장제도의 기본구조

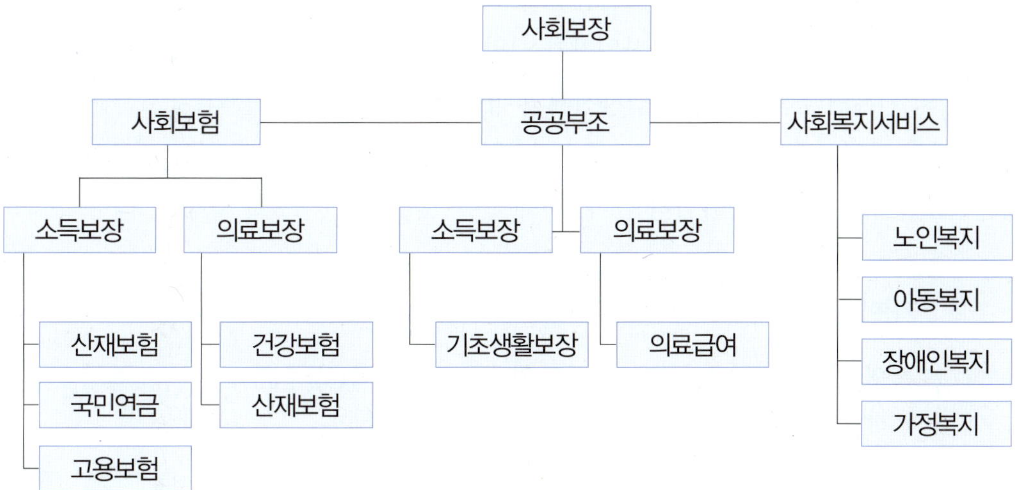

우리나라 사회보장제도는 1988년에 국민연금제도, 1989년에 전국민의료보험제도의 도입으로 기본골격을 갖추게 되었다고 할 수 있다. 1995년에는 고용보험을 실시하고, 1999년에 국민연금제도를 농어민까지 포함하여 확대 실시함으로써 제도적으로는 거의 완전한 형태를 갖추게 되었다. 그리고 2000년에는 과거의 사회부조의 내용을 수정하여 국민기초생활보장제도라는 이름으로 공공부조 프로그램이 실시되었다. 이들에 대한 내용을 간단히 살펴보고자 한다.

(1) 국민연금제도

우리나라에서 국민연금법이 만들어진 것은 1973년이지만 본격적으로 도입된 것은 1988년이다.[3] 그리고 1999년 도시자영업자와 농어민 모두를 포함하는 전국민연금제도를 실시하였다. 현재 국민연금제도는 적립방식에 의해 기금을 조달하고 있다. 이러한 기금을 관리하고 운용하는 기관이 국민연금관리공단이다.

국민연금제도의 급여는 노령연금, 장애연금, 유족연금으로 구성되며, 그 밖에 불가피하게 연급불입이 어려운 가입기간이 짧은 사람에게 지급하는 반환일시금과 유족이 없어 장례비 성격으로 지급하는 사망일시금이 있다. 이 중 노령연금은 10년 가입하고 60세가 되었을 때 소득이 있는 업종에 종사하지 않을 경우 받게 되는 연금형태이다. 그리고 장애연금과 유족연금은 연금가입 중 질병 등으로 장애가 발생하거나 연금가입자가 사망한 경우에 지급되는 연금형태이다.

노령연금의 기본연금액은 모든 가입자전체의 평균소득을 기초로 산출되는 '소득균등부분(A)'과 가입자 본인의 가입기간 동안의 평균소득으로 재환산한 '소득비례부분(B)'으로 구성되어 산출된다. 기본연금액의 기본구조는 다음과 같다.

$$\text{기본연금액} = c(A+B) \times (1+0.05N/12) \qquad (14\text{–}7)$$

A: 연금수급 전 3년간의 전체가입자의 월평균소득액(소득균등부분)
B: 가입자 개인의 가입기간 중 월평균소득액(소득비례부분)
N: 20년 초과 가입월수
0.05: 가입기간 20년 초과연수의 가산(5%) 비례상수
c: 평균급여에 맞추기 위한 상수

위의 공식에서 c의 값은 어느 시점에 가입했는가에 따라 달라지고 사실상 연금급여수준을 결정한다. 예를 들어 가입자의 가입기간이 20년이고, 평균소득가입자의 급여수준의 30%인 경우 c=1.8이라고 한다. 이 값은 연금제도의 개혁에 따라 점진적으로 소득대체율을 낮추도록 조정하는 역할을 한다. **소득대체율**은 개인이 지급받는 연금을 은퇴하기 전 평균소득으로 나눈 연금급여율을 말하며, 이 값이 클수록(100%에 가까울수록) 연금급여수준이 높아 개인에게 유리하다.

연금액 산출공식에서 **소득비례부분**(B)은 가입자의 소득이 높을수록 더 많은 연금혜택이 돌아가도록 정해진 부분이다. 따라서 이 부분은 각자가 기여한 만큼 혜택도 받아야 한다는 개인적 공평

성을 반영한 부분이기도 하다. 한편 **소득균등부분**(A)은 모든 가입자가 동일하게 받는 부분이다. 따라서 소득이 낮은 사람에게 상대적으로 더 많은 연금혜택이 돌아가도록 정해진 부분이다. 이 부분에 의해 소득재분배의 효과가 결정되며, 이것은 개인이 아닌 사회전체의 공평성을 만족시키는 데 목적이 있다. 부가적으로 인플레이션이 발생할 경우 이 부분을 통해 전체 물가상승분을 반영하여 연금액이 높아지도록 조정할 수 있다. 연금액 산출공식에서 소득균등부분과 소득비례부분의 비율을 보면 그 비율이 일대일로 구성되어 있다는 것을 알 수 있다. 이것은 개인과 사회의 양쪽 관점에서 공평성을 만족시키기 위해 서로 반반씩 가중치를 두어 적절히 타협한 결과라고 볼 수 있다.

마지막으로 소득대체율과 소득비례부분, 소득균등부분 사이의 관계를 살펴보자. 먼저 소득이 낮은 가입자를 생각해보면, 그의 소득비례부분(B)이 소득균등부분(A)보다 상대적으로 작고 소득대체율은 높을 것으로 예상된다. 반대로 소득이 높은 가입자에게는 소득비례부분(B)이 소득균등부분(A)보다 상대적으로 크고 소득대체율이 낮을 것으로 예상된다. 소득비례부분(B)을 소득균등부분(A)으로 나눈 것을 연금기여율이라고 하자. 이 연금기여율이 낮을수록 가입자의 근로소득이 다른 사람보다 적다는 것을 의미한다. 따라서 소득비례부분(B)을 소득균등부분(A)으로 나눈 연금기여율이 낮을수록 연금급여율을 나타내는 소득대체율이 높다면 연금액 산출공식에 재분배효과가 있다는 것을 의미한다. 우리나라에서 이 관계를 계산한 결과를 보면, 소득비례부분(B)을 소득균등부분(A)으로 나눈 연금기여율이 낮을수록 소득대체율이 높아서 소득재분배의 요소가 있다는 것을 알 수 있다.

정석 사고

연금액 산출공식에서 소득균등부분은 모든 가입자가 동일하게 받는 부분이고, 소득비례부분은 가입자의 소득에 비례하는 연금혜택부분이다. 소득균등부분과 소득비례부분의 비율이 일대일로 구성되어 있는 것은 개인과 사회의 양쪽 관점에서 공평성을 만족시키려는 타협의 산물이다. 소득비례부분을 소득균등부분으로 나눈 것을 연금기여율이라고 한다면, 저소득계층일수록 이 비율이 낮고 소득대체율(연금을 은퇴하기 전 평균소득으로 나눈 연금급여율)이 높아서 소득재분배효과가 더 커진다.

(2) 국민건강보험

우리나라에서 의료보험법이 제정된 것은 1963년이며, 이후 1970년과 1976년에 두 차례의 법개정이 이루어졌다. 1977년 7월에 이르러서 500인 이상 사업장을 대상으로 시행하게 되었고, 1989년 7월에 비로소 전국민의료보험이 실시되었다. 그리고 1999년 2월 「국민건강보험법」을 제정하면서 모든 의료보험(직장과 지역의료보험)을 통합하였다.

현재 국민건강보험은 소득에 비례하여 기여금이 달라지는 정률제를 통하여 조달하고 있다. 그러나 농어민과 도시자영업자의 경우에는 소득파악이 어려운 관계로 등급별 정액제를 실시하고 있다. 요양급여나 분만급여와 같이 법정급여의 경우 진료비의 일부를 본인이 부담하여야 한다. 이와 같이 국민건강보험은 개인으로부터 거둔 보험료로 제도를 운영하는 '부과방식'을 사용하고 있다. 그리고 건강보험의 급여형태를 현금급여와 의료 자체를 보장하는 현물급여로 나눌 수 있는데, 우리나라에서는 현물급여를 원칙으로 한다.

(3) 고용보험

우리나라에서 고용보험이 제정된 것은 1993년이며, 1995년 7월 1일부터 실시되었다. 이 제도도 강제가입을 원칙으로 하는 사회보험으로 실업급여, 고용안정급여, 직업능력개발급여가 있다. 근로자는 실업급여의 경우에만 그 반을 부담하고 나머지 급여에 대해서는 사업주가 전액 부담하게 되어 있다. 실업급여의 경우 근로자는 임금총액의 0.55%를 부담하도록 하고 있다.

실업급여를 지급받는 자격은 실직하기 전 18개월(1개월은 30일) 동안 6개월 이상 보험료를 납부한 비자발적 실업자로서 연령 및 가입기간에 따라 3~8개월의 기간에 걸쳐 실직 전 최종 3개월간 평균임금액의 50%를 지급받는다. 그리고 직업훈련을 받거나 재취업이 곤란한 경우 실업급여 지급기간(급여일수)을 연장할 수 있고, 급여일수를 30일 이상 남긴 채 재취업하면 조기재취업수당을 지급한다. 그러나 실업기간 중 부업으로 번 소득은 100% 세율로 기본급여에서 삭감한다.

(4) 공공부조

1961년 생활보호법이 제정되어 시행되었으며, 몇 차례 내용이 변경되기는 했지만 1999년 약 40년간 시행해오던 생활보호법을 국민기초생활보장법으로 바꾸어 시행하게 되었다. 2000년 10월 국민기초생활보장제도라는 이름으로 공공부조 프로그램이 실시되고 있다.

공공부조는 근로능력의 유무에 관계없이 일정수준 이하의 저소득층을 생활보호대상자로 선정하여 최저생활을 보장하는 비기여적 급여이다. 과거와 다른 한 가지 특징은 모든 생활보호대상자들의 구분을 폐지하였다. 그리고 생산적 복지개념에 기초하여 근로능력이 있는 극빈계층의 자활을 지원하는 서비스가 대폭 강화되었다.

우리나라의 공공부조의 문제는 극빈계층이 일을 해서 추가로 버는 근로소득에 대해 100% 세율로 보조금을 삭감한다는 점이다. 예를 들어 극빈계층이 일을 해서 50만원의 소득을 번다면 최저생계급여 136만원(4인가구 기준)에서 50만원을 뺀 금액을 보조한다. 즉, 일을 하든 안 하든 가처분소득이 136만원으로 고정된다. 이것은 근로의욕을 저하시키는 직접적 원인이 된다. 다음 절에서 이에 대해 상세히 살펴볼 것이다.

정석 사고

우리나라의 사회보장제도는 사회보험제도를 기반으로 극빈계층과 취약계층을 위한 모든 조세, 보조금, 정부서비스로 구성되어 있다. 사회보험제도는 가입자들이 강제저축의 형태로 낸 보험료에 의해 운영되며, 재분배효과보다는 갑작스런 직업상실과 같은 일에 대비하기 위한 제도이다. 이에 반해 공공부조는 정부가 거두어들인 조세에 의해 운영되며 소득이전을 통한 재분배효과를 추구한다. 사회복지서비스는 공공부조가 극빈계층을 대상으로 한다면 취약계층을 대상으로 복지시설과 경비부조를 제공하는 사회보장제도이다.

제3절 정석 재정학 공공부조의 기본원리와 경제적 효과

1. 공공부조

공공부조 혹은 사회부조는 사회보험과 사회복지서비스와 함께 사회보장제도의 하나이다. 공공부조는 소득 및 재산을 기준으로 소득구간을 나눌 때 가장 낮은 위치에 있는 극빈계층을 대상으로 인간다운 생활을 할 수 있도록 최저생활을 보장하고 자립을 지원하는 사회보장제도이다. 따라서 공공부조의 목적은 생활이 어려운 사람들이 인간다운 생활을 영위할 수 있도록 하는 데 있다. 이에 더하여 생활이 어려운 사람들의 자립을 지원하는 것도 중요한 목적 중의 하나이다.

공공부조의 기본원리는 국민의 생존권을 보장하는 생존권 보장의 원리, 모든 국민은 법 앞에 평등하고 각자 행복을 추구할 권리를 가진다는 평등권 보장의 원리, 생존권 보장을 구체화하여 최저한도의 욕구가 충족될 수 있는 정도의 생활이 가능하도록 보장하는 최저생활 보장의 원리, 기본적으로 개인 스스로 노력하고도 부족한 부분을 보충한다는 보충성의 원리로 이루어져 있다. 이러한 원리들은 인간다운 사회를 건설하기 위한 수단으로서의 공공부조의 본질을 잘 보여준다.

공공부조는 조세를 통해 재원을 마련하여 현금급여방식으로 극빈계층을 지원하는 제도이므로 직접적인 소득재분배효과를 가진다. 그러나 자격심사를 위한 자산조사를 실시하여야 하기 때문에 행정비용이 많이 든다. 그리고 자격심사과정에서 수치심을 유발하여 공공부조의 혜택을 받을 대상자들이 국가에 대한 사회복지의 권리자라는 인식이 미약하다. 또한 공공부조가 공공부조 수급자들의 근로의욕을 떨어뜨리는 비효율성을 유발할 수 있다. 이에 대하여 간단히 살펴보자.

공공부조는 극빈계층의 최저생활을 보장한다는 목적을 가지고 있지만 사실 이로 인해 극빈계층의 근로의욕을 떨어뜨려 자립한다는 다른 목적에 부합되지 않는 측면도 있다. 예를 들어 최저생계비가 100만원이고 극빈계층에서 일을 하여 50만원의 추가소득을 벌어들인다고 하자. 이 경우 최저생계급여액은 100만원에서 50만원을 삭감한 50만원을 받게 된다. 즉, 일을 하여 얼마의 소득을 추가로 벌어들인다 해도 최종적으로 극빈계층이 얻는 가처분소득은 여전히 100만원이다. 따라서 극빈계층에서는 추가로 소득을 벌기 위해 일을 할 이유가 없는 것이다.

이것을 **그림 14-9**를 통해 살펴보자. 그림의 가로축은 여가를, 세로축은 소득을 나타낸다. 최저생계급여가 없는 경우 원래의 예산선이 *AB*이며 그 기울기는 임금률 w를 의미한다. 이때 효용극대화의 균형점은 E_0이며 여가의 소비는 L_0이다. 이제 최저생계급여가 지불된다고 하자. 그 급여수준이 *BD*일 때 새로운 예산선은 *F*점에서 수평으로 꺾인 *AFDB*로 변화하여 새로운 효용극대화의 균형점은 E_1이 된다. 따라서 극빈계층의 여가소비는 L_1로 늘어나며, 이는 노동공급을 전혀 하지 않는다는 것을 의미한다. 극빈계층에게 최저생활을 보장함으로써 그들이 노동공급을 하려고 하는 유인이 사라지고, 이로 인해 빈곤선의 아래에 계속 머물도록 하는 **빈곤의 함정**(poverty trap)에 빠지게 된다. 빈곤의 함정에 빠진 경제라고 할 때는 국내의 생산수준이 너무 낮아서 국내저축으로 자본의 감가상각을 보전하지 못하는 경제를 뜻하고, 복지정책에 있어서 이 말은 실업자에 대한 재정적 급여보다 근로에 의한 소득이 적을 경우 금전적 이유로 근로를 회피하는 것을 말한다. 이 경우 아무리 노력해도 가난을 이겨낼 수 없으며, 차라리 실업자로 정부의 재정적 지원을 받는 게 낫다는 근로에 대한 의욕상실이 생긴다. 그러므로 이러한 함정에 빠져 있는 것을 피하도록 하기 위해

그림 14-9 공공부조의 노동공급효과

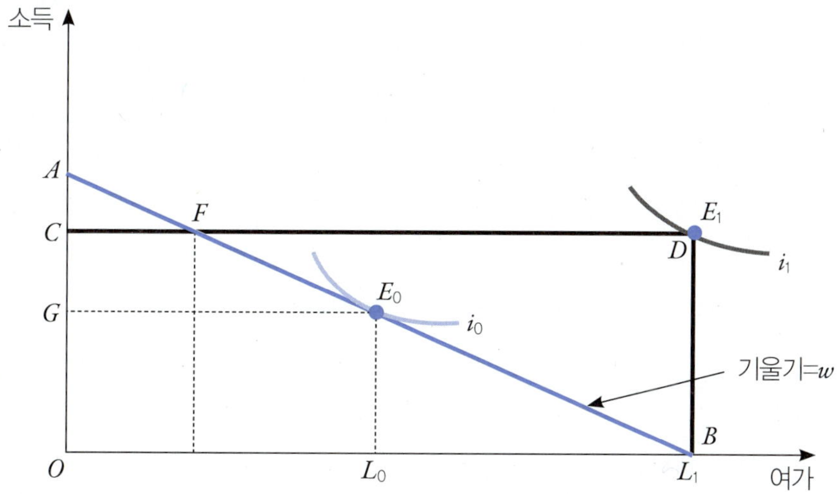

근로유인장치와 함께 최저생활보장을 하여야 한다. 예를 들어 최저생계급여를 지급하면서 추가로 버는 근로소득의 일정한 비율을 공제해주는 방식을 사용할 수 있다. 구체적으로 말하면 최저생계급여가 100만원인데, 극빈계층이 스스로 60만원의 소득을 벌 때 60만원의 25%를 조세로 거두고 나머지 45만원과 최저생계급여 100만원을 합한 145만원을 극빈계층이 받도록 하는 방식이다.

정석 사고

공공부조는 사회보험과 사회복지서비스와 함께 사회보장제도의 하나로서, 극빈계층이 인간다운 생활을 할 수 있도록 최저생활을 보장하고 자립을 지원하는 제도이다. 그러나 공고부조의 가장 큰 폐단은 근로의욕을 저하시켜 노동공급을 감소시킨다는 점이다.

2. 근로장려세제

이상에서 살펴본 것처럼 공공부조의 가장 큰 폐단은 근로의욕의 저하라는 점이다. 이것을 막으면서 저소득계층의 최저생활을 보장하는 조세제도가 있다. 이것을 **근로장려세제**라고 하는데, 사회복지와 노동을 결합한 복지의 개념에 기초한 세제이다. 열심히 근로를 하고 있지만 가난에서 벗어나지 못하고 있는 소위 '근로빈곤층'에게 근로유인과 함께 최저생활을 보장해주자는 취지의 조세환급제도이다. 근로빈곤층은 극빈계층보다 소득이 약간 많아 공공부조의 직접적 혜택을 받지 못하고, 사회보험의 혜택에서도 제외된 차상위계층을 말한다. 이러한 계층에게 근로장려를 하면서 최저생활도 보장해주는 특별한 배려가 필요하다.

근로장려세제는 부의 소득세와 유사한 성격을 가진 제도로서 근로빈곤층의 소득에 대한 보조금이라고 할 수 있다. 이 제도는 미국에서 1975년부터 도입한 EITC(Earned Income Tax Credit)와 매우 비슷한 제도이다. 우리나라에서는 2008년부터 근로장려세제를 실시하고 있다. EITC제도와 근로장려세제는 차상위계층의 소득구간과 한계세율이 다를 뿐이며 나머지는 동일한 원리를 사용한다.

미국의 EITC를 보면, 부양자녀가 2인 이상인 가구에 대해서 소득 11,340달러까지 40%의 조세환급을 받고, 소득 11,340달러에서 16,810달러까지 4,536달러(=11,340×0.4)의 일정액을 환급받고, 소득 16,810달러에서 38,348달러까지 (38,348－현재소득)의 21.06%를 환급받도록 하고 있다. 한계세율 40%의 조세환급구간을 점증구간, 일정액을 환급받는 구간을 평탄구간, 마지막 구간을 점감구간이라고 한다. 점증구간은 소득 1달러에 대해 40센트씩 소득보조를 해주는 구간이므로 사실상 −40%의 한계세율을 적용한다는 의미이다. 점감구간은 소득 1달러에 대하여 21.06센트씩 점차 혜택이 감소하는 구간이므로 사실상 +21.6%의 한계세율을 적용한다는 의미이다. 점감구간의 한계세율은 혜택의 삭감률이지만 실제적으로 소득 1달러당 이 한계세율로 조세를 징수하는 것과 같다고 하여 **암묵적 세율**(implicit tax rate)이라고 한다.

이제 우리나라의 근로장려세제를 살펴보자. 근로장려세제는 재산이 1억원 미만이며, 무주택 혹은 5천만원 이하의 소규모주택을 소유하고, 부양자녀 1인 이상인 부부의 합산 근로소득을 기준으로 한다. 소득 800만원 미만까지는 15%의 조세환급을 받고, 소득 800만원에서 1,200만원까지 120만원(=800×0.15)의 일정액을 환급받고, 소득 1,200만원에서 1,700만원까지 (1,700만원－현재소득)의 24%를 환급받도록 하고 있다. 한계세율 −15%의 조세환급구간을 점증구간, 일정액 120만원을 환급받는 구간을 평탄구간, 한계세율 +24%의 구간을 점감구간이라고 한다.

다음 **그림 14-10** 을 통해 이해해보자. 그림에서 한계세율 t_0은 −0.15, T는 120만원, t_1은 0.24이며, Y_0은 800만원, Y_1은 1,200만원, Y_2는 1,700만원을 나타낸다. 소득 Y_0까지의 점증구간은 소득 100원에 대해 15원씩 소득보조를 해주고, 점감구간은 소득 100원에 대하여 24원씩 점차 혜택이 감소하는 구간이다. 다시 말해서, 점증구간에서는 소득 100원에 대하여 115원씩 가처분소득이 늘어나고, 소득 Y_1에서 Y_2까지의 점감구간에서는 소득 100원에 대하여 76원씩 가처분소득이 늘어난다.

그림 14-10 근로장려세제의 세율구조

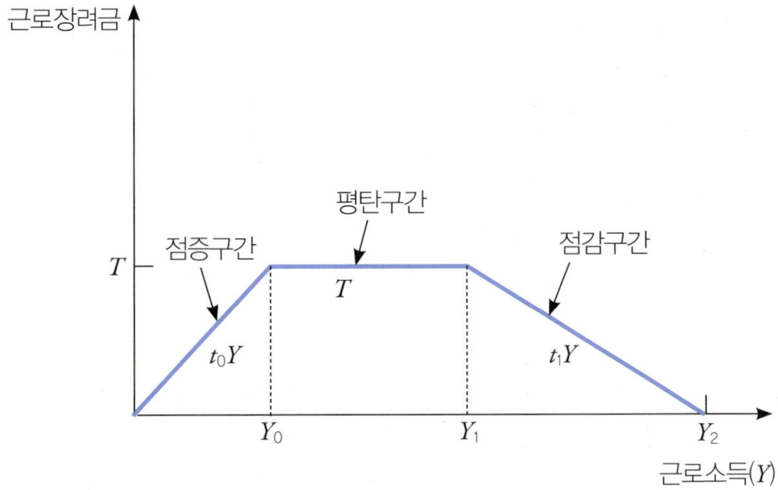

앞에서 살펴본 것처럼 공공부조의 가장 큰 폐단은 근로의욕의 저하이다. 이 점에서 근로장려세제가 우월하다고 할 수 있는데, 그 원리를 살펴보자.

다음 **그림 14-11** 은 근로장려세제가 도입되는 경우 예산선이 어떻게 변하는지 보여준다. 가로축과 세로축에는 여가와 소득을 각각 표시하며, 어떤 개인의 원래의 예산선은 *AB*인데 근로장려세제로 인해 새로운 예산선이 *H*점에서부터 세 번 꺽인 *AHGIB*로 변화한다. 새로운 예산선의 점증구간은 *IB*에 해당되며, 그 기울기가 $-(1+t_0)w_0$인 것을 볼 수 있다. 이 구간은 $-t_0$의 한계세율이 적용되어 임금률이 더 높아지기 때문에 근로소득보다 가처분소득이 더 늘어난다는 것을 의미한다. 새로운 예산선의 평탄구간은 *GI*에 해당되며, 그 기울기가 $-w_0$이다. 이 구간은 근로장려금이 일정하므로 근로소득에 비례해서 가처분소득이 늘어난다는 것을 의미한다. 새로운 예산선의 점감구간은 *HG*에 해당되며, 그 기울기가 $-(1-t_1)w_0$이다. 이 구간에서는 암묵적 세율 t_1이 적용되어 과세되는 것과 동일하므로 근로소득이 늘어난 것보다 가처분소득이 적게 늘어난다.

이 그림을 보면 원래의 예산선에서 개인의 효용극대화 선택점은 *E*점으로서 여가 L_0을 소비하고 L_0B만큼 노동공급을 한다는 것을 알 수 있다. 근로장려세제의 도입 후 새로운 예산선에서의 효용극대화 선택점은 평탄구간의 *F*점으로, 세제도입 전보다 여가소비가 L_1로 더 늘어나서 그만큼 노동공급이 감소하였다는 것을 알 수 있다. 그러나 최저생활수준을 보조해주면서도 노동공급이 0이 아니라는 사실이 중요하다. 공공부조의 경우 노동공급이 0이 되기 때문에 근로장려세제가 더

그림 14-11 근로장려세제의 노동공급효과

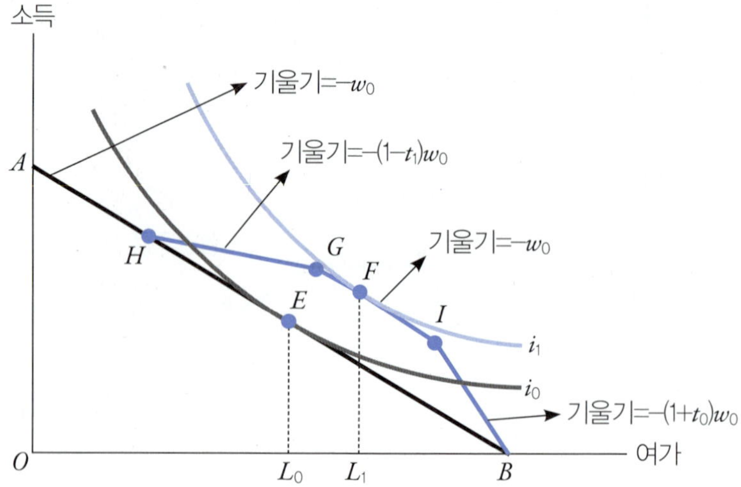

나은 제도임을 알 수 있다.

이상에서 알 수 있듯이 개인의 선택점이 *E*점에서 평탄구간의 *F*점으로 변화하면 예산선이 위로 평행이동한 경우이므로 소득효과만 작용하여 여가(정상재로 가정)가 늘어나고 노동공급이 줄어든다. 만약 개인의 새로운 선택점이 *E*점에서 점감구간 *HG*의 어떤 점으로 변화하면 예산선이 *H*점에서 바깥쪽으로 회전이동한 경우이므로 소득효과와 대체효과가 모두 발생한다. 이 경우 소득효과에 의해 여가의 소비가 늘어나고, 대체효과에 의해 상대적으로 값싸진 여가의 소비가 늘어나서 두 효과 모두 노동공급을 확실히 감소시킨다.

이번에는 개인의 새로운 선택점이 *E*점에서 점증구간 *IB*의 어떤 점으로 변화하면 예산선이 *B*점에서 위쪽으로 회전이동하므로 소득효과와 대체효과가 모두 발생한다. 이 경우 보조금지급으로 증가한 소득효과에 의해 여가의 소비가 늘어나고, 음의 한계세율이 적용되어 임금률이 올라간 대체효과에 의해 상대적으로 비싸진 여가의 소비가 줄어들기 때문에 두 효과의 상대적 크기에 따라 노동공급의 증감이 결정된다.

위의 그림처럼 원래의 선택점이 *E*점이 아니라, 일을 하고 있지 않는 상태에서 근로장려세제가 도입되면 노동공급에 어떤 변화가 생길까? 근로장려세제가 도입되면 일하지 않는 사람들도 보조금을 더 받을 수 있다는 생각에 일을 하게 하는 근로유인장치의 역할을 한다. 호츠 등(Hotz et al., 2006)은 2명 이상의 부양자녀를 가진 가구들이 1명의 부양자녀를 둔 가구보다 훨씬 더 높은 근로장려금을 받는 근로장려세제의 도입 이후 2명 이상의 자녀가구에서 1명 자녀가구들에 비해서 1.2~3.2% 포인트만큼 고용률이 증가했다고 한다. 마이어-로젠바움(Meyer and Rosenbaum, 2001)은 1984년부터 1996년 사이 독신모가구의 8.7% 고용증가 중 60% 정도가 근로장려세제 때문이라고 한다. 게다가 1992~1996년 사이 노동시장참가율의 증가 중 35%가 이 제도에 의한 것이라고 한다.

그러나 이 제도가 이미 일하고 있는 저소득계층의 노동공급(근로시간)에 미치는 영향은 거의 없다고 한다. 이것은 점증구간에 있는 개인들의 노동공급의 증가가 점감구간에 있는 개인들의 노동공급의 감소를 상쇄한 결과로 해석할 수 있다.[4] 결론적으로 근로장려세제가 최저생계급여를 지급하는 순수한 의미의 공공부조와 적절한 역할분담을 하여 공평성과 효율성이 조화를 이루는 복지정책이 되어야 한다.

정석 사고

근로장려세제는 '근로빈곤층'에게 근로유인과 함께 최저생활을 보장해주는 조세환급제도이다. 이 제도는 소득을 세 구간(점증구간, 평탄구간, 점감구간)으로 나누고, 점증구간에서는 음의 한계세율이 적용되어 근로소득보다 가처분소득이 더 늘어나고, 평탄구간에서는 근로소득에 비례해서 가처분소득이 늘어나고, 점감구간에서는 양의 암묵적 세율이 적용되어 근로소득보다 가처분소득이 적게 늘어난다. 실증분석에 의하면, 이미 일하고 있는 저소득계층의 노동공급(근로시간)에는 영향이 거의 없지만 일하지 않고 있는 저소득계층의 노동공급을 높이는 효과가 있다.

제4절 정석 재정학 국민연금의 당위성과 경제적 효과

국민연금제도와 같은 사회보험제도가 가지는 의의와 경제적 효과에 대하여 간단히 살펴보도록 한다. 국민연금이나 뒤에 살펴볼 고용보험, 국민건강보험과 같은 사회보험제도는 은퇴하거나 실업, 질병을 앓게 되는 경우 민간보험회사들이 아무런 제약 없이 가입할 수 있는 보험상품을 제공하기 어렵다. 보험회사의 입장에서 조기은퇴와 같은 역선택과 도덕적 해이의 문제가 발생할 것을 우려하여 여러 제약을 가하기 때문이다. 따라서 이러한 시장의 실패를 보완하고 해결하기 위해서 필요한 제도이다.

은퇴나 실업, 질병 등으로 소득원이 사라진 개인들이 상대적으로 빈곤계층에 포함될 가능성이 높다. 따라서 이러한 개인들에게 은퇴 후 어느 정도의 소득과 실업급여, 질병치료를 제공하는 것은 정부가 해야 할 역할 중 하나일 것이다. 일부 개인들은 스스로 대책을 마련할 수 있지만 정보의 부족과 갑작스런 상황으로 준비되지 않은 개인들도 많을 것이다. 이러한 개인들에게 소득재분배와 온정적 간섭주의의 관점에서 정부가 개입할 필요가 있는 것이다.

1. 국민연금의 당위성

(1) 중복세대모형에 의한 설명

새무엘슨이 제시한 중복세대모형은 연금제도가 왜 필요한지 하는 물음에 근본적인 답을 주고 있다. 이 모형에서 경제는 끊임없이 계속되며, 사람은 두 기간(청년기, 노년기)만 살며, 동일한 시점에 청년세대와 노령세대가 중복해서 살고 있다는 가정을 한다. 이 경제의 인구증가율은 n이며, 사람들은 경쟁시장체계하에서 자신의 효용을 극대화한다.

매기에 인구증가율만큼 새로운 세대가 태어나고 각 세대는 두 기간만 생존한다. 예를 들어 인구증가율이 1%일 때 t세대(t기에 청년인 세대)와 $t-1$세대(t기에 노년인 세대)의 인구비율을 본다면 t세대의 인구수$=(1+0.01)$($t-1$세대의 인구수)이다. 이 단순한 경제에서 상품은 보관할 수 없고 생산할 수 없는 순수한 소비재(C) 하나뿐이다. 모든 세대의 모든 사람은 동일한 선호를 가지고 이 소비재를 1기(청년기)에만 1단위 소유한다. 따라서 2기(노년기)에는 부존자원이 없다. 사람들의 선호는 생애효용함수로서 다음과 같다.

$$U=U(C_{1t},\ C_{2t}) \tag{14-8}$$

단, C_{1t}: t세대의 1기(청년기) 소비재
C_{2t}: t세대의 2기(노년기) 소비재

이상에서 새무엘슨의 중복세대모형의 가상적 상황을 설명하였다. 이러한 상황에서 자원배분을 경쟁시장에 맡겨두면 어떤 결과가 나올까? 현재 t기에 새로 태어난 t세대는 저축을 할 수 있다면 자신이 소유한 소비재의 일부를 다음 기에 가져가서 소비하고자 할 것이다. 이것은 소득세가 저

축에 미치는 영향을 볼 때 사용한 방법으로 분석할 수 있다. 그러나 소비재는 보관하거나 저장할 수 없으므로 다음 기에 가져갈 수 없다. 그렇다면 누군가에게 자신의 소비재를 파는 방법을 생각할 수 있다. 그런데 소비재를 팔 상대가 없다.

동일한 선호를 가진 같은 세대끼리 서로 팔려는 사람들밖에 없으므로 거래가 안 된다. 다음 기인 $t+1$세대는 아직 태어나지 않아 거래가 안 되며, 노년기를 맞은 $t-1$세대는 아무런 소비재를 가지고 있지 않을 뿐만 아니라 다음 기에 사망하므로 t세대가 빌려준 t세대의 소비재를 돌려받을 수 없다. 결국 시장에서 거래가 이루어지지 않고 자신의 소비재를 청년기에 모두 사용하는 것이 경쟁시장의 균형이 된다. 즉, $C_{1t}=1$, $C_{2t}=0$이다.

그렇다면 사회적 관점에서 파레토효율적인 자원배분은 어떠할까? t기의 청년세대와 노령세대가 소유한 모든 소비재의 합이 다음 조건을 만족해야 한다.

$$(1+n)C_{1t}+C_{2t-1}=1+n \tag{14–9}$$

이 조건은 t세대의 소비량과 $t-1$세대의 소비량의 합이 경제전체의 부존량과 같아야 한다는 의미이다. 주목할 것은 경제전체의 부존량이 항상 새로 태어난 청년세대의 인구수와 같다는 점이다(노령세대의 인구수를 1로 볼 것). 이 제약조건하에서 청년세대와 노령세대의 효용을 극대화하는 균형점이 파레토최적 상태이다. 모든 사람의 동일한 선호와 정상상태(stationary equilibrium)에서는 $C_{1t}=C_1$, $C_{2t-1}=C_2$이므로 하첨자 t는 중요하지 않다.

다음 **그림 14-12** 를 통해 이해해보자. 청년세대가 자신의 효용을 극대화하는 선택은 그림의 B점이다. 현재 소비재를 모두 소비해버리는 것이다. 앞에서 설명하지는 않았지만 만약 소비재를 저장이라도 할 수 있다면 개인의 최적선택점은 C점이 된다. 그런데 (14–9)의 제약조건하에서 사회적으로 파레토효율적인 선택점은 A점이다. 따라서 개인의 소비선택점 B에서 시장실패가 발생하는 것이다. 이것을 어떻게 파레토최적인 A점으로 가져갈 수 있는가? 한 가지 방법은 다음과 같이 청년세대에게 T만큼 과세해서 노령세대에게 S만큼 지급하는 것이다.

$$T=(1-C_1^*) \tag{14–10}$$
$$S=(1+n)(1-C_1^*)=C_2^*$$

그 결과 그림의 A점에 도달할 수 있다. 이것이 연금제도의 기본 아이디어이다. 특히 연금제도 부과방식의 파레토효율성을 보여주는 기초원리이다.

그림 14-12 중복세대모형과 국민연금

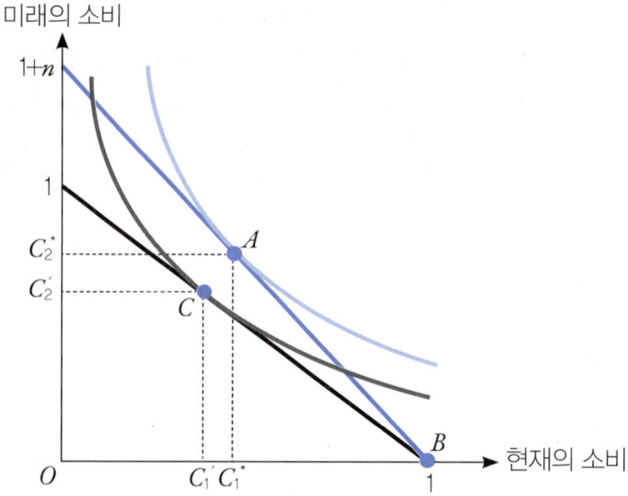

(2) 보험시장에 의한 설명

연금보험은 개인이 노령으로 은퇴를 할 때 노후의 생계보장을 위해 필요한 보험이다. 개인의 관점에서 연금보험의 가입이 강제적이지 않고 자발적일 때 개인이 연금보험에 가입하고자 하는 이유가 있다면 무엇일까?

개인이 연금보험에 가입하는 이유는 노령 및 사망과 같은 미래의 위험과 불확실성을 감소시켜 은퇴 후에도 생계소득을 확보하는 데 있다고 할 수 있다. 현재 Y의 소득을 얻고 있는 개인이 노령 및 사망으로 소득을 상실할 확률이 0.3이라고 하자. 그가 은퇴하면 소득이 없어진다고 할 때 그의 기대소득(소득의 기대치)은 $0.7Y$가 된다. 그러나 이 기대소득은 불확실한 금액이며, 이 금액보다 작지만 기대소득과 같은 효용을 주는 확실한 소득이 $0.6Y$라고 하자. 이 $0.6Y$를 **확실대등액**(certainty equivalents)이라고 하며, 기대소득을 위험할인하여 얻는 금액이라는 의미에서 기대소득($0.7Y$)과 확실대등액($0.6Y$)의 차이를 **위험프리미엄**(risk premium)이라고 한다. 위험프리미엄은 개인이 은퇴하여 소득이 없어질 위험을 포함하는 기대소득에서 위험요소를 회피하기 위해 지불할 용의가 있는 금액이다.

따라서 개인이 최대한 보험료로 지불할 용의가 있는 액수는 '현재소득−기대소득+위험프리미엄' 혹은 '현재소득−확실대등액'이 된다.[5] 이러한 최대보험료를 위험으로 인한 소득상실액으로 본다면 개인의 **위험비용**이라고 할 수 있다. 만약 실제보험료가 위험비용(최대보험료)보다 작다면 개인은 보험료를 기꺼이 내고 확실한 소득 $0.6Y$를 보장받는다. 여기의 예에서는 위험비용 $=Y-0.6Y=0.4Y$이다. 이 원리를 통해 개인으로부터 보험료를 받고 위험을 줄여서 개인의 노후 생계소득을 보장해주는 것이 바로 연금보험의 필요적 당위성이다.

그림 14-13 국민연금의 경제적 동기

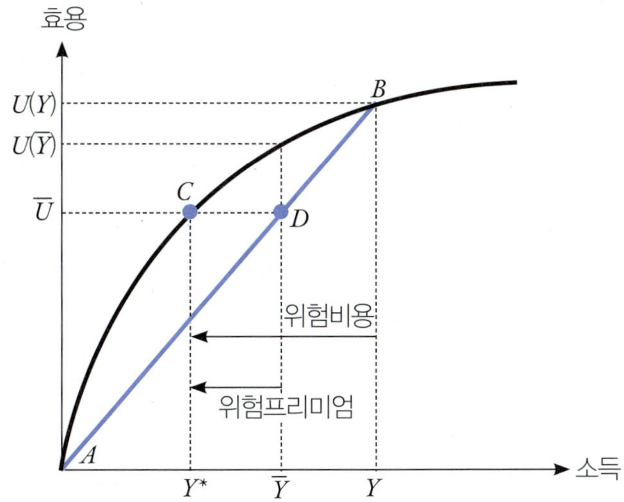

이제 **그림 14-13**을 통하여 이해해보자. 그림에서 수평축은 소득을, 수직축은 효용을 나타낸다. 어떤 개인이 p의 확률로 은퇴할 경우 $Y=0$의 소득, 즉 $(1-p)$의 확률로 Y의 소득이 발생한다고 하자. 이 개인의 기대소득은 $\overline{Y}$이고, 기대소득의 기대효용은 $\overline{U}$라고 하자. 이러한 상태를 나타내는 점이 D점이다. 그림의 D점과 같은 수준의 효용을 가져다주는 확실한 금액은 C점이 의미하는 Y^*이다. 이것을 확실대등액이라고 하며, 기대소득 $\overline{Y}$를 CD만큼 위험할인하여 확실대등액 Y^*를 구한다는 의미에서 CD를 위험프리미엄이라고 한다. 위험으로 인한 소득감소가 개인의 위험비용이므로 위험비용$=Y-Y^*$이다. 실제보험료가 위험비용보다 크지 않는 한 개인은 보험료를 내고 확실한 소득 Y^*를 보장받는다. 이것이 연금보험에 가입하는 경제적 동기이다.

이상에서 살펴본 연금보험이 민간보험회사에 의해 제공된다면 어떻게 될까? 우리가 경험하는 자동차보험을 생각해보자. 이 보험은 사고의 위험이 개인들 사이에 상호 독립적이며, 개인적 위험을 대상으로 한다. 이러한 위험을 가입자간 공동부담(pooling)을 통해 위험을 줄이거나 없애는 것이다. 그러나 노령이나 사망의 위험은 개인적 위험인 측면도 있지만 모든 개인이 동시적으로 겪을 수 있는 사회적 위험의 성격이 더 강하다. 따라서 민간보험회사가 대규모로 다수인에 의해 동시적으로 위험에 빠질 수 있는 사회적 위험에 공동부담만으로 위험을 제거하기가 어렵다. 민간보험회사는 막대한 보험금이 필요하게 되어 파산의 위험에 빠질 가능성이 높다.

만약 민간보험회사가 전 국민을 대상으로 가입을 받아 운영한다면 운영에 소요되는 행정관련 비용이 높아서 보험료가 개인의 위험비용보다 높을 수도 있다. 이런 경우 개인이 가입하려고 하지 않으므로 민간보험회사가 적자 없이 운영하면서 연금보험을 제공하기 어렵게 된다.

또한 민간보험회사에 연금보험을 맡기면 역선택의 문제가 발생한다. 민간보험회사는 개인들의 개별특성을 잘 알지 못하므로 개인별 소득상실의 위험의 확률에 상관없이 '좋은' 연금보험상품에 일정한 보험료를 부과했다고 생각해보자. 위험의 확률이 아주 높은 '나쁜' 개인은 모두 가입하고 위험의 확률이 아주 낮은 '좋은' 개인은 아무도 가입하지 않으려고 하기 때문에 회사의 생산비용이 올라가고 공급이 자꾸 줄어서 결국에는 좋은 상품을 내놓지 못한다. 위험의 확률이 아주 높은 개인들만 모두 가입하는 현상을 역선택(adverse selection)이라고 하는데, 이로 인해 보험시장의 실패가 발생한다.

이상에서 보듯이 민간보험회사가 노령 및 사망의 사회적 위험에 공동부담으로 해결할 수 없어 파산가능성이 높고, 막대한 운영비용으로 보험료가 인상될 가능성이 높고, 위험의 확률이 아주 높은 개인들만 모두 가입하는 역선택의 문제로 민간보험시장이 실패하게 된다. 이러한 경우 정부가 연금보험을 공급한다면 어떻게 될까? 일단 정부가 공급한다면 노령 및 사망의 사회적 위험으로 인한 파산가능성은 낮다고 할 수 있다. 국 · 공채발행과 조세징수 등의 여러 가지 재원조달방법을 가지고 있기 때문이다. 또한 정부가 연금보험을 공급하면 규모의 경제로 운영비용을 대폭 낮출 수 있어 보험료를 낮출 수 있다. 그리고 역선택의 문제는 정부가 모든 개인들에게 강제가입을 의무화하면 해결될 수 있다. 따라서 이러한 이점으로 정부가 개인들에게 필요한 연금보험을 제공할 당위성을 가지는 것이다.

정석 사고

국민연금제도는 고용보험, 국민건강보험, 산재보험과 함께 사회보험제도의 하나로서, 시장실패 및 소득재분배와 온정적 간섭주의의 관점에서 정부가 노후 생계보장을 위해 제공하는 복지제도이다. 중복세대모형에서 보듯이 시점간 자원배분에서 시장실패가 발생할 수 있으며, 정부가 개입함으로써 파레토효율적 시점간 자원배분이 가능하게 된다. 또한 보험시장에서 보듯이 민간보험회사들이 조기은퇴와 같은 역선택과 도덕적 해이의 문제로 시장실패를 초래하므로 정부가 이것을 보완하고 해결하기 위해서 필요한 제도이다.

2. 국민연금의 경제적 효과

(1) 소득재분배효과

연금보험은 은퇴 이후 소득이 발생하는 직업을 가지면 연금급여가 삭감된다. 고소득계층일수록 은퇴 이후에도 직업을 가질 가능성이 높으므로 고소득계층에 연금혜택이 상대적으로 적게 돌아간다. 그러므로 연금보험의 제공에 따른 소득재분배의 부수적 효과까지 기대할 수 있다. 또한 기여금에 대한 저소득계층의 연금급여의 비율을 더 높게 함으로써 소득재분배효과를 가질 수 있다.

연금보험의 재원조달방식에는 적립방식과 부과방식이 있다, 적립방식에서는 개인이 적립한 기금을 은퇴 이후 찾아 사용하는 방식이며, 부과방식은 현재 근로시기의 청 · 장년세대가 은퇴시기의 노령세대를 부양하는 방식이다. 특히 부과방식에 따르면 인구증가율이 높아지는 경우 청 · 장년세대의 인구가 더 많아서 기여금이 더 많이 모아지고 노령세대가 그 기여금의 혜택을 보게 된다. 따라서 청 · 장년세대로부터 노령세대에게로 소득재분배가 일어난다. 그런데 시간이 감에 따라 인구증가율뿐만 아니라 일인당 국민소득증가율도 커질 가능성이 높다. 이 경우에도 더 많은 소득을 얻는 청 · 장년세대가 더 많은 기여금을 모아서 노령세대를 부양하므로 노령세대에게로 소득재분배가 발생한다. 또한 시간이 감에 따라 소득에서 기여금이 차지하는 비중이 점점 더 높아지는 경우에도 노령세대에게로 소득재분배효과가 발생한다.

정석 사고

국민연금제도는 은퇴 후에도 직업을 가질 가능성이 높은 고소득계층에 연금혜택이 상대적으로 적게 돌아간다. 또한 기여금에 대한 저소득계층의 연금급여의 비율을 더 높게 함으로써 소득재분배효과를 가진다. 시간이 감에 따라 인구증가율, 일인당 국민소득증가율, 소득에서 기여금이 차지하는 비중이 점점 더 높아지는 경우에 노령세대에게로 소득재분배효과가 발생한다.

(2) 노동공급효과

연금보험의 폐단의 하나는 도덕적 해이(moral hazard)로 일찍 은퇴하여 연금보험을 수령하려는 조기은퇴현상을 발생시킨다. 이러한 도덕적 해이로 노동공급이 감소하게 되면 자원이 낭비되므로 자원배분의 효율성이 낮아진다. 대부분의 나라에서 도덕적 해이를 어느 정도 막기 위해 연금수령연령을 정하고 연금수령액을 은퇴 이전에 받던 급여의 일부만을 보상하여 노후의 생계를 보장하지만, 부유하게 생활하도록 하는 목적은 아니다.

현실의 연금은 보통 일하며 납부한 조세보다 혜택이 더 큰 경우가 많으므로 개인들의 실질소득을 증가시키는 효과를 가진다. 이러한 실질소득의 증가는 여가소비를 증가시켜서 노동공급을 감소시키는 **소득효과**를 가진다. 그리고 일하면서 추가로 번 소득에서 조세가 납부되면 여가의 기회비용이 낮아져서 여가의 소비가 증가하고 노동공급이 감소하는 **대체효과**가 발생한다. 그런데 일하면서 추가로 번 소득에서 조세가 납부되더라도 나중에 그 조세보다 더 큰 연금혜택으로 돌아온다고 보면 여가의 기회비용이 증가하는 것으로 보아야 한다. 이 경우 여가소비를 줄이고 노동공급을 증가시키는 대체효과가 발생할 수 있다. 이처럼 소득효과와 대체효과가 반대로 작용하면 노동공급에 어떠한 영향이 있는지 알기 어렵다. 실제 실증적 연구들도 다양한 결과를 보여주고 있어서 확실한 답이 없는 상태이다. 그 경제적 효과와 상관없이 우리는 이러한 사회보험제도가 이 사회에 경제안정장치로 꼭 필요하다는 데 인식을 같이하고 있다.

다음 **그림 14-14**는 개인들이 은퇴연령 이후에도 일하면서 추가로 번 소득에서 일정한 삭감률로 삭감된 연금액으로 혜택이 돌아오는 경우와 삭감되지 않고 그대로 돌아오는 경우를 각각 나타낸 그림이다. 가로축은 여가(L)를, 세로축은 소득(Y)을 나타낸다. 은퇴연령 이후에도 일하여 연금액이 삭감되는 예를 들어보자. 노령연금이 100만원인데 은퇴 후에도 일하여 50만원의 소득을 번다면 '100만원−(연금삭감률)×(50만원)'을 연금액으로 지급한다는 의미이다.[6]

먼저 삭감이 없는 경우, 원래의 예산선 AB에서 DB만큼 연금이 지급되어 새로운 예산선이 CD로 평행이동한다. 이 경우 개인의 여가소비의 선택점은 E_0에서 E_2로 변화한다. 따라서 소득효과만 작용하여 여가의 소비가 L_0에서 L_2로 증가한다. 이것은 노동공급이 감소함을 의미하며, 노령연금에 의한 조기은퇴효과이다.

다음으로 삭감이 있는 경우, 연금을 일단 지급하고 나서 현재 얻는 소득에 연금삭감률(t)을 곱하여 삭감한다고 생각하자. 원래의 예산선 AB에서 DB만큼 연금이 지급되면 새로운 예산선이 FD

그림 14-14 국민연금의 노동공급효과

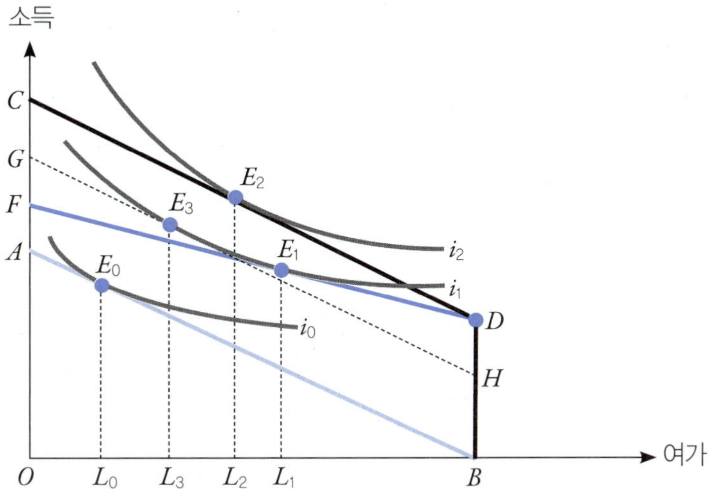

로 이동한다. 새로운 예산선 *FD*의 기울기는 삭감된 것 때문에 임금률이 w에서 $(1-t)w$로 하락했음을 의미한다. 이 경우 개인의 여가소비의 선택점은 E_0에서 E_1로 변화한다. 따라서 예산선 *AB*에서 점선 *GH*의 이동으로 표시한 소득효과(E_0에서 E_3으로 이동)와 i_1의 무차별곡선상의 이동으로 표시한 대체효과(E_3에서 E_1로 이동)가 같은 방향으로 작용하여 여가의 소비가 L_0에서 L_1로 증가한다. 이것은 노동공급이 감소함을 의미한다.

그러나 새로운 예산선의 기울기가 *CD*보다 더 가파른 경우(은퇴 이전 조세납부액보다 연금혜택이 더 큰 경우) 소득효과와 반대로 대체효과가 여가의 소비를 줄이므로 노동공급에의 영향은 알 수 없게 된다. 추가로 한 가지 주목할 점은 연금보험이 노동공급에 대한 조세의 성격으로 노동공급을 감소시키는 측면이 있지만 고용주의 부담액도 있기 때문에 노동수요에 대한 조세의 성격도 가진다는 것이다. 따라서 노동수요를 감소시키는 효과도 있다. 그 결과 노동시장에서 균형노동량은 더 큰 폭으로 감소할 수 있다.

정석 사고

현실의 연금은 보통 일하며 납부한 조세보다 혜택이 더 큰 경우가 많다. 이 경우 개인들의 실질소득을 증가시키는 소득효과가 발생한다. 소득효과에 의해 여가소비가 증가하고 노동공급이 감소한다. 일하면서 추가로 번 소득에서 조세가 납부되면 여가의 기회비용이 낮아져서 대체효과가 발생한다. 또한 대체효과에 의해 여가의 소비가 증가하고 노동공급이 감소한다. 따라서 두 효과 모두 노동공급을 감소시키는 방향으로 작용한다. 그러나 조세보다 더 큰 연금혜택이 주어진다면 여가의 기회비용이 오히려 증가한다. 이 경우 대체효과에 의해 여가의 소비가 감소하고 노동공급이 증가한다. 이처럼 소득효과와 대체효과가 반대로 작용하면 노동공급에 미치는 영향을 알 수 없다. 실제 실증적 연구들도 다양한 결과를 보여주고 있어서 확실한 결론이 없다.

(3) 저축효과

국민연금과 같은 사회보험제도는 개인의 저축에도 영향을 미치는데 그 효과를 살펴보자. 경제의 총저축은 정부의 공적저축과 민간부문의 사적저축으로 구성된다. 연금보험이 공적저축에 미치는 영향은 부과방식에 따라 다른데, 적립방식이면 공적저축이 증가하고, 부과방식이면 아무런 영향이 없다. 연금보험의 적립방식에서는 개인들로부터 기여금을 받기 때문에 공적저축이 증가하는데, 이를 **적립효과**(funded effect)라고 한다. 부과방식에서는 경제활동을 하는 사람들로부터 기여금을 받아서 은퇴하는 노령세대에게 연금급여를 지급하기 때문에 공적저축은 없다.

국민연금은 정부에 의한 강제적인 저축의 형태이므로 민간저축을 감소시킬 가능성이 크다. 이처럼 연금저축이 증가하면 개인의 저축이 감소하는 효과를 **재산대체효과**라고 한다. 또한 연금은 개인들이 더 빨리 은퇴하도록 유도하므로 은퇴 후 높은 소비수준을 유지하기 위해 더 많은 저축이 필요하게 된다. 이와 같이 조기은퇴에 대비해서 저축을 늘리는 효과를 **은퇴효과**라고 부른다. 그리고 일하는 미래세대가 은퇴하는 현재세대를 연금으로 부양한다고 하면 은퇴하는 현재세대는 미래세대의 연금납부에 따른 재산 감소를 인식하고 더 많은 재산을 상속해주기 위해 저축을 늘리는 효과가 발생할 수도 있다. 이것을 **상속효과**라고 한다. 그 밖에도 상대적으로 덜 중요하지만 연금제도에 따른 노후대책의 관심이 증대하여 자발적으로 저축을 증가시킬지도 모른다. 케이건(P. Cagan, 1985)은 이러한 인식으로 인해 저축이 증가하는 효과를 **인식효과**라고 한다.[7] 물론 어느 효과가 더 큰지는 실증적 문제이지만 재산대체효과가 커서 상대적으로 민간의 사적저축이 감소할 가능성이 높다. 다음 **표 14-2** 는 국민연금이 총저축에 미치는 여러 가지 효과를 요약한 것이다.

먼저 공적저축과 사적저축의 재산대체효과만 고려하여 국민연금이 총저축에 미치는 효과를 살펴보자. 적립방식에서 재산대체효과만 고려할 때 정부의 공적저축이 증가하는 한편 민간의 사적저축이 그만큼 감소하므로 총저축에 변화가 없다. 그 결과가 (1)+(2)열에 표시되어 있다. 부과방식에서는 현재 일하는 세대가 은퇴세대를 책임지는 것이므로 공적저축은 없다. 그러나 민간의 재

표 14-2 국민연금의 총저축효과

구분	공적저축	사적 저축				총저축	
	적립효과 (1)	재산대체효과 (2)	은퇴효과 (3)	상속효과 (4)	인식효과 (5)	(1)+(2)	(1)+(2)+(3)+(4)+(5)
적립방식	+	−	+	+	+	0	+
부과방식	0	−	+	+	+	−	−

산대체효과는 사람들이 연금을 믿고 저축을 줄이는 것이다. 따라서 (1)+(2)열에 나와 있는 것처럼 총저축은 감소한다.

이제 공적저축과 사적저축의 모든 효과를 고려하여 국민연금이 총저축에 미치는 효과를 살펴보자. 사적저축에서 재산대체효과가 가장 크다고 가정할 때 모든 효과를 고려한 총저축효과가 (1)+(2)+(3)+(4)+(5)열에 나와 있다. 적립방식에서는 재산대체효과와 정부의 공적저축이 서로 상쇄되므로 나머지 효과들에 의해 총저축의 증감이 결정된다. 나머지 효과들은 총저축을 모두 증가시키는 방향으로 작용하므로 (1)+(2)+(3)+(4)+(5)열의 첫째 칸은 총저축이 증가한다는 것을 보여준다. 부과방식에서는 공적저축이 없으므로 재산대체효과가 총저축을 감소시킨다. 물론 이 경우 재산대체효과보다 은퇴효과 및 상속효과와 인식효과 등이 더 크다면 총저축이 증가할 수도 있다. 표에서 (1)+(2)+(3)+(4)+(5)열의 둘째 칸은 재산대체효과가 나머지 효과보다 더 크다는 가정에 의해 총저축이 감소한다는 것을 보여준다.

수년간 미국의 연금제도를 분석한 펠드스타인(M. Feldstein, 1974)의 실증분석은 미국의 국민연금제도가 총저축을 크게 감소시키는 결과를 보여준다. 그러나 레이머-레스노이(D. Leimer and S. Lesnoy, 1982)의 실증분석은 국민연금제도가 총저축에 거의 영향을 미치지 못하는 결과를 보여준다. 댄지거 등(S. Danziger et al., 1981)과 같은 대부분의 실증분석들은 연금제도가 총저축을 어느 정도 감소시킨다고 본다. 이러한 실증분석들은 모두 미국의 부과방식에 대한 결과이므로 우리나라의 적립방식에서는 총저축이 오히려 촉진될지도 모른다.

정석 사고

국민연금제도가 총저축에 미치는 영향은 여러 효과를 낳는다. 우선 경제전체의 저축을 공적저축과 사적저축으로 나누어보면 국민연금제도는 공적저축을 늘리고 사적저축을 그만큼 줄인다. 정부에 의한 연금저축이 증가하면 개인의 저축이 감소하는 재산대체효과, 조기은퇴에 대비해서 저축을 늘리는 은퇴효과, 일하는 미래세대의 연금납부에 따른 재산감소를 인식하고 더 많은 재산을 상속해주기 위해 저축을 늘리는 상속효과, 연금제도로 노후대책의 관심이 증대하여 자발적으로 저축을 증가시키는 인식효과 등이 있다. 어느 효과가 더 큰지에 따라 총저축에 미치는 영향이 달라진다. 적립방식에서는 재산대체효과와 공적저축이 상쇄되고, 다른 효과로 인해 총저축이 증가할 수 있다. 부과방식에서는 공적저축은 없고, 재산대체효과가 다른 효과보다 클 때 총저축이 감소할 수 있다.

제5절 고용보험의 당위성과 경제적 효과

1. 고용보험의 당위성

근로자가 실업을 당하거나 산업구조조정으로 다른 직업능력을 개발할 때 필요한 보험이다. 실업에도 발생원인에 따라 계절적 실업, 경기적 실업, 구조적 실업, 마찰적 실업 등이 있다. 특히 마찰적 실업과 구조적 실업의 경우 고용보험의 효과가 강한 것으로 알려져 있다. 개인의 관점에서 고용보험의 가입이 강제적이지 않고 자발적일 때 근로자가 고용보험에 가입하고자 하는 이유가 있다면 무엇일까?

근로자가 고용보험에 가입하는 이유는 실업이나 재취업과 같은 미래의 위험과 불확실성을 감소시켜 안정적 소득을 확보하는 데 있다고 할 수 있다. 연금보험과 모든 원리가 거의 동일하고, 위험과 불확실성의 성격과 내용이 다를 뿐이다. 연금보험에서 살펴본 것과 같은 예를 사용하여 현재 Y의 소득을 얻고 있는 근로자가 실업할 확률이 p라고 하자. 그가 실업할 때 소득이 없어진다면 그의 기대소득은 $(1-p)Y$가 된다. 그러나 이 금액보다 작지만 기대소득과 같은 효용을 주는 확실한 소득을 얻기 위해 감수해야 할 소득감소분이 근로자의 **위험비용**이다. 만약 실제보험료가 위험비용보다 작다면 근로자는 보험료를 기꺼이 내고 확실한 소득을 보장받을 것이다. 이 원리를 통해 근로자로부터 보험료를 받고 위험을 줄여서 근로자의 안정적 소득을 보장해주는 것이 바로 고용보험의 당위성이다.

연금보험과 똑같이 **그림 14-15** 를 통하여 이해해보자. 그림에서 수평축은 소득을, 수직축은 효용을 나타낸다. 회사에 다니는 어떤 근로자가 p의 확률로 실업할 때 소득을 모두 상실하고,

그림 14-15 고용보험의 경제적 동기

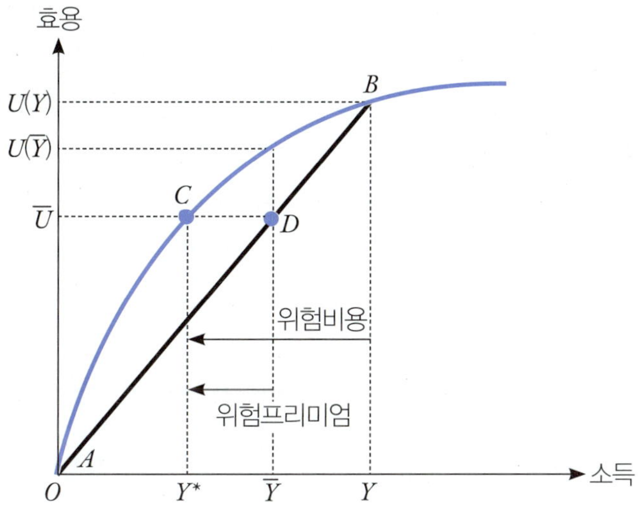

$(1-p)$의 확률로 Y의 소득이 발생한다고 하자. 이 근로자의 기대소득을 $\overline{Y}$, 기대소득의 기대효용을 $\overline{U}$라고 하면 D점이 그 상태를 나타낸다. 그림의 D점과 같은 수준의 효용을 가져다주는 확실한 금액(확실대등액)은 C점이 의미하는 Y^*이다. 위험으로 인한 소득감소가 근로자의 위험비용이므로 위험비용$=Y-Y^*$이다. 실제보험료가 위험비용보다 크지 않는 한 근로자는 보험료를 내고 확실한 소득 Y^*를 보장받는다. 이것이 고용보험에 가입하는 경제적 동기이다.

이상에서 살펴본 고용보험이 민간보험회사에 의해 제공된다면 어떻게 될까? 실업의 위험은 개인적 위험인 측면도 있지만 근로자가 동시적으로 겪을 수 있는 사회적 위험의 성격이 더 강하다. 따라서 민간보험회사가 공동으로 위험에 빠질 수 있는 사회적 위험에 대한 공동부담만으로 위험을 제거하기가 어렵다. 민간보험회사는 막대한 보험금이 필요하므로 파산의 위험에 빠질 가능성이 높다.

또한 민간보험회사가 전 국민을 대상으로 가입을 받아 운영한다면 운영에 소요되는 비용이 높아서 보험료가 근로자의 위험비용보다 높을 수도 있다. 이런 경우 근로자가 가입하려고 하지 않으므로 민간보험회사가 적자 없이 운영하면서 고용보험을 제공하기 어렵게 된다.

한편 민간보험회사에 고용보험을 맡기면 역선택의 문제가 발생한다. 민간보험회사는 근로자들의 개별특성을 잘 알지 못하므로 실업할 확률이 아주 높은 근로자들만 거의 모두 가입하기 때문에 회사의 생산비용이 올라가고 공급이 자꾸 줄게 된다. 이러한 역선택으로 인해 고용보험시장의 실패가 발생한다.

이상에서 보듯이 실업의 사회적 위험의 성격으로 파산가능성이 높고, 과다한 운영비용으로 보험료가 인상되고, 실업할 확률이 아주 높은 근로자만 모두 가입하는 역선택의 문제로 민간보험시장이 실패하게 된다. 이러한 경우 정부가 고용보험을 공급한다면 실업의 사회적 위험으로 인한 파산가능성은 낮아진다고 할 수 있다. 국 · 공채발행과 조세징수 등의 여러 가지 재원조달방법이 있기 때문이다. 또한 정부는 규모의 경제로 운영비용을 낮출 수 있어 보험료를 낮출 수 있다. 그리고 역선택의 문제는 정부가 모든 근로자에게 강제가입을 의무화하면 해결될 수 있다. 따라서 이러한 유리한 점으로 정부가 근로자에게 필요한 고용보험을 제공할 당위성을 가진다.

정석 사고

고용보험은 근로자가 실업을 당하거나 산업구조조정으로 다른 직업능력을 개발할 때 필요한 사회보험이다. 고용보험의 당위성은 실업이나 재취업과 같은 미래의 위험과 불확실성을 감소시켜 안정적 소득을 확보하는 데 있다. 보험시장에서 보듯이 민간보험회사들이 근로자가 동시적으로 겪을 수 있는 실업의 사회적 위험에 대처하기 어렵고, 운영상 규모의 경제를 실현하기 어렵고, 역선택과 도덕적 해이의 문제로 시장실패를 초래하므로 정부가 이것을 보완하고 해결하기 위해서 필요한 사회보험제도이다.

2. 고용보험의 경제적 효과

(1) 소득재분배효과

고용보험의 혜택은 주로 직업이 불안정한 저소득계층에 돌아간다고 볼 수 있다. 그러므로 고용보험의 제공 이외에 소득재분배의 부수적 효과까지 기대할 수 있다. 또한 저소득계층에 고용보험료를 상대적으로 낮게 부과함으로써 누진세와 같은 재분배효과를 가질 수 있다.

(2) 노동공급효과

고용보험의 실업급여는 노동공급을 감소시킬 수 있다. 직업탐색이론(job search theory)에 따르면, 근로자는 받고자 하는 임금(유보임금)보다 낮은 임금을 제의하면 그 직장을 선택하지 않는다. 그런데 실업급여가 실업상태에 있는 고통을 상당히 경감시키기 때문에 근로자가 받고자 하는 임금이 높아진다. 통속적으로 말해서 눈높이가 높아진다는 것이다. 결국 많은 직장에서 제의한 임금보다 근로자가 받고자 하는 임금이 더 높아서 노동공급이 감소하게 된다. 물론 직업탐색이론에 문제점이 있다. 단기적으로는 실업급여가 근로자가 받고자 하는 임금을 높이지만 장기적으로 실업상태에 있으면 초조함에 의해 다시 유보임금이 낮아질 수 있다. 그리고 실업급여의 덕택에 초조함 대신 차분한 마음으로 새로운 직장을 탐색할 수 있어 오히려 노동공급을 증가시킬 수 있다.

도덕적 해이(moral hazard)의 모형에 따르면 실직해도 실업급여가 있다는 생각에 근로자가 직장에서 최선을 다하지 않으며, 실제 실직해도 실업급여의 존재로 새로운 직장을 열심히 탐색하지 않는다. 이러한 도덕적 해이로 노동공급이 감소하게 되면 자원이 낭비되므로 자원배분의 효율성이 낮아진다. 대부분의 나라에서 도덕적 해이를 어느 정도 막기 위해 실업의 위험을 완전히 보상하지 않는 부분보험제도를 사용한다. 이 제도는 실업으로 인한 소득의 감소를 국가와 근로자가 나누어 분담하고, 직장에 다닐 때 받던 최종급여의 일부를 실업급여로 지급하는 것이다.

정석 사고

고용보험제도는 주로 고용상태가 불안정한 저소득계층에게 낮은 보험료율을 적용해주면 기여금에 비해 혜택이 크게 돌아가는 소득재분배의 효과가 있다. 직업탐색이론에 의하면 고용보험이 직업탐색기간을 길게 하여 노동공급을 감소시킨다. 또한 도덕적 해이 모형에 의하면 일을 하는 근로자에게 도덕적 해이가 생겨 노동공급(노동시간)이 감소한다. 이러한 이유로 실업의 위험을 일부 보상하는 부분보험제도를 사용한다. 그리고 고용보험은 경기호황시 보험금지급이 줄고 경기불황시 보험금지급이 늘어 경기신축적 자동안정화기능을 한다.

제6절 정석 재정학 건강보험의 당위성과 경제적 효과

1. 건강보험의 당위성

건강보험은 가계구성원이 질병에 걸리거나 부상을 당할 때 필요한 보험이다. 가계구성원의 관점에서 건강보험의 가입이 자발적일 때 건강보험에 가입하고자 하는 이유가 무엇인지 살펴보자.

개인이 건강보험에 가입하는 이유는 질병이나 부상과 같은 미래의 위험과 불확실성을 감소시켜 안정적 소득을 확보하는 데 있다.

건강보험도 연금보험이나 고용보험과 기본원리는 동일하며, 위험과 불확실성의 성격과 내용만 다를 뿐이다. 건강보험에서는 다른 사회보험과 달리 병을 앓게 되어도 약간의 소득이 있다고 가정하자. 물론 이 가정에 의해 결과가 바뀌는 것은 없지만 좀더 현실적인 것으로 보고 가정을 바꾼 것이다. 현재 Y_2의 소득을 얻고 있는 가계에서 질병에 걸릴 확률이 p라고 하자. 가계가 질병에 걸릴 때 소득이 Y_1이라고 하면 가계의 기대소득은 $pY_1+(1-p)Y_2$가 된다. 이때 근로자의 **위험비용**은 기대소득보다 작지만 기대소득과 같은 효용을 주는 확실한 소득을 얻기 위해 감수하는 소득상실액이다. 실제보험료가 위험비용보다 작은 한, 가계는 보험료를 기꺼이 내고 확실한 소득을 보장받는다. 이와 같이 질병이나 부상으로 인한 위험을 줄여서 가계의 건강을 지키면서 안정적 소득을 보장해주는 것이 건강보험의 필요적 당위성이다.

연금보험과 고용보험의 기본원리와 동일하게 **그림 14-16** 을 통하여 이해해보자. 그림에서 수평축은 소득을, 수직축은 효용을 나타낸다. 어떤 가계가 p의 확률로 질병에 걸릴 때 Y_1의 소득을, $(1-p)$의 확률로 Y_2의 소득을 가진다고 하자. 이 가계의 기대소득은 $\overline{Y}$이고, 기대소득의 기대효용은 $\overline{U}$라고 할 때 이 상태가 D점이며, 이와 같은 수준의 효용을 주는 확실한 금액은 C점이 의미하는 Y^*(확실대등액)이다. 위험으로 인한 소득감소를 나타내는 가계의 위험비용은 (Y_2-Y^*)이다. 실

그림 14-16 건강보험의 기초원리

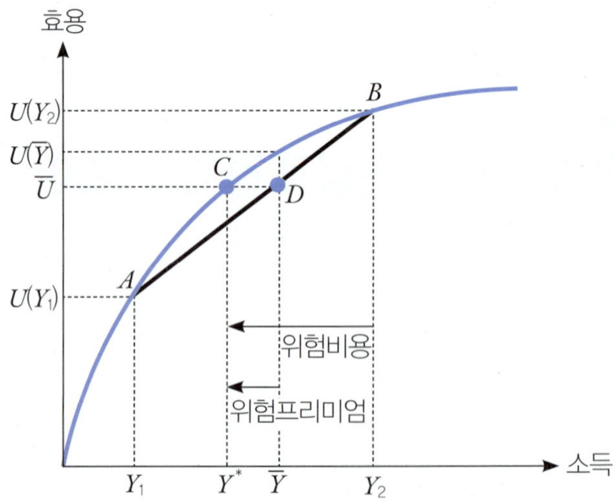

제보험료가 위험비용보다 작다면 가계는 건강보험료를 내고 확실한 소득 Y^*를 보장받는다. 이것이 건강보험에 가입하는 경제적 동기이다.

이상에서 살펴본 건강보험이 민간보험회사에 의해 제공된다면 전 국민을 대상으로 가입을 받아 운영하기 때문에 운영비용이 높아져서 보험료가 가계의 위험비용보다 높아질 수 있다. 이 경우 가계들이 가입을 기피하게 되므로 민간보험회사가 건강보험을 제공하기 어렵다.

고용보험처럼 민간보험회사에 건강보험을 맡기면 역선택의 문제로 질 좋은 건강보험을 제공하기 어렵다. 역선택은 정보의 비대칭성으로 발생하는데, 민간보험회사가 가계들의 개별건강상태를 잘 알지 못하기 때문이다. 질병에 걸릴 확률이 아주 높은 가계만 주로 가입하는 역선택의 문제로 회사의 생산비용이 올라가서 건강보험서비스를 제공하기 어려워진다. 따라서 건강보험시장의 실패가 발생한다.

이상에서와 같이 건강보험시장의 실패가 발생할 때 정부가 건강보험을 공급하면 운영상 규모의 경제를 실현하여 생산비용을 낮출 수 있고, 이에 따라 보험료도 낮출 수 있다. 그리고 정부가 모든 가계가 건강보험에 가입하도록 의무화하면 역선택의 문제를 해결할 수 있다. 따라서 정부가 전 국민에게 필요한 건강보험을 제공할 당위성을 가진다.

정석 사고

건강보험은 가계구성원이 질병에 걸리거나 부상을 당할 때 필요한 사회보험이다. 건강보험의 당위성은 질병이나 부상과 같은 미래의 위험과 불확실성을 감소시켜 안정적 소득을 확보하는 데 있다. 민간보험회사들은 운영상 규모의 경제를 실현하기 어렵고, 개인의 건강에 대한 정보의 부족으로 인한 역선택과 과잉진료라는 도덕적 해이의 문제로 시장실패를 초래한다. 따라서 국민건강보험은 정부가 시장실패의 문제를 해결하는 동시에 온정적 간섭주의에 의해 가계의 질병에 의한 소득상실과 같은 위험을 줄이기 위해서 운영하는 사회보험제도이다.

2. 건강보험의 경제적 효과

(1) 소득재분배효과

건강보험의 혜택은 주로 질병이나 부상에 취약한 저소득계층에 돌아간다. 저소득계층일수록 건강관리에 소홀하고, 건강에 투자할 여력이 부족하여 질병이나 부상의 가능성이 높기 때문이다.

그러므로 건강보험의 급여지급이 저소득계층에 집중되어 소득재분배의 부수적 효과를 가진다. 또한 저소득계층에 건강보험료를 상대적으로 낮게 부과하는 누진보험료체계를 통해 소득재분배효과를 가질 수 있다.

(2) 수요증대효과

도덕적 해이(moral hazard)의 모형에 따르면 질병에 걸려도 건강보험급여가 있다는 생각에 최선을 다해서 건강관리를 하지 않고, 질병에 실제 걸려도 지나치게 잦은 치료와 고급의료서비스를 이용하려는 심리와 같은 도덕적 해이로 인해서 의료수요가 급증하고 이에 따라 건강보험료가 과다하게 지출된다. 자원배분의 측면에서 자원낭비에 의해 효율성을 잃을 뿐만 아니라 보험운영에서 적자가 발생할 수 있다. 고용보험에서처럼 대부분의 나라에서 도덕적 해이를 막기 위해 부분보험제도를 사용한다. 이 제도는 의료비의 일부만 정부가 지급하고 나머지는 자신의 건강을 돌보는 데도 소홀하지 않게 가계가 부담하도록 하여 도덕적 해이현상을 완화시킨다.

정석 사고

건강보험제도는 주로 질병이나 부상에 취약한 저소득계층에게 낮은 보험료율을 적용해주면 기여금에 비해 혜택이 크게 돌아가는 소득재분배의 효과가 있다. 그런데 건강보험은 과잉진료와 건강관리소홀이라는 도덕적 해이로 인해서 의료수요가 급증하여 건강보험 재정적자가 발생할 수 있다. 이를 해결하기 위해 부분보험제도를 사용하는 한편 의료수가를 재조정한다.

정석 사례연구

공적연금(국민연금)과 민간저축

이론적으로, 공적연금(우리나라의 국민연금)은 기금적립을 통해 국민저축을 높이고 자본축적과 생산성향상에 기여한다. 그러나 실제로는 연금기금이 국민저축을 추가적으로 증가시키지 않을 수도 있다. 2005년 미국의 연방정부 혹은 중앙정부의 발표에 따르면, 공적연금이 1,730억 달러의 흑자를 기록하였다. 이 결과만으로 국민저축이 그만큼 증가했다고 볼 수 없는데, 다른 저축이 그것을 대체했을 수 있기 때문이다.[8)]

하나의 대표적 사례로 1992년에 있었던 이탈리아의 공적연금개혁을 꼽을 수 있다. 이 연금개혁은 정부부문의 젊은 근로자들의 연금급여를 대폭 삭감하였지만, 고령 근로자 및 민간부문 근로자의 연금수준에는 큰 영향을 주지 않았다. 연금개혁의 결과는 공공부문의 젊은 근로자들이 미래의 연금자산 감소를 보충하기 위해 저축을 증대시켰다는 것을 보여준다. 연금개혁 전후의 저축수준의 변화를 비교한 결과 연금자산 감소분의 30~40%(100달러당 30~40달러)가 민간저축의 증대를 통해 상쇄된 것으로 나타났다. 영국에 대한 연구도 비슷한 결과를 보여주었다. 결과적으로 공적연금은 부분적으로 민간저축을 구축시킨다(O.P. Attanasio and A. Brugiavini, 2003).[9)]

이와 관련한 대표적 연구로서 펠드스타인(M. Feldstein, 1996)은 공적연금자산 100달러에 대해서 2.8달러만큼 저축을 감소시킨다고 주장한다.[10)] 미국에서 공적연금제도가 도입된 1930년대에 이 제도의 도입을 통해 저축을 감소시켰다면 경제불황을 탈출하는 데 큰 도움이 되었을 것이다. 전체적으로 레이머와 레스노이(Leimer and Lesnoy, 1982)의 연구를 제외한 대부분의 연구들은 공적연금자산과 저축 사이에는 음의 상관관계가 있다는 것을 보여준다.

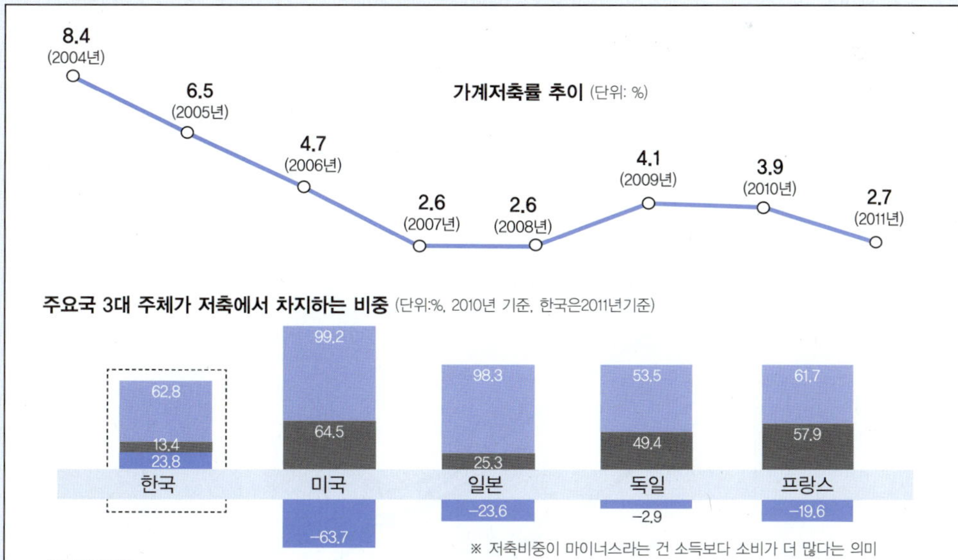

자료: 한국은행

정석 기본문제

1. 빈곤지수를 정의하고 그 문제점을 설명하라.

2. 빈곤의 척도인 센지수는 어떤 특징을 가지고 있는지 설명하라.

3. 소득분배에 관하여 라이덴방식에 의한 빈곤선은 어떻게 결정되는가?

정석 힌트 라이덴방식은 최소한의 인간다운 생활을 할 수 있는 사람들의 주관적 평가에 의해 빈곤선을 결정한다.

4. 소득분배에 관하여 라운트리방식에 의한 빈곤선은 어떻게 결정되는가?

정석 힌트 라운트리방식은 객관적인 기준에 의해 최소한 필요한 의식주를 만족시킬 수 있는 최저생계비에 의해 빈곤선을 결정한다.

5. 사회보장제도의 혜택을 현금으로 보조해주는 것과 가격으로 보조해주는 것 중 어느 것이 더 효율적인가?

정석 힌트 현금보조일 경우에는 소득효과만 발생한다. 그러나 가격보조의 경우 상대가격을 바꾸어 대체효과도 생기므로 시장을 왜곡한다.

6. '톰'이라는 나라에 살고 있는 제리는 월 100원의 소득을 얻고 있으며, 빵과 옷으로 살아간다. 이때 '톰' 정부는 사회보장제도의 혜택을 제리에게 주기 위해 빵의 가격을 1/2만큼 보조해주기로 했다.

[1] 빵과 옷의 공간에 제리의 가격보조 전후의 예산선과 선택점을 표시하라.

정석 힌트 그림의 AB선과 E점에서 AC선과 E′점으로 변화한다.

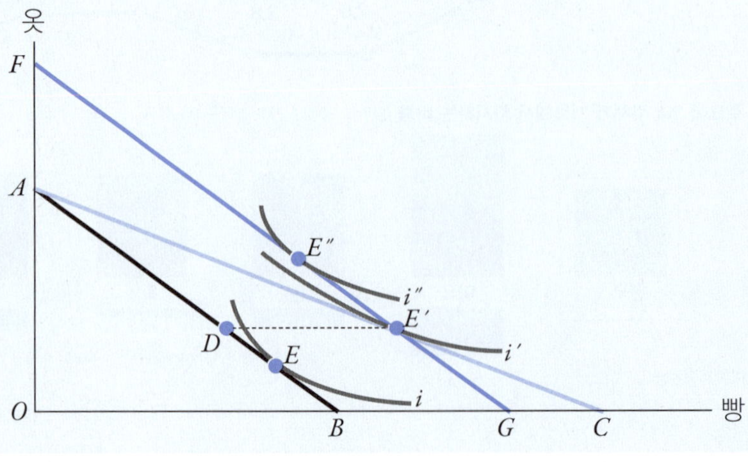

[2] '톰' 정부가 제리에게 실제로 지불하는 보조금의 크기를 빵의 단위로 표시하라.

정석 힌트 보조금의 크기를 빵의 단위로 표시하면 그림의 DE'이다. 새로운 선택점에서 원래의 예산선 사이의 수평거리를 측정한다.

[3] 이제 '톰' 정부가 같은 보조금의 크기로 현금보조를 해주기로 했다. 제리에게 어떤 경제적 변화가 생기는가?

정석 힌트 원래의 예산선을 DE'(보조금의 크기)만큼 위로 평행이동시킨다. 그때의 새로운 선택점이 E″ 점이며, 이 점에서 효용수준이 더 높으므로 경제적 후생이 증가한다. 그런데 한 가지 주목할 점은 빵의 소비가 가격보조에 비해 줄어든다는 점이다. 빵의 소비촉진이 원래 의도한 것이라면 후생을 희생하여 가격보조를 시행하는 것이 더 유리할 수 있다.

7. '디즈니' 나라에 부의 소득세가 시행되고 있다고 하자. 미키의 기초수당이 월 100만원이고, 한계세율이 0.2라고 할 때 미키가 번 소득이 얼마 이상일 때 이 제도의 혜택을 받지 못하는가?

정석힌트 부의 소득세는 실제 면세소득 이하에서 보조금을 받는 제도이다. 따라서 면세소득이 자신의 소득인 경우 보조금은 0이 된다. 보조금=기초수당−(한계세율×자신의 소득)=100−(0.2×y)=0의 식에서 y=500만원이다.

8. 국민연금제도의 당위성은 시장실패와 온정적 간섭주의에서 찾을 수 있다. 특히 시장실패를 보완한다는 관점에 대해서 설명하라.

정석 힌트 보험시장의 공통적 특징이 위험과 불확실성이 따르는 상품이기 때문에 정보의 비대칭성으로 인한 역선택과 주의를 게을리하는 도덕적 해이현상이 발생한다. 이러한 문제 때문에, 특히 퇴직으로 인한 소득상실이라는 사회적 위험에 민간보험시장이 효율적으로 공급하기 어렵다는 측면에서 정부가 연금보험을 제공해야 하는 당위성이 도출된다.

9. 국민연금제도의 노동공급효과에 대하여 설명하라.

10. 고용보험제도가 경기신축적인 제도라고 한다. 무슨 의미인지 설명하라.

11. 국민건강보험제도의 당위성과 문제점을 설명하라.

정석 심화문제

12. 다음 글을 읽고 물음에 답하라.

> 소득재분배정책의 일례로서 국민연금제도는 사회보험의 일종으로 기여원칙을 바탕으로 하되 강제적인 저축제도로 파악될 수 있다. 이 제도가 저축에 미치는 영향은 재산대체효과(저축과 기여금의 대치), 상속효과(총상속=사회총저축='저축+기여금'의 세대간 이전)를 중심으로 이외에 인식효과(저축의 중요성을 일깨운다는 의식효과), 은퇴효과(연금급여 또는 반환일시금에 대한 기대로 인한 퇴직현상), 목표실현효과(저축이나 노후 소비수준의 목표를 실현하려는 의식효과) 등으로 나누어볼 수 있는 데, 부과방식과 적립방식에 따라 그 효과도 달라진다.

[1] 적립방식에 있어서 재산대체효과에 의해서 저축이 감소하고, 상속효과에 의해서 저축(또는 기여)이 증가한다고 한다. 전반적으로 이 방식은 후손의 자본공급, 즉 국민소득에 어떤 영향을 미치는가?

정석 힌트 적립방식에서 재산대체효과만 고려할 때 정부의 공적저축이 증가하는 한편 민간의 사적저축은 그만큼 감소하므로 총저축에 변화가 없다. 그러나 상속효과를 포함한 나머지 효과들은 총저축을 모두 증가시키는 방향으로 작용하므로 총저축이 증가한다. 그러므로 후손에게 자본이 더 많이 공급되고 국민소득이 증가할 것이다.

[2] 부과방식의 경우 저축에 미치는 영향과 국민소득에 미치는 영향을 설명하라.

정석 힌트 부과방식에서는 현재 일하는 세대가 은퇴세대를 책임지는 것이므로 공적저축은 없고, 민간의 재산대체효과는 사람들이 연금을 믿고 저축을 줄이도록 한다. 재산대체효과가 가장 크다고 가정할 때 상속효과를 포함한 나머지 효과들이 총저축을 모두 증가시키는 방향으로 작용하더라도 총저축이 감소한다. 그러므로 후손에게 자본공급이 줄어 국민소득이 감소할 것이다.

[3] 어떤 학자(예: 하버드대의 쿠퍼 교수)는 개방경제에서 국민연금이 저축에 미치는 효과가 중요하지 않다고 주장한다. 이렇게 주장하는 이유에 대하여 설명하라.

정석 힌트 개방경제에서는 저축이 지출보다 적을 경우 국제자본시장에서 융자를 받을 수 있다. 즉, 외국의 투자가 그 나라의 미래가능성을 보고 투자하기 때문에 그 나라의 투자는 저축에 많은 영향을 받지 않고 경제성장을 할 수 있다. 그리고 현대사회의 경제성장의 동력은 저축과 같이 눈에 보이는 투자가 아니라 사람들의 지식이 풍부하고 혁신을 이루어 생산과정을 개선함으로써 생산성을 높이는 시스템 그 자체이다.[11)]

13. '갑' 나라에서는 사회복지와 노동을 결합한 생산적 복지를 위해 '근로빈곤층'에게 근로유인과 함께 최저생활을 보장해주자는 취지의 근로장려세제를 도입하기로 했다. 이 나라에 살고 있는 근로빈곤층인 갑돌이는 일을 하여 낮은 소득을 벌고 있지만 공공부조의 혜택은 못 받고 있다고 한다. 갑돌이는 여가를 정상재로 여긴다.

'갑' 나라에서 현금으로 지원하는 근로장려세제는 근로소득이 매우 낮은 경우 근로소득이 증가함에 따라 근로장려금이 증가하는 점증구간, 근로소득이 어느 수준을 초과하면 근로소득이 증가함에 따라 근로장려금이 감소하는 점감구간, 그리고 두 구간 사이의 어떤 소득범위에 대해서는 근로장려금이 일정한 평탄구간을 두고 운영된다.

[1] 점감구간에 갑돌이의 선택이 이루어진다면 어떤 경제적 효과가 발생하는가?

정석 힌트 점감구간에서는 소득효과와 대체효과가 모두 발생한다. 소득효과로 노동공급이 감소하고, 여가의 기회비용이 낮아져서(왜? 임금률이 한계세율만큼 삭감된다는 것을 기억할 것) 여가의 소비가 증가하는 대체효과로 노동공급이 감소한다. 두 효과 모두 노동공급을 감소시킨다. 그러나 노동공급이 0이 되지는 않는다.

[2] 이제 점증구간에 갑돌이의 선택이 이루어진다면 어떤 경제적 효과가 발생하는가?

정석 힌트 점증구간에서도 소득효과와 대체효과가 모두 발생한다. 소득효과로 노동공급이 감소하고, 여가의 기회비용이 높아져서(왜? 임금률이 음의 한계세율만큼 높아진다는 것을 기억할 것) 여가의 소비가 감소하는 대체효과로 노동공급이 증가한다. 두 효과가 서로 상반되게 작용한다. 따라서 이 경우에는 노동공급이 증가하는지 감소하는지 알 수 없다.

[3] 평탄구간에서 갑돌이의 선택이 이루어진다면 어떤 경제적 효과가 발생하는가?

정석 힌트 평탄구간에서는 일정한 액수의 근로장려금이 지급되므로 소득효과만 발생한다. 소득효과에 의해 여가의 소비가 증가하고 노동공급이 감소한다.

[4] 만약 갑돌이가 현재 일을 하지 않고 있다면 그가 어떤 선택을 할 것으로 예상되는가?

정석 힌트 갑돌이는 현재 일을 하지 않고 있으므로 여가-소득의 선택에서 여가만을 소비하는 모서리해를 선택하고 있다. 그러므로 이 경우 근로장려세제에 의해 여가의 기회비용이 높아지면 여가소비를 줄이고 노동공급을 증가시킬 것이다. 따라서 점증구간의 어디에서 선택할 것으로 예상된다.

14. '을' 나라에서는 국민연금제도를 운영하기 위해 다음과 같은 연금산출공식을 만들었다고 한다.

> 기본연금액=c(A+B)×(1+0.05N/12)
> A: 연금수급 전 3년간의 전체가입자의 월평균소득액(소득균등부분)
> B: 가입자 개인의 가입기간 중 월평균소득액(소득비례부분)
> N: 20년 초과가입월수
> 0.05: 가입기간 20년 초과년수의 가산(5%) 비례상수
> c: 평균급여에 맞추기 위한 상수

[1] '을' 나라의 연금산출공식에서 A부분은 어떤 역할을 하는가?

정석 힌트 가입자 전체의 평균소득보다 낮은 사람에게 자신의 소득보다 높은 값을 적용해주는 것이므로 세대 내에서 재분배가 되도록 하는 효과를 가진다. 따라서 사회적 공평성의 관점에서 소득재분배가 되도록 하는 것이다.

[2] '을' 나라의 연금산출공식에서 B부분은 어떤 역할을 하는가?

정석 힌트 가입자 개인의 평균소득에 비례해서 연금급여를 지불하는 것이므로 개인적 공평성을 반영한 부분이다.

[3] '을' 나라의 연금산출공식에서 A부분과 B부분을 일대일로 구성한 이유는 무엇인가?

정석 힌트 이 나라에서 개인적 공평성과 사회적 공평성을 절충한 결과라고 생각할 수 있다. 스웨덴과 같은 나라는 사회적 공평성을 더 중시하므로 A부분에 더 큰 가중치를 둘 것이고, 미국 같은 나라라면 개인적 공평성을 더 중시하므로 B부분에 더 큰 가중치를 둘 것이다.

[4] '을' 나라에서 인플레이션이 발생한다면 어떤 것을 통하여 조정될까?

정석 힌트 A부분은 가입자 전체 평균소득이므로 이 부분에 전체 물가상승분을 반영하여 연금액이 높아지도록 조정할 수 있다

[5] 다음 표는 '을' 나라에서 개인이 지급받는 연금을 은퇴하기 전 평균소득으로 나눈 연금급여율(소득대체율)을 %로 나타냈다. 그리고 소득비례부분(B)을 소득균등부분(A)으로 나눈 비율을 '연금기여율'이라고 정의하자. 연금급여율과 연금기여율 사이에 어떤 관계가 있는지 소득재분배효과와 관련지어 설명하라.

연금기여율(B/A)	가입기간 20년(소득대체율)
0.25	60%
0.5	40%

정석 힌트 저소득계층일수록 연금기여율이 낮을 것이므로 저소득계층의 소득대체율이 높다면 소득재분배효과가 존재하고 있다는 의미이다.

제15장 지방재정

정부기관의 유일하게 정통적이라고 할 수 있는 목적은

일반대중의 행복을 가능하면 가장 크게 하는 것이다.

– Thomas Jefferson –

머스그레이브는 국가의 3대 재정기능으로서 자원의 배분, 소득재분배, 경제안정화 및 성장 기능을 제시한 바 있다. 이러한 국가재정의 기능은 재정이 추구할 목표이기도 하다. 그러나 중앙정부가 이 모든 기능을 맡아 하는 것은 아니다. 대부분의 국가들은 중앙정부를 포함한 다단계의 지방정부로 구성되어 있으며, 중앙정부와 지방정부들이 적절하게 책임과 권한을 분담하고 있다.

국가재정이 중앙정부의 경제라면 지방재정은 다수의 지방정부의 경제를 총괄한 것으로 그 활동이 중앙정부의 그것과 다르다. 각 지방정부마다 인구, 재정력, 경제력이 모두 달라 다양성이 하나의 특징이다. 또한 국가에 의한 제도적인 제약(법령 등)이 가해진다는 점이 특징이다. 지방정부의 기원은 인간의 역사만큼 오래된 것이다. 영국에서는 앵글로-색슨시대 이후 도시와 촌락마다 지방회의를 두어 각종 지역적 문제를 자치적으로 해결하는 제도가 있었다. 지역적 사무를 주민이 구성한 지방정부에 전담시키는 일은 민주주의적 정치이상과도 일치한다.

정부를 구성할 때 어떤 단계의 정부를 구성하고, 각 단계의 정부가 어떤 부분을 맡아서 하는 것이 효율적인가 하는 문제가 따른다. 이것을 기능배정의 문제라고 한다. 또한 지방정부

제15장 지방재정

가 어떤 부분에 대해 징세권을 행사하는 것이 바람직한가 하는 문제도 따른다. 이것을 지방정부의 재원조달의 문제라고 한다. 그 밖에도 지방정부의 운영에 관련한 여러 가지 문제들이 발생할 수 있다. 그중 대표적인 것으로 지역 사이에 존재하는 재정력과 소득격차에 따라 공평성과 효율성에 문제가 발생할 수 있다.

이 장에서는 엄연히 존재하고 있는 이러한 문제를 어떻게 해석하고 해결해야 하는지를 고민할 것이다. 먼저 출발점으로 중앙집권제와 지방분권제의 장단점은 무엇인지, 지방분권의 논리에는 어떤 배경을 가지고 있는지 살펴볼 것이다. 그리고 지방정부의 재원에는 어떠한 것이 있는지, 이러한 재원을 활용하여 지역주민들의 소득을 높이고 살기 좋은 지역사회를 건설하는 데 어떤 방안이 효과적인지 등에 대한 해답을 부분적이나마 제시해보려고 한다.

이 장에서 배울 것

- 중앙집권제와 지방분권제의 장단점은 무엇인가?
- 지방정부의 기능은 무엇인가?
- 지방정부의 재원에는 어떤 것이 있는가?
- 지방재정조정제도란 무엇인가?
- 지방재정조정제도의 정책수단들의 경제적 효과는 무엇인가?

제1절 중앙집권제와 지방분권제의 비교

정석 재정학

1. 중앙집권제

머스그레이브가 제시한 3대 재정기능에서 볼 수 있듯이, 정부가 존재하는 이유는 효율적인 자원배분의 달성, 공평한 소득재분배의 실현, 경제의 안정화 및 성장이다. 이러한 문제들에 대해 중앙집권제가 지방분권제에 비해 어떤 점이 더 우월할 수 있는지 먼저 살펴보자.

(1) 효율적 자원배분

일반적으로 국방서비스나 우편서비스 등은 순수공공재로서 모든 국민이 그 혜택을 공유하므로 국가적 차원에서 실시되는 것이 효율적이라고 생각한다. 이렇게 생각하는 이유가 무엇인지 물으면 생각보다 쉽게 대답하지 못한다. 아래에서 그 이유들을 살펴보자.

외부성

순수공공재의 성질을 가진 국방서비스 같은 경우 어떤 지방정부가 국방서비스를 제공한다고 생각해보자. 모든 다른 지방정부는 그 서비스에 무임승차하려고 할 것이다. 많은 예산이 들어가지만 정작 그 지역주민에게만 혜택이 돌아가는 것이 아니라 그 국가 내 모든 지역주민에게 혜택이 돌아가기 때문이다. 따라서 이러한 문제를 해결하기 위해 중앙정부가 그 역할을 맡아야 효율적 공급을 할 수 있다고 보는 것이다.

규모의 경제

우편서비스와 같은 경우 전국적인 배달네트워크와 통일된 규격을 필요로 한다. 이러한 서비스는 행정규모를 크게 할수록 단위당 공급비용이 체감하는 특징을 보인다. 만약 각 지방정부가 독립적으로 운영한다면 배달네트워크간의 조정비용과 규격통일비용 등이 추가로 발생하여 단위당 공급비용이 상승하게 된다. 따라서 중앙정부가 그 역할을 맡아야 효율적 공급을 할 수 있다고 보는 것이다.

조세징수의 효율성

만약 조세징수의 권한이 지방정부에 있다고 하자. 어떤 지방정부가 그 지역주민에게 높은 근로소득세를 부과하였다고 하자. 그 지역주민 중 불만이 커진 근로소득자는 다른 지역으로 이주할 수 있다. 공공선택론에서는 이것을 '퇴장'이라고 하는데, 이동성이 높을수록 퇴장의 선택이 쉬워진다. 어느 지역의 높은 근로소득세로 인해 다른 지역으로 이주하도록 하는 교란이 발생함으로써 효율성이 낮아진다. 이러한 경우 중앙정부가 조세징수의 권한을 가지면 국가라는 공동체에서 개인이 국가를 떠나는 이주비용이 높아져서 이동성이 약해진다. 따라서 퇴장이라는 선택을 하기 어렵다.

그리고 중앙정부가 조세징수의 권한을 가지면 행정규모를 크게 할 수 있어서 조세수입 1원당 징세비용을 낮출 수 있다. 이것은 규모의 경제에서 본 것과 유사한 이유이다. 이와 같이 조세징수상의 규모의 경제가 작용하면 중앙집권제가 효율성 측면에서 더 유리하다.

(2) 공평한 소득재분배

어떤 지방정부의 재분배정책에 의해 그 지역의 저소득계층의 소득이 다른 지역의 저소득계층의 소득보다 높아진다면 공평성의 관점에서 문제가 될 수 있다. 어느 지역에 사는가에 따라 재분배의 혜택이 달라지기 때문이다.

이러한 문제는 여기서 끝나지 않고 다른 문제를 발생시킨다. 다른 지역의 저소득계층의 주민이 재분배정책에 의해 소득이 올라간 지역으로 이주할 수 있기 때문이다. 반대로 고소득계층의 주민은 재분배정책이 없는 다른 지역으로 이주하려고 할 것이다. 이러한 퇴장의 선택으로 만들어지는 교란이 효율성을 낮출 뿐만 아니라 공평한 소득재분배정책을 어렵게 하기 때문에 중앙집권제가 상대적으로 유리하다고 하겠다.

(3) 경제안정화

완전고용, 물가안정, 국제수지균형과 같은 전 국민을 대상으로 하는 정책목표들은 지방정부가 그 기능을 수행하는 데 한계가 있다. 이러한 경제안정목표를 위해 사용할 수 있는 정책수단으로 재정정책과 금융정책을 들 수 있다. 만약 지방정부가 이러한 정책수단을 독립적으로 수행한다면 모든 지방정부가 수시로 모여 정책조정을 해야 하므로 그 비용은 매우 크다고 할 수 있다. 현실적으로 각 지방정부가 각 지역의 정보는 가지고 있지만 다른 모든 지역의 정보를 가지고 있지 않은 상황에서 화폐를 발행하고 조세지출을 실행한다는 것은 매우 비효율적이다. 따라서 중앙집권제가 경제안정목표를 더 잘 수행할 것으로 여겨진다.

2. 지방분권제

재정의 주요목표들을 중앙집권제가 보다 효율적으로 잘 충족시킬 것이라는 사실을 보았다. 그렇다고 모든 부분에서 중앙집권제가 유리한 것은 아니다. 그래서 중앙정부와 지방정부의 역할분담이 필요한 것이다. 지방분권제가 갖는 몇 가지 우월성에 대하여 살펴보자.

(1) 주민선호의 반영

국방이나 우편서비스 등은 외부성과 규모의 경제 등의 이유로 국가적 차원에서 실시되는 것이 효율적이라고 하였다. 그러나 지역주민의 선호를 잘 반영할 수 있는 도로, 공원, 학교 등의 공급은 지방정부에서 하는 것이 효율적이다. 중앙정부에 비해 지방정부는 지역주민과 가까이서 주민의 선호를 파악하여 그들이 원하는 것을 정책에 반영하기가 한결 쉽기 때문이다.

(2) 조세부담의 인식

지방정부는 지역주민이 필요로 하는 도로사업이나 교육사업, 공원조성사업 등을 수행하므로 지역주민들이 그러한 사업들의 필요성과 그에 따른 조세부담을 명확하게 인식할 수 있다. 다시 말해서 지방정부의 공공사업에서 나오는 편익과 지역주민이 부담할 조세부담액 사이에 대한 관계를 명확하게 인식하게 된다. 따라서 지나친 사업요구나 낮은 조세부담액의 요구나 무임승차자의 문제가 상대적으로 낮아진다고 할 수 있다. 이것은 정부지출이 낭비적으로 이루어지는 것을 막고, 지방정부가 수행하는 정책의 효율성을 높이는 역할을 한다.

(3) 지방정부간 경쟁

중앙정부가 공공사업을 독점적으로 수행한다는 면에서 지방정부보다 우월하지 못한 측면이 있다. 지방정부들이 독자적으로 공공사업을 수행할 때, 어떤 지방정부의 공공사업이 지역주민에게 좋은 것이라면 다른 지방정부들에서도 경쟁적으로 도입하여 보다 효율적인 생산을 하려고 한다. 이러한 지방정부간 경쟁을 통해 공공재생산의 효율성을 높일 뿐만 아니라 정부운영상의 기술혁신까지 촉진하게 된다. 장기적인 관점에서 지방정부간 경쟁을 통한 기술혁신은 국민경제전체의 동태적 효율성을 높인다고 볼 수 있다.

이상에서 논의한 중앙집권제와 지방분권제는 각기 장단점을 가지고 있어, 중앙정부와 지방정부들이 적절하게 책임과 권한을 분담할 필요가 있다. 역사적으로 볼 때 중앙집권제와 지방분권제 중 어디에 비중을 더 두고 있는지는 나라마다 다르다. 이러한 중앙정부와 지방정부 사이의 재정기능의 배분문제는 그 나라의 중앙집권화의 정도를 측정해보면 알 수 있다. 이것을 측정하는 지표로 **중앙집권화율**을 사용할 수 있는데 다음과 같다.

$$\text{중앙집권화율}=\frac{\text{중앙정부의 직접적 지출}}{\text{정부총지출}} \qquad (15\text{–}1)$$

여기서 중앙정부의 직접적 지출은 지방정부에 제공한 보조금을 뺀 나머지 지출을 의미한다. 이 공식의 몇 가지 문제점을 보면, 지방정부가 보조금을 받아 공공사업에 지출한다면 성격상 중앙정부가 지출한 것과 동일하지만 중앙정부의 직접적 지출에서 제외되어 중앙집권화의 정도가 과소평가된다. 반대로 지방정부가 수행하는 사업을 중앙정부가 대신해서 지출한다면 성격상 지방정부가 지출한 것으로 보아야 하지만 중앙정부의 지출로 잡힌다. 이 경우 중앙집권화의 정도가 과대평가된다.

중앙집권제를 옹호하는 학자로는 새무엘슨(P. Samuelson)을 들 수 있고, 지방분권제를 옹호하는 학자로는 오우츠(W. Oates)와 티부(C. Tiebout), 폴리(M.V. Pauly)를 꼽을 수 있다. 특히 새무엘슨은 1954년의 논문에서 시장실패로 공공재의 효율적 공급이 불가능하므로 중앙정부가 직접 공공재를 공급하는 방안을 생각할 수 있지만, 이 방안도 사람들의 선호를 파악할 수 없기 때문에 공공재를 어느 정도 공급해야 효율적인지 알 수 없다는 비관적 견해를 제시했다. 이에 대해 비판하면서 그 방안을 제시한 것이 '티부가설'이다. 그리고 오우츠는 이 티부모형을 재정연방체제(fiscal federalism)로 발전시켰다. 한편 티부모형과 달리 주민들이 이주할 수 없다는 비현실적 가정 아래 지방정부가 소득재분배를 하는 것이 더 유리하다는 폴리의 독특한 주장도 있다. 다음 절에서는 이러한 일련의 이론들을 지방정부의 기능과 관련하여 살펴볼 것이다.

정석 사고

중앙집권제와 지방분권제를 비교할 때 중앙집권제는 규모의 경제, 외부성, 조세징수에 효율성이 있을 때 유리하고, 공평한 소득재분배, 경제안정화정책을 수행하는 데 유리하다. 한편 지방분권제는 주민의 선호를 충실히 반영하고, 편익과 조세의 관계를 명확히 인식하여 낭비적 지출을 억제할 수 있고, 지방정부 사이의 경쟁을 촉진하여 효율성을 높일 수 있다. 새무엘슨은 중앙집권제를 선호하고, 티부, 오우츠, 폴리 등은 지방분권제를 선호한다.

제2절 지방정부의 기능: 자원배분

앞에서 논의한 것처럼 일반적으로 정부가 존재하는 이유는 효율적인 자원배분의 달성, 공평한 소득재분배의 실현, 경제의 안정화 및 성장이다. 이러한 문제들에 대해 지역간의 이해갈등이 심해서 지방정부가 할 수 있다고 해도 비효율과 혼란을 피할 수 없다면 지방정부의 기능은 다른 데서 찾아야 한다. 그러나 정부가 공급하는 공공재의 성격과 범위에 따라 중앙정부와 지방정부가 기능과 역할을 서로 분담하는 것이 가장 바람직하다.

먼저 소득재분배의 문제를 생각해보면 어떤 지방정부가 소득재분배를 위해 다른 지방정부보다 훨씬 누진적인 소득세를 택하면 고소득자들은 다른 지역으로 이주해버리기 때문에 국가적 차원에서 실시하는 것이 바람직하다고 하였다. 그러나 이동성이 작은 생산요소에 과세하는 경우 주민의 이주비용이 크고 지방정부가 지역주민의 선호를 더 잘 알 수 있다는 점에서 지방정부의 소득재분배의 기능을 무시해서는 안 된다.

다음으로 경제안정화의 문제를 생각해보자. 경제안정을 위해 사용하는 도구가 주로 통화정책과 재정정책인데 지방정부가 마음대로 통화공급을 증감시킬 수는 없다. 그리고 지방정부가 그 지역에 재정정책을 사용해도 외부효과로 인해 효율적 정책이 되기 어렵다. 이러한 이유 때문에 국가적 차원에서 실시하는 것이 바람직하다고 하였다. 이 점에서 지방재정의 기능이 미미하기는 하지만 각 지방정부가 지역선호에 맞는 지역개발과 지역경제를 활성화하기 위한 여러 가지 재정수단을 사용하는 것은 재정의 경제성장기능에 관련되어 있으므로 중앙정부와 지방정부가 보다 적극적으로 역할분담을 하여야 한다.

마지막으로 자원배분문제에 대해서 생각해보자. 자원배분의 측면에서는 공공재의 성격과 적용범위에 따라 우위가 있는 부분과 그렇지 않은 부분이 혼합되어 있다. 외부효과와 규모의 경제가 전 지역에 미치는 국방서비스나 우편서비스 등은 국가적 차원에서 실시되는 것이 효율적이지만 파급효과가 그 지역에 한정되고, 지역주민의 선호를 잘 반영할 수 있는 도로, 공원, 학교, 주차장 등의 공급은 지방정부에서 하는 것이 효율적이다. 다음에 논의할 이론들이 주로 지방정부의 기능을 자원배분적 측면에서 찾고 있다는 사실을 인식하면서 논의를 진행하고자 한다.

앞에서 예로 든 도로, 공원, 저수지, 학교, 주차장 등은 **지역공공재**(local public good)라고 할 수 있는데, 다음 **표 15-1**은 지역공공재의 종류를 잘 보여준다.[1] 지역공공재의 편익은 그 지역의 주민들에게 한정되는 경향이 있다. 지방정부는 지역주민의 선호를 잘 반영하여 지역공공재를 효율적으로 공급할 수 있다.

표 15-1 지역공공재의 종류

유형	지역공공재의 종류
지역기본공공재	일반행정, 치안, 경찰, 교육, 소방, 보건소
지역준공공재	도로, 교통, 상하수도, 전기, 통신, 오물처리, 도립병원, 중 · 고등학교
지역공공자본재	치산치수, 산림개발, 간척지개간, 낙농개발, 특용작물개발, 관광개발, 중소상공업개발
지역공공소비재	공단, 환경정화, 공해대책시설, 공공스포츠시설, 아동 및 노인복지시설

반면에 국방서비스와 우편서비스 등은 **국가공공재**(national public good)라고 할 수 있는데, 국가공공재의 편익은 전 국민의 공동소비로부터 발생한다. 중앙정부는 외부효과가 큰 국가공공재를 효율적으로 공급할 수 있다.

이와 같이 중앙정부와 지방정부가 역할분담을 하는 그 이론적 근거는 무엇일까? 아래에서는 이에 대한 답으로서 지방정부의 기능과 필요성에 대해 몇 가지 모형을 들어 설명하겠다.

1. 오우츠의 지방분권화정리

오우츠(W.E. Oates, 1972)는 중앙정부와 지방정부가 경제적 역할을 적절히 분담하는 것이 효율적이라고 주장한다. 그의 이러한 주장을 **분권화정리**(decentralization theorem)라고 하는데 다음과 같은 내용이다.[2)] 지역공공재의 생산에서 동일한 비용이 든다면 각 지방정부가 자발적으로 적절한 양을 결정하여 공급하는 것이 중앙정부가 모든 지역에 지역공공재를 공급하는 것보다 효율적이라는 것이다.

중앙정부가 생산하든 지방정부가 생산하든 지역공공재의 생산에 동일한 비용이 든다고 가정할 때 지역주민의 선호를 반영하여 공급하는 것이 효율적이라는 이 주장은 너무나 당연해 보인다. 그러나 이 간단한 논리가 중앙정부와 지방정부 사이의 역할분담을 정당화시키는 강력한 논리적 근거가 된다. 이를 **그림 15-1**을 통해 이해해보자.

그림 15-1 지역공공재의 최적공급: 지방분권화

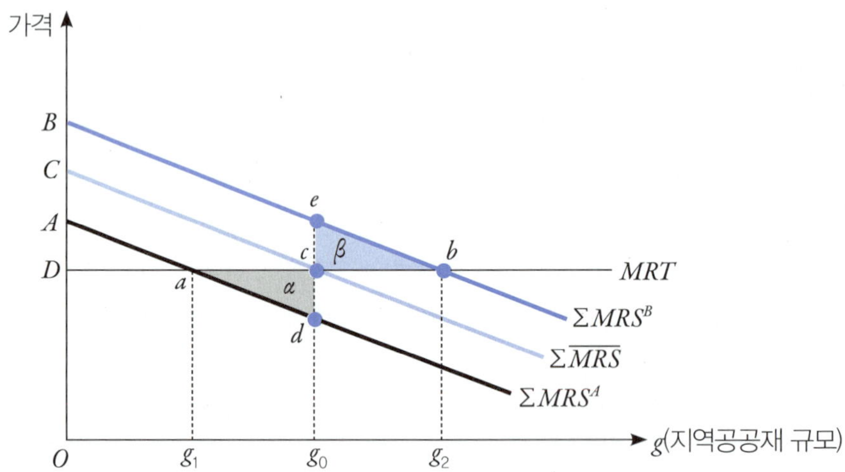

그림 15-1에서는 중앙정부 C와 두 지방정부 A와 B가 어떤 지역공공재 g를 공급한다고 가정한다. 그리고 어느 지방정부 또는 중앙정부에서 지역공공재를 공급하든 단위당 생산비용이 $D(=MRT)$로 일정하다고 가정한다. 두 지역에서의 수요는 그림에서 A지역의 수요가 ΣMRS^A, B지역의 수요가 ΣMRS^B로 표시되어 있다. 공공재의 최적공급량은 새무엘슨조건에 의해

$\Sigma MRS^A = MRT$에서 결정되므로, A지역에서 지역공공재의 최적공급량은 a점이 의미하는 g_1이고, B지역에서 지역공공재의 최적공급량은 b점이 의미하는 g_2이다.

만약 중앙정부가 획일적으로 이 지역공공재를 공급하면, 전체지역의 수요가 두 지역의 수요의 평균인 $\Sigma\overline{MRS}$직선으로 나타나므로 최적공급량은 c점이 의미하는 g_0으로 된다. 이것은 A지역의 최적공급량보다 많고, B지역의 최적공급량보다 적은 양이다. 따라서 중앙정부에 의한 공급은 A지역의 삼각형 α와 B지역의 삼각형 β의 크기의 후생손실(welfare loss)을 발생시킨다.

오우츠는 다음에 살펴볼 티부모형을 재정연방체제(fiscal federalism)로 발전시켰는데, 여기서 지방분권화의 정리가 나왔다. **재정연방체제**는 중앙과 지방에 여러 단계의 정부를 두고 사업의 성격에 따라 그 성격에 잘 맞는 단계의 정부가 그 사업에 책임과 역할을 수행한다는 역할분담체제이다. 따라서 재정연방체제에 관한 이론은 정치연합체의 수직적 구조에 관한 문제를 대상으로 한다.

재정연방체제는 어느 정도의 지역규모와 어느 단계의 지방정부가 효율적인가에 대한 답을 찾으려 했다. 순수공공재와 달리 지역공공재 혹은 준공공재의 경우 규모가 커짐에 따라 혼잡비용이 발생하므로 뷰캐넌의 클럽이론에 기초하여 규모의 경제나 외부효과가 내부화되는 최소범위의 클럽을 만들고 각 클럽에 역할과 책임을 분할하는 방식으로 최적규모를 결정한다.

같은 맥락에서 샤(A. Shah, 1998)는 공공재의 공급을 사업성격과 업무특성에 따라 정책입안 및 감독, 공급 및 행정, 생산 및 보급으로 업무분할을 하고 그에 적합한 최적 단계의 상·하부 정부가 그 역할과 책임을 맡도록 하는 방식을 제시한다.[3] 이러한 클럽이론은 [부록 A]에서 상세히 다루었으니 관심 있는 독자들은 한번 읽어보기 바란다. 이에 따르면 n개의 지역공공재가 존재할 경우 각 공공재를 소비하는 사람들이 분포한 지역의 지방정부가 공급하는 것이 가장 효율적이다. 이렇게 역할분담이 이루어진 상태를 **완전일치**(perfect correspondence)의 상태라고 한다. 현실적으로 불가능하지만, 완전일치의 상태에서는 외부효과가 발생하지 않는다. 다음에 살펴볼 티부의 모형도 이러한 상태와 크게 다르지 않다.

정석 사고

지역공공재의 생산에 동일한 비용이 든다면 각 지방정부가 자발적으로 적절한 양을 결정하여 공급하는 것이 중앙정부가 모든 지역에 지역공공재를 공급하는 것보다 효율적이다. 이것을 오우츠의 **분권화정리**라고 한다. 오우츠는 재정연방체제를 발전시켰는데, 사업의 성격에 적합한 단계의 정부가 그 사업에 책임과 역할을 수행한다는 역할분담체제를 말한다. 다수의 지역공공재가 존재할 경우 각 공공재를 소비하는 사람들이 분포한 지역의 지방정부가 공급하는 것이 가장 효율적이며, 이처럼 역할분담이 이루어진 상태를 **완전일치**의 상태라고 한다.

2. 티부의 '발에 의한 투표'

티부(C. Tiebout, 1956)는 지역주민들이 자유롭게 이주할 수 있다면 자신들의 선호에 가장 합치되는 지역공공재의 수준을 공급하는 지역을 선택하여 효율적인 배분이 이루어질 수 있다고 주장한다.[4] 이것은 지역주민이 소리 없이 '**발에 의한 투표**(voting with the feet)'를 함으로써 개인들이 가장 선호하는 지역에 정착하게 되어 다른 지역으로 이주할 유인이 없는 파레토효율적인 균형에 이른다는 것이다.

'발에 의한 투표'란 허쉬만(A. Hirschman, 1970)의 『퇴장, 항의, 그리고 충성(Exit, Voice, and Loyalty)』에서 처음 소개된 개념인데, 사람들이 자신의 선호를 표시하는 과정에는 진입과 퇴장(이탈)을 통한 과정과 서면, 대화, 항의라는 의사표시를 통한 과정이 있다고 구분한다. 특히 퇴장 혹은 이탈은 사람들이 이동할 수 있어야 가능하다고 말한다. 어떤 조직에 대한 불만이 있을 때 항의하거나 조직에서 퇴장 즉 떠남으로써 의사표시를 한다는 의미이다. 이러한 의사표시의 방법을 지역공공재의 선호에 적용한 것이 티부의 모형이라고 할 수 있다.

티부는 지역공공재가 발에 의한 투표에 의해서 배분되는 과정이 시장의 자원배분과정과 흡사하다고 주장하였는데, 그의 말을 인용하면 다음과 같다.[5]

> 마치 상품을 사기 위해서 시장으로 가듯이 소비자는 공공서비스의 가격이 조세로 설정되어 있는 마을로 걸어가는 것이다. 지역공공재의 경우 마을간의 자유로운 이동이 시장으로 쇼핑 가는 것과 같은 역할을 하게 되어, 소비자가 이러한 공간경제에서 자신의 선호를 숨길 수 없게 된다.

티부의 주장은 사실 새무엘슨이 공공재가 존재할 때 개인의 선호를 알 수 없어 시장이 실패하므로 지방분권적 배분체계가 아니라 정치적 과정이나 정부의 강제에 의해 배분할 필요가 있다고 하는 견해를 정면으로 반박하는 것이다. 티부에 따르면 개인들이 특정지역에 진입하고 퇴장하는 사이에 소리 없이 '발에 의한 투표'가 이루어져서 이를 통해 모든 선호가 숨김없이 표출된다.

티부모형은 몇 가지 가정을 전제로 하고 있는데, 그 가정들은 다음과 같다.

(1) 다수 지역사회의 존재

재정프로그램의 내용이 다른 다수의 지역사회가 존재해야 한다는 가정이다. 사람들이 선택할 충분한 수의 지역사회가 있어야 가장 마음에 드는 거주지를 선택할 수 있다는 가정은 티부모형에서 핵심적인 가정이다. 그리고 다수의 지역사회가 내용이 다른 재정프로그램들을 가져야 지역사회들 사이의 선택의 차이를 느끼는 것이다. 예를 들어 지방정부들이 공공서비스수준과 세율을 0~100%까지 각기 다르게 선택한다면 101개의 지역사회가 있어야 효율성을 달성할 수 있다.

(2) 완전한 정보

사람들이 각 지역의 재정프로그램에 대해 아무 비용 없이 완전한 정보를 가지고 있어야 한다. 사람들이 지방정부들의 공공서비스와 세금뿐만 아니라 각 지역의 특성까지 완벽히 알고 있어야 한다는 뜻이다. 정보가 완전하지 않으면 어느 지역의 재정프로그램이 더 좋은지 구분하기 어렵게 되고 그만큼 지역사회 사이의 경쟁이 줄어들게 된다. 따라서 지역사회 사이의 완전한 경쟁을 위해 필요한 가정이다.

(3) 완전한 이동성

사람들은 아무런 비용 없이 자유롭게 다른 지역으로 이주할 수 있어야 한다. 사람들이 각자 자신에게 가장 알맞은 공공서비스와 세금 등을 제공하는 지역사회를 찾아 아무 제약 없이 그리고 비용 없이 이동할 수 있다는 가정이다. 티부모형에서 핵심 중의 핵심인 가정이다.

(4) 외부성의 부재

어떤 한 지역의 공공재공급이 다른 지역에 경제적 영향을 미치지 않아야 한다. 어떤 지방정부가 취한 행동으로 다른 지역에 파급효과가 생기면 비효율성을 초래할 수 있다. 예를 들어 어떤 지역에 공원을 조성하면 다른 지역의 주민들에게 혜택의 일부가 돌아가게 된다. 이러한 외부효과가 내부화되지 않는 한 효율성을 달성하기 어려운 것이다.

(5) 규모수익의 불변

지역규모에 관계없이 공공재의 단위당 생산비용이 일정하여야 한다. 지역규모가 커짐에 따라 공공재의 단위당 생산비용이 하락하는 규모의 경제가 작용하면 다수의 지역사회보다 소수의 지역사회가 기술적으로 더 효율적이기 때문이다.

이상의 가정들이 충족된다면 티부의 주장처럼 각 지방정부가 지역공공재에 대한 결정을 하는 지방분권제에서 효율적인 자원배분이 이루어진다는 것이다. 티부의 세계에서 어떤 지역사회는 질 좋은 지역공공재를 제공하는 대신 세금이 높고, 다른 지역사회는 질이 낮은 지역공공재를 제공하는 대신 세금이 낮은 재정프로그램을 선보인다. 주민들은 이렇게 다양한 지역사회의 재정프로그램을 보고 자신에게 가장 잘 맞는 패키지를 제공하는 지역으로 아무런 비용 없이 이주해간다는 것이다. 모든 주민의 이동이 끝나면 더 이상의 이동이 없는 파레토효율적인 균형상태에 도달한다.

티부의 세계는 최종 균형상태에서 각 지역별로 선호와 소득이 비슷한 주민들이 모여 사는 지역사회들이 될 것으로 예상된다. 그 이유는 선호와 소득수준이 비슷하면 지역공공재의 공급량과 세금크기가 비슷한 지역을 선택할 것이기 때문이다. 또한 티부의 세계에서는 지방정부의 재원이 지역주택에 부과하는 **비례적 재산세**밖에 없다. 이처럼 지방정부가 재산에 비례해서 과세하여 재원을 조달하므로 경제적 능력이 비슷한 주민들이 모여 사는 현상이 일어난다.

이러한 현상을 강화하는 또 다른 이유를 보자. 티부의 세계에서 지역주택에 비례적 재산세를 부과하므로 부유한 지역의 주민들은 많은 세금을 내고 많은 지역공공재를 공급받을 것이다. 그런데 어떤 가난한 주민이 작고 가격이 낮은 주택을 얻어 그 지역에 진입하려고 한다고 가정하자. 진입하는 주민의 입장에서는 주택이 소규모이므로 세금은 조금 내고 많은 지역공공재의 혜택을 누릴 수 있다. 그러나 이미 살고 있는 부유한 주민들은 새로이 이주해오는 가난한 주민 때문에 지역공공재의 혜택은 줄고 조세부담만 커질 수 있다. 이와 같은 사실을 알고 있는 지방정부는 **배타적 구획규제**(exclusionary zoning regulations)를 만들 수 있다. 이 규제는 그 지역에 건설되는 주택의 규모가 규제법에 의해 정해진 최소규모를 넘어야 한다는 것이다. 따라서 이러한 규제는 효과적으로 가난한 주민이 진입하는 것을 막을 수 있다. 이것이 비슷한 사람끼리 모여 사는 티부의 세계의 모습을 강화한다.

이제 티부모형의 한계점들에 대해 논의해보자. 독자들도 이미 눈치챘겠지만, 티부의 세계에 설정된 가정들은 완전경쟁시장이 성립하기 위한 조건과 매우 유사하다. 완전경쟁시장이 성립하기 위한 기본가정이 충족되기 어려운 것처럼 티부모형의 기본가정도 충족되기 어려운 것이 현실이다. 현실적으로 사람들이 완전한 이동성을 가진다는 가정은 충족되기 어렵다. 특히 우리나라에서는 거주지의 선택기준이 재정프로그램의 내용이 아니라 직장과 주택가격일 것이다. 또한 우리나라의 경우 각 지방정부가 다른 내용을 가진 다양한 재정프로그램을 선보이고 있다고 보기 힘들다. 선택할 수 있는 지역사회의 수 자체가 많다고 보기 어렵다. 이와 같이 비현실적인 가정을 가진 티부의 세계가 우리나라의 지역사회를 얼마나 잘 설명할 수 있을지 의문이 들지 않을 수 없다.

미국 사회를 대상으로 한 티부모형의 실증적 연구들은 티부의 세계가 현실적으로 모든 가정을 충족시키기 어렵지만 현실에 대해 어느 정도 설명력을 가진다는 결과를 보여주기도 한다. 예를 들어 먼리(Munley, 1982)는 뉴욕 주의 롱 아일랜드 지역을 조사하였는데, 공교육에 대한 주민의 수요에 편차가 거의 없었다. 그는 이미 소리 없이 '발에 의한 투표'가 이루어져서 동질적인 사람들이 같은 지역에 모여 살기 때문이라고 결론을 내린다. 그 밖에도 미국 사회에 대한 다수의 실증분석이 비슷한 결과를 보여준다.

한 가지 주목해야 할 점은 티부의 세계에서는 공평성의 관점이 논의되고 있지 않다는 것이다. 따라서 티부모형이 말하는 균형은 효율성의 측면을 강조한 나머지 공평성을 희생한 대가로 얻어지는 것인지도 모른다. 티부의 세계 속에서는 부유한 지역사회의 주민들이 낮은 세율과 질 좋은 공공서비스를 받고, 가난한 지역사회의 주민들이 높은 세율과 질 낮은 공공서비스를 받는다. 결과적으로 티부의 세계는 부유한 자와 가난한 자가 따로따로 모여 사는 분권화일지도 모른다.

정석 사고

티부의 '**발에 의한 투표**'는 새무엘슨의 중앙집권에 대한 반론으로서 지역공공재의 경우 분권화된 배분체계가 효율적이라는 것을 보여주었다는 데 의미가 있다. 티부의 세계는 다수의 마을의 존재, 완전한 정보, 완전한 이동성, 외부성의 부재, 규모수익 불변의 생산기술을 가정하고, 비례적 재산세와 배타적 구획규제를 사용하여 티부의 모형을 완성한다. 그러나 티부의 모형은 가정의 비현실성과 효율성을 위해 공평성을 희생한 대가라는 한계를 가진다.

제3절 지방정부의 기능: 소득재분배

제2절에서 살펴본 티부의 세계에서는 공평성의 관점이 논의되고 있지 않다는 점을 지적한 바 있다. 티부모형의 균형은 부자와 빈자가 끼리끼리 모여 사는 세계로 귀착되는데, 이는 공평성을 희생한 대가로 얻어지는 효율성이다. 티부의 세계에서 부유한 지역사회의 주민들은 낮은 세율과 질 좋은 공공서비스를 받는다. 반대로 가난한 지역사회의 주민들은 높은 세율과 질 낮은 공공서비스를 받는다.

이러한 불공평을 시정하기 위해 재분배정책이 필요하지만 중앙정부와 지방정부 중 어느 쪽이 책임과 역할을 담당해야 하는가? 앞에서 논의한 것처럼, 어떤 한 지방정부가 소득재분배를 위해 다른 지방정부보다 훨씬 누진적인 소득세를 택하면 고소득자들은 다른 지역으로 이주해버리기 때문에 국가적 차원에서 실시하는 것이 바람직하다고 하였다. 그러나 이동성이 작은 생산요소에 과세하는 경우 주민의 이주비용이 크고 지방정부가 지역주민의 선호를 더 잘 알 수 있다는 점에서 지방정부의 소득재분배의 기능을 무시해서는 안 된다.

이러한 관점에서 공평한 소득분배도 그 성격에 따라 중앙정부와 지방정부의 역할을 분담하는 것이 바람직할 수 있다. 예를 들어 소득세나 재산세의 누진구조를 통해 이루어지는 분배정책과 제도화되어 있는 여러 가지 재분배정책은 주로 중앙정부에 의해 실시되는 것이 효과적이라고 할 수 있다. 그러나 다른 많은 정부지출은 지방정부가 지역별 특성과 주민의 선호를 정확히 반영하여 실시하는 것이 효과적일 수 있다.

소득재분배는 국가공공재인가 아니면 지역공공재인가? 소득재분배에 의해 어떤 지역의 저소득계층의 소득수준이 높아지면 그 지역의 전체 후생이 증가할 수 있다. 자신이 속한 지역의 소득수준이 향상되는 것이 다른 지역의 소득수준이 향상되는 것보다 후생을 한층 더 높일 수 있다. 이와 같이 지역 사이의 외부효과를 무시한다면 소득재분배에 의한 편익이 지역주민에게 귀속된다는 의미에서 소득재분배가 지역공공재의 성격을 가질 수 있다. 또한 지역주민의 선호를 반영한 소득재분배정책을 실시할 수 있다는 점에서 효율성과 공평성을 적절히 조화시킨 결과를 가져올 수 있다. 이러한 논리를 뒷받침하는 다음 예를 살펴보자.[6]

*A*와 *B*라는 두 지역이 있는데, 각 지역에는 고소득계층과 저소득계층이 있다고 가정하자. *A*지

역에 사는 저소득계층의 주민수가 C^A명, B지역에 사는 저소득계층의 주민수가 C^B명이며, 조세수입의 일부를 저소득계층에게 보조금으로 지급한다. 각 지역의 보조금의 크기를 S^A, S^B라고 하면 고소득계층의 효용은 지역공공재인 보조금의 증가와 함께 증가하고, 저소득계층의 주민수가 증가하면 감소한다.

티부의 모형에서처럼 몇 가지 비현실적인 가정이 더 필요한데 다음과 같다. 첫째, 조세와 보조금의 수준과 상관없이 주민들은 다른 지역으로 이주할 수 없다. 즉, 완전한 비이동성을 가정한다. 이 가정은 티부모형의 정반대의 가정이다. 둘째, 지방정부의 재분배정책으로 어떤 지역의 저소득계층의 소득이 증가하면 그 지역의 고소득계층의 효용이 증가하지만 다른 지역의 고소득계층의 효용은 변화하지 않는다. 다시 말해서 소득재분배에 의한 지역 사이의 외부효과가 발생하지 않는다고 가정한다. 셋째, 모든 소득재분배는 효율적으로 이루어진다.

이상의 가정 아래 폴리(M.V. Pauly, 1973)는 각 지역의 최적보조금의 균형조건을 찾았는데 다음과 같다.

$$\Sigma MB_S^A = C^A \qquad (15\text{–}2)$$
$$\Sigma MB_S^B = C^B$$

위 식에서 ΣMB_S^A는 A지역 저소득계층의 소득증가액 혹은 보조금(S^A)이 1원 커질 때 A지역 고소득계층이 얻는 한계편익을 의미한다. 그리고 C^A는 A지역 저소득계층의 소득을 1원 증가시키는 데 들어가는 한계비용을 나타낸다. 예를 들어 10명의 저소득계층에게 1원씩 보조해준다면 10원의 비용이 들어간다. 그러므로 이 균형식의 의미는 보조금 1원으로부터 고소득계층이 얻는 한계편익이 저소득계층의 소득을 1원 증가시키는 데 들어가는 한계비용과 같을 때 최적보조금이 구해지며, 이것이 최적 소득재분배라는 것이다.

위 식을 자세히 보면, A지역의 최적보조금과 B지역의 최적보조금이 동일하지 않다는 것을 알 수 있다. 그 이유는 지역에 따라 소득재분배에 대한 주민들의 선호가 달라서 각 지역의 한계편익이 다르기 때문이다. 즉, $\Sigma MB_S^A \neq \Sigma MB_S^B$이다. 두 지역의 주민이 동일한 선호를 가졌다고 하더라도 두 지역의 소득수준이 다르므로 $\Sigma MB_S^A \neq \Sigma MB_S^B$이다. 또한 두 지역의 한계편익이 일치하더라도 각 지역의 저소득계층의 소득을 1원 증가시키는 데 들어가는 한계비용이 다르면 각 지역의 보조금 크기가 다를 수밖에 없다.

이상과 같이 각 지역의 최적보조금수준이 동일하지 않으므로 중앙정부보다 오히려 지방정부가 지역공공재로서의 소득재분배를 실시하는 것이 바람직하다는 결론에 이른다. 만약 소득재분배를 중앙정부에서 실시한다면 오우츠의 분권화정리에서 보았듯이 사회후생의 손실이 발생한다. 다음 그림 15-2 을 통해 간단히 이해해보자.

그림 15-2 소득재분배의 지역공공재와 지방분권

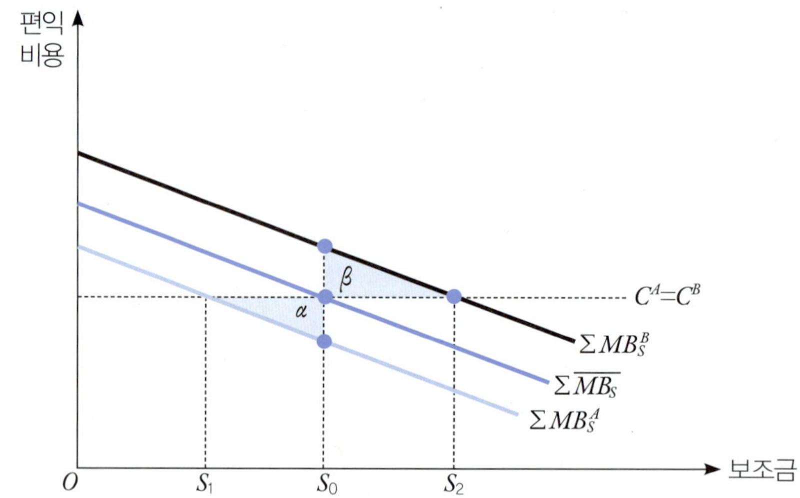

그림 15-2 에서는 분석의 편의를 위해 어느 지방정부 또는 중앙정부에서 재분배정책을 실시하든 한계비용이 C로 일정하다고 가정한다. 그림에서 A지역의 수요(한계편익)가 ΣMB_S^A, B지역의 수요가 ΣMB_S^B로 표시되어 있다. 이때 A지역에서 최적보조금은 S_1이고, B지역에서 최적보조금은 S_2이다. 만약 중앙정부가 획일적으로 재분배를 하면, 각 지역에 두 지역의 수요의 평균인 $\Sigma \overline{MB_S}$와 한계비용이 일치하는 최적보조금 S_0를 지급하게 된다. 이것은 A지역의 최적보조금보다 많고, B지역의 최적보조금보다 적은 양이다. 따라서 중앙정부에 의한 재분배는 A지역에 α와 B지역에 β의 후생손실을 가져온다.

소득재분배를 지역공공재로 본 폴리의 모형에서 몇 가지 문제점을 찾아보자. 먼저 세수와 보조금수준에 상관없이 지역주민이 이동하지 않는다는 가정이다. 현실적으로 많은 주민들이 이동하는 점에 비추어 매우 비현실적인 가정이다. 그리고 폴리모형에서는 티부모형처럼 지역 사이의 외부효과가 없는 것으로 가정한다. 그러나 흔히 어떤 지역에 소득재분배가 이루어지면 다른 지역에 파급효과를 발생시키는 외부효과가 발생한다. 결과적으로 폴리가 보여주려고 했던 핵심은 지방정부가 소득재분배를 실시하는 경우 외부효과와 규모의 불경제가 있더라도 지역의 특성과 선호를 알아내고 정책에 반영하는 정보비용을 대폭 감소시킬 수 있다는 것이다. 이러한 점에서 폴리의 연구를 어느 정도 평가할 수 있지만 많은 비현실적 가정으로 지방정부가 소득재분배에 더 유리하다고 말하기 어려운 것이 사실이다.

앞에서도 논의했듯이 지방정부가 재분배를 실시하는 데 따르는 문제점은 경제가 발전할수록 주민들의 이동이 더욱 활발하다는 점이다. 주민들이 분배와 복지프로그램이 우수한 지역으로 자연히 이동하는 현실에서 폴리의 세계는 더 이상 존재할 수 없는 것이다. 미국의 실증분석들은 티부의 세계처럼 지역 사이의 주민이동이 지역 사이의 복지와 재분배수준의 차이를 결정한다는 것을 보여준다. 이러한 상황에서 중앙정부와 지방정부의 소득재분배의 역할분담을 살펴보아야 한다.

정석 사고

소득재분배를 지역공공재로 본 폴리의 모형은 세원과 주민의 이동이 없고, 지역 사이의 외부성이 없고, 최적보조금이 소득과 선호에 의존한다는 가정에서 지방정부의 재분배가 더 유리하다는 결론을 내린다. 폴리모형의 매우 비현실적 가정으로 지방정부가 소득재분배에 더 유리하다고 결론내리기는 어렵지만, 폴리가 전달하고자 한 핵심은 지방정부가 지역의 특성과 선호를 정책에 반영하는 정보비용을 대폭 감소시키는 이점을 가진다는 데 있다.

제4절 지방정부의 재원

이 절에서는 지방정부가 지역공공서비스를 공급하기 위해 어떻게 재원을 조달하는지 살펴본다. 지방정부는 지방세, 세외수입(수수료와 사용료), 교부금(grants, 보조금과 동일한 개념)을 통해 재원을 조달한다. 그런데 이러한 재원조달방법들은 효율성의 측면에서 몇 가지 선택기준이 있다. 만일 공공서비스의 편익이 개별적이어서 배제를 할 수 있다면 수수료와 사용료의 형태로 재원을 조달하는 것이 효율적이다. 반면에 배제를 할 수 없는 경우에는 지방세가 효율적인 재원조달방법이다. 그리고 교육이나 보건 등 공공서비스의 편익이 다른 지역에도 영향을 미치는 경우

(외부성)에는 중앙정부에 의해 보조금형태로 지급되는 교부금이 가장 적절한 방법이라고 할 수 있다. 다음에서는 지방정부의 재원조달유형에 대하여 간략히 살펴보자.

(1) 세외수입

세외수입은 수수료와 사용료로 구분된다. 주민등록등본, 인감증명서와 같은 각종 증명서를 발급해주는 대가로 받는 수수료와 통행료, 입장료 같은 공공시설의 이용대가로 받는 사용료는 공공요금의 일종으로 볼 수 있다. 이러한 것은 편익의 원칙에 의해서 재원을 조달하기 때문에 재정운용의 효율성과 책임성을 동시에 제고시킬 수 있다. 왜냐하면 수수료와 사용료가 공공서비스에 대한 가격의 역할을 하므로 지역주민의 선호와 수요가 표현될 수 있기 때문이다.

(2) 지방세

지방세는 지방정부의 재원조달방법 중 가장 비중이 크고 중요하다. 머스그레이브(R. Musgrave, 1983)는 지방세와 국세의 배분에 대해서 다음과 같은 원칙을 제시하고 있다.[7] 첫째, **응익성**의 원칙으로서 지방세는 지역주민의 편익에 비례해서 부과하는 것이 바람직하다. 개인소득세와 같이 응능의 원칙(납세자의 지불능력에 따라 과세하여야 한다는 과세의 원칙)에 따라 소득재분배기능을 하는 누진세는 지방세로서 적절하지 않다. 왜냐하면 지역의 고소득자가 다른 지역으로 이주할 수 있기 때문이다. 둘째, **세원정착성**의 원칙으로서 지역간 이동이 어려운 세원에 대해 지방세를 부과하는 것이 바람직하다. 셋째, **세원보편성**의 원칙으로서 모든 지방정부에게 고르게 분포되어 있는 세원에 대해 지방세를 부과하는 것이 바람직하다. 넷째, **부담분임성**의 원칙으로서 세율이 낮아도 모든 지역주민에게 골고루 분담시키도록 지방세를 부과하는 것이 바람직하다. 다섯째, **세수의 안정성**의 원칙으로서 조세수입이 안정적으로 보장되는 조세이어야 한다. 지방재정이 예산의 부족을 겪으면 결국 중앙정부의 부담이 되므로 경기변동과 관계없이 수입의 안정성을 가져야 한다.

머스그레이브의 조세의 배분원칙에 따르면 지방세제가 갖추어야 할 요건에 가장 근접한 조세는 재산세라고 할 수 있다. 왜냐하면 토지나 건물 등의 재산은 세원이 지역적으로 골고루 분포되어 있고, 이동성이 대단히 낮기 때문이다.

(3) 교부금

교부금은 기본적으로 재정연방체제의 문제점으로서 중앙정부와 지방정부 사이의 수직적 불균형과 지방정부간의 재정력의 격차에 의한 수평적 불균형을 시정하기 위해 중앙정부가 지방정부들에게 나누어주는 보조금을 말한다.[8] 교부금은 다음 절에서 자세히 살펴볼 지방재정조정제도의 중요한 수단이다. 교부금의 경제적 근거와 의의는 개인간 불평등이 있듯이 중앙과 지역간 혹은 지역간 재정능력의 격차가 존재할 때 이를 줄여주고, 지역간 외부효과가 있을 때 이를 교정하기 위해 피구의 보조금을 지급하고, 어떤 공공사업이 지역주민의 선호를 반영하는 것이 좋다고 판단될 때 지방정부에게 보조금을 지원하게 된다는 것이다.

이러한 교부금을 통해 중앙정부는 지방재정을 조정할 수 있으며, 이와 같은 지방재정조정을 제도화한 것을 **지방재정조정제도**라고 한다. 우리나라에서 교부금은 **지방교부세**와 **국고보조금**으로 구분되며, 지방정부의 재원에서 의존수입에 해당한다. 다시 말해서 지방정부의 재원이 자체수입과 의존수입으로 구성되는데, 자체수입은 지방세와 (지방)세외수입으로 구성되며, 의존수입은 지방교부세와 국고보조금으로 구성된다는 것이다. 그리고 지방정부의 일반재원은 자체수입과 지방교부세로 이루어진다. 지방교부세와 국고보조금에 대해서는 [부록 B]를 참고하기 바란다. 다음으로 지방재정조정제도에 대해 알아보자.

정석 사고

지방정부는 지방세, 세외수입(수수료와 사용료), 보조금을 통해 재원을 조달한다. 이 중 가장 중요한 수단은 지방세이며, 바람직한 지방세의 원칙은 응익성, 세원의 정착성, 세원의 보편성, 부담분임성, 세수의 안정성이다. 교부금은 외부성의 교정, 재정력의 격차해소, 지방세의 징수로 인한 비효율성의 최소화, 주민의 선호를 반영한 공공재의 공급 등이 필요할 때 지방정부에게 지원하는 보조금을 말한다. 이것은 지방재정조정제도의 중요한 수단이다. 지방정부의 재원은 자체수입(지방세와 세외수입)과 의존수입(지방교부세와 국고보조금)으로 구성되는데, 의존수입이 바로 교부금이다. 지방정부의 일반재원은 자체수입과 지방교부세로 이루어진다.

제5절 지방재정조정제도

앞에서 지방정부의 재원조달의 유형을 살펴보았다. 그중에서 특히 교부금(grants)은 지방정부 간의 재정력의 격차를 시정하고 지방재정의 부족분을 보전해주기 위한 지방재정조정제도의 수단이다. 교부금을 통해 중앙정부가 지방정부의 재정을 조정할 수 있다는 의미에서 중앙정부가 보조금을 지원하는 행위를 지방재정조정이라고 한다.[9] 따라서 **지방재정조정제도**는 각 지역간 경제력의 차이를 완화하고, 지역간 외부성에 대한 피구적 보조금을 지급하고, 규모의 경제로 인해 중앙정부가 징수한 후 지방정부에 분배하는 효율적 역할분담체제라고 할 수 있다.

대체로 지방정부의 재정능력은 중앙정부에 비해 상대적으로 취약하며, 지방정부 사이에도 '빈익빈 부익부'의 불균형이 존재한다. 지방재정조정제도는 이러한 문제를 해결하기 위해 필요한 제도이다. 지방정부가 중앙정부로부터 교부금(grants)을 받아 재원을 조달하는 것이 효율적일 때 지방재정조정제도가 의의를 가지며 그러한 경우를 보면 다음과 같다.

첫째, 어떤 지방정부의 공공서비스가 다른 지역주민에게 편익을 가져오는 외부성이 있는 경우 중앙정부는 공공서비스의 비용의 일부를 보조금의 형태로 지원하는 것이 바람직하다. 예를 들어 A지방정부가 X지역공공재를 공급할 때 인근지역주민에게도 혜택이 돌아가는 경우 A지방정부가 X지역공공재를 최적규모로 더 많이 공급할 수 있도록 **피구적 보조금**(Pigouvian subsidy)을 지급하는 것이다. 이러한 피구적 보조금을 통해 외부효과를 내부화하여 X지역공공재의 최적공급을 유도할 수 있다.

둘째, 중앙정부와 지방정부 사이의 재원조달능력의 차이로 지방정부가 지역공공재를 공급하지 못하고 있을 때 효율성 측면에서 이를 교정하기 위해 지원하는 것은 바람직하다. 지역공공재는 지방정부에 의해 공급되는 것이 효율적이기 때문이다. 예를 들어 A지방정부가 재원조달의 능력이 현저히 낮아 재정수입이 지출보다 작을 때('지출과 수입간의 부정합') 그 지역에 필요한 X지역공공재를 공급할 수 있도록 중앙정부의 세수 중 일부를 교부금으로 지급하여 **지출과 수입의 부정합**으로 인한 비효율성을 해소할 수 있다.

셋째, 중앙정부는 특정 지역공공재의 공급에 지역주민의 선호를 반영할 필요가 있을 때 중앙정부의 사무를 지방정부에 위임할 수 있다. 예를 들어 A지방정부가 X지역공공재의 공급을 증가시킬 때마다 교부금을 제공하여 X재의 공급을 유도할 수 있다. 이러한 경우에는 중앙정부가 업무수행에 드는 비용을 지불할 필요가 있는 것이다.

넷째, 어떤 지역공공재의 공급을 위한 지방세의 징수가 새로운 비효율성을 초래할 때 지방세의 징수를 포기하는 대가로 교부금을 지급할 수 있다. 지방정부는 추가적인 지방세를 징수하지 않고 교부금으로 지역공공재를 효율적으로 공급할 수 있게 된다.

이상과 같이 효율성의 관점에서 교부금의 경제적 근거와 필요성에 대해 보았는데, 공평성의 관점에서도 중앙정부가 지방정부에게 교부금을 지원할 필요성이 있을 때가 있다.

첫째, A지방정부(고소득 거주지역)와 B지방정부(저소득 거주지역)의 주민소득격차가 현저할 때 B지방정부에게 보조금의 형태로 지원할 수 있다. 예를 들어 A지역은 부유하고 B지역은 가난한 지역이라고 할 때 A지역과 B지역의 동일한 소득을 가진 주민이라도 A지역주민은 더 적은 세금을 내고도 보다 질 높은 공공서비스를 제공받을 수 있다. 지역주민들간 수평적 공평성의 관점에서 이러한 지역간 불균형을 해소할 필요가 있는 것이다.

둘째, 정부의 공공사업으로 A지역이 희생되었다면 A지방정부에 보상을 위해 교부금을 지원할 수 있다. 예를 들어 중앙정부의 공공사업으로 A지역의 농경지가 자주 침수되고 작물재배가 어렵다면, 중앙정부는 보상의 의미로 A지방정부에게 지역주민의 후생을 높이는 지역공공재를 공급할 수 있도록 교부금을 지원할 수 있다.

이상에서 교부금의 경제적 근거와 필요성을 효율성과 공평성의 관점에서 살펴보았는데, 지방재정조정제도는 이러한 근거와 필요성에 의해 매우 중요한 의의를 가진다고 할 수 있다. 이제 지방재정조정제도의 중요한 수단인 교부금의 유형과 경제적 효과들에 대해 살펴보자.

제1편
제2편
제3편
제4편
제5편

1. 교부금의 유형

지방재정조정은 교부금을 통해 이루어지며, 교부금에도 지급에 조건이 있는지에 따라 조건부 교부금과 무조건부 교부금이 있다(그림 15-3 참조). **조건부 교부금**(conditional grant)은 중앙정부가 사용목적에 대해 특정한 조건을 달아 지급하는 교부금이다. 조건부 교부금은 자금의 사용범주가 정해져 있다는 의미에서 범주적 교부금이라고도 한다. 우리나라의 국고보조금이 이에 해당된다. 우리나라의 경우는 별도로 [부록 B]에 다루었으니 한번 읽어보기 바란다.

그림 15-3 교부금의 여러 가지 유형과 성격

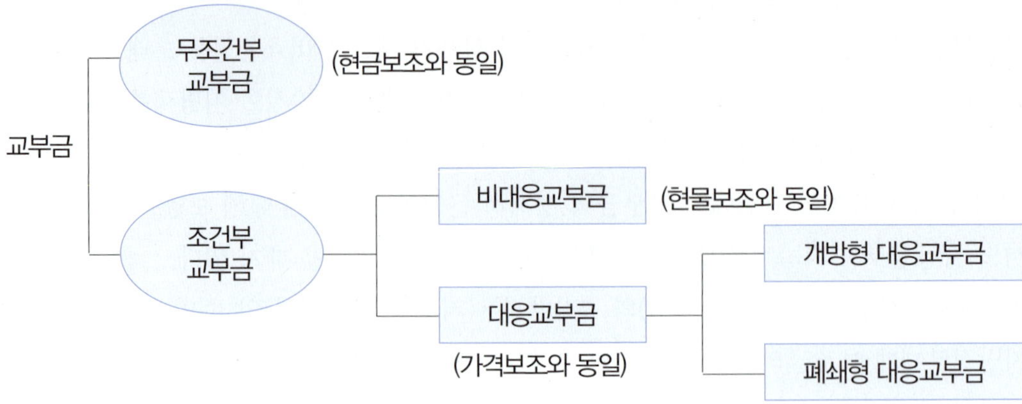

조건부 교부금은 지급방법에 따라 대응교부금과 비대응교부금으로 다시 나눌 수 있다. **비대응 교부금**(non-matching grant)은 지방정부에 의한 사업비의 재원조달과 상관없이 공공사업을 하는 조건을 달아 지급하는 교부금으로서 소득 혹은 현물보조의 지급방식이다. 즉, 지방정부가 재원조달을 하지 않아도 공공사업에 대해 보조금을 지급하는 방식인데, 정액형태의 보조금이라고 해서 정액보조금이라고도 한다. 이 교부금의 특징은 어떤 공공서비스의 추가적 공급에만 사용해야 하며 지역주민의 조세부담의 경감에 사용해서는 안 된다는 조건이 따른다.

한편 **대응교부금**(matching grant)은 특정사업비의 일정비율만 지급하는 교부금으로서 가격보조의 지급방식이다. 이 교부금은 사업비의 일정비율을 보조한다고 해서 정률보조금이라고도 한다. 대응교부금은 다시 교부금의 최고한도가 정해져 있는 폐쇄형 대응교부금(closed-end matching grant)과 교부금의 최고한도가 정해져 있지 않는 개방형 대응교부금(open-end matching grant)으로 구분된다. 폐쇄형 대응교부금처럼 최고한도를 정하는 이유는 무엇일까? 개방형 대응교부금은 가격보조를 하는 형식이어서 중앙정부가 얼마를 지원해야 하는지 미리 정해져 있지 않다. 지방정부가 공공서비스를 많이 공급할수록 교부금의 규모도 커져서 예산편성의 안정성이 감소한다. 이에 따라 교부금의 최고한도액을 설정한 폐쇄형 대응교부금이 필요하다.

무조건부 교부금(unconditional grant)은 지방정부와 세입을 공유(revenue sharing, '세입분여'라고도 함)한다는 의미로 아무 조건 없이 지급하는 교부금이다. 이 교부금은 지방정부에게 '뭉칫돈(block grant)'을 제공한다는 의미에서 현금보조의 지급방식이다. 일반적으로 어떤 지방정부의 공공서비스가 다른 지역주민에게 편익을 가져오는 외부성이 있는 경우 타 지역에 미치는 편익의 비율만큼 공공서비스의 공급비용을 보조하는 조건부 교부금을 제공한다. 그리고 지방정부간 재정력의 불평등이 심할 때는 무조건부 교부금을 제공한다.

정석 사고

지방재정조정제도는 각 지역간 재정력의 차이를 완화하고, 지역간 외부성에 대한 피구적 보조금의 지급이 필요하고, 조세징수상 규모의 경제로 인해 중앙정부가 징수한 후 지방정부에 분배하는 것이 효율적이라는 경제적 근거를 가진다. 지방정부간 재정력의 차이를 시정하기 위한 지방재정조정제도는 교부금을 통해 이루어진다. 교부금에는 사용조건을 붙이는 조건부 교부금과 아무 조건 없는 무조건부 교부금이 있다. 조건부 교부금은 다시 정액보조금형태의 비대응교부금과 정률보조금형태의 대응교부금으로 나뉜다.

2. 교부금의 경제적 효과

앞에서 살펴본 조건부 교부금과 무조건부 교부금의 효과를 비교하면서 이것들이 중앙정부가 원래 의도한 목표를 달성할 수 있는지의 여부를 살펴보자. 또한 이러한 교부금들이 사회후생에는 어떠한 영향을 미치는지 눈여겨볼 필요가 있다.

(1) 무조건부 교부금

무조건부 교부금은 중앙정부가 지방정부와 세입을 공유한다는 의미로 아무런 조건 없이 지급하는 교부금이다. 따라서 지방정부는 교부금을 자신이 원하는 방식으로 사용할 수 있다.

이 교부금은 현금방식과 같으므로 교부금을 받은 지역의 전체소득이 증가하는 효과를 낸다. 그러므로 지역주민이 선택할 수 있는 사용재와 공공재의 소비량이 모두 증가할 가능성이 있다. 이러한 지역주민의 선호를 반영하여 지방정부가 지역공공재를 공급한다면 공공재의 공급에 일부가 사용되고 나머지는 지역주민의 세금부담을 덜어주는 데 사용될 것이다. 이것은 원래 중앙정부가 의도한 공공재 공급의 장려라는 목표와 다를 수 있다.

이상과 같은 사실을 **그림 15-4**를 통해 살펴보도록 하자. 어떤 지방정부의 예산제약이 그림의

AB처럼 주어졌다고 하자. 그림에서 수평축은 그 지역의 주민들이 소비할 수 있는 지역의 공공재의 양을 나타내고, 수직축은 사용재의 양을 나타낸다. 사용재가 정상재(normal good)라고 가정하고, 지역주민의 선호는 우하향하는 무차별곡선으로 나타낸다.

지방정부가 지역주민들의 선호를 충실히 반영하여 의사결정을 한다면 선택될 사용재와 공공재의 조합은 E점이 된다. 이제 무조건부 교부금이 주어진다면 지역주민이 사용재와 지역공공재에 대해 선택할 수 있는 범위를 나타내는 예산제약이 완화된다고 하자. 지방정부는 이 교부금을 사용재의 추가구입에 사용할 수 있고, 지역공공재의 추가공급에도 사용할 수 있다. 한 가지 주의 할 것은 지방정부가 사용재의 추가구입에 자금을 사용한다는 것은 지역주민의 세금부담을 경감해주어서 가처분소득을 높여준다는 의미이다. **그림 15-4**에서 선분 CD가 새롭게 완화된 예산제약이다. 이 예산제약에서 선택되는 균형점은 E_1이며, 이 점은 지역공공재의 공급을 늘이는 동시에 조세부담의 경감을 통해 사용재의 소비를 장려한 결과이다.

그림 15-4 무조건부 교부금의 효과

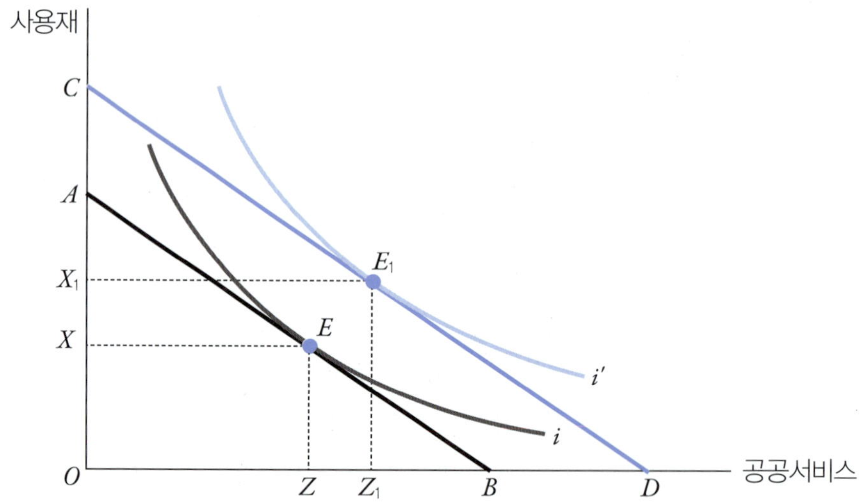

정석 사고

무조건부 교부금은 현금보조와 유사한 특징을 가지며, 우리나라의 지방교부세와 같다. 이 교부금의 경제적 효과는 소득효과로 인해 공공재의 소비가 늘지만 사용재의 소비도 증가하여 주민의 조세부담을 경감해주는 감세효과가 있다. 또한 주민소득이 증가하므로 지역간 재정력격차를 줄여주는 재분배 목적을 달성하기 쉽다.

(2) 조건부 비대응교부금

조건부 교부금은 중앙정부가 소득보조나 가격보조의 형태로 지급하지만 사용목적에 대해 조건을 붙여 지급하는 교부금이다. 예를 들어 조건부 교부금의 대응교부금은 지방정부가 어떤 사업을 수행할 경우 지방정부가 자체적으로 비용의 일정부분을 조달하여 부담하는 가격보조방식으로 정률보조금을 지급하는 것이다. 이와는 달리 조건부 비대응교부금은 중앙정부가 지역공공서비스의 추가적 생산에만 사용해야 한다는 조건을 붙이지만 지방정부가 자체적으로 비용의 일정부분을 조달할 필요가 없는 소득보조방식으로 정액보조금을 지급하는 것이다. 따라서 중앙정부는 지방정부가 자의적인 방식으로 사용할 수 없도록 조건을 붙여 보조금을 지급하는 것이다.

조건부 교부금을 소득보조방식의 비대응교부금의 형태로 지방정부에 제공했을 때 공공재와 사용재의 자원배분에 어떠한 효과가 있는지 살펴보자. 조건부 비대응교부금은 어떤 공공서비스의 추가적 공급에만 사용해야 한다는 조건을 달아 소득 혹은 현물보조의 지급방식으로 정액형태의 보조금이 지급된다. 따라서 동일한 사용재의 소비량에 대해 지역주민이 선택할 수 있는 지역공공재의 소비량이 증가한다. 미리 결과를 예측해보면, 교부금이 지급되면 지역주민들이 공공서비스를 더 많이 소비하고, 효용수준도 높아질 것이다. 이 사실을 그림을 통해 이해보자.

그림 15-5에서 어떤 지역의 초기예산선이 AB인데, 사용재의 추가적 소비에 사용할 수 없는 교부금이 지급됨에 따라 지역주민은 같은 사용재의 수량에 대해서 더 많은 공공서비스를 공급받

그림 15-5 조건부 비대응교부금의 효과

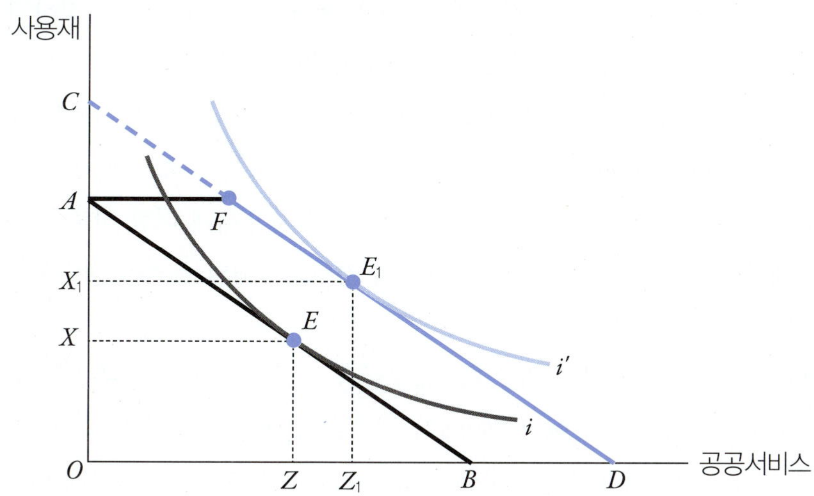

게 된다. 이로 인해 지역주민들이 선택할 수 있는 예산영역은 *AFD*가 된다. 이 예산제약에서 새로운 선택점은 E_1이 된다. 이 경우 무조건부 교부금과 아무런 차이가 없다는 것을 알 수 있다. 따라서 공공재의 생산과 구입을 장려하기 위해 주어진 교부금의 일부는 조세부담을 경감시켜 사용재의 구입을 증가시키는 데 사용된다. 다만, 예외적으로 교부금 지급 후 선택점이 점선으로 표시한 *CF*상의 한 점이 되는 경우에만 '조건부'의 '조건'이 효력을 가진다.

정석 사고

조건부 비대응교부금은 현물보조와 유사한 특징을 가지며, 특정공공재를 공급해야 하는 조건을 붙여 지급하는 교부금이다. 이 교부금의 경제적 효과는 무조건부 교부금과 동일하다. 다만 지역주민이 현물보조를 받은 것보다 지역공공재를 더 적게 선호하면 '조건부'의 '조건'이 효력을 가진다.

(3) 조건부 대응교부금(개방형 대응교부금)

이번에는 조건부 교부금을 가격보조방식인 대응교부금의 형태로 지방정부에 제공했을 때 공공재와 사용재의 자원배분에 어떠한 효과가 있는지 살펴보자. 교부금이 최고한도가 정해져 있지 않는 개방형 대응교부금으로 지급된다고 가정한다. 이러한 교부금은 지역공공재의 외부성이 강할 때 이를 보상하는 수단으로 많이 사용된다. 어떤 지역의 지역공공재 *Z*가 다른 지역의 주민에게도 효용을 주는 경우, *Z*의 소비를 더 늘리기 위해 *Z*의 추가생산에 한정하는 조건을 붙여 교부금을 지급하는 것이다.

지방정부의 지역공공서비스(교육, 보건 등)로부터 발생하는 외부효과를 교정하기 위해 중앙정부가 1:1의 보조비율로 조건부 대응교부금을 제공한다고 가정하자. 1:1의 보조비율은 중앙정부가 지역공공재를 공급하는 경비의 절반을 부담하고 나머지는 지방정부가 부담한다는 것을 의미한다. 이러한 교부금이 지급되면, 지역주민들이 공공서비스를 소비하기 위해 지불해야 하는 가격은 종전의 절반수준으로 떨어지게 된다. 왜냐하면 지역주민들이 사용재에 대한 지출을 1원 줄여서 2원 가치의 지역공공재를 얻을 수 있기 때문이다. 따라서 지역공공재의 가격을 절반으로 낮추는 가격보조의 결과가 나타난다.

그림 15-6에서 원래의 예산선이 *AB*인데, 교부금을 지급받는 지역의 주민들이 선택할 수 있는 예산영역은 *AC*로 확대된다. 이 예산제약에서 새로운 선택점은 E_1이 된다. 이 경우 공공재의 소비량은 확실히 늘어나지만 사용재의 소비량은 소득효과와 대체효과의 크기에 의존한다. 그림에

그림 15-6 개방형 대응교부금의 효과

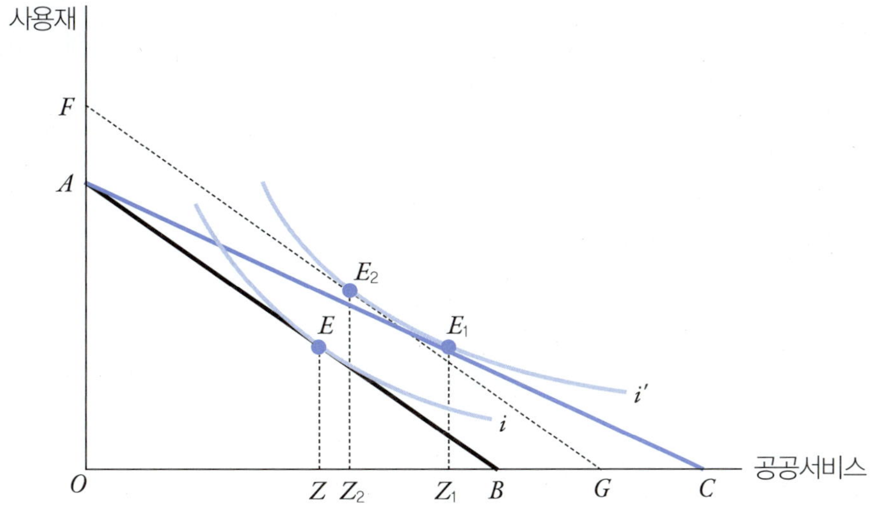

서 소득효과와 대체효과를 나누기 위해, 원래의 예산선을 평행이동시켜(점선 *FG*) 새로운 선택점 E_1과 동일한 효용수준(i')의 무차별곡선에 접하는 점 E_2를 찾는다. 바로 *E*점에서 E_2점의 이동이 소득효과를 나타내고, 나머지 E_2점에서 E_1점의 이동이 대체효과를 보여준다.

소득효과에 의해 실질소득이 증가하면 모든 재화의 소비가 증가하고, 대체효과에 의해 상대적으로 가격이 하락한 공공재의 소비가 늘고 사용재의 소비가 감소한다. 두 효과 중 대체효과가 소득효과보다 크다면 사용재의 소비량이 감소하게 된다. 그러나 만약 소득효과가 더 크다면 사용재의 소비량이 증가할 수 있다. 따라서 지역간 외부효과를 가진 공공재의 생산과 구입을 장려하기 위해 주어진 교부금이 조세부담을 경감시켜 사용재의 구입을 증가시켰는지의 여부는 확실하지 않다.

정석 사고

조건부 대응교부금(개방형 대응교부금)은 특정공공재를 공급하는 조건으로 경비의 일정비율을 제공하는 보조금이다. 지역공공재의 외부성이 강할 때 이를 보상하는 수단으로 많이 사용된다. 이 교부금의 경제적 효과는 소득효과에 의해 실질소득이 증가하면 모든 재화의 소비가 증가하고, 대체효과에 의해 상대적으로 가격이 하락한 공공재의 소비가 늘고 사용재의 소비가 감소한다. 따라서 두 효과 모두 공공재의 소비를 증가시키지만 사용재의 경우 두 효과가 상반되어 증감을 알 수 없다.

(4) 조건부 대응교부금(폐쇄형 대응보조금)

이번에는 조건부 교부금을 폐쇄형 대응교부금의 형태로 지방정부에 제공했을 때 공공재와 사용재의 자원배분에 어떠한 영향을 미치는지 살펴보자. 교부금의 최고한도가 정해져 있는 가정 아래 지역공공재 Z의 소비를 더 늘리기 위해 Z의 추가생산에 일정비율로 교부금을 지급하는 것이다.

그림 15-7 폐쇄형 대응교부금의 효과

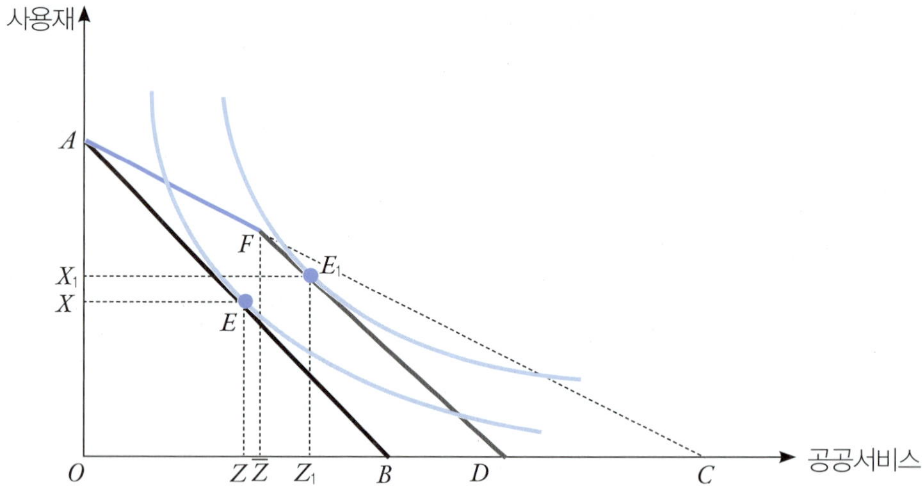

그림 15-7에서 원래의 예산선이 AB인데, 교부금의 한도를 BD(공공재 단위로 환산한 금액)로 정하여 지방정부에게 지급한다고 가정하자. 이때 지역주민들이 선택할 수 있는 예산영역은 F점에서 굴절된 예산선 AFD로 확대된다. 왜 F점에서 예산선이 굴절되는 것일까? 그 이유는 A점에서 출발하여 예산선 AC를 따라 공공서비스를 늘리다보면 F점에서부터 교부금의 한도액 BD(사용재단위로 환산하면, F점과 선분AB의 수직거리)보다 커진다. 따라서 F점에서부터 교부금의 한도액만큼 예산선이 굴절되면서 평행이동한 형태를 가지는 것이다.

새로운 예산선 AFD에서 선택점은 E_1이며, 공공재와 사용재의 소비가 모두 증가한다. 그러나 앞에서 본 개방형 대응교부금보다 공공서비스의 소비량이 약간 줄어든다는 것을 알 수 있다. 예외적이지만 지역주민의 선택점이 AF선 위의 어떤 점이 되는 경우 개방형과 폐쇄형 대응보조금의 차이는 사라진다. 다시 말해서 조건부의 '조건'이 효력을 상실하여 아무런 영향을 주지 못한다.

정석 사고

조건부 대응교부금(폐쇄형 대응교부금)은 특정공공재를 공급하는 조건으로 보조금의 정해진 한도 내에서 경비의 일정비율을 제공하는 보조금이다. 지역주민의 후생을 증가시키고 공공재의 공급을 증가시키지만 개방형 대응교부금보다 공공재공급이 적어진다.

(5) 조건부 교부금과 무조건부 교부금의 비교

앞에서 본 것처럼 조건부 교부금(개방형 대응교부금)이 지급되는 경우 가격보조의 형태로 나타나므로 공공재의 공급비용이 상대적으로 낮아지고 공공재의 공급수준이 큰 폭으로 증가한다. 그런데 그 증가하는 폭이 어느 정도인지를 의미 있게 파악하기 위해서 무조건부 교부금의 경우와 비교해보자.

두 교부금의 효과를 비교하기 위해 조건부 교부금과 똑같은 수준의 후생을 만들어주는 무조건부 교부금이 가상적으로 제공된다고 가정한다. **그림 15-8**에서 무조건부 교부금이 가상적으로 지급된 경우 원래의 예산선 AB와 평행한 새로운 예산선이 FG로 표시되어 있다. 앞에서처럼 조건부 교부금의 경우 균형점은 E_1이 되며, FG로 나타낸 예산선 위에서 무조건부 교부금의 경우 균형점은 E_2가 된다. 이를 통해 조건부 교부금이 지방정부로 하여금 더 많은 공공재를 공급하도록 유인한다는 사실을 알 수 있다. 조건부 교부금의 이러한 성격이 큰 장점이기는 하지만, 중앙정부의 입장에서 보면 더 많은 공공재의 공급을 위해 사회후생손실이라는 대가를 치러야 한다.

그림 15-8 조건부 교부금과 무조건부 교부금의 비교

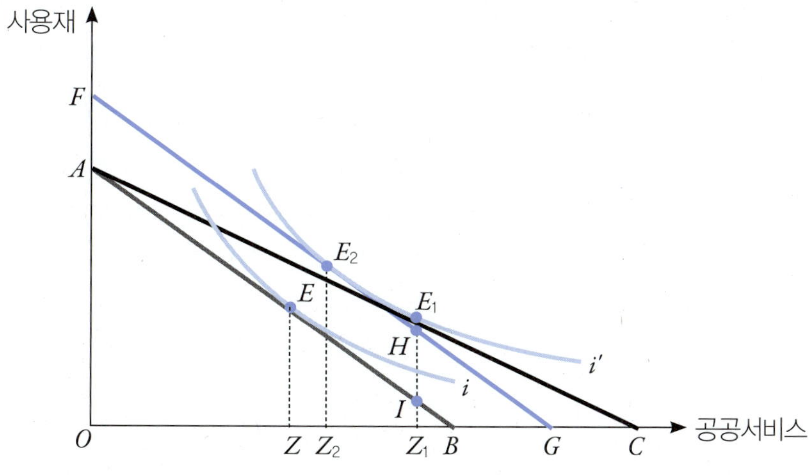

조건부 교부금이 야기하는 사회후생손실은 가격보조라는 성격에서 나오는 대체효과의 결과이다. 조건부 교부금이 지급될 때 E_1점이 선택되고 이때 실제 지급되는 교부금의 크기는 선분 E_1I의 길이가 된다. 그런데 만약 무조건부 교부금이 지급되는 경우 선분 HI의 길이에 해당하는 교부금만 지급하고도 지역주민들에게 조건부 교부금과 동일한 후생을 가져다줄 수 있다. 사실 HI는 대표적 지역주민의 관점에서 소비자후생의 변화(i에서 i'의 변화)를 사용재단위로 표시한 **대등변화**이다. 따라서 조건부 교부금의 사회후생손실(초과부담)은 실제 교부금의 크기와 대등변화의 차이를 나타내는 선분 E_1H의 길이가 된다.

마지막으로 한 가지 흥미로운 사실은, 앞에서 살펴본 것처럼 조건부 교부금과 무조건부 교부금이 상당한 정도로 주민의 세금부담을 덜어주는 데 전용될 수 있다고 하였는데, 실증연구 결과는 이러한 이론적인 예측이 그대로 들어맞지 않음을 보여준다. 다시 말해서 교부금이 지급될 경우 그 일부가 주민들의 세금부담을 감소시키는 데 전용되기보다는 중앙정부가 의도하는 대로 지방정부의 공공재 공급이 늘어난다는 것이다. 이러한 현상을 파리가 끈끈이에 붙었을 경우 바로 그 지점에 붙어 있을 수밖에 없는 현상에 비유하여 **끈끈이효과**(flypaper effect)라고 부른다.

끈끈이효과가 발생하는 이유는 지방정부의 관료들의 행태와 관련지어 설명할 수 있다. 니스카넨(W. Niskanen)이 주장한 것처럼, 예산극대화를 원하는 관료들이 지역주민에게 홍보함이 없이 자신들에게 유리한 방향으로 예산을 지출한 결과 끈끈이효과가 나타날 수 있다. 그 밖에도 교부금이 증가할 때 주민들은 자신의 소득이 증가한 사실을 제대로 인식하지 못하여 공공재가 과다생산되는 **재정착각현상**으로도 설명가능하다. 또한 중앙정부가 무조건부 교부금을 지급하고는 여러 가지 압력으로 공공재 생산에 이용하도록 한다는 설명도 가능하다.

결론적으로 앞에서 살펴본 이론은 지역공공재의 공급에 대응교부금이 효과적인 수단이지만 끈끈이효과에 의해 다른 교부금들도 지역공공재의 공급에 효과적일 수 있음을 암시한다. 이러한 효과가 아니더라도 지방정부는 공공서비스의 추가적인 생산을 세금으로 하지 않고 보조금으로 하려고 하는 경향이 있으므로 어떤 형태의 보조금이든 실제 공공서비스의 생산을 증가시킬 것으로 예상할 수 있다.

정석 사고

무조건부 교부금보다 조건부 교부금이 지방정부로 하여금 더 많은 공공재를 공급하도록 유인한다. 그러나 더 많은 공공재의 공급을 위해 무조건부 교부금보다 사회후생손실이 더 크다. 한편, 어떤 교부금이 지급되더라도 그 일부가 주민들의 세금부담을 경감시키는 데 전용되기보다는 중앙정부가 의도하는 대로 지방정부의 공공재 공급이 늘어나는 현상을 **끈끈이효과**라고 한다. 이론적으로는 무조건부 교부금 1원의 증가나 지역주민소득의 1원 증가나 지방정부의 지출수준 증가는 동일해야 하는데, 실제로는 무조건부 교부금 1원 증가가 공공서비스의 생산에 더 많이 투입된다는 것이다. 이 현상은 관료들이 예산극대화를 원하여 자신들에게 유리한 방향으로 예산을 지출한 결과라고 해석할 수 있다. 그 밖에도 교부금이 증가할 때 주민들은 자신의 소득이 증가한 사실을 제대로 인식하지 못하여 공공재가 과다생산되는 **재정착각현상**으로도 설명할 수 있다.

부록A 정석 재정학 클럽이론

공공재의 특성에서 배제할 수 있지만 공동소비 혹은 결합소비의 특성을 보여주는 지역공공재나 준공공재의 최적지역규모(최적공급량)와 최적인원수가 어떻게 결정될 수 있는지에 대하여 살펴보자.

뷰캐넌은 이러한 관점에서 수영장과 같은 자생적 클럽의 효율성문제를 최초로 연구하였다.[10)] 배제가 가능할 때 신입회원이 가입하면 다른 회원의 클럽재의 평균비용이 낮아지는 규모의 경제가 발생한다. 클럽에 계속 회원이 증가하고 규모의 경제가 작용한다면 그 지역의 모든 주민이 클럽에 참여하는 것이 최적규모이다. 그러나 회원수가 증가하면 혼잡(congestion)이 발생하여 평균비용이 증가할 때가 있다. 이로 인해 클럽의 최적규모는 모든 회원수를 수용하는 것보다 작아지게 마련이다.

선호가 동일하고 소득이 같다면 모든 회원이 동일한 액수로 비용을 분담하는 것이 모든 면에서 바람직하다. 두 번째 회원이 클럽에 가입할 때 최초의 회원이 얻는 편익은 자신이 부담하는 수영장 건설의 고정비용(F)을 나누어 분담함으로 인해 고정비용 분담액이 1/2로 감소하는 것이다. 즉, $MB=\frac{1}{2}F$이다. 이 고정비용의 분담액을 회비 혹은 가입비라고 생각하자. 이제 세 번째 회원이 가입하면 기존의 회원이 얻는 한계편익은 $MB=\frac{1}{3}F$이다. 그러므로 신입회원이 추가될 때마다 회비는 감소하므로 한계편익은 인원수의 감소함수이다.

이제 신입회원이 들어올 때마다 발생하는 비용을 살펴보자. 다분히 심리적인 것이지만 회원수가 적을 때에는 그것 때문에 불만이며 회원수가 증가하기를 바란다. 처음 회원수가 증가하면 더 좋을 것이므로 음(−)의 한계비용을 가지지만 회원수가 어느 정도 늘어나 혼잡해지면 좋아하지 않게 되므로 양(+)의 한계비용을 발생시킨다. 따라서 최적회원수는 신입회원 1명이 추가될 때 발생하는 혼잡의 한계비용이, 줄어드는 고정비용의 분담액의 한계편익과 일치할 때 결정된다. 만약 개인에게 혼잡에 따른 심리적 한계비용이 자신의 한계효용의 감소분이라면 즉 $-MU$라면, N명이 있는 클럽에서는 $MC=-N \cdot MU$가 혼잡의 한계비용이다. 이때 최적회원수를 결정하는 조건식은 다음과 같다.

$$-N \cdot MU = \frac{F}{N} \qquad (15\text{–}1A)$$

위에서 알 수 있듯이 회원수가 증가하면 오른쪽의 1인당 회비(MB)는 감소하며, 왼쪽의 혼잡에 의한 한계비용(MC)이 증가함을 알 수 있는데 적절히 타협한 어떤 점에서 최적인원수가 결정된다. 이것을 **그림 15-1A** 를 통해 살펴보면 한계편익은 회원수의 감소함수로 나타냈고, 처음에 한계비용이 음수인 것은 혼잡이 없어 더 많은 회원수를 원하기 때문에 오히려 양의 한계효용을 준다는 의미이다. 그림에서 두 곡선이 만나는 N_0점이 바로 최적회원수를 말한다.

그림 15-1A 클럽의 최적회원수

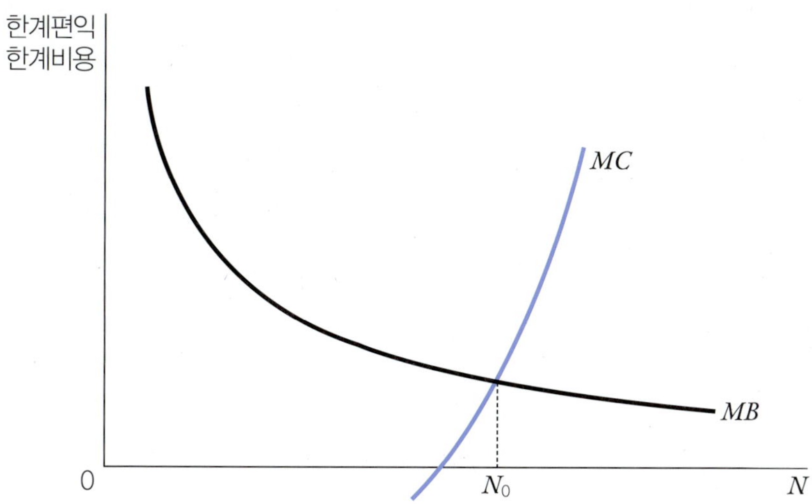

그러나 클럽의 최적배분조건은 클럽의 최적생산량(규모)과 최적회원수를 동시에 만족해야 한다. 공공재의 최적생산량은 새무엘슨조건을 만족해야 하므로 모든 사람의 선호가 동일할 때 $N \cdot MRS = MRT$이다. 그리고 수영장건설의 규모가 G이고 한계비용이 일정한 경우 수영장건설의 총비용은 $F = G \cdot MRT$가 된다. 그러므로,

$$\frac{F}{N} = \frac{G \cdot MRT}{N} = \frac{G \cdot (N \cdot MRS)}{N} = G \cdot MRS \qquad (15\text{–}2A)$$

결과적으로 다음과 같은 최적배분조건을 얻는다.

$$\frac{F}{N} = G \cdot MRS = -N \cdot MU \qquad (15\text{–}3A)$$

이 식은 각 회원이 분담하는 비용(F/N)이 클럽의 규모(G)와 각 회원의 한계대체율(MRS)을 곱한 값과 일치할 때 최적배분이 이루어진다는 것을 의미한다. 또한 이것은 회원들에게 부과된 혼잡의 한계비용과도 일치한다는 의미이다.

클럽이론이 우리에게 주는 시사점은 지역공공재의 경우 배제에 큰 비용이 들지 않는다면 선호가 유사한 사람끼리 경쟁적 시장기구와 같은 자생적 클럽의 형성을 통해 효율적인 자원배분을 달성할 수 있다는 것이다. 그러므로 뷰캐넌의 클럽이론은 최적지역규모와 지방정부의 역할에 대해서 많은 시사점을 준다.

부록B 정석 재정학 우리나라 국세 · 지방세의 구성과 지방재정조정제도

1. 조세부담률

정부가 국민들로부터 어느 정도의 조세를 징수하는가를 나타내는 지표로 국민총생산(GNP) 대비 조세징수액(세수입 규모)의 비율인 **조세부담률**을 많이 사용한다. 조세부담률은 이상적인 지표는 아니지만 계산이 용이하다는 장점이 있다.

어느 정도의 조세부담률이 적정수준인가에 대하여 바스타블(C.F. Bastable)은 국민소득의 15%를 조세로 징수하면 국민에게 과중한 부담이 된다고 하였다. 한편 클라크(C. Clark)는 선진국 자료를 분석한 결과 국민소득에 대한 과세의 한계는 25%로, 국민소득에 대한 과세율이 25%를 초과하면 근로의욕을 저해하고 노동공급을 감소시킨다고 주장하였다.[11)]

우리나라의 경우를 보면 1953년에 총조세부담률이 5.5%이던 것이 1991년에는 17.9%, 2012년에는 19.8% 수준으로 높아졌다. 그리고 한국개발연구원(KDI)의 보고서 「재정정책의 장기발전방향」에 따르면 앞으로 교육 및 사회간접자본 관련 투자가 필요하다는 사실을 감안하여 더욱 높아질 것이라고 전망하고 있다.

그런데 국민소득에 대한 과세율의 수준은 각 나라의 사정에 따라 다르다. 단, 국제비교를 통하여 간접적으로나마 조세부담률의 상대적인 수준을 파악할 수 있다. 일반적으로 영국이나 프랑스 등의 유럽 국가와 같이 사회보장제도가 발달되어 사회보장을 위한 지출이 많은 나라의 경우에는 조세부담률이 높다. 그리고 정부지출의 생산력 효과를 높이 평가하고 정부에 대한 신뢰도가 높은 나라일수록 과세의 한계는 높으며, 또 합리적인 과세수준과 민주적 조세구조로 운영되는 나라일수록 과세에 대한 저항이 적다. 이러한 관점에서 보면 우리나라가 미국과 비슷한 수준이더라도 일반국민이 상대적으로 느끼는 조세부담의 정도는 더 크다고 할 수 있겠다.

2. 국세와 지방세의 구성

(1) 국세

현재 우리나라의 조세체계는 국세 14개와 지방세 16개 세목으로 구성되어 있다. 국세는 내국세, 관세, 그리고 목적세로서 교육세와 교통 · 에너지 · 환경세 및 농어촌특별세로 구성되어 있다. 내국세 중 직접세는 소득세, 법인세, 상속세, 증여세, 종합부동산세의 5개 세목으로, 간접세는 부가가치세, 주세, 개별소비세, 인지세, 증권거래세의 5개 세목으로 구분된다.

대부분의 선진국들은 국세 중 내국세의 비중이 압도적으로 높고, 직접세의 비중이 훨씬 높지만 우리나라의 경우 국세전체에서 간접세의 비중이 직접세보다 훨씬 높은 특징을 보여준다. 비중이

그림 15-1B 국세의 구조

큰 세목으로는 직접세의 경우 소득세와 법인세가, 간접세의 경우 부가가치세가 압도적인 비중을 차지하고 있다. 그런데 전체조세 중 직접세와 간접세의 비중은 소득계층간 조세부담이 어떻게 이루어질 것인가를 짐작케 하는 하나의 방편이기도 하다. 직접세는 상대적으로 고소득층에 부과되며, 간접세는 소비세로서 소비세 중에도 생활필수품에 대한 세금이 많이 포함되기 때문에 저소득층에 역진적인 작용을 하는 경향이 있다. 그러므로 조세수입에서 직접세의 비중이 높다면 조세부담의 공평성을 확보할 수 있는 가능성은 높아진다.

(2) 지방세

지방세는 징수주체에 따라 크게 도세(道稅)와 시 · 군세(市 · 郡稅), 특별시 · 광역시세(特別市 · 廣域市稅)와 구세(區稅)로 구분할 수 있다. 이들은 다시 지방자치단체의 일반적인 재정수요를 충

그림 15-2B 지방세의 구조

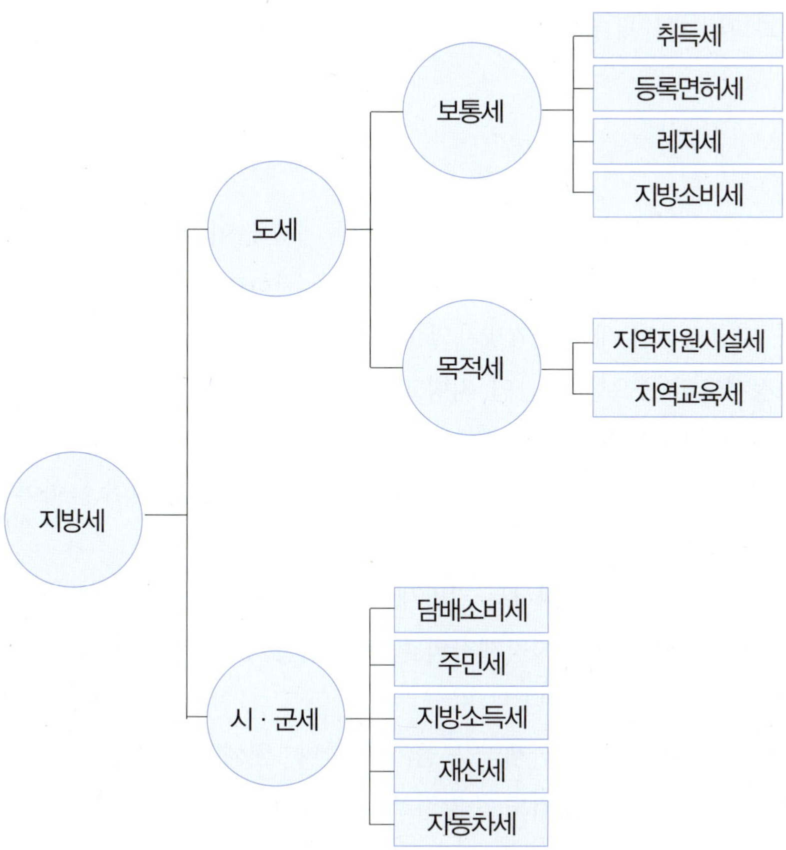

당하기 위한 보통세와 특별한 목적으로 징수되는 목적세로 나뉜다. 만약 어떤 사람이 경기도 부천시에 살고 있다면 경기도에 도세를 내야 하고 또 부천시에 시·군세를 납부하여야 한다. 그리고 만약 서울특별시에 살면 특별시세와 구세를 내야 하는데, 납부해야 하는 조세종류는 경기도 부천시민과 동일하다.

우리나라에서 지방세수입이 전체 조세수입에서 차지하는 비중을 보면 1970년에는 8.9%에 불과하던 것이 2011년에 이르면 21.4%(나머지 비중은 국세)로 증가한다. 특히 1989년 담배소비세의 지방세 편입과 1990년 종합토지세의 실시로 인해 지방세의 비중은 빠른 속도로 증가해왔다. 물론 이러한 지방세의 비중은 형식적인 수치일 수 있는데, 그 이유는 중앙정부에서 징수하여 지방정부에게 자동적으로 이양되는 지방교부세, 교육교부세를 포함하고 있지 않기 때문이다. 이러한 조세를 다 포함한 실질적인 수치를 보더라도 지방세의 비중이 증가하고 있다.

우리나라 지방세수입의 대표적인 특징은 재산의 보유보다는 재산의 거래에 부과되는 등록면허세와 취득세가 가장 중요한 세입원이라는 사실이다. 그다음 중요한 세목이 담배소비세와 자동차세, 집의 보유에 부과되는 재산세 등이다.

(3) 지방재정의 확충

1995년 7월 1일부터 지역의회의원과 지역자치단체장을 주민들이 직접 선출함으로써 지방자치제도의 시대를 열었다. 지방재정은 지방자치단체의 재정을 말하며, 이것은 일반재정과 지방교육재정으로 구분된다. 지방정부의 재원은 지방세와 (지방)세외수입으로 구성된 **자체수입**과, 다음에 살펴볼 지방재정조정제도의 중요한 수단인 지방교부세와 국고보조금으로 구성된 **의존수입**으로 구분된다. 지방정부의 **일반재원**이라고 할 때에는 자체수입과 지방교부세의 합을 말한다. 여기서 **재정자립도**는 지방정부의 총세입에서 자체수입이 차지하는 비중인데, 이것이 높아야 진정한 지방자치제도가 확립될 수 있다.

각 지방의 재정자립도를 높이기 위해서는 지방재정의 확충이 필요하며, 지방재정의 확충을 위해서는 지방세재의 개편이 필요하다. 지방재정의 확충을 위한 꾸준한 노력에도 불구하고 지방재정의 규모는 상대적으로 취약한 실정이다.

이러한 상황에 대한 이유로 연성예산제약을 들기도 한다. **연성예산제약**은 지방정부의 느슨한 예산제약을 말하는데, 어떤 문제가 생겨도 중앙정부가 도울 것이라는 생각으로 방만한 재정운영을 하는 것을 말한다. 예산운용에서 일종의 도덕적 해이현상이 있는 것을 일컫는다. 원래 연성예산제약은 계획경제체제에서 국영기업들이 보이는 행태를 비효율성의 주원인으로 설명할 때 적용되는 개념이다. 지역주민의 후생이 관련되어 있어서 중앙정부가 외면하기도 어려운 관계로 연성예산제약의 문제가 쉽게 해결되지 않는다. 한 가지 방법은 지방정부가 균형재정을 유지하도록 하여 방만한 재정지출을 줄이도록 하는 것이다.

결론적으로 지방자치의 정착을 위한 선결과제는 자주재원의 확충을 통한 재정분권이다. 중앙정부의 이전재원에 대한 의존을 줄이고, 지방정부의 과세자주권 강화를 통해 재정독립성을 확보하고, 재정운용의 책임성을 강화하고, 지역간 재정력 격차를 완화하는 방향으로 부단히 지방세제를 개편할 필요가 있다.

3. 지방재정조정제도

지방재정조정제도는 지방정부간 재정력의 격차를 완화하기 위해 중앙정부가 지방정부에게 또는 지방정부간 필요한 재원을 지원하는 제도이다. 우리나라의 지방재정조정제도는 지방교부세와 국고보조금의 두 가지 정책수단으로 구성되어 있다.[12)]

지방교부세는 중앙정부와 지방정부의 수직적 재정불균형을 보완하는 중요한 정책수단이다. 국세와 지방세의 비율이 꾸준히 높아졌다지만 여전히 약 8대2의 비율에 머물러 있어 재정규모의 현격한 차이가 있다. 지방교부세는 중앙정부뿐만 아니라 지방정부간 재정력의 차이도 줄여주므로 수평적 재정불균형도 보완해준다.

지방교부세는 중앙정부와 세입공유의 원칙에 따라 아무 조건 없이 지방정부에게 재원이 제공되며, 지방정부는 이를 일반재원으로 포함시켜 용도를 자율적으로 결정할 수 있다. 이 점에서 무조건부 교부금의 성격을 가진다고 할 수 있다. 지방교부세는 내용에 따라 4가지 종류로 나눌 수 있는데, 보통교부세, 특별교부세, 분권교부세, 부동산교부세가 그것이다. 보통교부세는 기본적 행정비용의 부족분을 보충하는 의도에서 지급되는 교부세이다. 특별교부세는 보통교부세로 알아내기 힘든 지방재정수요를 보충하는 교부세이다. 예를 들어 지역의 갑작스런 행사나 재해에 대비하기 위한 교부세라고 생각할 수 있다. 분권교부세는 국고보조사업의 일부를 지방정부에 넘기는데 필요한 재원조달을 위해 지급하는 교부세이다. 이것은 시한을 두고 있는 교부세로서 보통교부세로 통합될 예정이다. 부동산교부세는 종합부동산세 전체를 지방정부에 이전하는 교부세로서 중앙정부가 징세를 대신해주는 의미를 가진 교부세이다.

한편 **국고보조금**은 지방정부의 특정사업을 보호하고 장려하기 위해 중앙정부가 그 비용의 일부 또는 전부를 부담하는 보조금이다. 사실은 중앙정부가 수행할 업무인데 여러 현실적 이유로 지방정부에 업무를 위임할 때 업무수행에 소요되는 경비의 일부 또는 전부를 부담하는 보조금이다. 이것은 특정용도에 사용하도록 제한을 하기 때문에 조건부 교부금의 성격을 가진다고 생각할 수 있다. 국고보조금에서 지방정부가 특정사업을 수행할 때 지출하는 비용의 일정비율을 보조해주는 것을 정률보조금, 일정액을 보조해주는 것을 정액보조금이라고 한다.

국고보조금을 지급목적에 따라 세 가지로 분류할 수 있다. 교부금, 부담금, 협의의 보조금이 그것이다. 병무사무와 같은 중앙업무를 위임받아 그 업무를 수행할 때 경비전체를 지급하는 것을 교부금이라고 한다. 재해복구사업과 같이 지방정부가 수행하지만 중앙과 긴밀한 협조가 필요할 때 거기에 관련된 비용을 지급하는 것을 보조금이라고 한다. 그리고 임대주택건설, 농공지구건설 등과 같이 중앙정부가 정책수행의 관점에서나 지방정부의 재정상태에서 볼 때 필요한 것으로 판단하여 지방정부에 지급하는 보조금을 협의의 보조금이라고 한다. 지방교부세와 달리 국고보조금은 특정사업을 유도하는 목적이므로 국고보조금에 의존하지 않는 것이 바람직하다.

정석 사례연구

최적재정연방주의

2002년 미국의 부시 대통령은 학교성적책무성을 모든 주로 확장하는 새로운 교육법(일명 아동낙오방지법, No Child Left Behind Act, NCLB)에 서명하게 된다. 이 형태의 교육시스템이 전혀 새로운 것은 아니었다. 그 이전부터 몇몇 주에서 학교들이 학생들의 성취도에 대해 책임을 지도록 표준시험을 실시하고 학교별 성적비교에 대한 보고서를 발간하며 그 성적결과를 보상이나 제재에 결부시키고 있었다. 이러한 교육시스템을 학교성적책무성(School Accountability)이라고 불렀다.

이 제도는 성적을 향상시키지 못하는 학교는 학생들이 다른 학교를 원하면 전학을 허용하며, 그 비용도 그 학군에서 지불한다. 또한 교사들이 각 담당과목에 대해 학사학위를 가지고 있거나 교사자격시험을 통과해서 자격을 갖추어야 한다는 내용을 담고 있다.[13)]

학교성적책무성을 지지하는 사람들은 이 제도가 학교행정직원과 선생님들의 관료적 태도를 완화하고 학생들에게 핵심적 교육기능을 제공하도록 유인할 것이라고 믿는다. 그리고 교육은 국가적 차원의 문제이므로 중앙정부의 감독과 지원이 꼭 필요하다고 믿는다. 그러나 이 법안에 반대하는 사람들은 교육에서 표준을 정하고 교사자격을 결정하는 일은 주정부와 지역학군에서 맡는 것이 좋다고 믿는다. 그들은 교육을 효율적으로 규제하기 위해서는 지역의 여러 여건에 대한 충분한 지식과 정보가 필요한데, 중앙정부 혹은 연방정부가 이것들을 가지고 있지 않다고 믿는다.

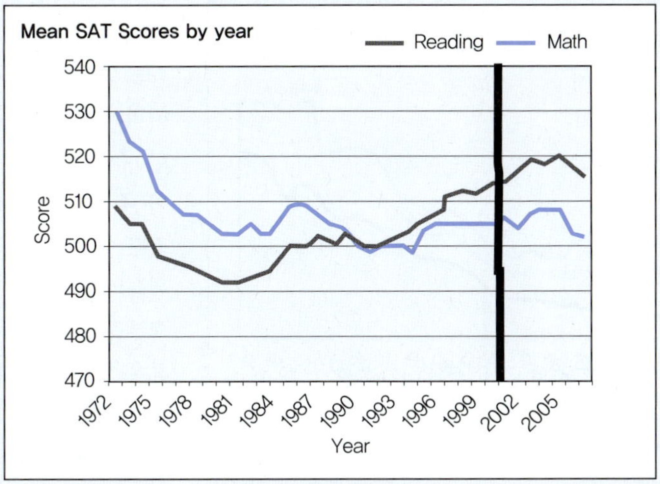

반대하는 사람들의 논리의 예를 들어보면 농촌지역에서는 한 선생님이 여러 과목을 가르치기 때문에 그 법안이 요구하는 과목들의 학위를 모두 가지기 어렵고, 학생들이 농촌지역을 떠나 다른 도시학교로 가려면 먼 여행을 해야 한다는 것이다. 또한 중앙정부의 명령에 따라 지방정부가 세금을 올리는 것은 부당하다고 주장한다.

이 논쟁의 결과 어떻게 되었을까? 2006년 2월 유타 주를 비롯한 20개 주가 이 법안에 도전하여 교육정책에서 주정부의 우선권을 요구하였고, 중앙정부는 주들이 요구해온 성적향상의 평가방법에 신축성을 발휘하는 등 법안을 대폭 수정하였다.

일단 재원조달 측면에서 볼 때 최적재정연방주의를 따르는 것으로 볼 수 있는데, 그 이유는 2002년 기준으로 볼 때 중앙정부가 16%, 주정부가 23%, 다른 정부들이 나머지를 지출한다. 서로 영향을 주는 모든 지방정부들이 교육에 관해서 하나의 지방정부로 통합하는 형태이다. 이론적으로 볼 때 이런

정석 사례연구

단계의 정부가 모든 시민들의 후생을 고려하여 외부성을 내부화한다. 그렇지만 중앙정부의 역할이 재원의 제공에만 있지 않고 교사양성, 도서관, 장애학생기준 등의 다양한 법을 집행한다. 따라서 완전한 의미의 최적재정연방주의로 작동하고 있지는 않다.

끈끈이효과

전통적인 이론에 따르면, 무조건부 교부금이 지급될 경우 그 일부가 주민들의 세금부담을 감소시키는 데 전용된다. 즉, 교부금이 지방정부의 지출을 구축한다는 것이다. 하인스와 탈러(J.R. Heins and R.H. Thaler, 1995)는 미국에서 연방정부(중앙정부)로부터 교부금을 많이 받는 주와 적게 받는 주를 비교해본 결과 연방정부지출에 의한 주정부지출의 구축은 매우 낮은 수준으로 거의 0에 가깝다는 것을 발견했다. 따라서 연방정부 교부금 1달러에 대해 주정부지출이 1달러 가까이 늘어난다. 경제학자 아서 오쿤(Arthur Okun)은 연방정부 교부금이 주정부지출을 구축(대체)하지 않고 '돈은 원래 있었던 곳에 붙어 있기' 때문에 끈끈이효과라고 하였다.[14)]

그러나 나이트(B. Knight, 2002)는 교부금과 주정부지출에 양의 상관관계가 있겠지만 그것이 끈끈이효과 때문이 아니라 단지 교부금을 많이 받는 주가 공공서비스지출을 가장 선호하는 주이기 때문이라고 설명한다. 그는 연방정부에서 주정부로 지급하는 고속도로 교부금이 주정부의 정치적 대리자(의회교통위원회이거나 여당의원 등)의 힘에 의해 결정된다고 보고, 득표극대화모형에 따라 의원들의 권력이 증가한 주와 약화된 주를 구분하여 주정부지출수준을 비교하였다. 그리고 예상한 대로 의원들의 권력이 증가한 주에서 교부금의 지출도 늘었다는 결론을 얻었다. 전통적인 이론처럼 의회권력의 증가로 인해 늘어난 교부금의 추가 1달러마다 주정부지출은 0.9달러가 감소하였던 것이다. 즉 주정부의 지출은 연방정부 교부금 1달러마다 단지 0.1달러 증가할 뿐이었다.[15)]

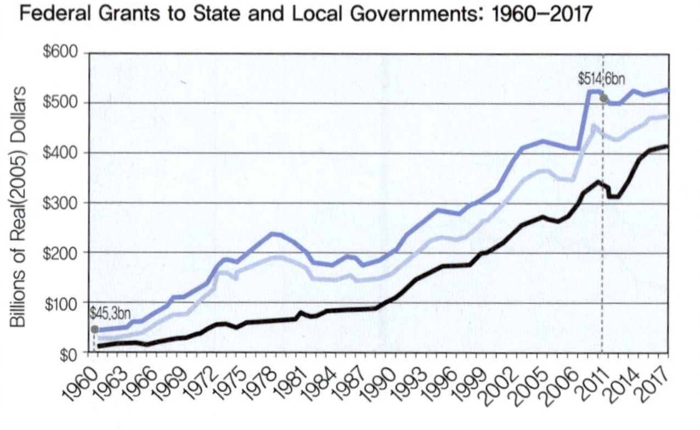

자료: OMB(Office of Management and Budget), Historical Table 12.1

나이트의 연구는 다시 끈끈이효과의 존재여부에 의구심이 들게 한다. 이후 고든(N. Gordon, 2004), 러츠(B.E. Lutz, 2004) 등의 연구에서도 나이트와 동일하게 무조건부 교부금이 상당한 정도로 구축효과를 가진다고 한다.[16)]

정석 기본문제

1. 중앙집권제보다 지방분권제가 더 바람직하다고 말할 수 있는 경제적 근거를 설명하라.

정석 힌트 지방분권제는 주민의 선호를 충실히 반영하고, 편익과 조세의 관계를 명확히 인식하여 낭비적 지출을 억제할 수 있고, 지방정부 사이의 경쟁을 촉진하여 효율성을 높일 수 있다.

2. 지방정부의 경제적 기능 중 가장 효과적이라고 할 수 있는 재정의 기능은 무엇인가?

정석 힌트 재정의 기능은 자원배분기능, 소득분배기능, 경제안정화기능, 경제성장기능 등을 들 수 있고, 지방정부는 자원배분의 측면에서 효율적이다.

3. 중앙정부와 지방정부의 역할분담에 대한 오우츠(Oates)의 분권화정리에 대하여 설명하라.

정석 힌트 지역공공재의 생산에 동일한 비용이 든다면 각 지방정부가 자발적으로 적절한 양을 결정하여 공급하는 것이 중앙정부가 모든 지역에 지역공공재를 공급하는 것보다 효율적이다.

4. 티부(Tiebout)는 각 지방정부가 독자적으로 세금징수와 지방공공재의 공급에 결정을 내리는 분권화된 체제하에서 주민의 자유로운 이주로 효율적인 자원배분이 달성된다고 한다. 이를 무엇이라고 하는가?

정석 힌트 허쉬만(A. Hirschman, 1970)은 사람들이 자신의 선호를 표시하는 과정에는 진입과 퇴장(이탈)을 통한 과정과 서면, 대화, 항의라는 의사표시를 통한 과정이 있다고 구분한다. 특히 퇴장 혹은 이탈의 의사표시는 사람들이 이동할 수 있어야 가능하다. 이러한 의사표시의 방법을 지역공공재의 선호에 적용한 것이 티부의 '발에 의한 투표'이다.

5. 티부모형에서 지역공공재의 재원은 어떻게 충당되며, 어떤 가정하에서 그의 가설이 성립하는지 설명하라.

정석 힌트 티부의 세계에서는 지방정부의 재원이 지역주택에 부과하는 비례적 재산세밖에 없다. 티부의 세계는 다수의 마을의 존재, 완전한 정보, 완전한 이동성, 외부성의 부재, 규모수익 불변의 생산기술을 가정하고 있다.

6. 지방재정조정제도의 국고보조금은 교부금의 어떤 종류에 해당되는가?

정석 힌트 국고보조금은 지방정부의 특정사업을 보호하고 장려하기 위해 중앙정부가 그 비용의 일부 또는 전부를 부담하는 보조금이다. 중앙정부가 사용목적에 대해 특정한 조건을 달아 지급하는 조건부교부금이다.

7. 비대응교부금과 대응교부금의 차이를 설명하라.

정석 힌트 비대응교부금(non-matching grant)은 지방정부에 의한 사업비의 재원조달과 상관없이 공공사업을 하는 조건을 달아 지급하는 교부금으로서 소득 혹은 현물보조의 지급방식이다. 대응교부금(matching grant)은 특정사업비의 일정비율만 지급하는 교부금으로서 가격보조의 지급방식이다.

8. 조건부 교부금과 무조건부 교부금의 차이를 설명하라.

정석 힌트 무조건부 교부금은 지방정부와 세입공유(revenue sharing, '세입분여'라고도 함)를 한다는 의미로 아무 조건 없이 지급하는 교부금이다. 반면에 조건부 교부금은 공공사업을 하는 조건을 달아 지급하는 교부금이다.

9. 지방재정의 일반재원과 지방재정조정제도에 대해 설명하라.

정석 힌트 지방정부의 재원은 지방세와 (지방)세외수입으로 구성된 자체수입과, 지방재정조정제도의 중요한 수단인 교부금(지방교부세와 국고보조금)으로 구성된 의존수입으로 구분된다([부록B] 참조할 것). 지방정부의 일반재원은 자체수입과 지방교부세의 합을 말한다. 지방재정조정제도는 지방정부간 재정력의 격차를 완화하기 위해 중앙정부가 지방정부에게 또는 지방정부간 필요한 재원을 지원하는 제도이다. 우리나라의 지방재정조정제도는 교부금, 즉 지방교부세와 국고보조금의 두 가지 정책수단으로 구성되어 있다.

10. 디즈니국가에 미키와 미니라는 지방정부가 있다. 미키정부와 미니정부 사이에 구피강이 하나 있는데, 강의 상류에 미키지역이 있고 하류에 미니지역이 있다고 한다. 이때 미키정부는 이 강에 흘러드는 오염을 자체 재원으로 처리하여야 하는가? 이상적 해결방안은 무엇인가?

정석 힌트 미키정부가 오염처리할 수 있지만 그렇게 하면 미니지역에도 혜택이 돌아가니 이로운 외부성이 생긴다. 따라서 미키정부가 오염처리를 하더라도 최적수준만큼 처리하지 않는다. 이 경우에는 디즈니정부가 미키정부에게 최적수준으로 오염처리를 하도록 피구적 보조금 성격의 조건부 교부금을 지급하는 방법을 생각할 수 있다.

정석 심화문제

11. 티부의 세계에서 만들어지는 균형상태를 사회후생적 관점에서 평가하라.

정석 힌트 티부의 세계는 오우츠의 재정연방체제에 비유하자면 완전일치의 상태이므로 가장 효율적인 균형상태라고 할 수 있다. 그런데 티부의 세계는 최종균형상태에서 각 지역별로 선호와 소득이 비슷한 주민들이 모여 사는 지역사회들이 될 것으로 예상된다. 그 이유는 선호와 소득수준이 비슷하면 지역공공재의 공급량과 세금크기가 비슷한 지역을 발에 의한 투표로 선택할 것이기 때문이다. 따라서 부유한 주민들은 부유한 지역에, 가난한 주민들은 가난한 지역에 모여 사는 티부의 세계는 효율성을 위해 공평성을 희생한 균형상태라고 할 수 있다.

12. '톰'과 '제리'라는 두 지역이 있다. '톰' 지역은 주민의 선호가 매우 다양하고, '제리' 지역은 모든 주민의 선호가 거의 동일하다고 한다. 보통 선호의 다양성이 나쁜 것은 아니지만 여기서는 의사결정비용 등이 높아지는 것으로 해석한다. 지역의 규모가 커지면 규모의 경제로 인해 지역공공재의 단위당 공급비용이 하락한다. 그러나 지역규모가 커짐에 따라 선호

가 다른 사람이 이주해올 가능성이 더욱 높아지고 혼잡해진다. 이러한 비용을 통틀어 혼잡비용이라고 할 때 각 지역의 최적규모는 어떻게 결정될 수 있는지 설명하라.

정석 힌트 '톰' 지역은 선호가 매우 다양하므로 지역의 규모가 커질수록 혼잡비용이 빠르게 높아진다. 그리고 같은 지역규모에서도 '톰' 지역이 '제리' 지역보다 혼잡비용이 높다. 그런데 지역규모가 커질수록 개인의 조세부담이 줄어드는 이익(비용상의 이익)이 있다. 이것을 간단히 그림을 그려 확인해보면 '톰' 지역의 최적규모 T^*가 J^*보다 매우 작다는 결론을 내릴 수 있다.

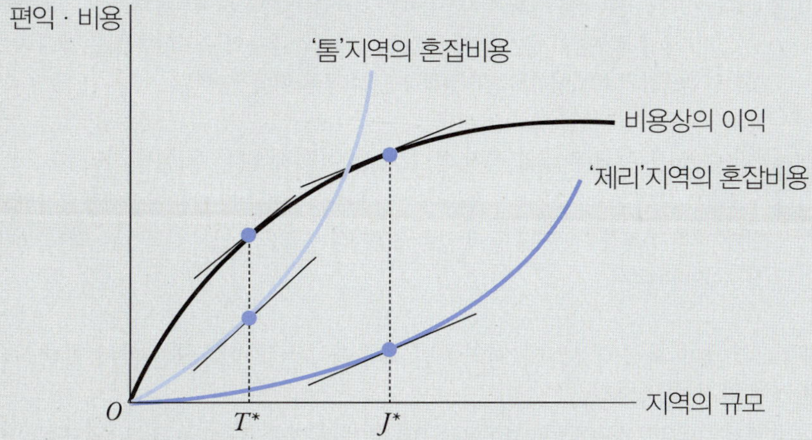

13. 폴리모형에서 지역주민들의 선호차가 크고, 재분배가 지역내 저소득계층과 고소득계층간 상호의존적일 때 재분배기능은 지방정부에서 담당하는 것이 바람직하다고 한다. 그가 사용한 가정과 폴리모형의 결과를 설명하라.

정석 힌트 폴리는 주민의 완전한 비이동성을 가정하고, 소득재분배에 의한 지역 사이의 외부효과가 발생하지 않는다고 가정하고, 모든 소득재분배는 효율적으로 이루어진다고 가정한다. 이 가정하에 각 지역의 최적보조금을 도출하였는데, 각 지역의 최적보조금수준이 동일하지 않으므로 중앙정부가 획일적으로 소득재분배정책을 실시하는 것보다 각 지방정부가 지역의 특성과 주민의 선호에 따라 소득재분배를 실시하는 것이 바람직하다는 결론에 이른다.

14. '톰' 중앙정부는 '제리' 지방정부에게 무조건부 교부금으로 100억원을 지급한 후 지역공공재의 생산액을 살펴보니 지역공공재 생산에 40억원이 투입되었다는 사실을 알았다. 이번에는 직접 지역주민소득을 100억원 지원하여 보았다. 이때 '제리' 지방정부의 지역공공재 생산은 10억원이었다.

중앙정부의 정책수단	보조금액	지역공공재 생산액
무조건부 교부금	100	40
지역주민 소득보조	100	10

[1] 이러한 결과는 무슨 효과로 설명가능한지 말하고, 그 효과를 정의하라.

정석 힌트 끈끈이 효과라고 하는데, 이론적으로 무조건부 교부금 1원의 증가나 지역주민소득의 1원 증가나 지방정부의 지출수준 증가는 동일해야 하는데, 실제로는 무조건부 교부금 1원 증가가 공공서비스의 생산에 더 많이 투입된다는 것이다.

[2] 이러한 결과에 입각해서 볼 때 지방재정조정제도에 대해 어떤 해석을 할 수 있는가?

정석 힌트 관료들이 예산극대화를 원하여 자신들에게 유리한 방향으로 예산을 지출한 결과라고 해석할 수 있다. 또한 교부금이 증가할 때 주민들은 자신의 소득이 증가한 사실을 제대로 인식하지 못하여 공공재가 과다생산되는 재정착각현상으로도 해석가능하다.

15. 조건부 교부금과 무조건부 교부금의 경제적 효과가 어떻게 다른지 설명하라.

정석 힌트 무조건부 교부금보다 조건부 교부금이 지방정부로 하여금 더 많은 공공재를 공급하도록 유인한다. 그러나 조건부 교부금은 더 많은 공공재의 공급으로 인해 무조건부 교부금보다 사회후생손실이 더 크다.

16. 개방형 대응교부금이 지급되었는데 지역주민에게 아무런 사회후생손실이 발생하지 않았다면 어떤 경우일지 설명하라.

정석 힌트 조건부 대응교부금(개방형 대응교부금)은 특정공공재를 공급하는 조건으로 경비의 일정비율을 제공하는 보조금이다. 따라서 이 교부금의 경제적 효과는 보통 가격변화를 통한 소득효과와 대체효과에 의해 결정된다. 그러나 주민의 선호가 완전보완적일 경우(L자형 무차별곡선) 대체효과가 발생하지 않으므로 사회후생손실이 발생하지 않는다.

제16장 재정적자와 공채

정치가들은 모든 면에서 똑같다.

그들은 물이 흐르는 강이 없는 곳에

다리를 놓을 것을 약속한다.

– Nikita Sergeyevich Khruschev –

재정은 정부의 경제로서 공공욕구를 충족시키기 위해 필요한 수단을 조달하고 사용하는 모든 경제활동이다. 정부는 정부지출의 증감이나 세율의 증감과 같은 재정적 수단을 통해 고용과 소득증대, 더 나아가 경제를 성장시킨다. 정부지출은 재정의 3대기능인 효율적인 자원배분, 공평한 소득분배, 경제안정화를 도모하기 위한 재정적 수단이다. 경제가 발전하면서 국민들의 공공욕구가 커지고, 정부와 민간부문 사이의 결합관계가 변화한 결과 국가활동이 증대되면서 정부지출은 필연적으로 증가한다. 도로나 댐을 건설하기 위해 재화나 용역을 구입하거나 사회복지를 위해 지출하는 모든 형태의 정부지출이 증가한다. 이러한 현상의 구체적인 원인을 찾아보는 것은 학문 이상의 의미를 가진다.

현대사회의 거의 모든 정부가 사회복지국가를 지향하고 경제안정과 성장에 재정목표의 비중을 높이고 있기 때문에 정부지출에 의한 재정의 기능은 더욱 확대되고 있다. 정부는 거시경제의 안정을 위해 물가를 감시하고, 경기조절을 위해 재정정책을 실시하며, 경우에 따라서는 외환시장에 개입하여 경상수지의 안정을 도모하고, 산업정책을 통해서 중 · 장기적인 관점에서의 자원배분에 개입한다. 이러한 정부의 개입이 주로 정부지출이라는 재정수단을 통해 이

제16장 재정적자와 공채

루어질 때 이 과정에서 희소한 자원을 민간부문이 사용할지를 놓고 항상 경합하게 된다. 이와 같이 정부지출이 소득과 고용증대라는 거시경제적으로 발생시키는 효과와 민간부문과의 경합이라는 자원배분 측면에서 발생시키는 효과는 불가분의 관계를 가지는 것이다.

정부지출이 지속적으로 증가하면 재정적자문제가 발생한다. 재정적자는 어떤 역할과 기능을 하는 것인가? 그리고 정부가 재정적자문제를 해결하는 하나의 방법으로 국민에게 빚을 낼 수 있다. 이러한 정부의 재원조달방식으로 공채가 발행된다. 오늘날 정부의 재정수입에 있어서 공채는 매우 중요한 역할을 하고 있으므로 공채의 성격을 이해하는 것이 중요하다. 공채의 성격은 재정과 금융의 두 분야를 모두 포함하고 있다. 그 이유는 차입에 의해 재원을 조달하면 재정적 성격을 띠고, 일단 하나의 유가증권으로 통용될 때 금융적 성격을 띠기 때문이다. 공채발행이 차입에 의한 재원조달을 의미할 때 조세에 의한 재원조달과는 그 성격과 경제적 효과를 달리한다. 이 장에서는 정부지출의 근거와 기능, 그 경제적 효과, 그리고 공채의 성격과 경제적 효과에 대하여 살펴본다.

이 장에서 배울 것

- 정부지출의 증가현상의 원인은 무엇인가?
- 정부지출의 근거와 경제적 효과는 무엇인가?
- 재정적자와 경상수지의 관계는 무엇인가?
- 재정적자의 경제적 효과는 무엇인가?
- 공채의 종류와 성격은 무엇인가?
- 공채는 누가 부담하는가?

제1절 정석 재정학 정부지출

1. 정부지출의 증가현상

정부부문의 규모를 볼 수 있는 하나의 척도로 국내총생산 대비 정부지출비율을 사용할 수 있다. 이것을 통해 세계 각국의 정부부문의 규모를 살펴보면 2013년 기준 한국의 경우 29.7%로 일본(42.7%), 미국(39.8%), 독일(45.3%), 영국(47.4%), 프랑스(54.9%), 스웨덴(51.3%), 캐나다(40.7%), 덴마크(57.6%), 이탈리아(50.2%), 네덜란드(50.1%), 노르웨이(42.6%), 스페인(39.9%) 등과 유럽 평균(48.5%) 및 OECD 평균(41.7%)에 비해 크게 낮다.[1] 최근 복지와 실업문제의 해결을 위해 정부지출이 꾸준히 증가했지만 세계화와 개방경제 속에서 여전히 우리 정부의 역할이 남아 있다는 것을 시사한다.

19세기 독일의 경제학자 바그너(A. Wagner)는 일인당 국민소득이 증가할 때 일인당 정부지출도 상대적으로 증가한다고 하였는데, 이를 **바그너의 법칙**(Wagner's law)이라고 한다. 바그너는 사회가 발전함에 따라 국가활동이 계속 늘어나는 경향을 '국가활동팽창의 법칙'이라고 했다. 국가활동의 증대는 국민들의 공공욕구가 커지고, 정부와 민간부문 사이의 결합관계가 변화한 결과로부터 발생하는 현상이며, 이에 따라 정부지출은 필연적으로 증가한다는 것이다. 그러므로 바그너는 '국가활동팽창의 법칙'에서 당연히 공공지출(public expenditure) 혹은 정부지출 팽창의 법칙이 파생된다고 보았다.[2]

바그너는 물가가 상승하거나 인구가 증가해도 자연적으로 정부지출이 증가하게 되는 측면이 있지만 정부의 활동영역이 국가의 존립과 유지를 위한 고유분야에서부터 시장에서 충족되지 않는 공공욕구를 충족하기 위한 분야에까지 확대된 결과 정부지출이 급격히 늘어나게 된다는 점에 주목한다. 그의 말에 의하면 "재정의 범위는 각 시대에 있어서 요청되는 국가의 임무 및 활동범위 또는 종류에 의하여 결정된다". 따라서 정부지출의 증가의 원인은 자본주의 경제의 발전과정에 내재하는 발전적 욕망과 그로 인한 정부기능의 변화에 있다는 것이다. 정부의 기능은 시장에서 충족될 수 없는 공공욕구들로서 소득재분배와 사회보장제도의 실시에까지 확대되고, 경제안정과 자본축적에 이르기까지 정부가 수행할 중요한 기능으로 되었다는 것이다.

바그너는 자신의 이론을 국가유기체적 관점에서 설명하려고 했기 때문에 세밀한 원인분석에까지 이르지는 못했다. 정부지출이 증가하는 경향을 바그너 자신이 문제를 제기했지만 그 구체적이고 설득력 있는 답을 제시했다고 보기는 어렵다. 그 이후의 학자들에 의해 몇 가지 답이 제시되었는데, 피콕-와이즈만(A. Peacock and J. Wiseman, 1967)의 전위효과(displacement effect), 브라운-잭슨(C. Brown and P. Jackson, 1990)의 중위투표자 소득탄력성효과, 보몰(W. Baumol, 1967)의 보몰효과, 뷰캐넌(J. Buchanan, 1975)의 리바이어던(폭군)가설과 재정착각이 대표적인 것들이다.

(1) 전위효과

피콕-와이즈만의 **전위효과**는 사회적 혼란기에 민간지출을 대신(전위)하는 정부지출이 급증해도 쉽게 용인되며, 혼란이 수습되어도 한동안 높은 수준으로 지속되다가 다른 혼란이 오면 톱니처럼 다시 더 높은 수준으로 증가한다는 것이다.

그들은 영국의 공공지출이 1890년 이후 정부지출이 국민총생산대비 9%이던 것이 1955년에는 37%로 증가하였다고 한다. 이러한 결과의 원인으로 다음 세 가지 효과를 제시하고 있다. 전쟁과 같은 사회적 변동이 발생하면 정부지출이 급격히 증가하는데, 국민들이 예전에 허용하지 않던

그림 16-1 정부지출의 전위효과

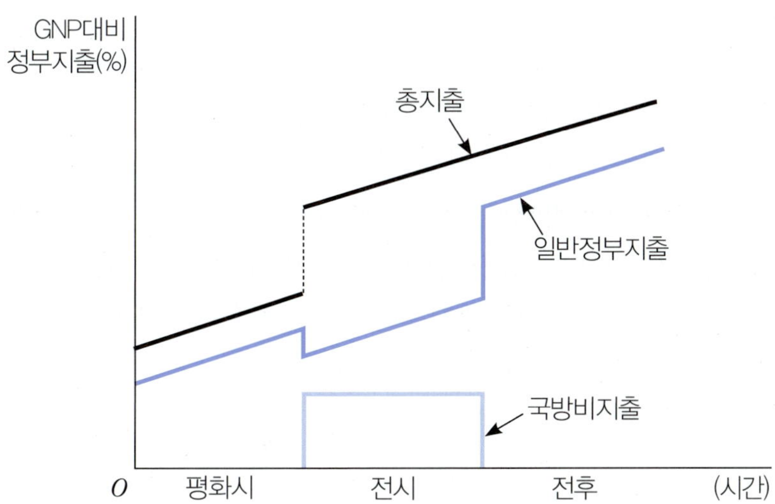

제1편
제2편
제3편
제4편
제5편

재원조달방식을 허용하는 **문턱효과**(threshold effect), 또한 사회적 변동 후 국민들의 연대감이 높아져서 사회의 여러 조건을 개선하기 위한 정부활동이 추가로 확대되는 **점검효과**(inspection effect, 사회문제에 대한 날카로운 인식과 관찰), 경제발전에 따라 정부의 경제활동에 기술적 효율성과 규모의 경제가 적용되어 상위정부에 그 책임이 집중되는 **집중화과정**(concentration process)을 전위효과의 원인으로 제시한다.

(2) 중위투표자 소득탄력성효과

브라운-잭슨의 **중위투표자 소득탄력성효과**는 소득이 전반적으로 상승할 때 중위투표자의 공공재수요의 소득탄력성이 매우 크다면 공공선택의 과정에서 중위투표자가 원하는 만큼 정부지출이 크게 증가한다는 것을 말한다.

과반수투표제에서 정부가 공급하는 공공재의 양은 중위투표자가 가장 선호하는 수준이 선택된다. 소득이 증가할 때 정부지출의 소득탄력성이 1보다 크다면 중위투표자는 실질소득의 증가보다 공공재를 더 많이 수요하려고 한다. 정치가들은 득표를 극대화하려고 하기 때문에 중위투표자의 선호를 만족시키는 선택을 하게 된다. 그 결과 정부지출은 계속 증가하게 된다는 것이다. 피콕-와이즈만이 거시적 접근을 했다면 이들은 미시적 접근을 시도한 것이 특징이다.

(3) 보몰효과

보몰효과는 기술혁신과 생산성의 증가가 잘 이루어지지 않는 공공부문에서 공공재의 생산비용이 상대적으로 빨리 상승하여 정부지출이 증가한다는 것이다. 보몰은 경제를 기술진보부문과 비기술진보부문으로 나누고 기술진보부문인 민간부문은 규모의 경제로부터 생산성이 증가하면 이에 상응하는 임금률이 높아져서 시간이 지나도 실질적 단위비용이 일정하다. 반면에 비기술진보부문인 공공부문은 기술진보부문으로 노동이탈을 방지하기 위해 생산성의 증가가 없거나 약한데도 임금률을 인상하여서 실질적 단위비용이 상승한다. 따라서 공공부문의 생산량이 일정할 경우 단위비용이 상승하여 가만히 있어도 총비용이 증가하게 된다.

(4) 리바이던가설과 재정착각

뷰캐넌(J. Buchanan, 1967; 1975)은 복잡한 조세제도에 의해 증세가 국민 자신을 위한 항목에 대한 지출증액인지, 예산감축이 자신의 조세부담경감인지 국민들이 알기 어렵고, 다양한 세원과 공채나 화폐 등을 통해 재원을 조달하므로 국민들이 정확한 조세가격을 인식하기 어렵다고 한다. 정부가 여러 조세형태로 쪼개어 조세수입을 올리고, 또한 공채발행이나 화폐증발에 의해 재원을 조달해서 공공재에 대한 국민의 '인식가격'이 인하되는 효과가 발생한다. 이렇게 재정에 대한 체계적인 오해로 선호가 왜곡되는 것을 **재정착각**(fiscal illusion) 혹은 조세환상이라고 하며, 이로 인해 전설의 수중동물인 리바이어던(Leviathan)같은 큰 정부가 출현한다는 **리바이어던가설**을 제시했다.

일반화시켜서 재정착각을 설명하면 투표자인 국민들이 재정에 대한 체계적인 오해로 과다하거나 과소한 조세부담에 쉽게 동의하여 결국 정부지출(재정규모)이 커거나 작아지게 된다. 뷰캐넌은 조세제도의 복잡성과 공채가 미래의 조세라는 인식부족 등을 주로 재정착각의 원인으로 설명하였다. 이에 더해서 오우츠(W. Oates, 1988)는 세 가지 원인을 더 제시하고 있는데 다음과 같다. 첫째, 경제가 성장하면 세율이 변하지 않아도 자동적으로 세수가 증가하므로 국민들이 세율변화 이외에 이러한 현상들에 대해서 별로 신경을 쓰지 않는다. 그 결과 재정착각이 발생할 수 있다. 둘째, 사회에 임차인이나 월세입자들이 많아지면 주택소유자에 비해 재산세부담에 대한 의식이 거의 없어진다. 셋째, 각 지역의 사람들은 자신의 지방정부가 중앙정부로부터 현금보조를 받는 경우를 자신에게 직접 주는 현금보조와 같다고 보지 않는다(끈끈이효과, 지방재정이론을 참고할 것). 이러한 각 가설들이 정부지출규모에 영향을 미치는 재정착각의 원인들이다.

재정착각은 이탈리아의 푸비아니(A. Puviani, 1897; 1903)가 최초로 이론화한 개념이다. 이것은 국가가 세입을 증대시키려고 피지배자를 착취하는 고도의 수법이라고 한다. 이 **푸비아니가설**은 바그너(R. Wagner, 1976)에 의해 실증적으로 연구한 결과 실제로 존재하는 것으로 인정받고 있다. 바그너는 정부의 세원이 다양할수록 재정착각의 정도가 더 크다는 가설을 세우고 지방정부의 지출수준과 조세수입이 특정세원에 의존하는 집중도 사이에 역의 관계가 있다는 것을 밝혀 가설을 입증하였다.[3)]

뷰캐넌(J.M. Buchnan, 1978)은 사람들이 공공서비스의 편익에 대해서는 별로 착각이 없는데, 조세가격(비용분담액)에 착각이 있다고 본다. 흔히 공공서비스의 편익은 투표자집단에 집중되어 투표자들이 잘 인식하는데 반해 조세가격은 보다 많은 사람에게 배분된다는 인식을 가져서 실제보다 낮게 평가하는 재정착각이 존재한다고 본다. 이로 인해 더 많은 공공서비스가 생산되고 정부지출이 팽창한다는 것이다.

그림 16-2를 통해 이것을 설명해보자. 재정착각이 없다면 실제 조세가격 t_0에서 Z_0의 공공서비스가 공급되는데, 재정착각으로 조세가격이 t_1으로 인식되고, 이에 따라 Z_1의 공공서비스가 공급된다. 즉, 공공서비스가 과다공급되어 정부지출이 팽창한다는 것이다.

그림 16-2 재정착각

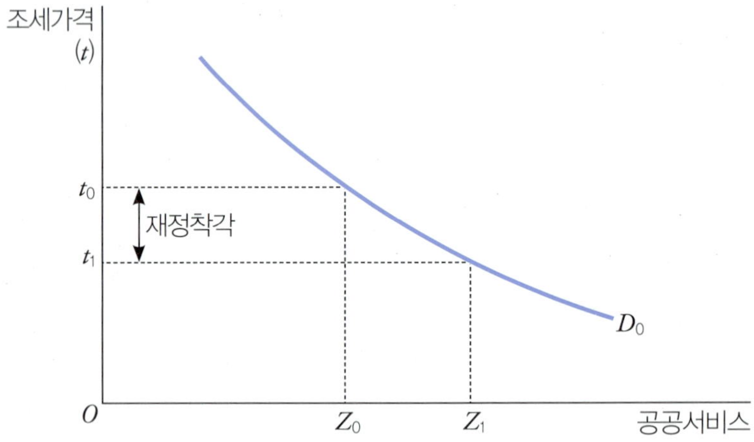

그런데 다운즈(A. Downs, 1960)는 사람들에게 '합리적 무지'가 있어서 공공서비스의 편익이 비용부담보다 더 과소평가되기 때문에 오히려 정부지출규모가 작아진다고 주장한다.[4] **'합리적 무지'**란 개인이 정보를 획득하는 편익보다 그 비용이 더 커서 불완전한 정보로 만족하는 것이 합리적인 행동이라는 것이다. 사람들은 합리적 무지에 의해, 공공서비스의 편익과 조세가격을 과소평가하지만 편익을 더욱 과소평가하여 공공서비스의 공급이 축소된다는 것이다.

그림 16-3을 이용하여 쉽게 설명해보자. 합리적 무지가 없는 상태에서는 실제 조세가격 t_0에서 Z_0의 공공서비스가 공급된다. 공급수준 Z_0에서 합리적 무지를 가진 사람들은 편익과 조세가격을 모두 과소평가하여 공공서비스의 편익을 BC로, 조세가격(비용분담액)을 DC로 과소평가한다. 즉, 공공서비스의 편익이 조세가격보다 더 많이 과소평가된다. 이로 인해 사람들이 인식하는 수요곡선은 D_0가 아니라 B점을 지나는 D_1이다. 따라서 과소평가된 조세가격 t_1에서 Z_1수준을 선호

그림 16-3 '합리적 무지'에 의한 재정착각

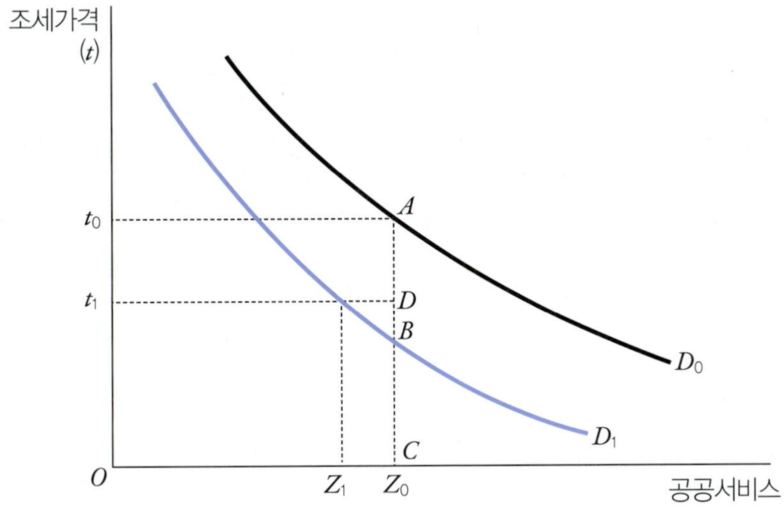

하게 되어 정부지출규모가 작아진다는 논리이다.[5)]

그러나 최근의 연구들은 대체로 뷰캐넌의 재정착각에 의한 정부지출의 팽창이론이 더 타당하다는 것을 보여준다. 즉, 공공서비스의 편익이 아니라 비용이 재정착각의 중요한 원인이라는 것이다. 이것은 관료들의 예산극대화 행동과도 부합하는 측면이 있다.

(5) 기타

정부지출이 팽창하는 또 다른 근거로서 관료제 자체가 가지고 있는 '지출열' 때문에 정부지출이 팽창하게 되어 있다는 미국 후버위원회의 견해가 있다. 한 번 승인된 지출은 이후에도 거의 정리되는 법이 없다는 해석이다. 또한 관료제가 가지는 '파킨슨의 법칙'에 따라 정부지출이 팽창한다는 지적도 있다. 이 법칙은 관료제가 그 기능과 관계없이 자신의 힘으로 계속 확대된다는 법칙이다. 예를 들어 신규채용을 위해서 일자리가 마련되고 기존재직자를 위해서 승진의 기회와 직위가 마련된다는 것이다.

또 다른 근거로는 미국사회에서 정치인, 관료, 특수이해집단이 결탁해서 '철의 삼각형'이라는 연합체를 만들어 정부지출을 팽창시키는 현상이 발생한다는 것이다. 일반 국민들은 숫자는 많지만 정보도 부족하고 결속력이 전혀 없어 특수이해집단에게만 혜택이 돌아가는 의안을 저지할 수 없다. 그 결과 정부지출이 계속 팽창하게 된다.

> **정석 사고**
>
> 국민소득이 증가할 때 정부지출도 상대적으로 꾸준히 증가한다는 것을 **바그너의 법칙**이라고 한다. 그 이유로 제시된 것들 중 피콕-와이즈만의 전위효과, 브라운-잭슨의 중위투표자 소득탄력성효과, 보몰효과, 뷰캐넌의 리바이어던(폭군)가설과 재정착각이 대표적인 것들이다. 특히 뷰캐넌은 국민들이 복잡한 조세체계 등으로 정보가 불완전하여서 재정전반에 대한 체계적인 오해로 적자재정의 정부지출프로그램에 쉽게 동의한다는 재정착각현상을 원인으로 제시한다. 이로 인해 리바이어던과 같은 거대한 정부가 출현한다고 하였다.

2. 정부지출의 근거와 기능

경제가 발전하고 세계화가 진행되면서 바그너가 말한 것처럼 정부의 기능은 국민소득의 증가와 함께 커져가는 국민들의 공공욕구를 충족시키기 위해 공립학교, 병원에 대한 보조로 시작된 활동이 오늘날의 사회보장제도와 소득재분배에 이르는 광범위한 분야에까지 확대되었다. 또한 시간이 갈수록 복잡해지고 다양해지는 현대사회의 상호의존관계의 심화로 시장의 실패와 소득불평등의 문제도 더욱 커지고 있어, 이에 상응하는 공공욕구를 충족시키기 위한 정부지출의 기능이 더욱 확대되었다. 이처럼 현대사회의 거의 모든 정부가 사회복지국가를 지향하고 경제안정과 성장에 재정목표의 비중을 높이고 있기 때문에 정부지출에 의한 재정의 기능은 국민경제를 조직화하는 단계에까지 이르렀다. 다음 논의사항은 정부지출의 근거 및 기능에 대한 것이다.

(1) 시장실패의 보완기능

정부와 민간부문은 항상 경제내의 한정된 자원을 두고 어느 부문에 어느 정도의 어떤 자원을 배분할 것인가 하는 문제에 직면한다. 보통의 경우 민간부문이 자원을 보다 효율적으로 배분할 수 있지만 국민연금과 같은 사회보험과 공공재적 성격을 가진 재화들은 효율적으로 배분하지 못한다. 이러한 미시적 시장실패뿐만 아니라 소득불평등과 실업, 경기변동, 국제수지적자와 같은 거시적 시장실패에 대해서도 민간부문은 해결할 수단을 가지고 있지 않다.

국방, 치안, 도로, 공원과 같은 공공재적 성격을 가진 재화를 생산하여 공급하고, 환경오염과 같이 외부성이 존재하는 경우 외부성을 교정하기 위해 정부지출을 통한 해결책이 필요하다. 국민연금, 고용보험, 실업보험 등과 같이 역선택과 도덕적 해이 문제로 민간부문에서 효율적으로 공급하지 못하는 시장실패가 발생할 때에도 정부지출을 통한 재정적 역할과 기능이 필요하다.

거시적 시장실패의 문제는 실업문제, 인플레이션의 문제, 경기변동, 국제수지의 불균형 등을 말한다. 이러한 문제들은 노동시장의 수요와 공급의 불균형, 경제전체의 수요와 공급의 불균형, 외환시장의 불균형 등에서 발생하므로 경쟁시장기구가 원활히 기능하지 못하여 발생한다고 볼 수 있다. 이러한 거시적 시장실패를 치유하기 위해서 정부가 전통적인 재정정책을 중심으로 금융정책과 외환정책 등을 사용하여 시장에 개입한다.

그러나 각국 경제의 상호연계와 제도의 심층적 통합이 진행되면서 현실은 더욱 복잡해지고 있다. 시장개방화로 해외에서 값싼 상품이 대량으로 수입되어 여러 산업들이 쇠퇴하거나 경쟁에 직면하게 되었다. 국제적 경쟁을 계기로 많은 기업들이 산업구조조정에 내몰리고 있는 것이다. 자원배분의 효율성을 높이기 위한 공기업의 민영화도 이러한 산업구조조정현상의 하나로 볼 수 있다. 슘페터(J.A. Schumpeter, 1950)의 용어를 빌어 표현하면 경제자유화와 산업구조의 고도화에 따라 경제구조 자체가 바뀌면서 생산과정과 제도의 '창조적 파괴'현상이 발생하는 것이다.[6] 이제 시장개방에 따른 산업구조조정은 일상생활과 같은 현상으로 되어가고 있다.

산업구조조정문제는 경쟁력을 잃은 산업에서 여타 산업으로 자원(노동, 자본 등)이 이동하는 자원배분의 이동문제이다. 대부분의 경우 한 산업에서 방출된 노동과 자본은 그대로 여타 산업으로 흡수되는 게 아니라 대량해고와 기업도산에 의해 실업이나 유휴설비라는 형태로 생산과정에서 벗어나게 된다. 상당히 오랜 기간 생산가능곡선의 안쪽에서 머물러 사회가 지는 부담을 크게 할 수도 있다.[7]

그림 16-4 는 수직축과 수평축에 각각 쇠퇴산업과 다른 산업들의 최대생산량을 나타내는 생산가능곡선을 그린 것이다. E점은 산업구조조정이 있기 전의 생산점을, 직선 P^0의 기울기는 각 산업이 생산하는 재화의 상대가격을 나타낸다. 해외에서 값싼 상품이 대량으로 수입되어서 쇠퇴산업의 상품가격이 P^1로 하락하면 자본과 노동이 쇠퇴산업에서 타 산업으로 이동해야 하는 구조조정에 내몰리게 된다. 구조조정이 신속하고 순조로우면 생산점은 생산가능곡선을 따라 E점에서 D점으로 이동할 것이다. 그러나 현실적으로 산업구조조정과정에서 생산을 축소한 쇠퇴산업에서 방출된 자본과 노동은 타 산업으로 흡수되지 못하고 C점에서 유휴설비나 실업의 형태로 장기간

그림 16-4 산업구조조정의 과정

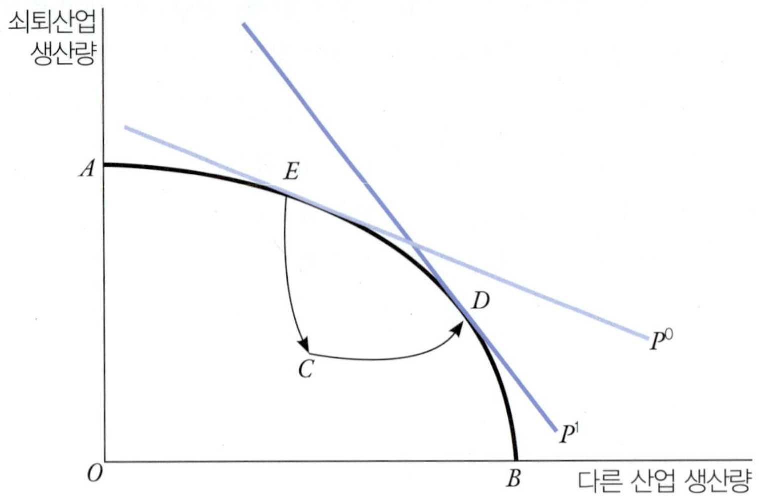

머물게 된다.

이러한 구조조정에 대한 정부지출의 역할로서 단기적 관점에서 생각할 수 있는 것은 정부가 그 산업의 생산이나 투자에 보조금을 주거나, 시장개방의 속도를 조절(수입제한)하거나, 임금을 보조해주는 것 이외에 설비폐기 카르텔(기업별 설비폐기할당 혹은 설비폐기보조금을 운영하는 조직)을 운영하는 방법 등이다. 산업구조조정정책은 일시적으로 실업과 유휴설비문제를 해결하는 정부의 정부지출프로그램이 아니라 개방화시대속에서 상시적으로 발생하는 일이기 때문에 사회보장프로그램의 일환으로 실시될 필요가 있다. 특히 개방화시대에서는 전통적인 재정정책과 금융정책들이 다른 나라와 조율 없이 정부의 독자적인 결정으로 실시되기 어렵기 때문에 더욱 중요한 정부지출의 재정적 기능의 하나라고 할 수 있다.

(2) 소득재분배기능

'바람직한' 경제상태 또는 사회상태라고 할 때 효율적 자원배분과 공평한 소득분배 모두를 달성하는 경제상태를 의미한다. 시장경제의 결과가 효율적인 자원배분을 하였다고 하더라도 공평한 소득분배상태를 달성한다는 보장은 없다. 그러므로 공평한 소득분배상태를 이루기 위해 정부지출이라는 재정적 수단을 사용할 수 있다. 사회보장제도에서도 보았듯이 그 사회의 빈곤을 퇴치하고 퇴직이나 질병, 직업상실, 재해 등으로부터 보호를 받아 모든 국민이 인간다운 삶을 영위하도록 하는 정부지출의 재정적 역할은 정당하고 필요한 기능이다.

사회보장의 급부를 위한 정부지출이 분배상태를 조정하는 유일한 방법은 아니다. 일정한 소득분배목적을 달성하기 위해 최저임금제, 특정농산물가격지지 등을 사용할 수 있다. 그러나 이와 같은 방법들은 대부분 효율적인 자원배분을 저해하는 경향이 있다. 그리하여 자원배분에 대한 간섭을 줄이는 이전적 정부지출의 재정수단이 더욱 강력하고 효과적일 수 있다. 또한 가치욕구를 충족하기 위한 자원배분의 조정에는 분배상의 고려가 항상 따른다. 예를 들어 무료의료서비스나 무료주택서비스는 그 이익이 주로 저소득계층에게 돌아간다. 이 경우 가치욕구충족을 위한 가치재(개인이 선택하여 소비할 수 있으나 온정적 간섭주의에 의해 정부가 공급하는 재화)의 생산은 자원배분기능인 동시에 소득재분배기능을 한다. 그러한 가치재를 생산하는 재원을 고소득계층으로부터 조달된다면 재분배효과는 더욱 클 것이다.

정석 사고

정부지출의 재정적 기능과 근거로는 미시적 및 거시적 시장실패(경제안정화포함)의 보완, 소득재분배를 들 수 있다. 특히 개방경제에서는 경쟁력을 잃은 산업에서 다른 산업으로 자원이 이동하는 산업구조조정이 상시적으로 발생한다. 문제는 대부분의 경우 한 산업에서 방출된 노동과 자본이 즉시 다른 산업으로 흡수되는 게 아니라 실업이나 유휴설비라는 형태로 남아 사회적 부담을 지운다. 개방화의 시대에서는 전통적인 재정정책 등이 다른 나라와 조율없이 독자적으로 실시되기 어려우므로 산업구조조정정책이 정부지출의 중요한 재정적 기능의 하나가 될 수 있다.

3. 정부지출의 경제적 효과

정부의 세출과 세입을 구성하는 것들은 모두 재정수단이 된다. 이러한 관점에서 정부의 재정수단은 크게 세 가지로 나눌 수 있다. 첫째는 재정수지의 변화(적자재정, 흑자재정), 둘째는 재정투융자(자본지출; 내구재 및 생산시설에 대한 정부지출), 민간부문에 대한 보조금 및 이전지출, 민간부문 재화와 서비스의 구입지출, 셋째는 조세수입이다.

이 중 정부지출과 관련해서 중요하고 효과적인 정책수단은 첫째와 둘째이다. 셋째의 조세수입은 민간부문에 미치는 영향이 매우 크고 중요하지만 개별조세의 효과가 다르고 증세에 대한 조세저항과 조세포탈 등의 부작용이 많아 일반적으로 경제의 자동안정화요인으로서 작용한다.

그런데 조세수입과 반대되는 조세지출이라는 예산체계를 통해 정부지출과 동일한 효과를 가지는 정책수단이 활용되고 있다. **조세지출**은 비과세, 감세 등 세제상의 각종 유인을 통해 포기된 조세수입을 말한다. 예를 들어 저소득층에 소득세를 감면해주는 조세지출은 같은 금액의 보조금을 지급하는 정부지출과 같다는 것이다. 이러한 조세지출을 묶어서 **조세지출예산제도**라고 하며, 정부지출을 중심으로 하는 통합예산과 더불어 전체예산을 구성한다.[8] 조세수입과 같이 조세지출의 정확한 경제적 효과를 측정하기 어려운 문제가 있다.

첫째 수단은 다음 절에서 깊이 논의하기로 하고, 둘째 수단으로서 정부지출은 자본지출을 무시하면 보조금 및 이전지출과 민간부문 재화와 서비스의 구입지출로 구분할 수 있다. 이 항에서는 이러한 지출들이 자원배분에 어떤 효과를 가져 오는지 살펴보려고 한다.

(1) 정부지출의 자원배분효과

정부가 정부지출의 하나로서 농산물을 생산하는 생산자에게 생산량에 비례해서 일정액의 보조금을 지급한다고 가정한다. 이 보조금이 자원배분에 어떠한 경제적 효과를 가져오는지 **그림 16-5** 를 통해 알아보자.

그림 16-5 정부지출 보조금의 효과

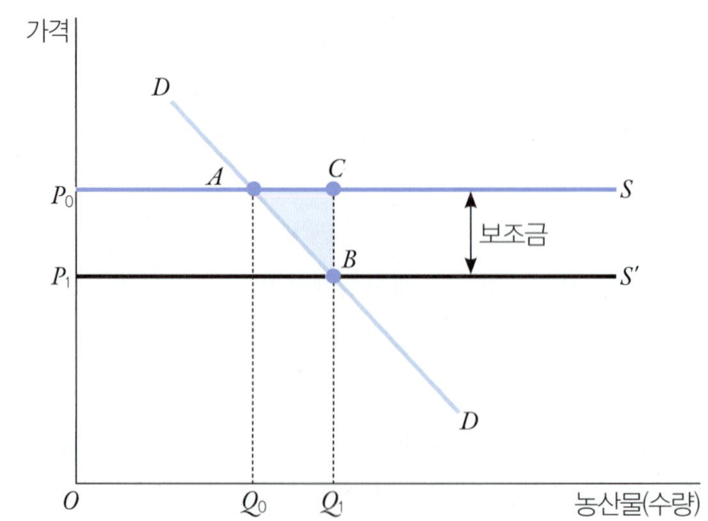

어떤 농산물의 수요곡선(D)과 공급곡선(S)이 그려져 있다. 정부가 보조금을 지출할 때 농산물을 생산하는 실질적인 생산비에는 변화가 없지만 단위당 보조금으로 인해 생산비가 하락한 것과 같은 효과를 준다. 따라서 공급곡선이 S에서 S'로 이동하여 생산이 Q_0에서 Q_1로 늘고 가격이 P_0에서 P_1로 하락한다.

이상의 현상에서 우리가 알 수 있는 것은 한계편익과 한계비용이 일치하도록 생산이 결정되어야 가장 효율적인 생산수준이라는 조건이 정부보조금에 의해 충족되지 않는다는 사실이다. 정부보조금에 의해 농산물이 초과생산되고 있어서 그림의 삼각형 ABC만큼 후생손실이 발생한다.

그러나 만약 이 농산물의 생산에 외부경제가 발생한다면 보조금이 오히려 효율적인 생산을 가능하게 할 수 있다. 앞에서 외부성을 설명할 때 과수원업자가 양봉업자에게 이로운 외부성을 주는 경우 과수원업자에게 피구적 보조금을 줌으로써 외부효과를 내부화하여 효율적인 생산수준까지 더 많은 생산을 할 수 있다.

예외적인 경우로서 정부의 보조금프로그램이 어떤 재화나 서비스의 소비를 오히려 줄이는 경우도 있다. 특정주택에 대한 보조금프로그램이 이러한 예의 하나인데, 주택은 작게 나누어 구입할 수 없기 때문에 보조금으로 인해 특정규모 이외의 주택은 구입할 수 없어서 구매가 감소하는 현상이 발생할 수 있다. 이에 대해 살펴보자.

다음 **그림 16-6** 은 정부가 무료주택서비스로 7평짜리 아파트를 무료로 제공하는 현물보조프

그림 16-6 무료주택 현물보조의 효과

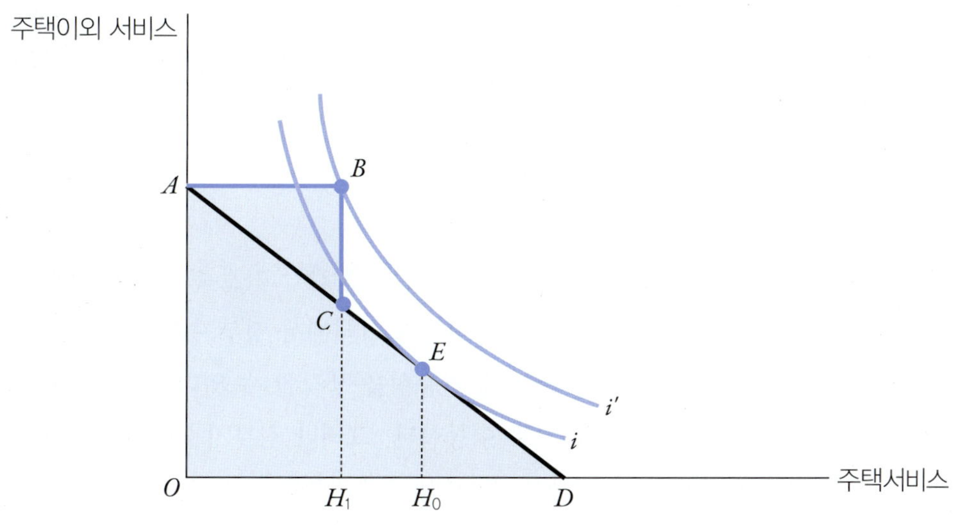

로그램을 운영한다고 하자. 그런데 조건으로 7평 이상 되는 아파트에 살기를 원하는 경우 보조금의 혜택을 포기해야 한다. 이 경우 새로운 예산선은 *ABCD*로 꺾인 선이며, 원래의 선택점 *E*에서 *B*점으로 선택이 바뀐다. 그 결과 주택서비스의 소비가 H_0에서 H_1로 줄어든다.

이상에서 보조금(이전지출)의 효과를 살펴보았는데, 사회보장제도의 수단을 설명할 때 현금보조(소득보조), 현물보조, 가격보조에 대해서 이미 살펴보았기 때문에 더 상세한 설명은 사회보장제도이론을 참고하기를 권한다. 이제 정부가 민간부문의 재화와 서비스의 구입을 위한 지출이 어떤 경제적 의미를 가지는지 간단히 살펴보자.

정부가 민간부문으로부터 재화와 서비스를 구입하면 그만큼 민간부문의 재화와 서비스의 양이 줄어든다. 정부가 민간부문을 구축한다는 것을 의미한다. 결과적으로 정부부문의 비중이 민간부문의 비중보다 상대적으로 비대해지는 것이다. 이를 그림을 통해 쉽게 설명해보자.

그림 16-7 정부의 민간부문 재화구입지출의 효과

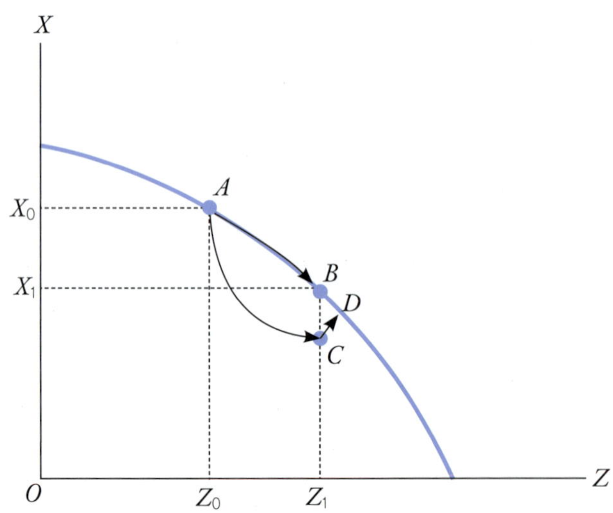

그림 16-7 는 정부지출의 규모와 민간부문의 생산수준을 각각 가로축과 세로축에 두고 그린 경제의 생산가능곡선을 나타낸다. 현재 이 경제는 *A*점의 상태에서 정부지출규모가 Z_0이다. 이때 정부가 지출규모를 Z_1로 늘리려고 한다면 두 가지 가능성을 생각할 수 있다. 만약 정부지출이 경제전체의 효율성을 저해하지 않는다면 *B*점으로 이동한다. 그러나 정부지출이 경제전체의 효율성을 저해한다면 *C*점으로 이동하게 된다. *C*점은 *B*점보다 정부지출의 증가에 따라 민간부문의 생산

수준의 감소가 더 큰 경우이다. 산업구조조정에서 보았듯이 만약 정부지출이 비생산적이고 경제의 효율성을 저해하여 *C*점으로 이동한다면, 단기적으로 민간부문으로부터 방출된 노동과 자본이 그대로 공공부문으로 흡수되는 게 아니라 실업이나 유휴설비라는 형태로 생산가능곡선의 안쪽에서 머물러 있게 되어 사회적 부담을 지게 한다.

그런데 민간부문 내에서도 일부 상품(또는 산업)은 생산수준이 하락하고 다른 일부 상품은 생산수준이 높아질 수 있다. 그 대체되는 정도는 결국 정부지출에 의해 제공되는 서비스의 내용과 성격에 의존한다. 예를 들어 정부가 소방서비스와 방역서비스를 증가시키기로 했다면 개인들은 소방에 필요한 여러 장비들의 수요를 줄이고 방역에 필요한 여러 약품과 기구들의 구매를 줄일 것이다. 또한 경찰들이 순찰을 더욱 강화할수록 개인들은 *CCTV*나 개인보안장치의 구매를 줄일 것이다. 그 반대로 개인들이 소비를 늘리는 경우도 있다. 정부가 전국에 자전거길을 만들면 개인들의 자전거 수요와 생산이 늘어날 수 있다. 장기적으로는 정부지출이 어디에 이루어지는가에 따라 민간부문의 구조조정이 일어날 수 있다.

그림 16-7에서 만약 경제가 현재 경기침체와 구조조정 등으로 인해 비자발적 실업과 유휴설비가 존재하는 *C*점에 머물러 있다면 정부지출이 경제를 *D*점으로 이동하게 할 수 있다. 이것은 정부지출의 거시경제적 측면의 효과라고 할 수 있는데, 경제안정을 위한 정부지출정책이 바로 이와 같은 효과를 위해 실시되는 것이다. 정부지출이 소득증대와 고용증대를 통하여 경제를 *D*점으로 이동시키는 과정에서 산업부문들 사이의 구조조정이 일어나고 그 상대적 비중에도 변화가 생긴다. 이러한 변화는 자원배분의 측면에서 발생하는 효과의 범주라고 할 수 있다. 이와 같이 정부지출은 거시경제적 측면의 효과와 자원배분 측면의 효과와 불가분의 관계에 있다. 넓은 의미에서 정부지출의 거시경제적 효과는 자원배분효과의 일종이라고 할 수 있다.

다음 절에서 상세히 살펴보겠지만 정부지출은 그 재원이 어떻게 조달되는가에 따라 거시경제에 미치는 영향이 매우 다르다. 정부지출이 조세수입을 통해 실시되는지, 화폐를 증발해서 실시되는지, 공채발행을 통해서 실시되는지에 따라 효과가 달라진다는 것이다. 예를 들어 조세수입을 통해 정부지출을 실시한다면 조세부담과 정부지출의 증가가 서로 상반되는 효과를 발생시키고, 화폐증발을 통해 실시한다면 물가상승이라는 부정적 효과가 발생한다. 또한 공채발행을 통해 실시한다면 민간부문의 자금을 흡수하여 발생하는 부정적 효과가 있을 수 있다.

(2) 정부지출의 소득분배효과

정부지출은 주로 복지정책을 통해 소득을 재분배시키지만 그 정부지출의 혜택이 실질적으로 누구에게 돌아가는가 하는 귀착의 문제는 사람들 사이의 경제적 관계에 의해 결정된다. 예를 들어 저소득계층에게 지정된 식품을 구입할 때 보조금을 지급하는 식품보조금제를 실시한다고 하자. 주변지역의 마트들에서 그 식품공급이 부족하여 식품가격이 폭등할 수 있다. 이 경우 저소득계층이 받은 보조금은 모두 높아진 식품가격을 지불하는 데 쓰고 실질적으로 혜택이 거의 없을 수 있다. 또 다른 예를 들어보자. 저소득층의 근로의욕을 높이려는 근로장려세제로 이마트에 고용된 근로자가 시간당 2천원의 보조금을 받는다고 할 때 이마트는 그 직원들에게 시간당 7천원 지급하던 것을 5천원으로 줄일지도 모른다. 이 경우 정부의 근로보조금의 혜택은 고스란히 이마트에게 돌아간다. 정부지출의 실질적 분배효과는 이처럼 시장가격의 변화를 통해 발생한다.

주택과 관련된 보조금프로그램으로 이러한 분배효과를 자세히 살펴보자. 다음 **그림 16-8** 는 주택보조금을 받은 사람들로 인해서 주택수요가 증가하여 수요곡선이 D에서 D'로 이동하고, 그 결과 주택가격이 상승하는 경우를 그린 것이다. 주택가격이 많이 상승할수록, 즉 주택공급의 가격탄력성이 작을수록 보조금이 주택서비스의 소비를 늘리지 못하고 가격만 오르게 할 수 있다. 현재 그림에서 보조금 AB에 대한 소비자의 단위당 보조금혜택은 (P_0-P_2)원에 해당하는데, 주택공급곡선이 점점 수직에 가까울수록 (P_0-P_2)가 작아진다. 독자 스스로 확인해보길 바란다.

그림 16-8 주택보조금의 분배효과

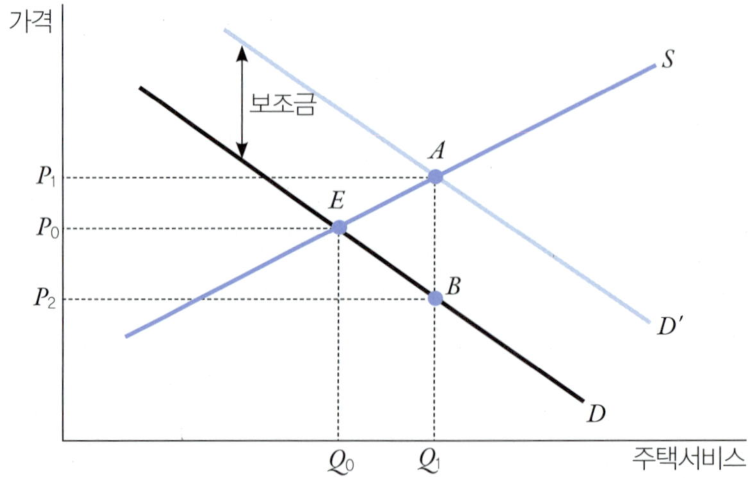

그런데 주택공급이 가격에 신축적이지 않는 경우는 단기적 현상일 가능성이 높다. 보통 장기에서는 주택공급자가 생산설비나 기타 고정요인들을 제거할 수 있기 때문에 가격에 신축적으로 반응한다. 따라서 정부지출의 분배적 효과를 파악할 때 장단기로 나누어 그 효과를 살펴볼 필요가 있다.

정석 사고 정부지출의 경제적 효과는 자원배분효과와 소득분배효과로 나누어볼 수 있다. 민간부문에 대한 보조금 및 이전지출, 민간부문 재화와 서비스의 구입지출 등을 통해 자원배분에 영향을 주지만 부정적 효과도 발생할 수 있다. 이러한 정부지출은 자원배분뿐만 아니라 복지정책을 통해 소득재분배의 효과를 가진다. 그리고 시장의 상황에 따라 소득재분배의 효과가 약화될 수 있는 점에 주의할 필요가 있다.

제2절 재정적자

1. 재정적자의 이론

재정적자란 일정한 기간 동안 정부의 지출이 수입을 초과하는 부분을 말한다. 재정적자는 한 나라의 거시경제상황과 매우 밀접한 관계가 있다. 한 나라의 경제를 거시적으로 파악할 때 다음과 같이 총수요와 총공급이 일치하는 상품시장균형식을 볼 필요가 있다.

$$\text{국내총생산} = \text{소비} + \text{투자} + \text{정부지출} + \text{수출} - \text{수입} \quad (16\text{-}1)$$

이 식은 국내총생산(총공급)이 총수요와 항상 같다는 균형국민소득 결정원리에 따른 것이며, 총수요는 소비와 투자, 정부지출, 순수출로 구성된다. 그리고 총수요 중 소비와 투자, 정부지출을 국내총지출로, 수출과 수입에 관한 항을 모아 경상수지(무역외 및 이전수지무시)로 볼 수 있다. 이 식은 한 국가가 생산한 상품은 가계, 기업, 정부, 해외부문에 의해 모두 소비된다는 것을 의미한다. 그런데 만약 국내총생산보다 국내총지출이 더 많다면 그것은 해외부문의 경상수지적자로 나타난다.

위에서 살펴본 것은 사물로 비유하자면 '겉'을 보는 것이고 그 이면에 흐르는 자금의 흐름은 '속'이라고 할 수 있다. 상품시장균형식을 민간부문(가계, 기업), 정부와 같은 경제주체 부문별 자금흐름으로 나눠 볼 수도 있다. 이것을 위해 상품시장균형식 (16–1)의 우변에서 소비와 투자를 좌변으로 넘겨 정리한 후 정부세수를 양변에 빼면 등식에 변화가 없으므로 다음과 같이 정리할 수 있다.

$$\text{정부지출} - \text{정부세수} + \text{수출} - \text{수입} = (\text{국내총생산} - \text{정부세수}) - \text{소비} - \text{투자} \quad (16\text{–}2)$$

위식에서 해외순수취요소소득을 양변에 더하면 다음과 같은 식을 얻을 수 있다.

$$\begin{aligned} &\text{정부지출} - \text{정부세수} + (\text{수출} - \text{수입} + \text{해외순수취요소소득}) \\ &= (\text{국내총생산} + \text{해외순수취요소소득} - \text{정부세수}) - \text{소비} - \text{투자} \\ &= (\text{국민총생산} - \text{정부세수}) - \text{소비} - \text{투자} \\ &= (\text{민간가처분소득} - \text{소비}) - \text{투자} \\ &= \text{저축} - \text{투자} \qquad (16\text{–}3) \end{aligned}$$

결론적으로, 이식은 다음과 같이 압축적으로 표현된다.

$$\textbf{재정적자} + \textbf{경상수지} = \textbf{저축} - \textbf{투자} \quad (16\text{–}4)$$

식 (16–4)에서 저축과 투자의 차액은 민간부문의 잉여자금이며, 이 자금은 민간부문에 공채나 외채와 같은 금융자산으로 새롭게 보유된다. 민간부문에 이러한 자산을 공급할 수 있는 것은 정부부문과 해외부문이다. 만약 민간부문이 자국정부의 국채를 구입하면 자국정부의 재정적자를 보충하는 것이고, 해외정부의 국채를 구입하면 해외부문의 자금부족을 메우는 것이다. 즉, 민간부문에서 잉여자금이 발생하면 정부부문이나 해외부문에서 자금부족이 발생하고 있는 것이다. 예를 들어 민간저축이 투자를 초과하는 상태라면 정부의 재정이 적자이거나 경상수지가 흑자인 것이다. 따라서 이러한 경우 정부의 재정적자와 경상수지흑자문제를 동시에 해결할 수는 없다. 비록 단순해보이지만 이러한 관계를 무시하고 재정적자 문제를 해결하려고 하면 결코 의미있는 답을 얻을 수 없다.[9)]

한 가지 주목할 점은 식 (16-4)에서 재정적자가 민간부문의 공채의 구입으로 보충될 때 이자율(금리)에 변동이 생겨서 경상수지에 영향을 주고, 경상수지흑자가 민간부문의 해외채권의 구입으로 메워질 때 환율에 변동이 생겨서 국제경쟁력에 영향을 준다. 이러한 메커니즘을 알면 재정적자의 경제적 효과를 이해하는데 도움이 된다.

이제 상품시장균형식에서 '재정적자'에 해당하는 정부의 예산제약식을 좀 더 구체적으로 살펴보자. 우선 모든 변수들은 명목변수값을 물가로 나누어 인플레이션효과를 없앤 실질변수라고 가정하자. 현재를 제1기로 볼 때 정부는 제1기에 G_1만큼의 재화를 구입하고 지난 기 즉, 제0기에 발행한 공채 B_0에 대한 이자 r_0B_0(r은 실질이자율)을 지급한다. 이러한 정부지출의 재원은 조세수입(T_1), 공채의 추가발행(B_1-B_0) 또는 화폐의 추가발행(M_1-M_0)을 통해서 조달된다. 이상에서 정부의 예산제약식은 다음과 같다.

$$G_1+r_0B_0=T_1+(B_1-B_0)+(M_1-M_0) \qquad (16\text{-}5)$$

지난 기에 발행한 공채는 없고 화폐증발이 없다고 가정하면 재정적자는 다음과 같다.

$$G_1-T_1=B_1 \qquad (16\text{-}6)$$

이상에서 알 수 있듯이, 재정은 정부의 세입과 세출로 이루어지므로 정부의 재정정책은 감세, 증세 등을 위해 세액과 세율을 변경하는 것과 공공투자 등 정부지출을 증감하는 것으로 구분할 수 있다. 정부는 예산제약하에서 행동하므로 정책수단 사이에는 다음과 같은 제약이 따른다.

정부지출 = 정부세수 + 공채발행(마이너스이면 공채상환) (16-7)

혹은 '재정적자 = 정부지출 − 정부세수 = 공채발행'이 성립한다. 그러므로 정부가 감세정책을 사용하면 감세분만큼 재정적자가 발생하므로 공채발행을 통해 자금을 조달해야 한다. 그리고 공공투자 등 정부지출을 증가시키려면 공채를 발행하거나 증세를 통해 정부세수를 증대시켜야 한다.

정석 사고

재정적자란 일정한 기간 동안 정부의 지출이 수입을 초과하는 부분을 말한다. 총수요와 총공급이 일치하는 상품시장균형식은 '재정적자+경상수지=저축−투자'를 의미한다. 따라서 민간저축이 투자를 초과하는 상태라면 정부의 재정이 적자이거나 경상수지가 흑자이다. 정부의 정책수단 사이에는 다음과 같은 제약이 따른다: 재정적자=정부지출−정부세수=공채발행+화폐증발

2. 재정적자의 경제적 효과: 케인즈이론

산업구조의 고도화와 시장개방에 의한 산업구조조정이나, 경기침체 등으로 인한 실업문제와 비효율적 자원배분의 문제를 해결하기 위해서 정부는 정부지출의 증가를 통해 시장에 개입한다. 경제의 안정을 위한 정부지출정책이 이와 같은 문제를 해결하려는 목표로 실시되는 것이다. 이 항에서는 먼저 케인즈의 정부지출증가에 따른 총수요의 승수효과를 살펴보고, 그다음으로 새고전학파의 배로의 정부지출증가에 따른 총수요분석을 살펴보고자 한다.

두 학자의 견해는 사실 국민소득의 균형식 (16−1)에서 총수요 중 소비가 임시소득(현재소득)의 함수인지 아니면 프리드만(M. Friedman)의 항상소득(permanent income, 평생 동안의 평균소득)의 함수인지에 따라 총수요에 미치는 효과에 상당한 차이를 보인다. 배로는 합리적인 사람이라면 일시적으로 얻은 소득에 소비수준을 맞추지 않고 평생 동안 매기 얻는 평균소득에 따라 자신의 소비수준을 일정하게 맞추어 생활한다고 가정한다. 그리고 배로는 미시경제적 분석을 통한 정부지출의 거시경제적 효과를 설명하고 있다.

(1) 독립적 정부지출의 증가

먼저 정부지출의 확대정책이 경기(총수요)에 미치는 영향을 보기로 하자. 균형재정수지를 위한 조세를 고려하지 않을 경우 정부지출은 총수요를 비례적으로 증가시킨다. 총수요의 증가는 기업의 재고를 감소시키고 재고 보충을 위해 생산을 빠르게 증가시킨다. 이에 따라 고용이 늘고 소득이 증가하여 소비지출도 증가하게 된다. 이것은 다시 총수요를 증가시키는데, 이러한 연쇄반응효과를 케인즈의 '**승수효과**'라고 한다.

좀 더 알기 쉽게 설명해보자. 정부지출이 1원 증가했을 때 정부가 1원어치 구입한 상품의 생산

자가 그 1원을 얻게 된다. 이 1원을 얻은 생산자는 자신의 소비성향이 소득의 80%를 지출하는 것이라면 1원의 80%를 소비할 것이다. 이 소비재를 공급한 다른 사람이 0.8원을 얻게 된다. 0.8원을 얻은 소비재 공급자가 다시 소득의 80%를 지출한다면 (0.8)×(0.8)원은 다른 누군가가 얻는 소득이 된다. 이 과정이 어느 누구에게서 끝날지 모르지만 정부지출 1원이 이 보다 훨씬 큰 소득과 소비의 증가를 가져올 것은 틀림없다. 이와 같이 정부지출의 증가가 연쇄적으로 총수요를 증대시킨다.

이러한 케인즈의 승수효과는 다음과 같이 모형화할 수 있다. 소비자들의 한계소비성향이 c일 때, 제1기에는 정부지출분(ΔG)만큼 소비자들의 소득이 늘어난다. 제2기에는 정부지출분만큼 늘어난 소득을 소비자들이 소비하면 누군가 소득으로 벌 것이므로 경제전체로 보아 제1기의 정부지출분에 한계소비성향을 곱한 만큼 추가로 소득이 증가하게 된다. 제3기에는 제2기의 소득증가분에 한계소비성향을 곱한 만큼 추가로 또 소득이 증가하게 된다. 이러한 연쇄적 과정을 식으로 표현하면 다음과 같다(초항 ΔG, 등비 c인 무한등비급수의 합은 초항/(1−등비)).

$$\Delta G + c\Delta G + c^2\Delta G + \cdots = \frac{1}{1-c}\Delta G \tag{16-8}$$

만약 한계소비성향이 0.8이라고 하면 1/(1−0.8)=5배만큼 소득이 증가한다. 즉 정부가 지출을 1원 증가시키면 국민은 5원의 소득을 얻는다는 의미이다. 따라서 케인즈의 승수는 (균형국민소득의 변화분)/(정부지출의 변화분)이라고 정의할 수 있다.

그런데 이러한 승수효과는 다음과 같이 간단한 방법으로도 도출할 수 있다. 예를 들어 소비가 총소득(국내총생산)의 한계소비성향(c)만큼 이루어진다면 국민소득의 균형식에서 승수효과를 기계적으로 구할 수 있다. 즉,

$$\text{총소득} = c \times (\text{총소득}) + \text{투자} + \text{정부지출} + \text{수출} - \text{수입} \tag{16-9}$$

이 균형식을 총소득에 관해 정리하면 다음과 같은 식을 얻는다.

$$\text{총소득} = \frac{1}{1-c}[\text{정부지출} + \text{투자} + \text{수출} - \text{수입}] \tag{16-10}$$

따라서 정부지출이 1원 증가하면 승수효과에 의해 $1/(1-c)$원만큼 총소득이 증가하는 것이다.

(2) 정액세에 의한 정부지출의 증가

만약 정부재정수지의 균형을 유지하기 위해 정액세(럼섬세, 중립세)로 자금을 조달하여 정부지출을 증가시킨다면, 제1기에는 가처분소득(총소득−정액세)에 한계소비성향을 곱한 만큼 소비를 하게 되므로 사실상 정액세에 한계소비성향을 곱한 만큼 소비가 줄게 된다. 제2기에는 제1기의 정액세로 인한 소비감소분에 다시 한계소비성향을 곱한 만큼 소비가 줄게 된다. 이러한 연쇄적 소비감소분을 식으로 표현하면 다음과 같다.

$$-c\Delta T-c^2\Delta T-\cdots=-\frac{c}{1-c}\Delta T \qquad (16\text{–}11)$$

단, ΔT: 정액세

그러므로 균형재정에서 정부지출과 정액세가 동일하다는 사실하에서 (16−8)과 (16−11)의 두 식을 합하면 1이 되며, 정부지출만큼만 국민소득이 증가한다는 것을 알 수 있다. 정부가 지출을 1원 증가시키면 국민은 1원의 소득을 더 얻는다는 의미이다.

그런데 이러한 승수효과도 (1)의 (16–9)식에서와 같이 간단한 방법으로 도출할 수 있다. 정액세가 부과되면 총소득은 정액세만큼 줄어들고, 소비는 줄어든 총소득(가처분소득)의 한계소비성향(c)만큼 이루어질 것이다. 이때 국민소득의 균형식에서 승수효과를 기계적으로 구할 수 있다. 즉,

$$\text{총소득} = c\times(\text{총소득}-\text{정액세})+\text{투자}+\text{정부지출}+\text{수출}-\text{수입} \qquad (16\text{–}12)$$

이 균형식을 총소득에 관해 정리하면 다음과 같은 식을 얻는다.

$$\text{총소득}=\frac{1}{1-c}[-c\times\text{정액세}+\text{정부지출}+\text{투자}+\text{수출}-\text{수입}] \qquad (16\text{–}13)$$

따라서 정부지출이 1원 증가하면 승수효과에 의해 $1/(1-c)$원만큼 총소득이 증가한다. 그러나 동시에 정액세도 1원 증가하므로 총소득은 $-c/(1-c)$원만큼 감소하여 결국 1원 증가하는 셈이 된다.

(3) 개방경제하의 재정적자의 효과

여기까지의 분석은 물론 해외부문을 무시한 상태이며, 승수과정에서 총수요의 증가는 자금수요를 늘려 금리상승으로 이어진다. 그리고 이러한 금리상승요인은 민간투자의 일부를 억제하는 구축효과(crowding-out effect)를 발생시킨다.

또한 개방경제에서는 재정적자에 의한 정부지출의 확대로 금리가 상승하면 해외금리가 상대적으로 낮아져서 국제자금의 유입압력이 높아진다. 이것이 원화매입과 달러매도 요인으로 작용하여 환율을 원화강세 방향으로 움직이게 한다. 원화강세가 되면 수출은 줄고 수입은 증가하여 경상수지가 적자로 되는 경향이 있다.[10] 이것이 국내경기를 억제하는 작용을 한다. 재정적자에 의한 정부지출의 확대정책은 국내의 경기가 아니라 무역상대국의 경기만 자극하게 된다.

1980년대부터 1990년대에 걸쳐 미국의 쌍둥이적자(twin deficits, 경상수지적자와 재정적자)가 국제사회에서 큰 이슈로 된 적이 있다. 정부지출증가에 의한 재정확대정책으로 재정적자가 발생했고, 민간부문의 낮은 저축률로 인해 재정적자를 메우기 위해 공채를 대규모 발행하여 금리가 상승하게 되었다. 금리상승은 외환시장에서 달러수요를 발생시켜 달러강세를 가져왔다. 달러강세는 수입을 증가시켜 경상수지적자를 초래했다. 미국의 쌍둥이적자는 이렇게 발생하게 된 것이다.

정석 사고

정부지출증가→총수요의 증가→소비와 투자증가(승수효과)→국민소득증가(경기확대).
그러나 금리상승으로 해외자본의 유입과 환율하락압력이 작용하여 경기확대효과는 상쇄된다.

3. 재정적자의 경제적 효과: 배로이론[11]

정부의 공공서비스에는 두 가지 유형이 있을 수 있다. 하나는 직접 소비자들의 효용을 증가시키는 것으로 공원, 도서관, 학교무상급식, 의료보험, 공공교통수단 등이 있다. 다른 유형은 사적 생산과정에 투입물의 역할을 하여 생산성을 높이는 것으로 법체계, 국방, 정부지원 연구개발사업, 소방, 경찰서비스 등이 있다. 대부분의 경우 공공서비스는 두 유형의 성격을 모두 가지고 있다. 먼저 정부지출이 소비와 투자, 노동공급에 관한 개인의 선택에 미치는 영향을 살펴보자.

정부지출을 통해 앞에서 말한 두 가지 유형의 공공서비스를 증가시킨다고 가정한다. 직접 개인의 효용을 증가시키는 첫 번째 유형의 공공서비스는 여가를 제외한 민간소비를 대체하는 '(효용) 대체효과(utility-substitution effect)'를 발생시킨다. 예를 들어 정부가 무료로 공원, 학교급식, 대중교통 등의 서비스를 제공한다면 사람들은 이러한 서비스에 대한 사적 소비를 줄일 것이다. 이 대체효과의 크기를 α라고 하면, 정부지출을 1원 증가시킬 때 개인들은 사적 소비를 α원 감소시킨다는 의미이다.

사적소비가 감소되는 정도는 공공서비스와의 대체정도에 의존하며 그 값이 1보다 작을 것으로 예상되지만 1보다 큰 경우도 있을 수 있다. 예를 들어 정부가 제공하는 여러 유형의 공공서비스에 대하여 결합적으로 큰 편익을 얻는 경우 α가 1보다 클 수 있다. 정부지출이 1원 증가하여 사적 소비가 α원 감소하면 총수요가 α원 감소하는 효과를 가진다.

두 번째 유형의 공공서비스는 사적 생산과정의 투입물과 같은 역할을 한다. 이것을 '생산요소효과(productive input effect)'라고 할 수 있는데, 예를 들어 정부가 수로나 관개시설을 정비해주면 농민들이 농작물을 더 많이 수확할 수 있다. 이 경우 공공서비스의 한계생산성을 β라고 하면, 정부지출을 1원 증가시킬 때 총생산(총공급)이 β원 증가한다는 의미이다.

총수요와 총공급이 같다는 국민소득의 균형식에서 정부지출로 민간소비와 투자가 변하지 않으면 총수요는 정부지출만큼 증가한다. 그러나 정부지출이 1원 증가할 때 민간소비가 α원 감소하므로 총수요는 $(1-\alpha)$원 증가한다. 그리고 공공서비스가 생산적이라는 가정하에 정부지출이 1원 증가하면 한계생산성은 β원 증가하므로 총공급도 β원 증가한다.

앞서 논의한 α를 사적 소비를 공공서비스로 대체하는 한계대체율로, 공공서비스의 한계생산성을 β로 놓으면 공공서비스가 증가할수록 그 값들은 체감한다고 볼 수 있다. 따라서 정부지출이 충분히 큰 경우 $\alpha+\beta<1$이라고 가정해도 무리가 없을 것이다. 물론 이 가정은 정부지출이 너무나 커야 한다는 것을 의미하지는 않는다. 그 이유는 α값이 작아도 (사적 소비를 공공서비스로 적게 대체해도) 공공서비스를 무척 선호할 수 있기 때문이다.

(1) 일시적 정부지출(temporary government expenditure)의 증가

총수요와 총공급이 균형을 이루고 있는 상태에서 정부지출이 일시적으로 증가한다고 하자. 공공서비스가 생산적이므로 정부지출 1원의 증가는 총공급을 β원만큼 증가시킨다. 그리고 정부지출이 1원 증가할 때 사람들은 사적 소비를 공공서비스로 α원만큼 대체하기 때문에 총수요는 $(1-\alpha)$원만큼 증가한다. 따라서 총수요의 증가분 $(1-\alpha)$에서 총공급의 증가분 β를 빼면 $\alpha+\beta<1$의 가정에 의해 총수요가 총공급보다 더 크게 증가함을 알 수 있다. 일시적 정부지출의 증가에 의한 총수요와 총공급의 변화분을 다음 **표 16-1**에 요약 정리하였다.

표 16-1 일시적 정부지출증가의 경제적 효과

정부지출 1원 증가	변화					
	소비	투자	현재 정부지출	총수요	총공급	총수요 -총공급
일시적 증가	$-\alpha$	0	1	$1-\alpha$	β	$1-\alpha-\beta$

한 가지 주의할 것은 사람들이 일시적 정부지출에 대해 소득효과(항상소득의 증가에만 가짐)를 느끼지 않기 때문에 소비가 늘지 않는다는 점이다. 오히려 일시적으로 소비가 줄면 현재소비수준을 유지하기 위해 자금수요가 늘어나 금리가 상승하게 된다. 그리고 정부지출에 의해 총수요가 총공급보다 커지므로 초과수요에 의해 금리가 상승하게 된다.

그림 16-9를 통해 이러한 사실을 살펴보자. 이 그림의 특징은 보통 총수요와 총공급이 물가-총생산(총소득)공간에 그려지는데, 통화량의 변화가 없다는 가정하에서는 금리-총생산공간에 그려도 동일한 분석을 할 수 있는 점이다. 정부지출이 증가하면 총수요(AD)의 증가가 총공급(AS)의 증가보다 $(1-\alpha-\beta)$만큼 커서 초과수요가 발생하고, 이로 인해 실질금리(r)가 상승한다. 이것은 구축효과를 제외하면 케인즈의 이론과 질적으로는 동일하다.

그런데 금리가 상승하면 사람들은 노동공급을 증가시키려고 하는 한편(시점간 대체효과에 의한 여가소비감소), 현재소비와 투자의 기회비용이 높아져서 현재소비와 투자를 연기하려는 심리가 작용함에도 주목할 필요가 있다. 현재의 지출을 줄이려는 심리는 주로 투자지출을 줄이는 역할을 하게 된다. 소비지출보다 투자지출이 금리에 대단히 민감하기 때문이다. 그러므로 정부지출의 증가로 금리가 상승하고 민간부문의 사적지출이 공공지출로 대체됨에 따라 소비와 투자는 감소하게 되는데, 주로 소비자들의 내구재구입과 투자지출을 구축(crowd out)하게 된다.

결과적으로 정부지출이 증가하면 총수요가 증가하지만 민간소비와 민간투자가 줄어들어 총생산은 정부지출이 증가한 만큼 증가하지 않는다. 다시 말해서 정부지출의 변화분에 대한 총산출

그림 16-9 일시적 정부지출증가의 효과

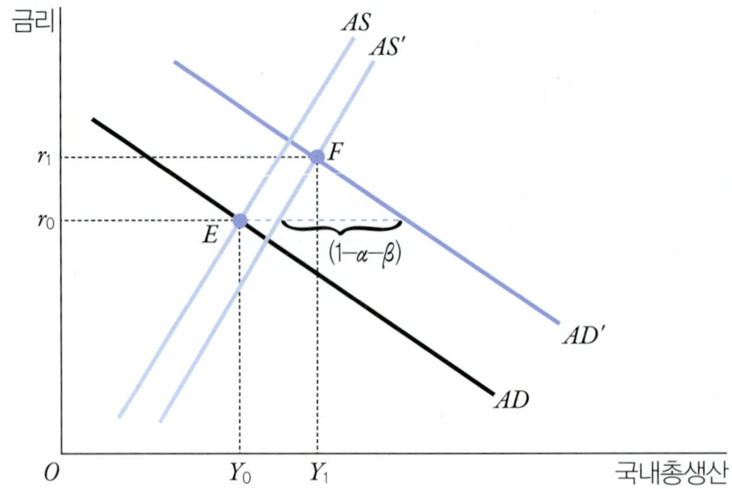

(gross output)의 변화분의 비율이 양수이지만 1보다 작다. 케인즈의 승수효과와 달리 경제는 충격을 증폭시키기보다 충격을 흡수하고 완화하는 작용을 하는 것이다.

한편 개방경제에서는 금리가 상승하면 해외금리가 상대적으로 낮아지고 국제자금의 유입압력이 높아지고 환율을 원화강세 방향으로 움직이게 한다. 원화강세가 되면 수출은 줄고 수입은 증가한다. 이러한 경상수지적자가 국내경기를 억제하는 작용을 한다. 상대국의 입장에서는 수출이 늘고 수입이 감소하여 경기를 자극하는 방향으로 움직인다. 개방경제의 케인즈이론에서 살펴본 것과 동일한 효과가 발생하는 것이다.

정석 사고

정부지출의 일시적 증가→총수요의 증가→금리상승→소비와 투자감소(구축효과)→정부지출보다 작은 국민소득증가(경기확대).

그러나 금리상승으로 해외자본의 유입과 환율하락압력이 작용하여 경기확대효과는 상쇄된다.

(2) 영구적 정부지출(permanent government expenditure)의 증가

앞에서 살펴본 일시적 정부지출의 증가는 전시와 같은 특수한 상황에 적용된다고 볼 수 있다. 정부지출의 장기적 변화를 살펴보기 위해서는 영구적 정부지출의 증가를 고려할 필요가 있다. 영구적 정부지출의 증가라고 하면 정부지출이 주기적으로 동일한 규모만큼 증가하는 것이라고 할 수 있다. 물론 정부지출이 영구적으로 증가하려면 현재시기의 (일시적) 정부지출도 증가하는 것이다. 그러므로 두 가지 효과를 모두 고려하여야 한다.

우선 현재시기의 정부지출이 증가하면 **표 16-1**과 같은 결과를 초래한다. 그런데 영구적 정부지출이 증가하면 그만큼 민간부문의 자금이 줄어드는 것이므로 개인들의 항상소득이 감소하는 것과 같다. 영구적 정부지출이 1원 증가하면 항상소득이 1원 감소하여 소비지출을 1원 감소시키게 된다. 그러나 소비자들은 사적 소비를 대체한 공공서비스 α원을 돌려받고, 생산자들은 공공서비스의 생산성만큼 증가한 산출물 β원을 돌려받는다. 따라서 영구적 정부지출은 매 기간마다 $(1-\alpha-\beta)$원만큼 개인의 실질소득을 감소시키게 된다. 이것을 현재시기의 정부지출의 증가에 의한 민간소비감소분 α원과 합하면 민간소비의 총감소분은 $\alpha+(1-\alpha-\beta)=(1-\beta)$원이 된다.

이상에서 총수요는 정부지출의 증가분 1원에 민간소비의 감소분 $(1-\beta)$원을 뺀 β원만큼 증가함을 알 수 있다. 그리고 총공급도 공공서비스가 생산적이어서 β원만큼 증가한다. 결과적으로 총수요와 총공급이 동일하게 β원만큼 증가한다는 사실이다. 따라서 초과수요현상도 발생하지 않으며, 금리도 상승 또는 하락하지 않는다. 이것을 다음 **표 16-2**에 요약 정리하였다.

표 16-2 영구적 정부지출증가의 경제적 효과

정부지출 1원 증가	변화					
	소비	투자	현재 정부지출	총수요	총공급	총수요 -총공급
일시적+ 영구적 증가	$-(1-\beta)$	0	1	β	β	0

이상의 사실을 **그림 16-10**을 통해 확인해보도록 하자. 총수요와 총공급이 똑같이 β만큼 우측이동하여 금리의 변화가 없다는 것을 확인할 수 있다. 이 경우 금리가 변하지 않으므로 민간투자지출은 구축되지 않고 단지 민간소비지출만 구축된다. 앞에서 본 일시적 정부지출의 증가와 마찬가지로, 정부지출의 변화에 대한 총산출의 변화비율은 양수이지만 1보다 작다.

한편 개방경제에서는 정부지출의 효과가 국가간 자본이동과 무역을 통해 해외 및 국내에 파급된다. 그런데 금리가 변화하지 않으면 금리차에 의한 자본유출입이 발생하지 않고, 이로 인해 환

그림 16-10 영구적 정부지출증가의 효과

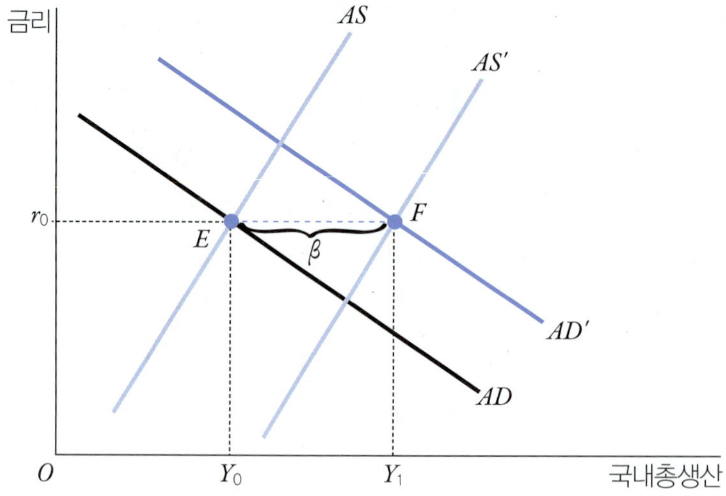

율도 변화하지 않는다. 따라서 영구적 정부지출증가의 경우 어느 정도 해외부문과 격리된 경기확대효과를 가져올 수 있다. 그러나 정부지출에 의한 공공서비스가 생산적이지 않는 경우(β=0) 정부지출의 효과는 없다는 점에 주의하기 바란다. 예를 들어 정부가 재화를 구입한 후 강에 버리는 극단적인 경우 α=β=0(대부분의 거시경제학에서의 가정!)으로 정부지출의 효과는 없는 것이다.

정석 사고

정부지출의 영구적 증가→항상소득감소에 의한 소비감소→총수요와 총공급의 동일한 증가→정부지출의 생산성만큼의 국민소득증가(경기확대).

그런데 이 경우 금리의 변화가 없으므로 해외자본의 유입과 환율하락압력이 작용하지 않아 해외부문과의 격리효과가 발생한다.

4. 감세와 공채발행에 의한 재정적자의 효과

앞에서 케인즈와 배로의 이론에서 재정적자가 총수요와 국제수지에 미치는 효과들을 보았다. 그런데 재정적자가 어떤 방식으로 재원조달을 할 수 있는지 여러 정책조합에 대하여 설명하지 않았다. 여기서는 몇 가지 우리의 관심 대상이 되는 몇 가지 정책조합에 대하여 간단히 살펴보자.

정부는 예산제약하에서 행동하므로 정책수단 사이에는 다음과 같은 제약이 따른다고 하였다.

$$G_1+r_0B_0=T_1+(B_1-B_0)+(M_1-M_0) \tag{16–14}$$

분석의 편의상 전기의 공채발행이 없었다고 하면 정부의 재정적자는 다음의 제약에 따른다.

$$G_1-T_1=B_1+(M_1-M_0) \tag{16–15}$$

즉,

재정적자=정부지출 – 정부세수=공채발행+화폐증발

이 제약식에서 공채와 재정적자에 관련된 정책조합을 살펴보면 다음 두 가지가 우리의 관심대상이 될 수 있다.

(1) 공채발행에 의한 정부지출의 증가($\Delta G_1=\Delta B_1$, 다른 항은 일정)

공공투자 등 정부지출을 증가시키려면 공채를 발행하거나 증세를 통해 정부세수를 증대시켜야 한다. 정부지출을 증세에 의한 정부세수의 증대로 보충하는 정책조합은 균형재정에 해당하므로 이 경우를 고려하지 않기로 한다. 따라서 정부지출의 증가는 공채발행에 의해 보충된다. 케인즈이론에 따르면, 공채를 발행하여 정부지출을 1원 증가시킬 때 정부지출의 승수효과에 의해 $1/(1-c)$원만큼 총소득이 증가한다. 정부지출이 공공투자사업에 직접적으로 투입되어 총수요를 증가시킴으로써 완전한 승수효과가 나타나기 때문이다.

(2) 공채발행에 의한 감세($-\Delta T_1=\Delta B_1$, 다른 항은 일정)

정부가 감세정책을 사용하면 감세분만큼 재정적자가 발생하므로 공채발행을 통해 자금을 조달해야 한다. 케인즈이론에 따르면 감세가 될 때 개인의 가처분소득이 증가하여 가계소비와 기업투자가 촉진된다.[12] 다시 말해서 감세는 승수효과를 통해서 민간부문의 총수요를 자극한다. 앞에서 정부재정수지의 균형을 유지하기 위해 정액세로 자금을 조달할 때 음(-)의 승수효과를 보았는데, 감세의 승수효과는 그 결과를 음(-)에서 양(+)으로 부호만 바꾸면 된다. 즉, 정액세 1원 감소할 때 감세의 승수효과로 $c/(1-c)$원만큼 총소득이 증가한다.

위의 두 정책조합 중에서 어느 것이 더 나은 것일까? 단순히 케인즈의 승수효과만 보면 (1)의 재정적자정책이 더 유리하다. 그러나 이 정책은 정부가 직접 민간부문을 줄여 공공투자사업을 하는 것이므로 민간부문의 비중이 크게 감소하게 된다. 그리고 정부의 투자사업이 민간의 투자사업보다 훨씬 더 효율적이라는 보장이 있을 때 정당화될 수 있다. 반면에 (2)의 재정적자정책은 감세를 통해 민간의 가처분소득을 증가시키므로 민간부문의 비중이 오히려 증가한다. 이러한 이유와 두 정책의 유사성으로 우리는 감세에 의한 공채발행을 통하여 정부가 지출을 증대시키는 경우를 가지고 여러 학파들의 비판과 차이점을 보고자 한다.

위에서 설명한 케인즈이론의 결과는 다른 학파들의 관점과 인식에서 볼 때 인정하기 어려운 부분이 많다. 이러한 인식의 차이는 첫째로 경제가 어떤 상황인가를 보는 시각에 따라 달라지고, 둘째로 공채가 개인에게 자산효과를 가지는가에 대한 시각에 따라 달라진다.

통화주의자들은 공채의 **자산효과**(러너효과라고도 함) 때문에 개인들은 공채를 자산으로 보고 더 부유하게 되었다고 생각하여 화폐수요와 소비지출을 증가시킨다고 본다. 비크리(W. Vickrey, 1961)는 개인이 공채를 구입할 때 이로 인한 미래의 조세부담을 전혀 예상하지 않기 때문에 공채의 보유를 자산의 증가로 보는 **공채착각**(public debt illusion)이 존재한다고 본다.

감세에 의한 확대재정정책은 공채로 인한 자산효과와 공채착각으로 소비와 투자를 자극하여 자금수요를 늘리므로 국내금리를 상승시키는 효과를 낸다. 또한 감세분을 보충하기 위해 공채를 발행하면 민간부문의 자금을 일부 흡수하게 되어 금리가 상승하게 된다. 따라서 감세와 공채발행에 따른 금리상승요인은 민간투자의 일부를 억제하는 **구축효과**(crowding-out effect)를 발생시킨다. 정부가 민간부문의 자금을 흡수하거나 금리상승으로 민간투자의 일부가 줄어들면 어느 쪽이든 정부가 민간을 몰아내는(crowd out) 현상이 발생하는 것이다.

감세와 공채발행이 얼마간의 구축효과를 가져온다는 데는 대부분의 학파들이 인정을 한다. 그러나 케인즈학파는 이 효과가 심각하지 않다고 보는 반면 프리드만과 같은 통화주의자나 배로와 같은 새고전학파는 심각한 수준이라고 본다. 앞에서 말했듯이 이러한 인식의 차이가 경제상황과 공채의 자산효과에 크게 의존한다.

예를 들어 케인즈학파처럼 경제가 불황이면 감세에 의해 소비와 투자가 증가하여도 금리가 거의 변화하지 않는다고 본다(화폐수요의 이자탄력성이 무한대).[13] 따라서 금리변동에 의한 구축효과는 상당히 작다고 보는 것이다. 그리고 케인즈학파는 공채발행을 통해 정부지출이 확대되면 민간이 보유하게 되는 공채가 증가하므로 민간의 부 혹은 자산이 증가한다고 본다. 민간의 부가 증가하면 소비지출이 증가하기 때문에 소득이 증가한다고 본다. 그러나 통화주의자들은 재정적자로 인한 금리의 상승으로 민간투자가 감소하여 총수요가 의미있게 증가하지 못한다고 본다.

새고전학파의 배로(R. Barro)는 한걸음 더 나아가 합리적인 사람이라면 공채의 자산효과도 생기지 않으며 따라서 구축효과도 없다고 주장한다. 그에 의하면 현재의 감세나 공채발행을 미래의 증세로 보고 감세로 인해 늘어난 가처분소득이 모두 저축의 형태로 공채구입에 쓰이며, 공채의 원금과 이자로 미래의 조세를 부담한다는 것이다. 이렇게 함으로써 현재의 소비수준을 변화시키지도 않고 금리도 상승하지 않는다는 것이다.[14] 이것을 **리카도의 대등정리**라고 하며, 감세에 의한 경기확대효과는 저축에 의해 정확히 구축되고 만다. 여기에 대한 상세한 논의는 곧 공채의 부담에 관해 설명할 때 다시 하기로 하고 여기서는 간단히 살펴보자.

물가와 화폐공급량이 일정하다고 가정하고, 정부는 제1기에 1원의 적자재정을 운영하려고 한다. 정부지출수준이 일정하다고 가정하면 정부는 1원의 재정적자를 보충하기 위해 1원의 공채를 발행하고 제2기에 가서 공채를 모두 청산해서 균형재정을 유지한다. 이러한 정부의 재정적자정책은 총수요에 어떤 영향을 미칠까? 배로의 해석은 다음과 같다. 합리적인 사람이라면 제1기의 감세를 통한 공채발행은 제2기에 공채의 원금과 이자를 갚기 위해 세금을 그만큼 부과할 것이라고 예상한다. 즉, 제1기와 제2기의 실질조세총액은 다음과 같이 항상 0이다.

$$\frac{1}{P}\left[(-1)+\frac{(1+r)}{1+r}\right]=0 \qquad (16\text{–}16)$$

단, P: 물가
r: 실질이자율

식 (16–16)에서 괄호안 첫 번째 항은 1원의 감세를 의미하며 두 번째 항은 공채의 원금과 이자를 현재가치로 할인한다는 의미이다.

이 식이 의미하는 것은 합리적인 사람은 현재의 감세를 내일의 증세로 인식하여 실질적 조세부담에 변화가 없다고 본다. 내일의 증세액의 현재가치가 바로 공채의 발행액이므로 내일의 조세를 부담하기 위해 저축형태로 공채를 구입해둔다는 것이다. 그러므로 제1기의 재정적자는 모두에게 부 또는 자산효과를 전혀 발생시키지 못한다. 당연히 현재소비와 노동공급에 아무런 영향을 주지 못하므로 총수요와 총공급에도 영향이 없다. 이것이 대등정리의 핵심내용이다. 또한 리카도의 대등정리는 재정적자를 보충하기 위한 재원조달방법으로 조세와 공채사이에 아무런 차이가 없다는 것을 의미한다.

(1) 개방경제

개방경제에서 감세와 공채발행에 의해 금리가 상승하면 해외금리가 상대적으로 낮아져서 국제자금의 유입압력이 높아진다. 이것은 원화매입과 달러매도요인으로 작용하여 환율을 원화강세 방향으로 움직이게 한다. 원화강세가 되면 수출은 줄고 수입은 증가한다. 이것이 국내경기를 억제하는 작용을 한다. 미국의 입장에서는 수출이 늘고 수입이 감소하여 미국경기를 자극하는 방향으로 움직인다. 즉, 재정확대정책은 국내의 경기가 아니라 무역상대국의 경기를 자극한다는 것이다.

이상의 설명을 요약한 것이 **그림 16-11**에 나타나 있다. 현실의 예를 살펴보면 1980년대 초반의 레이건 정부의 정책, 1985년 이후의 독일과 일본의 기관차론 등이 이러한 논리에 따라 다른 나라의 경기를 확대시키려고 했다.

이상에서 살펴본 것처럼 개방경제에서는 재정적자의 효과가 약해지고 있다. 이것이 얼마나 옳은지는 실증연구의 과제라고 하겠는데, 정부가 감세와 공채발행에 의한 재정확대정책을 통해 경기를 확대하더라도 환율변화로 상쇄된다. 환율변화로 경기확대효과가 상쇄되는 정도는 얼마만큼 대외적으로 강한 연계성을 갖는가에 비례한다. 환율이 금리상승에 민감할수록, 수출과 수입이 환

그림 16-11 감세와 공채발행에 의한 재정적자의 효과

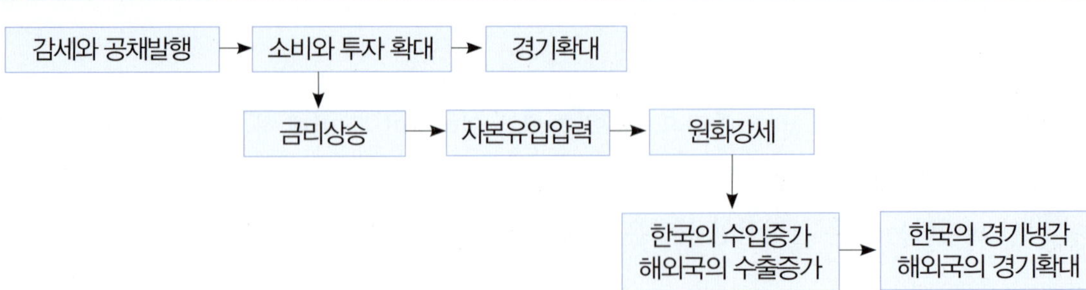

율에 민감할수록 재정적자에 의한 경기확대정책이 무력화되는 정도가 커진다. 그러나 금융정책은 환율과 무역의 움직임이 화폐증발에 의한 재정적자정책의 효과를 강화시킨다. 이러한 사실 때문에 세계화가 진전될수록 금융정책의 효과가 더욱 커질 수 있다. 이러한 금융정책의 효과는 [부록]에 있으니 관심 있는 독자는 읽어보기 바란다.

그림 16–12 감세와 공채발행에 의한 재정적자의 효과

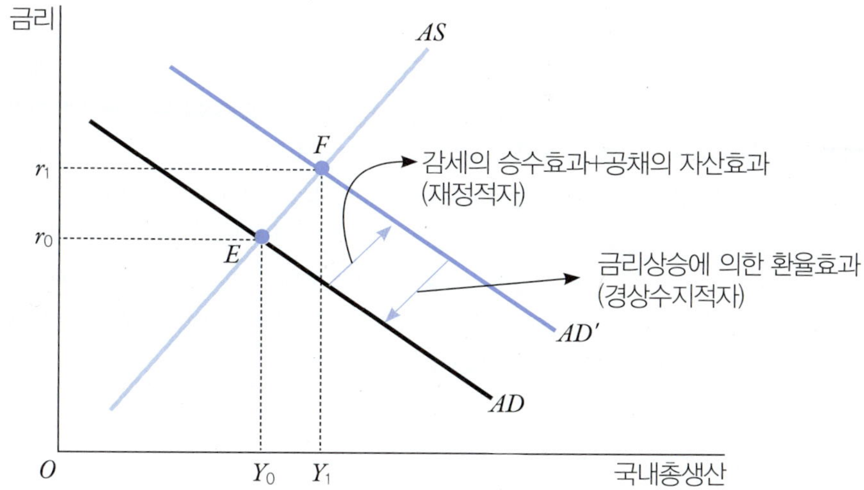

그림 16–12 를 통해 감세와 공채발행에 의한 재정적자의 경제적 효과를 살펴보자. 먼저 정부가 감세조치를 하면 소득에 대한 세금이 줄어서 가계소비가 늘어나고 공채를 자산으로 인식하여 가계소비가 증가하며, 이로 인해 기업투자가 촉진된다. 이처럼 (승수과정을 통해) 민간소비와 투자활동이 왕성해지면 그만큼 자금수요도 늘어나 금리가 상승하는 요인이 발생한다. 금리가 상승하면 민간투자의 일부가 줄어드는 구축효과가 발생한다. 따라서 감세와 공채를 통한 재정적자로 소비와 투자가 촉진되어 총수요(*AD*)곡선이 우측으로 이동하지만 구축효과로 인해 이동폭이 상대적으로 작아진다. 최종적으로 원래의 균형점 *E*는 새로운 균형점 *F*로 이동하게 된다.

그런데 국내금리가 상승하면 해외금리가 상대적으로 낮아져서 국내에 자금을 투자하고자 하는 사람이 늘어나므로 자본유입압력이 생긴다. 이 같은 자본유입압력이 생기면 자본유입을 위해서 외환시장에서 원화를 구입해야 하므로 원화강세 요인이 된다. 해외에 대한 자본유입은 경상수지적자와 같게 되므로, 원화강세로 수출이 감소하고 수입이 증가하여 경상수지 적자가 된다. 때로는 금리인상으로 인한 원화강세의 경기냉각효과도 **구축효과**(crowding-out effect)라고 부른다. 그림에서 *F*점을 통과하는 총수요(*AD*)곡선이 좌측으로 이동해서 균형점은 원래의 *E*점을 향해 다시 돌아오게 된다. 금리가 r_0보다 높은 한 이 과정이 계속되므로 *E*점에서 균형이 다시 이루어지고, 이때 완전한 구축효과가 발생한다. 따라서 재정적자는 해외부문을 고려하면 경기확대효과가 거의 무력화되는 방향으로 작용한다. 무역상대국이 미국이라면 원화강세는 달러약세를 의미하므로 미국의 수출은 증가되고 수입은 감소하게 되어 미국경기의 촉진요인이 된다.

정석 사고

케인즈이론에 따르면 '감세정책→소비와 투자증가→국민소득증가(경기확대)'이다. 재정적자는 해외부문을 고려하면 경기확대효과가 거의 무력화된다. 그 무력화되는 정도는 얼마만큼 대외적으로 강한 연계성을 가지는가에 비례한다. 통화주의자들은 재정적자로 인한 금리의 상승으로 민간투자가 감소하여 총수요가 의미 있게 증가하지 못한다고 본다. 색다른 각도에서 배로는 리카도의 대등정리에서 합리적인 사람은 현재의 감세를 내일의 증세로 인식하여 내일의 조세를 부담하기 위해 저축형태로 공채를 구입해둔다는 것이다. 그러므로 재정적자는 현재소비와 노동공급, 총수요와 총공급에 영향이 없고 구축효과도 없다. 해외부문을 고려할 때 금리상승에 의한 구축효과로 인해 환율하락(원화강세)에 의한 구축효과가 발생하여 재정적자의 경기확대효과가 상쇄되고 만다.

(2) 자본축적

앞에서 재정적자가 총수요, 국제수지 등에 미치는 영향을 살펴보았는데, 사실 어느 학파의 논리가 맞는지는 실증분석에 의해 해결되어야 한다. 그러나 불행히도 어느 주장이 더 옳다는 확실한 증거는 없다. 이제 장기적인 관점에서 재정적자가 저축에 어떤 영향을 미치는지, 그리하여 자본축적에 어떤 효과가 있는지 간단히 알아보자.

한 경제의 국민총저축은 정부저축과 민간저축으로 구성된다. 정부저축은 정부의 예산에서 재정흑자일 때 가능하고, 민간저축은 공채와 투자로 구성된다고 볼 수 있다. 민간저축에서 공채로 보유하지 않고 저축한 자금은 투자자금으로 사용될 것이기 때문이다. 이상의 설명을 감세에 의한 재정적자의 경우에 적용해보면 다음과 같은 식으로 나타낼 수 있다.

$$\text{정부저축} = -(B_1 - B_0) \qquad (16\text{–}17)$$
$$\text{민간저축} = (B_1 - B_0) + K_1 - K_0$$

단, K_1, K_0는 제1기와 제0기의 자본량을 나타낸다. 정부저축은 재정적자에 의해 공채발행액의 부채이고, 민간저축은 공채발행액과 투자자금으로 구성된다는 것을 보여주는 식이다. 따라서 국민총저축은 결국 자본량의 변화 즉, 투자에 의해 결정된다.

케인즈학파처럼 감세에 의한 재정적자가 투자를 유발하여 경기를 확대시킨다면 그것은 저축과 자본축적을 촉진하는 일이다. 특히 경제가 불황일 때 재정적자의 경기확대정책은 구축효과가 아니라 오히려 국민소득과 유발투자를 연쇄적으로 증가시키는 **구인효과**(crowding-in effect)가 있다고 주장한다. 그러나 일반적인 상황에서는 통화주의자가 말하는 금리상승에 의한 구축효과로 투자가 감소하여 자본축적에 나쁜 영향이 있을 가능성이 높다. 그리고 배로의 리카도 대등정리에서는 감세에 의한 재정적자가 합리적인 개인의 선택에 아무런 영향을 주지 못하므로 저축에도 아무런 영향이 없다.

제3절 공채의 종류

공채란 국가 또는 공공기관이 재정상 필요한 자금을 조달하기 위하여 민간부문으로부터 자금을 빌려 쓸 때 발생하는 채무를 말한다. 이때 각 개인은 정부로부터 미래의 어떤 시점에 원금과 이자상환을 통해 소득을 보상받는다는 조건하에 자신이 사용할 수 있는 자원의 일부를 정부에 이전시킨다. 따라서 정부는 미래의 어떤 시점에 원금과 이자상환을 위해 조세수입을 증가시키게 된다.[15]

공채는 일반적으로 전시와 같은 비상시에 긴급한 공공수요를 충당하거나, 공공욕구충족에 필요한 자본을 조달하거나, 미래에 조세수입에 의해 재원조달이 충분히 가능한 경상비를 충당해야 할 때 발행한다. 그러나 앞에서 본 것처럼 공채발행에 따르는 부작용을 우려하는 견해들도 많다. 그중에서 첫째, 공채발행이 이자외 비용을 발생시킬 수 있다. 둘째, 공채가 화폐수요의 증가를 통한 금리상승으로 민간투자를 위축시킬 수 있다(통화주의자). 셋째, 공채가 미래의 조세부담으로 인식되어 공채매입자에게 사실상 이익을 주지 못할 수 있다(새고전학파). 이상이 공채발행에 소극적이거나 불리하다고 주장하는 이유이다.[16] 이와 관련된 공채부담과 경제적 효과를 살펴보기 전에 공채의 종류를 잠시 살펴보자. 공채는 발행주체, 상환시기 등에 따라 몇 가지 종류로 분류할

수 있다.[17)]

(1) 국채와 지방채

공채는 발행주체가 중앙정부인지 지방정부인지에 따라 국채(national debt)와 지방채(local debt)로 나눌 수 있다. 발행주체가 중앙정부이면 국채, 지방정부이면 지방채라고 한다. 국채는 국가적인 재난 및 사업에 기인하는 재정수입 부족분을 충당하기 위해 발행된다. 이에 반해 지방채는 주로 주민의 사회경제적 후생과 직결되는 교육, 보건위생, 도로, 교량 건설 등 지방경제의 기초구조개선을 위해 발행된다.

(2) 내국채와 외국채

정부가 자국 내 국민경제로부터 차입을 하고, 그 공채의 채권이 자국 내 개인과 기업에 의해 소유되고 있을 때 내국채라고 한다. 이에 반해 외국채는 정부가 자국 내 영토외의 지역으로부터 차입하고, 그 공채의 채권이 타국의 국민경제 내의 경제주체에 의해 소유된다. 내국채와 외국채의 다른 점은 외국채는 상환하기 위해 자국의 국민소득의 일부인 재화와 용역을 수출해야 하지만, 내국채의 원리금은 자국내 채권자에게 지급되어 다시 소득창출을 할 수 있다는 것이다. 따라서 국민경제 전체의 관점에서 볼 때 내국채의 부담이 외국채의 부담보다 훨씬 가볍다고 할 수 있다.

(3) 유동공채와 확정공채

공채는 상환하는 시기에 따라 유동공채(floating debt)와 확정공채(consolidated debt)로 나눌 수 있다. 유동공채는 1년 이내에 상환되어질 수 있는 단기공채를 말하며, 확정공채는 1년 이상의 상환기간을 조건으로 하는 장기공채를 말한다. 즉 회계연도 말에 가서 예산집행의 과정을 통해서 흑자가 나면 공채상환을 하게 되는데 이를 유동공채라고 하며, 적자가 나서 상환하지 못하면 공채가 확정적으로 성립한다는 의미에서 확정공채라고 한다.

제4절 공채의 부담

공채와 관련된 논쟁에서 가장 활발히 다루어진 문제는 공채의 부담이 현재세대와 미래세대 중 어느 세대에게 돌아가는 것인가 하는 **세대간 공채부담**의 전가여부이다. 공채는 언젠가 조세수입으로 혹은 다른 공채발행을 통해 상환될 수 있다. 단순히 생각하면 미래에 공채를 상환할 때 증세의 대상인 미래세대가 공채의 부담을 질 것이다. 그러나 문제가 그렇게 간단하지 않다. 공채발행으로 경제에 어떤 변화가 생기는지에 따라 실질적 상환부담의 세대가 다를 수 있다. 조세의 전가에서 본 것처럼 이것을 공채의 전가라고 할 수 있다.

(1) 공채의 현재세대부담: 신정통파

공채의 부담에 대한 견해는 영국의 고전학파에서부터 찾을 수 있다. 고전학파는 시장의 자율성과 효율성을 믿기 때문에 공채가 민간부문의 생산적 자원을 감소시켜 효율성을 저해한다고 생각하였다. 따라서 흄(D. Hume), 스미스(A. Smith), 밀(J.S. Mill) 등의 고전학파는 공채발행에 의한 정부지출이 비생산적 소비지출일 뿐만 아니라 현재세대가 공채구입으로 저축을 감소시킨다면 미래세대에 돌아갈 자본량이 줄어서 미래세대는 더 낮은 수준의 부와 소득을 물려받게 될 수 있다고 본다. 결과적으로 공채의 부담은 미래세대에게 전가된다는 것이다.

그런데 고전학파의 견해에 대해서 독일을 중심으로 하는 정통파(orthodoxy)는 공채발행에 의한 정부지출이 생산적 투자지출일 뿐만 아니라 현재세대가 소비지출에 사용할 자금으로 공채를 구입한다면 저축이 감소할 이유가 없다고 보았다. 정통파의 이론을 보완하여 케인즈는 공채발행에 의한 재정적자를 옹호하였다. 이러한 케인즈의 견해는 그 후에 많은 학자들에 의해 지지를 받아왔는데, 한센(A. Hansen), 러너(A. Lerner), 새무엘슨(P.A. Samuelson) 등이 그 대표적 학자들이다. 이러한 학자들의 견해를 **신정통파**(new orthodoxy)라고 부른다.

신정통파는 공채의 부담이 미래세대에 전가되지 않고 당연히 현재세대에 돌아간다고 본다. 정부가 공채를 발행하면 민간부문이 그것을 매입하고 구입한 만큼 민간부문의 자원이 감소하여 소비와 투자가 감소하므로 공채발행시 생존하는 현재세대가 그 부담을 지게 된다는 것이다. 현재세대의 민간부문에서 자원이 감소하는 점에서 완전고용하의 조세도 동일한 성격을 갖는다. 따라서 조세나 공채나 모두 동일한 실질적 부담을 가지며, 그 부담은 현재시점에서 발생하므로 현제세대에게 돌아간다는 것이다. 정부가 공채의 이자를 지불하기 위해 미래세대에 증세를 하더라도 그 세대는 공채이자를 받기 때문에 서로 상쇄되어 미래세대는 공채를 실질적으로 부담하지 않는다고 본다.

그런데 정부가 공채를 내국인으로부터 차입하지 않고 외국인으로부터 차입하는 경우에는 공채부담이 다를 수 있다. 신정통파의 대표적 학자인 러너(A.P. Lerner)에 의하면 정부가 내국채발행을 통하여 내국인으로부터 차입을 한 경우에는 부채를 상환하는 시점에서 일반 납세자로부터 채권자에게로 소득의 이전이 발생하지만 미래세대의 소비수준은 전혀 감소하지 않는다고 본다. 즉, 세대간 부담의 전가가 아니라 미래세대내 구매력의 이전에 불과하다는 것이다. 반면에 외국채의 경우 외국의 채권자에게 원금을 상환하기 위하여 미래세대의 세부담이 늘어날 수밖에 없으며 미래세대의 소비수준은 감소하게 된다. 즉, 내국채와 달리 외국채의 경우 미래세대에 부담이 전가될 수 있다. 이러한 내국채와 외국채에 대한 견해를 일반적으로 **러너의 견해**라고 부른다.[18]

그러나 정부가 외국으로부터 차입한 자금을 투자를 위해 사용하였다면 미래세대가 투자로부터 발생하는 수익을 얻게 되므로 미래세대의 부담은 실질적으로 낮아질 뿐만 아니라 수익률이 차입상환 이자율보다 높으면 오히려 혜택을 더 얻는다고 볼 수 있다. 따라서 이러한 경우 러너의 견해는 수정될 필요가 있다. 이상에서 살펴본 신정통파의 견해를 정리해보면, 공채는 현재세대의 저축이 감소하지 않는 한 전적으로 현재세대에 의해 부담되며, 미래세대에게 부담이 전가되지 않는다.

정석 사고

신정통파의 일반적인 견해는 조세나 공채나 모두 현재시점에서 민간부문의 자원이 감소하는 점에서 동일하며, 그 부담이 현재시점에서 발생하므로 현제세대에게 돌아간다는 것이다. 그런데 신정통파의 러너(A.P. Lerner)는 내국채의 경우 자국민에게 국채를 팔아 적자재정을 운영하는 한 미래세대에 부담이 발생하지 않지만, 외국채의 경우 소비자금으로 사용하면 외국의 채권자에게 원금을 상환하기 위하여 미래세대의 세부담이 늘어나서 미래세대로 전가된다는 것이다.

(2) 공채의 미래세대부담

신정통파(new orthodoxy)가 제시한 공채부담론의 기본명제는 다음과 같이 요약된다. 첫째, 공채는 실질부담을 미래에 전가시키지 않는다. 둘째, 민간채무와 공공채무를 동일시하는 것은 본질적으로 잘못이다.[19] 셋째, 내국채와 외국채 간에는 중요한 차이가 있다.[20] 넷째, 정부지출이 공채로 조달되든 조세로 조달되든 본질적인 차이가 없다.

그러나 뷰캐넌(J. Buchanan, 1958)에 의하면 국민개인의 입장에서 조세와 달리 공채발행에 의한 재원조달은 일반적으로 공공지출의 시점에서 국민에게 아무 부담도 발생시키지 않고, 과세를 미래로 미룬 것이므로 공채의 부담을 미래세대에 전가한다. 개인의 입장에서 공채의 매입은 효용극대화를 위한 현재소비와 미래소비의 시점간 대체(intertemporal substitution)일 뿐이라고 본다. 이러한 현재세대의 의사결정에 미래세대가 영향을 줄 수 없으므로 공채의 부담은 상환시점에서 조세부담으로 미래세대에게 전가된다는 것이다. 뷰캐넌의 명제는 보웬(W. Bowen), 데이비스(R. Davis), 코프(D. Kofp), 모딜리아니(F. Modigliani), 머스그레이브(M. Musgrave) 등에 의해서도 지지받았다. 그러나 학자들마다 약간씩 다른 관점에서 미래세대 부담설을 지지한다.

예를 들어 보웬(W. Bowen), 데이비스(R. Davis), 코프(D. Kofp) 등은 신정통파가 공채로 인해 저축이 감소하지 않는 한 현재세대에게 부담이 전가된다고 하는 점에 초점을 맞추어, 저축률과 상관없이 미래세대에게 부담이 전가됨을 보이려고 하였다. 이를 위해 공채와 예금이 개인에게 완전대체적이라고 가정하면, 공채와 예금을 합한 저축률은 공채발행에 의해 감소하지 않는다. 따라서 저축률에 상관없이 원리금의 상환을 위해 미래에 조세를 부담해야 하므로 미래세대에게 전가된다는 것이다. 또한 모딜리아니(F. Modigliani)와 머스그레이브(M. Musgrave) 등은 공채가 기업의 투자를 감소시키는 경향이 있다고 보고, 공채발행이 자본축적을 저해하여 미래세대에게 실질적 부담이 돌아간다고 주장하였다.

이상에서 살펴본 관점과 다르게 뷰캐넌의 명제에 정당성을 줄 수 있는 논리가 있다. 신정통파의 견해(러너의 견해) 중 내국채처럼 정부가 그 나라 국민에게 공채를 팔아 공공투자지출을 할 경우 미래세대에 부담이 발생하지 않는데, 이것은 세대라는 개념을 너무 넓게 정의하여 세대간 공채부담을 정확히 파악하지 못하는 문제점을 가진다. 예를 들어 어떤 시점에 살고 있는 사람 모두를 포함하여 같은 세대(generation)라고 볼 때 공채발행에 의한 정부지출의 혜택이 그 시기의 모든 사람(현재세대)에게 돌아가고, 미래에 증세를 하더라도 그 세대는 공채이자를 받는 세대여서 미래세대(다음 기 모든 사람)는 실질적으로 공채부담을 하지 않는다고 한다.[21)]

그러나 사실은 어떤 한 시기에도 공채발행의 혜택만 받는 늙은 현재세대와 공채발행의 혜택 없이 미래의 상환부담만 지는 어린 미래세대가 공존해서 살고 있다. 한 시기에 몇 세대가 중복해서 살고 있다고 가정할 경우 뷰캐넌의 명제처럼 공채의 미래세대부담설이 설득력 있다는 것을 보여줄 수 있다. 이에 대한 논리를 다음에서 살펴보자.

정석 사고 뷰캐넌의 명제는 개인의 입장에서 공채의 매입은 효용극대화를 위한 현재소비와 미래소비의 시점 간 대체일 뿐이며, 공채의 부담은 상환시점에서 조세부담의 형태로 미래세대에게 전가된다는 것이다.

(3) 공채의 미래세대 부담: 중복세대모형[22)]

신정통파처럼 현재 살고 있는 모든 사람들을 모두 같은 세대라고 정의하기보다, 한 시점에 몇 세대가 동시에 중복해서 살고 있다고 가정하자. 구체적으로 현 시점에 제1세대(00년출생세대), 제2세대(30년출생세대), 제3세대(60년출생세대)가 중복되어 살고 있다고 가정한다. 각 세대의 평균수명은 70년이고 정부가 50년에 2원을 차입하고 80년에 원금만 상환한다고 가정한다. 이 경우 공채의 부담이 어떻게 되는지 살펴보자.

정부가 50년에 공채를 발행하는 경우, 제1세대는 80년까지 생존하여 원금을 되돌려 받을 가능성이 희박하고 제3세대는 아직 태어나지 않았으므로 제2세대만이 공채를 매입할 것이다. 정부의 공채수입이 공공투자에 사용되어 제1세대와 제2세대가 똑같이 혜택을 받는다면 각각 1원의 소비지출이 증가한다. 이제 80년이 되어 정부가 2원을 상환하기 위해 세금을 2원 더 부과한다면 제1세대는 사망하고 난 후여서 제2세대와 제3세대만 조세를 납부할 것이다. 각 세대가 똑같이 세금을 납부한다면 제2세대와 제3세대는 각각 1원씩 납부해야 한다.

결과적으로 제1세대는 조세부담없이 1원의 소비가 증가하였고, 제2세대는 50년에 2원을 정부에 빌려주어 80년에 상환받고, 50년에 차입에 의한 정부지출의 증가로 1원만큼 소비가 증가하지만 80년에 1원만큼의 조세를 납부해서 실질소비수준의 변화가 없다. 제3세대의 경우 80년에 1원의 조세를 납부하고 아무 혜택도 받지 못한다. 따라서 제1세대의 소비증가를 위해 제3세대가 공채의 부담을 지게 된 셈이다. 즉, 미래세대로 공채의 부담이 전가된다. 이를 정리하면 **표 16-3** 과 같다.

표 16-3 에서 제1세대는 공채발행을 통한 공공지출의 증가로 소비가 1원 증가하였다. 제2세대는 공채를 매입한 후 나중에 상환을 받게 되는 세대인데, 제1세대처럼 공채발행을 통한 공공지출의 증가로 소비가 1원 증가하였지만 정부가 공채상환을 위해 1원 만큼 조세를 증가시켜서 실질소비수준에 변화가 없게 된다. 제3세대의 경우에는 아무 혜택 없이 제2세대와 함께 공채상환을 위해 1원의 조세부담만 지게 된다. 결국 공채의 부담이 제3세대로 전가됨을 알 수 있다. 결론적으로 공채는 내국인에 의한 차입(내국채)이라고 하더라도 미래세대로 그 부담이 전가된다.

표 16-3 중복세대모형의 미래세대 공채부담

연도 \ 세대	제1세대	제2세대	제3세대
50년 정부의 공채발행 소비의 증가	 0 +1	 −2 +1	
80년 조세증가 정부의 공채상환		 −1 +2	 −1 0
실질소비수준의 변화	+1	0	−1

정석 사고 새무엘슨의 중복세대모형(Overlapping Generation Model, OLG모형)은 러너의 주장과 달리 공채는 내국인에 의한 차입(내국채)이라고 하더라도 미래세대로 공채부담이 전가된다는 것이다.

(4) 리카도의 대등정리

공채부담의 신정통파 견해는 공채의 발행이 미래세대의 부담으로 전가되지 않는다고 주장한다는 것을 이미 살펴보았다. 그런데 신정통파의 견해와 전혀 다른 근거에서 공채의 부담이 미래세대로 전가되지 않는다는 주장이 있다. 배로(R. Barro)는 리카도의 이론을 이용하여 이러한 주장을 하였는데, 이에 대해 살펴보자.

리카도는『정치경제의 원리와 조세(The Principle of Political Economy and Taxation)』에서 사람들이 미래에 발생할 일을 현재의 일과 똑같이 인식한다고 가정한다. 또한 공채매입세대와 공채상환세대가 동일하다고 가정한다. 예를 들어 정부가 현재시점에서 일인당 1원의 세금을 감면하기로 했다고 가정하자. 그리고 정부의 조세수입 감소는 정부의 공채발행을 통해 충당된다고 하자.

조세감면이 이루어진 다음 해에 정부가 공채를 상환한다고 하면 다음 해에 세금을 일인당 1원 증세하여야 한다. 합리적인 사람들은 지금의 감세로 발행한 공채를 상환하기 위해서 언젠가 조세를 거두지 않을 수 없다는 것을 알고 있기 때문에 늘어난 가처분소득 1원만큼 저축을 늘려 현재소비와 미래소비를 유지할 수 있다. 그리고 저축의 형태는 감세를 위하여 정부가 발행한 공채를 사는 것이 가장 안전한 방법일 것이다. 이렇게 함으로써 다음 해에 공채상환을 위해 증세를 한다 해도 현재세대는 공채를 이용하여 추가적인 조세를 부담할 수 있다. 그러므로 정부지출의 양이 정해져 있으면 조세에 의한 재원조달방법이나 공채발행을 통한 재원조달방법이 동일하다는 의미에서 이를 '**리카도의 대등정리**(Ricardian equivalence theorem)', 혹은 '리카도의 등가정리'라고 한다.[23]

리카도가 가정하고 있는 것처럼 개인의 생애가 유한한 경우 공채상환의 과세 일부가 미래세대로 전가될 수 있으므로 공채는 자산가치를 가질 수 있다. 그런데 배로(R. Barro)는 개인의 생애가 유한하여 현재세대에 공채매입이 이루어지고 공채상환을 위한 과세의 일부가 미래세대에 이루어질 때에도 리카도의 대등정리가 성립할 수 있다고 주장한다. 그의 논문 「공채는 자산인가(Are Government Bonds Net Wealth)」에 의하면 현재세대가 그들 자손인 미래세대의 조세부담의 증가를 우려하여 그만큼 더 많은 유산을 남긴다고 가정하면 공채는 여전히 중립적이라는 것이다.[24]

현재세대의 경우를 보면, 정부의 공채수입에 의해 정부지출이 늘어나서 소비가 증가한다. 그러나 미래세대를 고려하여 더 많은 유산을 남기기 위해 소비를 줄이는 대신 저축을 늘리게 되면 현재세대의 실질적인 소비수준에는 전혀 변화가 없다. 마찬가지로 미래세대의 경우에도 공채상환을 위한 조세부담이 증가하여 소비가 감소하지만 더 많은 유산을 받아서 소비를 늘리기 때문에 실질적인 소비수준에 변화가 없다. 이처럼 미래세대의 부담증가를 고려하여 현재세대가 행동할 경우 세대간 공채의 부담전가현상은 발생하지 않는다.[25] 특히 유산상속과 관련된 선택을 하는 과정에서 리카도의 대등정리가 성립한다는 의미에서 '**배로-리카도의 대등정리**', 혹은 '**배로의 중립명제**(Barro's neutrality theorem)'라고도 부른다.

그런데, 배로-리카도의 대등정리가 성립하기 위해서는 다음 몇 가지 조건들이 충족되어야 한다.[26] 첫째로는 사람들이 정부의 재정적자로 인한 자손들의 추가적 조세부담을 정확히 예상할 수 있어야 한다. 다시 말하면 정부의 예산제약성을 정확히 인식하여야 한다. 둘째로는 사람들이 정부의 공채발행으로 인한 정부지출 패턴의 변화를 예측할 수 있어야 한다. 셋째로 미래세대부담액과 저축액이 같기 위해 자본시장에 대한 예측이 가능해야 한다. 한 마디로 말해서 사람들이 매우 합리적이어야 한다는 것이다.

이러한 이유로 배로-리카도의 대등정리는 현실성이 거의 없다고 볼 수 있다. 또한 리카도의 대등정리가 실현되기 위해서는 공채가 증가할 경우 민간부문의 저축도 증가해야 하는데 현실은 오히려 그 반대로 재정적자일 때 민간부문의 저축도 감소하는 경향이 있다. 이와 같이 리카도의 대등정리는 현실적으로 설득력이 크다고 말할 수 없다. 그러나 그것이 재정정책의 유효성에 가지는 의미는 대단히 크다고 볼 수 있다.

통화주의자의 구축효과이론에 따르면, 공채발행은 공채의 자산(부)효과로 인해 소비증가와 총수요증가가 일어나지만 공채의 가격을 하락시키고 민간부문의 자금을 줄여서 금리를 상승시킨다. 이는 민간부문의 소비와 투자를 구축하게 되고 결과적으로 총수요에는 변화가 없다. 그러나 리카도의 대등정리가 성립한다면, 늘어난 공채발행이 그만큼의 공채수요로 상쇄되므로 공채가격은 하락하지 않고 금리도 변하지 않는다. 따라서 민간부문의 투자도 구축되지 아니한다. 그 과정이 다르긴 하지만 두 이론 모두 **재정정책의 무력성**을 주장한다는 점에서 공통점을 찾을 수 있다.

정석 사고

정부지출의 양이 정해져 있으면 조세에 의한 재원조달방법이나 공채발행을 통한 재원조달방법이 기본적으로 아무런 차이가 없다는 것이 **리카도의 대등정리**이다. 배로는 공채발행이 후손들의 추가적 조세부담이라는 사실을 알고 이에 맞추어 유산을 더 많이 남겨주기 때문에 리카도의 대등정리가 성립한다는 것이다. 배로-리카도의 대등정리가 성립하기 위해서는 매우 합리적인 사람들이 사는 사회를 가정해야 한다. 이러한 이유로 비록 현실성이 떨어지지만 통화주의자의 구축효과이론과 함께 **재정정책의 무력성**을 주장하는 이론적 근거라는 측면에 매우 의의가 있다.

제5절 공채 : 재원조달의 타당성

조세에 의한 재원조달방법은 정부지출이 이루어지는 그 시점에서 재정적 부담이 지워진다. 공채와 같은 차입에 의한 재원조달방법은 정부지출이 이루어지는 시기와 재정적 부담이 지워지는 시기가 일치하지 않는다. 이러한 점이 조세에 의한 재원조달방법과 다르다. 이러한 특징 때문에 그 경제적 효과도 다르게 된다. 이 절에서는 정부지출의 성격상 조세에 의해 재원조달을 하는 것보다 공채발행에 의해 재원을 조달하는 것이 더 합리적일 수 있는 근거들을 간단히 살펴보려고 한다. 결국 정부지출의 재원조달방식으로 조세와 공채 중 어느 것이 더 바람직한 선택인가에 관한 문제이다.

(1) 효율성의 원칙

대부분의 조세는 징수과정에서 초과부담을 발생시킨다. 마찬가지로 공채발행도 미래의 조세와 같으므로 조세징수 시점만 다를 뿐이다. 조세로 징수하든 공채발행을 하든 그 현재가치는 동일하다. 그러나 한 가지 중요한 차이점은 조세로 재원을 조달하는 경우 세금을 한꺼번에 부과하지만 공채는 그 만기일이 다른 여러 공채가 존재하기 때문에 사실상 조세를 쪼개어 거두는 것과 동일하다. 이러한 상황에서 어느 것이 초과부담을 최소화하는 것일까?

배로(R. Barro, 1979)는 『공채의 결정에 관하여(On the Determination of the Public Debt)』에서 공채가 리카도의 대등정리로 아무 실질효과가 없는데도 정부는 왜 공채를 계속 발행하고 있는가라고 묻는다. 그는 최적과세의 원칙에 따라 정부지출의 일시적 증가로 재원을 조달할 때 초과부담을 최소화하기 위해서 여러 기간에 걸쳐 조세-소득비율(조세를 소득으로 나눈 비율)이 평탄하도록 공채를 발행해야 한다는 것이다. **세율의 평탄화**란 한꺼번에 징세를 하지 않고 쪼개어 징세하는 것으로 공채발행이 갖는 장점이라고 한다. 이것은 조세의 초과부담이 세율의 제곱에 비례한다는 사실을 상기한다면 쉽게 이해할 수 있다.

예를 들어 소득의 10%를 조세로 한꺼번에 걷는 경우와 1%씩 10번에 걸쳐 쪼개어 걷는 경우를 비교해보면 쪼개어 걷는 경우가 초과부담을 더 작게 한다는 것을 알 수 있다. 초과부담의 규모면에서 공채발행이 조세보다 더 효율적인 재원조달방법이라고 결론내릴 수 있다. 그러나 이것만 가지고 경제전체의 효율성면에서 공채가 더 낫다고 말할 수 없는 측면도 있다. 만약 리카도의 대등정리가 성립하지 않고 공채의 자산효과로 화폐수요가 증가하고 금리가 상승하면 투자를 위축시키는 구축효과가 발생할 수 있다. 이로 인해 장기적으로 자본축적이 되지 않아 경제성장이 둔화된다면 어느 방식이 더 바람직하다고 말할 수 없는 것이다.

(2) 공평성의 원칙

공채발행은 현재세대와 미래세대의 세대간 공평성의 문제를 야기할 수 있다. 앞에서 본 중복세대모형에서 공채발행이 미래세대의 부담으로 돌아간다는 것을 보았다. 대부분의 국가에서 경험하는 것으로 기술혁신과 무역의 증대로 지속적으로 경제가 성장한다면 현재세대보다 미래세대가 보다 더 부유하게 살아갈 가능성이 높다. 이러한 측면에서 미래세대에서 현재세대로 소득이전이 이루어지는 것이 공평한 것이다. 공채발행이 그러한 역할을 할 수 있다는 점에서 어느 정도의 타당성을 찾을 수 있다.

(3) 편익의 원칙

원칙적으로 정부의 지출은 그 지출로 인해 혜택을 누리는 사람들이 정부지출의 재원을 제공해야 하는 것이 공평하다. 만약 정부지출이 공공투자사업에 지출된다면 투자증가로 인한 자본축적의 편익은 미래세대가 누리는 것이다. 따라서 공채발행을 통해 더 큰 편익을 누리는 미래세대에게 부담이 돌아가도록 하는 것이 바람직하다.

정석 사고

공채로 재원을 조달하는 타당성은 우선 효율성면에서 조세보다 초과부담을 더 작게 한다. 공평성면에서 경제가 발전하여 미래세대가 더 잘 살게 된다면 공채발행을 통해 미래세대로부터 현재세대로 소득을 이전한다는 것은 바람직하다. 편익의 원칙에 따라 정부지출이 투자지출이라면 공채발행을 통해 그 혜택을 누릴 미래세대가 부담하도록 하는 것은 바람직하다.

부록 정석 재정학 개방경제의 화폐증발에 의한 재정적자의 경제적 효과

정부는 다음과 같은 예산제약하에서 정책수단들을 선택할 수 있다고 하였다

재정적자=정부지출 – 정부세수=공채발행+화폐증발

이 예산제약에서 정부는 정부지출과 정부세수를 일정하게 유지하면서 공채발행을 화폐증발과 연계하여 정책조합을 선택할 수 있다. 예를 들어 공채발행을 화폐증발과 반대방향으로 연계하는 경우 공채를 통한 금융정책을 실시할 수 있다. 이 경우 공채발행은 화폐공급량을 감소시키는 강력한 긴축금융정책이 된다.

또 다른 금융정책의 한 유형은 중앙은행차입에 의한 화폐증발을 통해 정부지출을 할 수 있다. 이것은 재정정책이라기보다는 금융정책이라고 볼 수 있다. 공개시장조작, 재할인율, 지급준비율의 금융정책수단 중 공개시장조작에 해당된다. 화폐증발을 통한 재정적자의 통화팽창정책이 경기에 미치는 영향을 보기로 하자.

중앙은행이 정부의 공채를 구입하면 그만큼 화폐공급량이 증가하며, 시중에 현금이 풀리면 은행은 금리를 인하하면서까지 대출을 증가시키려고 하므로 채권가격은 상승하고 금리는 하락한다. 금리하락은 기업의 설비투자와 재고투자, 소비자의 주택투자와 내구재수요를 증가시켜 경기는 확대된다. 경기가 확대되면 다시 소비와 투자를 증가시키게 된다.

이와 같은 케인즈의 승수효과는 엄밀하게 승수효과와 가속도효과로 나누어 설명하기도 한다. 투자가 소비를 자극하고 이것이 소득을 몇 배로 증가시키는 효과를 **승수효과**라고 한다. 그리고 소비재수요가 자본재수요를 유발하는 즉, 소비가 투자를 유발하여 소득을 증가시키는 효과를 **가속도효과**라고 한다. 따라서 화폐증발에 의한 케인즈의 승수–가속도효과는 경기에 다음과 같은 영향을 미친다.

통화공급증가→금리하락→소비와 투자증가→국민소득증가(경기확대)

그런데 1930년대의 세계대공황 때처럼 금리가 최저수준으로 하락하여 통화공급을 증가시켜도 모두가 유동성확보를 위해 화폐를 보유하려고만 하면 금리가 하락하지 않는다. 케인즈(J.M. Keynes)는 사람들이 화폐와 채권을 가지고 있을 때 채권가격(=1/이자율)이 높아 채권 대신 화폐(유동성)를 보유하려고 하는 이러한 상황을 **유동성함정**이라고 부르고, 이때는 통화정책이 무력하다고 주장한다.

그러나 세계대공황과 같은 상황이 아닌 일반적인 경제상황이라면 화폐증발에 의한 재정적자는 금리를 하락시키는 방향으로 작용한다. 이것은 다시 국제적 자본이동과 무역을 통해 해외 및 국내에 그 영향이 파급된다. 금리가 인하되면 해외금리가 상대적으로 높아진다. 해외에 투자하고자 하는 투자가가 늘어나 해외에 대한 자본유출압력이 생기게 된다. 자본을 유출하려면 외환시장에서 달러를 구입해야 하므로 달러강세(원화약세) 요인이 된다. 금리인하로 원화약세가 되면 수출이 늘고 수입이 줄어 경상수지가 흑자로 된다.

결과적으로 원화약세에 의하여 수출이 늘고 수입이 줄어 경기는 더욱 확대되는 것이다. 해외국의 입장에서 보면 수출은 억제되고 수입은 증가하여 경기후퇴의 요인이 된다. 한국의 재정적자에 의한 금융완화정책은 한국에서 해외국으로의 '실업수출'을 하는 것과 같다.[27] 지금까지의 설명이 그림 16-1A 에 요약되어 있다.

그림 16-1A 화폐증발에 의한 재정적자의 경제적 효과

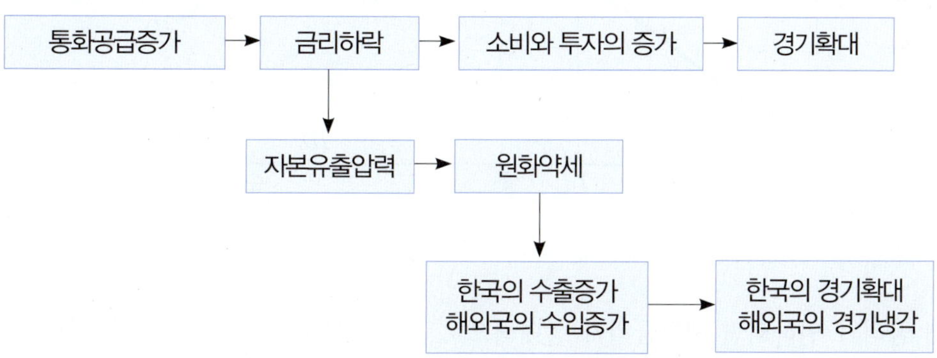

기존의 폐쇄경제를 가정할 때 금융정책은 화폐(금융)시장과 상품시장의 효과를 중심으로 분석한다. 그러나 개방경제에서는 외국과의 무역 및 국제자본거래를 포함시켜 사고하여야 한다. 이것을 총수요(*AD*)와 총공급(*AS*)곡선을 이용하여 분석해보자.

해외부문이 국내경제에 영향을 미치는 경로는 두 가지이다. 하나는 금리(이자율)을 통한 자본유출입변화이고, 다른 하나는 환율을 통한 수출입변화이다. 그림 16-2A 를 통해 이러한 경로에 의한 경제적 효과를 구체적으로 살펴보도록 하자.

먼저 통화량이 증가하면 시중자금이 늘어 금리가 하락한다. 이것은 기업과 소비자의 이자부담을 줄여서 기업의 재고 및 설비투자를 늘리고, 소비자들의 주택 및 내구재소비를 늘리게 된다. 이러한 기본 메커니즘에 의해 총수요(AD)가 우측으로 이동하고 원래의 균형점 E에서 새로운 균형점 F로 이동하게 된다. 한 가지 주의할 것은 본문처럼 총수요와 총공급이 금리-총생산공간이 아니라, 통화량이 변화하는 경우 물가-총생산(총소득)공간에 그려진다는 사실이다. 통화량의 변화로 화폐시장에서 물가가 변동하기 때문이다.

그림 16-2A 화폐증발에 의한 재정적자의 경제적 효과

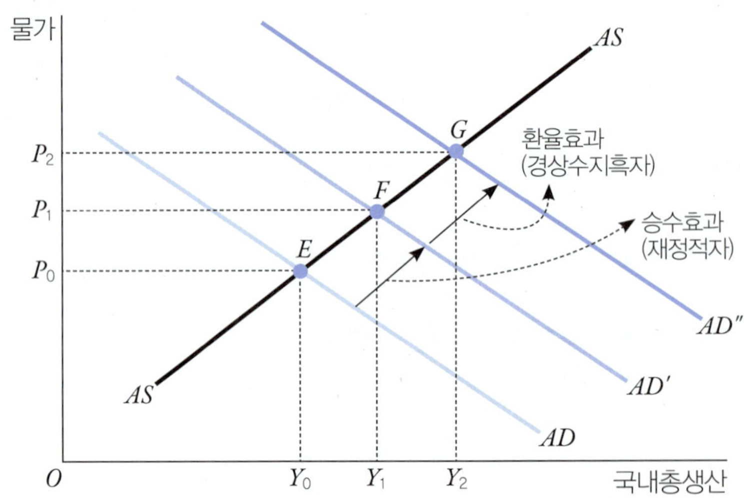

그런데 금리가 인하되면 해외금리가 상대적으로 높아져서 해외에 자금을 투자하고자 하는 사람이 늘고 자본유출압력이 생긴다. 이 같은 자본유출압력은 자본유출을 위해서 외환시장에서 달러를 구입해야 하므로 원화약세 요인이 된다. 해외에 대한 자본유출은 경상수지흑자와 같게 되므로, 원화약세로 수출이 증가하고 수입이 억제되어 경상수지흑자가 된다. 그림에서 총수요(AD)가 우측으로 더욱 이동해서 균형점 F에서 새로운 균형점 G로 이동하게 된다. 따라서 화폐증발에 의

한 재정적자는 해외부문을 고려하면 더욱 경기확장적으로 작용한다. 무역상대국이 미국이라면 원화약세는 달러강세를 의미하므로 미국의 수출은 억제되고 수입은 증가하게 되어 미국경기의 후퇴요인이 된다.

정석 사고

중앙은행차입에 의한 화폐증발을 통해 정부지출을 증가시키면 금리가 하락하여 소비와 투자를 자극하고 이것이 승수-가속도 효과를 통해 소득을 증가시킨다. 이러한 화폐증발에 의한 재정적자는 해외부문을 고려하면 더욱 경기확장적이다. 그 확장정도는 대외적 연계성에 비례한다.

정석 사례연구

세대간 회계와 감세비용, 재정절벽

미래의 암묵적 채무를 포함하는 장기 정부예산의 대안적인 측정방법으로 '**세대간 회계**'가 있다. 이것은 2003년 아우어박, 고칼레, 코트리코프에 의해 개발된 것으로, 장기적으로 재정균형을 이룰 때 현재와 미래의 조세수입의 현재가치가 현재 정부부채와 미래 정부소비의 현재가치를 합한 것과 같다. 즉,

현재세대의 조세부담의 현재가치+미래세대의 조세부담의 현재가치
=현재 정부부채+미래 정부소비의 현재가치

이 회계는 정부의 자금조달부담을 각 세대가 얼마나 나누어 지는가를 요약한 것이다.[28] 이런 종류의 매우 장기적인 추정치를 채택하지는 않았지만 미국정부는 정책효과에 대해 약간은 장기적인 추정치를 고려하는 쪽으로 방향을 잡았다. 1996년 정부는 감세에 의한 암묵적 채무를 어느 정도를 반영하도록 10년의 틀에서 대부분의 정책을 평가하기로 결정했다.[29]

2001년 미국에서는 고어를 누르고 조지 워커 부시대통령이 취임할 당시 의회예산처는 세대간 회계처럼 장기예산계획의 틀을 사용하여 향후 10년간 6조 달러의 재정흑자를 예측한 결과를 내놓았다. 이러한 장기예산계획을 받아들여서 2001년 6월 부시대통령은 미국 역사상 가장 큰 감세안을 만들었다. 이 감세안은 10년간 장기예산계획을 따라 2011년까지 1.35조 달러로 제한하는 의회의 예산안에 맞추기 위해 4.65조 달러에 해당하는 다양한 감세안이 나타났다가 사라지는 일몰제 형태의 복잡한 구조로 되어 있었다.

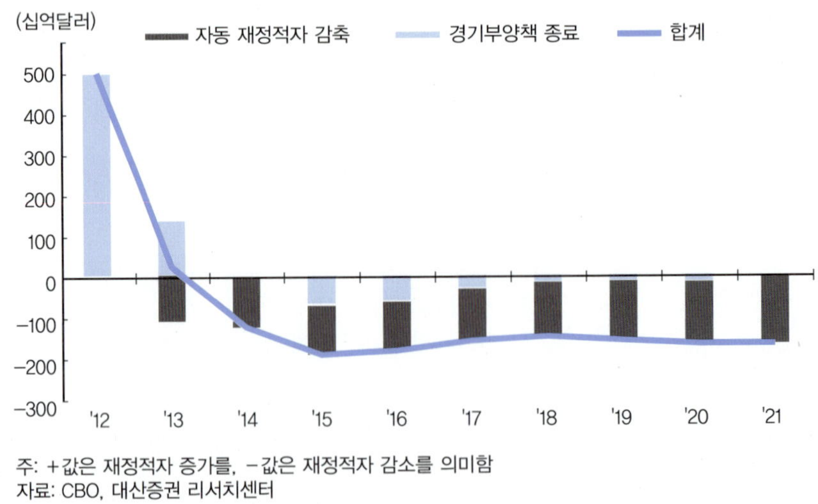

주: +값은 재정적자 증가를, −값은 재정적자 감소를 의미함
자료: CBO, 대산증권 리서치센터

정석 사례연구

가장 극단적인 예는 일몰제를 적용하여 모든 감세가 갑자기 2010년 12월 31일 사라져버리며, 유산세 같은 경우 대략 200만 달러가 넘는 유산에 부과하던 유산세가 2010년 말까지 완전히 사라졌다가 2011년 재도입에 의해 새로 나타나는 식이다. 그리고 세액공제와 조세감면 중의 하나의 예로 상위소득 세율에 대한 완전감면을 2006년에 시작하고는 2010년 기한이 만료되도록 하였다. 그런데 이러한 감세법안은 다시 2012년말까지로 연장되었다.

의회의 조세위원회는 감세에 따른 최종비용(감세비용)이 1.349조 달러로 추정하였지만 권위있는 연구소의 추정치는 그 비용이 2.3조 달러에 달하는 것을 발견했다. 이 추정치는 감세로 인해 늘어나는 정부부채에 대해 이자지불비용이 증가하는 부분까지 계산했으며 그 진정한 비용이 2011년에 2.3조 달러였다. 2012년말까지 연장한 감세법안이 종료되고, 예산통제법에 따라 2013~2021년 9년간 2.1조 달러에 달하는 재정적자 감축정책이 시작되었다. 이 사례는 장기 예산계획을 따를 때 정부재정에 대한 예측오차와 불확실성이 커져서 오히려 재정불균형을 크게 할 수 있음을 보여준 재정속임수의 대표적 사례이다. 이처럼 감세법안의 종료와 재정적자의 감축정책으로 정부지출이 급격히 축소되고 가계세부담이 증가하여 경제에 충격을 주는 현상을 '**재정절벽**(fiscal cliff)'이라고 한다.

정석 기본문제

1. 바그너의 법칙을 정의하고, 그 이유를 설명하라.

2. 재정착각을 정의하고 그 원인과 결과를 설명하라.

3. 민간저축이 투자를 초과하는 상태라면 정부의 재정적자와 경상수지 흑자문제를 동시에 해결할 수는 없다. 그 이유를 설명하라.

정석 힌트 상품시장의 균형식에서 '재정적자+경상수지=저축－투자'의 관계가 성립하므로 저축률이 높아 투자를 상회하면 재정이 적자이거나 경상수지가 흑자라는 의미이다.

4. 1980년대부터 1990년대에 걸친 미국의 쌍둥이적자가 국제사회에 큰 이슈로 된 적이 있다. 재정적자가 경상수지적자를 가져온 이유를 설명하라.

정석 힌트 정부지출의 증가에 의해 재정적자가 발생했고, 그 재정적자를 메우기 위해 공채를 대규모 발행하면 금리가 상승한다. 금리상승은 외환시장에서 달러수요가 발생해서 달러강세를 가져온다. 달러강세는 수입을 증가시켜 경상수지적자를 초래한 것이다.

5. 케인즈이론에서 정액세 1원을 징수하여 1원의 정부지출이 이루어진 경우 국민소득의 증가액은 얼마인가?

정석 힌트 정부지출승수와 조세승수를 더하면 $\frac{1}{1-c}+\frac{-c}{1-c}=1$이므로 국민소득은 정확히 1배 즉, 1원 증가한다.

6. 폐쇄경제하에서 케인즈의 정부지출의 증가에 따른 경제적 효과를 설명하라.

7. 개방경제하에서의 케인즈의 정부지출의 증가가 경기에 미치는 효과를 설명하라.

8. 재정적자가 총수요에 미치는 영향에 대한 구축효과와 리카도의 대등정리의 차이와 그 결과를 설명하라.

정석 힌트 구축효과는 감세와 공채의 자산효과로 인한 소비의 증가가 자금수요의 증가를 가져와서 금리를 상승시킨다. 이 금리의 상승에 의한 소비와 투자의 감소가 정부지출의 소득증대효과를 완전히 구축한 결과 총수요에 변화가 없다. 리카도의 대등정리는 감세를 미래의 증세로 보고 공채를 매입하여 저축하므로 개인의 선택에 아무 변화가 없다. 즉 소비의 변화가 없고 금리도 변하지 않으며 총수요에도 변화가 없다.

9. 공채발행의 여러 방법 가운데 인플레이션 유발효과가 가장 큰 방법을 말하라.

정석 힌트 중앙은행차입을 통한 화폐증발에 의해 공채를 발행할 때 화폐공급을 늘려서 화폐시장에서 결정되는 물가를 상승시키게 된다([부록] 참고).

10. 공채의 현재세대부담설의 근거는 무엇인가?

정석 힌트 신정통파의 견해, 특히 러너의 견해에 근거를 두고 있다. 잘 알려진 러너의 견해 중 "공채는 자기 자신에 대한 채무"라는 말을 상기하면 쉽게 이해할 수 있다.

11. 공채부담이 미래세대로 전가된다는 주장의 근거는 무엇인가?

정석 힌트 뷰캐넌의 명제와 새무엘슨의 중복세대모형에 근거를 두고 있다. 뷰캐넌은 공채에 의한 재원조달은 과세를 미래로 연기하는 것이므로 공채부담을 미래세대에 전가한다는 주장이다.

12. 공채발행을 통한 재원조달이 조세를 통한 재원조달 방식과 다른 점은 무엇인가?

정석 힌트 공채발행에 의한 재원조달방법은 정부지출이 이루어지는 시기와 재정적 부담이 지워지는 시기가 일치하지 않는다는 점이 조세에 의한 재원조달방법과 다르다. 조세에 의한 재원조달방법은 정부지출이 이루어지는 그 시점에서 재정적 부담이 지워지기 때문이다. 리카도의 대등정리(등가정리)에 따르면 이 두 가지 방식에 아무런 차이가 없으며, 유일한 차이는 한꺼번에 과세하느냐, 조세를 쪼개어 부담하느냐의 차이가 있을 뿐이다.

정석 심화문제

13. 다음 표는 매기 정부지출을 증가시키는 규모를 나타낸다.

제1기에 전시비용을 위해 대규모 정부지출을 증가시키고, 제2기에 끝난다고 한다. 그 이후 정상적인 정부지출 수준으로 돌아간다고 한다.

기간	정부지출규모
1	100
2	100
3	10
4	10
.	.
.	.
.	.

[1] 공공서비스가 생산적이지 않는 경우, 배로의 이론에 따르면 정부지출의 국민소득증대효과가 어떻게 되는지 설명하고 특히 개방경제의 효과는 어떠한지 설명하라.

정석 힌트 정부지출에 의한 공공서비스가 생산적이지 않는 경우, 영구적 정부지출의 효과는 없다. 예를 들어 정부가 재화를 구입한 후 강에 버리는 극단적인 경우 정부지출의 효과는 없는 것이다. 따라서 국민소득은 변하지 않으며, 금리의 변화가 없으므로 경상수지에 미치는 영향도 없다.

[2] 공공서비스가 생산적인 경우, 배로의 이론에 따르면 정부지출의 국민소득증대효과가 어떻게 되는지 설명하고 특히 개방경제의 효과는 어떠한지 설명하라.

정석 힌트 정부지출에 의한 공공서비스가 생산적인 경우, 영구적 정부지출의 효과는 그 생산성만큼 총수요와 총공급을 우측으로 이동시키고 국민소득이 증가한다. 그러나 금리의 변화가 없어서 경상수지에 미치는 영향은 없다.

[3] 공공서비스가 생산적이며, 제1기만 정부지출이 증가한다고 가정하면 배로의 일시적 정부지출의 국민소득증대효과를 설명하라.

정석 힌트 사람들이 일시적 정부지출에 대해 소득효과(항상소득의 증가에만 가짐)를 느끼지 않기 때문에 소비를 증가시키지 않는다. 일부 사적 소비가 공공서비스로 대체되기 때문에 현재소비수준을 유지하기 위해 자금을 더 수요하게 되어 금리가 상승한다. 그리고 정부지출에 의해 총수요가 총공급보다 커지므로 금리가 상승하게 된다. 금리상승은 주로 금리에 민감한 투자를 위축시켜서 총수요가 정부지출보다 작게 증가한다. 금리상승에 의한 구축효과가 작용한다. 이것은 통화주의자의 구축효과이론과 유사하다.

14. 다음 예문을 읽고 물음에 답하라.

> 정부가 총수요의 증대를 위해 정부지출수준은 그대로 유지한 채 국채발행을 통한 감세정책을 펴기로 하였다. (가) <u>케인지안에 의하면 가처분소득을 증가시켜 소비수요가 증가하고 총수요가 늘어날 것</u>이라고 한다. 총수요의 증가는 기업의 재고를 감소시키고 재고 보충을 위해 생산을 빠르게 증가시킨다. 이에 따라 고용이 늘고 소득이 증가하여 소비지출도 증가하게 된다. 이것은 다시 총수요를 증가시키게 된다.
> 그러나 (나) <u>통화주의자는 소득이 증가함에 따라 화폐수요가 증가하여 금리가 상승하고, 금리의 상승은 투자수요를 위축시켜 소득을 증가시키지 못한다</u>고 본다. 한편 배로(R. Barro)에 의하면 합리적인 사람들은, (다) <u>지금의 감세를 위하여 발행한 국채를 상환하기 위하여 언젠가는 조세를 거두지 않을 수 없다는 것</u>을 알고 있기 때문에, 늘어난 가처분소득을 전액 저축한다. 그리고 저축의 형태는 국채를 사는 것이 안전한 방법이 될 것이다. 이렇게 함으로써 그들은 현재의 소비행태뿐만 아니라 미래의 소비행태에도 영향을 받지 않을 수 있다.

[1] 밑줄 친 (가)를 무엇이라고 하는가?

정석 힌트 승수효과를 생각하기 바란다. 승수효과에는 정부지출승수(1/(1−c), 단 c는 한계소비성향), 조세승수(c/(1−c)), 투자승수(1/(1−c))가 있다.

[2] 밑줄 친 (나)를 무엇이라고 부르는가?

정석 힌트 구축효과를 생각하기 바란다.

[3] 밑줄 친 (다)에서 배로의 주장은 국채의 부담이 어떻게 전가됨을 의미하는가?

정석 힌트 현재세대가 국채를 미래의 조세로 보고 저축과 유산을 늘려 미래세대의 부담을 덜어주는 것이므로 전가되지 않는다고 보아야 한다.

[4] 배로의 경제에서도 저축이 늘면 이자율이 떨어지고 국채의 가격은 올라갈 것이다. 이렇게 국채의 가격이 상승하면 소비지출이 늘어날 수 있다. 이를 무엇이라고 부르는가?

정석 힌트 국채를 자산으로 보는 자산효과 혹은 러너효과라고 할 수 있다.

[5] 배로는 위 [4]처럼 소비지출이 늘어나지 않는다고 보는데 그 이유는 무엇인가?

정석 힌트 국채는 자산이 아니라 미래의 조세로 보기 때문에 소비지출이 증가하지 않는다.

[6] 배로는 국채발행을 통한 감세에 대하여 리카도의 대등정리가 성립함을 보여주고 있다. 이것이 무엇인지 설명하라.

15. 현대혼합경제에서 정부가 행하는 가장 중요한 업무는 공공재를 생산 공급하여 시장의 불완전성을 치유하는 것이다. 이를 위해서는 당연히 재원이 필요하며 그 방법에는 조세와 국공채발행이 있다. 다음 질문에 대한 의견을 제시하라.

[1] 국공채발행에 대한 리카도의 대등정리와 통화주의자나 신고전학파의 구축효과를 비교하여 총수요에 미치는 영향을 논하라.

정석 힌트 통화주의자나 신고전학파의 구축효과에 따르면 이자율이 상승하고 이것이 소비와 투자를 구축하여 총수요에는 변화가 없다. 반면에 리카도의 대등정리에 의하면 국공채만큼 민간소비가 감소하고 저축이 증가하므로 이자율은 변하지 않는다. 이 경우 정부지출의 증가는 소비의 감소로 완벽히 구축되지만 투자는 구축되지 않는다.

[2] 조세와 비교하여 국공채발행에 의한 재원조달의 효율성과 공평성에 대해 논하라.

16. 공채의 발행이 국민경제에 어떤 영향을 미치는가는 장단기에 따라 효과가 다를 수 있고, 공채인수방식과 공채수입의 지출목적에 따라 다를 수 있다.[30)] 머스그레이브(R. Musgrave)에 따르면 공채발행의 인수방식은 첫째로 중앙은행으로부터의 차입, 둘째로 시중은행으로부터의 차입, 셋째로 개인으로부터의 차입을 들 수 있으며, 공채수입의 용도는 첫째로 정부지출의 증가, 둘째로 감세, 셋째로 공채상환을 들 수 있다. 이러한 공채발행의 인수방식과 공채수입의 용도에 따라 공채발행의 경제적 효과가 다를 수 있다.

공채발행의 재정효과(조달방법과 용도에 따른 효과) 및 금융효과(공채보유의 자산효과,

이자율효과, 유동성효과)를 간단히 살펴보는 방법으로 다음 [표]를 이용하여 설명해보자. 표에서 가로축은 공채발행의 인수방식을, 세로축은 공채발행의 지출목적 또는 용도를 구분하였다. 장기적으로 볼 때 공채는 주로 금융부문에 영향을 미친다.

공채의 장기적인 금융효과는 자산효과(wealth effect), 유동성효과(liquidity effect), 이자율효과(interest rate effect)를 통해 나타난다. (a)는 민간개인이 보유한 공채를 자산의 일부분으로 보는 경우 소비지출이나 투자지출이 증가하여 총수요가 증가하는 효과이다. (b)는 공채의 자산효과로 인해서 화폐수요가 증가하면 이자율이 상승하고 그 결과 투자가 감소하여 총수요가 감소하는 효과를 말한다. (c)는 공채의 자산효과로 자산이 증대되고 단기공채(유동공채)의 경우 쉽게 현금화될 수 있어 유동성증가를 통해 유효수요가 증가하는 효과를 말한다.

인수방법 / 지출목적	중앙은행 A	시중은행 B	개인 C
정부지출 D	(가)	(라)	(사)
감세 E	(나)	(마)	(아)
공채상환 F	(다)	(바)	(자)

[1] (가)의 경우 통화량과 정부지출의 변화를 설명하고, 케인지안의 관점에서 총수요에 미치는 효과에 대하여 논의하라.

정석 힌트 A열과의 조합은 모두 통화 혹은 금융정책을 말한다. A와 D의 조합은 공채가 중앙은행에 인수되고 공채수입이 정부지출에 사용되는 경우이다. 이 경우 중앙은행의 자금이 풀려나와 정부지출에 사용되므로 통화량이 증가하고 정부지출도 증가하게 된다. 또한 정부지출이 증가하여 유효수요가 증대하게 된다.

[2] (나)의 경우 통화량과 정부지출의 변화를 설명하고, 케인지안의 관점에서 총수요에 미치는 효과에 대하여 논의하라. 또한 (가)의 경우와 어떻게 다른지 설명하라.

정석 힌트 AE의 경우는 중앙은행의 자금이 풀려나와 감세부분을 보충하므로 통화량이 증가하고 감세에 의해 유효수요도 증가하게 된다. 이때 유효수요를 증대시키는 효과를 발생시키지만 통화량이 늘어나 인플레이션을 유발할 수 있다. (가)의 경우와 다른 점은 정부지출의 소득증대효과가 감세에 의한 소득증대효과보다 크다는 것이다. 그 이유는 보통 정부지출승수가 조세승수보다 크기 때문이다.

[3] (다)의 경우 통화량과 정부지출의 변화를 설명하고, 케인지안의 관점에서 총수요에 미치는 효과에 대하여 논의하라. 또한 (가)의 경우와 어떻게 다른지 설명하라.

정석 힌트 AF의 경우 중앙은행이 인수한 공채수입을 공채상환에 지출하므로 공개시장조작과 동일한 효과를 나타낸다. 따라서 통화량이 늘고 유효수요가 증대되는 것이다. 이때 유효수요를 증대시키는 효과를 발생시키지만 통화량이 늘어나 인플레이션을 유발할 수 있다.

[4] (라)의 경우 통화량과 정부지출의 변화를 설명하고, 케인지안의 관점에서 총수요에 미치는 효과에 대하여 논의하라.

정석 힌트 BD의 경우 공채가 시중은행의 유휴자금을 통해 인수되기 때문에 통화량이 추가적으로 늘어나지 않으면서 공채수입이 공공투자 등에 지출될 수 있어 유효수요가 증대된다.

[5] (마)의 경우 통화량과 정부지출의 변화를 설명하고, 케인지안의 관점에서 총수요에 미치는 효과에 대하여 논의하라.

정석 힌트 BE의 경우는 공채가 시중은행의 유휴자금을 통해 인수되어 감세를 보충하므로 정부지출과 통화량이 늘지 않으면서 감세를 통해 유효수요증대를 가져올 수 있다.

[6] (바)의 경우 통화량과 정부지출의 변화를 설명하고, 케인지안의 관점에서 총수요에 미치는 효과에 대하여 논의하라.

정석 힌트 BF의 경우도 통화량을 늘리지 않으면서 정부지출을 공채상환에 사용하여 유효수요를 증대시킬 수 있다.

[7] (사)의 경우 통화량과 정부지출의 변화를 설명하고, 케인지안의 관점에서 총수요에 미치는 효과에 대하여 논의하라.

정석 힌트 CD의 경우 공채가 국민개인에 의해 인수되기 때문에 통화팽창이 없는 공채발행으로서 민간의 유휴자금을 공공투자 등에 지출하여 유효수요를 증대시킬 수 있다.

[8] (아)의 경우 통화량과 정부지출의 변화를 설명하고, 케인지안의 관점에서 총수요에 미치는 효과에 대하여 논의하라.

정석 힌트 CE의 경우도 공채가 국민개인에 의해 인수되어 감세를 보충하므로 통화팽창과 정부지출수준의 변화 없이 감세에 의해 유효수요를 증대시킬 수 있다.

[9] (자)의 경우 통화량과 정부지출의 변화를 설명하고, 케인지안의 관점에서 총수요에 미치는 효과에 대하여 논의하라.

정석 힌트 CF의 경우는 통화팽창 없이 정부지출을 공채상환에 사용하여 유효수요를 증대시킬 수 있다.

[10] 예문의 (a), (b), (c)에 알맞은 단어를 채워 넣어라.

정석 힌트 (a), (b), (c)는 각각 자산효과, 이자율효과, 유동성효과를 말한다.

[11] 공채는 모두 유동공채(단기공채)로 동일하다고 가정하고, (아)의 경우에 통화주의자들은 케인지안과 달리 총수요에 영향이 없다고 한다. 금융효과를 가지고 그 이유를 설명하라.

정석 힌트 감세에 의한 가처분소득의 증가와 공채의 자산효과로 이자율효과가 발생하여 이자율이 상승하며, 이것이 투자수요를 완전히 구축하여 총수요에 아무 영향을 주지 않는다고 주장한다.

[12] 공채는 모두 유동공채로 동일하다고 가정하고, (아)의 경우에 새고전학파의 배로는 통화주의자와 다른 이유로 총수요에 영향이 없다고 한다. 그 이유를 설명하라.

정석 힌트 현재의 감세나 공채발행을 미래의 증세로 보고 감세로 인해 늘어난 가처분소득을 모두 저축의 형태로 공채를 구입하고 미래의 조세를 부담한다는 것이다. 이렇게 함으로써 현재의 소비수준을 변화시키지도 않고 금리도 상승하지 않는다는 것이다. 이것을 리카도의 대등정리라고 하며, 감세에 의한 경기확대효과는 저축에 의해 정확히 구축되고 만다.

제17장
공공요금의 이론

정부는

인간이 지혜로 자신의 욕구를 충족시키기 위해 만들어낸

발명품이다.

인간은 이러한 발명품들을

자신의 지혜로 만들 수 있는 권리를 가진다.

– Edmund Burke –

정부가 국민에게 공급하는 재화나 용역은 여러 사람이 공동으로 소비하는 특성을 가진다. 이러한 공동소비의 성격을 가진 재화는 자원배분의 효율성의 관점에서 볼 때 정부에 의해 공급되는 것이 타당하다고 하겠다. 그러나 현실적으로는 사용재의 성격을 띤 재화가 정부에 의해 공급되는 경우가 있다. 우리는 이러한 재화를 공급하는 공급주체를 공기업이라고 한다. 사용재의 성격을 가진 재화를 민간부문의 시장기구에 맡기지 않고 정부가 대신 공급하는 이유는 재정수입과 자원배분 그리고 공평성을 고려하기 때문인데, 그 기본원칙을 살펴보는 것은 우리가 현실의 지하철요금, 버스요금, 전기요금 등을 이해하는 데 많은 도움을 얻을 것이다.[1)]

정부가 재정수입을 충분히 확보하려는 의도에서 대부분의 나라들은 성냥, 소금, 연초, 복권 등을 재정전매사업으로 운영하고 있다. 스웨덴이나 미국에 있어서 알코올류의 독주는 주에 따라 정부가 공급하기도 한다. 또한 자원배분의 효율성의 관점에서 생산기술이 규모의 경제를 지니고 있어 시장에 맡길 경우 자연독점현상이 발생할 때에는 사용재의 성격을 가진 재화라도 정부가 공급을 맡는다. 이와 같은 특성을 지닌 재화로는 상수도, 전기, 통신, 전화, 가스, 철도 등을 들 수 있다.[2)] 그런데 이 같은 재화들의 생산비용은 주로 일반적인 조세수입으

제17장 공공요금의 이론

로 충당되므로 모든 사람이 비용을 분담하는 셈이다. 만약 무료로 제공한다면 더 많이 소비할수록 이익이므로 고소득층에 유리할 수 있다. 이러한 공평의 측면도 고려하여 공공요금을 부과할 필요가 있다. 이 장에서는 이러한 재화들의 가격설정의 기본원칙과 다양한 가격설정방식에 대하여 논의한다.

그러나 세상에 완전하고 절대적인 것은 없다. 이 장을 통해 알게 되겠지만 이 가격설정방식이 저 가격설정방식보다 모든 면에서 낫다고 할 수 있는 그러한 가격설정방식이 존재한다면 세상은 그만큼 편할 것이다. 그러나 불행히도 절대적인 것은 없다. 다만 어떤 면에서 이것이 낫고, 다른 면에서 저것이 낫다는 정도차이만 있을 뿐이다. 어쨌든 이 장을 통해 세상에 존재하는 공기업의 다양한 가격설정방식을 호기심 있게 살펴볼 수 있다.

이 장에서 배울 것

- 공공요금설정의 기본원칙은 무엇인가?
- 공공요금설정의 원리는 무엇인가?
- 한계비용가격설정방식은 무엇인가?
- 이부가격설정방식은 무엇인가?
- 최대부하가격설정방식은 무엇인가?
- 램지가격설정방식은 무엇인가?

제1절 정석 재정학 공공요금설정의 기본원칙

공공요금은 정부가 제공하는 재화나 용역에 대한 사용자가격(user price)이다. 사용자가격을 설정할 때에는 자원배분의 효율성, 공평성, 재정수입의 확보 세 가지를 고려하여야 한다.

1. 효율성

바람직한 공공요금은 주어진 제약조건하에서 사회적 후생을 극대화할 수 있도록 최대한 높은 자원배분의 효율성을 담보해야 한다. 사회적 후생은 한계편익을 나타내는 수요곡선과 한계비용을 반영하는 공급곡선이 일치할 때 극대화되며 이 지점에서 가격이 설정되어야 하는 것이다. 그런데 시장에서 거래되는 상품의 경우 수요곡선과 공급곡선을 통하여 적절한 가격을 파악하기 쉽지만, 공공부문에서 생산, 공급되는 재화와 서비스의 경우 흔히 국민에게 무료 또는 지나치게 낮은 가격으로 배분되기 때문에 적절한 가격을 파악하기 어렵다.

공공요금이 지나치게 낮거나 높게 설정되면 사회적 후생에 어떤 영향을 미치는지 그림 17-1 을 통해 알아보도록 하자. 그림에서 한계편익을 나타내는 수요곡선과 한계비용을 반영하는 공급곡선이 일치하여 사회후생이 극대화되는 공공요금과 공급량은 (P^*, Q^*)이다. 만약 공공요금이 지나치게 낮게 설정되면 소비자들의 소비자잉여는 크게 나타난다. 그러나 이때 생산비용은 공공요금보다 훨씬 높아 사회적 후생은 감소하게 된다. 그림 17-1 의 (a)에서처럼 공공요금이 P_1일 경우 소비자들이 Q^*만큼 사용하지 않고 Q_1만큼 사용함으로써 생산비용이 공공요금보다 훨씬 높아 사회적 후생은 삼각형(a)만큼 줄어든다.

반대로 공공요금이 지나치게 높게 설정되면 소비자들의 소비자잉여는 작게 나타난다. 그리고 이때 생산비용은 공공요금보다 훨씬 낮아 사회적 후생이 감소하게 된다. 그림 17-1 의 (b)에서처럼 공공요금이 P_2일 경우 소비자들이 Q^*만큼 사용하지 않고 Q_2만큼만 사용함으로써 생산비용이 공공요금보다 훨씬 낮아 사회적 후생은 삼각형(b)만큼 줄어든다. 이때는 공공요금을 낮추어 소비를 증가시킴으로써 사회적 후생을 높일 수 있다.

그림 17-1 비효율적 공공요금 책정

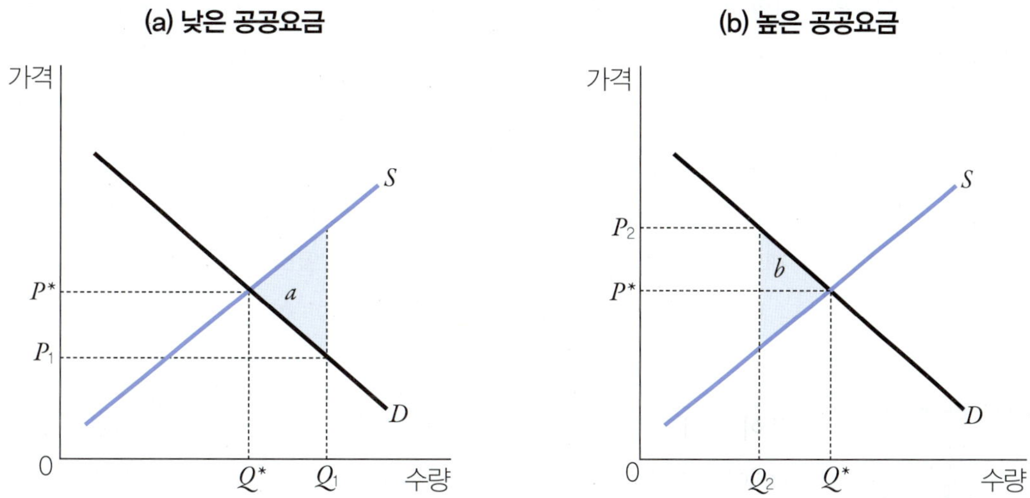

만약 공공부문이 생산, 공급하는 재화나 서비스에 공공요금의 형태로 적절한 가격이 부과되면 공공요금을 통해 전달된 한계편익에 관한 정보는 효율적인 생산도 가능하게 한다. 이러한 생산과정의 효율성뿐 아니라 국민들이 소비하는 과정에서의 효율성도 높여준다. 수도나 전기 등이 무료로 공급되면 사람들이 엄청나게 낭비하겠지만 적절한 가격이 부과되면 효율적인 수준의 소비를 할 것이다.

이상에서 살펴본 것처럼 공공요금은 경제적 자원을 가장 효율적으로 배분할 수 있는 방향으로 결정되어야 한다. 즉 공공요금이 각 소비자의 욕구와 생산비용을 제대로 반영한 가격으로 설정된다면 효율적인 수준에서 소비가 이루어지는 동시에 사회적 후생을 극대화할 수 있다.

2. 공평성

공공요금을 부과할 때 고려하여야 할 두 번째 기준은 공공요금이 공평하게 부과되어야 한다는 것이다. 물론 공공요금 부과의 공평성 측면이나 재정수입 획득의 측면은 효율성 측면에 비하면 상대적으로 중요하지 않다고 하겠다. 정부가 공급하는 재화와 서비스에 공공요금을 부과하는 목적이 기본적으로 자원의 낭비를 줄이고 효율적인 수준에서 소비가 이루어지도록 하는 것이지 소득을 재분배하려는 데 있지 않기 때문이다. 그러나 공공요금의 설정에 있어 공평성의 문제를 완전히 배제하는 것도 바람직하지 않다.

일반적으로 소비자들은 자기가 사용한 소비량에 따라 공정한 생산비용을 분담할 때 그 공공요금이 공평하다고 말한다. 특히 수도, 전력, 전기통신, 가스와 같은 사용재의 성격을 갖는 재화나 서비스의 경우에 그렇다. 국방이나 치안과 같이 순수공공재의 성격을 갖는 서비스의 경우에는 모두 똑같이 공동소비하므로 누가 얼마나 더 많이 소비하느냐를 문제 삼는 경우는 거의 없다.

사용재의 성격을 갖는 재화나 서비스의 경우 생산비용이 주로 일반적인 조세수입이나 다른 세입원으로 충당되므로 모든 사람이 비용부담을 나누는 셈이다. 만약 이러한 서비스를 무료로 제공한다면 더 많이 소비할수록 더 많은 이익을 얻게 되는 불공평성의 문제가 발생한다. 결국 각자가 소비하는 양에 비례해서 비용부담을 지도록 하는 것이 공평성의 측면에서 타당하지만, 그러한 생산비용을 분담할 능력이 없는 저소득층에 대해서도 최소한의 서비스공급을 보장할 수 있어야 진정한 의미에서 공평하다고 하겠다.

공공요금의 설정에서 공평성을 고려하는 현실적인 방안은 고소득층이 주로 사용하는 공공서비스의 요금은 효율성을 고려한 요금보다 더 높게 설정하고, 저소득층이 주로 사용하는 공공서비스의 요금은 효율성만을 고려한 요금보다 더 낮게 부과하는 것이다. 이렇게 함으로써 수도, 전기통신, 전력, 가스와 같은 일상생활에 있어서 필수적인 서비스를 모든 국민들이 사용할 수 있도록 하여야 할 것이다.

3. 재정수입의 확보

정부는 재정수입을 확보하려는 목적에서 민간부문에 의해 생산하여 공급될 수 있는 재화를 공급할 수 있다. 정부가 특정재화를 생산하여 이를 소비자들에게 판매함으로써 수익을 실현하는 것이다. 물론 특정재화에 국한된 아주 드문 경우이지만 경쟁적 민간기업과 달리 가격 설정면에서 불확실성을 수반하지 않고 정부는 원하는 재정수입을 쉽게 실현할 수 있다.

대부분의 나라에서 재정수입의 확보를 목적으로 하는 재정전매사업을 일부 운영하고 있는데, 미국과 스웨덴의 알코올류의 독주판매와 한국의 담배판매를 그 예로 들 수 있다. 재정전매사업에 의해 공급되는 재화의 가격은 생산비용보다 높게 설정되어 그 초과분이 정부의 전매수입이 된다.

이러한 재화와 서비스의 공급을 통해 너무 많은 재정수입을 올린다는 것은 공공요금을 부과하는 기본취지에 어긋나기 때문에 부차적인 목적일 수밖에 없다.

제2절 공공요금설정의 원리

정석 재정학

이 절에서는 공기업이 생산하는 준공공재와 같은 재화나 서비스의 요금을 어떻게 책정하는 것이 자원의 효율적 배분의 관점에서 가장 이상적인지를 살펴본다. 앞 절에서 살펴본 공평성이나 재정수입의 확보라는 부차적인 목표까지 고려하려면 다음 항에서 설명할 기본원리들을 약간씩 수정하여 적용해야 함에 유의하도록 한다. 공기업이 공급하는 준공공재의 가격설정방식에는 다음 몇 가지 원리가 있다. 즉, 한계비용 가격설정, 평균비용 가격설정, 최대부하 가격설정(광의로 차별적 가격설정이라고도 함), 램지가격설정, 이부가격설정, 완전배분비용 가격설정이 그것이다.

공공요금의 가격설정방식에 대한 논의의 출발점은 한계비용 가격설정방식이다. 왜냐하면 이 방식이 완전경쟁시장의 가격설정방식으로서 가장 이상적이라고 보기 때문이다. 그러나 생산기술상의 특성 때문에 평균비용이 체감하는 규모의 경제가 있을 경우 이 방식을 적용하면 공기업이 손실을 입게 되어 그 생존이 어려워진다. 그리하여 한계비용 가격설정방식의 여러 대안들이 논의되고, 그 방식들은 다음 두 가지로 분류될 수 있다. 첫 번째는 효율성에 중심을 둔 가격설정방식으로서 평균비용 가격설정방식, 램지가격설정방식, 최대부하(과부하) 가격설정방식, 이부가격제 등을 들 수 있다. 두 번째는 공평성에 중점을 둔 비용에 근거한 가격설정방식으로서 완전배분비용 가격설정방식을 들 수 있다. **표 17-1**은 위에서 언급한 여러 가격설정방식들을 분류하고 있다.[3)]

표 17-1 가격설정방식의 분류

논의의 출발점		한계비용
수요기반 가격설정방식	선형 비선형	평균비용, 램지, 최대부하(과부하) 이부가격
공급기반 가격설정방식	선형	완전배분비용

1. 한계비용 가격설정

피구(A.C. Pigou)에 의해 처음 제시된 **한계비용 가격설정**원리는 공공부문이 생산, 공급하는 재화나 서비스의 요금을 결정할 때 한계비용이 평균수입(수요곡선)과 일치하는 곳에서 결정되어야 한다는 것이다. 그 이유는 가장 이상적인 시장이라고 할 수 있는 완전경쟁시장에서 한계비용곡선(공급곡선)과 수요곡선이 교차하는 곳에서 가장 효율적인 가격이 결정된다는 원리를 적용하였기 때문이다.

이 가격설정 방식은 다음과 같은 몇 가지 전제조건이 충족되어야 바람직한 결과를 가져올 수 있다. 첫째, 생산과 소비과정에서 외부성이 발생하지 않아야 한다. 만약 어떤 재화를 생산하는 과정에서 폐수를 방출하여 어부나 주민에게 피해를 주었다면 그 재화의 사적 한계비용과 사회적 한계비용이 일치하지 않아 효율적인 생산이 이루어지지 않는다. 둘째, 현재의 소득분배상태에 심각한 문제가 없어야 한다. 한계비용 가격설정방식은 효율성 측면만 고려한 것이기 때문에 공평성에 문제가 있다면 효율성과 공평성의 적절한 조화를 꾀할 수 있는 다른 방식을 통해 가격설정을 할 필요가 있는 것이다. 셋째, 타 부문에서는 조세와 같은 왜곡이 없어야 한다.[4] 만약 조세부과 등의 이유로 다른 부문에서 한계비용과 가격이 일치하지 않는다면 차라리 한계비용 가격설정방식을 포기하는 편이 경제전반의 후생을 증가시킬 수도 있다.

이러한 전제조건들이 충족된다고 하면 가격(평균수입)을 한계비용에 일치시킬 때 효율적인 자원배분을 할 수 있는 것이다. 가격과 한계비용이 일치한다는 의미는 소비자가 재화의 한 단위 획득을 위해 지불하려는 희생의 크기가 그 재화 한 단위로부터 얻는 편익과 같다는 것이고, 이때 사회후생이 극대화된다는 것이다. 만약 한계비용이 평균수입보다 큰 곳에서 가격이 설정되면 소비자가 재화의 한 단위 획득을 위해 지불하려는 희생의 크기가 그 재화 한 단위로부터 얻는 편익보다 크다는 것이므로 소비자는 그만큼 손해를 본다는 것이고, 이때 사회후생은 감소하게 된다. 생산을 늘릴수록 한계비용이 체증적으로 증가하므로 한계비용이 평균수입보다 크다면 현재 생산이 과다하다는 신호이며 생산을 줄임으로써 사회후생을 증가시킬 수 있다.

정석 사고

가격을 한계비용에 일치시킨다는 것은 소비자가 재화의 한 단위 획득을 위해 지불하려는 희생의 크기가 그 재화 한 단위로부터 얻는 편익과 같게 함으로써 사회후생을 극대화한다는 의미이다. 이것이 한계비용 가격설정의 기본발상이다.

그러나 이 같은 한계비용 가격설정방식은 이상적이기는 하지만 수도나 전기, 가스 등의 시장 수요와 그것을 생산, 공급하는 공기업의 비용구조에 관한 모든 정보가 필요하므로 실제 적용하는 데 문제가 있다. 또한 이것보다 더 큰 현실적인 문제점은 이 가격설정에 의하면 공기업에 적자가 발생할 수 있다는 것이다. **그림 17-2**를 통하여 한계비용 가격설정방식을 살펴보고 적자가 발생하는 이유도 알아보자.

그림 17-2 규모수익체증하의 한계비용 가격설정

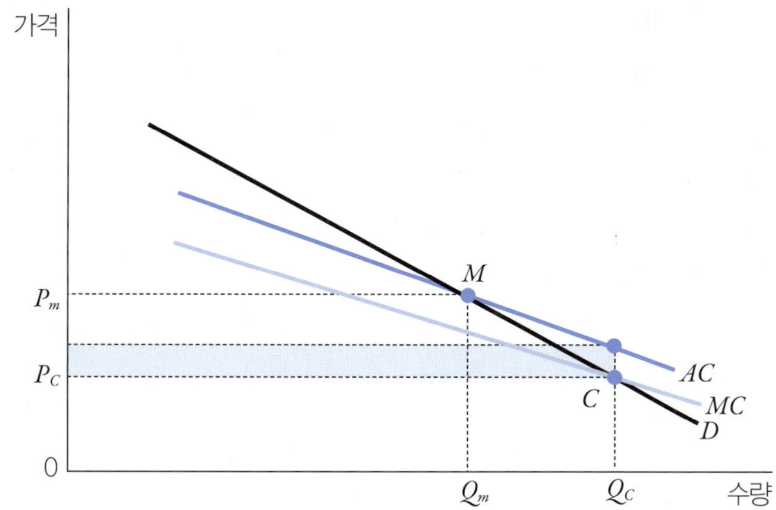

그림 17-2에서 보는 것처럼 평균비용곡선(AC)이 우하향하는 모습을 보여주고 있는데, 이는 전기통신, 전력, 가스와 같이 주로 대규모의 시설을 필요로 하는 산업에서는 평균비용이 체감하는 경우가 많기 때문이다. 이것을 **규모의 경제**(economies of scale) 또는 규모수익체증현상이라고 말한다. 이처럼 생산기술이 규모수익체증현상을 보일 때 한계비용곡선은 모든 생산수준에서 평균비용곡선보다 아래쪽에 있게 된다.

그림 17-2에서 한계비용 가격설정방식이란 수요곡선 D와 한계비용곡선 MC가 만나는 C점에서 가격을 설정하고 생산량을 결정하는 것을 말한다. 완전경쟁시장에서 한계비용곡선은 공급곡선이 되므로 수요곡선과 공급곡선이 만나는 점에서 가격이 결정될 때 효율적인 자원배분이 이루어지고 사회후생이 극대화된다는 것을 공기업의 준공공재에 적용한 가격설정방식이라고 하겠다.

그러므로 한계비용 가격설정방식은 효율적인 자원배분을 가져다주지만 공기업의 자생적 생존이 어렵다는 문제점을 가진다. 구체적으로 한계비용 가격설정방식을 사용하여 가격을 P_C에 설정하면 그림 17-2 에서 보는 것처럼 가격보다 평균비용이 더 높아서 빗금 친 부분($AC \times Q_C - P_C \times Q_C$)만큼 손실을 입게 되어 자생적 생존이 어려워진다. 만약 이러한 현상이 예외적이라면 개별적 처방을 할 수 있지만 그렇지 않고 흔한 경우라면 그 대처방안을 강구하여야 한다.

한계비용 가격설정방식이 지닌 이러한 문제점을 해결하기 위해 우선 생각할 수 있는 방안은 정부보조금지원을 들 수 있다.[5] 그러나 이 해결방식은 다음과 같은 문제점을 갖는다. 첫째로 공기업 운영의 적자가 정부보조금으로 충당된다면 공기업의 입장에서 비용절감의 노력을 하지 않게 되는 도덕적 해이현상이 발생할 수 있다. 둘째로 공기업의 적자규모가 커서 이를 메우기 위해 다른 공공사업에 투자할 자금을 가져온다면 정부의 공공사업의 전반적인 효율성이 감소할 수 있다. 셋째로는 정부보조금이 조세수입으로 충당된다면 조세를 징수할 때 발생하는 초과부담이라는 후생손실이 발생하게 된다.

이때 생각해볼 수 있는 대처방안으로 자생적 생존이 가능하도록 평균비용에 맞추어 가격설정을 하거나, 사용량이 적을 때 높은 요율을 적용하고 사용량이 많을 때 낮은 요율을 적용하는 가격차별제(price discrimination) 혹은 최대부하 가격설정방식을 사용하거나, 사용량에 상관없는 기본료에 사용량에 따라 지불하는 사용료를 추가하는 이부가격제(two-part tariff)를 사용할 수도 있다.

정석 사고

생산기술이 규모의 경제 또는 규모수익체증현상을 보일 때 한계비용 가격설정방식은 적자가 발생하여 공기업의 자생적 생존이 어렵다는 문제점을 가진다. 이를 극복하기 위한 대안들이 평균비용 가격설정방식, 최대부하 가격설정방식, 이부가격제 등이다.

2. 평균비용 가격설정

규모수익체증현상이 있는 경우 한계비용 가격설정방식은 공기업의 자생적 생존을 어렵게 한다는 것을 보았다. 그리고 그 대안의 하나로서 평균비용 가격설정방식을 들 수 있다. **평균비용 가격설정**방식은 공공요금을 평균수입과 평균비용이 일치하도록 가격을 설정하는 방식이다.[6] 즉, 가격이 '평균수입=평균비용'에서 결정될 때 공기업은 손익분기점에 있으므로 정상이윤을 실현할 수 있고 한계비용 가격설정방식과 달리 손실을 보지 않게 된다.

그림 17-3 에서 볼 수 있듯이 평균비용 가격설정방식은 수요곡선과 평균비용곡선이 교차하는 M점을 찾고 이 점의 가격으로 공공요금의 수준을 결정한다. 이때 공기업은 P_m의 가격으로 손익분기점에서 생산을 하며 정상이윤을 실현할 수 있다고 하겠다. 따라서 한계비용 가격설정방식에서와 같은 손실의 문제는 생기지 않는다.

그러나 이 방식을 사용하면 어느 정도의 후생손실을 감수해야만 한다. 사회후생이 극대화되는 한계비용 가격설정방식에 비해 생산과 소비수준이 더 낮기 때문이다. 그림 17-3 에서 수요곡선과 한계비용의 수직거리의 차이를 나타내는 빗금 친 삼각형($\triangle MBC$)으로 표시된 부분이 평균비용 가격설정방식을 사용함으로써 발생하는 사회후생손실을 나타낸다. 그림의 생산량 Q_m에서 한계편익(수요곡선의 높이)이 한계비용보다 높다는 사실에서 과소생산되고 있다는 것과 이로 인해 사회후생손실이 발생한다는 것을 알 수 있다. 평균비용 가격설정방식은 정부보조금으로 한계비용 가격설정에 의한 손실을 충당할 때 발생하는 후생손실보다 작을 때 정당화될 수 있다.

그림 17-3 평균비용 가격설정과 사회후생손실

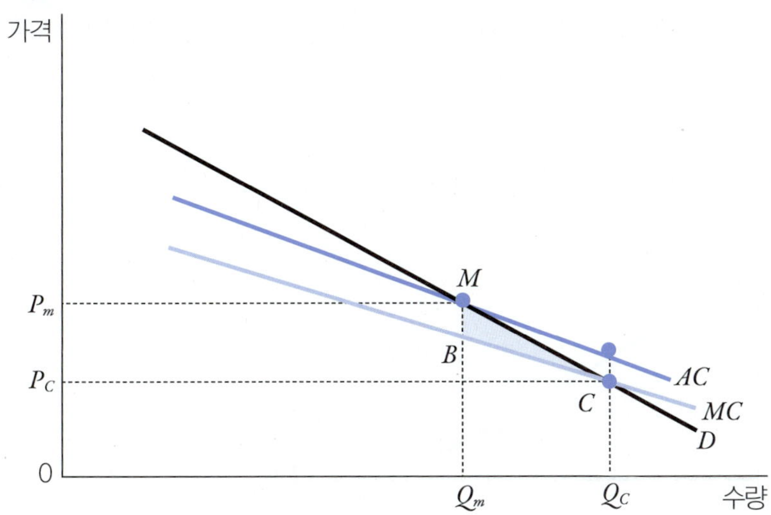

3. 최대부하 가격설정

차별적 가격설정방식의 하나로 **최대부하 가격설정**(peak-load pricing)방식을 들 수 있다. 일반적으로 차별적 가격설정이란 동일한 재화 및 서비스에 대한 가격을 소비자에 따라, 지역에 따라, 계절에 따라, 요일에 따라, 시간에 따라 가격을 다르게 설정하는 방식을 말한다. 이러한 차별적 가격설정의 하나로서 최대부하 가격설정방식은 전화, 전기통신, 가스, 전송 및 전신과 같이 소비의 양이 시기적으로 크게 변화하는 공기업분야에 주로 적용된다. 이 방식의 기본적인 사고의 출발은 소비자와 시기에 따라 서로 다른 요율을 적용하여 공기업의 손실을 메울 수 있다는 것이다.[7] 또한 계절과 요일, 시간대에 따른 성수기의 수요자들의 수요를 비성수기로 유인하여 주어진 설비를 최대한 효율적으로 이용하자는 데 그 기본 취지가 있다.

수도, 전력, 전기통신 등의 공기업시설은 미래의 잠재적 소비자에 의한 추가적 소비수준까지 고려하여 충분한 규모로 건설된다. 그런데 어떤 때는 소비자의 수요가 매우 커서 시설용량을 전부 가동시켜야 하는가 하면, 어떤 때는 수요가 별로 크지 않아 시설용량의 일부를 가동시키지 않기도 한다. 이와 같은 상황에서 최적시설용량을 찾아내는 동시에 최대부하기(peak period)와 경부하기(off-peak period)에서의 차별가격을 어떻게 설정해야 효율적인가의 문제를 해결해야 한다.

그림 17-4 최적시설용량과 최대부하 가격설정

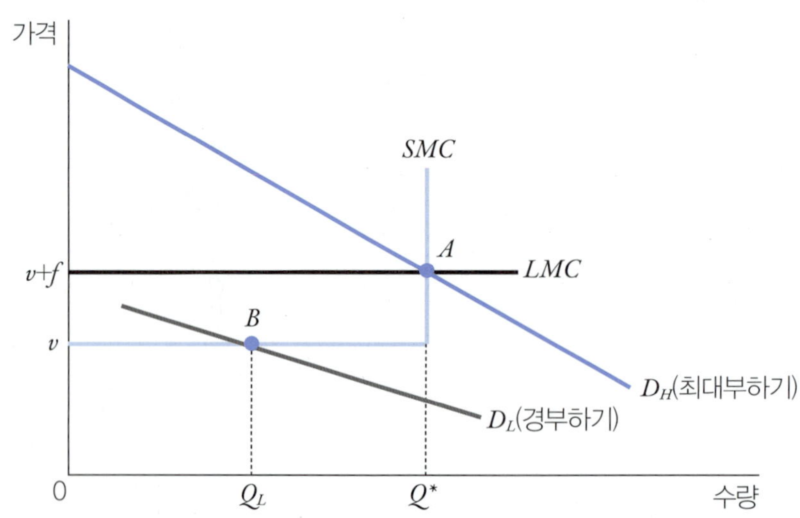

장기적인 관점에서, 상이한 시설용량 사이에서 자유로운 선택을 할 수 있다면 최적시설용량(optimal capacity)은 장기한계비용곡선과 수요곡선이 교차하는 지점에서 그 생산수준을 찾을 수 있다. 이것을 **그림 17-4** 를 통해 살펴보자. 전력의 예를 사용하여, 분석의 편의상 하루가 오전의 경부하기와 오후의 최대부하기로 나누어지며, 전력생산에 드는 한계비용은 일정하다고 가정한다. 하루 동안 전력생산에 드는 비용은 시설용량 내에서 전력 자체의 1단위 생산에 소요되는 단기한계비용 v원(단위당 가변비용)과 시설용량의 1단위 확장에 소요되는 발전시설비용 f원(단위당 고정비용)으로 구성된다.

이러한 가정하에서 장기한계비용(LMC)은 시설용량을 1단위 늘리는 데 소요되는 비용 f원에 주어진 시설용량 내에서 생산을 1단위 증가시킬 때마다 추가로 투입되는 자원비용 v원을 더한 ($v+f$)원이 된다.[8] 그림에서 최대부하기의 전력수요곡선 D_H와 장기한계비용곡선(LMC)이 교차하는 A점이 의미하는 생산량 Q^*가 **최적시설용량**이 된다. 따라서 최적시설용량은 다음 조건에서 구해진다는 의미이다.

$$v+f=LMC=MB \quad (17\text{–}1)$$

단, MB: 수요곡선의 높이로서 소비자의 한계편익

식 (17–1)은 최적시설용량을 결정하는 식이지만 최대부하가격이 어떻게 결정되어야 하는가도 보여주는 식이다. 즉 최대부하가격(P_H)은 다음과 같이 설정되어야 효율적이라는 것이다.

$$P_H=v+f \quad (17\text{–}2)$$

한편 경부하가격(P_L)은 시설용량과 상관없으므로 단기한계비용에 맞추어 설정한다. 즉,

$$P_L=v \quad (17\text{–}3)$$

그러므로 소비자의 전력수요가 최적시설용량보다 매우 적은 경부하기에는 가격을 그때의 단기한계비용(v)으로 결정하고, 수요가 최적시설용량과 일치하는 최대부하기에는 장기한계비용($v+f$)으로 가격을 설정하면 전체적으로 총수입과 총비용이 일치하게 되어 손실을 보지 않고 사회후생

제1편
제2편
제3편
제4편
제5편

을 극대화할 수 있다.

만약 전력수요가 그림의 D_H보다 더 커서 훨씬 위에 위치한다면 발전시설의 확장이 필요하다는 것을 의미하므로, 식 (17-1)에 의해 새로운 수요곡선과 장기한계비용이 일치하는 최적시설용량을 다시 구해야 한다. 최대부하 가격설정방식은 소비생활에 광범위하게 이용되고 있는데, 경부하 시간대인 야간전화요금은 최대부하시간대인 주간전화요금보다 싸게 책정함으로써 전화선의 이용을 야간과 주간으로 나누어 관리를 한다든지, 계절별로 나누어 전력요금을 책정한다든지 하는 것을 그 예로 들 수 있다.

정석 사고

최대부하 가격설정방식은 최대부하기와 경부하기의 기간길이가 같고, 시설용량을 1단위 늘리는 데 소요되는 발전시설비용을 f원, 주어진 시설용량 내에서 생산을 1단위 증가시키기 위해 추가로 투입되는 자원비용을 v원이라고 할 때, 경부하기에 '가격=단기한계비용(v)', 최대부하기에 '가격=장기한계비용($v+f$)'을 설정하면 전체적으로 손실 없이 사회후생을 극대화할 수 있다.

4. 이부가격설정

이부가격설정방식(two-part tariff)은 소비자에게 일정한 금액의 고정수수료(기본료, 가입비, 입장료)를 지불하게 하고, 여기에 특정한 재화나 서비스의 사용량에 비례해서 사용료를 부과하는 방법이다.[9] 고정수수료는 사용량과 관계없이 부과되는 일정한 금액으로서 기본료 혹은 가입비와 같은 개념이다. 한편 사용료는 사용량에 따라 부과되는 가변비용과 같은 개념으로 이해할 수 있을 것이다. 따라서 이부가격은 다음과 같이 두 부분으로 구성된다.

이부가격=고정수수료 + 사용가격

이와 같은 가격설정방식은 홉킨슨(J. Hopkinson, 1892), 코오즈(R. Coase, 1946), 오이(W. Oi, 1971) 등에 의해 제시된 바 있다. 여기에서는 규모에 대한 수확체증현상이 있는 상황에서 사회후생의 손실 없이 사회후생을 극대화하는 공공요금 설정방식으로 사용될 수 있는지 살펴보고자 한다. 간단한 이부가격설정의 예로서 전기통신, 전력, 전화나 수도를 전혀 사용하지 않는 경우에

그림 17-5 이부가격설정

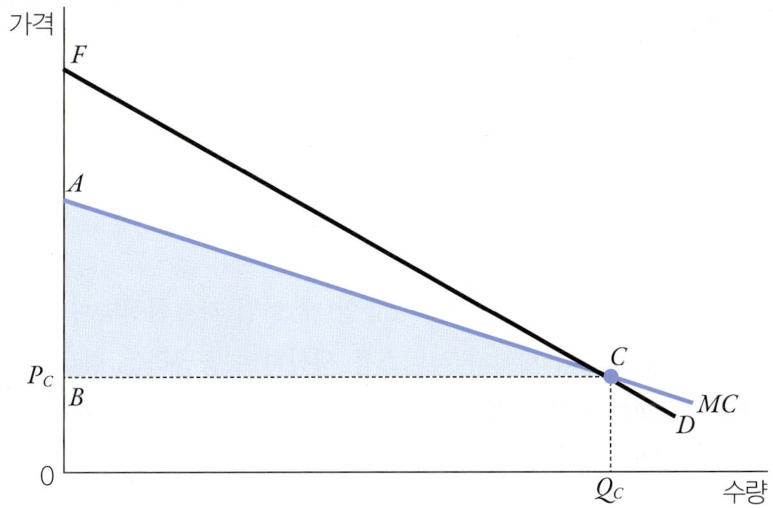

도 일정액의 기본료를 징수하고, 그 서비스를 사용하는 경우 그 사용량에 비례하여 사용료를 부과하는 것을 들 수 있다.

그림 17-5 를 통해서 이부가격설정방식을 살펴보자. 규모수확체증현상이 있는 경우 그림에서 한계비용 가격설정방식은 빗금 친 부분(△*ABC*)만큼 손실을 발생시킨다는 것을 알고 있다. 그런데 가격을 한계비용에 맞추어 자원배분의 효율성을 달성할 수 있게 하고, 이 과정에서 발생하는 손실(빗금 친 부분)은 기본료 또는 가입비를 징수하여 해결하면 손실 없이 사회후생을 극대화할 수 있다. 이것이 이부가격제의 기본발상이다.

그런데 이 가격설정방식의 문제점은 기본료 또는 가입비가 너무 비싸다고 생각하여 아예 소비를 포기하는 경우 발생할 수 있다. 예를 들어 어떤 소비자가 전기나 전화서비스에 대하여 어느 정도까지 사용하고 그 비용을 지불할 가치가 있다고 생각하지만 가입비가 비싸서 소비를 포기한다면 소비자잉여의 상실이 생길 수 있다. 이런 소비자를 구별하여 각기 다른 기본료를 부과한다는 것은 현실적으로 쉽지 않다. 한 가지 해결방안은 소비자들에게 여러 종류의 요금체계를 제시하여 선택하도록 하는 것이다. 예를 들어 기본료가 높은 대신 사용료를 낮추어주는 요금체계와 기본료가 낮은 대신 사용료를 높이는 요금체계들을 선택하게 하는 것이다. 실제 전기통신, 전화서비스 등에 이와 비슷한 아이디어가 활용되고 있는 것을 자주 발견할 수 있다.

정석 사고

'이부가격=고정수수료+사용가격'이며, 규모수익 체증현상이 있는 경우 사용가격을 한계비용에 맞추고, 이 과정에서 발생하는 손실은 그만큼 고정수수료를 징수하면 아무 손실 없이 사회후생을 극대화할 수 있다.

5. 램지가격설정

앞에서는 공기업이 한 가지 재화나 서비스를 공급할 때 어떤 가격설정방식들이 있는지를 살펴보았다. 이 항에서는 공기업이 여러 재화나 서비스를 생산하여 공급하는 경우 이 재화나 서비스들의 가격을 어떤 원칙에 따라 결정할 때 효율성의 상실을 최소화하면서 재정수입을 확보할 수 있는가를 알아보고자 한다.

영국의 경제학자 램지(F. Ramsey, 1927)는 최적과세에 관한 그의 논문에서 여러 재화가 존재하는 경우 재정수입을 확보하면서 사회후생을 극대화하는 가격체계를 제시하였는데, 이를 **램지가격설정방식**(Ramsey pricing rule)이라고 한다. 이 방식은 기본적으로 자생적 생존을 제약조건으로 하기 때문에 한계비용 가격설정방식이 불가능한 경우의 **차선의 이론**으로 생각할 수 있는 것이다.[10] 이후 이러한 가격체계는 브와또(M. Boiteux, 1956)에 의해 응용된 바 있으며, 램지가격설정방식의 도출과정은 [부록]에서 따로 설명하기로 한다.

우선 공기업이 전기(x)와 전화(y)라는 두 서비스를 공급하는데, 외부의 보조 없이 총수입으로 총비용을 충당하여야 한다는 제약하에서 사회적 후생을 극대화하는 가격들을 찾는다고 하자. 그리고 램지가격설정방식을 좀 더 단순화하기 위해 전기와 전화 서비스에 대한 수요는 대체관계도 보완관계도 아닌 독립적인 관계라고 가정하기로 한다. 이때의 램지가격설정방식은 다음과 같다.

$$\frac{\dfrac{P_x - MC_x}{P_x}}{\dfrac{P_y - MC_y}{P_y}} = \frac{\varepsilon_y}{\varepsilon_x} \qquad (17\text{–}4)$$

단, MC: x, y재 생산에 필요한 한계비용

ε: x, y재에 대한 수요의 가격탄력성

식 (17-4) 좌변의 분자는 전기(x)서비스의 가격과 한계비용의 격차를 가격으로 나누어 상대적 비율로 표시한 것임을 알 수 있는데, 이를 전기서비스의 **러너(Lerner) 요금마진율**이라고 한다.[11] 한편 식 (17-4) 좌변의 분모는 전화(y)서비스의 가격과 한계비용의 격차를 가격으로 나누어 상대적 비율로 표시한 전화서비스의 러너(Lerner) 요금마진율이다. 러너 요금마진율은 공공요금이 한계비용으로부터 얼마나 이탈하고 있는지 보여준다. 예를 들어 한계비용 가격설정방식에 따르면 러너 요금마진율은 0이 된다.

그런데 식 (17-4) 우변의 분자는 전화(y)서비스 수요의 가격탄력성을, 분모는 전기(x)서비스 수요의 가격탄력성을 나타내고 있다. 즉, 식 좌변의 분자는 전기(x)서비스의 요금마진율, 우변의 분자는 전화(y)서비스 수요의 가격탄력성을, 식 좌변의 분모는 전화(y)서비스의 요금마진율, 우변의 분모는 전기(x)서비스 수요의 가격탄력성을 나타냄으로써 좌우변의 분자와 분모가 서로 엇갈린 재화에 관한 형태로 표현되어 있다. 그러므로 램지가격설정방식은 전기—전화서비스의 요금마진율의 비율이 전화—전기서비스 수요의 가격탄력성의 비율과 같도록 두 서비스의 가격을 결정을 해야 한다는 것이다. 이렇게 각 서비스의 요금마진율이 각 서비스 수요의 가격탄력성의 역에 비례한다고 하여 이를 램지의 **역탄력성법칙**(inverse elasticity rule)이라고 부른다. 이 법칙은 램지법칙의 특수한 경우인데, 독립적인 재화들 사이에서만 성립하기 때문이다. 이와 관련된 내용은 최적조세를 다룰 때 이미 논의한 것과 동일하다.

수요의 가격탄력성이 큰 재화는 요금마진율을 낮게 잡고 수요의 가격탄력성이 작은 재화는 요금마진율을 높게 잡는 램지가격설정방식이 어떻게 효율성을 증가시킬 수 있는지 **그림 17-6** 을 통해 살펴보자. 예로서 전화와 전기라는 두 재화가 있으며, 이 재화들을 생산하는 데 동일한 비용 1원이 들고 재화들에 대한 수요는 서로 독립적이라고 가정한다.

그림에서 보는 것처럼 전화의 수요곡선이 전기보다 더 평평한데, 이는 전화에 대한 수요의 가격탄력성이 전기보다 더 크다는 의미이다. 이때 두 재화에 대하여 동일한 마진율을 적용하여 2원의 가격을 설정하면 수요의 가격탄력성이 큰 전화의 후생손실(welfare loss)은 그림 (a)의 삼각형 a가 되고, 전기의 후생손실은 그림 (b)의 삼각형 b가 되어 전화의 후생손실이 더 크다는 것을 알 수 있다.

그러므로 전화의 요금마진율을 2원보다 조금 낮추고 전기의 요금마진율을 2원보다 조금 높이면 두 재화의 후생손실의 합을 줄일 수 있게 된다. 따라서 효율성의 상실정도가 그 재화에 대한 수요량이 교란을 받는 정도와 비례한다는 사실을 안다면 수요량이 가격에 민감하게 반응하는, 즉 수요의 가격탄력성이 큰 전화의 요금마진율을 낮추고 수요의 가격탄력성이 작은 전기의 요금마진율을 높여야 한다. 이것이 램지가격설정의 기본 아이디어이다.

그림 17-6 램지가격설정

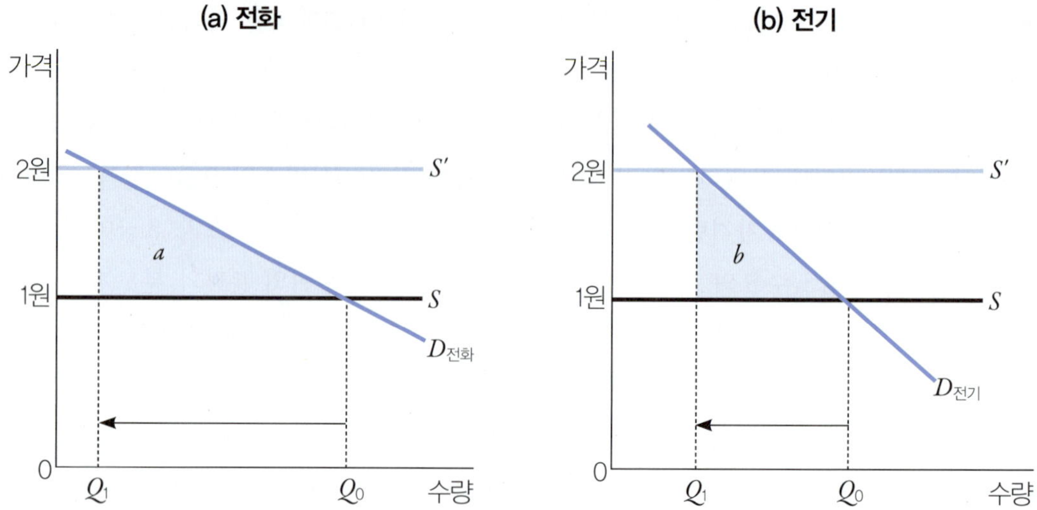

지금까지 살펴본 램지가격설정원칙은 효율성의 측면만 고려해 도출한 결과이기 때문에 분배의 공평성의 측면에서 문제가 발생할 수 있다. 예컨대 전기서비스가 모두에게 꼭 필요한 필수재라고 한다면 그 수요의 가격탄력성은 매우 작을 것이다. 그런데 앞서 최적조세이론에서도 언급하였듯이 램지가격설정원칙은 이러한 재화에 상대적으로 높은 요금마진율을 책정할 것을 요구하므로 분배의 공평성 측면에서 문제를 일으킬 수 있는 가격체계이다.

그 밖에도 램지가격설정원칙은 동일한 재화의 서비스에 대하여 수요의 가격탄력성에 따라 다른 가격을 매기므로 소비자들이 수용하기 어려운 가격체계이다. 또한 이러한 가격설정방식으로 이익을 보는 소비자도 있고 손해를 보는 소비자도 있기 마련인데, 이익과 손해를 서로 어떻게 비교하고 보상하는지에 수반되는 후생경제학적 가치판단이 개입될 수밖에 없다. 그리고 모든 재화에 대한 비용과 수요에 관한 정보가 필요하므로 현실성이 떨어진다는 문제점을 지니고 있다.

공공요금을 설정할 때 규모수익체증현상이 발생하는 경우 한계비용 가격설정방식을 적용하면 손실이 발생한다는 문제점을 지적하면서 몇 가지 대안적 가격설정방식을 논의하였다. 램지가격설정원칙도 그 대안 중 하나가 될 수 있다. 정부 또는 공기업이 공급하는 여러 재화 중 일부 재화생산에 손실을, 다른 일부 재화생산에 흑자를 볼 수 있으므로 모든 재화를 한데 묶어서 효율성의 상실을 최소화하는 상대가격구조를 찾아내어 적자문제와 효율성문제를 동시에 처방할 수 있다는 특징을 가진다.

정석 사고

수요의 가격탄력성이 큰 재화일수록 요금마진율을 낮게 잡으면 후생손실을 최소화할 수 있다는 것이 **램지의 역탄력성법칙**이다. 그러나 수요의 가격탄력성이 큰 재화들이 주로 사치재들이기 때문에 램지가격설정방식은 분배의 공평성 측면에서 문제가 생길 수 있다.

6. 완전배분비용 가격설정

지금까지 살펴본 가격설정들은 수요측면에 근거한 방식들로 생각할 수 있다. 그런데 현실적으로 공공서비스의 수요를 파악하여 사회후생을 극대화하는 데는 많은 문제점이 있다. 예를 들어 공공재나 준공공재의 경우 소비자들의 수요표출문제와 무임승차자의 문제가 따른다. 게다가 어떤 경제의 사회후생함수를 어떻게 정의하고 이를 추정할 수 있는가도 큰 문제라고 하지 아니할 수 없다. 따라서 정부나 공기업의 입장에서는 수요측면보다 공공재나 준공공재를 생산하는 데 드는 비용을 근거로 가격을 설정하는 것이 선호될 수 있다. 이러한 방식은 공급측면에 근거한 가격설정방식이라고 할 수 있다. 대표적인 방식으로 완전배분비용 가격설정방식(fully distributed cost pricing)을 살펴보도록 하자.[12]

완전배분비용이란 정부가 여러 재화를 생산할 때 소요되는 총비용을 각 재화의 생산에 공통으로 소요되는 비용부분인 공통비용(common cost)과 각 재화의 생산에만 소요되는 비용부분인 귀속비용(attributable cost)으로 나눈 것을 말한다. 재화 i가 분담해야 하는 공통비용의 비율을 b_i라고 하면 재화 i의 완전배분비용은 다음과 같이 표현할 수 있다.

$$C_i = A_i + b_i B_i \qquad (17\text{–}5)$$

단, C_i: 완전배분비용
A_i: 재화 i의 귀속비용
B_i: 공통비용

그런데 완전배분비용 가격설정방식은 공통비용을 분담시키는 방식에 따라 다음 세 가지로 나눌 수 있다.

첫째, 상대산출법(relative output method)으로서 공통비용을 각 재화의 산출비율에 따라 분담시키는 방법이다. 재화 i의 산출량을 x_i라고 하면 재화 i가 분담해야 하는 공통비용의 비율 b_i는 다음과 같이 나타낼 수 있다.

$$b_i = \frac{x_i}{\sum_{j=1}^{n} x_j} \tag{17–6}$$

둘째, 총수입법(gross revenue method)으로서 각 재화의 수입이 총수입에서 차지하는 비율에 따라 분담시키는 방법이다. 재화 i의 수입을 R_i라고 하면 재화 i가 분담해야 하는 공통비용의 비율 b_i는 다음과 같이 나타낼 수 있다.

$$b_i = \frac{R_i}{\sum_{j=1}^{n} R_j} \tag{17–7}$$

셋째, 귀속비용법(attributable cost method)으로서 총귀속비용에서 각 재화의 귀속비용이 차지하는 비율에 따라 분담시키는 방법이다. 재화 i의 귀속비용을 A_i라고 하면 재화 i가 분담해야 하는 공통비용의 비율 b_i는 다음과 같이 나타낼 수 있다.

$$b_i = \frac{A_i}{\sum_{j=1}^{n} A_j} \tag{17–8}$$

완전배분비용 가격설정방식은 각 재화의 완전배분비용이 정해지면 각 재화의 평균비용개념을 적용하여 가격을 설정하는 방식이다. 따라서 각 재화의 완전배분비용을 각 재화의 생산량으로 나누어 가격을 설정하는 방식이다. 즉,

$$P_i = \frac{C_i}{x_i} \quad (17\text{–}9)$$

이러한 완전배분비용 가격설정방식은 정부나 공기업의 비용자료만으로 가격을 설정할 수 있다는 장점 때문에 정부의 정책입안자들이 선호하는 경향이 있다. 그러나 경제적 관점에서 볼 때 수요측면의 소비자후생을 고려하지 않고 있다는 단점을 가진다.[13]

정석 사고

완전배분비용 가격설정방식은 '완전배분비용=귀속비용+공통비용분담몫'으로부터 도출한 각 재화의 완전배분비용을 각 재화의 생산량으로 나누어 가격을 설정하는 방식이다. 이 방식은 공급측면만 고려하기 때문에 진정한 수요를 반영한 가격이 아닌 단점을 가진다.

7. 공공요금의 현실적 고려사항

지금까지 여러 가격설정방식의 이론적인 측면을 논의하였다. 이 절에서는 이러한 방식들을 현실에 적용하여 공공요금을 책정할 때 따르는 고려사항들을 각 단계별로 나누어 살펴보자.[14]

수요에 근거한 공공요금을 책정하기 위해서는, 우선 재화나 서비스에 대한 수요를 파악해야 한다. 그런데 공기업의 재화나 서비스에 대한 수요는 사기업의 상품에 대한 수요보다 훨씬 파악하기 어렵다. 예컨대 도로건설의 경우 교통수요예측을 실시하는데 그 예측이 빗나가서 국민의 질타를 받기도 한다. 그만큼 공공서비스의 수요를 파악하는 것이 어려운 일이다.

다음은 그 재화나 서비스를 생산하는 데 소요되는 비용을 파악해야 한다. 비용에 관한 정보는 비교적 손쉽게 얻을 수 있는데, 평균비용과 한계비용까지 자세히 파악할 수 있는 정도여야 한다.

이렇게 수요와 비용에 대한 자료를 수집하고 파악했다면 그 다음 단계로 어떤 원칙에 따라 공공요금을 책정해야 하는지를 결정하여야 한다. 다시 말해서 공공요금을 구체적으로 설정하는 단계에서는 공공요금의 부과기준인 효율성, 공평성, 그리고 재정수입의 확보 중 어디에 더 비중을 둘 것인가 하는 우선순위의 문제를 해결해야 한다.

공공요금 부과기준에 대한 우선순위의 문제가 어려운 이유는 여러 기준들이 상호보완적이지 못하고 때로는 서로 상충하기 때문이다. 예컨대 효율성에 비중을 두어 공공요금을 결정하면 공평성에서 문제가 생길 수도 있고, 그 반대로 공평성에 비중을 두어 공공요금을 결정하면 효율성과 재정수입의 확보에 문제가 생길 수도 있다. 이처럼 서로 상충하는 기준들을 적절히 조정하는 작업은 매우 어려운 일이 될 수 있다. 그래서 대개의 경우 특정한 가격설정방식을 채택하기보다 여러 가지 가격설정방식을 혼합한 형태로 공공요금을 설정하게 된다.

이상에서 살펴본 현실적인 문제가 이론적으로 살펴본 것보다 더 중요할지 모른다. 이론적으로 가장 이상적인 가격설정방식으로 한계비용 가격설정방식을 채택할 수 있다면 바람직하겠지만 이 방식이 공공요금의 부과기준을 모두 만족하지 못하므로 대안을 고려해야 하는데 어떤 대안이 공공요금의 부과기준에 더 적합한지에 대한 문제는 어려운 과제이다. 그러나 실제 공공요금을 책정하려고 할 때는 이론뿐만 아니라 위에서 살펴본 현실적인 고려사항들이 가장 어려운 과제일 것이다.

부록 정식 재정학 램지가격설정방식의 수학적 도출

램지가격설정방식은 공기업의 총수입이 총비용과 같다는 재정수지균형의 제약조건하에서 소비자의 사회후생을 극대화하는 가격설정방식이다. 따라서 제약조건식인 재정수지균형식을 정의하고 그 다음으로 소비자의 사회후생을 정의한 후 이것을 극대화하는 가격체계를 찾는 방식으로 논의를 시작하고자 한다.

공기업이 생산하고 공급하는 모든 재화와 서비스의 수량과 가격을 다음과 같이 수량벡터(X)와 가격벡터(P)로 각각 표시하기로 하자.

$$X=(x_1,\ x_2,\ \cdots,\ x_n) \qquad (17\text{–}1A)$$
$$P=(p_1,\ p_2,\ \cdots,\ p_n)$$

소비자들은 X를 소비함으로써 편익을 얻는데 사회전체의 총편익이 재화와 서비스 수량의 함수이므로 다음과 같이 편익을 표시하기로 한다.

$$B=B(x_1,\ x_2,\ \cdots,\ x_n) \qquad (17\text{–}2A)$$

그리고 이를 생산하는 비용도 재화와 서비스 수량의 함수이므로 다음과 같이 비용을 표시하기로 한다.

$$C=C(x_1,\ x_2,\ \cdots,\ x_n) \qquad (17\text{–}3A)$$

이제 제약조건으로서 총수입과 총비용이 같아야 한다는 재정수지 균형식을 표시하면 다음과 같다.

$$P\cdot X=C(x_1,\ x_2,\ \cdots,\ x_n) \qquad (17\text{–}4A)$$

램지가격설정의 목적함수로서 소비자의 사회후생을 소비자의 총편익에서 총비용을 뺀 순편익으로 표시하기로 하자. 즉,

$$B(X)-C(X) \tag{17-5A}$$

재정수지균형식의 제약하에서 순편익을 극대화하는 문제를 제약조건식이 목적함수로 포함되어 제약조건이 없는 극대화 문제로 바꾸기로 한다. 이를 위해 이용되는 함수를 흔히 **라그랑지함수**라고 하는데 다음과 같이 표현할 수 있다.

$$L=B(X)-C(X)+\lambda[P\cdot X-C(X)] \tag{17-6A}$$

여기에서 λ는 라그랑지승수라고 부르는데 제약조건식의 한계효과(제약조건식이 변화할 때 목적함수 L의 변화정도를 나타내는 효과)를 나타낸다.

이 라그랑지함수를 극대화하는 가격체계를 찾기 위해 각 재화나 서비스(x_i)에 대해 편미분하면 다음과 같이 극대화의 제1계조건을 구할 수 있다.

$$\frac{\partial L}{\partial x_1}=\frac{\partial B}{\partial x_1}-\frac{\partial C}{\partial x_1}+\lambda\left[\frac{\partial PX}{\partial x_1}-\frac{\partial C}{\partial x_1}\right]=0 \tag{17-7A}$$

$$\vdots$$

$$\frac{\partial L}{\partial x_n}=\frac{\partial B}{\partial x_n}-\frac{\partial C}{\partial x_n}+\lambda\left[\frac{\partial PX}{\partial x_n}-\frac{\partial C}{\partial x_n}\right]=0$$

여기에서 $\frac{\partial B}{\partial x_1}$는 재화 1의 한계편익($MB$)을, $\frac{\partial C}{\partial x_1}$는 재화 1의 한계비용($MC$)을, $\frac{\partial PX}{\partial x_1}$는 재화 1의 한계수입($MR$)을 의미한다. 그리고 효용을 극대화하는 소비자들은 각 재화나 서비스에서 얻는 한계편익을 그것의 가격에 맞추어 수요량을 결정하므로 $MB_i=p_i$의 관계가 성립한다. 따라서 이 관계들을 이용하여 제1계조건에 대입하면 다음과 같이 경제학적으로 의미있는 식을 얻을 수 있다. 특히 재화 i에 대하여 표시하면 다음과 같나.

$$p_i-MC_i=-\lambda[MR_i-MC_i] \tag{17-8A}$$

모든 재화나 서비스가 서로 독립적이라면, 모든 재화나 서비스 i와 $j(i\neq j)$에 대해서 $\frac{\partial p_j}{\partial x_i}=0$이

성립함을 의미한다. 따라서 MR_i는 다음과 같이 풀어 쓸 수 있다.

$$\begin{aligned} MR_i &= \frac{\partial PX}{\partial x_1} \\ &= p_i + x_i \frac{\partial p_i}{\partial x_1} \\ &= p_i - \frac{p_i}{\varepsilon_i} \end{aligned} \tag{17-9A}$$

여기에서 ε_i는 재화나 서비스 i에 대한 수요의 가격탄력성을 의미한다.

이것을 재화나 서비스 i에 대한 제1계조건에 대입하면 다음과 같은 표현을 얻을 수 있다.

$$p_i - MC_i = -\lambda\left[p_i - MC_i - \frac{p_i}{\varepsilon_i}\right] \tag{17-10A}$$

이를 바꾸어 쓰면 다음과 같다.

$$\frac{p_i - MC_i}{p_i} = \frac{\lambda}{(1+\lambda)} \frac{1}{\varepsilon_i} \tag{17-11A}$$

마찬가지로 재화나 서비스 j에 대하여 똑같은 과정을 통해 하첨자 i 대신 j인 동일한 표현을 얻을 수 있다. 이것을 서로 나누면 다음과 같은 램지가격설정원칙을 얻을 수 있다.

$$\frac{\dfrac{p_i - MC_i}{p_i}}{\dfrac{p_j - MC_j}{p_j}} = \frac{\varepsilon_j}{\varepsilon_i} \tag{17-12A}$$

이 식은 본문의 식 (17-4)를 일반화한 것이다.

정석 사례연구

전력생산의 가격

규모의 경제를 측정하는 지수를 규모의 경제지수(scale economics of index)라고 하는데, 비용의 생산량탄력성(e)을 이용하여 다음과 같이 정의한다: 규모의 경제지수=1−e

만약 규모의 경제가 존재하여 생산량이 증가할 때 생산비용이 매우 완만하게 증가하면 $e<1$이므로 규모의 경제지수는 1보다 작다. 따라서 규모의 경제가 강하게 작용할수록 규모의 경제지수는 1에 가까워진다.[15)]

미국의 전력소비와 규모의 경제지수, 비용에 관한 사례분석을 한 재미있는 연구가 있다.[16)] 이 연구에 따르면 1955년에 미국의 소비자들은 3,690억kwh의 전기를 소비했고, 1970년에는 15년 전의 소비량의 약 3배에 달하는 10,830억kwh의 전기를 소비했다. 더욱 중요한 변화는 전력시장에서 전력을 생산하고 공급하는 전력회사의 숫자가 124개에서 80개의 회사로 감소했다는 사실이다. 이로 인해 살아남은 전력회사가 공급하는 기업당 전력생산량은 매우 커졌다고 할 수 있다.

이러한 현상이 발생한 것은 규모의 경제 때문일까? 만약 이것이 맞다면 정부가 지역별로 전력생산을 독점하는 회사들을 분할하면 비효율적으로 된다. 1955년과 1970년의 전력판매수입이 100만달러 이상인 전력회사를 대상으로 규모의 경제지수를 다음과 같이 도출하였다.

표 17-1사 전력생산의 규모의 경제지수

생산량 (백만kwh)	43	338	1,109	2,226	5,819
1955년 규모경제지수	0.41	0.26	0.16	0.10	0.04

표 17-1사에서 보듯이 모두 양수이면서 1보다 작기 때문에 규모의 경제가 존재한다는 사실을 알 수 있다. 그리고 전력회사의 규모가 커짐에 따라 규모의 경제지수가 작아진다는 사실도 알 수 있다. 표에서 최대전력생산량은 약 58억kwh인데, 그림 17-1사 를 보면 평균비용의 최저점은 약 200억kwh이어서 어느 전력회사도 그 정도의 시설용량을 갖추고 있지는 못했다. 그러나 생산량이 약 90억kwh에 이르렀을 때 평균비용은 평평한 수준에 가까웠고, 124개 전력회사 중 7개 회사가 그 정도의 전력을 생산하고 있었다.

1970년에 와서는 기술진보나 석탄, 원유가격의 하락 등으로 전력생산의 평균비용이 크게 하락하였다(그림 17-1사 참조). 1970년에는 생산량이 약 330억kwh이었을 때 평균비용의 최저점에 도달하였다. 그리고 생산량이 약 150억kwh에 이르렀을 때 평균비용이 평평한 수준에 가까워졌으며, 80개 전력회사 중 24개 회사가 그 정도의 전력을 생산하고 있었다. 따라서 1955년과 비교해볼 때 1970년에는 더 많은 전력회사들이 규모의 경제를 효율적으로 실현하고 있었다.

정석 사례연구

그림 17-1사 전력생산의 규모의 경제지수

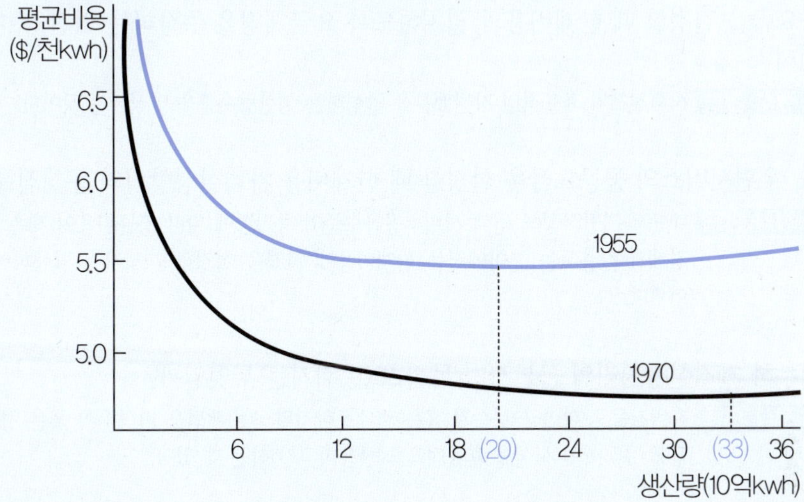

이러한 결과는 1955년과 1970년 사이에 전력회사들이 규모의 경제 때문에 전력생산비용이 하락한 것이 아니라는 사실을 보여준다. 전력가격의 하락은 규모의 경제가 아니라 기술진보와 원유와 같은 생산요소의 실질가격이 하락하여 전력의 생산비용이 낮아졌기 때문이다. 물론 규모의 경제로 인한 비용 하락효과가 있지만 기술진보 등에 의한 효과에 비하면 아주 작은 것이다.

정석 기본문제

1. 공공요금을 결정할 때 한계비용과 일치하도록 요금책정을 주장하는 의견의 주된 관심은 무엇일까?

정석 힌트 사회전체의 효율적인 자원배분을 달성하는 생산량수준을 달성하는 것이다.

2. 철도, 우편서비스의 공공요금을 설정할 때 한계비용 가격설정방식의 문제점을 말하라.

정석 힌트 대규모 기반시설로 인해 서비스공급수준이 증가함에 따라 평균비용이 계속 하락하는 규모의 경제가 작용하는 분야에서는 한계비용에 가격을 설정하면 적자가 발생하여 자생적 생존이 어렵다.

3. 최대부하 가격설정원리의 근본적인 목적 또는 취지는 무엇일까?

정석 힌트 소비자들로 하여금 성수기 혹은 최대부하기의 소비패턴을 비성수기 혹은 경부하기로 이동하도록 유도하여 시설을 효율적으로 사용하고자 하는 데 있다.

4. 다음을 약술하라.

[1] 램지가격설정법칙

정석 힌트 여러 재화를 묶어서 수요탄력성에 의한 요금차별화로 사회후생의 손실을 최소화한다.

[2] 이부가격(two-part tariff)

정석 힌트 고정수수료와 사용량에 따른 요금으로 구성하여 손실 없이(수입을 극대화하면서) 사회후생을 극대화한다.

5. 공공요금의 결정원리에 대한 설명으로 옳은 것은?

① 비용체감산업(지하철, 전력, 통신 등)에서 공공요금을 한계비용에 일치하도록 결정하면 파레토효율적이지 못하다.
② 비용체감산업(지하철, 전력, 통신 등)의 가격결정에는 정부의 개입이 반드시 필요하다.
③ 비용체감산업(지하철, 전력, 통신 등)에서 공공요금은 한계비용의 원리에 의하여 결정하고 정부는 보조금을 지원하는 것이 바람직하다.
④ 비용체감산업에서 공공요금을 평균비용에 일치하도록 결정하면 파레토효율적이지 못하다.
⑤ 비용체감산업에서 공공요금을 평균비용에 일치하도록 결정하면 기업은 손실을 입지 않는다.
⑥ 이부가격은 비수기와 성수기의 수요조절로 시설의 효율적인 이용을 도모하는 요금체계이다.

정석 힌트 문항 ③, ④, ⑤번을 자세히 읽고 타당함을 생각하면 된다.

6. 다음 글을 읽고 옳은 것은 True, 틀린 것은 False로 표시하고 그 이유를 간단히 설명하라.

[1] 공공요금은 한계비용의 원리에 의하여 결정하고 정부가 보조금을 지원하는 것은 공공재를 과다 공급하게 한다.

정석 힌트 가격을 한계비용에 맞추면 파레토효율적 생산수준을 이룰 수 있다.

[2] 램지가격설정방식은 수요탄력성이 작은 시장에 요금마진율을 낮추고 수요탄력성이 큰 시장에 요금마진율을 높이는 것이 사회후생 손실을 최소화한다는 가격체계이다.

정석 힌트 램지의 역탄력성의 법칙을 생각하면 답을 찾을 수 있다.

[3] 이부가격으로 사회후생손실을 최소화한다는 것은 소비자잉여와 생산자잉여가 작도록 한다는 것이다.

정석 힌트 사회후생은 소비자잉여와 생산자잉여의 합이다. 이것을 극대화하는 것이 모든 효율적 가격설정의 목표라고 할 수 있다.

7. 정부가 전기, 수도, 가스 등을 무상으로 국민들에게 제공한다고 할 때 이것이 공평성의 원칙에 어긋난다고 한다. 그 이유를 설명하라.

정석 힌트 전기, 수도, 가스 등과 같은 재화는 저소득층에 비해 오히려 고소득층이 더 많이 사용할 가능성이 높다. 따라서 이러한 재화들을 무상으로 제공하면 고소득층이 더 큰 이익을 받으므로 공평성의 원칙에 어긋난다.

정석 심화문제

8. 지하철, 전력, 통신 등 비용체감산업에서 공공요금을 한계비용 가격결정원리에 의해 결정할 때 자원배분의 최적효율을 달성할 수 있다고 한다. 이의 타당성과 현실성을 논하라.

정석 힌트 한계편익과 한계비용이 일치하고 이때 사회후생이 극대화된다는 논점을 설명하고 적자가 발생해서 자생적 생존이 어려운 현실적 문제를 논의하면 된다.

9. 램지가격설정방식의 공평성에 대하여 설명하라.

정석 힌트 램지가격설정원칙은 수요의 가격탄력성이 작은 재화들에 대해 높은 요금마진율을 책정할 것을 요구한다. 그런데 수요의 가격탄력성이 작은 재화들이 주로 서민들이 소비하는 필수재들이기 때문에 분배의 공평성 측면에서 문제가 있다.

10. 정부가 전화와 전기의 두 공공서비스를 제공하고 있다. 전화에 대한 수요의 탄력성이 2, 전기에 대한 수요탄력성이 1이다. 램지가격설정방식에 의해 전화서비스요금을 한계비용보다 20% 더 높게 책정했다. 전기의 가격은 한계비용보다 얼마나 높게 정해야 할까?

정석 힌트 역탄력성의 법칙에 따라 $\frac{\text{전화의 요금마진율}}{\text{전기의 요금마진율}}=\frac{1}{2}$이다. 전화의 요금마진율$=\frac{1.2-1}{1.2}=\frac{1}{6}$이다. 따라서 전기의 요금마진율=1/3이고, $\frac{P-MC}{P}=\frac{1}{3}$에 의해 $P=(3/2)\times MC$이다. 따라서 정부는 전기의 한계비용보다 50% 더 높게 매긴다.

11. '디즈니' 전력회사의 하루 동안의 수요가 오전의 경부하기와 오후의 최대부하기로 나누어지며, 전력생산에 드는 한계비용은 일정하다고 가정한다. 전력생산에 드는 비용은 전력 자체의 단기한계비용 v원(단위당 가변비용)과 전력생산에 소요되는 시설용량의 1단위 확장에 따른 추가비용 f원(단위당 고정비용)으로 구성된다.

[1] 최적시설용량을 결정하는 조건을 말하라.

정석 힌트 $v+f=LMC=MB$

[2] 총수입과 총비용을 일치시키면서 사회후생을 극대화하는 최대부하가격(P_H)은 어떻게 결정되는가?

정석 힌트 $P_H=v+f$

[3] 예문의 조건을 완화하여 하루는 경부하기이고, 다른 하루는 최대부하기라면 최대부하가격은 어떻게 결정되는가?

정석 힌트 $P_H=v+2f$이다. 왜냐하면 최대부하기의 하루 동안 소요되는 단위당 비용이 $v+f$인데, 여기에 경부하기의 하루 동안 발생하는 고정비용 f를 최대부하기 때 회수해야 손실이 없기 때문이다. 이것을 공식으로 만들어보면, 최대부하기의 일수를 n, 경부하기의 일수를 m이라고 하면 최대부하기의 일수비율(a)은 $a=\frac{n}{n+m}$이다. 이때 $P_H=v+\frac{f}{a}$이 된다.

12. '톰과제리' 정부는 현재 램지가격설정방식에 따라 공공요금을 운영하고 있다. 정부가 총수입과 총비용을 일치시키는 제약을 완화하여 총수입이 총비용보다 1원 더 많도록 제약을 바꾸어 램지가격설정방식을 채택하고자 한다. 기존의 상대가격체계에 어떤 변화가 오며, 소비자의 후생에 어떤 변화가 오는가?

정석 힌트 총수입의 1원 증가는 한계수입과 한계비용에 변화를 주지 못하므로 램지가격설정방식에는 변화가 없다. 다만 모든 공공재에 대한 요금마진율이 비례적으로 커져서 소비자후생이 감소한다.

INDEX

제1장 시장경제와 공공경제

1) 정부를 경제학의 영역으로 다시 돌려보낸 또 하나의 역사적 사건은 케인즈경제학(혁명)의 탄생이다. 장하준, 『국가의 역할』, 부키, 2008.
2) 이정전, 『환경경제학』, 박영사, 2001, p.14.
3) 모리스 리바이, 『이야기 경제학교실』, 한울, 1994, ch.18.
4) 장하준, 『국가의 역할』, 부키, 2008.
5) 이준구, 『재정학』, 다산출판사, 1998, p.23.
6) 차병권은 정부의 경제를 국가 및 기타 공공단체가 공공욕구를 충족하기 위하여 필요한 수단을 조달하고 관리 · 사용하는 경제활동이라고 정의한다. 차병권, 『재정학개론』, 박영사, 1994 이하 일부 참조.
7) Rosen, H.S., *Public Finance*, McGraw-Hill, 2008.

제2장 시장경제의 균형과 후생

1) Harberger, A.C., "Three Basic Postulates for Applied Welfare Economics," *Journal of Economic Literature*, vol.IX, no.3, 1971, pp.785-797.
2) 조순 · 정운찬, 『경제학원론』, 법문사, 2002, p.76 참조.
3) 이것을 현대적 의미에서 서수적 효용이론이라고도 한다.
4) [부록]에는 다양한 재화들의 상품공간에서 무차별곡선의 모양을 파악할 수 있는 규칙을 소개하고 있다. 후생경제학의 기본분석도구가 무차별곡선이므로 이러한 규칙을 참고하기 바란다. 무차별곡선은 우하향하고, 원점에 대해 볼록하고, 서로 교차하지 않는 성질을 가지고 있다.
5) 가격변화에 따른 수요량의 변화 정도를 수요의 가격탄력성(price elasticity of demand)이라고 하며, 이것은 재화마다 다르다. 수요의 가격탄력성은 가격의 변화비율에 대한 수요량의 변화비율로 측정된다. 즉,

$$\text{수요의 가격탄력성} = \frac{\text{수요량의 변화비율}}{\text{가격의 변화비율}} = \frac{\dfrac{\text{수요량의 변화분}}{\text{원래의 수요량}}}{\dfrac{\text{가격의 변화분}}{\text{원래의 가격}}}$$

위의 관계를 수식으로 표현하면 아래와 같다.

$$E_d = -\frac{(\Delta Q/Q)}{(\Delta P/P)} = -\frac{\Delta Q}{\Delta P} \cdot \frac{P}{Q}$$

여기에서 E_d는 수요의 가격탄력성, Q는 수요량, ΔQ는 수요량의 변화분, P는 재화의 가격, ΔP는 가격의 변화분을 나타낸다.

6) 흔히 생산이론을 논의할 때 한계생산력을 정의하며 시작한다. 한계생산력과 한계비용은 역의 관계에 있다고 할 수 있는데, 거울상(mirror image)이라고 생각하면 쉽게 이해할 수 있다. 예를 들어 생산을 늘리기 위해 노동량을 증가시킬수록 노동의 한계생산력(노동 한 단위 증가에 대한 총생산물의 증가분)은 점점 작아진다. 역으로, 생산물 한 단위를 더 생산하기 위해서는 노동력이 점점 더 필요하므로 지불할 임금도 커져서 한계비용이 점점 더 증가하게 된다.

7) 공급함수를 추정하여 얻는 가장 중요한 개념은 공급의 가격탄력성(price elasticity of supply)인데, 이것은 재화의 가격이 변할 때 그 재화의 공급량이 얼마만큼 민감하게 변화하는가를 측정하는 척도이다.

$$E_S=\frac{\text{공급량의 변화율}}{\text{가격변화율}}=\frac{\Delta Q/Q}{\Delta P/P}=\frac{\Delta Q}{\Delta P}\cdot\frac{Q}{P}$$

여기서 E_S는 공급의 가격탄력성, P는 재화의 가격, Q는 재화의 공급량을 나타낸다.

8) 개인소비자들의 수요곡선과 개인생산자들의 공급곡선을 각각 수평으로 합하면 시장수요곡선과 시장공급곡선을 얻을 수 있다. 또는 어떤 대표적 소비자와 대표적 생산자가 있는 시장모형으로 생각해도 될 것이다.

9) 가장 간단한 일반균형모형으로 흔히 2인소비자–2재화모형을 사용하여 파레토효율성을 설명하기도 하지만 1인소비자–1인생산자–2재화모형이 파레토효율성의 핵심을 더 잘 보여줄 수 있다. 2인소비자–2재화모형은 [부록]에서 설명하였다. Varian, H.R., *Intermediate Microeconomics*, Norton, 1987, ch.29 참조.

10) 중립재를 도토리에서 여가로 바꾼 이유는 도토리를 기준으로 설명하기 위해서이며, 일반균형에서는 항상 상대가격만이 중요하므로 어느 것을 중립재로 하더라도 분석의 결과에 전혀 영향을 미치지 않는다.

11) 소비자잉여를 포함하여 이 두 개념이 일치할 때도 있다. 화폐(y재)의 소득효과가 없다면, 즉 화폐보유액의 증가에 따른 한계대체율의 증가가 없다면 모두 일치하게 된다.

12) 크루소 경제에서도 알 수 있듯이, 가격은 사람들 사이의 일정한 분배적 상태를 전제로 하여 상품들의 상대적 희소성을 나타내면서 자원의 배분적 역할을 한다. 따라서 가격은 상대적 희소성과 상대적 구매력이라는 두 가지 역할로 어떠한 종류의 분배도 시장경제가 이루어낼 수 있음을 보여주며, 이로써 시장경제는 분배적으로 중립적이라고 할 수 있다.

13) Harford, T., *The Undercover Economist*, Oxford: Oxford University Press, 2006.

14) Bernheim B.D., and M.D. Whinston, *Microeconomics*, McGraw–Hill, 2009, pp.608–609.

15) Christian Broda and David Weinstein, "Variety Growth and World Welfare," *American Economic Review* 94, 2004, pp.139–144.

제3장 정부와 시장의 실패

1) 공공재란 생산되는 즉시 집단의 모든 사람에 의해 혜택이 공유될 수 있는 재화 및 서비스를 말한다. 공공재에 대한 엄밀한 정의는 제5장에서 다룬다.

2) 외부성이란 가격기구 밖에서 일어나는 경제현상을 총칭하며, 대가를 주고받지 아니하는 특성이 있다. 외부성과 공공재는 따로 떨어졌다기보다 함께 연결된 개념으로, 공공재는 이로운 외부성의 극단적인 형태이다. 외부성에 관한 문제는 제6장에서 다룬다.

3) 소득의 불공평한 분배구조를 거시적 시장실패라고 보는 이유는 제5절에서 자세히 논의될 것이다.

4) Musgrave, R.A., *Public Finance in Theory and Practice*(5th ed.), New York: McGraw–Hill, 1989.

5) 공익을 사회후생으로 본다면 과연 사회후생의 극대화문제로 답을 구할 수 있는지는 애로우(Arrow)의 불가능성의 정리를 생각해보면 근본적 어려움을 알 수 있다.

6) 아예 명백한 가치판단 기준을 설정해놓고 이를 평가기준으로 삼을 수도 있다.

7) '주인–대리인 문제'는 정보의 비대칭성으로 인하여 주인(국민)이 숨은 정보를 가진 대리인(정부)을 감시통제하지 못함으로써 발생하는 도덕적 해이를 말한다.

8) 장하준, 『국가의 역할』, 부키, 2003, p.335.

9) 이러한 방식과 유사한 가격설정원칙인 램지가격설정원칙이 있다. 이것은 비용체감산업이 여러 재화를 동시에 생산할 때 사회후생을 증대시키는 방식의 가격설정이다. 수요탄력성이 큰 재화는 요금마진율(가격에서 가격과 한계비용의 차이 정도)을 낮게 잡

고, 수요탄력성이 작은 재화는 요금마진율을 높게 잡으면 사회후생이 증대한다는 것이다. 이를 역탄력성의 법칙이라고 부른다.

10) 미국의 경제학자 하비 라이벤스타인(Harvey Leibenstein)이 도입한 X-효율성이론에서 X는 '여분의, 또는 추가적인(extra)'이란 뜻이다. 라이벤스타인은 자원배분의 효율성보다 조직운영의 효율성이나 개인의 열성이 경제적 성과의 차이에 더 크게 작용한다고 주장한다. 동일한 여건에서도 신바람이 나서 일하는 조직은 X-효율성이 높아 성과도 더 크다는 것이다. 반대로 억지로 일하거나 열심히 일할 필요가 없는 조직에서 낮은 성과를 내는 것을 'X-비효율성'이라고 한다.

11) 장하준, 『그들이 말하지 않는 23가지』, 부키, 2010, pp.196-197.

12) 거시경제학자라고 할 수 있는 통화론자와 합리적 기대론자들은 실업의 증가와 물가상승이 정부의 지나친 시장개입과 그로 인한 공공부문의 비대화를 정부실패라고 말한다. 이만우, 『신공공경제학』, 율곡, 2004, p.86.

13) Gruber, Jonathan, *Public Finance and Public Policy*, Worth Pub: New York, 2008.

제4장 소득분배이론

1) 이준구, 『재정학』, 다산출판사, 1998 참조.

2) 마이클 샌델, 『정의란 무엇인가』, 김영사, 2009.

3) Nozick, R., *Anarchy, State and Utopia*, New York: Basic Books, 1974.(『아나키에서 유토피아로』, 문학과지성사, 1997)

4) 경제적으로 불평등한 사회에서의 소득재분배에 대해 자유주의자는 선택의 자유를 들어 반대한다.

5) Bentham, J., *An Introduction to the Principles of Morals and Legistration*, Oxford: Clarendon Press, 1907.

6) 마이클 샌델, 『정의란 무엇인가』, 김영사, 2009.

7) Rawls, J., *Theory of Justice*, Oxford: Clarendon Press, 1971.

8) 마이클 샌델, 『정의란 무엇인가』, 김영사, 2009.

9) Nielsen, K., "Some Remarks on Philosophic Method," *Metaphilosophy* vol.9, Issue 1, 1978, pp.23-36.

10) Atkinson, A.B., "On the Measurement of Inequality," *Journal of Economic Theory* 2, 1970, pp.244-263.

11) 나성린 · 전영섭, 『공공경제학』, 2001, p.45.

12) Browning, E.K., "The Case Against Income Redistribution," *Public Finance Review* 30, 2002, pp.509-530.

13) Rosen, H.S., *Public Finance*, McGraw-Hill, 2008.

14) Piketty, T. and E. Saez, "The Evolution of Top Incomes: A Historical and International Perspective," *American Economic Review* 96, 2006, pp.200-205.

15) Gottschalk P. and E. Spolaore, "On the Evaluation of Economic Mobility," *Review of Economic Studies* 69, 2002, pp.191-208.

16) Hertz, T., "Understanding Mobility in America," Center for American Progress, 2006.

17) 탁윤성, 『재정학』, 연암사, 1997.

제5장 공공재이론

1) 공공재와 대비해서 시장에서 거래되는 모든 재화가 사용재인데, 우리는 '사용재'와 '사적재'라는 용어를 구별 없이 사용할 것이다.

2) 재분배를 공공재로 간주하는 이론은 서로우 교수의 최적재분배론이다. 이 이론은 소득분배가 만족감(Warm Glow, 남에게 좋은 일이 생겨 자신도 흐뭇한 것)을 가진다는 것과, 자발적 교환을 전제로 한다. 따라서 자발적 교환을 통해 파레토최적이 달성될 수 있다고 한다.

3) 어떤 자원의 가치는 사용가치와 비사용가치로 나눌 수 있는데, 이 중 비사용가치를 말하며 존재가치(existence value)라고도 부른다. 제8장에서 이에 대해 상세히 다룬다. 박완규, 『현대공공경제학』, 경문사, 1996, pp.88-89.

4) 공공재의 시장수요곡선이 개별 수요곡선의 수직합이라고 최초로 주장한 학자는 보웬(Bowen)이다.

5) Bowen, H.R., "The Interpretation of Voting in the Allocation of Economic Resources," *Quarterly Journal of Economics*

LVIII, 1943, pp.27-49. 보웬은 부분균형분석모형을 사용하여 공공재의 최적공급조건을 제시하였다.

6) 에릭 린달은 스웨덴 경제학자 빅셀(Wicksell)의 제자로, 그의 이론은 스승의 공공재배분의 합의방안을 진일보시켰다고 평가받는다.

7) Lindahl, E., "Just Taxation: A Positive Solution" in Musgrave and Peacock ed., *Classics in the Theory of Public Finance*, Macmillian, 1958, pp.168-176.

8) 다수 사람들이 있는 경우 개인 1과 개인 2의 협상결과를 가지고 다시 개인 1과 개인 2가 함께 제3자와 동일한 협상을 진행한다.

9) 이준구, 『재정학』, 다산출판사, 1998.

10) Varian H.R., *Intermediate Microeconomics*, Norton, 1987, p.569.

11) Clarke, E.H., "Multiple Pricing of Public Goods," *Public Choice* Ⅱ, 1971, pp.1-14; Groves, T., "Incentives in Teams," *Econometrica* 41, 1973, pp.617-631.

12) 박완규, 『현대공공경제학』, 경문사, 1996, p.132 사례 참고.

13) Mueller, D.C., *Public Choice* Ⅱ, 1989, pp.124-129.

14) Gruber, Jonathan, *Public Finance and Public Policy*, Worth Pub: New York, 2008.

15) Varian, H.R., *Intermediate Microeconomics*, Norton, 1987, p.584.

제6장 외부성의 문제

1) 긍정적 외부성을 외부경제 또는 이로운 외부성, 부정적 외부성을 외부불경제 또는 해로운 외부성이라고도 부른다.

2) Pigou, A.C., *The Economics of Welfare*, Macmillian and Co., London: St. Martins' Street, 1952.

3) Coase, R.H., "The Problem of Social Cost," *Journal of Law and Economics*, vol.3, October 1960, pp.1-44. 이 논문의 근본 목적은 사적 교섭(협상)이 사실화되도록 하는 제도적, 법적 규정을 연구하는 것이다.

4) Hardin, G., "The Tragedy of the Commons," *Science*, 1968, pp.1243-1247.

5) 어류를 판매하여 비용 이상으로 수입을 획득하는 것은 엄밀히 말하면 자연으로부터 획득한 것이므로 이윤이 아니고 경제적 지대(Economic Rent)이다. 이러한 어업에서의 희소성이윤은 수산자원 자체가 갖고 있는 특수성에서 나오기 때문에 수산자원지대(Fisheries Rent 혹은 Resource Rent)라고도 한다.

6) 정부의 개입이 없어도 소유권제도만 잘 확립되어 있다면 가격기구는 스스로 외부성의 효율적인 자원배분을 달성할 수 있다고 한다. 외부성이 정부개입의 필요조건일 뿐임을 보여준다.

7) 천진, 『하버드 경제학』, 에쎄, 2011.

8) Tietenberg, T.H., *Environmental and Natural Resource Economics*, Addison-Wesley, 2000.

9) 이정전, 『환경경제학』, 박영사, 2000, p.537.

10) Anderson, K., "The standard Welfare Economics of Policies Affecting Trade and the Environment," Anderson and Blackhurst eds., *The Greening of World Trade Issues*, University of Michigan Press, 1992.

11) Porter, Michael E., "America's Green Strategy," *Scientific American*, 1991, p.168.

12) W.E. Oates, K. Palmer, and P.R. Portney, "Environmental Regulation and International Competitiveness: Thinking About the Porter Hypothesis," Discussion paper 94-02, *Resources for the Future*, 1993.

13) 시버트(Siebert, 1977)와 맥과이어(McGuire, 1982)는 자유무역으로 인해 후진국의 환경이 악화되어 국내의 후생이 감소하는 반면 선진국의 후생은 증대한다고 보고 있다. 그러나 후진국의 수출증가와 GNP증가를 고려하면 유불리를 단정할 수는 없을 것이다. Siebert, H., "Environmental Quality and the Gains from Trade," *Kyklos* 30, 1977, pp.657-673; McGuire, M.C., "Regulation, Factor Rewards, and International Trade," *Journal of Public Economics* 17, 1982, pp.335-354.

14) 이정전, 『환경경제학』, 박영사, 2001, p.529.

15) 기후변화협약은 1992년 6월 브라질 리우에서 개최된 유엔환경개발회의에서 채택된 국제협약이며, 지구온난화를 방지하기 위하여 온실가스의 배출을 감축하는 것을 목적으로 하고 있다. 이에 대해서는 뒤에 더 자세히 살펴본다. 한편, 비엔나협약은

1985년 3월 오스트리아의 비엔나에서 20개국이 서명하여 채택된 국제환경협약이며, 몬트리올의정서는 비엔나협약에서 제시된 오존층 파괴에 대한 국제사회의 우려와 이에 대한 범지구적 대처방안을 구체화한 것으로 1987년 9월에 채택되어 1989년 1월부터 효력을 갖는 국제적인 법적 기준이다. 우리나라도 1992년 2월 가입하였다. 그리고 람사협약은 물새서식지로 중요한 습지에 관한 협약으로서 1971년 이란의 람사에서 채택된 국제환경협약이다. 우리나라는 1997년 가입하였다.

16) 이정전, 『환경경제학』, 박영사, 2001, p.531.

17) 1992년 6월 브라질의 리우에서는 기후변화협약, 의제21(21세기 지구환경보전강령)과 생물다양성협약을 채택하였다. 의제21은 생물다양성의 보전과 지속가능한 이용을 위한 각국 정부와 국제기구의 이행과제를 제시하고 있고, 생물다양성협약은 생물다양성보전을 위한 각국의 보전의무와 권리 등을 규정하고 있다. 생물다양성협약은 생물다양성을 보존하고 그 구성요소를 공정하고 공평한 방식으로 지속가능한 이용을 행하기 위한 국가간의 합의이다.

18) 오호성, 『환경경제학』, 법문사, 2002, p.352.

19) 이정전, 『환경경제학』, 박영사, 2001, p.587.

20) Rosen, H.S., *Public Finance*, McGraw-Hill, 2008.

21) 탁윤성, 『재정학』, 연암사, 1997.

제7장 공공선택이론

1) 이준구, 『재정학』, 다산출판사, 1998, p.128.

2) 여기서 '비시장적'이라 함은 정치적이라는 의미이며, '경제학적'이라 함은 최적화를 통한 접근을 의미한다. 나성린 · 전영섭, 『공공경제학』, 박영사, 2001, p.98.

3) 이승훈, 『미시경제학』, 영지문화사, 1983, p.418.

4) Mueller, D.C., 『공공선택론』, 나남, 1992 이하 참조.

5) Black, D., "On the Rationale of Group Decision Making," *Journal of Political Economy* 56, 1948, pp.23-34.

6) Mueller, D.C., 『공공선택론』, 나남, 1992.

7) Mueller, D.C., 『공공선택론』, 나남, 1992.

8) Downs, A., *An Economic Theory of Democracy*, New York: Harper, 1957, p.28.

9) 갈브레이드(J.K. Galbraith)는 다른 관점에서 공공재의 과소공급가설을 주장한다. 광고 등을 통한 의존효과로 인해 사용재의 선호로 편향되기 때문이라는 것이다.

10) Rosen, H.S., *Public Finance*, McGraw-Hill, 2008.

11) 이준구, 『재정학』, 다산출판사, 2011.

제8장 비용-편익분석

1) 천진, 『하버드 경제학』, 에쎄, 2011, p.309.

2) Dupuit, J., "On the Measurement of Utility of Public Works," *International Economic Papers* 2, 1952, originally published in 1844.

3) 편익과 비용의 공통된 척도로서 객관적인 화폐단위(가치)를 사용하면 사회후생의 변화를 주관적으로 평가하는 문제를 피할 수 있다.

4) Thaler, R. and S. Sen, "The Value of Saving a Life," in Conference on Income and Wealth, *Household Production and Consumption*, New York: NBER, 1975.

5) Pearce, D., "An Economic Approach to Saving the Tropical Forests," in D. Helm ed., *Economic Policy towards the Environment*, Oxford: Blackwell Publishers, 1991, p.243.

6) 오호성, 『환경경제학』, 법문사, 2002, p.219.

7) 오호성, 『환경경제학』, 법문사, 2002, p.221.

8) Cropper, M.L. and W.E. Oates, "Environmental Economics: A Survey," *Journal of Economic Literature* 30(2), 1992, pp.675-740.
9) 곽승준 · 전영섭, 『환경의 경제적 가치』, 학현사, 1995.
10) 곽승준 · 전영섭, 『환경의 경제적 가치』, 학현사, 1995.
11) Tietenberg, T.H., *Environmental and Natural Resource Economics*, Addison-Wesley, 2000.
12) Carson, R.T., L. Wilks, and D. Imber, "Valuing the Preservation of Australia's Kakadu Conservation Zone," *Oxford Economic Papers*, vol.46, Supplement, 1994, pp.727-749.
13) Tietenberg, T.H., *Environmental and Natural Resource Economics*, Addison-Wesley, 2000.
14) Tietenberg, T.H., *Environmental and Natural Resource Economics*, Addison-Wesley, 2000.
15) Fox, I.K. and O.C. Herfindahl, "Attainment of Efficiency in Satisfying Demands for Water Resources," *American Economic Review* 54, 1964, p.202.

제9장 조세의 기본원리

1) 차병권, 『재정학개론』, 박영사, 1994, pp.314-316.
2) 탁윤성, 『재정학』, 연암사, 1997, p.299.
3) Haig, R.M., "The Concept of Income: Economic and Lgal Aspects," in R.M. Haig ed., *The Federal Income Tax*, New York: Columbia University Press, 1921; Simons, H.C., *Personal Income Taxation*, Chicago: University of Chicago Press, 1938.
4) 이필우, 『재정학』, 법문사, 1997, pp.308-313.
5) 이준구, 『재정학』, 다산출판사, 1998, pp.439-440.
6) 김상호, 『알기쉬운 세금이야기』, 영화조세통람, 2000, p.33.
7) 탁윤성, 『재정학』, 연암사, 1997.
8) 차병권, 『재정학』, 박영사, 1994, p.322; 이필우, 『재정학』, 법문사, 1997, p.316.
9) 이필우, 『재정학』, 법문사, 1997, p.321.
10) 천진, 『하버드 경제학』, 에쎄, 2011, pp.202-204.
11) 김상호, 『알기쉬운 세금이야기』, 영화조세통람, 2011, pp.368-373.
12) 천진, 『하버드 경제학』, 에쎄, 2010, p.202.
13) 럼섬세는 원래 발음상 럼프섬세가 맞지만 '프'의 발음이 약하므로 한국식 편의성에 따라 표기를 한 것이다.
14) 이준구, 『재정학』, 다산출판사, 1998, p.358.
15) 이준구, 『재정학』, 다산출판사, 2011, p.410.
16) 한승주, 『경제정책론』, 동아, 1994.
17) 하연섭, 『재정학의 기초』, 다산출판사, 1997, p.232.
18) 이준구, 『재정학』, 다산출판사, 1998, pp.342-349.
19) Gruber, Jonathan, *Public Finance and Public Policy*, Worth Pub: New York, 2008.

제10장 조세와 공평성

1) 하연섭, 『재정학』, 다산출판사, 1997, p.250.
2) 조정조, 『재정학연습』, 형설출판사, 2007, p.356.
3) 차병권, 『재정학』, 박영사, 1994, p.359.
4) 이준구, 『재정학』, 다산출판사, 1998, p.392.
5) 흔히 대체되는 다른 조세, 즉 기준조세는 럼섬세(정액세)를 사용한다.
6) 이준구, 『재정학』, 다산출판사, 1998, pp.395-396.

7) 이준구, 『재정학』, 다산출판사, 1998, pp.395-396.
8) 수요탄력성의 정확한 표현은 수요의 가격탄력성이며, 공급탄력성도 마찬가지이다.
9) 무역이론에서 스톨퍼-새무엘슨(Stolper-Samuelson)의 정리가 여기서 논의될 내용과 동일하다.
10) Mieszkowski, P.M., "On the Theory of Tax Incidence," *Journal of Political Economy* 75, June 1967, pp.250-262. 미스콥스키가 두 효과의 이름을 붙였다.
11) Rosen, H.S., *Public Finance*, McGraw-Hill, 2008, p.427.
12) Rosen, H.S., *Public Finance*, McGraw-Hill, 2008.
13) Gruber, Jonathan, *Public Finance and Public Policy*, Worth Pub: New York, 2008.

제11장 조세와 효율성

1) 이준구, 『재정학』, 다산출판사, 1998, p.363.
2) 근로소득세와 이자소득세가 개인의 선택행위에 미치는 영향은 이 장의 뒤에서 상세히 다루고 있다.
3) 럼섬세와 관련해서 자주 인용되고 있는 조세가 인두세(poll tax)인데 완벽한 의미에서의 럼섬세라고 하기 어렵다. 어느 한 시점에서 인두세가 부과되면 경제행위를 바꾸어 그 부담을 피할 수 없기 때문에 인두세는 럼섬세의 성격을 갖는다. 그러나 장기적으로 보면 인두세의 부과가 가정의 자식수를 선택하는 데 영향을 미치기 때문에 완전한 럼섬세라고 할 수 없다.
4) Harberger, A.C., *Taxation and Welfare*, Boston: Little, Brown and Company, 1974 참조.
5) Browning, E.K., "The Marginal Cost of Public Funds," *Journal of Political Economy* 84, no.21, 1976, pp.283-298.
6) 실효세율과 한계실효세율을 구분하였지만 결과를 바꾸지 않고 혼동이 없는 한 구분 없이 사용할 것이다.
7) 천진, 『하버드 경제학』, 에쎄, 2011, p.216.
8) 이준구, 『재정학』, 다산출판사, 2011, p.633.
9) 천진, 『하버드 경제학』, 에쎄, 2011, p.219.
10) Rosen, H.S., *Public Finance*, McGraw-Hill, 2008.
11) 탁윤성, 『재정학』, 연암사, 1997, p.392.

제12장 최적조세론

1) 이에 대해서는 뒤에 콜렛-헤이그(Corlett and Hague, 1953)규칙을 논의할 때 자세히 설명할 것이다.
2) 한계세율은 소득증가분에 대한 납세액의 증가분으로 정의된다.
3) 부의 소득세는 제14장 사회복지제도를 설명할 때 자세히 살펴볼 것이다.
4) 이만우, 『공공경제학』, 율곡출판사, 2004, p.395.
5) Gruber, Jonathan, *Public Finance and Public Policy*, Worth Pub: New York, 2008.
6) Summers, Lawrence H, "Relative Wages, Efficiency Wages, and Keynesian Unemployment," *American Economic Review* 78, American Economic Association, 1988, pp.383-388; 천진, 『하버드 경제학』, 에쎄, 2011.
7) Daron Acemoglu and Joshua Angrist, "Consequences of Employment Protection? The Case of the Americans with Disabilities Act," *Journal of Political Economy* 109, 2001, pp.915-957; 천진, 『하버드 경제학』, 에쎄, 2011.

제13장 현실의 조세제도

1) Haig, R.M., "The Concept of Income: Economic and Lgal Aspects," in R.M. Haig ed., *The Federal Income Tax*, New York: Columbia University Press, 1921; Simons, H.C., *Personal Income Taxation*, Chicago: University of Chicago Press, 1938.
2) 이 예는 가상적이며, 현실적으로 근로소득공제요건은 훨씬 복잡하다. 예에서 연간근로소득이 600만원이라면 이 근로소득자의 근로소득공제액은 500만원+(600만원-500만원)×0.5로 계산할 수 있다.
3) 평균세율은 소득에서 각종 공제를 차감한 과세표준에 적용되는 세율인데, 각종 공제전 소득에서 세액이 차지하는 비율을 실효

세율이라고 한다. 따라서 공제가 없다면 두 개념은 동일하다.
4) Rosen, H.S., "Is It Time to Abandon Joint Filing?" *National Tax Journal* 30, 1977, pp.423-428.
5) 이 문제는 법인세의 귀착과 관련되기 때문에 뒤에서 자세히 살펴볼 것이다.
6) 하연섭, 『재정학의 기초』, 다산출판사, 1997, p.353.
7) 기업의 법인세 부담이 증가함에도 불구하고 선입선출법을 사용하는 기업이 많은 이유는 전문경영진이 회계장부상 이윤을 극대화하도록 만들어 우수한 경영실적을 보이기 위한 수단으로 사용하기 때문으로 여겨진다.
8) 이준구, 『재정학』, 다산출판사, 1999, p.473 참조.
9) 선납법인세는 법인이 주주에게 예상되는 배당이윤에 기준적 소득세율을 적용하여 법인세 납부기일이 도달하기 전에 미리 납부한다는 의미를 가진다.
10) 하연섭, 『재정학의 기초』, 다산출판사, 1997, p.369 참조.
11) 종래의 8가지 간접세들은 영업세, 물품세, 직물류세, 석유류세, 전기가스세, 통행세, 입장세, 유흥음식세이다.
12) 차병권, 『재정학개론』, 박영사, 1994.
13) 김동건, 『현대재정학』, 박영사, 2000, p.371.
14) 골프장, 별장, 고급오락장용 건축물의 세율은 4%이다.
15) Gruber, Jonathan, *Public Finance and Public Policy*, Worth Pub: New York, 2008.
16) Chetty, Raj and E. Saez, "The Effects of the 2003 Dividend Tax Cut on Corporate Behavior: Interpreting the Evidence," *American Economic Review* 96, 2006, pp.124-129.

제14장 사회복지

1) 정원오, 『복지국가』, 책세상, 2010, pp.74-80.
2) 정원오, 『복지국가』, 책세상, 2010, pp.80-83.
3) 1986년 「국민복지연금법」에서 「국민연금법」으로 개정하면서 본격적으로 도입할 것을 논의하였다.
4) Rosen, H.S. and T. Gayer, *Public Finance* 8ed., McGraw-Hill, 2008, p.383.
5) 현재소득에서 기대소득을 뺀 금액의 보험료를 공정 혹은 적정보험료라고 한다. 이 보험료에서는 기대소득을 확실하게 보장해주므로 소비자에게 더 높은 효용을 주어서 유리하다.
6) 노령의 기준이 60세인데, 60세가 넘어 은퇴 후에도 일하는 경우 무직자 노령연금에서 60세이면 추가소득의 50%, 61세이면 40%, 62세이면 30%, 63세이면 20%, 64세이면 10% 삭감한다. 이것을 재직자 노령연금이라고 한다. 그 이후 연령에서는 삭감이 없다.
7) 이와 유사하게 연금제도가 개인의 의식에 영향을 주는 다른 효과가 있다. 카토나(G. Katona, 1985)에 따르면 연금제도로 저축목표가 정해지면 그 목표를 성취하기 위해 더 많은 저축을 하려는 심리적 경향을 목표실현효과라고 한다. 이만우, 『공공경제학』, 율곡출판사, 2004, p.604.
8) Gruber, Jonathan, *Public Finance and Public Policy*, Worth Pub: New York, 2008.
9) Attanasio, O.P. and A. Brugiavini, "Social Security and Household's Saving," *Quarterly Journal of Economics* 118(3), 2003, pp.1075-1120.
10) Feldstein, M., "Social Security and Saving: New Time Series Evidence," *National Tax Journal* 49, 1996, pp.151-164.
11) 천진, 『하버드 경제학』, 에쎄, 2011.

제15장 지방재정

1) 이필우, 「경상비와 투자비의 배분」, 『지방재정』 83,5호, POBA행정공제회, 1983, pp.28-40.
2) Oates, W. E., *Fiscal Federalism*, New York: Harcourt Brace, 1972.
3) Shah, Anwar, "Balance, Accountability, and Responsiveness: Lessons about Decentralization," Working Paper,

Washington, D.C.: The World Bank, 1998.

4) Tiebout, C., "A Pure Theory of Local Expenditure," *Journal of Political Economy* 64, 1956, pp.416-424.

5) 나성린 · 전영섭, 『재정학』, 박영사, 2001, p.387 재인용.

6) 이만우, 『공공경제학』, 율곡출판사, 2004, pp.501-504.

7) Musgrave, R., "Who Should Tax, Where and What?" in Charles McLure ed., *Tax Assignment in Federal Countries*, Canberra: Australian National University Press, 1983.

8) 교부금은 'grants-in-aids'인데 학자에 따라 지원금, 보조금 등 다양한 명칭으로 부른다. 따라서 보조금과 교부금이 서로 혼용되어도 개념정의에 문제없다.

9) 이만우, 『공공경제학』, 율곡출판사, 2004.

10) Mueller, D.C., *Publlic Choice* II, Cambridge, 1989.

11) 김상호, 『알기쉬운 세금이야기』, 영화조세통람, 2011, p.26.

12) 이준구, 『재정학』, 다산출판사, 2011.

13) Rosen, H.S., *Public Finance*, McGraw-Hill, 2008.

14) Heins J.R. and R.H. Thaler, "Anomalies: The Flypaper Effect," *Journal of Economic Perspective* 9, 1995, pp.217-226.

15) Knight, B., "Endogenous Federal Grants and Crowd-Out of State Government Spending Theory and Evidence from the Federal Highway Aid Program," *American Ecnomic Review* 92, 2002, pp.71-92.

16) Gordon, N., "Do Federal Grants Boost School Spending? Eviden from Title I," *Journal of Public Economics* 88, pp.1771-1792; Lutz, B.E., "Taxation with Representation: The Incidence of Intergovernmental Grants in Plebiscite Democracy," MIT mimeo, 2004.

제16장 재정적자와 공채

1) 「OECD Economic Outlook」, 일반정부총지출비율(General government total outlays) [부속표 25], 2012.

2) 차병권, 『재정학』, 박영사, 1994 이하 참조.

3) Mueller, D.C., *Public Choice* I, Wiley, 1979, p.124.

4) Downs, A., "Why the Government Budget is too Small in a Democracy," *World Politics*, 1960.

5) 차병권, 『재정학』, 박영사, 1994.

6) Schumpeter, Joseph A. *Capitalism, Socialism and Democracy*, Harper Collins, 1950.

7) 이토 모토시게(伊藤元重), 『IMF시대 신국제경제의 논리』, 거름, 1998.

8) 통합예산은 정부의 모든 세입과 세출뿐만 아니라 보전재원까지 포괄하여 국민경제적 효과를 종합적으로 파악하기 위해 만들어진 예산체계이다. 이 제도는 재정흑적자의 처분과 보전을 위한 거래가 제외되기 때문에 재정적자이면 보전재원은 (+)로 표시되어 공채발행이나 차입 등으로 보전하였음을 알게 한다. 그러나 융자지출은 회수시점에서 흑자요인이지만 적자요인으로 보는 문제점을 가진다. 이외에 자본예산제도가 있는데 일반재정지출을 경상예산, 자본지출을 자본예산에 편성하여 경상예산은 조세로, 자본예산은 공채로 조달 · 운영하는 제도이다. 정부의 투자활동을 효과적으로 관리하는 장점이 있으나 정부지출팽창의 원인이 될 수 있다.

9) 이토 모토시게(伊藤元重), 『IMF시대 신국제경제의 논리』, 거름, 1998.

10) 식 (16-1)에서 보듯이 한 나라의 민간과 정부가 생산하는 것 이상으로 지출(소비와 투자, 정부지출)하면 경상수지가 적자가 된다. 경상수지가 적자인 상태를 금융 측면에서 보면, 해외로부터 받은 돈이 해외에 지급한 돈보다 적다는 것이다. 그래서 경상수지적자는 대외채무의 순증가를 의미한다.

11) Barro, R., *Macroeconomics*, Wiley, 1990.

12) 공채발행에 따른 재정적자가 너무 커져 정부의 부채상환능력을 못믿게 되면 외국자금이 이탈해 경기를 나쁘게 만들 수도 있다.

13) 화폐수요의 이자탄력성이 무한대인 상황에서는 소득이 증가하여 화폐수요를 늘려도 금리가 상승하지 않는다. 부록의 유동성함

정이라고 볼 수 있다.

14) 일반적으로 공채를 민간의 부 또는 자산으로 보지만 배로는 사람들이 합리적이어서 공채의 자산효과가 없다고 본다. 합리적인 사람은 감세에 의한 공채발행이 미래의 조세로 상환되어야 할 정부의 민간부채라고 인식한다는 것이다.

15) 하연섭, 『재정학의 기초』, 다산출판사, 1997, p.394.

16) 이필우, 『재정학』, 법문사, 1997, p.464.

17) 이필우, 『재정학』, 법문사, 1997, p.468.

18) Lerner, A.P., "The Burden of the National Debt," in Lloyd A. Metzler et al., *Income, Employment and Public Policy*, New York: W.W. Norton and Company, 1948, pp.255-275.

19) 공공채무가 투자지출에 생산적으로 사용된다는 점을 강조한다.

20) Buchanan, J.M., Public Principles of Public Debt: A Defense and Restatement, *The Collected Works of James M. Buchanan* vol.2, Homewood, Illinois: Richard D. Irwin, 1958, p.4.

21) 이러한 의미에서 러너는 공채가 '자기 자신에 대한 채무'와 같다고 말한다.

22) Samuelson, Paul A., "An Exact Consumption-Loan Model of Interest with or without the Social Contrivance of Money," *The Journal of Political Economy* 66, 1958, pp.467-482; 하연섭, 『재정학의 기초』, 다산출판사, 1997.

23) 탁윤성, 『재정학』, 연암사, 1997.

24) Barro, R., "Are Government Bonds Net Wealth?" *Journal of Political Economy* 82, 1974.

25) 하연섭, 『재정학의 기초』, 다산출판사, 1997, p.406.

26) 이필우, 『재정학』, 법문사, 1997, p.489.

27) 이토 모토시게(伊藤元重), 『IMF시대 신국제경제의 논리』, 거름, 1998.

28) 그러나 현재 관심 있는 핵심적인 질문에 대한 설명을 하지 못한다. 예를 들어 정부가 현재의 정책을 실행하면 미래의 조세수입보다 얼마나 더 지출할 수 있는가와 같은 질문이다.

29) Gruber, Jonathan, *Public Finance and Public Policy*, Worth Pub: New York, 2008.

30) 이필우, 『재정학』, 법문사, 1997, p.465.

제17장 공공요금의 이론

1) 이필우, 『재정학』, 법문사, 1997, p.654.

2) 사용재의 성격을 가지더라도 규모의 경제, 즉 비용체감의 원리를 적용받는다면 정부에 의해 공급되는데 이러한 재화를 준공공재(quasi public goods)라고 부른다.

3) 나성린 · 전영섭, 『공공경제학』, 박영사, 2011, p.127.

4) Baumol and Bradford, "Optimal Departures from Marginal Cost Pricing," *American Economic Review* 60, 1970, pp.265-283.

5) 이준구, 『재정학』, 1999, p.605 참조.

6) 이 가격설정원리를 수리적 모형을 사용하여 도출할 수 있는데, 생산되는 재화가 하나밖에 없는 경우 기업의 총수입은 총비용과 일치하여야 한다는 제약조건하에서 소비자들의 후생을 극대화하는 가격을 찾는 문제로 볼 수 있다.

7) Clark, G.M., *Studies in the Economics of Overhead Cost*, Chicago: University of Chicago Press, 1923.

8) 그림에서 단기한계비용이 Q^*에서 급격히 상승하는 이유는 시설한계에 이르면 새로운 시설이 필요하므로 그 비용이 급격히 상승하게 되어 정의할 수 없다는 의미이다.

9) 이부가격제는 '이부요금제'라고 부르기도 한다.

10) 차선의 이론은 다음의 예를 통해 쉽게 이해될 수 있는 이론이다. 예를 들어 버스와 지하철이 있는데, 지하철의 요금이 매우 낮아 한계비용 이하라고 하자. 이때 버스요금만 한계비용 가격설정방식을 고집하지 말고 요금을 내리면 지하철 승객의 수요가 버스로 이동해서 버스의 승객이 늘고 지하철의 승객이 줄어든다. 따라서 지하철의 생산비용이 절감되고 버스의 생산비용증가

와 소비자편익증가가 동시에 발생한다. 지하철의 생산비용절감이 버스의 '생산비용증가–소비자편익증가'보다 더 크다면 지하철과 버스 모두 한계비용 이하로 요금을 책정하는 것이 버스만 요금을 한계비용에 묶어두는 것보다 낫다는 결론이다.

11) 나성린 · 전영섭, 『공공경제학』, 박영사, 2001, p.136.
12) 나성린 · 전영섭, 『공공경제학』, 박영사, 2011, pp.146–147.
13) 이명호 · 전영섭 · 김범석, 「전기통신요금과 통신경제이론」, 『연구보고』 91–03, 정보통신정책연구원, 1991.
14) 이준구, 『재정학』, 다산출판사, 1999, p.611.
15) Pindyck, R. and D. Rubinfeld, *Microeconomics*, Pearson, 2009.
16) Christensen, L. and W.H. Greene, "Economics of Scale in U.S. Electric Power Generation," *Journal of Political Economy* 84, 1976, pp.655–676.

NOTES

ㄱ

ㄴ

ㄷ

ㅅ

ㅇ

ㅈ

저자 약력

박 환 재

미국 노스캐롤라이나 주립대학교 경제학 박사
미국 오하이오 주립대학교 경제학 석사
경북대학교 경제학 학사
마르퀴즈 후즈 후(Marquis Who's who) 세계인명대사전 등재
세계 3대 인명대사전(Who's Who, IBC, ABI) 등재
21세기 위대한 지성인 2000인(2000 Outstanding Intellectuals of the 21th Century-ABI, IBC) 등재
21세기 업적상(The 21st Century Award of Achievement-IBC) 선정
2006 세계선도교육자(Leading Educators of the World 2006-IBC) 선정
올해의 국제교육자(International Educator of the Year 2006-IBC) 선정
'마르퀴스 후즈 후 아시아' 인명대사전 등재
통계청 사무관
미국 SAS연구소 연구원
오하이오 주립대학교 객원교수
캘리포니아 주립대학교 객원교수
경제통상학회 이사
재정학회 이사
고시 출제위원
한국은행 대경본부 자문위원
현 ABI 세계인명대사전 자문연구위원
현 KDI 경제전문가 모니터위원
현 대구가톨릭대학교 경상대학 무역학 교수

정석 재정학

2013년 1월 30일 초판 인쇄
2013년 2월 7일 초판 1쇄 발행

저 자 : 박 환 재
발행인 : 정 광 식
발행처 : **비앤엠북스**
서울시 금천구 가산동 319번지(호서대벤처타워 B1-103)
등 록 2004. 12. 29. / 제313-2004-00298호
전 화 2627-5710~13, 팩스 2627-5720
홈페이지 www.대학교재.kr
이 메 일 bnmbook@daum.net

정가 35,000원 ISBN 978-89-6821-000-6